Wolfgang Schieder
Faschistische Diktaturen

Wolfgang Schieder

Faschistische Diktaturen

Studien zu Italien und Deutschland

Wallstein Verlag

Für Petra
in römischer Gemeinsamkeit

Inhalt

III. Der Nationalsozialismus als deutscher Faschismus

IV. Italienischer und deutscher Faschismus im Vergleich

Einleitung

Nirgendwo ist so heftig um die historische Verbindlichkeit des Begriffs ›Faschismus‹ und dessen wissenschaftliche Verwendbarkeit gerungen worden wie in Deutschland.[1] Jede Begriffsdiskussion muß sich deshalb in dieser Hinsicht der Frage stellen, ob und in welcher Weise das historische Verständnis des Nationalsozialismus dadurch gefördert wird, daß man diesen dem Faschismus zuordnet. Man kann nicht vom Faschismus sprechen, wenn man nicht über den Nationalsozialismus reden will.

Die westdeutsche NS-Forschung stand hier nach 1945 unter enormem, im Kern politisch induziertem Druck. Auf der einen Seite legte sich die orthodox marxistische Geschichtswissenschaft in der DDR frühzeitig darauf fest, daß das nationalsozialistische Regime nichts anderes gewesen sei als eine aggressive Variante bürgerlicher Herrschaft.[2] Das NS-Regime war in dieser Interpretation ein faschistisches Regime, weil es in sozioökonomischer Hinsicht ein bürgerliches Regime war. Die Nationalsozialisten seien nur die politischen Agenten des ›großen Kapitals‹ gewesen, dessen Interessen sie mit ihrer Terrorherrschaft absicherten. Auf diese Weise ließ sich scheinbar mühelos in institutioneller und in personeller Hinsicht eine Kontinuitätslinie vom ›Dritten Reich‹ zur Bundesrepublik Deutschland ziehen. Das politische System der Bundesrepublik wurde damit gezielt unter Faschismusverdacht gestellt.

Die sogenannte Neue Linke der sechziger und siebziger Jahre argumentierte weniger eindimensional, im Kern ging es aber auch ihr darum, die Bundesrepublik mit Hilfe des Faschismusvorwurfs politisch zu denunzieren.[3] Dazu bediente man sich älterer marxistischer Interpretationen wie etwa der sogenannten Bonapartismustheorie.[4] Nach dieser im Kern auf Karl Marx zurückgehenden Interpretation des politischen Systems von Napoleon III. wurde der Faschismus in historischer Analogie zwar auch als ein von der

Großbourgeoisie organisiertes Herrschaftssystem angesehen, in dem sich jedoch die politische Exekutive ›verselbständigt‹ habe. Mussolini und Hitler wurden damit nicht mehr bloß als Agenten des ›großen Kapitals‹ mißverstanden, vielmehr wurde ihrer gewalttätigen Eigendynamik Rechnung getragen. Der Faschismus erschien somit in neomarxistischer Sicht zwar als ein Extremfall politischer Herrschaft, aber doch als einer, der nur auf der Basis der bürgerlichen Gesellschaft mit ihrer kapitalistisch organisierten Eigentumsordnung entstehen konnte.

Anstatt sich auf eine offensive Auseinandersetzung mit den marxistischen Faschismusvorwürfen einzulassen, ging man in der westdeutschen NS-Forschung überwiegend einen anderen Weg. Der naheliegende und eigentlich historisch zwingende Vergleich von Hitlers Regime mit dem Mussolinis in Italien wurde vermieden und statt dessen der Vergleich mit dem kommunistischen Regime Stalins in der Sowjetunion als ›totalitärem Regime‹ bevorzugt.[5] Während die Rückbindung des Nationalsozialismus an den Faschismus in Italien die geradezu verblüffenden Gemeinsamkeiten bei der Regimebildung, aber zugleich auch das unvergleichlich größere Radikalisierungspotential des deutschen Faschismus hervortreten läßt, wird die Einzigartigkeit des nationalsozialistischen Vernichtungsregimes durch den Systemvergleich mit dem stalinistischen Regime relativiert.[6] Die Stilisierung des Nationalsozialismus zu einem Regime totalitärer Herrschaft setzt dies auf eine Stufe mit dem Stalinismus und stellt damit dessen historische Einzigartigkeit in Frage. Das entsprach dem westlichen Interesse in der Zeit des ›Kalten Krieges‹, die Bundesrepublik geschichtspolitisch nicht zu marginalisieren, sondern sie in die antisowjetische Koalition einzubinden.

Jeder Versuch, eine vergleichende Faschismusforschung in Gang zu bringen, stand daher in Westdeutschland unter einem doppelten Verdacht. Auf der einen Seite geriet man in Gefahr, mit marxistischen Positionen identifiziert zu werden, und auf der anderen Seite handelte man sich den Vorwurf ein, aus dem antitotalitären Konsens auszuscheren. Beides lief ungefähr auf dasselbe hinaus, mit beidem konnte man geradezu den Eindruck erwecken, die demokratische Selbstbehauptung der Republik zu gefährden. Ein Programm vergleichender Faschismusforschung wurde so zunächst nur von Ernst Nolte vorgelegt.[7] Dieser distanzierte sich von der marxistischen Faschismusforschung ebenso wie von der

Totalitarismusforschung. Er hielt es ganz unbefangen für ein »unabweisbares Bedürfnis, einen Begriff für diejenigen politischen Systeme« zu haben, »die ebenso sehr vom demokratisch-parlamentarischen wie vom kommunistischen Typus sich unterscheiden und doch nicht bloße Militärdiktaturen oder konservative Regime sind«.[8] Das erregte seinerzeit in der Bundesrepublik über die Geschichtswissenschaft hinaus beträchtliches Aufsehen. Jedoch blieb der Vorstoß von Nolte für die Forschung über den Nationalsozialismus letzten Endes folgenlos, da er nicht auf historischer Empirie beruhte, sondern ein Experiment ›philosophischer Geschichtsschreibung‹ darstellte.[9]

Nolte blieb allerdings keineswegs der einzige, der sich in Deutschland auf eine vergleichende Faschismusforschung einließ. Der noch 2003 von dem britischen Sozialwissenschaftler Roger Griffin geäußerte Vorwurf, daß deutsche und österreichische Historiker und Sozialwissenschaftler »die Relevanz vergleichender Faschismusstudien« für das Verständnis der historischen Epoche zwischen 1933 und 1945 ignorierten, ist gänzlich unberechtigt.[10] Er konnte nur zu diesem merkwürdigen Urteil kommen, weil er seinerseits die vergleichende deutsche Faschismusforschung fast vollständig ignorierte. Schon 1976 habe ich erstmals einen Sammelband über »Faschismus als soziale Bewegung« vorgelegt, in dem die Durchsetzung des italienischen und des deutschen Faschismus dezidiert miteinander verglichen wurden.[11] In deutlich lockerer Form erfolgte dies auch in dem 1986 erschienenen Band von Karl Dietrich Bracher und Leo Valiani.[12] Der von Christof Dipper, Rainer Hudemann und Jens Petersen 1998 veröffentlichte Band über »Faschismus und Faschismen im Vergleich« erweiterte die komparatistische Perspektive auf andere Faschismen, um auf diese Weise den Sondercharakter des italienischen und des deutschen Faschismus zu erweisen.[13] Mit dem von Alexander Nützenadel und Sabine Behrenbeck im Jahre 2000 herausgegebenen Tagungsband über »Inszenierungen des Nationalstaats« wurde die deutsch-italienische Vergleichsbasis kulturalistisch verbreitert.[14] Sven Reichardt und Armin Nolzen schließlich stellten mit ihrem 2005 erschienenen Band »Faschismus in Italien und Deutschland« den Vergleich zwischen italienischem und deutschem Faschismus in den Rahmen kultureller Transferforschung.[15] Nimmt man noch die hervorragenden, auf unterschiedliche Weise vergleichenden Monographien von Jens Petersen, Maurizio Bach, Lutz Klinkhammer, Hans Woller und Sven Reichardt hinzu, kann man feststellen, daß sich auch in Deutschland ungeachtet der germanozentrischen Fixierung auf den Nationalsozialismus sehr wohl eine komparatistische Faschismusforschung etabliert hat, die vielen angelsächsischen Forschungsansätzen dadurch überlegen ist, daß sie sich auf den historischen Vergleich und die gegenseitige Beeinflussung der beiden Führungsfaschismus konzentriert, anstatt nach willkürlichen Zentraldefinitionen zu suchen.[16]

Anders als in Deutschland war die Neigung zu vergleichender Faschismusforschung dagegen in Italien nie besonders ausgeprägt.[17] Man kann sogar sagen, daß in der italienischen Zeitgeschichtsforschung geradezu eine Angst vor dem Vergleich bestand.[18] Das hatte andere Gründe als ursprünglich in der Bundesrepublik, der geschichtspolitischen Tendenz nach lief es aber ebenfalls darauf hinaus, die faschistische Vergangenheit historisch zu relativieren.[19] Die nach dem Zusammenbruch des Faschismus entstandene Republik Italien gründete auf der gemeinsamen Erfahrung aller politischen Lager (mit Ausnahme der Neofaschisten), im Widerstand gegen den Faschismus gestanden zu haben. In der kollektiven Erinnerung wurde die *Resistenza* weit über ihre durchaus beträchtliche reale Bedeutung hinaus zu einer historischen Meistererzählung ausgebaut, in der die langen Jahre des faschistischen Regimes regelrecht ausgeblendet wurden.[20] Sie schienen, wie das Benedetto Croce formuliert hatte, lediglich als ein ›Zwischenspiel‹ (parentesi) in einer im übrigen unaufhaltsamen Erfolgsgeschichte der Demokratie. Eine Beschäftigung mit dem rigiden Diktatursystem Mussolinis, seiner brutalen Unterdrückung der Opposition, der Ausgrenzung der Juden aus der Gesellschaft, der Kette von Kriegen und der rassistisch begründeten imperialistischen Politik in Afrika und auf dem Balkan erübrigte sich damit. Die politische, vor allem die kommunistische Linke hielt bis Ende der achtziger Jahre an diesem Resistenza-Mythos fest, in der zunehmend fragwürdigeren Annahme, sich auf diese Weise als Garant der nationalen Einheit zu profilieren.[21]

Längst hatte man sich jedoch inzwischen auf der politischen Rechten vom antifaschistischen Gründungsmythos der italienischen Republik verabschiedet. Unter der Führung von Renzo De Felice machten sich jüngere Zeithistoriker seit Mitte der sechziger Jahre daran, unter bewußter Ausklammerung der *Resistenza* die Geschichte des Faschismus selbst zu erforschen. Das wissenschaftliche Flaggschiff dieser historiographischen Schule war De Felices monumentale Biographie Benito Mussolinis, von der zwischen 1965 und 1997 acht Bände mit jeweils etwa 1000 Seiten erschienen, die am Ende jedoch wegen des frühen Todes des Autors nicht mehr ganz abgeschlossen werden konnte.[22] Dieses Forschungsprogramm entsprach im Ansatz durchaus der Forderung nach einer »Historisierung des Nationalsozialismus«, wie sie Martin Broszat in Deutschland erhoben hat.[23] Es ging darum, die lange Geschichte des Faschismus in die Kontinuität der italienischen Nationalgeschichte einzuordnen. Ohne Frage wurde damit in Italien eine grundlegende historiographische Wende vollzogen, die Geschichte des Faschismus ist heute keineswegs mehr terra incognita. Eigenartigerweise blieb jedoch die durchaus beträchtliche politische Verbrechensbilanz des Regimes in diesen Forschungen weitgehend ausgespart.

Dies war durchaus kein Zufall. Vielmehr wurde jedes der politischen Verbrechen, welche das faschistische Regime Mussolinis in die Nähe von Hitlers Diktatur rücken konnten, nach Möglichkeit ignoriert. De Felice fürchtete, daß der Faschismus durch den expliziten Vergleich der beiden Regime in »den sengenden Lichtkegel des Holocaust« kommen könne.[24] Während man in Deutschland den Vergleich scheute, weil gegenüber dem im Ursprung ähnlich strukturierten faschistischen Regime der einzigartige Vernichtungscharakter des Nationalsozialismus besonders deutlich hervortreten mußte, suchte man umgekehrt in Italien die historische Allianz von deutschem und italienischem Faschismus in der historischen Erinnerung dadurch zu entschärfen, daß man die Gemeinsamkeiten herunterspielte oder sogar völlig ignorierte. Obwohl der Faschismus als politische Bewegung in Italien seinen Ursprung hatte, gibt es in der italienischen Geschichtswissenschaft daher bis heute nur ganz wenige Ansätze zu einer vergleichenden Faschismusforschung. Und wenn man sich schon einmal auf den Vergleich einläßt, dann nur, um den italienischen Sondercharakter des Faschismus zu erweisen und diesen historisch strikt vom Nationalsozialismus abzusetzen.[25]

Während so in den beiden Hauptländern des Faschismus dessen vergleichende historische Erforschung stagnierte, gab es in Großbritannien und den USA, auch in den skandinavischen Ländern, darüber einen anhaltenden Diskurs.[26] Die Faschismusforschung konnte sich hier sehr viel unbefangener entfalten, da von den Historikern kaum erinnerungspolitische Rücksichten genommen zu werden brauchten. Ganz offensichtlich gibt es einen Zusammenhang zwischen der Eigenerfahrung mit dem Faschismus und der historischen Sicht auf diesen. Je weniger die Historiker im eigenen Land mit dem Faschismus zu tun hatten, desto leichter fällt ihnen der historische Vergleich. In der angelsächsischen Forschung gibt es seit den neunziger Jahren einen weitgehenden *new consensus* darüber, daß das ›Jahrhundert der Extreme‹ (Hobsbawm) nicht ohne den Faschismus historisch zu verstehen sei.[27] Ins Abseits geriet dabei der Versuch des israelischen Politikwissenschaftlers Zeev Sternhell, den Nationalsozialismus aus dem historischen Kontext des Faschismus herauszuinterpretieren und diesen auf Italien, Spanien und Frankreich zu beschränken.[28] Auch der Ruhm von George L. Mosse, der bis in die achtziger Jahre hinein die internationale Faschismusdiskussion stark beeinflußt hatte, verblaßte.[29] Es ließ sich nicht mehr verbergen, daß sein in vieler Hinsicht wegweisender kulturalistischer Ansatz gerade nicht auf eine den Nationalsozialismus einbeziehende vergleichende Faschismusforschung abzielte, sondern diese gerade ausschloß. Nicht umsonst hatte sich Renzo De Felice in seinem Bemühen, den italienischen Faschismus als eine nationale Sonderform von Massendiktatur zu erweisen und jede Übereinstimmung mit dem Nationalsozialismus um jeden Preis zu leugnen, immer wieder auf Mosse berufen.[30] So wie man den Aufstieg des Nationalsozialismus nur verstehen kann, wenn man ihn dem Faschismus zurechnet, gilt auch das Gegenteil: ohne Einbeziehung des Nationalsozialismus bleibt jede Faschismusdefinition unvollständig.

Fast alle neueren Faschismusinterpretationen angelsächsischer Provenienz stimmen demgegenüber ganz selbstverständlich darin überein, daß der Nationalsozialismus nur richtig zu verstehen sei, wenn man ihn als deutschen Faschismus interpretiert. Das bedeutet nicht, daß Einigkeit darüber bestünde, was den Faschismus jeweils zum Faschismus mache. Vielmehr verläuft die wissenschaftliche Debatte über das Faschismusproblem durchaus kontrovers, wobei sie jedoch durch unterschiedliche wissenschaftliche Zugänge konditioniert wird, nicht durch politisch motivierte Vorbehalte. Bezeichnenderweise wurde die wiederauflebende wissenschaftliche Diskussion über den Faschismus sehr rasch in Textbüchern für den akademischen Unterricht dokumentiert und dadurch über den Kreis der Spezialisten hinausgetragen.[31]

Es kann nicht überraschen, daß für die vergleichende Untersuchung der vielfältigen, in allen europäischen Ländern der Zwischenkriegszeit (außer der Sowjetunion) verbreiteten faschistischen Bewegungen, wie schon in früheren Faschismusdiskussionen, zwei methodische Ansätze zur Verfügung stehen. Auf der einen Seite sucht man nach einem faschistischen Allgemeinbegriff, der ein »faschistisches Minimum« (Ernst Nolte) festlegt. Auf der anderen Seite versucht man, die Entfaltung des Faschismus von den historischen Ursprüngen her empirisch zu erfassen. Das historische Faschismusproblem wird somit sowohl mit systematischem Zugriff als auch mit genetischen Erklärungsansätzen angegangen. Beide Forschungsansätze sind selbstverständlich möglich, je nachdem, von welcher Fragestellung man ausgeht. Wenn man wissen will, welche politischen Bewegungen oder Gruppierungen der Zwischenkriegszeit dem Faschismus zugerechnet werden können, bedarf es einer »faschistischen Matrix«, also eines variablen Katalogs, anhand dessen man den faschistischen Charakter einer politischen Bewegung bestimmen kann.[32] Es ist keine Frage, daß die europäische Dimension der faschistischen Herausforderung auf diesem Wege am deutlichsten sichtbar wird. Das bedeutet auch, daß der Diskussion über den faschistischen Charakter des Nationalsozialismus nicht ausgewichen werden kann. Schließlich kann man mit einer systematischen Faschismusdefinition sicherlich besser abschätzen, ob der Faschismus tatsächlich zwischen 1919 und 1945 seine Zeit gehabt hat oder ob es auch noch über diese Epoche hinaus noch post- oder neofaschistische Bewegungen gegeben hat bzw. immer noch gibt, die mit dem Faschismus der Zwischenkriegszeit identisch sind.

Der wichtigste systematische Beitrag zur neueren Faschismusdiskussion stammt ohne Frage von dem in Oxford lehrenden Politikwissenschaftler Roger Griffin. Dieser schlug erstmals in seinem 1991 erschienenen Buch »The Nature of Fascism« ein Faschismuskonzept vor, das er für besser verwendbar hielt als alle bisher von der Forschung entwickelten ›generischen‹ Faschismusbegriffe.[33] Sein methodologisches Selbstbewußtsein leitet er daraus her, daß er keine starre Typologie entwickelt, sondern ein ›idealtypisches‹ Konzept, das er nur heuristisch verwenden will. Auf diese Weise glaubt er eine zu starke Anlehnung an eine diffuse historische Empirie ebenso vermeiden zu können wie die Orientierung an der abstrakten Taxometrie eines Merkmalkataloges. Im Prinzip ist das zweifellos ein methodisch vielversprechender Ansatz, der freilich dadurch in Frage gestellt wird, daß Griffin den Faschismus allein ideengeschichtlich definiert. Die ökonomischen und sozialen Rahmenbedingungen des faschistischen Aufschwungs, die soziale Basis der faschistischen Bewegungen und die politische Struktur der faschistischen Regime sowie der ›faschistische Stil‹ interessieren ihn allenfalls am Rande. Der Faschismus stellt sich ihm ausschließlich als eine »Art politischer Ideologie« dar, deren »mythischer Kern« eine »Form der Wiedergeburt« (*palingenetic form*) eines »populistischen Ultranationalismus« (*populist ultra-nationalism*) sei.[34] Auch wenn man Griffin zubilligt, daß er die ideologische Selbstdarstellung der Faschisten ernst nimmt und nicht lediglich als eklektisches Mimikry ansieht, muß man sich fragen, was seine methodische Engführung tatsächlich zur Erkenntnis des ›faschistischen Minimums‹ beiträgt. Mit Recht ist z. B. von Alexander De Grand und Roger Eatwell dagegen eingewandt worden, daß nationale Wiedergeburtsmythen auch zum Programm aller möglichen Bewegungen gehören, die nichts mit dem Faschismus zu tun haben.[35] Vor allem muß man aber darauf hinweisen, daß Griffin die Definition des ›Faschismus‹ nur auf die des ›Nationalismus‹ verschoben hat, ein Begriff, der jedoch nicht weniger erklärungsbedürftig ist als jener. Wir haben es hier mit einem ideengeschichtlichen Zirkelschluß zu tun, der alle Versuche, auf der Basis ideologischer Befunde einen Allgemeinbegriff des Faschismus zu konstruieren, fragwürdig erscheinen läßt.

Sehr viel überzeugender ist demgegenüber der Versuch Stanley Paynes, eine »Geschichte des Faschismus« mit Hilfe einer »deskriptiven Typologie« zu schreiben.[36] Auch Payne nimmt die nationalistische Ideologie der faschistischen Bewegungen ernst, stellt sie jedoch in den Zusammenhang mit korporativistischen, imperialistischen und militaristischen Handlungsstrategien. Vor allem arbeitet er heraus, daß sich die faschistische Ideologie nicht von selbst in politisches Handeln umsetzte, sondern jeweils von Massenorganisationen getragen und durch einen bestimmten faschistischen Aktionsstil geprägt wurde.[37] Auf diese Weise ergibt sich für ihn ein historischer »Typus« des Faschismus, der diesen scharf von anderen zeitgenössischen, aber auch vorausgehenden und nachfolgenden politischen Bewegungen abgrenze.

Auch Michael Mann geht, in entschiedener Absetzung von »Griffins Idealismus«, neuerdings einen ähnlichen Weg.[38] Er geht von fünf ideologischen »Schlüsseldefinitionen« des Faschismus (Nationalismus, Totalitarismus, Korporativismus, Rassismus und Paramilitarismus) aus, betont jedoch ausdrücklich, daß diese an »kollektive Aktionen« und »organisierte Formen« zurückgebunden werden müssen.[39] Vor allem rückt er die Bedeutung der »Gewalt« in den Mittelpunkt seiner Definition, indem er betont, daß erst diese faschistische Bewegungen und Regime von zahlreichen militärischen und monarchischen Diktaturen »essentiell unterscheide«. Er kommt damit nahe an eine handlungstheoretische Analyse des Faschismus heran, wie sie innerhalb der deutschen Geschichtsforschung Sven Reichardt nachdrücklich gefordert hat.[40]

Auch Mann ist allerdings der Überzeugung, eine aus einer Zentralperspektive gewonnene Definition des Faschismus zu benötigen. Das führt ihn zu der überladenen Definition, daß Faschismus »das Bemühen um einen transzendent überhöhten und ethnisch homogenen Nationalstaat mit paramilitärischen Mitteln« sei.[41] Immerhin reduziert er den Geltungsanspruch seiner Definition auf Italien, Deutschland, Österreich, Ungarn, Rumänien und Spanien, in welchen Ländern er, ungeachtet aller nationalen Verschiedenheiten, eine »Familie von Faschisten« wahrnimmt.[42] Als »Arbeitshypothese« wurde diese durchaus flexible Definition von ›Faschismus‹ auch von Michael S. Neiberg übernommen, der kürzlich 26 programmatische wissenschaftliche Aufsätze zum Faschismusproblem in einem außerordentlich nützlichen Reader publizierte.[43] Besonders wichtig ist, daß Mann in seine Faschismusdefinition trotz seines systematischen Ansatzes eine historische Perspektive eingebaut hat. Die italienischen Faschisten werden von ihm vorweg als »Ursprungsfaschisten« (*pristine fascists*) hervorgehoben.[44] Auch wenn er daraus keine methodischen Konsequenzen zieht, ist ihm doch bewußt, daß der italienische Faschismus nicht einfach ein Faschismus unter anderen war, sondern den anderen Faschismen vorausging.

Von hier aus ist es im Grunde nicht mehr weit zu der Feststellung, daß man bei der Beschäftigung mit dem Faschismus nicht bzw. nicht nur von einem Nebeneinander der Faschismen ausgehen darf, sondern zunächst von einem historischen Nacheinander.[45] Auch wenn die Entstehung der frühesten faschistischen Bewegungen aus nationalen Kontexten heraus erklärbar ist, kann kein Zweifel daran bestehen, daß es der sensationelle politische Erfolg des italienischen Faschismus war, der ihnen den Weg wies. Entgegen mancher kurzschlüssiger Interpretation kann man gerade im Fall des Nationalsozialismus sagen, daß er erst dann zu einer politischen Massenbewegung aufstieg, als er als faschistische Bewegung handelte. Hitler hatte Erfolg, weil er, unter den besonderen politischen Bedingungen der Weimarer Republik, die Strategie Mussolinis nachahmte. Ohne das faschistische Vorbild in Italien wäre der Nationalsozialismus möglicherweise nur eine unter anderen völkischen Splittergruppen geblieben. Nicht zufällig verstand Hitler Mussolini lebenslang als seinen Mentor, politischen Partner und vielleicht einzigen Freund, und das auch dann noch, als er von der politischen Stärke des faschistischen Regimes und der militärischen Potenz der italienischen Armee längst bitter enttäuscht war. Bis zuletzt ließ der ›Führer‹ nichts auf den *Duce* kommen.[46]

Dem widerspricht nicht, daß sich der italienische Terminus ›Faschismus‹ (*fascismo*) in der Selbstbeschreibung der faschistischen Bewegungen nicht generell als politische Parteibezeichnung durchsetzte. Die nationalen Faschismen, und allen voran der Nationalsozialismus, taten sich in dieser Hinsicht schwer mit einer allgemeinverbindlichen semantischen Repräsentation. Das hing damit zusammen, daß sie sich in dem ideologischen Dilemma befanden, nicht offen internationalistisch auftreten zu können, weil sie ihre historische Legitimation jeweils aus einem strikt nationalorientierten Kampf gegen den vermeintlich weltrevolutionären Bolschewismus herleiteten. Ein faschistischer Internationalismus war deshalb eigentlich ein Widerspruch in sich. Selbst in der bündnispolitischen Selbstrepräsentation der dreißiger Jahre vermied man den Terminus ›Faschismus‹ als Gemeinschaftsbezeichnung und sprach statt dessen von »Achse Rom–Berlin«, »Stahlpakt« und »Antikominternpakt«.

Der Vorbildcharakter des italienischen Faschismus kann auch nicht mit dem Argument bestritten werden, daß sich dieses oder jenes Element der Ideologie oder der politischen Praxis in anderen faschistischen Bewegungen nicht wiederfindet. Man vergleicht den faschistischen Transfer in diesem Zusammenhang nämlich zu Unrecht mit dem kommunistischen. Innerhalb des Sowjetsystems bestand bekanntlich ein asymmetrisches Machtgefälle zwischen der Moskauer Zentrale und der Peripherie, das dem Export des

Kommunismus einen Zwangscharakter gab, der innerhalb des Faschismus in dieser Form unbekannt war. Es geht auch nicht an, die historische Besonderheit des Nationalsozialismus nur an einem einzigen Kriterium festzumachen, nämlich dem Antisemitismus, so einzigartig dessen historische Wirkung angesichts des Massenmordes an den europäischen Juden auch angesehen werden muß. Dabei wird nämlich übersehen, daß ein in einem weiteren Sinne militanter Rassismus durchaus zum Kernbestand schon des frühen Italofaschismus gehörte. Dieser richtete sich nur zunächst weniger gegen Juden als vielmehr gegen Slawen und Afrikaner. Antislawismus und Antiafrikanismus müssen deshalb als funktionale Äquivalente zum Antisemitismus angesehen werden.[47] Ganz davon abgesehen wird dem Antisemitismus für den italienischen Ursprungsfaschismus heute in der historischen Forschung sehr viel mehr Gewicht gegeben als früher.[48]

Umgekehrt darf der Exportcharakter des Italofaschismus auch nicht so verstanden werden, als ob man außerhalb Italiens nur dann von faschistischen Bewegungen oder Regimen sprechen könne, wenn diese das Vorbild eins zu eins übernommen haben. Wie auch sonst bei transnationalen Transferprozessen wird man auch im Fall des Faschismus nur von einer Schnittmenge der Übereinstimmung zwischen dem italienischen Archetyp und den europäischen Varianten des Faschismus ausgehen können. Ob man deshalb von einem ›Realtyp‹ des Faschismus sprechen kann, möchte ich heute zurückhaltender einschätzen als früher.[49] Auch ›Realtypen‹ sind im Sinn von Max Weber wissenschaftliche Konstrukte. Sie unterscheiden sich allerdings dadurch von idealtypischen Konstruktionen, daß sie nicht aus einer beliebig großen Menge von Einzelerscheinungen zu einem konsistenten »Gedankenbild« zusammengesetzt werden, sondern aus solchen, die sich empirisch nachweisen lassen und insofern in sich kontingent sind.

Unter dieser Voraussetzung ergibt sich die methodische Konsequenz, den Faschismus nicht von einer Zentralperspektive aus idealtypisch zu definieren, sondern von der historisch realen Existenz des Italofaschismus abzuleiten. Auch hier kommt man nicht daran vorbei, eine Art Matrix der Merkmale aufzustellen, die für die historische Deutung des Ursprungsfaschismus unerläßlich sind. Ich gehe dabei von einem historischen Verlaufsmodell aus. Der Italofaschismus durchlief von seiner Gründung am 23. März 1919 bis zum Sturz Mussolinis am 25. Juli 1943 drei deutlich voneinander abgrenzbare Phasen. Eine erste, bis zum ›Marsch auf Rom‹ vom 28.10.1922 reichende Phase kann als die der ›Bewegung‹ (*movimento*) angesehen werden. Mit der Regierungsübernahme Mussolinis folgte daraufhin die lange Phase der politischen Durchsetzung der Diktatur Mussolinis, die 1929 mit dem Abschluß der Lateranverträge mit dem Vatikan endete. Von 1929 bis 1943 kann man schließlich die Regimephase des Italofaschismus ansetzen, in der Mussolini den politischen Höhepunkt seiner charismatischen Führerdiktatur erreichte, um dann seit seinem Eintritt in den Zweiten Weltkrieg an der Seite Hitlers seinen Abstieg und schließlich seine Entmachtung zu erleben. Rein formal gesehen kann auch noch die bis zum 25.4.1945 existierende *Repubblica Sociale Italiana* zur faschistischen Regimephase gerechnet werden. Das faschistische Regime war in der Zeit der Italienischen Sozialrepublik jedoch nur noch ein vom Germanofaschismus abhängiges Kollaborationsregime.

Es ist erfreulich, daß ein ähnlich prozessuales Modell, allerdings zur Interpretation des Gesamtfaschismus, inzwischen auch von anderer Seite vorgelegt wurde. Ohne mein erstmals schon 1970 vorgestelltes dreistufiges faschistisches Verlaufsmodell zu kennen,[50] entwickelt Robert O. Paxton ein fünfstufiges Phasenmodell.[51] Die von mir als Bewegungsphase bezeichnete erste Phase gliedert er, was durchaus möglich ist, in zwei Phasen auf, in eine »Entstehungsphase faschistischer Bewegungen« (*initial creation of fascist movements*) und in eine Phase des Übergangs von der ›Bewegung‹ zur ›Partei‹.[52] Im Anschluß daran sieht auch Paxton eine Phase der Machteroberung, der wiederum auch für ihn die eigentliche politische Regimephase folgt. Die fünfte und letzte Phase wird nach Paxton schließlich mit der Wende zum totalitären Regime erreicht. Paxton geht nicht vom Vorbildcharakter des italienischen Faschismus aus. Eine faschistische Entstehungsphase und die Phase des Übergangs von der Bewegung zur Partei setzt er ausdrücklich für alle faschistischen Bewegungen an. Da er jedoch fast alle Kriterien für die epochale Aufgliederung des Frühfaschismus aus der Geschichte des Italofaschismus ableitet, ist sein Modell schon hier durchaus mit dem von mir vorgeschlagenen kompatibel. Erst recht gilt das für die weiteren Phasen der politischen Durchsetzung des Faschismus und der faschistischen Regimezeit, die sich nur noch auf Italien und Deutschland beziehen lassen. Paxton stimmt auch darin mit mir überein, daß er sein faschistisches Verlaufsmodell nicht an ideologischen Kriterien orientiert, sondern, was auch Sven Reichardt besonders hervorhebt, streng handlungstheoretisch argumentiert.[53] Sein Faschismusmodell erweist sich damit als allen Versuchen, in ideologiezentrierte Interpretationen des Faschismus zurückzufallen, deutlich überlegen.

Es liegt auf der Hand, daß der Italofaschismus nicht die gesamten 26 Jahre seiner historischen Existenz unverändert die gleiche Leitfunktion gegenüber anderen Faschismen ausübte. Die Untergliederung seiner Geschichte ermöglicht es vielmehr, seinen Modellcharakter epochal zu differenzieren, wobei man von einer abnehmenden Ausstrahlung ausgehen kann. Breites Aufsehen erregte der Italofaschismus schon in seinen Anfängen. Die gewalttätige Ausbreitung in Oberitalien, welche den Faschismus seit Herbst 1920 in kurzer Zeit zur größten rechtsradikalen Massenbewegung in Europa aufsteigen ließ, stieß außerhalb Italiens auf größte Resonanz. Noch sehr viel größer war die Wirkung, als es Mussolini 1922 gelang, mit seiner staatsfeindlichen Massenpartei an die politische Macht zu kommen. Der sorgfältig inszenierte ›Marsch auf Rom‹ war die Geburtsstunde des faschistischen Mythos in Europa. Die größte Ausstrahlung ging aber dann von Mussolinis Faschismus aus, als er von seiner Regierungsübernahme an systematisch auf den Aufbau einer Diktatur hinarbeitete, die ihresgleichen in Europa bisher nicht kannte. Der Italofaschismus wurde zum Markenzeichen der Diktatur eines charismatischen Führers, die in sich die widersprüchlichsten Elemente vereinte und so einen ›dritten Weg‹ zwischen Reaktion und Revolution, Kapitalismus und Sozialismus sowie vor allem Massenkonsens und polizeistaatlicher Unterdrückung anzuzeigen schien. In der eigentlichen Regimephase nahm die Symbolwirkung des faschistischen Regimes in Italien allmählich ab, vor allem seitdem Hitler in Deutschland eine ungleich totalitärere Variante des Faschismus etablieren konnte. Doch setzte Mussolini in Europa noch einmal in makabrer Weise Maßstäbe, als er 1935/36 in Abessinien den ersten faschistischen Vernichtungskrieg führte und dies zu einer beispiellosen innenpolitischen Zustimmungskampagne für sein Diktaturregime nutzen konnte.

Was den italienischen Ursprungsfaschismus in den verschiedenen Phasen seiner Entwicklung im Ausland attraktiv machte, stand nicht ohne weiteres fest. Wie immer bei transnationalen Transfervorgängen handelte es sich um reziproke Wahrnehmungsprozesse, die von Fall zu Fall unterschiedlich ausfallen konnten. Man kann lediglich jeweils eine Schnittmenge wichtiger Merkmale ermitteln, die den Faschismus in Italien besonders attraktiv machten. In der Entstehungsphase des Italofaschismus waren dies in erster Linie die drei folgenden Merkmale: Erstens ist festzustellen, daß die politische Identität des frühen Faschismus in Italien nicht ideologisch vermittelt, sondern vor allem durch eine gewalttätige Praxis hergestellt wurde. Das bedeutet nicht, daß die ersten Faschisten nur von einem blinden Aktionismus angetrieben worden wären, vielmehr gab es einen Kern von ideologischen Versatzstücken, die aber theoretisch unverbunden nebeneinanderstanden und nicht systematisch vermittelt wurden. Überdies beruhte dieser ideologische Grundstock fast ausschließlich auf politischen Abwehrhaltungen, nicht auf programmatisch definierten Wertorientierungen. Die Faschisten gaben sich bei Bedarf ebenso antisozialistisch wie antikapitalistisch, und sie bekämpften den Liberalismus ebenso wie den Konservativismus. Am stärksten wurden sie durch einen kulturell, aber frühzeitig auch schon biologisch begründeten Rassismus zum Handeln motiviert. Dieser richtete sich zuerst gegen die Slawen im Grenzbereich zu Jugoslawien, dann gegen Afrikaner in den italienischen Kolonien Libyen und Abessinien, sowie schließlich auch gegen Juden. Auch der faschistische Rassismus wurde nicht explizit formuliert, sondern entsprang eher einer latenten Mentalität, die sich jeweils in der konkreten Auseinandersetzung offenbarte.

Die politische Praxis hatte für die Ursprungsfaschisten immer Vorrang vor ideologischen Fixierungen. Sie bestimmte, wenn sie erfolgreich war, die politischen Ziele und nicht umgekehrt. Skrupellos konnte Mussolini von einer Seite auf die andere wechseln, wenn ihm das politisch opportun zu sein schien. Im selben Atemzug konnte er sich etwa zur Monarchie bekennen und als Republikaner gerieren oder die katholische Kirche angreifen und sich mit ihr arrangieren.

Zum zweiten paßte es genau zu dieser praxeologischen Orientierung des frühen Faschismus, daß er sich als Bewegung (*movimento*) verstand und nicht als Partei (*partito*). Ein Parteiprogramm war für den Faschismus ursprünglich ebenso nachrangig wie eine ausdifferenzierte Organisation. Anstelle eines zentralistischen Organisationsschemas mit einer hierarchisch abgestuften Funktionärselite trat »eine primär zelluläre Organisationsstruktur«

nach bündischen Prinzipien mit der squadra als Grundeinheit.[54] Diese pflegte eine aktionistische, stets gewaltbereite Lebensform, in der sich die Kameraderie des Schützengrabens im Ersten Weltkrieg widerspiegelte. Dazu gehörten auch eine einheitliche Uniformierung mit Schwarzhemden und Rangabzeichen, martialische Gruß-, Gesangs- und Versammlungsrituale sowie ein sakralisierter Helden- und Totenkult. Die Führer der *squadre* kamen anfangs aus der Mitte der *squadristi*, wurden jedoch schon bald nach dem Führerprinzip von regionalen Parteiführern, die sich auf diese Weise eine persönliche Klientel schufen, von oben eingesetzt. Es war gerade diese paramilitärische Organisationsstruktur, welche den frühen Faschismus in der unmittelbaren Nachkriegszeit auch außerhalb Italiens besonders attraktiv erscheinen ließ.

Drittens schließlich war für die Außenwirkung des italienischen Ursprungsfaschismus von großer Bedeutung, daß er in seiner sozialen Rekrutierung nicht festgelegt war, sondern sich als klassenübergreifende Sammlungsbewegung anbot. Das war in Italien zuvor nicht den bürgerlichen Parteien und erst recht nicht den Arbeiterparteien gelungen. Die faschistische Bewegung repräsentierte insofern tatsächlich die gesellschaftliche Einheit der Nation, die gewaltsam herzustellen sie angetreten war, auch wenn die Arbeiterschaft deutlich unterrepräsentiert war. Es war ein folgenschweres Mißverständnis, daß sie von vielen Zeitgenossen als politische Repräsentation des Kleinbürgertums wahrgenommen wurde. Es war gerade die Stärke des italienischen Ursprungsfaschismus, daß er nach allen Seiten offen war.

In der Durchsetzungsphase der faschistischen Diktatur Mussolinis wurde der italienische Faschismus weiterhin aus denselben Gründen als Vorbild wahrgenommen wie vor dem ›Marsch auf Rom‹, es kamen jedoch neue Elemente hinzu. Die mit Abstand größte Bedeutung hatte ohne Frage die Tatsache, daß es Mussolini gelungen war, am 28.11.1922 die Macht zu ergreifen. Hitler bezeichnete dies später in seinen »Tischgesprächen« als »einen der Wendepunkte der Geschichte«. Und er fügte hinzu: »Die Tatsache allein, daß man das machen kann, hat uns Auftrieb gegeben.«[55]

Das wurde allerdings vielerorts gründlich mißverstanden. In Ungarn, in Rumänien und in Österreich putschten faschistische Bewegungen zu verschiedenen Zeitpunkten gegen die bestehenden autoritären Regime, in der fälschlichen Annahme, damit wie bei Mussolinis ›Marsch auf Rom‹ an die Macht zu kommen. Auch

Hitler wollte am 9. November 1923 in München unter ähnlichen Voraussetzungen eigentlich mit einem ›Marsch auf Berlin‹ beginnen. Auch er scheiterte damit bekanntlich auf der ganzen Linie. Im Unterschied zu den faschistischen Putschisten in anderen Ländern zog er daraus jedoch in der Praxis die Konsequenz, eine andere politische Strategie einzuschlagen. Hitler erkannte ohne Frage nach dem gescheiterten Novemberputsch von 1923, daß Mussolini eine Doppelstrategie verfolgt hatte. Die im ›Marsch auf Rom‹ gipfelnde Bürgerkriegspolitik war nur die eine Seite der Medaille. Indem er das Land mit Gewalt überzog, stellte Mussolini zwar die seit 1919 bestehende parlamentarisch-demokratische Verfassungsordnung in Frage, bot zugleich jedoch an, zur politischen Normalität zurückzukehren, wenn man die Faschisten an der Regierung beteiligte. Dies riskante Spiel ging auf, weil er sich in geschickter Verdrehung der historischen Tatsachen als Retter vor der vermeintlich drohenden kommunistischen Revolution darstellen und damit eine Feindprojektion aufbauen konnte, in der sich Nationalkonservative und Faschisten gleichermaßen wiederfinden konnten.

Das Ergebnis war ein eigentümlicher Herrschaftskompromiß zwischen der potentiell revolutionären faschistischen Bewegung auf der einen Seite und den nationalkonservativen Machtgruppen andererseits, die sich als sogenannte *fiancheggiatori* (Steigbügelhalter) zur Unterstützung Mussolinis bereit fanden. Der spezifisch faschistische, von allen anderen Diktaturen der Zwischenkriegszeit sich unterscheidende Diktaturcharakter des aus diesem heterogenen Bündnis hervorgehenden Regimes ergab sich daraus, daß nur Mussolini den Rückhalt beider Seiten hatte. Das gab ihm die Möglichkeit, ein ganz auf seine persönliche Führerherrschaft als *Duce del fascismo* zugeschnittene Vermittlungsdiktatur aufzubauen.

In der 1929 mit dem Abschluß der Lateranverträge einsetzenden eigentlichen Regimephase des Italofaschismus war Mussolinis Diktaturherrschaft so lange unumstritten, wie es ihm gelang, sich den Rückhalt beider Seiten zu erhalten. Als dieser verlorenging, wurde er am 25.7.1943 in einer Parallelaktion von König und faschistischer Partei abgesetzt. Um nicht in diese Situation zu geraten, hatte Mussolini permanent versucht, seine prekäre faschistische Diktatur in eine totalitäre Diktatur weiterzuentwickeln. Die faschistische Regimephase war daher durch den Versuch gekennzeichnet, Dynamik in Permanenz zu erzeugen. Dies geschah auf zweifache Weise. Auf der einen Seite suchte Mussolini durch eine Mischung von Propaganda und polizeistaatlichem Zwang den Konsens der Bevölkerung mit seinem Regime herzustellen. Diese »Konsensmaschine« (*fabbrica del consenso*) arbeitete besonders gut, wenn sie sich imperialistischer Kampagnen bedienen konnte.[56] Mussolini legte daher andererseits alles daraufhin an, das Land in kriegerische Abenteuer zu verstricken, um auf diese Weise eine nationale Aufbruchsstimmung zu erzeugen und jedes abweichende Verhalten zu unterdrücken. Von Ende der zwanziger Jahre an war das faschistische Regime unablässig in militärische Aktionen außerhalb der Grenzen Italiens verwickelt. Die Vorbereitung, die Mobilisierung und die Führung von imperialistischen Kriegen kann deshalb geradezu als das eigentliche Wesensmerkmal der faschistischen Diktatur Mussolinis angesehen werden. Besonders gut funktionierte dieser Mechanismus, wenn sich militärische Aggressionen mit einer Massenpropaganda im Innern verbinden ließen, wie das bei der *giornata della fede* (Tag des Eherings) am 18.12.1935 der Fall war.[57] In einem Akt ausgefeilter Symbolpolitik gelang es Mussolini an diesem Tag, zur Unterstützung der faschistischen Aggression in Abessinien die massenhafte Spende von Eheringen zu organisieren. Es war dies der Höhepunkt einer propagandistischen Selbstrepräsentation des Italofaschismus, welche das Diktaturregime so sehr in schönem Licht erscheinen ließ, daß der Schein die Wirklichkeit zu bestimmen schien.

Trotz aller Anstrengungen ist es Mussolini jedoch nicht gelungen, seine Vermittlungsdiktatur zu einem *stato totalitario* weiterzuentwickeln, in dem die Einschränkungen seiner Führerstellung aufgehoben worden wären. Das faschistische Ursprungsregime kam nicht über seine dualistische Anfangsstruktur hinaus. Dies blieb dem Regime Adolf Hitlers vorbehalten, das nach dem 30. Januar 1933 ganz nach dem Vorbild Mussolinis als faschistische Vermittlungsdiktatur gebildet worden ist. Anders als Mussolini gelang es Hitler schon nach gut einem Jahr, sich von den Abhängigkeiten zu befreien, die er bei seiner Machtergreifung in Kauf nehmen mußte. In einem rücksichtslosen Gleichschaltungsprozeß wurden auf der einen Seite alle nationalkonservativen Bündnispartner entmachtet. Auf der anderen Seite wurde die nationalsozialistische Bewegung durch die Mordaktion an der SA-Führung dauerhaft diszipliniert. Das Ergebnis war ein totalitäres Diktaturregime faschistischer Prägung, das über sein historisches Vorbild in Italien eindeutig hinausging, ohne dessen Vorbild aber nicht zu erklären ist. Man kann dies mit Paxton als eine letzte, zusätzliche Phase in einem historischen Verlaufsmodell des Faschismus bezeichnen.[58] Ich möchte jedoch daran festhalten, von einer totalitären Variante des faschistischen Regimes in Italien zu sprechen. Auch wenn der Italofaschismus nicht direkt etwas mit der Entfesselung des Zweiten Weltkrieges und erst recht nicht mit der Massenvernichtung großer Teile des europäischen Judentums zu tun hatte, tritt heute das Vernichtungspotential von Mussolinis Regime sehr viel deutlicher hervor als bisher. Man muß deshalb heute feststellen, daß auch das faschistische Regime Mussolinis zweifellos seine totalitären Züge hatte.

Der vorliegende Band vereint Publikationen, die vom Verfasser seit den achtziger Jahren des vorigen Jahrhunderts zum Thema des Faschismus veröffentlicht worden sind. Die Aufsätze werden nicht in chronologischer Reihenfolge vorgelegt, sondern in systematischer Anordnung. Das hat den Vorteil, daß das Konzept einer prozessualen Faschismustheorie, das oben entwickelt wurde, Schritt für Schritt ziemlich genau abgebildet werden kann. Die Beiträge konzentrieren sich auf den italienischen und den deutschen Faschismus. Nur an Hand dieser beiden Faschismen läßt sich eine vollständige Faschismuskonzeption entwickeln.[59] Nach dem Vorbild des italienischen Faschismus ist nur der deutsche Faschismus aus eigener politischer Kraft an die Macht gekommen. Zwar entstanden im Laufe des Zweiten Weltkriegs in Norwegen (1940), in Kroatien (1941) und in Ungarn (1944) kurzlebige faschistische Regime. Es handelte sich hierbei jedoch durchweg um faschistische Kollaborationsregime, die nur mit Hilfe der deutschen (in Kroatien auch der italienischen) Besatzungsmacht etabliert und an der Macht gehalten wurden. Auch diese Faschismen sind zuvor, wie alle übrigen, bei ihrer Machteroberung gescheitert, oder sie sind überhaupt nie ernsthaft zu dieser in der Lage gewesen. Nur in ihrer Bewegungsphase kann man sie daher mit dem italienischen Ursprungsfaschismus vergleichen, der auch für alle Faschismen in der Phase ihrer Entstehung das historische Vorbild war. Der deutsche Faschismus kann dagegen in allen Phasen seiner Entwicklung mit dem italienischen Faschismus verglichen werden. Wenn man ernsthaft eine historisch kohärente Faschismuskonzeption entwickeln will, ist die Einbeziehung des Nationalsozialismus daher zwingend. Es kann keine historische Faschismusforschung geben, welche ausgerechnet den Nationalsozialismus ausschließt.

In einem ersten Abschnitt werden Aufsätze zusammengefaßt, welche die These vom italienischen Ursprungsfaschismus untermauern. Die Beiträge behandeln Aspekte des Italofaschismus aus allen drei Phasen seiner Entwicklung. Obwohl es sich um durchaus unterschiedliche Themen handelt, die auch noch mit unterschiedlichen Methoden angegangen werden, sollte klar hervortreten, daß sich nur der italienische Ursprungsfaschismus ohne Bezug auf andere Faschismen entfaltet hat. Der Italofaschismus hatte keine Vorbilder, er war sich selbst Vorbild genug. Dies soll vor allem auch der Essay über Benito Mussolini zu erkennen geben, der dem Abschnitt vorangestellt wird.

In einem zweiten Abschnitt werden Aufsätze vorgelegt, welche den Vorbildcharakter des Italofaschismus für sein deutsches Pendant untermauern sollen. In einem mehr allgemeinen Aufsatz wird ein vorläufiger Überblick über die außerordentliche Breite der Auseinandersetzung mit dem italienischen Faschismus zur Zeit der Weimarer Republik gegeben. Damit wird das Umfeld ausgeleuchtet, in dem der Nationalsozialismus zum Faschismus mutieren konnte. Drei weitere Aufsätze beschäftigen sich mit zentralen Vermittlerfiguren des Italofaschismus nach Deutschland. An diesen kann verdeutlicht werden, daß der Transfer des Faschismus nicht als ein anonymer Vorgang angesehen werden darf, der allein diskursiv über die Rezeption von Texten vor sich ging. Vielmehr müssen die übermittelten Informationen über den Italofaschismus jeweils an Personen festgemacht werden. Nur so kann auch nachgewiesen werden, daß die Auseinandersetzung mit dem Faschismus ausgesprochen selektiv erfolgte. Das gilt besonders auch für die Wahrnehmung des italienischen Faschismus durch die Nationalsozialisten, die im hohen Maße praxeologisch bedingt war. Die erheblichen Vorbehalte wegen der Südtirolfrage, wegen der angeblich fehlenden sozialistischen Orientierung und vor allem wegen des mangelnden Antisemitismus wurden aufgrund Hitlers Entscheidung zurückgestellt. Es war der politische Erfolg, der den Italofaschismus für den Nationalsozialismus so attraktiv machte.

In einem dritten Abschnitt werden Aufsätze zusammengestellt, welche den unterstellten faschistischen Charakter des Nationalsozialismus erkennen lassen. Parallel zu dem Text über Mussolini im ersten Abschnitt wird den Beiträgen ein kurzer biographischer

Artikel über Adolf Hitler vorangestellt, in dem vor allem dessen ideologische Präferenz für den italienischen Faschismus und seinen *Duce* herausgearbeitet wird. Die Aufsätze über die NSDAP, die Rolle der katholischen Kirche bei der Machtergreifung und die Wehrmacht behandeln zentrale Probleme des Regimes, die auch in Italien relevant waren.

Ein expliziter Vergleich der beiden faschistischen Regime in Italien und Deutschland wird schließlich in den Beiträgen des vierten Abschnitts vorgenommen. Hier ist die Frage zentral, weshalb es nach Italien nur noch in Deutschland zu einer eigenständigen faschistischen Regimebildung gekommen ist. Die wissenschaftliche Beantwortung dieser Frage ist im Grunde entscheidend für das historische Verständnis des Faschismus: Weshalb gab es in fast allen europäischen Ländern faschistische Bewegungen, aber nur in Italien und Deutschland hatten diese politischen Erfolg? Jede Faschismusforschung, die sich nicht auf die Diskussion dieser Frage einläßt, bleibt an der Oberfläche. Historische Vergleiche sind immer nur wissenschaftlich ergiebig, wenn sie gleichwertige Einheiten vergleichen. ›Vergleichen‹ ist selbstverständlich nicht mit ›gleichsetzen‹ identisch. Den italienischen und den deutschen Faschismus zu vergleichen heißt deshalb weder den Italofaschismus an sein deutsches Pendant anzunähern noch umgekehrt den Germanofaschismus zu relativieren. Vielmehr geht es darum, die offenkundigen Gemeinsamkeiten im Regimecharakter der beiden Faschismen komparatistisch herauszuarbeiten. Nur auf diesem Wege kann am Ende auch die faschistische Radikalisierung in Deutschland erklärt werden, welche der Faschismus in Italien nicht mit vollzog. Historische Einzigartigkeit ergibt sich nur im expliziten historischen Vergleich.

Es kann kein Zweifel daran bestehen, daß der politische Erfolg von Italo- und Germanofaschismus nur zu erklären ist, wenn man weiter in die Geschichte Italiens und Deutschlands zurückgeht. Der nur in diesen beiden Ländern erfolgte Durchmarsch faschistischer Bewegungen zur politischen Macht war nur unter ganz bestimmten historischen Konstellationsbedingungen möglich, wie sie in anderen europäischen Ländern nicht gegeben waren. Man kann diese in Anlehnung an modernisierungstheoretische Forschungsansätze bestimmen, ohne daß damit dem mit diesen meist verbundenen Fortschrittsoptimismus das Wort geredet werden soll.

Ausgehend davon kann es als unstrittig angesehen werden, daß der Weg in die Moderne seit dem 18. Jahrhundert in Europa durch drei zentrale Faktoren bedingt wurde. Zum ersten war dies der Prozeß nationaler Integration, sowohl im Sinne zwischenstaatlicher Abgrenzung wie innerer Nationsbildung. Zweitens muß hier der Prozeß politischer Verfassungsbildung genannt werden, durch den der Übergang vom absolutistischen Obrigkeitsstaat zum demokratischen Verfassungsstaat realisiert wurde. Und drittens schließlich gehört der Prozeß der Industrialisierung in diesen Zusammenhang, durch den der Übergang von überwiegend agrarischen in überwiegend industrielle Erwerbsstrukturen vollzogen wurde. Im Ersten Weltkrieg kumulierten diese historischen Entwicklungsprozesse und führten zu einer gesamteuropäischen Strukturkrise. Wie diese seit 1918 von den einzelnen Ländern bewältigt wurde, hing davon ab, in welchem Zustand sie sich jeweils befanden. Es ist offensichtlich, daß nach dem Ersten Weltkrieg die Länder die größten Probleme hatten, in denen diese säkularen Prozesse parallel liefen oder sich sogar überschnitten. Länder wie Großbritannien, in denen der Prozeß der Nationalisierung ebenso abgeschlossen war wie der Übergang ins industrielle Zeitalter, hatten keine Probleme, akute Verfassungskrisen zu bewältigen. Wo, wie etwa in Rumänien, Ungarn, Jugoslawien oder auch Spanien, umgekehrt der Industrialisierungsprozeß noch großenteils ausstand und es an einer Demokratisierung des politischen Systems fehlte, führten nationale Existenzkrisen zu traditionalen Königs-, Präsidial- oder Militärdiktaturen. Nur unter den historischen Bedingungen relativer Gleichzeitigkeit von Verfassungskonflikten, wirtschaftlichen Wachstumskrisen und nationalen Konflikten kam es zur Entstehung faschistischer Regime. Diese historische Konstellation gab es in Europa nur in Italien und Deutschland, nur hier hatte der Faschismus daher eine Chance.

Es ist keine Frage, daß sich das faschistische Regime Hitlers in Deutschland ungeachtet einer ähnlichen historischen Ausgangslage zu einem sehr viel durchdringenderen Diktaturregime fortentwickelte als das Mussolinis. Das bedeutet jedoch nicht, daß das NS-Regime keinen faschistischen Charakter gehabt hätte. Vom 30. Januar 1933 bis zum Tod Hindenburgs und bis zu Hitlers Usurpation der Reichspräsidentschaft am 2. August 1934 hatte Hitlers politische Herrschaft in Deutschland einen ganz ähnlich faschistischen Charakter wie die Mussolinis in Italien. Es war eine auf die Person Hitlers zugeschnittene charismatische Vermittlungsdiktatur. Wie gerade die neueren kulturalistischen Forschungen zur symbolischen Repräsentation des Faschismus zeigen, gab es hier geradezu verblüffende Ähnlichkeiten zwischen den beiden Regimen. Während Mussolini sich jedoch nie ganz aus der Abhängigkeit von den fiancheggiatori befreien konnte, weshalb seine Diktatur ungeachtet seiner permanenten Bemühungen um eine politische Mobilisierung der Massen einen monarchischen Charakter behielt, konnte Hitler sich aufgrund der deutschen Verfassungsbedingungen aus dieser Abhängigkeit lösen und seine nationalkonservativen politischen Partner in kurzer Zeit abschütteln. Zugleich konnte er von einem ungleich größeren militärisch-industriellen Komplex profitieren, der Deutschland erneut zu einer der führenden Wirtschaftsmächte der Welt aufsteigen ließ. Das war die Grundlage für einen zerstörerischen Expansionsdrang, zu dem der Italofaschismus nur ansatzweise im Abessinienkrieg gefunden hat. Und schließlich konnte Hitler die Schubkraft eines rassistisch aufgeladenen Nationalismus nutzen, der die Deutschen weit mehr mit sich riß als die Romideologie des Ursprungsfaschismus die Italiener.

Man kann deshalb in Deutschland durchaus von einem einzigartig totalitären Faschismus sprechen, dessen Vernichtungscharakter ihn von seinem italienischen Vorbild abhebt. Die Entstehung dieses Faschismus ist jedoch nicht ohne das Vorbild des Ursprungsfaschismus in Italien zu erklären. Nicht das Totalitäre, sondern das Faschistische führt zum Kern des Verständnisses von Hitlers Gewaltregime in Deutschland. Nur weil er im Kern faschistisch war, konnte der Nationalsozialismus die Kumulierung von Modernisierungskrisen in Deutschland dazu nutzen, sich als ein Diktaturregime der besonderen Art etablieren und eine einzigartige Zerstörungskraft entfalten.

I. Der Ursprungsfaschismus in Italien

1. Benito Mussolini

Es war alles andere als abzusehen, daß der am 29.7.1883 in dem kleinen Dorf Predappio bei Forlì in der Romagna geborene Benito Mussolini in der ersten Hälfte des 20. Jahrhunderts nicht nur der beherrschende Politiker Italiens, sondern auch eine freilich bedrohliche Figur von europäischer Bedeutung werden könnte.[1] Weder entstammte er der schmalen gesellschaftlichen Oberschicht, welche das liberale Italien repräsentierte, noch war er in regionale klientelistische Netzwerke eingebunden, welche einen politischen Aufstieg garantierten. Er entstammte vielmehr einer eher kleinbürgerlich geprägten Familie, welche hart um ihren Lebensunterhalt kämpfen mußte. Was ihn allerdings früh über diese Lebenswelt herausragen ließ, war zum einen der Ehrgeiz der Mutter Rosa Maltoni, die es selbst zur Volksschullehrerin gebracht hatte, ihm eine durchaus bildungsbürgerliche Erziehung angedeihen zu lassen. Mussolini konnte, teilweise in einem katholischen Internat, bis zum achtzehnten Lebensjahr die Schule besuchen. Er erwarb dadurch Grundkenntnisse in fremden Sprachen und erhielt sogar einige Jahre lang Violinunterricht. Zum anderen wurde er durch seinen Vater Alessandro, dem er schon seinen ungewöhnlichen, der Bewunderung für den mexikanischen Freiheitskämpfer Benito Juarez geschuldeten Vornamen verdankte, frühzeitig politisiert. Alessandro Mussolini hatte den erlernten Beruf eines Schmiedes aufgegeben und ein kleines Café eröffnet, das ein Treffpunkt revolutionär gesinnter sozialistischer und anarchistischer Aktivisten war. Dem jungen Mussolini wurde hier der Geist rebellischer Auflehnung und der Ablehnung jeglicher Autorität vermittelt, der für ihn bestimmend bleiben sollte. Schon als Schüler gewöhnte er sich einen gewalttätigen und vor allem gegenüber Frauen rücksichtslosen Lebensstil an, der ihn, als er ab 1901 versuchte, als Lehrer sein Auskommen zu finden, beruflich scheitern ließ. Den dadurch sich häufenden persönlichen Schwierigkeiten entzog er sich 1902 durch die Flucht in die Schweiz.

Bis Ende 1904 führte er, mit Unterbrechungen, in der Schweiz und von 1907 bis 1909 im österreichischen Trient ein unruhiges Leben, das geprägt war von materiellen Entbehrungen einerseits und intellektuellem Heißhunger andererseits. Mussolini schlug sich als Bauarbeiter und mit rasch wechselnden Hilfsarbeitertätigkeiten durch und übernachtete vorwiegend in billigen Obdachlosenunterkünften. Zugleich begann er, angeleitet vor allem durch die revolutionäre Sozialistin Angelica Balabanoff und den italienischen Sozialistenführer Giacinto Menotti Serrati, die sozialistischen Klassiker zu lesen. Verbürgt ist auch, daß er an der Universität Lausanne bei Vilfredo Pareto gelegentlich Vorlesungen hörte und Georges Sorels »Reflexions sur la violence« las, die gerade von Benedetto Croce ins Italienische übersetzt worden waren. Er blieb jedoch eher ein Möchtegernintellektueller, der sich nur oberflächlich mit anspruchsvollen politischen Texten befaßte und diese nur ganz und gar eklektisch aufnahm. Schon früh gewöhnte er sich an, seine politischen Ansichten wahllos zu wechseln, sobald ihm das opportun zu sein schien. Es ist deshalb ziemlich fruchtlos, nach den Quellen von Mussolinis politischem Denken oder gar nach darin enthaltenen Konstanten zu suchen, die über die eines gewaltbereiten Aktionismus hinausgingen. Mussolini kann geradezu als das Urbild eines politischen Voluntaristen bezeichnet werden, für den die einzige theoretische Rechtfertigung immer nur der praktische Erfolg war. Fasziniert von den Theorien Le Bons, glaubte er daran, die Massen allein mit seinem politischen Willen bewegen zu können.

In der Schweiz und in Österreich entdeckte Mussolini erstmals seine journalistische Begabung, besonders jedoch auch sein Talent als politischer Agitator. Beide Erfahrungen nutzte er, als er 1909 nach seiner Ausweisung aus Österreich endgültig nach Italien zurückkehren mußte. Mit der Zeitschrift »Lotta di classe« profilierte er sich in Forlì als Exponent der revolutionären Linken in der Sozialistischen Partei Italiens. Der Sprung auf die nationale Bühne gelang ihm, als er sich 1911 gegen die reformistische Mehrheit der Partei stellte und Giolittis Kolonialkrieg in Libyen vehement kritisierte. Auf dem Kongreß der Sozialistischen Partei in Reggio Emilia gewann er daraufhin 1912 die Mehrheit für sich, woraufhin er die Parteizeitung »Avanti« als Chefredakteur und faktischer Parteiführer übernehmen konnte.

Entgegen seiner internationalistischen revolutionären Attitüde unterstütze Mussolini nach Ausbruch des Ersten Weltkrieges zunächst die italienische Neutralitätspolitik. Erst im Oktober 1914 trat er in einer seiner plötzlichen Wenden von der Chefredaktion des »Avanti« zurück und schlug sich auf die Seite der nationalistischen Interventionisten Italiens, die einen Kriegseintritt auf seiten der Westmächte forderten. Es ist nicht bis zum letzten geklärt, wie es ihm in kürzester Zeit gelungen ist, von der Kriegsindustrie, von der oberitalienischen Landwirtschaft, aber auch von der französischen Botschaft in Rom so viel Geld zu erhalten, daß er mit dem »Popolo d'Italia« am 15. November 1914 erstmals die Tageszeitung herausbringen konnte, die bis 1945 sein politisches Kampforgan bleiben sollte. Mussolini profilierte sich mit dieser Zeitung als Wortführer eines dezidiert nationalrevolutionären Sozialismus, dessen Durchsetzung er sich als Folgewirkung des Krieges versprach.

Von 1915 bis 1917 war Mussolini als anonymer Soldat an der Front, ohne sich im festgefahrenen Stellungskrieg am Isonzo irgendwie hervorzutun. Er brachte es gerade einmal zum Unteroffizier. Bei einer Explosion verwundet, wurde er im Februar 1917 vorzeitig aus dem Heer entlassen. Das gab ihm unverhofft die Gelegenheit, im »Popolo d'Italia« seine nationalrevolutionäre Propaganda zu verschärfen, wobei er den von ihm verbal immer noch vertretenen Sozialismus allmählich diskreditierte. Gleichwohl schien er bei Kriegsende politisch erledigt zu sein, nachdem sich alle seine revolutionären Voraussagen nicht erfüllt hatten. Früher als andere erkannte er jedoch, welches politische Potential für ihn die Millionen von heimkehrenden, gesellschaftlich entwurzelten Frontkämpfer bieten könnten. Geschickt bemächtigte er sich des Slogans von der *vittoria mutilata* (dem verstümmelten Sieg), der italienischen Variante der deutschen Dolchstoßlegende, und propagierte einen ungehemmten imperialistischen Expansionismus. Einmal wetterte er gegen die konservativen Eliten, dann gab er sich als treuer Monarchist. Sein offener Antiklerikalismus hinderte ihn nicht, sich bei passender Gelegenheit positiv zur Rolle der katholischen Kirche in Italien zu äußern. Einen vorgeblichen Antikapitalismus verband er mit Avancen an die große Industrie. Es ist nicht möglich in diesem Konglomerat populistischer Äußerungen einen klaren politischen Sinn zu erkennen, es sei denn den, sich nicht festzulegen und potentiell nach allen Seiten hin offen zu erscheinen.

Es war diese Strategie bewußter politischer Unberechenbarkeit, die ihn schließlich auch dazu brachte, in Mailand am 23. März 1919 die Bewegung der Faschistischen Kampfbünde (*fasci di combattimento*) zu gründen. Er vereinte darin politisch durchaus widersprüchliche Gruppen von revolutionären Syndikalisten, Futuristen, Republikanern, Anarchisten und Nationalisten, die er als oberster Führer charismatisch auf seine Person einschwor. Der erhoffte politische Aufschwung blieb jedoch zunächst aus, bei den Parlamentswahlen vom November 1919 erlitten die Faschisten eine vernichtende Niederlage. Mussolini verlagerte daraufhin die Aktivitäten der Faschisten auf die Straße. In den grenznahen Regionen zu Jugoslawien, vor allem in Triest, taten sich die uniformierten Stoßtrupps des Faschismus, die *squadre*, durch blutige Ausschreitungen gegen die slawische Bevölkerung hervor. Das war die Geburtsstunde eines antislawischen Rassismus, ohne den der Faschismus künftig nicht mehr denkbar sein sollte.

Die Fabrikbesetzungen in Norditalien im September 1920 nutzte Mussolini, um sich als Vorkämpfer gegen einen vermeintlich bevorstehenden kommunistischen Umsturz zu profilieren. Von diesem konnte in Wahrheit in Italien nie die Rede sein, die antikommunistische Frontstellung verschaffte Mussolini jedoch bei den durch die Nachkriegskrise Italiens verunsicherten bürgerlichen Mittelschichten und den norditalienischen Landbesitzern, die sich durch die sozialistischen Landarbeitergewerkschaften bedroht sahen, den für seinen weiteren politischen Aufstieg entscheidenden Rückhalt. Daß er mit seinen *squadre* selbst den Bürgerkrieg schürte und zunehmend eine Stimmung politischer Unsicherheit erzeugte, wurde dabei von seinen Sympathisanten in Kauf genommen.

Im Winter 1920/21 wurde der Faschismus zu einer Massenbewegung. In ganz Oberitalien sich verbreitend und in den Süden bis in die Toskana ausstrahlend, bildeten sich in kürzester Zeit zahllose *fasci*, die sich durch schiere Gewalttätigkeit und gezielten Straßenterror gegen die sozialistische, aber auch die katholische Bewegung hervortaten. Sie ordneten sich regionalen Anführern unter, die nach dem Vorbild der abessinischen Stammeshäuptlinge ras genannt wurden. Der soziale Kern dieses Agrarfaschismus (*fascismo agrario*) bestand aus deklassierten Frontkämpfern, politischen Desperados, Studenten sowie Söhnen der oberitalienischen Latifundienbesitzer, welche die gewalttätige Bewegung auch großenteils finanzierten. Mussolini drohte gegenüber selbstbewußten faschistischen Provinzführern wie Italo Balbo (Ferrara), Dino Grandi (Bologna) oder Roberto Farinacci (Cremona) ins Hintertreffen zu geraten. Auf dem ersten Nationalkongreß der *fasci di combattimento* in Rom gelang es ihm jedoch im November 1921, die aufbegehrenden Unterführer des Faschismus mit einem politischen Geniestreich zu disziplinieren. Er erzwang die Umwandlung der heterogenen faschistischen Bewegung (*movimento*) in eine regelrechte Partei (*partito*). Als oberstem *Duce* des *Partito Nazionale Fascista* (PNF) unterstellten sich ihm die faschistischen Provinzführer freilich nur formal, ihre regionalen Freiräume für eigenmächtige Gewaltaktionen mußte Mussolini ihnen zunächst noch lassen. Für den Faschismus war deshalb noch weiterhin charakteristisch, daß er mehr ›Bewegung‹ als ›Partei‹ war. Bis zum Herbst 1922 eroberten sich die oberitalienischen Provinzführer durch organisierte Gewalttätigkeit wie die Zerstörung sozialistischer und katholischer Parteizentren, die massenhafte Verprügelung und körperliche Verstümmelung politischer Gegner sowie durch regelrechten Mord ganze Regionen, in denen sie die meist passive Staatsgewalt weitgehend außer Kraft setzten. In Italien schien somit keine kommunistische Revolution, wohl aber ein faschistischer Umsturz zu drohen.

Die blinde Gewalttätigkeit des Provinzfaschismus wäre auf die Dauer jedoch selbst von den schwachen liberalen Nachkriegsregierungen Italiens unterdrückt worden, sosehr zunächst selbst bei der Polizei und im Heer große Sympathien für den Faschismus bestanden. Für Mussolini kam daher alles darauf an, sich das Drohpotential des gewalttätigen Provinzfaschismus gegenüber dem politischen Establishment zunutze zu machen, ohne diesen tatsächlich zum Zuge kommen zu lassen. Es war ohne Frage seine größte politische Meisterleistung, daß ihm dies mit dem ›Marsch auf Rom‹ am 28.10.1922 gelang. Um an die politische Macht zu kommen, verfolgte Mussolini die Doppelstrategie, sich als Retter vor einem gewaltsamen Umsturz anzubieten, den er durchaus selbst betrieb. Dabei kam ihm zugute, daß man ihn auf seiten der liberalen und konservativen Eliten politisch unterschätzte. Bei den Wahlen von 1921 waren die Faschisten gerade einmal auf 35 Parlamentsabgeordnete gekommen. Das war eine kleine radikale Minderheit, die auf sich gestellt kaum etwas politisch bewirken konnte. Mussolini kam jedoch zugute, daß das politische System der parlamentarischen Monarchie in Italien nur halbherzig verteidigt wurde und die Sehnsucht nach autoritären Lösungen weit verbreitet war. Die parlamentarischen Parteiführer des Liberalkonservativismus wie Francesco Nitti oder Giovanni Giolitti, aber zunächst auch ein Mann wie Benedetto Croce, glaubten deshalb Mussolini politisch einbinden zu können, nachdem er seine potentielle Bürgerkriegsarmee entwaffnet hatte. Nachdem Mussolini nach dem ›Marsch auf Rom‹ vom König mit der Regierungsbildung beauftragt worden war, lautete das wichtigste politische Schlagwort Italiens denn auch ›Normalisierung‹ (*normalizzazione*).

Für diese Strategie der politischen Einbindung schien paradoxerweise gerade der ›Marsch auf Rom‹ zu sprechen. Ungeachtet des militärischen Aufzugs handelte es sich um alles andere als einen gewaltsamen Putsch. Mussolini ließ seine faschistischen Kohorten zwar aufmarschieren, verhandelte dann aber mit möglichen bürgerlichen Koalitionspartnern ganz konventionell über eine Regierungsbildung. Erst als diese gesichert und vor allem sein Anspruch auf das Amt des Ministerpräsidenten durchgesetzt war, ließ Mussolini die im übrigen nur schlecht bewaffneten Faschisten in Rom einmarschieren. Es handelte sich also bei dem ›Marsch‹ am Ende mehr um eine propagandistische Inszenierung, welche den eigenen Anhängern eine revolutionäre Aktion vorgaukeln sollte, als um einen staatsbedrohenden Putsch. Selbst der schwankende und politisch unsichere König Viktor Emanuel III. scheint dies letztlich begriffen zu haben, weshalb er den schon ausgerufenen Belagerungszustand, welcher die politische Initiative in die Hand der Armee gelegt hätte, in letzter Minute widerrief. Nur folgerichtig schien es zu sein, daß Mussolini Anfang 1923 die faschistischen *squadre* in eine seinem Oberbefehl unterworfene, freilich auch staatlich alimentierte Miliz, die *Milizia Volontaria per la Sicurezza Nazionale* (MVSN) umwandelte. Die potentielle Bürgerkriegsarmee wurde damit formal ein Staatsorgan, faktisch schuf sich Mussolini jedoch ein Nebenheer. Auch dies glaubte man jedoch auf seiten der nationalkonservativen Bündnispartner hinnehmen zu können, da Mussolini die königliche Prärogative in einem ganz entscheidenden Punkt nicht angetastet hatte: der König behielt nicht nur den Oberbefehl über die gesamte bewaffnete Macht, wie bisher ernannte er auch sowohl den Heeresminister als auch den Marineminister.

Zur Beruhigung der bürgerlichen Koalitionspartner trug weiterhin erheblich bei, daß Mussolini seit dem Frühjahr 1923 den PNF über eine neu konstituierte Parteizentrale in Rom energisch zu disziplinieren suchte. Es kam zu einer Welle heftiger Konflikte in fast allen norditalienischen Parteibezirken, bei denen aber am Ende fast überall besonders gewalttätige, freilich vielfach auch eher gemäßigte Gruppierungen in den *dissidentismo* abgedrängt wurden. Auch wenn die von der römischen Zentrale betriebene organisatorische Zentralisierung dabei ebensowenig erreicht wurde wie die von den Wortführern eines faschistischen Revisionismus, wie vor allem Massimo Rocca, angestrebte Liberalisierung der Partei, wurde das Ansehen Mussolinis durch sein Vorgehen gegen die eigenen Anhänger bei den staatstragenden Schichten Italiens enorm gefestigt.

Beruhigend mußte auch erscheinen, daß Mussolini 1922 ein Kabinett gebildet hatte, in dem nur ganz wenige Faschisten ein Ministeramt erhielten, er allerdings selbst die Schlüsselressorts des Innen- und des Außenministeriums mitübernommen hatte. Schließlich schien Mussolini auch dadurch den politischen Erwartungen seiner bürgerlichen Sympathisanten zu entsprechen, daß er am 6. April 1924 Neuwahlen ansetzte, die seine faschistische Koalitionsregierung nachträglich parlamentarisch legitimieren sollten. Sogar die Tatsache, daß Mussolini für diese Wahlen eigens das Wahlrecht ändern ließ, wodurch die siegreiche Wahlliste mit zusätzlichen Parlamentssitzen belohnt wurde, nahm man hin, weil der Regierungschef in einer ganz großen Wahliste (*listone*) Faschisten, Nationalisten, Konservative, Liberale und Katholiken vereinigte. Selbst einzelne sozialistische Gewerkschafter versuchte Mussolini für diese Liste zu gewinnen, was jedoch an der Führung der Sozialistischen Partei Italiens (*Partito Socialista Italiano*), der einzig noch verbliebenen wirklichen Oppositionspartei, scheiterte.

Wenn sich die Sympathisanten des Faschismus nach den Aprilwahlen noch der Illusion hingeben konnten, Mussolini politisch domestiziert zu haben, wurden sie wenig später eines besseren belehrt. Der sozialistische Fraktionsführer Giacomo Matteotti hielt während der Eröffnungssitzung des neuen Parlaments eine mit Fakten gespickte Rede, in der er der faschistischen Regierung im Zusammenhang mit dem Wahlkampf anhaltende Gewalttätigkeit, Behinderung der Pressefreiheit sowie persönliche Bereicherung und Korruption vorwarf. Matteotti wurde daraufhin von einer Schlägerbande von Berufsverbrechern, die Mussolini im von ihm geleiteten Innenministerium insgeheim hatte zusammenstellen lassen, entführt und ermordet. Auch wenn seine persönliche Verstrickung in diese politische Mordtat bis heute nicht bis zum letzten geklärt werden kann, konnte schon bei den Zeitgenossen kaum ein Zweifel daran bestehen, daß Mussolini das Verbrechen politisch zu verantworten hatte. Seine Regierung geriet in eine tiefe Krise, äußerlich sichtbar an dem Auszug der Opposition aus dem Parlament auf einen symbolischen ›Aventin‹. Mussolini konnte sich jedoch mit einer Mischung aus politischer Einschüchterung und Bestechung bis zum Jahresende an der Regierung halten, ehe er in einem sowohl gegenüber den gemäßigten Kräften als auch gegenüber den radikalen Faschisten genau kalkulierten Befreiungsschlag am 3. Januar 1925 für den Mord die »volle Verantwortung« übernahm, um daraus jedoch abzuleiten, daß er künftig selbst für ›Ordnung‹ sorgen müsse. Das war die Ankündigung seiner persönlichen Diktatur. Der 3. Januar kam insofern einem politischen Staatsstreich gleich.

Bis 1929 baute Mussolini das politische System Italiens Schritt für Schritt zu einer Diktatur um, ohne den von ihm proklamierten totalitären Staat (*stato totalitario*) allerdings vollständig herbeiführen zu können. Die Monarchie und damit die Immediatstellung des Offizierskorps und der hohen Bürokratie zum König blieb zumindest formal erhalten, was Mussolini jedoch in seiner Machtfülle wenig beeinträchtigte, da sich Viktor Emanuel III. bis 1943 als willfähriger Komplize des faschistischen Regimes erwies. Durch die großzügigen Konzessionen, die er gegenüber der katholischen Kirche in den Lateranverträgen von 1929 machte, erkaufte sich Mussolini auch deren Loyalität. Papst Pius XI. sah in ihm nicht nur den »Mann der Vorsehung«, sondern unterstützte ihn bis zu seinem Tod 1939 gerade auch bei Mussolinis Kriegsabenteuern nahezu bedingungslos.

Die Aufhebung der Presse- und Versammlungsfreiheit, die Einführung einer politischen Justiz und das Verbot aller nichtfaschistischen Parteien und Gewerkschaften führte nicht zu einer faschistischen Einparteiendiktatur. Im Mittelpunkt der faschistischen Diktatur stand vielmehr allein Mussolini. Als *Duce del fascismo* war er nicht nur innerhalb der faschistischen Partei als ›Führer‹ unumstritten, sondern genoß auch im großen, bis zum König reichenden Lager der Sympathisanten uneingeschränktes politisches Vertrauen. Nur er war daher in der Lage, die prekäre Allianz zwischen den traditionellen Führungseliten und der faschistischen Massenpartei politisch auszubalancieren. Das faschistische Regime war deshalb eine ausschließlich personal bedingte Führerdiktatur.

Bezeichnenderweise hütete sich Mussolini, dieses eigentümliche politische System verfassungsrechtlich zu institutionalisieren. Seine politische Herrschaft beruhte auf undurchsichtigen, aber eingespielten Beziehungsnetzen, nicht auf klar definierten Regelsystemen.

Dieses eigentümliche Diktatursystem führte dazu, daß alle politischen Entscheidungsprozesse bei Mussolini zusammenliefen. Aufgrund dieser extremen Zentralisierung stand der Diktator unter ständigem Handlungszwang, eine politische Aufgabe, die Mussolini vollständig überforderte. Er hatte daher in der Praxis in viel geringerem Maße alle Fäden in der Hand, als er nach außen hin den Anschein zu erwecken suchte. Er befand sich tatsächlich unter einem permanenten Entscheidungszwang, ohne jedoch immer kontrollieren zu können, ob und inwieweit seine Anordnungen, Tagesbefehle und Urteile überhaupt durchgeführt wurden. Zwar konnte keine wichtige Entscheidung ohne Mussolini getroffen werden, wie die ›Führerbefehle‹ (*ordini del giorno*) umgesetzt wurden, hatte Mussolini jedoch nicht unter Kontrolle. Er versuchte dieses systembedingte Defizit je länger, desto mehr durch einen dezisionistischen Aktionismus wettzumachen, der jedoch nur politische Entschlossenheit vortäuschte, ohne auf einem langfristig angelegten Programm zu beruhen.

Tatsächlich interessierte er sich meist auch nur wenig für die Ausführung seiner ›Führerbefehle‹. Sehr viel mehr war er damit beschäftigt, sich über die Stimmung in der Bevölkerung, aber auch über die Aktivitäten seiner politischen Mitarbeiter auf dem laufenden zu halten. Es ist bezeichnend, daß er zwar kaum Akten las, dafür aber regelmäßig Protokolle von abgehörten Telefongesprächen und Berichte, die Geheimagenten über die Stimmung in der Bevölkerung übersandten. Ungeachtet des um ihn herum inszenierten Personenkultes, der dazu führte, daß ihm kaum noch jemand zu widersprechen wagte, war sein gesamtes Verhalten durch ein abgrundtiefes Mißtrauen gegenüber jedermann geprägt. Nicht zufällig war Arturo Bocchini, der von 1926 bis zu seinem Tod 1940 Chef der politischen Geheimpolizei war, sein wohl wichtigster Adlatus. Als einziger politischer Funktionsträger des faschistischen Regimes wurde er von Mussolini nie ausgewechselt, während dieser als oberster Parteiführer und als Regierungschef sonst ständig seine Mitarbeiter austauschte. Das soll nicht heißen, daß sich Mussolini ständig mit neuen Parteiführern, Ministern, Präfekten und im Krieg auch Generälen umgab, vielmehr sorgte er für einen ständigen Rollentausch. Manche, wie z.B. Dino Grandi, gerieten dadurch zeitweise in den politischen Wartestand, Mussolini achtete jedoch darauf, niemand auf Dauer von der politischen Macht fernzuhalten, der einmal eine wichtigere Funktion im faschistischen Regime gehabt hatte. Es kann kein Zweifel daran bestehen, daß er auf diese Weise in erster Linie das Hochkommen potentieller Rivalen zu verhindern suchte. Das beste Beispiel dafür ist die Art und Weise, wie er 1925/26 zunächst die Hilfe Roberto Farinaccis als Parteisekretär bei der Disziplinierung des PNF in Anspruch nahm, um ihn dann nach getaner Arbeit abzusetzen.

Die faschistische Führerdiktatur beruhte jedoch nicht allein auf der Virtuosität Mussolinis, eine Allianz widersprüchlicher politischer Kräfte durch ein Netz politischer Abhängigkeiten zusammenzuhalten. Dies haben auch andere Diktatoren des 20. Jahrhunderts in ähnlicher Weise praktiziert. Ihren unverwechselbaren faschistischen Charakter erhielt die Diktatur erst durch den einzigartigen Massenbezug, den Mussolini als *Duce del fascismo* in Italien hatte. Es war dieser charismatische Aspekt seiner persönlichen Führerherrschaft, der dem faschistischen Regime seinen originären Charakter gab. Zwar kann nicht die gesamte Führerdiktatur Mussolinis im Sinne Max Webers als ›charismatische Herrschaft‹ verstanden werden, wohl aber wurde die enorme Außenwirkung, die das faschistische Regime in ganz Europa, vor allem aber in Deutschland erzielte, in besonderem Maße durch die massensuggestive Wirkung der öffentlichen Auftritte des *Duce* bestimmt.

Mussolini entdeckte frühzeitig die modernen Möglichkeiten der Massenbegeisterung und wußte diese für die politische Beeinflussung der Bevölkerung zu nutzen. Schon 1925 gründete er das Istituto Nazionale Luce, das die gesamte Foto- und Filmproduktion koordinierte und zu einem enormen, von der staatlichen Propaganda virtuos genutzten Aufschwung dieses Mediums in Italien führte. Das 1935 geschaffene Ministerium für Volkskultur (*Ministero della Cultura Popolare*) wurde zwar nach nationalsozialistischem Vorbild gegründet, führte jedoch im wesentlichen die im Faschismus schon zuvor bestehende propagandistische Nutzung von Film und Rundfunk fort. Ähnlich wie die modernen Unterhaltungsmedien wußte Mussolini auch schon frühzeitig den modernen Sport zu politischen Zwecken zu nutzen. Das bis dahin keineswegs besonders sportbegeisterte Land wurde durch die faschistische Propaganda zu kollektiven Erfolgserlebnissen gebracht. 1932 belegte Italien bei den Olympischen Spielen in Los Angeles den zweiten Platz in der sogenannten Nationenwertung. 1934 und 1938 wurden die Italiener Weltmeister im Fußball, wobei vor allem die in Rom stattfindende Weltmeisterschaft von 1934 vom faschistischen Regime mit Erfolg zur Massenakklamation genutzt wurde. Daß ein italienischer Radfahrer 1938 die Tour de France im Mutterland der modernen Demokratie gewann, konnte vollends die Überlegenheit des Faschismus im modernen Sport unter Beweis stellen. Durch die spektakulären Formationsflüge italienischer Piloten demonstrierte der Faschismus überdies seit 1933, daß sich sportliche Höchstleistungen mit militärischer Modernisierung verbinden ließen.

Mussolini ließ sich seit Anfang der dreißiger Jahre mit einem gewaltigen publizistischen, ikonographischen und photographischen Aufwand als *Duce del fascismo* inszenieren, wobei das Wort DUCE seit 1933 sogar offiziell in Großbuchstaben geschrieben werden mußte. In Anlehnung an die römische Kaiserzeit sah er sich als neuer Augustus, der in seiner Person die gesamte Nation repräsentierte. In zahllosen sogenannten ozeanischen Aufmärschen (*adunate oceaniche*) inszenierte er den Dialog mit den Massen, denen er gleichzeitig jedoch bewußt entrückt blieb. Sehr bezeichnend ist, daß er sich in zahllosen Berufsrollen und Sportlerposen photographieren ließ. Ob als Landarbeiter bei der Weizenernte, als Bergmann, als Hafenarbeiter oder als Maurer mit der Spitzhacke, Mussolini schien jedermann zu sein und doch niemand. Die gleiche Wirkung hatte es, wenn er z.B. als Rennfahrer, als Tennisspieler, als Schwimmer, als Reiter oder sogar als Skifahrer abgelichtet wurde. Hinter dem vervielfältigten Bild des sportlichen Alleskönners verschwand das eigentliche menschliche Original. Mussolini sollte den Italienern nicht als Mensch nähergebracht werden, vielmehr sollte er als omnipräsenter Übermensch erscheinen.

Die politische Apotheose des *Duce* hatte daher alle Züge eines modernen, d.h. konstruierten Mythos an sich. Dieser wurde von der faschistischen Propaganda regelrecht produziert, weshalb man auch von einer »Fabbrica del Duce« (Dino Biondi) gesprochen hat. Er überwölbte die faschistische Partei ebenso wie die Monarchie. Der Faschismus sollte Mussolinismus sein, nicht Parteifaschismus, aber auch nicht monarchischer Faschismus. Angesichts der heterogenen sozialen Basis des faschistischen Regimes, das in den dreißiger Jahren einerseits von einer alles beherrschenden faschistischen Massenpartei, andererseits aber immer noch von konservativen Führungseliten bestimmt wurde, die sich an der Monarchie orientierten, hatte der Mussolini-Mythos zweifellos eine integrierende Funktion. Er hielt die heterogenen Elemente des Regimes zusammen. Auch wenn man die polizeistaatliche Unterdrückung immer in Rechnung stellen muß, liefert er auch die entscheidende Erklärung dafür, weshalb das faschistische Regime Mussolinis Mitte der dreißiger Jahre den Höhepunkt an Zustimmung erreichte. Diese »anni del consenso« (Renzo De Felice) entsprangen keiner spontanen Akklamation, geschweige denn kommunikativen Aushandlungsprozessen, sie waren vielmehr durch die totale propagandistische Überwältigung der Bevölkerung geprägt. Der ›Konsens‹ wurde organisiert, er kam nicht durch freie individuelle Willensentscheidungen zustande. Schon gar nicht wurde er durch die inhaltliche Festlegung auf bestimmte Programme hergestellt. Als Mussolini 1932 eine »Faschistische Doktrin« (*Dottrina del fascismo*) veröffentlichte, zeichnete sich dieser nichtssagende Text, soweit er nicht von dem faschistischen Philosophen Giovanni Gentile stammte, durch eine bemerkenswerte Unbestimmtheit aus. Mussolini wollte sich auch auf dem Höhepunkt seiner Macht um keinen Preis politisch festlegen lassen, ihm kam es darauf an, sich ständig chamäleonartig verändern zu können.

Statt die Massen zu indoktrinieren, setzte Mussolini diese ständig neuen Mobilisierungskampagnen aus. Aus immer neuem Anlaß wurden die Italiener von der faschistischen Propaganda auf gemeinsame politische Ziele ausgerichtet. Mussolini wollte damit den Eindruck erwecken, mit seinem Regime ständig im Aufbruch zu neuen Ufern zu sein. Die Nation sollte, in kollektiver ›Bewegung‹ vereint, allzeit bereit zu neuen Taten sein und nur noch »glauben, gehorchen, kämpfen« (*credere, obbedire, combattere*), wie der von Mussolini geprägte und von der faschistischen Propaganda endlos wiederholte Slogan lautete.

Es ist bezeichnend, daß diese Kampagnen wie militärische Feldzüge aufgezogen wurden. Immer ging es gleich um ›Schlachten‹, in denen sich angeblich das Sein oder Nichtsein Italiens entschied. Das begann 1925 mit der ›Getreideschlacht‹ (*battaglia del grano*), welche Italien bei der Lebensmittelversorgung autark machen sollte. Es folgte 1927 die Lira-Schlacht für die ›Quote neunzig‹ (*quota novanta*), welche den Wechselkurs der Lira gegenüber dem

Pfund Sterling fixieren sollte. Auch die Einleitung der großen Urbarmachungsmaßnahmen wurde 1928 als ›Schlacht‹ für die ›vollständige Urbarmachung‹ (*bonifica integrale*) der italienischen Sumpfgebiete angekündigt. Der Höhepunkt dieser Kampagnen wurde zweifellos am 18. Dezember 1935 mit dem Tag des Eherings (*giornata della fede*) erreicht. Mit Hilfe einer überaus geschickten propagandistischen Inszenierung wurden die Italiener an diesem Tag dazu veranlaßt, ihre Eheringe für das ›Vaterland‹ zu spenden. Das kam einer nationalen »Einverständniserklärung mit dem Faschismus« (Petra Terhoeven) gleich, wie sie das faschistische Regime bis dahin noch nicht erwirkt hatte. Besonders wichtig war die geschlechtsspezifische Bedeutung dieser Mobilisierung: der Faschismus erreichte erstmals in großem Stil die Frauen, die bis dahin in der männerbündischen Welt des Faschismus noch kaum Platz gefunden hatten.

Die Eheringspende stand im Zusammenhang mit dem am 2. Oktober 1935 erfolgten militärischen Überfall des faschistischen Italiens auf das Königreich Abessinien, der 1936 zu einem regelrechten Vernichtungskrieg ausarten sollte. Die Massenmobilisierung, die Mussolini bei dieser Gelegenheit gelang, galt also einem Krieg. Für ihn bestätigte sich damit die politische Erfahrung, die er 1914 mit seiner jähen interventionistischen Wende gemacht hatte: Nichts eignete sich besser für eine aktionistische Massenpolitik als die Ausrichtung auf einen Krieg. Mit der willkürlichen Anzettelung von einer ganzen Serie von Angriffskriegen dekuvrierte Mussolini sich zwar außerhalb Italiens als imperialistischer Gewaltpolitiker, aber sein faschistisches Führerregime wurde dadurch im Innern gefestigt.

Seit Ende der zwanziger Jahre hatte er die aufständischen Senussi in Libyen in einem blutigen Kolonialkrieg niederkämpfen lassen. Den Abessinienkrieg ließ er erstmals mit einer gezielten innenpolitischen Kriegspropaganda verbinden. Kaum war dieser von ihm am 9. Mai 1936 mit der Ausrufung des *Impero fascista* für beendet erklärt worden, nutzte er schon im Juli desselben Jahres die Gelegenheit, militärisch in den Spanischen Bürgerkrieg einzugreifen. Und nur einen Monat nach der Beendigung dieses militärischen Engagements ließ er im April 1939 Albanien überfallen, um es in das *Impero fascista* einzugliedern. Auch jetzt waren die »Guerre di Mussolini« (Giorgio Rochat) noch nicht zu Ende. Am gravierendsten war für Italien, daß Mussolini das ökonomisch und militärisch erschöpfte Land am 10.6.1940 in den Zweiten Weltkrieg trieb, nachdem er sich 1939 seinen Bündnisverpflichtungen zunächst noch durch eine sogenannte Nichtkriegsführung (*non belligeranza*) entzogen hatte. Weder die von Mussolini 1941 in Griechenland und in Nordafrika angezettelten Kriege noch sein militärisches Engagement im Krieg gegen die Sowjetunion brachten jedoch die Erfolge, die sich Mussolini illusionär erträumt hatte. Eine völlig unzureichende Rüstungsindustrie, der Mangel an generalstabsmäßiger Planung und die Unfähigkeit Mussolinis, den dem König abgetrotzten militärischen Oberbefehl im Kriege zu nutzen, ließen sich nicht einfach durch Appelle an den Willen (*volontà*) und die Disziplin (*disciplina*) der Nation übertünchen. Anstatt durch den in Permanenz geführten Krieg einen neuen Menschen zu schaffen und die Italiener gestählt an sein faschistisches Diktaturregime zu binden, mußte Mussolini im Laufe des Zweiten Weltkrieges erleben, daß sich in Italien eine allgemeine Kriegsmüdigkeit ausbreitete und sich die große Mehrheit der Italiener vom Faschismus abwandte.

Seit den kriegsentscheidenden militärischen Niederlagen von El Alamein in Nordafrika und von Stalingrad in der Sowjetunion 1942/43 hing das politische Überleben Mussolinis größtenteils nur noch von seinem faschistischen Bündnispartner Adolf Hitler ab. Mussolini hatte sich mit diesem geistesverwandten Diktator ursprünglich politisch und militärisch verbündet, weil er sich nicht zu Unrecht als dessen Lehrmeister fühlte und daraus eine gleichberechtigte politische Partnerschaft, wenn nicht seine eigene Dominanz glaubte herleiten zu können. Von der Ausrufung der ›Achse Rom–Berlin‹ durch Mussolini am 1. November 1936 über den Abschluß des ›Stahlpaktes‹ im Mai 1939 in Berlin bis zum Eintritt Italiens in den Dreimächtepakt im September 1940 vollzog sich ein atemberaubender Annäherungsprozeß zwischen den beiden faschistischen Diktaturen, der keineswegs auf das rein Diplomatische und Militärische beschränkt blieb. Mussolini und Hitler setzten eine transnationale Kooperation in Gang, die auf parteipolitischem, sozialpolitischem, sportlichem, touristischem, wirtschaftlichem und kulturellem Gebiet zu einer Verdichtung der Beziehungen führte, die zwischen Italien und Deutschland bis dahin nicht ihresgleichen hatte. Diese häufig spannungsreiche, jedoch enorm dichte Verzahnung der beiden faschistischen Regime wurde in erster Linie durch die eigentümliche, sogar den beiderseitigen politischen Niedergang überdauernde ›Männerfreundschaft‹ zwischen Mussolini und Hitler herbeigeführt. Ungeachtet zahlreicher Vorbehalte und häufig genug überheblicher Abgrenzungsbemühungen sowohl auf deutscher wie auf italienischer Seite hielten die beiden faschistischen Diktatoren an ihrer gegenseitigen Wertschätzung bis zuletzt fest. Hitler zögerte nicht, Mussolini befreien zu lassen, nachdem dieser am 25. Juli 1943 auf dramatische Weise von seinen engsten Parteiführern desavouiert und vom König entlassen und festgesetzt worden war. Noch 1945 äußerte er, daß Mussolini letzten Endes sein einziger Freund gewesen sei. Für Mussolini blieb Hitler selbst dann noch der ruhende Pol, als längst die militärische Niederlage im Weltkrieg und der Untergang des Faschismus abzusehen war. Stets aufs neue ließ er sich bei den zahlreichen persönlichen Treffen von Hitlers Fanatismus anstecken, auch wenn er zuvor zutiefst pessimistisch und hochgradig depressiv angereist war. Es war dies der Dialog zweier politischer Desperados, die sich durch ihre rigorose Unterdrückungspolitik im Innern und ihre rücksichtslose Imperialpolitik im Äußern vollständig diskreditiert hatten.

Die politische Abhängigkeit Mussolinis trat vollends zutage, als er nach dem Willen Hitlers in Oberitalien eine »Italienische Sozialrepublik« (*Repubblica Sociale Italiana*) einrichten durfte. Die Entstehung dieses Satellitenstaates verdankte sich dem Kalkül Hitlers, Italien nach dem Abschluß des Waffenstillstandes mit den Westmächten am 8.9.1943 nicht der vom König an der Stelle Mussolinis eingesetzten Regierung Badoglios überlassen zu können. In kürzester Zeit wurden nicht nur etwa 800 000 italienische Soldaten von der Wehrmacht entwaffnet und größtenteils nach Deutschland deportiert, sondern auch eine faschistische Gegenregierung installiert, die das nunmehr politisch geteilte Land bis zum endgültigen Zusammenbruch des Faschismus am 25.4.1945 in einem zunehmend schrumpfenden Gebiet Norditaliens regieren durfte. Als »besetzter Verbündeter« (Lutz Klinkhammer) stand Mussolini mit seiner weitgehend ohnmächtigen Regierung unter der Kontrolle der deutschen Besatzungsmacht. Jedoch erhielt er da weitgehende Freiräume, wo er sich durch eine rücksichtslose Repressionspolitik dem totalitär-faschistischen Regime des Nationalsozialismus annäherte. Nicht mehr durch die Monarchie und der dieser gegenüber loyalen Generalität und hohen Beamtenschaft in seinem diktatorischen Impetus gehemmt, kam der Faschismus in seiner rein republikanischen Form in vieler Hinsicht zu sich selbst. In einem Schauprozeß rechnete Mussolini mit den ehemaligen faschistischen Getreuen ab, die am 25.7.1943 in der letzten Sitzung des Faschistischen Großrats (*Gran Consiglio*) gegen ihn votiert hatten, und ließ eine Reihe von ihnen, darunter seinen Schwiegersohn Galeazzo Ciano, hinrichten. Die industrielle Arbeiterschaft versuchte er durch ein scheinbar radikales Sozialisierungsprogramm zu gewinnen, was freilich an deren katastrophalen Lebensbedingungen scheiterte und im März 1944 sogar zum größten Generalstreik in einem von der Wehrmacht besetzten Land führte. Der Streik wurde von den politischen Untergrundführern der kommunistischen, sozialistischen und aktionistischen Parteien organisiert, die sich zu einer machtvollen Widerstandsbewegung (*Resistenza*) gegen das nationalsozialistische Besatzungsregime zusammengefunden hatten. Die *Resistenza* repräsentierte damit ein anderes Italien als das des Kollaborationsregimes Mussolinis.

Am stärksten entlarvte sich jedoch Mussolinis republikanischer Faschismus durch seine aktive Beteiligung an der Verfolgung der von der Ermordung bedrohten italienischen und ausländischen Juden auf dem Gebiet der RSI. Es kann heute als gesichert gelten, daß die aktive Zusammenarbeit mit den Häschern nicht durch die deutschen Besatzungsbehörden erzwungen wurde, sondern auf einem genuin faschistischen Rassismus beruhte, der nicht zuletzt bei Mussolini persönlich auch antisemitisch geprägt war. Mussolini teilte schon das rassistische Überlegenheitsgefühl gegenüber Slowenen und Kroaten, das die ersten Faschisten großenteils antrieb. Er duldete nicht nur, sondern förderte auch schon früh die radikal-antisemitischen Gruppen innerhalb der faschistischen Partei, wenn er sich auch deren politische Programmatik bis in die dreißiger Jahre hinein offiziell nicht zu eigen machte. Zu einem rassistischen Diktator machten ihn dann jedoch endgültig die Entfesselung, die Durchführung und das Ergebnis des Abessinienkrieges. Der Vernichtungskrieg in Abessinien wurde von einer rassistischen Propaganda unterstützt, in der die angebliche biologische Überlegenheit der Italiener gegenüber den Afrikanern geradezu das politische Leitmotiv war. Je länger der Krieg dauerte, desto heftiger wurden die kolonialen Diskurse Mussolinis von deutlich biologisch ideologisierten Rassevorstellungen geprägt. Es war ein politischer Wendepunkt in der faschistischen Rassenpolitik, als der antiafrikanische Rassismus mit einem antisemitischen verkoppelt wurde. Dem ersten kolonialen Rassegesetz von 1937 folgten 1938 die antisemitischen Rassegesetze des Faschismus, eine die Juden massiv aus der Gesellschaft ausgrenzende Gesetzgebung, die 1939 nochmals durch ein zweites koloniales Rassegesetz erweitert wurde. Es kann kein Zweifel daran bestehen, daß Mussolini diese offen rassistische Gesetzgebung des Regimes bewußt vorangetrieben hat. Keineswegs wurde er dazu durch Hitler veranlaßt. Es war ein genuin italofaschistischer Rassismus, dem seine aggressive Apartheidspolitik entsprang. Allerdings war es unübersehbar, daß sich Mussolini mit seiner rigorosen Rassenpolitik gegenüber Hitler als gleichermaßen radikal profilieren wollte. Er konnte damit seinem Anspruch, Lehrmeister Hitlers und die Führungsfigur des internationalen Faschismus zu sein, noch ein letztes Mal unter Beweis stellen. Auf seine Initiative hin wurde 1938 im Innenministerium auch eine Generaldirektion für Demographie und Rasse (*Direzione generale per la demografia e la razza*) eingerichtet, deren Hauptaufgabe die fortlaufende Führung einer Statistik der italienischen und ausländischen Juden war. Diese Liste war die Grundlage für die Erfassung der ausländischen Juden, die 1940 nach dem italienischen Kriegseintritt mehrheitlich in das größte faschistische Konzentrationslager auf italienischem Boden in Ferramonti di Tarsia eingesperrt wurden. Vor allem aber diente sie seit 1943 in der RSI faschistischen Milizionären und Polizisten dazu, Juden aufzuspüren und an die SS auszuliefern.

Es ist keine Frage, daß Mussolinis republikanischer Faschismus durch die Zuarbeit bei der Vernichtung der Juden in besonderem Maße diskreditiert wurde. Die *Resistenza* gegen das faschistische Kollaborationsregime mit dem Nationalsozialismus gewann ihre Kraft aber sehr viel mehr noch durch die Repression der deutschen Besatzungsherrschaft. Sie führte in erster Linie einen nationalen Befreiungskrieg, erst in zweiter Linie einen Bürgerkrieg gegen die ohnehin nur schwachen militärischen Kräfte Mussolinis. In seiner Person verdichtete sich jedoch für die *Resistenza* die ganze faschistische Diktaturvergangenheit. Man setzte deshalb alles daran, seiner Person habhaft zu werden, bevor er durch die westalliierten Truppen gefangengenommen wurde. Tatsächlich gelang es einer kommunistischen Widerstandseinheit, Mussolini am 27.4.1945 bei Dongo am Comer See bei dem Versuch festzunehmen, in die Schweiz zu entkommen. Er wurde einen Tag später nach einem improvisierten Gerichtsverfahren zum Tode verurteilt und erschossen. Zusammen mit der Leiche seiner Geliebten Clara Petacci und der des radikalen Faschistenführers Roberto Farinacci wurde sein Leichnam auf der politisch symbolträchtigen Piazza Loreto in Mailand ausgestellt. Erst nach einer jahrelangen Irrfahrt konnte der »Körper des Duce« (Sergio Luzzatto) in seinem Geburtsort Predappio beigesetzt werden, ein Zeichen dafür, wie schwer der Schatten des *Duce* nach seinem Tod auf Italien lastete.

Über kaum einen anderen Politiker des 20. Jahrhunderts sind so viele Biographien geschrieben worden wie über Mussolini. Nach einer vorläufigen Zählung waren es allein in der Zeit des Faschismus schon etwa 400. Es versteht sich von selbst, daß die übergroße Masse davon in Italien erschienen ist. Diese biographische Massenproduktion gehörte in den Zusammenhang des faschistischen Führerkultes und enthielt daher kaum vorurteilsfreie Erkenntnisse über die historische Person des Diktators. Es war reine Attitüde, wenn Mussolini behauptete, er »verabscheue alle diejenigen, die mich zum Gegenstand ihrer Schriften und ihrer Reden nehmen«. Wie wichtig ihm seine biographische Repräsentation war, zeigt sich daran, daß er sich selbst mehrfach autobiographisch äußerte, um auf diese Weise zur politischen Stilisierung seiner Person beizutragen. Die wichtigsten und selbst über die Zeit des Faschismus hinaus erfolgreichen Biographien von Margherita Sarfatti (1926; 17. Auflage 1938), Giorgio Pini (1926; 15. Auflage 1940) und Yvon De Begnac (1936/40) hat Mussolini bezeichnenderweise vor der Veröffentlichung eigenhändig korrigiert. Auch die Serie von Interviews, die 1932 in deutscher Sprache unter dem Titel »Mussolinis Gespräche mit Emil Ludwig« als Buch erschien, war von ihm autorisiert. Es war ein Meisterstück politischer Verstellungskunst, daß er sich dem linksliberalen deutschen Publizisten Ludwig jüdischer Herkunft als besonnener Staatsmann, fern aller imperialistischen und rassistischen Ambitionen, darzustellen vermochte. 1944 beauftragte er schließlich den sozialistischen Journalisten Carlo Silvestri mit der Abfassung seiner Memoiren, ein letzter Beweis dafür, wie wichtig es ihm war, über die Konstruktion seines Bildes vor der Geschichte selbst zu bestimmen.

Eine kritische Sicht des italienischen Diktators vermittelten als erste antifaschistische Emigranten wie Pietro Nenni oder Angelo Tasca. Am wichtigsten waren die zahlreichen Studien des linksliberalen Historikers Gaetano Salvemini, der seit 1934 an der Harvard University lehrte. Salvemini bekämpfte vehement die in den dreißiger Jahren zumal nach der Machtergreifung Hitlers aufkommende Verharmlosung Mussolinis. Er deutete den Diktator als rücksichtlosen Demagogen, der es verstehe, sich mit Hilfe einer raffinierten Massenpropaganda die Zustimmung zum Faschismus zu erschwindeln. Dabei legte er den Finger vor allem auf Mussolinis Außenpolitik, die er vollständig vom Primat der Diktaturerhaltung geprägt sah. Mussolini betrieb in den Augen von Salvemini eine objektlose Expansionspolitik um der Expansion willen, deren einziger Zweck es sei, durch immer neue Aggressionen Feindbilder zu erzeugen, die innenpolitischen Konsens stifteten.

Salveminis Deutung Mussolinis als eines gewissenlosen Gewaltpolitikers war vor allem in der angelsächsischen Geschichtswissenschaft auch langfristig außerordentlich erfolgreich. Sie prägte die Studien der Amerikaner Macgregor Knox (1982) und James H. Burgwyn, des Engländers Adrian Lyttelton (1973) und besonders des Australiers Richard J. B. Bosworth, der 2002 die letzte große Lebensdarstellung Mussolinis veröffentlichte. Auch die immer noch eindringlichste politische Biographie des Diktators von Denis Mack Smith (1981) ist in ihrem methodischen Grundansatz und in ihrem moralischen Impetus Salvemini verpflichtet. Mack Smith stellt Mussolini als einen Virtuosen opportunistischer Gesinnungslosigkeit dar, der die Innenpolitik mangels kohärenter Konzepte durch bloße Propaganda ersetzt und die gesamte Außenpolitik zum Zwecke des reinen Machterhalts instrumentalisiert habe. Er sei so zwar ein »erfolgreicher Politiker«, aber ein »schlechter Staatsmann« gewesen.

Es ist bemerkenswert, daß diese kritische Mussolinideutung im Nachkriegsitalien kaum Anklang gefunden, geschweige denn methodisch weitergeführt worden ist. Die junge Republik suchte sich durch die Berufung auf die *Resistenza* historisch zu legitimieren, die in der Tat in den Jahren 1943 bis 1945 immer machtvoller zugleich gegen die deutsche Besatzung und gegen Mussolinis Regime der RSI militärisch angekämpft hatte. Hinter der heroischen Zeit des Widerstandes gegen den *Nazifascismo* verschwand die lange Ära des Faschismus gewissermaßen in einem schwarzen Loch. Es war durchaus konsequent, daß auch die Figur Mussolinis bei dieser Art von ›Bewältigung der Vergangenheit‹ geradezu demonstrativ ignoriert wurde. In den ersten Nachkriegsjahrzehnten gab es in Italien weder einen öffentlichen Diskurs über den Ort Mussolinis in der italienischen Geschichte noch Ansätze zu einer kritischen Geschichtsschreibung über den Diktator. Man überließ das Feld der neofaschistischen Erinnerungskultur, der die vierbändige Mussolinibiographie von Giorgio Pini und Duilio Susmel (1955) verpflichtet war. Duilio Susmel veröffentlichte zusammen mit Edoardo Susmel in insgesamt 43 Bänden auch die »Opera Omnia di Mussolini« (1951-1980), ohne daß diese völlig unkritische und politisch tendenziöse Edition von der italienischen Geschichtswissenschaft auch nur ansatzweise kritisiert wurde. Außerhalb der neofaschistischen Subkultur wurde über Mussolini allenfalls aus der Froschperspektive von Domestiken oder im Hinblick auf seine zahlreichen amourösen Affären etwas geschrieben. Paradigmatisch für diese Klatschhistorie war das Buch von Paolo Monelli über »Mussolini piccolo borghese« (1959).

Die ernstzunehmende wissenschaftliche Beschäftigung mit Mussolini begann in Italien erst 1965 mit dem Erscheinen des ersten Bandes der insgesamt achtbändigen, wegen des frühen Todes des Autors auch 1990 noch nicht ganz vollendeten Biographie aus der Feder des römischen Historikers Renzo De Felice. Das auch das weitere persönliche und politische Umfeld einbeziehende Mammutwerk von fast 8000 Seiten setzte historiographische Maßstäbe, die kaum je übertroffen werden können. In der internationalen Historiographie des 20. Jahrhunderts sucht die Biographie ihresgleichen. Wenn es über die historische Rolle und Bedeutung des faschistischen Diktators jemals wissenschaftliche Kontroversen geben wird, dann werden sie sich unvermeidlich an der Biographie von De Felice entzünden.

Der wissenschaftliche Ansatz De Felices ist allerdings nur schwer zu fassen. Der römische Historiker vertrat eine dezidiert antitheoretische historiographische Auffassung und erhob die Quellengebundenheit seiner Aussagen zum obersten Gebot. Da es in der biographischen Forschung über Mussolini, nicht zuletzt wegen der Unzugänglichkeit der italienischen Archive, an einem Quellenbezug weitgehend gefehlt hatte, eroberte sich De Felice dadurch zunächst einmal eine wissenschaftlich unanfechtbare Position. Wer sich mit ihm wissenschaftlich auseinandersetzen wollte, mußte sich auch erst einmal dem archivalischen Quellenstudium hingeben. Problematisch war allerdings von vorneherein, daß sich De Felice mit seinem positivistischen Ansatz ausgerechnet auf den unorthodoxen Kommunisten Angelo Tasca glaubte berufen zu können, der 1938 im französischen Exil die erste gründliche Gesamtdarstellung der faschistischen Machtergreifung publiziert hatte. Er zitierte jedoch Tascas Motto, »den Faschismus zu definieren, heißt für uns erst einmal seine Geschichte zu schreiben« (*per noi definire il fascismo è anzitutto scriverne la storia*), stets ohne dessen Nachsatz: das genaue historische Studium aller Formen des Faschismus sollte für Tasca gerade zu einer »Theorie des Faschismus« führen. Massen von unbekannten biographischen Quellen zu präsentieren, ohne diese konsistent zu interpretieren, führte De Felice jedoch letzten Endes in eine wissenschaftliche Sackgasse.

Wie vor allem Brunello Mantelli nachgewiesen hat, liegt der Biographie von De Felice ungeachtet der überwältigenden Menge von herangezogenen Quellen doch eine »selektive Quellenauswahl« zugrunde. Sich fast ausschließlich auf italienische Quellen stützend, nimmt De Felice etwa die in reichem Maße publizierten deutschen Akten selbst in dem Band der Biographie einfach nicht zur Kenntnis, welcher der ›Achse Rom–Berlin‹ gewidmet ist. Diese methodisch ganz unzulässige Ausklammerung einschlägiger Quellen verdankt sich der mangelnden geschichtstheoretischen Konsistenz der Biographie.

De Felices gravierendes methodisches Dilemma war schon 1965 beim Erscheinen des ersten Bandes erkennbar. So provozierend der Titel »Mussolini il rivoluzionario« auf viele der italienischen Historiker wirkte, so wenig war er theoretisch abgesichert. Da sich De Felice überhaupt nicht auf eine Auseinandersetzung mit Revolutionstheorien eingelassen hatte, war weder klar, was ›revolutionär‹ beim jungen Mussolini eigentlich bedeutete, noch, in welchem Verhältnis sein vorgeblicher revolutionärer Sozialismus zu dem revolutionären Nationalismus stand, zu dem er sich 1915 plötzlich bekannte. Nicht viel anders stand es mit den beiden nächsten Bänden, in denen De Felice »Mussolini il fascista« (1966/68) behandelte. Auch hier fehlte jede theoretische Einordnung in den breiten faschismustheoretischen Diskurs, wie er freilich vor allem außerhalb Italiens geführt wurde. Statt dessen präsentierte De Felice Mussolini als »l'homme qui cherche«, der mit sicherem politischem Instinkt jederzeit situativ die für ihn richtige Entscheidung zu fällen verstand. Daß diese vermeintliche politische Genialität einer ideologischen Bedenkenlosigkeit entsprang, die nur als prinzipieller Opportunismus verstanden werden kann, wird von De Felice dabei unterschlagen. In den nächsten beiden Bänden, die »Mussolini il duce« (1974/81) behandeln, hantierte De Felice plötzlich mit der Totalitarismustheorie, die er zuvor vehement abgelehnt hatte. Anstatt sich ernsthaft mit der Frage zu befassen, inwieweit sich der von Mussolini beschworene *stato totalitario* in der historischen Realität in diesen theoretischen Horizont einordnen läßt, beschränkte er sich im Grunde auf die Behauptung, daß der Staat Mussolinis ›totalitario‹, aber nicht ›totalitär‹ gewesen sei, scheinbar nur ein Wortspiel, mit dem aber das faschistische Regime verniedlicht wurde. Auch in den drei letzten Bänden, die unter dem Titel »Mussolini l'alleato« (1990/97) die Zeit des Zweiten Weltkriegs (1940-43) und (unvollendet) den Bürgerkrieg (1943-45) darstellen, fallen wieder theoretische Defizite ins Auge. De Felice versuchte durchweg, Mussolini gegenüber Hitler als einen Bündnispartner wider Willen darzustellen. Die Anfang der dreißiger Jahre von Dino Grandi aufgrund seiner Erfahrungen als italienischer Botschafter in London vertretene These, Italien könne in den internationalen Beziehungen ein ›entscheidendes Gewicht‹ (*peso determinante*) zwischen den Westmächten auf der einen und dem nationalsozialistischen Deutschland auf der anderen Seite ausüben, unterschob De Felice ohne weiteres Mussolini, um selbst dann noch eine politische Äquidistanz zu unterstellen, als der *Duce* längst fest mit dem ›Führer‹ verbunden war. Selbst die illusionäre und rasch gescheiterte Idee Mussolinis, nicht einen gemeinsamen Krieg mit Hitler, sondern einen ›Parallelkrieg‹ zu führen, wird von De Felice noch in diesem Sinn interpretiert. Am Ende verstieg er sich sogar zu der Behauptung, Mussolini habe sich von Hitler nur deshalb zu der Regierungsbildung der RSI überreden lassen, weil er die Italiener vor dem direkten deutschen Zugriff habe bewahren wollen. Er schrieb seinem Helden damit am Ende die politische Märtyrerrolle zu, welche bezeichnenderweise die italienischen Neofaschisten Mussolini nach 1945 immer schon unterstellt hatten.

Eigentlich hätte man erwarten können, daß die theoretischen Defizite der Mussolinibiographie De Felices innerhalb der italienischen Geschichtswissenschaft zu einer intensiven Diskussion geführt hätten. Davon konnte jedoch erstaunlicherweise so gut wie nicht die Rede sein. Zwar gab es nach dem Erscheinen des ersten Bandes der Biographie heftige Diskussionen über die These De Felices, daß Mussolini auch als Faschist noch ein ›Revolutionär‹ gewesen sei. Die politisch linksorientierten Kritiker Mussolinis argumentierten jedoch kaum wissenschaftlich, sondern meist nur mehr oder weniger dogmatisch. Lediglich Leo Valiani verstand es, die Revolutionsproblematik zu historisieren und De Felice eine unkritische Perzeption von Mussolinis bloß rhetorischer revolutionärer Phraseologie nachzuweisen.

Große Aufregung erregte auch die Interpretation der Jahre 1929 bis 1936, die De Felice als »Jahre des Konsenses« mit der Diktatur Mussolinis bezeichnete. Zwar wurde er durch zahlreiche Anschlußforschungen, z.B. von Philip V. Cannistraro (1975), Victoria De Grazia (1981), Simona Colarizi (1991) und Emilio Gentile (1993) bestätigt, welche dem Mythos von der antifaschistischen Einheitsfront der Italiener gegen die Führerdiktatur Mussolinis endgültig ein Ende bereiteten. Angesichts der auch schon damals bekannten, von De Felice allerdings vollständig ignorierten faschistischen Kriegsverbrechen konnte jedoch niemand der grotesken Behauptung des Mussolinibiographen zustimmen, daß der Abessinienkrieg »das politische Meisterstück Mussolinis« gewesen sei. Wenn man in diesem Zusammenhang überhaupt von einem Höhepunkt der faschistischen Diktatur sprechen will, dann höchstens in dem Sinn, daß Mussolini den zum Vernichtungskrieg ausartenden Überfall auf Abessinien mit einem enormen propagandistischen und ideologischen Aufwand zur Herstellung eines gelenkten Massenkonsenses auszunutzen verstand. Der offenkundig nachweisbare Konsens der Italiener mit der faschistischen Herrschaft Mussolinis hatte also einen schalen Beigeschmack. Er beruhte nicht auf freien Entscheidungen, sondern auf raffinierter Manipulation der Massen, verbunden mit polizeistaatlichem Zwang und politischem Terror.

De Felice sorgte selbst dafür, daß die Auseinandersetzung über den Konsenscharakter von Mussolinis Führerdiktatur nicht auf akademische Diskurse beschränkt blieb. Nachdem er mit seiner einseitigen Konsensthese über die Geschichtswissenschaft hinaus zunächst kein besonderes Aufsehen erregt hatte, entschloß er sich zu einem publizistischen Auftritt, bei dem er erstmals die politischen Absichten seiner angeblich streng wissenschaftsorientierten Mussolinibiographie enthüllte. Unter dem Titel »Intervista sul fascismo« veröffentlichte er im Juli 1975 eine Broschüre, die ein ausführliches Interview mit dem amerikanischen Historiker Michael A. Ledeen enthielt. Darin insistierte er nicht nur nochmals darauf, daß das Regime Mussolinis in den dreißiger Jahren auf einem breiten Massenkonsens beruht habe, sondern glaubte diesem auch noch bescheinigen zu können, daß es einen klar modernisierenden Charakter gehabt habe. Damit stellte er erstmals bewußt die antifaschistische Tradition der *Resistenza* in Frage, deren historische Rolle delegitimiert wurde, wenn Mussolinis Diktatur ihres bloßen Repressionscharakters historisch beraubt wurde. Kein Wunder, daß der angesehene Turiner Historiker Nicola Tranfaglia, der sich seit dieser Auseinandersetzung als wohl profundester Kritiker De Felices profilierte, diesem vorwarf, seit 1945 als erster »den Versuch einer Rehabilitierung der faschistischen Bewegung« zu machen.

Abgesehen von diesem Vorwurf des historischen Revisionismus kreiste die aufgeregte Debatte über De Felices ›Intervista‹ freilich nur um mehr oder weniger marginale Einzelheiten. De Felice konnte sich daher dazu ermutigt sehen, 1987 in einem Zeitungsinterview der »offiziellen Kultur des Antifaschismus« vollends den Kampf anzusagen. Er bezeichnete die antifaschistische Meistererzählung der ersten Republik seitdem nur noch als »Vulgata« und sprach ihr jeden historischen Erkenntniswert ab. Kurz vor seinem Tod legte er 1995 mit dem Pamphlet »Rosso e Nero« nochmals nach und suchte schließlich Mussolini als Chef der faschistischen Kollaborationsregierung in der RSI vollends zu rehabilitieren. Fast wurde dieser von ihm jetzt zum Retter des Vaterlandes erhoben. Nicht die verhängnisvolle Kollaboration Mussolinis mit den Deutschen wurde nämlich von De Felice als nationale Katastrophe angesehen, sondern der Waffenstillstand der Regierung Badoglio mit den Alliierten. Dieser nämlich habe den »Tod des Vaterlandes« herbeigeführt, eine provokative Behauptung, die einige seiner Schüler noch weiter zugespitzt haben. War der Faschismus in der postfaschistischen Erinnerungskultur Italiens nahezu vollständig ausgeklammert worden, so schien Mussolini nun geradezu der historische Garant der nationalen Einheit gewesen zu sein. Kein Wunder, daß seitdem in Italien ein »vergangenheitspolitischer Kampf um die Deutung des 8. September und der Resistenza« (Lutz Klinkhammer) tobt. De Felice entfaltete mit seiner großen Biographie auch noch posthum eine große, wenn auch äußerst problematische Wirkung.

Es ist nicht verwunderlich, daß sich unter dem überwältigenden Eindruck von De Felices Kolossalbiographie in Italien, sieht man von kleineren Gelegenheitsbiographien wie denen von Max Gallo (1967), Paolo Masini (1999) oder Alessandro Ciampi (2001) einmal ab, bisher kaum eine alternative politische Geschichtsschreibung dazu entfaltet hat. Das gilt auch in internationalem Maßstab, wo, abgesehen von der schon erwähnten kritischen Darstellung von Bosworth, einzig die Biographie des Franzosen Milza (1999) einen wissenschaftlich herausragenden Standard hat, der freilich weitgehend auf den Spuren von De Felice wandelt.

Allerdings hat sich gerade in Italien eine andere Form der Mussolinibiographik herausgebildet. Sie trägt der kulturalistischen Neuorientierung der internationalen Geschichtswissenschaft Rechnung und nimmt Mussolini weniger als reale politische Figur als vielmehr als Produkt propagandistischer Konstruktion in den Blick. Es ist der Mussolini in der Vorstellung der Zeitgenossen, der immer wieder aufs neue erfundene, kurzum der zum modernen Mythos erhobene Mussolini, der von dieser Forschung untersucht wird. Schulbildend wirkte in dieser Hinsicht das Buch von Luisa Passerini »Mussolini immaginario. Storia di una biografia« (1991). Es knüpfte im Titel nicht zufällig an das Buch des faschistischen Publizisten Franco Ciarlantini »Mussolini immaginario« (1933) an, setzte sich jedoch zur Aufgabe, die hagiographische Mussolinivorstellung des Faschismus zu dekonstruieren. Was Passerini auf der Basis von faschistischen Texten, vor allem der zahlreichen Biographien Mussolinis versuchte, setzten Sergio Luzzatto (2001) sowie Mimmo Franzinelli und Emanuele Valerio Marino (2003) mit der Dekonstruktion des durch die Fotografie überlieferten Mussolinibildes fort. Sie enthüllen den eigentümlichen Doppelcharakter der fotografischen Repräsentation Mussolinis im Faschismus. Die zahllosen Fotos des *Duce* bildeten einerseits dessen scheinbare Omnipräsenz ab, andererseits dokumentierten sie, daß die Bildpropaganda diese bzw. deren Anschein gerade erst bewirken sollte. Durch seine virtuelle körperliche Präsenz im Bild, die durch die gleichgeschalteten Medien der Diktatur permanent reproduziert wurde, erhielt seine Diktatur ihren eigentümlichen Charakter.

Ausgehend von der Bildabhängigkeit der faschistischen Diktatur lag es nahe, auch nach der mit der damit verbundenen Körperlichkeit des *Duce* zu fragen. Sergio Luzzatto hat diesen Schritt in seinem Buch »Il corpo del duce« (1998) getan. Er vertritt in überzeugender Weise die These, daß Mussolini mit der physischen

Präsenz seines Körpers bewußt Politik gemacht habe. Diese Form nichtverbaler Kommunikation sei geradezu ein faschistisches »instrumentum regni« gewesen, durch das sich Mussolinis Regime wie auch das Hitlers von traditionell monarchisch oder präsidential verfaßten Staaten unterschieden habe. Entschieden weist Luzzatto damit das antifaschistische Vorurteil zurück, daß die Körpersprache Mussolinis sich in reiner Schauspielerei erschöpft habe.

Wie Luzzatto zeigen kann, wirkte Mussolinis Körper sogar über seinen Tod hinaus als ein Politikum. Um nur ja keinen postfaschistischen Märtyrerkult entstehen zu lassen, wurden die Umstände seiner Erschießung durch kommunistische Partisanen am 28.4.1945 in hohem Maße mystifiziert. Die Zurschaustellung seiner Leiche auf der symbolträchtigen Piazza di Loreto in Mailand diente dem gleichen Zweck: sie sollte nicht nur beweisen, daß der Diktator wirklich tot sei, sondern zugleich auch verhindern, daß sich um seinen Tod Legenden bildeten. Um einen politischen Märtyrerkult um den erschossenen Diktator zu verhindern, wurde der Leichnam Mussolinis schließlich erst 1957 für die Bestattung im bombastischen Familiengrab in Predappio freigegeben. Daß sein Grab zu einem neofaschistischen Wallfahrtsort wurde, ließ sich freilich dadurch nicht verhindern.

Mussolini steht in historischer Sicht ohne Frage unverhältnismäßig weniger in politischem Mißkredit als Hitler. Dies gilt jedoch nur für den historischen Vergleich zwischen den beiden faschistischen Diktatoren. Im Horizont der italienischen Geschichte hatte die Diktatur Mussolinis eine verheerende Wirkung. Sie bescherte den Italienern fast 23 Jahre die Vorherrschaft von polizeistaatlicher Willkür und politischer Indoktrination, in denen das Land in seiner politischen, gesellschaftlichen und wirtschaftlichen Entwicklung größtenteils stagnierte. Indem der Faschismus Libyer, Äthiopier, Spanier, Albaner, Griechen, Slowenen, Kroaten und am Ende auch noch die Völker der Sowjetunion mit Krieg und brutaler Besatzungsherrschaft überzog, machte er die Gewalt auch in den auswärtigen Beziehungen zu seinem Markenzeichen. Als dem unbestrittenen Protagonisten des faschistischen Gewaltregimes muß Mussolini die Hauptverantwortung für diese historische Bilanz zugeschrieben werden.

2. Die Zukunft der Avantgarde

Kunst und Politik im italienischen Futurismus 1909–1922

Zu Beginn des 20. Jahrhunderts entstand in der europäischen Kultur eine Gruppierung, die es in dieser Form in der Kunst zuvor nicht gegeben hatte: die künstlerische Avantgarde. Seit langem wird ein kulturwissenschaftlicher Disput darüber geführt, was das Spezifische dieser Avantgarde sei. Zwei Positionen stehen sich dabei gegenüber: auf der einen Seite der resignierte Verzicht darauf, die »Aporien der Avantgarde« auf einen Nenner zu bringen,[1] auf der anderen Seite der Versuch, eine systematische »Theorie der Avantgarde« zu entwerfen.[2] Beide Positionen können aus sozialhistorischer Sicht nicht befriedigen, da sie die künstlerischen Avantgardebewegungen des 20. Jahrhunderts gleichermaßen aus ihrem gesellschaftsgeschichtlichen Kontext lösen.[3] Sicherlich, jede Avantgarde will sich vom Vorhergehenden radikal abgrenzen, will »neu« sein in einem totalen Sinne. Sie besteht weiterhin darauf, nicht nur die Kunst zu erneuern, sondern die ganze Gesellschaft. Künstlerische Gruppenbildungen haben keinen Avantgardecharakter, wenn sie sich nur auf ästhetische Erneuerung beschränken. Und schließlich gehört es offenbar zum Selbstverständnis der Avantgarde, daß sie ihre gesellschaftsverändernde Kraft auf dem Wege künstlerischer Dekonstruktion erreichen will. Es geht der Avantgarde nicht einfach um die Ästhetisierung der Politik, sondern um die Veränderung der gesellschaftlichen Realität mittels Zerstörung der traditionellen künstlerischen Formen.[4] Man kann die ästhetische Neuartigkeit, welche die historischen Avantgardebewegungen des 20. Jahrhunderts jeweils auszeichnete, mit rein kulturwissenschaftlichen Kategorien beschreiben, und die umfangreiche Literatur zur modernen Avantgarde beschränkt sich auch weitgehend darauf. Der eigentliche avantgardistische Anspruch auf gesellschaftliche Veränderung wird damit jedoch nicht erfaßt. Ihm wird man historisch nur gerecht, wenn man den gesellschaftsgeschichtlichen Kontext einbezieht, in den sich die historischen Avantgardebewegungen jeweils eingeordnet haben.

Ausgehend von diesen Überlegungen soll im folgenden der italienische Futurismus »als Prototyp der europäischen Kunstavantgarde« behandelt werden.[5] Dabei geht es weniger um die Frage, weshalb der Futurismus Avantgarde war, als vielmehr darum, weshalb gerade in Italien die erste europäische Avantgardebewegung entstand. Zum zweiten soll erörtert werden, welches Gesellschaftsprogramm diese »einzige italienische Avantgarde der europäischen Kultur« vorgelegt hat.[6] In einem dritten Schritt schließlich soll nach den Gründen gefragt werden, weshalb das futuristische Projekt politisch gescheitert ist.

Neben dem Dadaismus und dem Surrealismus gehört der Futurismus zu den klassischen Avantgardebewegungen des frühen 20. Jahrhunderts. Wie diese läßt sich seine Entstehung exakt datieren; denn am Anfang stand das »Manifest des Futurismus«, das der Schriftsteller Filippo Tommaso Marinetti am 20. Februar 1909 in der Pariser Zeitung »Le Figaro« auf französisch veröffentlichte.[7] Marinetti war bis dahin als Schriftsteller relativ erfolglos geblieben, sein futuristisches Manifest machte ihn in der italienischen Kulturszene mit einem Schlag bekannt. In kürzester Zeit wurde seine Botschaft in Italien, aber auch außerhalb des Landes, verbreitet und machte unter Vertretern der verschiedensten Künste die Runde. Dem futuristischen Urmanifest folgten bis zum Ende des Ersten Weltkriegs in immer schnellerem Tempo weitere »Manifeste«, die jeweils auf einzelne Künste oder auch nur Teile derselben bezogen waren. Sie stellten gewissermaßen programmatische Beitrittserklärungen zur futuristischen Avantgarde dar. Bis 1917 hat Christa Baumgarth über vierzig solcher Manifeste gezählt.[8] Am wichtigsten war davon das »Manifesto tecnico« über die »pittura futurista«, das am 11. April 1910 die fünf bald zum Kern der futuristischen Bewegung gehörenden Maler Umberto Boccioni, Carlo Carrà, Luigi Russolo, Giacomo Balla und Gino Severini unterzeichneten.[9] Von Bedeutung war auch das Manifest über die futuristische Musik von Balilla Pratella (1910),[10] das Manifest von Boccioni über die futuristische Skulptur (1912), das Manifest von Antonio Santelia über die futuristische Architektur (1913) sowie das Manifest von Marinetti über das futuristische Theater (1913) und nochmals von diesem und anderen über den futuristischen Film (1916).[11] In diesen Texten manifestierte sich im wahrsten Sinne des Wortes der avantgardistische Charakter des Futurismus. Die Futuristen fanden nicht über die Praxis eines künstlerischen Stils zusammen, sondern über dessen theoretischen Entwurf. Nicht zufällig entsprach diese Selbstdarstellung eher dem Stil politischer Bewegungen. Tatsächlich fiel ihre ästhetische Programmatik auch mit ihrer politischen zusammen.[12] Jedes der programmatischen Plädoyers für eine neue Kunst war zugleich eines für eine neue Politik. Gleich nach seinem futuristischen Manifest hatte Marinetti zu den italienischen Parlamentswahlen am 7. März 1909 auch schon ein »Politisches Manifest des Futurismus« veröffentlicht, dem im April 1909 ein zweites und 1913 ein drittes »Manifesto-programma politico-futurista« folgen sollten.[13] Diese Manifeste waren nicht »politischer« als die künstlerischen, sie akzentuierten nur stärker die futuristische Utopie der Veränderung der Politik durch die Kunst.

Wie wichtig für die Futuristen die politische Dimension ihres Avantgardismus war, läßt sich daran ablesen, daß sie in erster Linie mit öffentlichen Auftritten in Erscheinung traten, die man als Polithappenings bezeichnen könnte. Sie mieteten in großen Städten Italiens Theater- oder sonstige große Säle an und veranstalteten darin sogenannte »serate futuriste«. Diese waren mit einem bewußt provozierenden Auftreten, Handgreiflichkeiten und Beschimpfung des Publikums verbunden. Jedoch bestand der Sinn dieser aufsehenerregenden Veranstaltungen nicht in reinem Aktionismus. Die Futuristen wollten mit ihrem bewußt gewalttätigen Gestus vielmehr bestimmte politische Botschaften vermitteln. So war es am 15. Februar 1910 der Sinn einer ersten solchen »serata« im Teatro Lirico in Mailand, Stimmung gegen Österreich zu machen.[14] In Venedig ließen Futuristen am 8. Juli 1910 von einem Uhrenturm ein »Manifest gegen das Venedig von gestern« herunter. Damit demonstrierten sie gegen die »verfaulende Stadt« und für die »Geburt eines industriellen und militärischen Venedig«.[15] Es war dies eine gezielte Kampfansage gegen das zeitgenössische Italien, als dessen negative Verkörperung man Venedig, aber auch andere große Städte Italiens ansah.

Es ist unverkennbar, daß in diesem sowohl nach innen als auch nach außen gerichteten Aktionismus ein politisches Krisenbewußtsein zum Ausdruck kam, das in den eineinhalb Jahrzehnten vor Ausbruch des Ersten Weltkriegs für Italien insgesamt charakteristisch gewesen ist. Der Futurismus muß historisch in eine sozialgeschichtliche Konfliktsituation eingeordnet werden, ohne deren Kenntnis seine avantgardistische Attitüde nicht verständlich wird.

Die gesellschaftliche Strukturkrise Italiens war im Prinzip schon in der nationalen Einigung von 1861 angelegt, sie erreichte aber um die Jahrhundertwende unübersehbar ihren Höhepunkt.[16] Am 29. Juli 1900 wurde der italienische König Umberto I. von einem anarchistischen Attentäter ermordet. Das Attentat kam nicht aus heiterem Himmel, sondern war Ausdruck einer fundamentalen Krise des italienischen Nationalstaats. Diese war das Ergebnis einer Staatsgründung, welcher der größte Teil der Italiener von Anfang an gleichgültig oder sogar feindselig gegenübergestanden hatte. Die »Nationalisierung der Massen« war im italienischen Risorgimento nicht nur gescheitert, sie stand seit den 1890er Jahren nicht einmal mehr auf der Tagesordnung. Die »herrschende Klasse« des Landes, wie sie nicht zufällig von den Soziologen Pareto und Mosca bezeichnet wurde, schloß sich zunehmend von der »Masse« – auch dies ein bezeichnender Terminus der Zeit – ab und verwehrte sich proletarisch-sozialistischen ebenso wie katholischen Partizipationsansprüchen. Sowohl die sich nach der Sozialenzyklika Papst Leos XIII. von 1891 unter den Landarbeitern Nord- und Mittelitaliens entfaltende katholische Vereinsbewegung als auch der 1892 gegründete *Partito Socialista Italiano* wurden von ihr ausschließlich als Bedrohung angesehen. Ein Jahrzehnt lang versuchte der autoritäre Ministerpräsident Francesco Crispi nach dem erklärten Vorbild Bismarcks, mit einer rigiden Repressionspolitik den Aufschwung der systemkritischen Massenbewegungen zu bremsen. Als das erfolglos blieb, versuchte er es mit einer kolonialen Prestigepolitik, die 1896 in Abessinien mit der militärischen Niederlage bei Adua kläglich scheiterte. Rasch wechselnde Regierungen bemühten sich in der Folgezeit vergeblich, mit militärischen Mitteln der entfesselten innenpolitischen Dynamik Herr zu werden. Das war die Stunde Giovanni Giolittis, der seit 1901 als Ministerpräsident fast eineinhalb Jahrzehnte lang versuchte, mit einer Politik begrenzter gesellschaftlicher Integration den nationalen Integrationsprozeß voranzutreiben. Diese Politik war in sich in vieler Hinsicht widersprüchlich, weil sie die Nationalisierung der Arbeiter und der Katholiken bewirken sollte, ohne die politische Hegemonie der »herrschenden Klasse« im liberalen

Staat anzutasten. Aber sie war trotz allem eine Alternative zur Ausschließungspolitik, die bisher im liberalen Italien betrieben worden war.

Ebendiese Widersprüchlichkeit führte allmählich dazu, daß Giolittis Politik auf immer mehr Widerstand stieß. Dies war weniger im Parlament der Fall, in dem Giolitti bis 1914 mit trickreichen Methoden der Mehrheitsbeschaffung, die von den Zeitgenossen als Transformismus (*trasformismo*) bezeichnet wurden, seinen Kurs durchsetzen konnte.[17] Jedoch fanden außerhalb des parlamentarischen Handlungsfeldes zunehmend die organisierten Interessen der Gesellschaft zusammen, denen das Reformprogramm Giolittis zu weit ging. Das galt in erster Linie für die agrarischen Latifundienbesitzer Süditaliens sowie für die industrielle Unternehmerschaft im »triangolo« zwischen Mailand, Genua und Turin. Beide Gruppen hatten traditionell nicht dieselben Interessen, sie schlossen sich jedoch in dem Augenblick zusammen, in dem Giolitti die einseitige Protektion ihrer Produzenteninteressen im Zusammenhang mit seiner Politik der nationalen Öffnung aufzugeben begann. Für Giolitti wäre das allein für sich noch keine wirkliche innenpolitische Bedrohung gewesen, wenn nicht auch ein wachsender Teil des Bürgertums in das oppositionelle Lager übergeschwenkt wäre. Es handelte sich hierbei zwar zunächst nur um kleine, dafür aber lautstarke Wortführer der bürgerlichen Intelligenz. Diese traten in großen Städten Italiens wie Mailand, Turin, Florenz und Rom zunächst als Herausgeber und Artikelschreiber von politischen Zeitschriften hervor, ehe sie sich unter der Führung Enrico Corradinis 1910 in der Associazione Nazionalista Italiana eine freilich immer noch lockere politische Organisationsform gaben. Was sie einte, war ein aggressiver Nationalismus, in dem sich militant-antidemokratische und antisozialistische Ziele im Innern einerseits mit einem expansionistisch-imperialistischen Denken andererseits verbanden. Dieser aggressive Nationalismus war nicht einfach reaktionär, er vereinte vielmehr in sich politisch eindeutig rückwärtsgewandte, gegen die Politik gesellschaftlicher Öffnung des liberalen Systems gerichtete Vorstellungen mit einer Bejahung des modernen Industriesystems. Dieses Programm war damit weit genug, um die gesellschaftlich durchaus heterogene Opposition gegen das »System Giolitti« zusammenzubinden. Die ideologische Leitfunktion gab dem italienischen Nationalismus vor 1914 ein historisches Gewicht, das weit über die selbstreferentielle Ideenproduktion kleiner intellektueller Zirkel hinausging.

Auch der Futurismus war bis 1915 zunächst einmal Teil dieses neuen intellektuellen Nationalismus. Die *italianità* stand für ihn ebenso im Zentrum seiner politischen Wertorientierung wie für andere nationalistische Zirkel in der gesellschaftlichen Umbruchszeit Italiens nach der Jahrhundertwende. Und wie von den übrigen Nationalisten wurde den proletarischen Sozialisten die nationale Gleichberechtigung von den Futuristen ebenso verweigert wie von den klerikalen Katholiken. Ausdrücklich bekannte sich der futuristische Führer Marinetti nach dem Ende des Libyenkrieges zu einer »entschieden antiklerikalen und antisozialistischen Nation«. Den Sozialisten drohte er, daß er sie »mit allen Mitteln und ohne Waffenstillstand« bekämpfen werde. Und ebenso entschlossen wollte er gegen »die andere große Gefahr der Gegenwart«, den Klerikalismus, auftreten. Die »Parole Italien« müsse über die »Parole Freiheit« gestellt werden.[18] Mit dem übrigen Nationalismus verbanden sich die Futuristen 1911 in ihrer Propaganda für den imperialistischen Kolonialkrieg in Libyen. Dieser Krieg wurde auch für sie zum Katalysator eines bürgerlichen Aufschwungs.

Doch anders als der gewöhnliche Nationalismus, wie ihn vor 1914 vor allem Enrico Corradini repräsentierte, legitimierten die Futuristen ihre *italianità* nicht historisch. Der Futurismus sei »antitraditionaler Nationalismus«, erklärte Marinetti 1913.[19] »Wir modernen Italiener sind ohne Vergangenheit«, verkündete der Maler und Bildhauer Boccioni im selben Jahr.[20] Beide distanzierten sich von dem Erbe der Vergangenheit, weil sie dieses als größten Hemmschuh für eine Modernisierung Italiens ansahen. Nicht Wiedererwecker einer großen Vergangenheit wollten sie mehr sein, sondern die Antizipatoren einer großen Zukunft. Wie schon die von Marinetti geprägte Selbstbezeichnung »Futurismus« erkennen läßt, setzten sie die »Zukunft« an die Stelle der »Vergangenheit«. Jede Art von Vergangenheitspolitik wurde von ihnen als »Passatismus« denunziert.[21] Ohne Zweifel war das eine radikalere Absage an den Historismus, als es sie im 19. Jahrhundert je gegeben hatte, radikaler als die Schopenhauers und radikaler auch als die Nietzsches. Die Geburt des Futurismus aus dem Geist des Antihistorismus gab dieser ersten europäischen Avantgarde des 20. Jahrhunderts ihren besonderen Charakter.

Paradoxerweise konnte der Futurismus jedoch keinerlei elaboriertes Zukunftsprogramm vorweisen. Er wollte zwar »ohne Gestern« sein, aber auch »ohne Morgen«.[22] Diese erste Avantgarde des 20. Jahrhunderts verzichtete explizit darauf, eine gedachte Ordnung zu entwerfen, deren Erreichung sie zum Programm machte. Marinetti fürchtete vielmehr, ganz dem kulturpessimistischen Denken der Jahrhundertwende verhaftet, daß die Menschheit ihrem Untergang entgegengehe. Um diesem zu entgehen, verschrieb er sich einem totalen Aktionismus. Die »Bewegung« an sich wurde bei ihm zum Programm. Permanente Aktionen sollten an die Stelle von »Stillstand« treten. Marinettis Begriffssprache kannte bezeichnenderweise keine »Metaphern der Dauer«,[23] sondern im Kern nur solche der Beschleunigung. Der erste Futurist proklamierte explizit einen »Kult des Fortschritts und der Bewegung«,[24] durch den die italienische Gesellschaft in einem Zustand dauernder Mobilisierung gehalten werden sollte. Boccioni sprach in ähnlichem Sinn schon zu Beginn des Weltkriegs von der »Notwendigkeit, sich zu amerikanisieren«.[25] Diese Amerikanisierung wurde zum Idealbild eines futuristischen Aktionismus stilisiert. Und damit war nicht der gesamte »american way of life« gemeint, sondern vielmehr nur die Geschwindigkeit, mit der in den USA alles betrieben werde.

Dieser Aktionismus in Permanenz war für die Futuristen identisch mit Modernität. Sie verstanden sich als die Bannerträger der Modernisierung Italiens. Aus diesem Grunde bejahten sie entschieden den Industrialisierungsprozeß, der in Italien im Jahrzehnt vor dem Ersten Weltkrieg in seine entscheidende Phase trat. Sie waren auch die ersten, die sich in Italien zur Realität der großen Stadt bekannten. »Wir Futuristen verachten das Ländliche, den Frieden des Waldes, das Murmeln des Baches«, erklärte Boccioni in bezeichnender Absage an die Tradition romantischer Naturverherrlichung. »Wir bevorzugen die großen Mietskasernen, den metallischen Lärm, das Aufbäumen der Masse ... Hip Hip Hip Hurra«.[26] Das war eine keineswegs nur ästhetisch gemeinte Aussage, der futuristische Modernismus bestimmte sich vielmehr als ein gesellschaftspolitisches Programm. Die Modernisierung Italiens wurde mit dem Übergang zum industriellen System gleichgesetzt. Man träumte von der »Größe eines intensiv landwirtschaftlichen, industriellen und handelspolitischen Italien«.[27] Damit verband man Forderungen nach »vielen praktischen Handels-, Industrie- und

Landwirtschaftsschulen«, die an die Stelle des klassischen Gymnasiums treten sollten.[28] Das futuristische Modernisierungsprogramm erhielt damit deutlich kulturrevolutionäre Inhalte.

Dies wird erst recht deutlich, wenn man das Eintreten der Futuristen für den modernen Sport berücksichtigt. In ihrem »Programma politico-futurista« von 1913 forderten sie nämlich auch tägliche Gymnastik in der Schule. Diese sollte wichtiger sein als die Lektüre von Büchern.[29] Auch hier erhielt die Forderung nach einer Bewegungskultur wiederum den Vorrang vor einer bloßen Bildungskultur. Folgerichtig wandten sich die Futuristen deshalb auch dem modernen Sport zu, dessen Wettkampfidee sie bedingungslos bejahten. Der sportliche Rekord wurde für sie geradezu zu einem Signum der Modernität. Am höchsten im Kurs standen dabei freilich die Sportarten, welche schnelle Bewegung mit maschineller Technik verbanden, nämlich der Autosport und der Flugsport. 1910 schrieb Mario Viana einen Essay über »die Gewalt des Automobils und die Kraft des Fliegens«.[30] Darin pries er die Geschwindigkeit, welche diese erreichen konnten, weil sie den Menschen in ein Fieber des Willens und der Eroberung versetzten.[31] Das Auto und das Flugzeug, aber auch die Lokomotive und das Kriegsschiff wurden für die Futuristen als Produkte der modernen Technik zu positiv besetzten Gegenbildern zu dem vorgeblichen Stillstand und Verfall der überkommenen gesellschaftlichen Verhältnisse stilisiert. Wie wichtig dieser Maschinenkult für sie war, zeigte sich daran, daß sich ihre originäre künstlerische Produktion in der Literatur, in der bildenden Kunst und besonders auch in der Musik hieran in besonderem Maße orientierte. In den exakten geometrischen Formen der Maschine, in der Monotonie der maschinellen Bewegung und der Maschinengeräusche glaubten sie eine neue Realität zu entdecken, der sie ihre künstlerische Technik anzunähern suchten.

Ihren Höhepunkt erreichte die futuristische Ideologie in der Heroisierung des Krieges. Der futuristische Bellizismus war inhaltlich zunächst nicht näher definiert. Es gab bei den Futuristen kein elaboriertes imperialistisches Programm oder eine irredentistische Befreiungsideologie, in der der Krieg eine zentrale Rolle gespielt hätte. Vielmehr war es der Krieg als solcher, den sie glorifizierten. Der Kult der Geschwindigkeit, das Bekenntnis zur Industriegesellschaft und die Verherrlichung der Technik verbanden sich darin zu einer eigentümlichen Symbiose. Im Krieg kam virtuell alles zusammen, was für sie Modernität ausmachte. Er wurde für sie zum »Fest«, an dem man teilnahm wie an einem Gottesdienst.[32] Die Beschwörung des Krieges nahm damit geradezu rituelle Züge an. Schon in Marinettis futuristischem Gründungsmanifest, das 1909 zu einem Zeitpunkt veröffentlicht wurde, in dem Italien noch weit von einem Krieg entfernt zu sein schien, hieß es: »Wir wollen den Krieg verherrlichen – das einzige Heil der Welt.«[33] Der Krieg sollte ein kollektives Reinigungsbad sein, aus dem die Kämpfer regeneriert hervorgingen. Marinetti verstieg sich in diesem Zusammenhang sogar dazu, von einer »Blutdusche« zu sprechen, welcher der Mann im Krieg ausgesetzt werde.[34] Und Papini bezeichnete 1913 das im Krieg fließende Blut als den »Wein der starken Völker«.[35] Mit dieser Blutmetaphorik waren keine realen Opfervorstellungen verbunden, schon gar nicht eine apokalyptische Todessehnsucht. Der Futurismus kannte keinen Todeskult.[36] Seine Todesvorstellungen waren vielmehr sozialdarwinistisch getönt: Nur die Schwachen sollten untergehen, die Starken dagegen aus dem Stahlbad des Krieges gestärkt hervortreten.

Diesem exzessiven Kriegskult entsprachen bestimmte Männlichkeitsrituale. Schon in seinem futuristischen Manifest von 1909 forderte Marinetti scheinbar unvermittelt die »Verachtung für die Frau«.[37] In seinem Roman »Mafarka il futurista«, dessen Erscheinen einen Skandal auslöste, gab er 1910 in fiktionaler Verkleidung zu verstehen, was er mit dieser Parole meinte.[38] Er wollte nicht die Frauen als solche herabsetzen, sondern nur deren angebliches Bestreben, den Mann an seiner kriegerischen Selbstverwirklichung zu hindern. Im Grunde ging es ihm mit seinen antifeministischen Attacken nur darum, die traditionellen Geschlechterverhältnisse zu delegitimieren, wobei er freilich der »Sentimentalität« der Frau die Schuld für die Erstarrung der gesellschaftlichen Konvention im Verhältnis der Geschlechter zuschob.

Der bis dahin nur virtuell gedachte Krieg wurde 1911 in Italien plötzlich zur Realität, als es darum ging, den zögernden Ministerpräsidenten Giolitti zur imperialistischen Intervention in Libyen zu bewegen. Die Futuristen gehörten zu den ersten, die in Italien für diesen Krieg trommelten. Marinetti – wie übrigens auch Corradini – fuhr mit dem italienischen Interventionskorps nach Libyen und schrieb darüber einen exaltierten Bericht, in dem er den Krieg als »Erzieher« feierte.[39] 1912 stürzte sich Marinetti sofort wieder in einen Krieg und nahm als Korrespondent der französischen Zeitung »L'Intransigent« am bulgarisch-türkischen Krieg teil. Als literarisches Produkt dieser Kriegsteilnahme erschien 1914 sein Buch »Zang Tumb Tuum«, eine Mischung aus kühler Bilanzierung des mörderischen Kriegsschreibens und avantgardistischem Sprachexperiment, in dem er sein Programm einer »Zerstörung der Syntax« literarisch umzusetzen suchte.[40] Lautmalerisch-assoziative Wörter und Sprachpartikel, mathematische Formeln und Gleichungen werden darin aneinandergereiht, um die Realität des Krieges scheinbar unverfremdet wiederzugeben.

In diesem Fall mochte es noch einmal gelingen, den Krieg als solchen zu beschwören, da sich Marinetti den beiden Kriegsgegnern gegenüber gleichermaßen neutral verhalten und den Krieg nur beobachten konnte. Anders sah das jedoch aus, als die Futuristen sich seit August 1914 für den italienischen Kriegseintritt in den Ersten Weltkrieg engagierten und, nachdem dieser im Mai 1915 erfolgt war, selbst als Soldaten an die Front gingen. Der Krieg, den man bis dahin immer noch aus der Distanz wahrgenommen hatte, wurde für die Futuristen nunmehr eine konkrete persönliche Erfahrung. Fast ausnahmslos meldeten sie sich 1915 an die Front. Zunächst gingen sie dabei noch mit dem Glauben ins Feld, daß der »große Krieg« die Erfüllung aller futuristischen Träume bringen werde. Marinetti sah seine alten Hoffnungen bestätigt, daß der Krieg das »einzige Heil der Welt« sein werde.[41] Der Maler Boccioni, der 1916 den Tod finden sollte, schrieb im Herbst 1915 an einen Freund: »Der Krieg ist eine schöne, wunderbare, schreckliche Sache ... ich bin glücklich und stolz, ein einfacher Soldat und schlichter Mitstreiter an einem großen Werk zu sein.«[42] Je länger die Futuristen die brutale Realität des Krieges erleben mußten, desto weniger blieb jedoch von der avantgardistischen Überzeugung übrig, daß sich durch den Krieg die Herrschaft der Kunst über die Gesellschaft (*artecrazia*) realisieren ließe. Bei Kriegsende notierte Marinetti: »Nachdem der so zu Recht gehaßte Feind besiegt war, fühlte ich mich leer, leer und arbeitslos.«[43] Der Protagonist der Zukunft sah sich mit einem Mal auf die Gegenwart zurückgeworfen, der progressive Impetus seines avantgardistischen Programms einer Verschmelzung von Kunst und Politik schien nicht mehr zu greifen.

Durchaus folgerichtig fiel die futuristische Bewegung nach Kriegsende in zahlreiche Gruppen auseinander. In diesem Auflösungsprozeß schälten sich zwei Tendenzen heraus: Ein Teil der Futuristen entschied sich dafür, sich ganz auf die künstlerische Produktivität zu beschränken und den politischen Anspruch des futuristischen Aufbruchs fallenzulassen. Gerade die bedeutenderen futuristischen Maler, Schriftsteller und Musiker sind diesen Weg sofort gegangen, der sogenannte zweite Futurismus folgte ihnen in der Ära des Faschismus, wenn auch letzten Endes vergeblich.[44] Die andere Möglichkeit bestand darin, sich ganz der Politik zu verschreiben. Das bedeutete nicht nur, sich von der Idee einer *artecrazia* zu verabschieden, das hieß vielmehr auch, erstmals den Schritt von einer bloß symbolischen Politik zur konkreten Aktion zu tun. Es war wieder Marinetti, der diesen Weg am entschiedensten zu gehen versuchte. Kurz vor Kriegsende publizierte er am 11. Februar 1918 in der römischen Zeitschrift »L'Italia futurista« ein »Manifesto del Partito Futurista Italiano«, in dem er zur Gründung einer futuristischen »Partei« aufrief.[45] Auf den ersten Blick mochte es so scheinen, als ob Marinetti damit auf dem Boden der praktischen Politik angekommen sei. Der avantgardistische Anspruch des Futurismus, als Kunstbewegung zugleich politische Bewegung zu sein, wurde von ihm jetzt ausdrücklich aufgegeben. Die neue »Futuristische Partei« sollte »scharf getrennt sein von der futuristischen künstlerischen Bewegung«.[46] Künstlerischer und politischer Futurismus sollten nicht mehr ineinanderfallen, sondern beide sollten getrennte Wege gehen. Und weiter noch: Nur der künstlerische Futurismus sollte noch seinen alten elitären Charakter gegenüber der Masse (*maggioranza*) behalten. Die politische Partei des Futurismus sollte sich dagegen demokratisch öffnen und für alle Italiener offen sein. Marinetti bezeichnete die neue politische Ordnung, die der Futurismus anstrebte, denn auch als »futuristische Demokratie«.[47]

Selbstverständlich mutierten die Futuristen deshalb nicht zu Anhängern der parlamentarischen Demokratie. Das Modell einer futuristischen Demokratie, so wie es von Marinetti beschrieben wurde, war eindeutig autoritär eingefärbt. Die intendierte neue demokratische Ordnung war hierarchisch strukturiert. Marinetti forderte in seinem futuristischen Parteiprogramm zwar die Einführung des allgemeinen Wahlrechts, einschließlich sogar der Frauen, im kruden Widerspruch dazu jedoch auch die Umformung des Parlamentes in eine gleichmäßig aus Industriellen, Landwirten, Ingenieuren und Kaufleuten zusammengesetzte berufsständige Kammer und eine »Regierung der Techniker«.[48] Nicht demokratische Institutionen, schon gar nicht eine demokratische Verfassungsordnung waren für den Nachkriegsfuturismus die Garanten der Demokratie, sondern ein »revolutionärer Nationalismus«,[49] dessen wesentliche Elemente ein dezisionistischer Aktionismus und eine diktatorische Führungsstruktur waren. Ganz offen bekannte sich etwa der Futurist Enrico Rocca im Juli 1919 »für die Freiheit, für die Brüderlichkeit, gegen die Gleichheit« und forderte eine Diktatur der Intelligenz in allen Bereichen.[50] Ein anderer Futurist wollte sich der »direkten Aktion der Nation und der Humanität« hingeben.

Kein Zweifel also, die Futuristen ordneten sich bei ihrer Parteigründung 1919 in jene antidemokratische Phalanx des Bürgertums ein, welche der Aufstieg der sozialistischen Massenpartei und der gleichzeitige Aufschwung der neugegründeten katholischen Partei in Italien zutiefst verunsicherten.[51] Bezeichnenderweise war die antisozialistische und die antiklerikale Stoßrichtung des futuristischen Parteiprogramms besonders deutlich zu erkennen. Um den Sozialisten den Wind aus den Segeln zu nehmen, wurde die Einführung einer Rentenversicherung, der Achtstundentag mit Lohnausgleich sowie die Vergesellschaftung des Bodens, der an die ehemaligen Frontsoldaten verteilt werden sollte, verlangt. Im Hinblick auf die katholische Kirche forderte das Manifest der Futuristischen Partei den Übergang vom »gegenwärtigen rhetorischen Antiklerikalismus« zu einem »Antiklerikalismus der Tat«.[52] Italien sollte befreit werden »von Kirchen, Priestern, Brüdern, Mönchen, Madonnen«.[53] Marinetti ging sogar soweit, die Vertreibung des Papstes aus Italien (*svaticanamento*) zu fordern.[54]

Wie schon einmal gelang es Marinetti auch 1918 wieder, die Aufmerksamkeit der italienischen Intellektuellen auf sich zu ziehen. Die Verbindung von radikalem Antidemokratismus mit antisozialistischen und antiklerikalen Vorstellungen entsprach einer nach Kriegsende innerhalb des italienischen Bürgertums verbreiteten Grundstimmung. Gleichwohl ist der Futurismus als politische Bewegung gescheitert. Die Gründe dafür sind nicht leicht zu bestimmen, sie sind aber vor allem in der Unfähigkeit der Futuristen zu suchen, sich als *Partei* eine tragfähige Organisationsstruktur zu geben. Im Grunde kamen sie politisch nie über den Charakter einer diffusen *Bewegung* hinaus. In Marinettis Gründungsmanifest war zwar davon die Rede, daß die futuristische Partei die

Bedürfnisse der gesamten Gesellschaft ansprechen sollte.[55] Nicht zufällig dürfte Marinetti die neue politische Formation des Futurismus auch »Partei« genannt haben, während er andererseits ausdrücklich von der »künstlerischen futuristischen Bewegung« (*movimento artistico futurista*) sprach.[56] Doch ist die futuristische ›Partei‹ immer nur die ›Bewegung‹ weniger Intellektueller geblieben, die sich ihrer ideologischen Übereinstimmung versicherten, ohne je die ›Partei‹ personell sichtbar zu erweitern und organisatorisch zu verfestigen. Marinetti selbst zählte 1925 im Rückblick ganze 73 Personen zur politischen Bewegung des Futurismus, wobei er mit der Zuordnung noch recht großzügig umging.[57]

Von größerer Bedeutung als die eigene Organisation war allerdings der politisch-personelle Einfluß, den die kleinen futuristischen Intellektuellenkader zeitweise auf andere politische Bewegungen ausüben konnten. In dieser ideologischen Geburtshelferrolle liegt die eigentliche historische Bedeutung des politischen Nachkriegsfuturismus. In gewissem Sinn kann man sagen, daß die künstlerische Avantgarde des Futurismus politisch erst Erfolg hatte, als sie den ursprünglichen avantgardistischen Anspruch aufgab und zu einer im engeren Sinn politischen Gruppierung wurde.

In historischer Reihenfolge wirkte der Futurismus nacheinander auf drei politische Bewegungen ein: auf die Bewegung der *Arditi*, auf die der *Fasci di Combattimento* und auf die der Legionari Fiumani. Nicht zufällig handelt es sich um die Gruppierungen der militanten Rechten, die in Italien entscheidend zum Zusammenbruch des liberaldemokratischen Systems beigetragen haben. Auch deswegen ist die nur scheinbar ephemere Rolle des politischen Futurismus historisch von größerer Bedeutung gewesen, als es der organisatorische Mißerfolg der futuristischen *Partei* erkennen läßt.

Die Organisation der *Arditi* wurde am 1. Januar 1919 in Rom von dem futuristischen Schriftsteller Mario Carli, der im Ersten Weltkrieg Offizier gewesen war, unter dem Namen *Associazione fra gli Arditi d'Italia* gegründet.[58] Es handelt sich im Kern um eine Veteranenorganisation ehemaliger Soldaten, die im Ersten Weltkrieg zu den Elitetruppen gehört hatten. Im Unterschied zu der eher demokratisch strukturierten Veteranenorganisation der *Combattenti* rekrutierten die *Arditi* ihre Mitglieder vor allem unter solchen Soldaten, die – ähnlich wie die deutschen Freikorps – seit Oktober 1918 an der Grenze zu Jugoslawien im bewaffneten Nationalitätenkampf aktiv gewesen waren. Die *Arditi* waren also erprobt im Bürgerkrieg, den sie als Fortsetzung des Krieges mit anderen Mitteln ansahen.[59] Ihre politische Aktivität erschöpfte sich weitgehend in Aufmärschen und gewalttätigen Aktionen. Ihr erster öffentlicher Auftritt bestand bezeichnenderweise Anfang 1919 darin, eine politische Versammlung des Reformsozialisten Leonida Bissolati in der Mailänder Scala durch lärmendes und gewalttätiges Auftreten zu sprengen.[60] Noch einen Schritt weiter gingen sie, als sie in Mailand am 15. April 1919 die Redaktionsräume des sozialistischen Zentralorgans »Avanti« erstürmten und verwüsteten. An dieser Aktion nahm zwar auch schon der Mailänder *Fascio di Combattimento* Mussolinis teil, es waren jedoch die *Arditi,* die bei dieser Aktion den Ton angaben und so in dieser Hinsicht geradezu zu den ersten Lehrmeistern des Faschismus wurden. Die spätere Massenchoreographie und die quasi militärische Kostümierung übernahmen die Faschisten allerdings nicht von den *Arditi,* sondern von D'Annunzios Legionari Fiumani.

Die Mitgliederzahl der *Arditi* ist von Renzo De Felice auf etwa 10000 geschätzt worden.[61] Das dürfte enorm übertrieben sein. Wahrscheinlich handelte es sich bei den *Arditi* nur um einige Hundert.[62] Der organisatorische Ausbau der Bewegung der *Arditi d'Italia* kann nämlich nicht sehr weit gediehen sein, da sich ihr Gründer Carli schon nach kürzester Zeit Mussolini zuwandte. Er und andere Futuristen, darunter besonders auch Marinetti, waren am 23. März 1919 in Mailand an der Gründung des ersten *Fascio di Combattimento* beteiligt.[63] Nach dem heutigen Stand der Forschung kann das auch nicht überraschen, da die *Arditi* sich gegen finanzielle Gegenleistung schon vorher als »bewaffneter Arm des entstehenden Faschismus« betätigt hatten.[64]

In ideologischer Hinsicht schien die Anlehnung an den Faschismus für die Futuristen ohnehin kein weiter Schritt zu sein, da Mussolini diesen ganz im Sinne des Futurismus ursprünglich als Antipartei definierte und auf dessen Bewegungscharakter setzte.[65] Ebenso wie die Futuristen glaubte auch Mussolini an den Primat der Aktion gegenüber der Doktrin. Auch unklare und einander widersprechende ideologische Versatzstücke im Programm des Urfaschismus ließen sich scheinbar miteinander verbinden, wenn man sie in einem demonstrativ antiideologischen Aktionismus aufhob. Im übrigen war der frühe Faschismus für die Futuristen deshalb attraktiv, weil er ihnen den Zugang zur Arbeiterklasse zu eröffnen schien, den sie selbst nicht hatten herstellen können und den sie auch über die *Arditi* nicht erreicht hatten. Anders als die gesamte futuristische Intelligenz hatte Mussolini ja den unschätzbaren politischen Vorteil, selbst aus dem Sozialismus zu kommen. Er führte die Teile des nationalistischen Sozialismus in den Faschismus, die sich schon 1914 von dem als zu quietistisch angesehenen *Partito Socialista Italiano* abgesetzt hatten.[66] In den Augen der Futuristen schienen die *Fasci di Combattimento* daher den Charakter einer nationalrevolutionären Massenbewegung zu haben.

Um so größer war unter den Futuristen die Enttäuschung, als die junge faschistische Bewegung bei ihrem ersten Versuch, politische Bestätigung zu finden, kläglich scheiterte. Bei den Parlamentswahlen vom 20. November 1919 erhielt die faschistische Liste, auf der in Mailand unter anderem Mussolini und Marinetti kandidierten, gerade einmal 4795 Stimmen, während die Sozialisten es auf etwa 170000 und die katholischen Popolari auf etwa 74000 Stimmen brachten.[67] Wegen eines – nicht von ihnen zu verantwortenden – Bombenanschlags wurden Mussolini und Marinetti nach den Wahlen, wie schon einmal im April 1915, verhaftet und für drei Wochen im Gefängnis gehalten.[68] Das gemeinsame politische Märtyrertum konnte jedoch nicht überdecken, daß die unruhigen futuristischen Intellektuellen auch das faschistische Experiment schon wieder als gescheitert ansahen. Marinetti und Carli schieden zwar erst nach dem ersten faschistischen Kongreß in Mailand vom Mai 1920 aus der faschistischen Bewegung aus. Wie Emilio Gentile überzeugend nachgewiesen hat, waren sie jedoch schon seit den Novemberwahlen von 1919 auf dem Rückzug aus der Partei.[69]

Der letzte Versuch eines kleinen Häufleins von Futuristen mit Mario Carli und Ferruccio Vecchi an der Spitze, Anschluß an die Bewegung D'Annunzios in Fiume zu finden, scheiterte ebenfalls.[70] Ein Dichter an der Spitze einer nationalrevolutionären Bewegung, zudem noch in selbstherrlicher militärischer Aktion – das schien den ursprünglichen Idealen der futuristischen Avantgarde zu entsprechen. Der Versuch der nach Fiume geeilten futuristischen Intellektuellen, sich der Bewegung D'Annunzios zu bemächtigen, schlug jedoch ebenso rasch fehl wie zuvor die Assimilierung der *Arditi* und der Faschisten an den Futurismus. Das Mißtrauen der großenteils aus dem revolutionären Anarchismus kommenden *Fiumani* gegenüber den exfaschistischen Futuristen war zu groß, als daß es eine Vereinigung zugelassen hätte.

Der Konflikt zwischen den futuristischen Intellektuellen und den Faschisten vollzog sich ideologisch über die unterschiedliche Auffassung von »Revolution«. Futuristen und Faschisten waren gemeinsam unter dem Programm einer »italienischen Revolution« angetreten. Wie sich herausstellte, war das für Mussolini jedoch nur eine rhetorische Floskel, die ihn nicht von taktischen Wendungen abhielt, wenn er diese für nötig hielt. Selbst seine abrupte Zuwendung zur katholischen Kirche und seine Bestandsgarantie für die Monarchie konnte er mühelos als Teil seiner nationalrevolutionären Strategie darstellen. Man kann das als politischen Opportunismus bezeichnen, in jedem Fall aber stand dahinter eine prinzipiell andere politische Philosophie, als sie die futuristischen Wortführer hatten. Die Trennung der futuristischen Avantgarde von der faschistischen Bewegung war daher unvermeidlich. Nur wenige der futuristischen Intellektuellen waren in der Lage, sich der politischen Kompromißstrategie Mussolinis anzupassen und auch noch – wie beispielsweise Giuseppe Bottai als mehrfacher Minister – innerhalb des Faschismus an prominenter Stelle eine politische Karriere zu verfolgen. Die Mehrheit ging nach dem gescheiterten politischen Abenteuer der Nachkriegszeit seit 1922 wieder den Weg zurück in die Kunst. Die gescheiterten politischen Avantgardisten trafen hier mit den Futuristen zusammen, die nach Kriegsende gleich auf freie künstlerische Aktivitäten gesetzt hatten. Der zweite Futurismus erhob keinen Anspruch mehr darauf, eine politische Avantgarde zu sein, sondern markierte in seiner künstlerischen Selbstgenügsamkeit deren Ende.

3. Der Strukturwandel der faschistischen Partei Italiens in der Phase der Herrschaftsstabilisierung

Im Zuge von Mussolinis Machtergreifung entwickelte sich der Faschismus zur bis dahin größten organisierten Massenbewegung des italienischen Nationalstaats. Ob der Faschismus in Italien jedoch von einer homogenen oder zumindest eindeutig abgrenzbaren sozialen Bewegung getragen worden ist oder ob ihm kein homogenes soziales Substrat zugrunde lag, kann bis heute nicht als wissenschaftlich gesichert angesehen werden. Nach immer noch verbreiteter Anschauung fehlte es dem italienischen Faschismus ebenso wie anderen faschistischen Bewegungen nicht nur an politischer Eigenständigkeit, sondern auch an einer eigenen sozialen Physiognomie. Die »eigentlichen sozialen Träger des Faschismus« seien »innerhalb des Monopolkapitals« zu suchen.[1] Die Faschisten wurden demgegenüber lediglich als politische und militärische Kampforganisation des bürgerlichen Klassenstaates angesehen. Sie wären insofern ihrer politischen Funktion nach ein Instrument der Bourgeoisie, ihrer sozialen Herkunft nach ein Ferment derselben gewesen. Es ist bekannt, daß sich, nicht zuletzt unter dem Einfluß der italienischen Kommunistenführer, die Kommunistische Internationale frühzeitig auf diese Ansicht festlegte.[2] 1926 erkannte zwar zumindest Antonio Gramsci, daß der italienische Faschismus »nicht nur ein Kampforgan der Bourgeoisie«, sondern auch »eine soziale Bewegung« war,[3] diese Erkenntnis setzte sich jedoch innerhalb des Kommunismus nicht mehr allgemein durch. Mit seinem Hinweis auf die soziale »Stratifikation des Faschismus«[4] warf Gramsci aber unter veränderten historischen Bedingungen wieder eine Frage auf, die in den Entstehungsjahren des Faschismus in Italien besonders den liberalen und sozialdemokratischen Antifaschismus beschäftigt hatte, die aber in den ersten Jahren nach der faschistischen Machtergreifung von 1922 kaum noch gestellt worden war.

Diese ersten Analysen der faschistischen Bewegung in Italien lassen sich auf zwei, einander allerdings nicht völlig ausschließende Interpretationsmuster zurückführen. Nach der bekannteren von beiden wurde der Faschismus als Bewegung des Mittelstandes (*ceto medio*) bzw. als kleinbürgerliche Klassenbewegung angesehen. Der frühe Faschismus wurde damit auf ein soziales Substrat zurückbezogen, dessen theoretische Ausdifferenzierung erst in den Anfängen stand. Es verwundert daher nicht, daß die mittelständische Standortbestimmung des Faschismus den ersten zeitgenössischen Beobachtern einige Mühe bereitete. Zunächst war im Hinblick auf den Faschismus ohne jede weitere Spezifizierung von »Mittelstand« bzw. »Kleinbürgertum« die Rede.[5] Dann wurde der Faschismus als Rebellion des »alten Mittelstandes« gegen den »neuen«, aus der organisierten Arbeiterschaft hervorgewachsenen Mittelstand interpretiert.[6] Die nachhaltigste Wirkung hatte schließlich die These des liberalen Journalisten und Historikers Luigi Salvatorelli, der den »Nationalfaschismus« im Grunde gerade umgekehrt als Ausdruck einer Revolte des neuen Mittelstandes gegen das kapitalistische Wirtschaftssystem interpretierte.[7]

Gegenüber diesen dezidierten, wenngleich einander widersprechenden monosozialen Standortbestimmungen des Faschismus kamen andere zeitgenössische Interpretationen nur schwer zur Geltung. Auch in späteren sozialgeschichtlichen Deutungsversuchen blieb die Mittelstandsthese vorherrschend. Noch in neuesten Darstellungen wird die Entstehung des Faschismus in Italien auf der Linie Salvatorellis mit der Krise der Mittelschichten der italienischen Gesellschaft in kausale Beziehung gesetzt.[8] Gleichwohl ist festzustellen, daß es von Anfang an auch eine zweite soziologische Interpretation des italienischen Faschismus gab. Einige zeitgenössische Beobachter insistierten nämlich darauf, daß der Faschismus im Unterschied zu vorangehenden und noch von ihm bekämpften Klassenbewegungen einen sozialen Mischcharakter gehabt habe. Giovanni Zibordi unterschied 1921 innerhalb des italienischen Faschismus bürgerliche, mittelständische und militärische Elemente.[9] Agostino Lanzillo sprach davon, daß es nicht einen, sondern »verschiedene Faschismen« gäbe, »die oft nichts miteinander gemein hätten als den Namen«. Vor allem unterschied er scharf zwischen dem »romantischen«, bürgerlich strukturierten Faschismus der Städte und dem »agrarischen Faschismus«.[10] Der Faschismus bekam in dieser Sicht zweifellos ein anderes soziales Profil, als er es in der ausschließlichen Zuschreibung zu den Mittelschichten erhielt, von der Herleitung aus der Großbourgeoisie einmal ganz abgesehen. Man fragt sich, weshalb die Annahme schichten- bzw. klassenspezifischer Unbestimmtheit von der modernen Faschismusforschung bisher kaum aufgegriffen und die Entstehung des italienischen Faschismus in der Regel monosozial erklärt wurde. Wahrscheinlich ist dies zunächst darauf zurückzuführen, daß die Historiker in erster Linie auf die publizistisch-literarische Überlieferung der frühen Faschismuskritiker angewiesen sind, und in dieser sind nun einmal monosoziale Erklärungsmuster vorherrschend. Die sozialstatistische Quellenlage ist nämlich äußerst mangelhaft. Im Unterschied zu der NS-Forschung ist man im Falle des italienischen Faschismus genötigt, sich mit mehr oder weniger bruchstückhaften Daten zu begnügen. Lediglich auf lokaler und regionaler Ebene ist bisher einiges Datenmaterial zutage gefördert worden, ohne daß dies allerdings schon nach einheitlichen Gesichtspunkten auswertbar wäre.[11]

Daß die Interpretationsmuster der frühen Faschismuskritik für die wissenschaftliche Forschung überhaupt noch relevant sind, scheint mir allerdings nicht nur mit dem eklatanten statistischen Datenmangel erklärlich zu sein. Es fehlt auch an methodischen Überlegungen darüber, wie die wissenschaftliche Diskussion neu belebt werden könnte. Auffällig ist vor allem, daß der soziale Bewegungscharakter des Faschismus weitgehend unabhängig von seiner politisch-organisatorischen Struktur erörtert wird. Die Frage nach der Sozialstruktur des italienischen Faschismus muß jedoch in engem Zusammenhang mit der nach der organisatorischen Binnenstruktur und der nach der Stellung der faschistischen Bewegung im Regierungssystem des Faschismus in Italien gesehen werden. Man muß daher einmal davon ausgehen, daß der italienische Faschismus zumindest in seiner Bewegungs- und Machtergreifungsphase (1919-1922 und 1922-1929) einem durchaus unregelmäßigen sozialen Wandel unterworfen war. Zum anderen stand dieser soziale Wandlungsprozeß im Zusammenhang mit dem inneren Organisationswandel der Partei, dem wiederum ein politischer Funktionswandel entsprach. Der soziale Bewegungscharakter des Faschismus in Italien läßt sich mithin nur erschließen, wenn die Interdependenz von sozialer Veränderung und politischem Strukturwandel berücksichtigt wird.

Die faschistische Bewegung, mit der Mussolini 1922 an die Macht kam, stellte ungeachtet der programmatischen Statusänderung, die sie auf ihrem Kongreß von 1921 vorgenommen hatte, keine organisatorische Einheit dar. Sie war immer noch ›Bewegung‹, nicht ›Partei‹.[12] Ungeachtet der formalen Hülse eines Parteistatuts bestand der *Partito Nazionale Fascista* (PNF) aus einem lockeren Verbund personenorientierter Machtgruppen, die miteinander um die Vorherrschaft in der Bewegung rangen. Sie war ein »unförmiges Gemisch widersprüchlicher Kräfte«.[13] Auch wenn es in der Rückschau anders erscheinen mag, war durchaus offen, welche Struktur der PNF im entstehenden faschistischen Regime erhalten würde. In den Jahren zwischen dem ›Marsch auf Rom‹ und Mussolinis Staatsstreich vom Januar 1925 sind innerhalb des Faschismus fünf rivalisierende Kerngruppen mit unterschiedlichen Parteikonzeptionen auszumachen. Jede dieser Parteirichtungen läßt sich auch auf eine bestimmte Entstehungszeit zurückführen.

Die stärkste Gefolgschaft hatten nach dem ›Marsch auf Rom‹ innerhalb des Faschismus die Führer des ›Extremismus‹ hinter sich. Ihr politischer Standort lag in den Regionen Nord- und Mittelitaliens, in denen der Faschismus zuerst zu einer Massenbewegung geworden war. Hier hatten sie sich in zahlreichen Provinzen Freiräume fast autonomer Parteiherrschaft geschaffen, in welche die zentrale Parteiführung so gut wie überhaupt nicht hineinwirken konnte. Von inner- und außerfaschistischen Kritikern wurden sie deshalb mit den feudalistischen Stammeshäuptlingen Abessiniens verglichen, die als *Ras* autonome Gebietsherrschaften ausübten.[14] Als »*Ras* der *Ras*« galt der Parteisekretär der Provinz Cremona, Roberto Farinacci.[15] Noch zu einer Zeit, in der sich Farinacci auf dem Tiefpunkt seiner politischen Karriere befand, wurde der Parteibezirk der Provinz Cremona von Rom aus geradezu als »Ausland« angesehen.[16] Überregionale Wirkung erzielte Farinacci vor allem durch seine Tageszeitung »Cremona Nuova« (später »Il Regime Fascista«), deren polemischer Agitationsstil innerhalb des frühen Faschismus erheblich stärker meinungsbildend war als Mussolinis »Popolo d'Italia«. Auch Farinacci konnte jedoch nicht als alleiniger Sprecher des faschistischen Extremismus auftreten. Italo Balbo, der *Ras* von Ferrara, sowie Gino Baroncini und Leandro Arpinati, die nacheinander in Bologna eine eigenmächtige Parteiherrschaft ausübten, machten ihm diesen Rang streitig. In der zweiten Linie standen etwa ein Dutzend weiterer

Extremistenführer, die sich von ihresgleichen ebenfalls nicht hineinreden lassen wollten. Genannt seien davon Renato Ricci (Carrara), Augusto Turati (Brescia), Carlo Scorza (Lucca), Bernardo Barbiellini (Piacenza), Antonio Arrivabene (Mantua) und Italo Bresciani (Verona).[17] Die regionale Abschließung extremistischer Parteiprovinzen, aus der sich die innerparteiliche Stärke der faschistischen Extremisten ergab, bildete zugleich auch die latente Ursache ihrer politischen Schwäche im entstehenden faschistischen Regime. Indem sie jeder für sich eine durchgreifende Horizontalgliederung des PNF vereitelten, schlossen sie auch ihre eigenen Parteibezirke gegeneinander ab.

Die Stellung der extremistischen *Ras* beruhte auf einer autoritären Führungsherrschaft über die Parteigruppen (*fasci*) der Provinz. Diese legitimierte sich in der Theorie durch die freiwillige Akklamation der faschistischen Gefolgschaft. In der Praxis waren sie in der Kampfzeit der faschistischen Bewegung mit Gewalt erzwungen worden. Anhaltender inner- und außerparteilicher Terror, Spitzeldienste und ein mehr oder weniger ausgebildetes Patronagesystem waren die Mittel, mit denen die Extremistenführer ihre individuelle Parteiherrschaft im faschistischen Staat von Provinz zu Provinz zu perpetuieren suchten. Ihr Dilemma war, daß sich von diesem Ausgangspunkt aus nur schwer eine integrale Parteikonzeption auf nationaler Basis entwickeln ließ. Auch der von den Extremisten geräuschvoll inszenierte Parteikult um die »zweite Welle« (*seconda ondata*) der Revolution enthielt nur wenige konstruktive Elemente für einen Parteiaufbau.[18]

Festzustellen ist jedoch, daß die erfolgreichen Führer des Extremismus seit der faschistischen Machtergreifung entschieden das Konzept einer Elitepartei mit begrenzter Mitgliedschaft vertraten. Farinacci rühmte sich 1925, daß die Zahl der Parteimitglieder in seiner Provinz sich seit 1922 nicht verändert habe.[19] Als er nach dem Staatsstreich Mussolinis im gleichen Jahr als Generalsekretär des PNF die Chance erhielt, den Parteiaufbau nach eigenen Vorstellungen zu gestalten, übertrug er das extremistische Elitedenken konsequenterweise auf die Gesamtpartei. Er vertrat das Ideal einer elitären Kaderpartei mit charismatisch legitimierter Führungsspitze. Nach seiner Vorstellung sollte der PNF eine »ausgewählte Minderheit« (*minoranza eletta*) bleiben und die »Avantgarde der Nation« bilden.[20] Das unverhohlen bewunderte Vorbild einer solchen Partei war für ihn bezeichnenderweise die KPdSU.[21] Der

Extremismus vertrat damit nahezu unverändert die intransigenten Positionen, die er schon bei seiner Entstehung eingenommen hatte.

Tabelle 1:
Mitgliederzahlen der *Fasci di Combattimento* März 1921 – Mai 1922

Datum	*Fasci*	*Mitglieder*
31.03.1921	317	80.476
30.04.1921	471	98.399
31.05.1921	1.001	187.098
30.06.1921	1.192	204.506
31.07.1921	1.234	209.385
31.08.1921	1.253	212.919
30.09.1921	1.268	213.631
31.10.1921	1.311	217.072
30.11.1921	1.318	217.256
31.12.1921	1.333	218.453
30.04.1922	1.381	219.792
31.05.1922	2.124	322.310

Quelle: Renzo De Felice: Mussolini il fascista I, Torino 1966, S. 8-11.

Zu einer extremistischen Fraktionierung war es 1920/21 im Zuge der ersten großen Strukturveränderung des Faschismus gekommen. Dieser Strukturwandel hat sowohl quantitative wie qualitative Aspekte, die beide wiederum auf regionalen Differenzierungen beruhten. Wie Tabelle 1 zu entnehmen ist, machte die faschistische Bewegung in ihrer Mitgliederentwicklung im Frühjahr 1921 einen ersten großen Sprung. Im Frühjahr 1922 stieg die Mitgliederzahl nochmals um etwa 50% an. Aus einer kleinen politischen Splittergruppe wurde in dieser Zeit eine mitgliederstarke Bewegung. Dieser Mitgliederzuwachs war mit einer deutlichen Qualitätsveränderung des Faschismus verbunden. Die neue Massenmitgliedschaft schuf die Basis für den faschistischen Extremismus.

Die Kerngruppen des ursprünglichen Faschismus waren aus politisch heimatlosen Randgruppen der städtischen Nachkriegsgesellschaft Italiens gekommen. Die faschistischen Parteigründer waren sozialistische, syndikalistische und republikanische Dissidenten, Studenten und heimatlose Intellektuelle ohne gefestigte bürgerliche Existenz sowie ehemalige Offiziere.[22]

Tabelle 2:
Männliche Beschäftigte über 10 Jahre in Italien am 1.12.1921

Kategorie			*Anteil*		%
Landwirtschaft, Jagd Fischerei			7.146.884		47,20
Industrie			4.081.204		29,96
davon:	Unternehmer	67.221		0,44	
	Angestellte	130.696		0,86	
	Selbständige Handwerker	746.877		4,94	
	Lohnarbeiter	3.136.410		20,72	
Handel			875.151		5,79
davon:	Unternehmer, Betriebsleiter	578.624		3,82	
	Angestellte	212.427		1,41	
	Gehilfen	84.100		0,56	
Öffentliche und private Verwaltung			675.889		4,47
Kultus, Freiberufliche, Künstler			310.475		2,05
Grundeigentümer, Besitzende			132.296		0,87
Hausangestellte			65.017		0,43
Sonstige			1.852.006		12,23
			15.138.922		100,00

Quelle: Istituto centrale di statistica: Censimento della popolazione del Regno d'Italia al 1 decembre 1921, XIX, Roma 1928, 236.

Ein erster, wenngleich zunächst bescheidener Einflußbereich des Faschismus öffnete sich im städtischen Mittelstand der Kleinhändler, Handwerker und sonstiger vergleichbarer freier Berufe. Schließlich fanden die Angestellten aus dem privaten und öffentlichen Sektor in die ersten faschistischen Sektionen. Die auf einer Zählung von 151 644 der zu dieser Zeit eingeschriebenen Mitglieder beruhende Parteistatistik vom 8. November 1921, die als einzige der überlieferten Statistiken auch soziale Daten enthält, spiegelt diese Einzugsbereiche deutlich wider. Die entsprechenden sozialen Gruppen sind in dieser offiziösen Bestandsaufnahme der faschistischen Bewegung in signifikanter Weise überrepräsentiert. Tabelle 2 gibt an, welche Berufsstruktur die männlichen Beschäftigten (über 10 Jahre) in Italien nach der Volkszählung vom 1. Dezember 1921 hatten. Die soziale Schichtung der Partei stellte sich demgegenüber folgendermaßen dar:

Tabelle 3:
Soziale Schichtung der Fasci 1921

Berufe	*Zahl der Mitglieder*	*%*
Landarbeiter	36.847	24,3
Industriearbeiter	23.418	15,4
Studenten, Schüler	19.783	13,0
Landbesitzer	18.084	12,0
Privatangestellte	14.988	9,8
Kaufleute, Handwerker, Händler	13.878	9,2
Freie Berufe	9.981	6,6
Öffentliche Angestellte	7.209	4,8
Unternehmer	4.269	2,8
Lehrer	1.680	1,1
Seeleute	1.507	1,0
	151.644	100,0

Quelle: Popolo d'Italia, 8.11.1921.

Es ist ohne weiteres einsichtig, daß die aus dem »alten Mittelstand« kommenden Mitglieder ihrem Bevölkerungsanteil nach in der faschistischen Bewegung zumindest leicht, die Angestellten dagegen erheblich überrepräsentiert waren (2,27% bzw. 6,74%, wenn man die Gruppe der in der öffentlichen Verwaltung Beschäftigten dazunimmt, gegenüber 14,6% in den *fasci*). Ohne Zweifel muß auch der Anteil der – die Schüler mitumfassenden – Studenten als unverhältnismäßig hoch angesehen werden. Ähnliches gilt für die Lehrer.[23]

Landbesitzer und Landarbeiter stellten demgegenüber 1921 nur 12% bzw. 24,3%, womit beide Gruppen, gemessen an ihrem Bevölkerungsanteil, innerhalb des Faschismus erheblich unterrepräsentiert waren. Das gleiche gilt auch für die Industriearbeiter (15,4% gegenüber 20,72% Bevölkerungsanteil). Um diesen statistischen Befund jedoch richtig einzuschätzen, muß man bedenken, daß die mittelständischen Gruppen und die Intelligenzgruppe der Studenten und Lehrer ursprünglich noch erheblich stärker überrepräsentiert waren als 1921. Der Einstrom der agrarischen Bevölkerungsteile veränderte den sozialen Schichtungsaufbau des Faschismus grundlegend. Das starre statistische Bild von 1921 läßt nicht genügend erkennen, daß die soziale Dynamik innerhalb des Faschismus im Herbst 1921 gerade von diesen Gruppen ausging und nicht mehr von den sozial immer noch überrepräsentierten Kerngruppen des Urfaschismus.

Die Terrainausweitung des Faschismus vollzog sich seit 1920 in den ländlichen Gebieten Norditaliens und der Toscana, außerhalb der Industriezonen um Mailand, Turin, Triest und Genua, in denen der Faschismus ursprünglich zu Hause gewesen war. Daß der neue Massenfaschismus schon von den Zeitgenossen als »Agrarfaschismus« (*fascismo agrario*) bezeichnet wurde, ist insofern mißverständlich, als er seinen lokalen Ursprüngen nach durchaus auch städtischer Provenienz war. Er entstand in den modernen Agrostädten der Poebene und der Emilia-Romagna, die für die sie umgebenden Agrarregionen Mittelpunkt der landwirtschaftlichen Industrieproduktion waren. Bologna, Ferrara, Cremona, aber auch Florenz und Venedig waren die Zentren des neuen Faschismus, der von hier aus in kleinere Städte und Dörfer auf dem Lande ausstrahlte. Nicht zu bestreiten ist jedoch, daß der neue Faschismus der Faschismus der Agrarier war, wobei zu diesen sowohl die Großgrundbesitzer wie die gerade in Norditalien seit 1918 stark angewachsenen Schichten der kleinen und mittleren Bauern gehörten.[24] Die relativ hohe Zahl der Landarbeiter und entsprechend auch der Industriearbeiter in der Parteistatistik von 1921 erweckt zwar den Eindruck, daß der neue Faschismus eine große soziale Bandbreite gehabt habe. Mussolini sprach daher auch von »ländlichem Faschismus«, während er den eher klassenspezifischen Begriff des »Agrarfaschismus« ablehnte.[25] Auch er konnte jedoch nicht darüber hinwegtäuschen, daß die politischen Aktivgruppen des Agrarfaschismus so gut wie durchweg aus dem Kreis der Besitzenden kamen. Die große Masse der Mitglieder proletarischer Herkunft war nämlich zweifellos nicht ganz freiwillig in die faschistische Partei hineingeraten. Soweit erkennbar, handelte es sich vorwiegend um Arbeitslose oder von Arbeitslosigkeit bedrohte Arbeiter. In der ligurischen Industriezone betätigten sich die Fasci geradezu als Arbeitsvermittlungsbüro. Kein Wunder, daß es ihnen gelang, beträchtliche Gruppen arbeitsloser Arbeiter zu rekrutieren.[26] Auch im ländlichen Bereich verhielt es sich ähnlich. Die relativ hohe Zahl der Landarbeiter in der Parteistatistik vom November 1921 dürfte sich zum Teil daraus erklären, daß die Faschisten zahlreiche sozialistische Genossenschaften gewaltsam übernahmen und deren Mitglieder zum Eintritt in die faschistische Bewegung zwangen, in der diese dann ihrer bisherigen politischen Möglichkeiten verlustig gingen.[27]

Ohne jede Einschränkung können somit nur die Landbesitzer und ländlichen Unternehmer für den neuen Faschismus reklamiert werden. Dieser wurde von ihnen auf lokaler Ebene finanziert. Hieraus ergab sich in der Kampfzeit des italienischen Faschismus der finanzielle Rückhalt für das Patronagesystem der aufsteigenden *Ras*.[28] Besonders in der Emilia zwischen Bologna und Reggio-Emilia, aber auch anderswo, drängten die Söhne der Landbesitzer, die oft auch wiederum Studenten oder gerade heimgekehrte Frontsoldaten waren, in die allenthalben aus dem Boden schießenden Sektionen des Faschismus. In Alessandria, in Novara oder in Mantua wurden die ersten Fasci zum Beispiel vom Verband der Landbesitzer ins Leben gerufen.[29] Hier und anderswo war der Faschismus auf lokaler Ebene ein Organ agrarischer Klassenpolitik.

Der Agrarfaschismus unterschied sich, was hier nur angedeutet werden kann, auch in organisatorischer Hinsicht von der von Mussolini ursprünglich aufgebauten Bewegung. An die Stelle politischer Parteisektionen traten die paramilitärischen *squadri d'azione*, jene in Deutschland später von der SA imitierten Kampfeinheiten für den Bürgerkrieg, deren politische Aktivität weitgehend nur aus blutigem Straßenterror gegen die sozialistische und zum Teil auch die katholische Arbeiterbewegung bestand.[30] Das Verhalten der »Squadristen« wurde von einer destruktiven Kampfmoral bestimmt, aus der nur die totale Ablehnung, Zerstörung und Vernichtung des politischen Gegners ableitbar war. Die politische Intransigenz des faschistischen Extremismus hatte hier ihre Wurzeln. Sie zeigte sich erstmals, als Mussolini in falscher Einschätzung des agrarischen Neufaschismus im Sommer 1921 mit den Sozialisten einen Waffenstillstand im gegenseitigen Bürgerkrieg abschloß (*patto di pacificazione*). Während Mussolini zu politischen Kompromissen bereit war, weil er den Faschismus möglichst nach allen Seiten offenhalten wollte, lehnten die Führer des Agrarfaschismus selbst taktische Bündnisse mit politischen

Gegnern in der Überzeugung ab, daß bisher »die Isolierung unsere Stärke war«.[31]

Auch wenn Mussolini diese erste große Parteikrise meisterte, konnte der PNF am Vorabend des ›Marsches auf Rom‹ keineswegs als eine sozial homogene Partei angesehen werden. Der Faschismus hatte den Charakter einer Sammlungsbewegung bisher nicht oder nur wenig politisch aktivierter Gesellschaftsschichten. Gino Piastra hat in seinen von Mussolini aufmerksam registrierten Erinnerungen beschrieben, wie der Faschismus bei seiner Entstehung einen politischen Mobilisierungseffekt erzielte, den die sozialistische Partei und erst recht die bürgerlichen Parteien nach 1918 in Italien nicht bewirken konnten.[32] Allenthalben, sowohl im städtisch-mittelständischen wie im agrarischen Bereich, zog der Faschismus »in politischer Hinsicht jungfräuliche Leute« an.[33] Diese Massenmitgliedschaft wurde aber von der faschistischen Partei keineswegs gleichmäßig integriert. Der PNF stellte vielmehr vor dem ›Marsch auf Rom‹ eine durchaus widersprüchliche Mischung aus einer eher populistischen, ein breites Spektrum kleinbürgerlich-mittelständischer und bürgerlicher, teils auch proletarischer Randgruppen ansprechenden Ersatzpartei und aus einer agrarischen Kaderpartei mit einer sozial homogeneren Basis dar. Es war nahezu unvermeidlich, daß der innere Zusammenhalt dieser Partei in dem Moment in Frage gestellt wurde, in dem der Faschismus die regierende Partei geworden war und seinen politischen Standort neu definieren mußte.

In den innerparteilichen Auseinandersetzungen, die der Machtergreifung des Faschismus in Italien folgten, konnten die Extremisten mit der Unterstützung der faschistischen ›Syndikalisten‹ rechnen. Der faschistische Syndikalismus war ein Nebenprodukt des ersten großen faschistischen Terraingewinns um die Jahreswende 1920/21. Unter dem Terrorschutz des Squadrismo entstanden in dieser Zeit analog und in enger Verbindung zu den lokalbestimmten Fasci auch zahlreiche faschistische Gewerkschaftsgruppen (*sindacati nazionali*). Unter der Führung Edmondo Rossonis entwickelte sich daraus Anfang 1922 als gewerkschaftliche Gesamtorganisation des Faschismus die *Confederazione Nazionale delle Corporazioni Sindacali*.[34] Die Entwicklung dieser Gewerkschaftsorganisation war schon vor dem ›Marsch auf Rom‹ durch einen fundamentalen Widerspruch bestimmt: einerseits hingen die Führer des faschistischen Syndikalismus der gemeinfaschistischen

Utopie eines »integralen Syndikalismus«, d.h. einer »korporativen« Überwindung des Klassenkampfes auf der Basis von »Zusammenarbeit« von Arbeit und Kapital, an.[35] Andererseits hielten sie, und durchaus nicht nur in der Theorie, an den gewohnten Methoden des gewerkschaftlichen Arbeitskampfes, einschließlich sogar des Streiks fest.[36] Die Folge war, daß weder die Unternehmer noch die überwiegend sozialistisch beeinflußten Industriearbeiter etwas von den faschistischen Gewerkschaften wissen wollten. Das Dilemma, das sich daraus für den faschistischen Syndikalismus ergab, interessiert hier nur insoweit, als davon das Verhältnis zur faschistischen Partei betroffen war. Dies war insofern der Fall, als die faschistischen Gewerkschaften zu schwach blieben, um die ursprünglich gewünschte Unabhängigkeit von der Partei zu behaupten. Sie mußten sich an die extremistischen Parteiführer anlehnen, unter deren Obhut oder Duldung sie hochgekommen waren. Nach dem ›Marsch auf Rom‹ gehörte die gegenseitige Stützung von Extremismus und Syndikalismus zu den festen Größen im innerparteilichen Machtkampf des PNF.

Die Mitgliedschaft der faschistischen Syndikate spiegelte nicht zufällig, mit gewissen abweichenden Akzentuierungen, die des provinziellen Faschismus wider. Wie eine offizielle Statistik, deren absolute Zahlen allerdings durchweg zu hoch angesetzt sein dürften, zeigt, fanden die Syndikalisten bis zum März 1922 ebenfalls im agrarischen Bereich besonderen Zulauf.

Tabelle 4:
Mitgliederschichtung des Verbandes der faschistischen Gewerkschaften

	1922		*1925*	
Kategorie	*Mitglieder*	*%*	*Mitglieder*	*%*
Landwirtschaft u. Fischerei	277.084	60,46	716.045	40,58
Industrie	72.000	15,71	559.714	31,72
Angestellte	31.000	6,76	185.000	10,49
Intellektuelle Berufe	11.300	2,47	103.799	5,88
Transportwesen	43.000	9,38	100.145	5,68
Sonstige	23.900	5,22	99.720	5,65
Summe	458.284	100,00	1.764.423	100,00

Quelle: Errechnet nach: Popolo d'Italia, 6.6.1922 (1922); Margherita Hirschberg-Neumeyer: Die italienischen Gewerkschaften, Jena 1928, 139-41 (1925).

Während der agrarische Bevölkerungsanteil in Italien Ende 1921 47,20 % ausmachte, kamen 60,46 % der Mitglieder der faschistischen Gewerkschaften aus agrarischen Berufen (vgl. Tabelle 3 und 4), wobei zusätzlich zu berücksichtigen ist, daß der agrarische Bevölkerungsanteil in den oberitalienischen Kerngebieten des faschistischen Syndikalismus noch unter dem Landesdurchschnitt lag. Der Anteil der Angestellten im privaten und öffentlichen Bereich war niedriger als in den Fasci; er entsprach aber immer noch dem Bevölkerungsanteil für diese Berufsgruppen (6,76 % gegenüber insgesamt 6,74 % Bevölkerungsanteil).

Eine charakteristische Besonderheit des faschistischen Syndikalismus war die Existenz der *Corporazione nazionale trasporti ferrovieri marittimi e porti*. In dieser relativ mitgliederstarken ›Korporation‹ organisierten sich Arbeiter verschiedener Verkehrs- und Transportbereiche, denen es auf eine Absetzung von den an sich gleichermaßen lohnabhängigen Industriearbeitern ankam. Der Faschismus stieß damit über seinen Syndikalismus in die Zwischenschicht der *White Collars* vor.[37] Auch hierbei handelte es sich weitgehend um organisationspolitisches Neuland. Die faschistischen Syndikalisten hatten gerade bei den Arbeitern Erfolg, die zuvor von den sozialistischen und katholischen Gewerkschaften nicht erfaßt worden waren. Einer der Führer des faschistischen Syndikalismus sprach von »jungfräulichen Berufsgruppen« (*categorie vergini*).[38]

Nachdem Mussolini 1922 zum Chef einer faschistisch-konservativen Mischregierung avanciert war, stellte sich die Frage, welche Rolle der PNF bei der weiteren Durchsetzung und Stabilisierung eines rein faschistischen Regimes spielen sollte. Die Partei wurde weitgehend von den Extremisten beherrscht. Die Mussolini ergebene zentrale Parteiführung in Rom blieb wie zuvor von der Basis der Partei in den Provinzen abgeschnitten. Sie konnte allenfalls da auf loyale Gefolgschaft rechnen, wo, wie z. B. in Mailand, die ›Mussolinisten‹ traditionell stark waren. Es lag nahe, daß Mussolini in dieser Situation eine Strategie der Basiserweiterung verfolgte. Diese entsprach den Vorstellungen von einer universalen Ersatzpartei für die etablierten, klassenmäßig und ideologisch gebundenen Parteien der Nachkriegszeit, wie sie die Mussolinisten schon vor dem ›Marsch auf Rom‹ gegenüber den Extremisten vertreten hatten.

Tabelle 5:
Mitgliederzahlen der faschistischen Bewegung in Italien 1919-1929

Datum	*Fasci*	*Mitglieder*
31.12.1919	31	870
31.12.1920	88	20.615
31.12.1921	834	249.036
31.12.1922	3.424	299.879
31.12.1923	7.112	782.979
31.12.1924	6.849	642.246
31.12.1925	6.333	599.988
31.12.1926	7.084	939.997
31.12.1927	7.436	1.034.998
31.12.1928	7.829	1.051.708
31.12.1929	?	1.123.549

Quelle: L'Impero, 23.9.1929.

Sie unterschied sich jedoch insofern ganz wesentlich von der bisherigen Mitgliederwerbung der Mussolinisten, als sie nicht mehr auf konkurrierende Erstmobilisierung »von unten«, sondern auf eine Fusionspolitik »von oben« hinauslief.

Das quantitative Ergebnis dieser faschistischen Blockbildung war eindrucksvoll. Die Partei erlebte 1923 ihren zweiten großen Mitgliedersprung. Von rund 300000 Ende 1922 stieg die Zahl der Mitglieder auf fast 800000 Ende 1923 an.

Der größte Mitgliederzuwachs kam aus dem Mezzogiorno. Hier hatte der Faschismus vor dem ›Marsch auf Rom‹, mit Ausnahme von Kampanien und dem nördlichen Apulien, nirgends Fuß fassen können. Das politische Leben war hier immer noch durch die Vorherrschaft lokaler Klientelen bestimmt, die von den sogenannten *grandi elettori*, d.h. den Notabeln des städtischen Bürgertums und der großen Grundbesitzer, abhängig waren. Diese stellten sich im Stile des traditionellen *trasformismo* auf das neue Regime um, so wie sie sich zuvor von dem Giolittis auf das Nittis umgestellt hatten.[39] Von der unter Mussolinis Einfluß stehenden Parteiführung des PNF wurde die Anpassungsreaktion der politischen Führungsklientelen des Mezzogiorno nicht nur akzeptiert, sondern mit allen Mitteln gefördert. Mussolini betrieb unmittelbar nach der Machtergreifung gerade gegenüber den Parteien und politischen Verbänden, die im Süden eine politische Basis hatten, eine systematische Assimilationspolitik. So wurde der *Partito Sardo d'Azione* Anfang 1923 zur Fusion mit dem PNF gezwungen.[40] Der *Partito Democratico Sociale*, der seine Anhängerschaft vor allem im östlichen Sizilien hatte, löste sich an der Basis mehr und mehr auf, auch wenn die Parteiführung unter den Ministern Colonna di Cesarò und Carnazza formal erhalten blieb.[41] Die liberale Partei konnte ihre personalen Bastionen im Süden länger halten. Mit dem Eintritt des Altliberalen Orlando und des Parlamentspräsidenten De Nicola in die Liste des Nationalen Blocks für die Wahlen vom 6. April 1924 begann in Süditalien jedoch auch die Assimilierung der liberalen Klientelen durch den Faschismus.[42] Den wichtigsten Assimilierungserfolg erzielte Mussolini schließlich gegenüber der nationalistischen Konkurrenzpartei, der *Associazione Nazionalista Italiano* (ANI). Diese wurde Anfang 1923 durch offiziellen Fusionsbeschluß mit der faschistischen Partei vereinigt, nachdem sie zuvor im Mezzogiorno dem Faschismus starke Konkurrenz gemacht hatte.[43]

Der geschlossene Einzug der ›Nationalisten‹ hatte für die innerparteiliche Auseinandersetzung über die politische Funktion des PNF weitreichende Folgen. Das Gewicht der Nationalisten in der Partei ergab sich schon aus der Zahl der Mitglieder, die sie bei der Fusion in den PNF einbrachten. Ein erheblicher Teil des großen Mitgliederzuwachses der Jahre 1922/23 ging auf das Konto der Nationalisten. Nach der offiziellen Mitgliederstatistik des PNF vom 14. Juli 1923 wurden für die eintretenden Nationalisten 150000 Mitgliedskarten ausgegeben. Die Nationalisten hätten demnach knapp 18% der gleichzeitig mit 779605 angegebenen Gesamtmitgliederzahl der faschistischen Partei (ohne die Parteijugend) ausgemacht.[44] Rechnet man nur den Zuwachs von rund 480000 Neueinschreibungen, wären sogar knapp 30% der Neufaschisten ehemalige Nationalisten gewesen.[45] Wichtiger noch war, daß die Nationalisten eine seit langem eingespielte Führungsgruppe hatten, an deren Spitze Alfredo Rocco und Luigi Federzoni standen.[46] Beide gehörten schon vom ersten Tag an zur Regierungsmannschaft Mussolinis. Sie sorgten dafür, daß die Nationalisten innerhalb des Faschismus während der ganzen Phase der faschistischen Systemstabilisierung eine relativ geschlossene Fraktion blieben, wenn nicht sogar eine Art *sottopartito*.[47] Aufgrund ihres unbedingten Monarchismus hatten die Nationalisten Rückhalt bei der Krone und in der Armee. Traditionsgemäß vertraten sie industrielle Interessen, vor allem die der Schwerindustrie.[48] Dazu kamen die Präferenzen des süditalienischen Establishments. Die innerparteiliche Stellung der Nationalisten wurde auf diese Weise in erheblichem Maße außerparteilich abgestützt.

Ihrer sozialen Herkunft nach waren die Führer des Nationalismus Männer der bürgerlichen Kultur Italiens. Sie brachten daher ein neues bürgerliches Element in den Faschismus, zugleich aber auch das Mißtrauen des bürgerlichen Aktivismus Italiens gegenüber der großen Massenpartei, dem Apparat und der Organisation überhaupt. Sie wandten sich daher von vornherein gegen die extremistische Überbewertung der faschistischen Partei und die Hoffnung auf einen Parteistaat. Die faschistische Partei sollte in ihren Augen im entstehenden faschistischen Staat eine untergeordnete Rolle spielen, wenn nicht überhaupt verschwinden. Ihre Parteikonzeption lief daher auf eine bürokratische Zentralisierung des Faschismus hinaus, in der die herrschende Staatspartei ein untergeordnetes Hilfsorgan einer autoritär-konservativen Regierung monarchischer Prägung sein sollte.[49] Die Nationalisten unterstützten so zwar Mussolini gegen den faschistischen Extremismus, aber mit ihnen kam ein traditionalistischer Trend in die Partei, den der *Duce* des Faschismus in dieser Form ablehnte.

Es liegt auf der Hand, daß die faschistische Partei durch die Fusionspolitik Mussolinis nicht nur neue Mitglieder dazugewann, sondern daß sich damit auch in starkem Maße die Struktur der Mitgliedschaft veränderte. Die Masse der neuen Mitglieder, die zwischen dem ›Marsch auf Rom‹ (Oktober 1922) und dem Matteotti-Mord (Juni 1924) in den PNF eintraten, war zuvor schon in bürgerlichen Parteien der politischen Mitte und Rechten organisiert gewesen oder hatte diesen zumindest nahegestanden. Nicht politische Neulinge, sondern bürgerliche Parteiwechsler bestimmten die Eintrittswelle der ersten Jahre des faschistischen Regimes. Wenn es nach Mussolinis Willen gegangen wäre, hätte er sogar auch noch Teile der sozialistischen Arbeiterbewegung absorbiert. Mit den Führern der reformistischen Gewerkschaften (*Confederazione Generale del Lavoro*) führte er mehrfach aussichtsreiche Verhandlungen über eine Regierungsbeteiligung. Diese scheiterten jedoch jeweils am Einspruch der faschistischen Syndikalisten und Extremisten.[50] Für beide Gruppen stellte schon die Übernahme geschlossener bürgerlicher Parteikader in den PNF eine politische Herausforderung dar, gegen die sie sich, wenn auch in diesem Falle vergeblich, wehrten. Farinacci warnte bereits in den ersten Tagen nach dem ›Marsch auf Rom‹ vor den »Faschisten der letzten Stunde«.[51] Die Scharen organisierter Parteiwechsler wurden als Eindringlinge angesehen, die die »wahre Familie« des Faschismus störten.[52] Die extremistischen Parteiführer sahen somit die personalistische Binnenstruktur der Partei bedroht, auf der ihre regionale Parteiherrschaft beruhte. Ihre innerparteiliche Frontstellung gegen die fusionierten Neumitglieder war die Konsequenz dieser Beunruhigung.

Im ersten Jahr nach der Machtergreifung Mussolinis machte die faschistische Partei Italiens eine der größten Krisen ihrer Geschichte durch. Nicht die politische Opposition, sondern der PNF stellte für die Regierung Mussolinis das größte innenpolitische Problem dar. Trotz eines weitreichenden Ermächtigungsgesetzes war die Regierung ebensowenig in der Lage, die faschistische Partei zur Ruhe zu bringen, wie die zentrale Parteiführung. Im Zeichen einer sprunghaft ansteigenden Mitgliederzahl prallten die unterschiedlichen Parteikonzeptionen vielmehr unverhüllt aufeinander. Eine Welle von sezessionistischen Parteiabsplitterungen erschütterte 1923 besonders die altfaschistischen Zonen Norditaliens, aber auch den kaum gewonnenen Süden.[53] Die Dissidenten kamen aus allen Lagern des Faschismus. Mussolinitreue Altfaschisten wurden von den extremistischen Führern aus der Partei ausgeschlossen (z. B. in Turin und in Perugia).[54] Umgekehrt sahen sich prominente Extremisten wie Gino Calza-Bini (in Rom), Aurelio Padovani (in Neapel) oder Cesare Forni (in Pavia) in der Folge der nationalfaschistischen Fusion in die Rolle dissidierender Außenseiter gedrängt.[55] In Umbrien behielt der Extremismus wiederum die Oberhand gegen Alfredo Misuri, einen prominenten nationalistischen Parteiwechsler, der vor dem ›Marsch auf Rom‹ schon einmal aus der faschistischen Partei ausgeschlossen worden war.[56] Schließlich suchten sich extremistische Parteiführer bei der Arrondierung oder Verteidigung ihrer innerparteilichen Herrschaftsbereiche auch gegenseitig mit ihrem Anhang aus der Partei zu drängen (z.B. Sala und Torre in Alessandria oder Baroncini und Grandi in Bologna), was am Ende einen Dritten in die führende Stellung bringen konnte (z. B. Leandro Arpinati in Bologna).[57]

Die chaotische Vielfalt der faschistischen Zersplitterung ließ eines ganz offenbar werden, nämlich den Mangel an zentraler Führung in der Partei. Die mussolinistisch geprägte Parteiführung in

Rom stand in den parteiinternen Auseinandersetzungen nicht über der Sache, sondern war selbst Partei. Wie immer auch die Führungsspitze umorganisiert wurde, und das war 1923 mehrfach der Fall,[58] blieb diese doch immer noch von den extremistischen Zwischenführern abhängig, die den größten Teil der faschistischen Stammprovinzen Norditaliens beherrschten. Eine Wende zeichnete sich erst in der großen Kraftprobe zwischen zentralem Mussolinismus und provinziellem Extremismus ab, die durch die sogenannten ›Revisionisten‹ ausgelöst wurde.

Einige Faschisten der ersten Stunde aus dem engeren Kreis um Mussolini, die 1922 bei der Verteilung der zentralen Regierungs- und Parteiämter leer ausgegangen waren und insofern selbst nichts zu verlieren hatten, starteten im September 1923 einen offenen Angriff auf den faschistischen Extremismus. Sie attackierten vor allem die mangelnde Parteidisziplin und den blinden Aktionismus der Extremisten. Und sie plädierten für innerparteiliche Demokratie und Unterordnung der Partei unter die faschistische Regierung.[59] Es ist verbürgt, daß Massimo Rocca und Giuseppe Bottai, die beiden wichtigsten Wortführer dieses Revisionismus, teilweise in Übereinstimmung mit Mussolini handelten.[60] Von den beiden kurz zuvor gegründeten faschistischen Tageszeitungen Roms, dem »Nuovo Paese« und dem »Corriere Italiano«, die unter dem Einfluß des Innenministeriums standen, erhielten sie publizistische Rückendeckung. Der Beifall der konservativen Sympathisanten des Faschismus, der sogenannten *fiancheggiatori*, war groß. Dennoch scheiterte der Vorstoß der Revisionisten an dem entschiedenen Einspruch der Extremisten, die bei dieser Gelegenheit unter der Führung Farinaccis erneut zu gemeinsamer Aktion zusammenfanden. Mussolini erhielt allerdings Gelegenheit, sich ähnlich wie als Regierungschef nun auch in der Partei als ausgleichender Schiedsrichter einzuschalten. Bei der Durchsetzung eines vermittelnden Ausgleiches trat er nicht mehr in der Rolle eines innerparteilichen Fraktionsführers auf, sondern als oberster Führer des Faschismus, der sich nunmehr selbst von seiner engsten *entourage* in der Parteiführung abhob.[61] Er legte damit den Grundstein für seine Integrationsrolle als *Duce* des Faschismus, von der her er schließlich auch einen fundamentalen Strukturwandel der Partei bewirken konnte.

Die Matteotti-Krise löste allerdings 1924 in der faschistischen Partei zunächst einen extremistischen Pendelschlag aus. Die Unsicherheit über den Fortbestand des faschistischen Regimes verringerte nicht nur den Zulauf zu den faschistischen Parteibüros, sondern leitete sogar eine Abwanderung ein. Der PNF hatte Ende 1924 weniger Mitglieder als Ende 1923 (vgl. Tabelle 5). Trotz aller Lückenhaftigkeit der Nachrichten ist zu erkennen, daß gerade die Mitglieder wegblieben, die Mussolini im Rahmen seiner Blockstrategie von den bürgerlichen Parteien der Rechten bisher gewonnen hatte.[62] Damit erhielten die Extremisten in der innerparteilichen Auseinandersetzung wieder Luft: der Druck der ungeliebten Konvertiten der zweiten Stunde ließ nach. Auch wenn sie den politischen Mord an dem sozialistischen Parteiführer nicht zu verantworten hatten, profitierten sie im übrigen politisch von dem flagranten Einbruch politischer Kriminalität in die bemüht legalistische Regierungspraxis Mussolinis. Mussolini war unversehens auf die aktive, notfalls bürgerkriegsbereite Solidarität der Extremisten und ihrer syndikalistischen Verbündeten angewiesen. Diese Abhängigkeit war nicht so groß, daß er sich die Modalitäten seines Staatsstreichs vom 5. Januar 1925 von der Partei vorschreiben lassen mußte. Der Übergang zur Diktatur zeigte vielmehr gerade, daß er weit entfernt davon war, den *stato totalitario*, den er nunmehr anvisierte, einseitig einer faschistischen Einheitspartei auszuliefern.[63] Aber er mußte unter dem Druck der Extremisten innerparteiliche Konzessionen machen. Die wichtigste war die Ernennung Farinaccis zum Generalsekretär im Februar 1925.

Farinacci brachte in dem einen Jahr seines Generalsekretariats die extremistische Parteirichtung auf den Höhepunkt ihres Einflusses, bewies zugleich jedoch, wie begrenzt deren politische Durchsetzungskraft letzten Endes war. In Übereinstimmung mit den nationalistischen und den mussolinistischen Wortführern des PNF machte er sich daran, in der Partei endlich eine durchgreifende horizontale Führungsstruktur durchzusetzen. Das Tätigkeitsfeld des faschistischen Generalsekretariats wurde verbreitert, die Bürokratisierung des Parteiapparates eingeleitet.[64] Im Unterschied zu den Vorstellungen seiner innerparteilichen Gegner sollte die hierarchische Zentralisierung der Partei jedoch nicht deren Subversionspotential verkleinern, sondern dies vielmehr auf die nationale Ebene heben. Daraus ergab sich für Farinacci das Dilemma, einerseits die Herrschaftsräume der provinziellen *Ras* möglichst wenig anzutasten, andererseits die Partei nach der Art eines obersten *Ras* autoritär zu reglementieren. In der Praxis betrieb er für die Parteizentrale eine Art Hausmachtpolitik. Die Hochburgen des Extremismus zwischen Bologna und Mailand sowie in der Toscana tastete er nicht an. Er ließ es zu, daß von hier aus eine neue Welle des *squadrismo* ausging, die im Oktober 1925 in den blutigen Zwischenfällen von Florenz gipfelte (*fatti di Firenze*).[65] Dagegen schaltete er sich in all den Parteibezirken ein, in denen sich die Extremisten bisher nicht hatten durchsetzen können. Dies galt etwa für die nordöstlichen Provinzen Italiens (Venedig, Padua, Rovigo, Udine, Triest), in denen in der Partei ehemalige Nationalisten mit der Rückendeckung lokaler Wirtschaftseliten vorherrschten.[66] Das galt erst recht für den gesamten Süden.[67] Wo, wie z. B. in Turin, andere faschistische Richtungen inzwischen die Oberhand gewonnen hatten, eroberte er das verlorengegangene Terrain für den Extremismus zurück.[68] Überall ging Farinacci daran, von ihm abhängige extremistische Provinzdirektorien durchzusetzen. Diese veranlaßte er dann im Erfolgsfalle zu Säuberungsaktionen, von denen in erster Linie die gemäßigten Faschisten nationalistischer und (im Süden) liberaler Herkunft betroffen wurden. Auf diese Weise verlor die Partei, ohne daß sich das allerdings sozialstatistisch genauer spezifizieren ließe, unter Farinacci vor allem weiter bürgerliche und intellektuelle Elemente. Dem entsprach es, daß die Syndikalisten zur gleichen Zeit eine ausgesprochen antikapitalistische Kampagne entfesselten, deren Höhepunkt der faschistische Metallarbeiterstreik vom Februar/März 1925 war.[69]

Insgesamt nahm die Zahl der Parteimitglieder nach dem Krisenjahr 1924 auch 1925 nochmals leicht ab (vgl. Tabelle 5). Wenn es nach Farinacci gegangen wäre, hätte die Mitgliederzahl des PNF sogar noch weiter schrumpfen sollen. Um ein Eindringen derjenigen, die »nicht der Partei dienen, sondern sich ihrer bedienen« wollen, zu verhindern, hatte er im Oktober 1925 für alle Sektionen des PNF einen totalen Aufnahmestopp angeordnet.[70] Dieser war jedoch im Januar 1926 durch den faschistischen Großrat widerrufen worden. Farinacci wurde gleichzeitig gezwungen, den Präsidenten und den Sekretär der *Confindustria*, des Industriellenverbandes, in den *Fascio* von Rom aufzunehmen.[71] Die letztere, mehr symbolische Maßnahme deutete darauf hin, was die erstere im Gegenzug zu Farinaccis Parteistrategie bezwecken sollte: die neuerliche Öffnung für die bürgerlichen Stützen des Regimes.

Es ist hier nicht der Ort, die Umstände von Farinaccis wenig später fälligem Sturz im einzelnen darzustellen, jedoch ist das Ergebnis festzuhalten.[72] Unter Farinacci begann der Prozeß der bürokratischen Vereinheitlichung der faschistischen Partei, der sich unter seinem Nachfolger Augusto Turati fortsetzte. Es scheiterte jedoch der letzte Großversuch der Extremisten, für die faschistische Partei in der entstehenden Diktatur eine beherrschende Stellung durchzusetzen. Unter dem Generalsekretariat Turatis (1926-1930) wurde die Partei sukzessive dem faschistischen Regierungs- und Verwaltungsapparat untergeordnet. Das bekannte Zirkular Mussolinis vom 5. Januar 1927, in dem er die »Segretari Federali« der Partei den Präfekten unterstellte, markierte den Wendepunkt in der Entwicklung des PNF von der regierenden zur dirigierten Einheitspartei, nachdem schon im Oktober 1926 die innerparteilichen Wahlen durch das autoritäre Ernennungsprinzip von oben ersetzt worden waren.[73] Die Partei wandelte sich in eine bürokratische Massenorganisation von Karrieristen und angepaßten Mitläufern, die nicht vorrangig politisch motiviert waren. Sie verlor damit die aggressive Stoßkraft, die der Extremismus in die Partei gebracht hatte. Zugleich stellte sich aber heraus, daß sich auch das Integrationskonzept Mussolinis nur begrenzt verwirklichen ließ. Die traditionellen Eliten blieben der faschistischen Einheitspartei weitgehend fern und entzogen sich damit einer direkten politischen Kontrolle durch den faschistischen Diktator.

Der neuerliche Strukturwandel der faschistischen Partei wurde abermals mit einer Verbreiterung der Mitgliederbasis eingeleitet. Die globale Mitgliederentwicklung läßt erkennen, daß das Jahr 1926 der Partei erneut einen sprunghaften Zuwachs bescherte, und zwar von 599988 auf 939997 Mitglieder (vgl. Tabelle 5). In den folgenden drei Jahren stiegen die Mitgliederzahlen ungleich langsamer, aber doch erkennbar auf rund 1100000 zu Ende des Jahres 1929 an. Dabei ist zu berücksichtigen, daß die Tore der Partei nur 1926 weit geöffnet waren, von 1927 an (bis einschließlich 1932) jedoch nur die sogenannte »leva fascista«, d. h. der 18jährige Nachwuchs aus den Jugendorganisationen der Partei, aufgenommen wurde.[74] Die Zuwachsraten für 1926, aber auch noch mindestens für die beiden folgenden Jahre, werden noch imposanter, wenn man berücksichtigt, daß Turati in dieser Zeit eine große Säuberungsaktion durchführte. Bis zum 8. November 1927 hatte er nach eigener Angabe 2000 höhere Parteifunktionäre verschiedener Grade und 30000 einfache Mitglieder ausgeschlossen.[75] In den beiden folgenden Jahren dürften es nicht viel weniger gewesen sein.[76] Der Mitgliederzuwachs des PNF wurde in dieser Zeit auch von einem Mitgliederaustausch begleitet.

Leider sind über die soziale Herkunft der neuen Mitglieder nur wenige Angaben überliefert. Mit Vorbehalt lassen sich jedoch einige Schlüsse ziehen. Wie die von Ignazio Silone veröffentlichte geheime Umfrage der Kommunistischen Partei Italiens aus dem Jahre 1927 zeigt, muß der ehedem verhältnismäßig hohe Anteil der Landarbeiter an der faschistischen Parteimitgliedschaft im Laufe der ersten Jahre des faschistischen Regimes stark gesunken sein.[77] Landarbeiter machten 1927 ebenso wie Industriearbeiter nur noch eine kleine Minderheit der politisch organisierten Faschisten aus. Die von Mussolini ursprünglich gewünschte, vom faschistischen Extremismus und Nationalismus aus unterschiedlichen Gründen jedoch bekämpfte politische Öffnung des Faschismus zur Arbeiterschaft ist nicht gelungen. Dem widerspricht nicht, daß die faschistische Gewerkschaft den Anteil der Industriearbeiter zwischen 1922 und 1925 nahezu verachtfachen konnte, bei einer nur gut dreifachen Steigerung der Gesamtmitgliedschaft (vgl. Tabelle 4). Der relative Anteil der Landarbeiter ging nämlich gleichzeitig zurück, so daß sich insgesamt der Prozentsatz der Arbeiter in den faschistischen Gewerkschaften kaum veränderte (72,30% 1925 gegenüber 76,17% 1922). Nach dem Verbot aller nichtfaschistischen Gewerkschaften und Parteien im Herbst 1926 dürfte sich der proletarische Zulauf in die faschistischen Gewerkschaften zunächst zwar verstärkt haben, entscheidend ist jedoch, daß diese, zumal nach der Zerschlagung des Gesamtverbandes und der Entmachtung Rossonis im Jahre 1928 als Gewerkschaften politisch noch funktionsloser wurden als der PNF.[78] Die gewerkschaftliche Erfassung der Arbeiter stellte somit keinen Ersatz für die mißlungene parteipolitische Integration dar.[79] Erst recht nicht konnte dies die Freizeitorganisation des »Opera Nazionale Dopolavoro« (OND) sein. Obwohl die Mitgliedschaft des OND zwischen 1926 und 1927 von 280548 auf 538337 heraufschnellte, 1929 die Millionengrenze überschritt und in stetigem Anstieg 1940 schließlich die Zahl von 4612294 erreichte, zeigte dieser Aufschwung allenfalls, daß die Ablenkung der Arbeiter von der politischen Opposition gegen das faschistische Regime in Italien partiell gelungen ist.[80] Eine positive politische Einstellung zum Faschismus ergab sich daraus nicht.

Auf der anderen Seite schlug allem Anschein nach auch die gegen den Widerstand des faschistischen Extremismus erzwungene Öffnung des Faschismus gegenüber dem bürgerlichen Establishment quantitativ nicht besonders zu Buche. Die *fiancheggiatori* sicherten sich ihre Mitsprache an der faschistischen Diktatur Mussolinis auf andere Weise. Die ganz große Mehrheit der neuen Mitglieder des PNF scheint von 1926 an vor allem aus dem Kreis der Beamten und Angestellten in den staatlichen und halbstaatlichen Behörden und Organisationen gekommen zu sein, deren aufgeblähte Existenz das faschistische Regime in den dreißiger und vierziger Jahren charakterisieren sollte.[81] 1937 wurden die Beamten, öffentlichen Angestellten und Lehrer durch Gesetz zum Eintritt in eine der berufsspezifischen Standesorganisationen des Faschismus gezwungen, nachdem der größte Teil von ihnen seit 1932 schon freiwillig in diese eingetreten war.[82] Ein regelrechter Parteieintritt wurde für die öffentlichen Bediensteten in Italien nicht vorgeschrieben, jedoch konnte man seit 1940 als Beamter nur befördert werden, wenn man dem PNF angehörte.[83] Die Partei wurde auf diese Weise allmählich zu einem Instrument staatlicher Karrieresteuerung umgeformt.

Diese Entwicklung entsprach den autoritär-bürokratischen Vorstellungen der nationalistischen Faschistengruppe, deren Führer Federzoni und Rocco an der institutionellen Ausgestaltung von Mussolinis Diktatur bekanntlich maßgeblich beteiligt waren. Die Nationalisten unterstützten auch die innerparteiliche Säuberungsaktion der Jahre 1926-1928, deren Opfer in erster Linie faschistische Extremisten waren. Jedoch besaß die faschistische Partei zu Anfang der eigentlichen Regimephase des italienischen Faschismus noch einen Rest ihrer ursprünglichen politischen Dynamik. Turati eliminierte das unruhige militärische Potential des Extremismus, dessen anarchoide Aktivität Farinacci bewußt nicht beschnitten hatte. Er beseitigte ferner gründlich die neue extremistische Klientel, die sich Farinacci im Zuge seiner Disziplinierungsmaßnahmen geschaffen hatte. Aber er beließ die alten Kämpfer in den Führungsstellen der Partei, wenn sie sich seinem autoritären Zentralismus unterwarfen. Von den insgesamt 90 Provinzsekretären (*Segretari Federali*) der Partei waren nach dem Stand vom Dezember 1929 bezeichnenderweise nicht weniger als

70 (77 %) schon vor dem ›Marsch auf Rom‹ zum Faschismus gestoßen, und von diesen war wiederum der weit überwiegende Teil (59) zur Zeit der extremistischen Basisausweitung des Faschismus zwischen dem Sommer 1920 und dem Herbst 1922 in die Partei eingetreten.

Bei einer Analyse der provinzialen Führungsgremien der Partei dürften ähnliche Ergebnisse herauskommen. Mit aller Vorsicht kann man daher in der von Turati betriebenen Führungsauslese den Willen erkennen, in der faschistischen Partei die subversive Machtergreifungsmentalität wenigstens in begrenztem Umfang zu erhalten. Unter Turatis Nachfolger Giurati kam es Anfang der dreißiger Jahre in der Partei sogar noch einmal zu einer betont antibürgerlichen Säuberungwelle.[84] Auch hierin schimmerte nochmals die Idee einer faschistischen Elitepartei staatsbeherrschenden Zuschnitts durch, welche die Extremisten vergeblich durchzusetzen versucht hatten.

Tabelle 6: Eintrittsdaten der Provinzsekretäre (Segretari Federali) in den PNF nach dem Stand vom Dezember 1929

Eintrittszeit	*Anzahl*	%
März 1919 – Mai 1920	10	11
Juni 1920 – Okt. 1922	59	66
Nov. 1922 – Mai 1924	18	20
Juni 1924 – Dez. 1924	3	3
	90	100

Quelle: Partito Nazionale Fascista: Foglio d'ordini, Roma 1929, S. 285-98.

Mussolini reagierte darauf auch dieses Mal mit einem nationalen Werbeappell und ließ die Tore der Partei 1932 zum zehnten Jahrestag der faschistischen Machtergreifung erneut öffnen. Das Ergebnis entsprach jedoch wiederum nicht seinen Erwartungen, obwohl die Partei nunmehr endgültig zu einem willfährigen Instrument seiner persönlichen Diktatur degenerierte. In den dreißiger Jahren entwickelte sich der PNF vielmehr zu einer politisch weitgehend funktionslosen, vielfältig untergliederten Massenorganisation angepaßter Staatsdiener und parasitärer Parteifunktionäre. Soweit bisher bekannt ist, scheinen die traditionellen Machteliten dagegen in Distanz zu der faschistischen Einheitspartei geblieben zu sein. Mussolini sah sich daher genötigt, die Partei seinerseits wieder als Gegengewicht gegen die sein Regime in konservativer Richtung lenkenden Kräfte in Monarchie, Heer, Kirche und Industrie ins Spiel zu bringen. Die Parteigeschichte der dreißiger Jahre ist durch sprunghaft-demagogische Versuche Mussolinis gekennzeichnet, dem Heer politisch stumpfer Parteigenossen, welche die Partei in erster Linie als Versorgungsinstitut ansahen, eine neue aktivistische Mentalität einzuimpfen. Innerparteilich gipfelten diese Versuche vor allem in der langjährigen Kampagne für eine personelle Verjüngung der faschistischen Führungselite. Aber auch die außenpolitische Aggressionsbereitschaft Mussolinis, wie sie im Abessinienkrieg, im Spanischen Bürgerkrieg und schließlich auch 1940 beim Eintritt in den Zweiten Weltkrieg in Erscheinung trat, kann zum Teil aus dem Bestreben erklärt werden, den faschistischen Parteimassen eine neue politische Dynamik zu vermitteln. Je größer aber die Partei samt ihren Neben- und Unterorganisationen im Laufe der dreißiger Jahre wurde, desto weniger reagierte sie auf politische Steuerungsversuche. Mussolini lief so letzten Endes dem Ideal einer Elitepartei nach, dessen Verwirklichung er selbst verhindert hatte, weil er unabhängig von der Partei den Kurs des faschistischen Regimes bestimmen wollte.

4. Kriegsorientierung im faschistischen Italien

Wenn man einmal von Japan absieht, das letzten Endes aber seine eigenen Wege ging, war Italien im Zweiten Weltkrieg der einzige wirkliche Bündnispartner des Deutschen Reiches. Mit keinem Land war das nationalsozialistische Deutschland jedenfalls so eng verbunden wie mit Italien. Mit Recht gilt daher den Vorkriegs- und Kriegsbeziehungen zwischen den beiden Staaten das besondere Interesse der Forschung. Frühzeitig schon erkannte man, daß sich das eigentümliche Beziehungsgeflecht zwischen den beiden Diktaturen nicht nur unter rein diplomatiegeschichtlichen Aspekten beurteilen läßt. Von Frederick W. Deakin bis Alan Cassels vertraten vor allem angelsächsische Autoren die Auffassung, daß es sich um internationale Beziehungen besonderer Art handelte, die in höchst ungewöhnlichem, wenn auch sicherlich nicht ausschließlichem Maße personal und ideologisch motiviert waren.[1] Ein Teil der italienischen Forschung (von Mario Toscano bis Renzo De Felice) hat sich demgegenüber bemüht, die Außenpolitik des faschistischen Italiens eher in die Kontinuität interessenorientierter Machtpolitik zu stellen, wie sie für das Land auch vor der Machtergreifung Mussolinis charakteristisch gewesen sei.[2] Es ist nicht zu bestreiten, daß das außenpolitische Handeln Mussolinis, allein schon durch die Fülle des Aktenmaterials, das im Lauf der Jahrzehnte erschlossen wurde, auf diese Weise entdämonisiert und auf die diplomatischen Realitäten zurückgeführt werden konnte. Der Versuch, Mussolinis Politik ganz zu entideologisieren, scheint mir jedoch nicht voll gelungen zu sein. Es kann vielmehr nach wie vor kein Zweifel daran bestehen, daß mit Ausnahme des nationalsozialistischen Deutschlands und in anderer Weise der Sowjetunion 1939 die außenpolitischen Entscheidungen keines Staates in Europa in so starkem Maße ideologisch motiviert waren wie die des faschistischen Italiens.[3] Die faschistische Außenpolitik war ihrer Anlage nach »imperialistisch« – im wahrsten Sinne des Wortes.[4] Sie orientierte sich nicht an realpolitischen Gegebenheiten der europäischen Mächtekonstellationen, sondern strebte mit großsprecherischer Rhetorik die Schaffung eines Mittelmeerimperiums an, das die wirtschaftlichen und demographischen Möglichkeiten des Landes bei weitem überforderte. Diese Politik hatte sicherlich in mancher Hinsicht einen eher anachronistischen Charakter. Es hatte keinen Sinn, in Afrika noch zu einem Zeitpunkt, zu dem der Prozeß der Dekolonisation schon begonnen hatte, ein Kolonialreich aufbauen zu wollen. Aber sein unzeitgemäßer Charakter verweist gerade darauf, daß der faschistische Kolonialismus vor allem eine ideologiebedingte Schubkraft hatte. Mussolini knüpfte an die afrikanische Politik des Vorkriegsitaliens an und wollte diese doch zugleich übertrumpfen. Der kolonialistische Sieg in Afrika sollte zugleich die Überlegenheit des faschistischen Regimes über das liberale Italien beweisen.

Ähnliches gilt auch für das europäische Umfeld der imperialistischen Politik Mussolinis. Auch hier setzte er die Revisionspolitik seiner liberalen Vorgänger fort. Zugleich legte er es jedoch darauf an, nicht nur die Landkarte, sondern auch die politische Struktur Europas im faschistischen Sinne zu verändern. Mussolinis Politik in Europa war durch eine eigentümliche Doppelbödigkeit gekennzeichnet: Neben der Normalität des diplomatisch-politischen Umgangs mit anderen Regierungen stand die ideologische Subversion. Mussolini unterstützte schon seit seiner Machtergreifung, spätestens aber seit Ende der zwanziger Jahre vor allem in Mittel- und Südosteuropa politisch verwandte Bewegungen mit Geld, Personal oder sogar mit Waffen.[5] Die faschistische Außenpolitik erhielt dadurch ein »ideologisches Unterfutter«,[6] das man im Auge haben muß, wenn man den Weg Italiens in den Zweiten Weltkrieg untersucht.

Anders als das nationalsozialistische Deutschland und erst recht anders als die westeuropäischen Demokratien befand sich das faschistische Italien 1939 mit nur kurzen Unterbrechungen faktisch schon seit über einem Jahrzehnt im Krieg.[7] Es waren zwar immer Kämpfe weit außerhalb der Grenzen des Landes, aber eben doch kriegerische Unternehmungen, die Geld kosteten, für die Waffen bereitgestellt werden mußten und die in zunehmendem Maße auch zu Menschenverlusten führten. Seit Anbeginn der faschistischen

Herrschaft kämpften italienische Truppen in Afrika einen zermürbenden Krieg zur Wiedergewinnung und »Befriedung« seiner Vorkriegskolonien Tripolitanien und Cyrenaika.[8] Mussolini verlieh diesem Unternehmen dadurch besonderen Nachdruck, daß er sich 1926 mit zwei Schlachtschiffen und acht weiteren Kriegsschiffen als erster italienischer Ministerpräsident demonstrativ in einer Kolonie zeigte.[9] Das wahre Ausmaß seines kolonialistischen Unterdrückungskrieges hielt er allerdings verborgen, nicht zuletzt auch deswegen, weil er 1928 den Kellogg-Pakt unterzeichnet hatte, der einen Krieg als Werkzeug nationaler Politik ausschloß. Der Widerstand der arabischen Freischärler konnte erst Anfang der dreißiger Jahre endgültig unterdrückt werden. 1934 wurde die militärisch arrondierte Kolonie Libyen ausgerufen.

Ende desselben Jahres schon faßte Mussolini den Entschluß, den afrikanischen Kaiserstaat Abessinien militärisch zu überfallen und zur italienischen Kolonie zu machen.[10] Die Vorbereitungen für diesen Krieg hielten Politiker und Militärs sowie zunehmend auch eine entsprechend indoktrinierte Öffentlichkeit bis zum Herbst 1935 in Atem. Gleichwohl erwies sich der Krieg in Abessinien für die Italiener als alles andere als ein Spaziergang.[11] Er zog sich von Oktober 1935 bis zum Mai 1936 hin. Mussolini mußte am Ende über 400 000 Mann, die Hälfte seines Heeres, sowie außerdem noch 90 000 Mann an Kolonialtruppen aufbieten, um den unerwartet hartnäckigen, ausgerechnet von Hitler mit Waffen belieferten Widerstand des Negus zu brechen.[12] Der Abessinienkrieg kostete die Italiener etwa das Nationaleinkommen eines Jahres.[13] Auch wenn die vom Völkerbund gegen Italien verhängten wirtschaftlichen Sanktionen weitgehend wirkungslos blieben, stieß das Land damit an die Grenzen seiner wirtschaftlichen Leistungsfähigkeit. Langfristig zeichnete sich damit schon das Scheitern Mussolinis ab. Trotz aller Anstrengungen ist es ihm letzten Endes nicht gelungen, das italienische Volk zu militarisieren. Für den Augenblick brauchte ihn das allerdings nicht zu beunruhigen. Nach der Ausrufung des faschistischen Imperiums stand er in Italien 1936 als *Fondatore dell'Impero* auf dem Gipfel seiner Popularität. Er sonnte sich in seinem Erfolg und wähnte sich auf dem richtigen Weg. Sein Biograph hat dann auch den Abessinienkrieg als Mussolinis »politisches Meisterwerk« bezeichnet.[14] Das einzige, was Mussolini nachträglich bedauert haben soll, war die für ihn zu geringe Zahl von nur 5 000 italienischen Gefallenen. Höhere

Verlustzahlen hätten dem kriegerischen Appeal des faschistischen Regimes in seinen Augen besser angestanden.[15]

Schon vor dem Ende des Abessinienkrieges sprach Mussolini von einem baldigen neuen Krieg, ohne sich indessen schon genau festzulegen.[16] Nur wenige Monate später, im Juli 1936, ergab sich für Mussolini in Spanien nach dem Generalsputsch im Bürgerkrieg unverhofft die Gelegenheit zu erneuter militärischer Mobilisierung.[17] Die italienische Intervention begann zunächst mit der Entsendung von Flugzeugen und Waffen. Ende Dezember 1936 wurden erstmals 10000 Mann nach Spanien geschickt. In rascher Steigerung erreichten die italienischen Interventionstruppen am Ende fast die Anzahl von 73000 Mann.[18] Die Verluste waren absolut gesehen geringer als im Abessinienkrieg (offiziell 3819 Gefallene), aufgrund der niedrigeren Zahl von italienischen Kriegsteilnehmern jedoch prozentual gesehen erheblich höher.[19] Ein großer Teil davon kam überdies im März 1937 in der Schlacht von Guadalajara ums Leben. Diese Soldaten waren damit Opfer der ersten großen Niederlage, die der Faschismus bei seinen militärischen Abenteuern einstecken mußte. Das wog doppelt schwer in einem Regime, das auf eine Perpetuierung kriegerischer Expansion angelegt war. Um die – überdies überwiegend gegen antifaschistische italienische Freischärler erlittene Niederlage erträglich zu machen, drängte Mussolini gegen den Rat seiner Berater (u. a. des italienischen Botschafters bei der Franco-Regierung Cantalupo) auf eine militärische Rehabilitierung. Die Folge war, daß das militärische Engagement erheblich verstärkt wurde und die Italiener sich für die gesamte Dauer des Bürgerkriegs in Spanien einrichten mußten. Daß es noch fast zwei Jahre sein sollten, in denen das faschistische Italien weit mehr als Deutschland oder die Sowjetunion in Spanien zu regelrechter Kriegführung genötigt war, war zwar 1937 noch nicht vorauszusehen. Auch wenn er gewußt hätte, worauf er sich einließ, hätte Mussolini die faschistischen Interventionstruppen jedoch kaum vorzeitig abberufen.

Nur eine Woche nach dem Ende des Spanischen Bürgerkriegs überfiel am 7. April 1939 ein italienischer Flottenverband Albanien.[20] In wenigen Tagen wurde das kleine Land militärisch niedergeworfen und das faschistische *Impero* eingegliedert. Anders als im Falle Abessiniens und Spaniens waren dieses Mal die Kosten gering. Da aber für die Besetzung des Landes ähnlich wie in Abessinien in nicht unerheblichem Umfang Truppen bereitgestellt werden mußten, hatte Italien jedoch auch hier beträchtliche militärische Folgekosten zu tragen.[21]

Ohne hier auf Einzelheiten eingehen zu können, dürfte deutlich geworden sein, daß das anhaltende militärische Engagement des faschistischen Italiens im europäischen Kontext der Zwischenkriegszeit ziemlich einmalig war. Das heißt nicht, daß es im einzelnen langfristig angelegt und strategisch vorausgeplant gewesen wäre. Der politische Expansionismus der Italiener hatte vielmehr einen durchaus improvisierten, politisch unbedachten und kurzsichtigen Charakter, wie besonders das Eingreifen in den Spanischen Bürgerkrieg zeigte. Jedoch war das faschistische Regime spätestens seit Mussolinis Staatsstreich vom 3. Januar 1925 in hohem Maße sowohl im Innern wie auch nach außen hin auf politische Gewaltanwendung ausgerichtet.

Seiner ganzen Entstehung nach war der Faschismus eine politische Bewegung, die zugleich eine Bürgerkriegsbewegung war. Der militärische Flügel des Faschismus hatte ursprünglich eine sehr viel größere Bedeutung als der politische. Nach der Machtergreifung wurde er zwar institutionell domestiziert, konservierte aber auch nach seiner Überleitung in die *Milizia Volontaria per la Sicurezza Nazionale* (MVSN) die ursprünglichen militaristischen Energien des Faschismus. Für radikale Parteiführer wie Achille Starace oder Roberto Farinacci, aber auch für Mussolini selbst war die faschistische Miliz noch in den dreißiger Jahren der eigentliche politische Hoffnungsträger des Regimes. Nicht umsonst wurden in den Abessinienkrieg und besonders in den Spanischen Bürgerkrieg militärisch selbständige Milizeinheiten entsandt, die allerdings dort aufgrund ungenügender Ausbildung und Ausrüstung militärisch weitgehend versagten. Auch wenn es dem faschistischen Regime somit nicht gelang, die Miliz zu einer militärischen Elitetruppe nach Art der Waffen-SS heranzubilden, war doch von Bedeutung, daß dies zumindest angestrebt wurde.

Mussolini machte seit 1925 auch sonst alle Anstrengungen, das faschistische Regime, dessen konservative Blockierung durch König, Armee und Beamtenschaft er nicht beseitigen konnte, systematisch zu militarisieren. In erster Linie zwar aus wirtschaftspolitischen Gründen, aber auch zu diesem Zweck führte er z.B. die berüchtigten Erzeugungsschlachten ein, von der ›Schlacht für die Lira‹ über die ›Getreideschlacht‹ bis zum Kampf für eine höhere Geburtenrate. Dramatischer Höhepunkt dieser Versuche, die Massen militaristisch zu aktivieren, war die *Giornata della fede*, der Tag des Traurings, am 18. Dezember 1935, an dem laut offiziellen Angaben von der italienischen Bevölkerung über 33 000 kg Gold und über 93 000 kg Silber für den Abessinienkrieg gespendet wurden.[22]

Besondere Anstrengungen unternahm das Regime in den dreißiger Jahren, die Jugend durch eine gezielte vormilitärische Ausbildung dem angestrebten Ideal der *nazione militare* näherzubringen. Die 1937 reorganisierte faschistische Staatsjugend erhielt als Gioventù Italiana del Littorio (GIL) ausdrücklich einen vormilitärischen Charakter. Schon 1934 wurde in allen Schulen und an den Universitäten der Unterricht in vormilitärischer Erziehung in einem »Corso di cultura militare« verpflichtend gemacht.[23] Die mentale Kriegsvorbereitung wurde auf diese Weise zum politischen Kulturprogramm erhoben

Es wird mit Recht immer wieder darauf hingewiesen, daß die vom Faschismus angestrebte Militarisierung der italienischen Gesellschaft trotz aller dieser und zahlreicher durch eine durchaus totalitäre Propaganda gesteuerter weiterer Maßnahmen letzten Endes nicht erreicht worden sei. Ohne Zweifel übertraf die politische Rhetorik im faschistischen Italien häufig die historische Realität. Aber der Krieg gehörte doch ohne Frage zur Normalität der faschistischen Gesellschaft. Es ist bezeichnend, daß Mussolini gerade nach dem Sieg über Abessinien den Gipfel seiner Popularität erreichte. 1939 war diese Euphorie zwar längst wieder verflogen; aber Mussolini glaubte immer noch, daß ihm nichts so sehr wieder Anerkennung verschaffen würde wie neue militärische Erfolge.

Sieht man die Außenpolitik Mussolinis in den dreißiger Jahren vor diesem kriegsbedingten Hintergrund, so kann man sie kaum nur unter dem Aspekt diplomatischer Normalität beurteilen. Ein Krieg war für Mussolini im Grunde nichts anderes als die Fortsetzung des Bürgerkriegs mit anderen Mitteln. Der Drang zur Kriegführung war seinem Diktaturregime inhärent. Das gab seinem außenpolitischen Handeln trotz aller Sprunghaftigkeit eine Dynamik besonderer Art.[24] Eine dauerhafte Bindung an die westlichen Demokratien Frankreich und Großbritannien schloß sich damit letzten Endes aus. Die Annäherung an den ebenfalls imperialistisch orientierten Kriegsstaat, den Hitler seit 1933 in Deutschland aufbaute, war auch aus Gründen der inneren Regimelogik für das faschistische Italien auf die Dauer unvermeidlich.

Bis zur Mitte der dreißiger Jahre schien sich Mussolini freilich noch die Hände freihalten zu wollen. Die faschistische Außenpolitik wurde durch die Strategie des *peso determinante*, des »entscheidenden Gewichts auf der Waagschale«, bestimmt, aufgrund deren Italien der Schiedsrichter Europas werden sollte. Man hat hierin den wahren realpolitischen Kern von Mussolinis Außenpolitik erkennen wollen, der auch noch seine Haltung auf der Münchner Konferenz von 1938 oder gar beim Kriegsbeginn von 1939 bestimmt hätte.[25] Doch entsprang diese Konzeption einer europäischen Gleichgewichtspolitik eigentlich nicht der Idee Mussolinis, sondern der seines damaligen Außenministers Dino Grandi. Grandi und nach ihm der englandfreundliche Staatssekretär Fulvio Suvich konnten diese politische Linie einige Jahre lang (1929-1936) durchhalten.[26] Sie entsprach zweifellos auch den Vorstellungen der nationalkonservativen Regimepartner Mussolinis am Hofe, im Militär und in der Diplomatie. Jedoch stellte sie »genau das Gegenteil von dem« dar, was »die italienische Außenpolitik der Jahre 1936-1939« kennzeichnete.[27]

Die grundsätzliche Schwäche dieser Balancepolitik bestand vor allem darin, daß sie nicht um ihrer selbst willen getrieben wurde, sondern Italien in jedem Falle auch territorialen Zugewinn bringen sollte. Dieser aber war im ganzen Mittelmeerraum nur auf Kosten der Westmächte zu erringen! Mit Deutschland gab es, von gewissen Spannungen auf dem Balkan abgesehen, nur in einer einzigen Frage tiefgreifende Besitzdifferenzen: in der Südtirolfrage. Ebendiese erhielt seit Hitlers Machtergreifung jedoch eine neue, für Italien zufriedenstellende Perspektive. Eine italienische Äquidistanz zu den Westmächten einerseits und dem nationalsozialistischen Deutschland andererseits mußte daher auch für eine ganz pragmatisch orientierte Revisionspolitik seit 1933 zunehmend weniger sinnvoll erscheinen. Die von Mussolini favorisierte faschistische Blockpolitik erhielt dadurch im imperialistischen Zusammenhang der italienischen Außenpolitik eine höhere Plausibilität.

Aus einer Reihe geheimer Reden aus der Zeit von 1938 bis 1940 wissen wir heute, daß Mussolini ein durchaus stringentes, freilich, was ausdrücklich betont werden muß, nicht rassenbiologisch, sondern durchaus konventionell motiviertes imperialistisches Parallelprogramm zu dem Hitlers entwickelt hat. Am wichtigsten war in diesem Zusammenhang die Rede vor dem Großrat des Faschismus vom 4. Februar 1939. Darin stellte er Italien als »Gefangenen am Mittelmeer« hin: »Die Riegel dieses Gefängnisses sind Korsika, Tunesien, Malta und Zypern. Seine Wächter sind Gibraltar und Suez.« In einer Art Stufenplan setzte er der italienischen Politik zunächst das Ziel, diesen »Gefängnisriegel aufzubrechen«. In einer zweiten Stufe erhielt sein imperialistisches Programm dann durchaus weltpolitische Dimensionen: »Vormarsch zum Ozean. Zu welchem Ozean? Zum Indischen Ozean durch den Sudan, der Libyen mit Abessinien verbindet; oder zum Atlantischen Ozean durch Französisch-Nordafrika? Im ersten wie im zweiten Fall stoßen wir auf englisch-französischen Widerstand. Es wäre sinnlos, die Lösung dieses Problems ohne Rückendeckung auf dem Kontinent anzupacken.« Und es folgt der entscheidende Satz: »Die Politik der Achse Rom–Berlin entspricht daher einer grundlegenden historischen Notwendigkeit.«[28]

Die ideologische Überhöhung des politischen Zusammengehens mit Hitler entsprang nicht bloßer Rhetorik. Sie ließ vielmehr von Anfang an erkennen, daß die Bindung an den geistesverwandten deutschen Diktator für Mussolini mehr war als ein bloß taktisches Kalkül. Zwar war es ein längerer Weg, der ihn zu Hitler führte. An seinem Ausgangspunkt standen durchaus persönliche und politische Vorbehalte. Aber wenn er in den ersten Jahren nach Hitlers Machtergreifung zögerte, sich an diesen zu binden, so hatte das mit Sicherheit keine ideologischen Gründe. Eher schon fühlte sich Mussolini seit 1933 wie Goethes Zauberlehrling, der die Geister nicht mehr los wurde, die er selbst gerufen hatte. Seit Ende der zwanziger Jahre hatte er einer Faschisierung Europas das Wort geredet, durch die es, selbstverständlich unter seiner Führung, zu einer dynamischen Blockbildung der jungen, vitalen und zukunftsträchtigen gegenüber den alten, nicht mehr regenerationsfähigen und daher zum Untergang verurteilten Nationen kommen sollte.[29] Auch der Aufstieg Hitlers war von ihm in diesem Zusammenhang eines ›universalen Faschismus‹ gesehen worden. Seit dem Herbst 1930 hatte er ihn durch seinen Mittelsmann in Berlin Giuseppe Renzetti durchaus tatkräftig gefördert.[30] Doch stellte sich 1933 rasch heraus, daß seine bis dahin innerhalb des internationalen Faschismus unbestrittene Führungsstellung durch Hitler in Frage gestellt wurde. Ungeachtet zahlreicher persönlicher Demutsgesten Hitlers (erinnert sei hier nur an die erste persönliche Begegnung der beiden Diktatoren in Venedig im Juni 1934) sah Mussolini in diesem zugleich auch den politischen Rivalen. Trotz innerer

Zustimmung ging er deshalb zunächst zu Hitler auf politische Distanz.

Der Prozeß der Annäherung der beiden faschistischen Diktatoren wurde durch eine Reihe von außenpolitischen Konstellationen bedingt, die hier nicht geschildert zu werden brauchen. Entscheidend war jedoch, daß die Beziehungen zwischen Hitler und Mussolini zunehmend ideologisch überhöht wurden. Sie hatten insofern in der europäischen Politik der Zwischenkriegszeit nicht ihresgleichen. Für Mussolini war dies deshalb so wichtig, weil sich im ideologischen Bereich, wenn schon keine Führung mehr, so doch eine politische Parität aufrechterhalten ließ, die die faktische Hegemonie des industriell und militärisch übermächtigen Deutschland in dem faschistischen Bündnis überdeckte. Am wirkungsvollsten war in dieser Hinsicht der von Mussolini geprägte Terminus der »Achse«. Nach der Unterzeichnung der ersten bündnispolitischen Vereinbarungen brachte er damit am 1. November 1936 in einer öffentlichen Rede auf dem Domplatz in Mailand die weltanschauliche Zentrierung des Bündnisses zwischen Berlin und Rom auf den Begriff.[31] Der Anschluß an den deutsch-japanischen Antikominternpakt mit seiner antibolschewistisch getönten, aber Italien zu nichts verpflichtenden Frontstellung lag am 6. November 1937 ganz auf dieser Linie. Und schließlich war auch der ominöse »Stahlpakt« vom 22. Mai 1939, durch den sich Italien nun auch militärisch fest an das Deutsche Reich band, von dieser ideologischen Qualität. Mussolini brillierte auch dieses Mal wieder bei der Suche nach einem propagandistisch wirkungsvollen Schlagwort zur Bezeichnung der faschistischen Sonderbeziehungen. Ein »Blutpakt« (*patto di sangue*) sollte es ursprünglich sein; da das aber allzu mißverständlich klang, sprach Mussolini schließlich von einem »Stahlpakt« (*patto d'accaio*).[32]

In höchst auffälliger Form betonen das nationalsozialistische Deutschland und das faschistische Italien in der Präambel des Vertrages die »innere Verwandtschaft« ihrer Weltanschauung, und sie verpflichten sich, »auch in Zukunft Seite an Seite mit vereinten Kräften für die Sicherung ihres Lebensraums und für die Aufrechterhaltung des Friedens einzutreten«.[33] Mussolini scheint an dem Vertrag das Bekenntnis zu einer imperialistischen Wertegemeinschaft am wichtigsten gewesen zu sein. Um den materiellen Inhalt kümmerte er sich dagegen, abgesehen von der Einbringung einiger Formalien wie der Festlegung einer zehnjährigen Vertragsdauer und dem Hinweis auf die »für alle Zeiten festgelegte Grenze zwischen Deutschland und Italien«, so gut wie überhaupt nicht.[34] Der »Mythos des Stahlpakts« war ihm offensichtlich wichtiger als das Vertragsinstrument selbst.[35] Nur so läßt sich jedenfalls erklären, daß der Vertrag auf seinen ausdrücklichen Wunsch hin als militärisches Offensivbündnis mit einer fast auf automatische Bindewirkung angelegten gegenseitigen Beistandsverpflichtung konzipiert wurde. Sein davon überraschter Außenminister Ciano hatte »noch nie einen ähnlichen Vertrag gelesen«. Er enthielt für ihn »richtiges Dynamit«.[36]

Als der Ernstfall im August 1939 eintrat, sah Mussolini sich freilich nicht in der Lage, sein leichtfertiges Beistandsversprechen einzuhalten. Er mußte sich von seinem Generalstab und den wenigen Ministern, denen er überhaupt zuhörte (neben Galeazzo Cinao vor allem noch Dino Alfieri), sagen lassen, daß das Land unzureichend gerüstet sei. Im Unterschied zu Hitler hatte Mussolini wohl nie begriffen, daß der auch von ihm gewollte »große Krieg« nur mit Hilfe einer entwickelten Kriegsindustrie geführt werden konnte. Die von ihm von den Italienern geforderte bedingungslose Kriegsbereitschaft sollte eher einem Triumph des Willens entspringen.

Allerdings sollte man den 1939 erreichten Rüstungsstand Italiens auch nicht unterschätzen. Wir wissen heute, daß Italien zwischen 1935 und 1938 11,8 Prozent seines Volkseinkommens für militärische Zwecke verwandte (gegenüber Frankreich mit 6,9 Prozent und England mit 9,5 Prozent).[37] Dieser überraschend hohe Aufwand erklärt sich nur zu einem Teil aus den militärischen Verpflichtungen, die sich aus den Kriegen in Abessinien und Spanien ergaben. Es besteht vielmehr kein Zweifel, daß die italienische Marine unabhängig davon erheblich, wenn auch ungleichmäßig ausgebaut worden ist. Besonders wichtig war Mussolini die U-Boot-Produktion, die hohe Stückzahlen erreichte, freilich mit technischen Mängeln behaftet war. Als gelehriger Schüler des italienischen Militärtheoretikers Giulio Douhet hatte Mussolini auch frühzeitig erkannt, welche militärische Bedeutung das Flugzeug im künftigen Krieg haben würde. Angesichts der vergleichsweise geringen industriellen Ressourcen war die italienische Luftrüstung 1939 daher durchaus bemerkenswert. Sie kam zwar nicht an die der Deutschen und der Briten heran, übertraf aber die der Franzosen.[38] Die eigentliche Schwäche der Italiener war die mangelhafte Rüstung des Heeres und der fast vollständige Mangel an Kohle und Öl. Auf diese Bereiche bezogen sich auch die (freilich grotesk überhöhten) Hilfsforderungen, von denen Mussolini im August 1939 einen sofortigen Kriegseintritt gegenüber Hitler abhängig machte.[39]

Hitler konnte allerdings nicht überrascht sein, daß sich Mussolini am 1. September 1939 zunächst aus dem Krieg heraushielt. Dieser hatte ihn nach dem Abschluß des Stahlpaktes mehrfach wissen lassen, daß sein Land noch drei bis vier Jahre brauchte, bis es kriegsbereit sei.[40] Mussolinis Versuch, Hitler auf diese Weise von einem vorzeitigen Waffengang abzuhalten, war jedoch von vornherein zum Scheitern verurteilt. Wie die Gespräche zeigten, die Ciano vom 11. bis 13. August 1939 in Salzburg und Berchtesgaden mit Ribbentrop und Hitler führte, waren die NS-Führer zu einem, wie sie blindwütig glaubten, begrenzten Krieg mit Polen fest entschlossen.

Letzten Endes hat Mussolini auch nicht wirklich den Versuch gemacht, Hitler zu bremsen. Es kam ihm vielmehr in erster Linie darauf an, »außerhalb des Konfliktes zu bleiben, ohne jedoch mit Deutschland zu brechen«.[41] Aus diesem Grunde erklärte sich Italien beim deutschen Überfall auf Polen ausdrücklich nicht neutral. Mussolini erfand vielmehr die völkerrechtlich fragwürdige Formel der *non belligeranza* (Nichtkriegführung).[42] Diese Haltung ließ klar erkennen, daß er zu einem späteren Zeitpunkt an der Seite Deutschlands aktiv in den Krieg eintreten würde. Zwar gab es innerhalb des faschistischen Regimes einige politische Gruppierungen, die darauf hofften, von der Nichtkriegführung zu einer wirklichen Neutralität zu kommen. Zu diesen gehörten vor allem führende Industrielle wie Agnelli, Pirelli und Volpi, die die latente kriegswirtschaftliche Schwäche Italiens vor Augen hatten. In der faschistischen Führungsspitze bemühte sich vor allem Außenminister Ciano darum, Italien dauerhaft aus dem Krieg herauszuhalten, jedoch war er aufgrund seiner ebenfalls imperialistischen Grundeinstellung letzten Endes unfähig, eine Alternative zur Interventionspolitik Mussolinis zu formulieren.

Mussolini hatte deshalb keine Mühe, seine politische Linie durchzusetzen. Er hat sie mehrfach formuliert, verbindlich schließlich in einem geheimen Promemoria vom 31. März 1940. Darin heißt es, Italien könne nicht für die ganze Dauer des Krieges neutral bleiben, ohne auf das Niveau einer nur »zehnfach vergrößerten Schweiz« zurückzusinken. Das Problem sei deshalb nicht, »zu wissen, ob Italien in den Krieg eintritt oder nicht«; es handele sich nur noch darum, »zu wissen wann und wie«.[43] Als sich im Sommer 1940 die französische Niederlage gegen Deutschland abzeichnete, sah Mussolini den Augenblick zum Kriegseintritt gekommen. Seinen Entschluß zum Eingreifen soll er gegenüber Badoglio mit dem denkwürdigen Satz begründet haben: »Ich brauche nur einige tausend Tote, um mich als Kriegführender an den Verhandlungstisch setzen zu können.«[44]

5. Merkmale faschistischer Urbanisierungspolitik in Italien 1922-1943

Eine historische Skizze

Der Faschismus war in seinem Ursprung in Italien eine städtische Bewegung, zu einer Massenbewegung wurde er erst, als ihm in Oberitalien und in der Toskana der Durchbruch auf dem Land gelang. Es war deshalb kein Zufall, daß Mussolini die ländliche Bevölkerung Italiens kurz nach seiner Machtergreifung vom 28. Oktober 1922 als »wichtigsten Verbündeten« des Faschismus bezeichnete. Das neue faschistische Regime sollte der »politische und geistige Ausdruck einer neuen ländlichen Demokratie« werden.[1] Nicht die Städte, sondern die ländlichen Regionen standen deshalb zunächst im Mittelpunkt der faschistischen Gesellschaftspolitik. Die wichtigste Aufgabe des faschistischen Regimes sollte die *ruralizazzione* (Verländlichung) Italiens sein. Damit war eine Umsteuerung gemeint, durch die das Wachstum der Städte mit all seinen ökonomischen, sozialen und moralischen Konsequenzen gestoppt und die Entwicklung des ländlichen Raums forciert werden sollte. Fast erhielt der Ruralismus für den Faschismus damit den Charakter einer gesamtgesellschaftlichen Integrationsideologie. Das ist im Zusammenhang mit der Angst vor dem demographischen Niedergang Italiens zu sehen. Auch Mussolini teilte die Untergangsphantasien Oswald Spenglers oder Richard Korherrs und sorgte sogar für deren Verbreitung in Italien.[2]

Unbedingt neu war das nicht. Mussolini griff vielmehr bewußt antimodernistische Vorurteile der nationalkonservativen Eliten und vor allem auch der katholischen Kirche auf, um diesen Identifikationsmöglichkeiten mit dem faschistischen Regime zu geben. Bezeichnenderweise wurde die Ruralisierungspolitik zu Anfang von dem liberalen Staatssekretär Arrigo Serpieri konzipiert, der aus dem bürgerlichen Lager kam und zunächst mit dem Faschismus nichts zu tun hatte.[3] Auch die damit verbundene Bevölkerungstheorie, welche die Italiener zu einem ›Volk ohne Raum‹

stilisierte, knüpfte an ältere Ideologeme des italienischen Imperialismus der Vorkriegszeit an und kanalisierte damit geschickt expansionistische Wunschvorstellungen des italienischen Bürgertums, die durch die vermeintliche *vittoria mutilata* (verstümmelten Sieg) von 1918 nicht befriedigt worden waren.[4]

Die sich aus diesen traditionellen ideologischen Vorgaben ergebende Gesellschaftspolitik war in sich alles andere als schlüssig. Das seit dem Staatsstreich Mussolinis vom 3. Januar 1925 immer stärker auf militärische Expansion angelegte faschistische Regime bedurfte einer entschiedenen Steigerung seiner industriellen Ressourcen, die nur in den großen Städten, vor allem im ›Triangolo‹ zwischen Mailand, Turin und Genua vorhanden waren. Gleichwohl setzte der Faschismus auf ein Bündel von antiurbanistischen Maßnahmen, die eine expansionistische Imperialpolitik eher behinderten, als daß sie dieser dienlich waren.[5] Das gilt für die ›pronatalistische‹ Geburtenpolitik ebenso wie für die seit 1927 restriktive Emigrationspolitik.[6] Erst recht wirkte sich die Reglementierung der Zuwanderung in die Städte kontraproduktiv aus, da sie ein bürokratisches Überwachungssystem notwendig machte, das, abgesehen davon, daß es kaum funktionierte, den Arbeitsmarkt strangulierte.[7]

Was den von der faschistischen Propaganda lauthals versprochenen kolonialen Siedlungsraum betraf, so konnte die ländliche Übervölkerung Italiens auch nach der gewaltsamen Eingliederung Abessiniens in das faschistische *Impero* kaum reduziert werden, da das Land militärisch nur mühsam unter Kontrolle gehalten werden konnte, von den ungünstigen klimatischen und geographischen Bedingungen einmal ganz abgesehen.[8] So blieben dem Regime nur zwei Möglichkeiten einer Ruralisierung des Landes: entweder eine durchgreifende Agrarreform oder eine intensive Binnenkolonisation. Aufgrund der konstitutiven Abhängigkeit des Faschismus vom agrarischen Großgrundbesitz kam eine Bodenreform, welche die Latifundien zumindest beschnitten und vor allem in der Toskana das veraltete Halbpachtsystem der Mezzadria abgeschafft hätte, von vornherein nicht in Frage. Die faschistische Ruralisierung durfte nicht zu einer Strukturveränderung der Landwirtschaft führen. Allerdings kam es in den kapitalistisch organisierten agrarischen Großbetrieben Norditaliens nach der gewaltsamen Beseitigung des von sozialistischen und katholischen Gewerkschaften ausgehenden Druckes zu Modernisierungsmaßnahmen, die deutlich eine Intensivierung und Produktivitätssteigerung der Landwirtschaft bewirkten.[9]

Da eine wirkliche Agrarreform aus systembedingten Gründen nicht in Frage kam, blieb dem Faschismus zur Realisierung des Ruralisierungsprogramms nur eine aktive Binnenkolonisation übrig. Bonifizierungsmaßnahmen nahmen in der Propaganda des Regimes daher nicht zufällig eine zentrale Stellung ein.[10] Der Erfolg dieser Kultivierungsaktionen war jedoch von vornherein begrenzt, da in dem stark bevölkerten Land nur noch einige größere Sumpfgebiete für eine Binnenkolonisierung in Frage kamen. Neben einigen kleineren Gebieten auf Sizilien und Sardinien waren dies vor allem die Maremma in der Toskana sowie die Pontinischen Sümpfe (Agro Pontino) im Süden und das Gebiet des Maccarese im Norden von Rom. Mit größtem propagandistischen Aufwand versuchte das faschistische Regime die begrenzten Kolonisierungsmöglichkeiten zu überdecken. Am Ende wurden jedoch bis 1940 gerade einmal 100000 Menschen auf dem neu kultivierten Land angesiedelt – bei einem vom Regime auch noch massiv geförderten jährlichen Bevölkerungszuwachs von durchschnittlich 350000 Menschen.[11]

Es kann deshalb kein Zweifel daran bestehen, daß die ruralistische Politik des Faschismus trotz des schönen propagandistischen Scheins gescheitert ist. In Zahlen ausgedrückt, nahm die Zahl der Beschäftigten zwischen 1921 und 1936 insgesamt um 1,1 Millionen zu, im Agrarsektor jedoch um 530000 ab.[12] Lediglich in der Lombardei fiel jedoch der Anteil der in der Landwirtschaft Beschäftigten schon dauerhaft unter 50 % der Erwerbsbevölkerung.[13] Italien blieb so bis 1945 im wesentlichen noch ein Agrarland, der eigentliche industrielle take-off vollzog sich erst in den fünfziger Jahren. Jedoch konnte in der faschistischen Zeit auch von einer Reagrarisierung oder auch nur von einer Verlangsamung des Industrialisierungsprozesses keine Rede sein. Der Anteil der städtischen Wohnbevölkerung (in Gemeinden mit mindestens 20000 Einwohnern) an der Gesamtbevölkerung stieg in Italien bezeichnenderweise zwischen 1921 und 1936 von 32,2 % auf 35,5 % an.[14]

Noch eindrucksvoller läßt sich der Verstädterungsprozeß am Wachstum einiger großer Städte ablesen: Die Einwohnerzahl Mailands wuchs zwischen 1921 und 1931 um 16,1 % und von 1931 bis 1936 nochmals um 29,7 % an. Ähnliches läßt sich im Fall von Bologna (15,6 % Zuwachs zwischen 1921 und 1936, 24,1 % zwischen

1931 und 1936), Turin (16,7 % Zuwachs zwischen 1921 und 1936, 12,5 % zwischen 1931 und 1936) und Genua (9,6 % Zuwachs zwischen 1921 und 1931, 14,4 % zwischen 1931 und 1936) feststellen.[15] Am stärksten war der Bevölkerungszuwachs in der Hauptstadt Rom:

1921:	705.301 Einwohner
1931:	1.026.705 Einwohner
1936:	1.220.681 Einwohner
1951:	1.755.660 Einwohner[16]

Während der gesteigerte Bevölkerungszuwachs in den Großstädten des *triangolo* zwischen Mailand, Turin und Genua der forcierten Industrialisierung geschuldet war, wuchs Rom aufgrund der faschistischen Bürokratisierung und Zentralisierung der Staatsverwaltung fast ausschließlich im Dienstleistungssektor an. Als Hauptstadt des Faschismus stellte die Stadt insofern eine Ausnahme dar, unter urbanistischen Gesichtspunkten fügte sie sich jedoch durchaus in die faschistische Städtepolitik ein.

Auch wenn die faschistische Urbanisierungspolitik der Ruralisierungspolitik untergeordnet war, heißt das nicht, daß die Faschisten die Städte gänzlich vernachlässigt hätten. Auch sie konnten schließlich nicht an der historisch gewachsenen Tatsache vorbeigehen, daß die Städte in der italienischen Geschichte immer den Vorrang vor dem Land gehabt hatten. Ihnen wurde sehr bald klar, daß sie ihre Herrschaft, auch wenn sie diese mit massiver Unterstützung des Landes hatten errichten können, nur mit Hilfe der Städte bewahren konnten. Sie versuchten diesen Zwiespalt dadurch zu lösen, daß sie eine Urbanisierungspolitik betrieben, bei der der Vorrang des Landes äußerlich gewahrt blieb, die Städte jedoch die faschistische Herrschaft symbolisch repräsentierten. Das war auf zweierlei Weise möglich. Zum einen konnte man völlig neue Städte gründen und auf diese Weise einen spezifisch faschistischen Stadttypus schaffen. Zum anderen konnte man die alten Städten umgestalten und ihnen auf diese Weise einen faschistischen Repräsentationscharakter geben.

Insgesamt sind in faschistischer Zeit etwa ein Dutzend neue Städte gegründet worden.[17] Es handelte sich ausnahmslos um nicht bloß administrativ durch Zusammenlegungen geschaffene, sondern um auf dem Reißbrett geplante Retortenstädte. Nur einige von ihnen hatten einen ausgesprochen industriellen Funktionscharakter. Dies galt etwa für die Stadt Carbonia auf Sardinien, die als Schlafstadt für ein nahe gelegenes Kohlebergwerk angelegt wurde.[18] Guidonia wurde 1935 südlich von Rom als *città dell'aria* gegründet, d. h. als die Stadt, welche die faschistische Luftfahrtforschung beherbergen sollte.[19] Zwischen Venedig und Triest wurde schließlich 1937/38 mit Torviscosa ausdrücklich eine *città fabbrica* gegründet.[20] Wie der Name sagt, wurde die Stadt als ein Produktionszentrum für Viskose geplant, sie war insofern mit dem Umland eng verbunden. Im Geist der Autarkiewirtschaft lieferte das Land den Rohstoff für die industrielle Produktion vor Ort. Torviscosa kam damit dem faschistischen Stadttypus nahe, der seine besondere Ausprägung auf dem durch Bonifizierung geschaffenen Land des Agro Pontino südlich von Rom gefunden hat.

Hier entstanden in den dreißiger Jahren insgesamt fünf Städte: Littoria (heute Latina), Sabaudia, Pomezia, Aprilia und Pontinia.[21] Das Besondere an diesen Städten war, daß sie allesamt als reine Dienstleistungszentren für das agrarische Neuland fungieren sollten. Die selbständige Entfaltung städtischen Lebens oder die Ansiedlung von Industriebetrieben wurde ihnen untersagt. Im umliegenden Siedlungsland wurden dafür bewußt keinerlei Organisationsstrukturen geschaffen, die in irgendeiner Form einen geschlossenen Siedlungs- oder gar Dorfcharakter hatten. Das Land blieb vielmehr vollständig auf die Gründungsstädte bezogen, die wiederum ganz im umliegenden Territorium aufgehen sollten. »Littoria und Sabaudia«, feierte das Regime die Gründung dieser pontinischen Städte, »sind keine Städte, sondern kommunale, ländliche Zentren (*centri comunali agricoli*), untrennbar verbunden mit dem Territorium und mit der Erde, die produziert; sie sind außerhalb der landwirtschaftlichen Organisation, die sie erhält und der sie dienen, völlig undenkbar.«[22]

Stadt und Land sollten also in diesen faschistischen Musterstädten untrennbar miteinander verbunden, die Grenze zwischen beiden aufgehoben werden. Die Faschisten glaubten, damit einen völlig neuen Stadttypus geschaffen zu haben, der »im genauem Gegensatz zu der Stadt der Vergangenheit« stehe.[23] In Wahrheit standen die neuen faschistischen Landstädte durchaus in der Tradition der Agrostädte, wie sie für den Mezzogiorno, aber auch für die Poebene seit dem Mittelalter charakteristisch waren. Nicht einmal der Retortencharakter der Städte war neu, geplante Stadtanlagen gab es vielmehr in Italien seit der Renaissance.

Das historische Zentrum der italienischen Stadt war die Piazza. An ihr lag im idealtypischen Fall die zentrale Bischofskirche und die Signoria, der Sitz der Stadtherrschaft. Das faschistische Regime griff in den neuen Städten auf diese Anordnung zurück und setzte Rathaus (*municipio*) und katholische Kirche einander gegenüber. Beide wurden jedoch in der Regel von der *casa del fascio*, dem örtlichen Parteigebäude, überragt, was sich besonders eindrucksvoll noch heute in Sabaudia erkennen läßt. Das Parteigebäude war in der Regel mit einem Turm ausgestattet, dem sogenannten Liktorenturm.[24] Dieser war zugleich das Symbol der übergreifenden faschistischen Macht und der Ort der politischen Verkündung. Die Liktorentürme hatten somit einerseits etwas Drohendes und andererseits etwas Kommunikatives. Sie gaben den Parteihäusern den Charakter von Zwingburgen, von der zum Liktorenturm gehörenden Redekanzel (*arengario*) aus kommunizierten die Machthaber jedoch zugleich – wenn auch in ritualisierter Form – mit den Bürgern. Im Zentrum der faschistischen Stadt standen im Idealfall ferner noch die Kaserne der faschistischen Miliz und das Freizeitzentrum des Dopolavoro, d. h. die beiden Einrichtungen, die das faschistische Regime in spezifischer Weise repräsentierten.

Bei der Stadtanlage griffen die faschistischen Stadtplaner auf das römische Vorbild axialer Stadtstrukturen mit orthogoner Straßenanordnung zurück. Die Straßen wurden überproportional breit angelegt, in gewolltem Kontrast zu der mittelalterlichen Enge der verwinkelten Altstädte Italiens. Das wurde mit dem modernen Verkehr und den Anforderungen einer hygienischen Wohnkultur begründet. Die breiten Straßen sollten aber vor allem faschistische Propagandaaufmärsche und den raschen Durchzug militärischer Einheiten ermöglichen, womit sie die Grundstruktur von Mussolinis, sich auf Partei und Heer stützender faschistischer Herrschaft abbildeten. Nicht nur nach der ihnen zugedachten Funktion, sondern auch in ihrer urbanistischen Grundstruktur waren die Siedlungsstädte daher als Repräsentationen der faschistischen Diktatur anzusehen.

Ihrer tatsächlichen Verbreitung und ihrer urbanistischen Bedeutung nach waren die faschistischen Neustädte freilich letzten Endes marginal. Sehr viel folgenreicher war im Ergebnis die faschistische Urbanisierungspolitik gegenüber den alten Städten. Hier ging es nicht um die völlige Neugestaltung auf dem Reißbrett, sondern um den Eingriff in bestehende Stadtstrukturen und den Stadtumbau. Ideologisch wurden auch die Eingriffe in die gewachsene Stadtstruktur damit begründet, daß man die alten Städte für den Verkehr öffnen und hygienisch sanieren müsse. Damit stellte man sich scheinbar in die Tradition des liberalen Italiens, das Ende des 19. Jahrhunderts energisch mit der Modernisierung der alten Städte begonnen und unter dem Schlagwort des *sventramento* schon die Entkernung der Stadtzentren propagiert hatte.[25] Das bekannteste Beispiel für den Stadtumbau im liberalen Italien liefert der Corso Vittorio Emanuele I. in Rom, der die mittelalterliche Stadt durchbrach und die neuen Stadtteile an der Via Nazionale mit dem Tiber verband.[26] Wie der gewundene Lauf dieser Straße zeigt, versuchten jedoch die liberalen Stadtplaner Roms soweit wie möglich auf die vorhandene Bausubstanz Rücksicht zu nehmen und historisch bedeutende Gebäude zu schonen. Nicht so jedoch der Faschismus. An die Stelle einer funktional begründeten Stadterneuerung trat jetzt der Stadtumbau zu vorwiegend repräsentativen Zwecken. Die erneuerte Stadt sollte nicht in erster Linie besser bewohnbar sein, sondern sie sollte den faschistischen Herrschaftsanspruch symbolisieren.

Diese Urbanisierungspolitik hatte im wesentlichen drei Tendenzen: Zum ersten ging es den Faschisten um eine Monumentalisierung des städtischen Raumes. Zweitens bemühten sie sich um eine Zentralisierung der städtischen Verkehrsströme, und drittens schließlich versuchten sie die alte Stadt durch Angliederung in sich geschlossener moderner Stadtteile gewissermaßen in der neuen Stadt aufgehen zu lassen.

Mit dem Ziel der Monumentalisierung einzelner herausragender Gebäude wurden jeweils ringsherum ganze Stadtviertel ohne weitere Rücksicht auf die Bewohner abgerissen. Regelmäßig fiel dabei die mittelalterliche und barocke Bausubstanz der Städte der Spitzhacke zum Opfer, während die römische und unter dieser vor allem die kaiserzeitliche übrigblieb. Das war kein Zufall. Die architektonische Überlieferung der Geschichte, wie sie sich in den Städten repräsentierte, wurde vielmehr von den faschistischen Stadtplanern streng hierarchisiert: Erhaltenswert war nur die römische Antike, alles, was danach kam, hatte lediglich einen Verfallswert und wurde einer willkürlichen Zerstörung ausgesetzt. Das entsprach dem faschistischen Geschichtsmythos, wonach das Impero Romano im *Impero fascista* in einer modernen Form wiedererstehen sollte. Daß auf diese Weise, wie in besonders trostloser

Weise im Fall des römischen Augustus-Mausoleums, überwiegend nur Ruinen solitär monumentalisiert wurden, störte den geschichtspolitischen Aktionismus des Faschismus keineswegs. Indem man die ruinöse Bausubstanz der römischen Monumente mit faschistischen Neubauten ummantelte, glaubte man die Repräsentationen vergangener Größe in einer als größer angesehenen Gegenwart aufzuheben. Auch hier lieferte die monumentale Umbauung des Augustus-Mausoleums wiederum den eindrucksvollsten Beleg.

Neben der monumentalen Stilisierung kaiserlich-römischer Hinterlassenschaften errichteten die faschistischen Stararchitekten in vielen Städten Italiens solitäre Monumentalbauten. Realisiert wurden vor allem staatliche Ministerial- und Verwaltungsbauten, Zentralgebäude des *Partito Nazionale Fascista* und seiner Unterorganisationen sowie Amtsgebäude der wuchernden Bürokratie des Korporativstaates. Der Schwerpunkt dieser monumentalen Repräsentationsbauten lag in Rom, aber auch in der Provinz hinterließ die faschistische Monumentalisierungsideologie seit Mitte der zwanziger Jahre allenthalben ihre Spuren. Der Architekturstil, in dem diese Monumentalbauten errichtet wurden, war keineswegs einheitlich. Es gab keine politische Instanz, die einen faschistischen Baustil dogmatisch festgelegt hätte. Vielmehr kämpften bis in die dreißiger Jahre hinein modernistische und traditionalistische Architekten um die Durchsetzung ihrer Vorstellungen.[27] Am Ende setzte sich mit Marcello Piacentini zwar der Architekt und Stadtplaner durch, der am meisten das Ohr Mussolinis hatte.[28] Aber auch dieser faschistische Großfunktionär mußte bei öffentlichen Funktionsbauten wie Post- oder Bahnhofsgebäuden häufig jüngeren Architekten das Feld überlassen, die aus der modernistischen Bewegung des *Stile Razionalista* kamen.[29] Bei den großen öffentlichen Repräsentationsbauten näherten sich die Modernisierer allerdings allmählich den traditionalistischen Monumentalisten an. Das erklärt, weshalb diese häufig nebeneinander kühl geometrische und bombastisch antikisierende Elemente enthalten. Das bekannteste Beispiel für einen modernen faschistischen Monumentalbau stellt die als *casa del fascio* errichtete örtliche Parteizentrale in Como dar, deren Architekt Giuseppe Terragni sich später bezeichnenderweise durchaus dem vorherrschenden monumentalistischen Architekturstil annäherte.[30] Ein repräsentatives Gegenstück dazu sollte die vor Kriegsende nicht mehr fertiggestellte Casa Littoria in Rom werden, die heute das italienische Außenministerium beherbergt.[31] War die *casa del fascio* in Como mit ihren streng geometrischen Formen im wesentlichen von einer Konstruktion aus Glas und Stahl getragen, wurde das römische Pendant aus schweren Travertinquadern errichtet, welche die ebenfalls geometrische Formensprache der Außenansicht im wahrsten Sinn des Wortes versteinerte.

Ebenso deutlich wie an den solitären Monumentalbauten läßt sich die faschistische Urbanisierungspolitik an den axialen Straßensystemen ablesen, mit welchen die Stadtplaner die alten Städte zu durchziehen suchten. Mit der dadurch zumindest ansatzweise bewirkten zentralistischen Durchdringung des alten Straßennetzes sollte der ordnende faschistische Eingriff in die urbane Ordnung symbolisiert werden. Besonders bekannt ist in dieser Hinsicht die von Piacentini höchstpersönlich gestaltete Via Roma in Turin geworden, deren barocke Randbebauung er mit faschistischen Bauelementen so überformte, daß selbst zwei alte Kirchen dahinter verschwanden.[32]

Das eigentliche politische Ziel dieser zentralistischen Stadtgestaltung war es, den autoritären Führungsanspruch des Regimes plastisch hervortreten zu lassen. Zu diesem Zweck wurden an manchen Orten ohne Rücksicht auf die überkommene Bebauung zentrale Platzanlagen geschaffen, an denen jeweils ein Ensemble von faschistischen Repräsentationsbauten errichtet wurde. Als besonders gelungen galt dem Regime die Umgestaltung der Piazza della Vittoria in der Mitte der Altstadt von Brescia.[33] Auf Veranlassung des faschistischen Parteisekretärs Augusto Turati schuf man hier, wiederum nach einem Plan Piacentinis, im Zentrum der alten Stadt Raum für die faschistische Repräsentation. Dafür wurden hier nicht weniger als 167 Häuser abgerissen und die Bewohner mit Hilfe der faschistischen Miliz zwangsweise in periphere Neubauten verpflanzt. Die riesige Baulücke wurde rechteckig mit monumentalen Arkadenhäusern umbaut, deren größtes der Sitz der örtlichen faschistischen Partei mit dem Turm der Revolution (*torre della revoluzione*) war. In die Mitte des Platzes wurde zu allem Überfluß auch noch eine Kolossalstatue placiert, welche die *Era Fascista* symbolisieren sollte. Auch in Bozen wurde eine *Zona Monumentale* geschaffen, deren überdimensioniertes Kennzeichen neben der *casa del fascio* und dem Sitz der faschistischen Jugend (*Gioventù Italiana del Littorio*) ein an die Annexion von Südtirol erinnerndes Siegesdenkmal war.[34]

Am durchgreifendsten wurde die überkommene Stadtstruktur jedoch in Rom umgestaltet. Der faschistische Diktator Mussolini beteiligte sich hier persönlich an den Planungen und sorgte dafür, daß sich seine Herrschaft am Ende im Netz der römischen Zentralstraßen abbildete. Rom hatte, als es 1871 die Hauptstadt des vereinten Italiens geworden war, keinen eindeutigen politischen Mittelpunkt erhalten. Der Vatikan als Sitz des Oberhauptes der römisch-katholischen Kirche und der Quirinalspalast, den König Viktor Emanuel I. als Residenz übernommen hatte, standen sich ohne direkte Straßenverbindung beziehungslos gegenüber, was durchaus der politischen Konstellation nach der Integration Roms in den italienischen Nationalstaat entsprach.[35] Hinter dem Königspalast schuf sich das liberale Italien in der Via XX Settembre mit einer Reihe von repräsentativen Ministerialbauten das Zentrum für seine politische Exekutive. Dieses stand aber wiederum in deutlicher städtebaulicher Distanz zum Parlament im Palazzo Montecitorio. In bewußter räumlicher Absetzung von diesen drei römischen Machtzentren machte Mussolini 1929 den Palazzo di Venezia an der gleichnamigen Piazza zu seinem Amtssitz als *Capo del Governo e Duce del Fascismo* und richtete die gesamte innerstädtische Straßenführung daraufhin aus.[36]

Die Piazza di Venezia, an der der Palast lag, war bis dahin ein geschlossener Platz gewesen, auf den seit der Barockzeit die Via del Corso sowie seit dem ausgehenden 19. Jahrhundert der Corso Vittorio Emanuele I. und die Via Nazionale mit ihren Verlängerungen endeten. Mussolini ließ nun drei weitere breite Straßen, die Via delle Botteghe Oscure, die Via del Mare und vor allem die Via dell'Impero (heute Via dei Fori Imperiali) durch die mittelalterliche und barocke Bausubstanz brechen. Am meisten Aufsehen erregte dabei der Durchbruch der Via dell'Impero, der in der Rekordzeit von nur einem Jahr zum zehnjährigen Jubiläum der faschistischen Machtergreifung vom 28.10.1922 von der Piazza di Venezia bis zum Kolosseum eine breite Schneise durch eine der größten archäologischen Ausgrabungsstätten der Welt zog.[37] Das Ergebnis war eine sternförmige Ausrichtung der fünf wichtigsten, größten Straßen in der römischen Altstadt auf die Piazza Venezia. Mehrere Verlängerungen kamen hinzu, so zwei Durchbrüche zum Tiber (Corso Rinascimento und Via Accaiolo) und die Via dei Triomphi entlang des Palatin. Am wichtigsten war die Verlängerung zum Vatikan, die als Via della Conciliazione zum zehnjährigen Jubiläum der Lateranverträge im Jahre 1939 geplant, freilich erst zum »Heiligen Jahr« von 1950 fertiggestellt wurde, bemerkenswerterweise kontinuierlich unter der Leitung von Piacentini geplant und ausgeführt.[38] Stilistisch kann die Straße als Höhepunkt eines kalten Monumentalismus angesehen werden, wie er für die Spätphase des faschistischen Regimes charakteristisch war. Ihrem politischen Programm nach sollte sie die Versöhnung von faschistischem Staat und katholischer Kirche symbolisieren. Indem sie an das Netz der Straßendurchbrüche angeschlossen wurde, das auf die Piazza Venezia zulief, kann man die Anlegung der Straße freilich auch als eine Urbanisierungsmaßnahme interpretieren, durch welche der Vatikan in Mussolinis Herrschaftssystem einbezogen wurde.

Insgesamt kann kein Zweifel daran bestehen, daß Rom für Mussolini nicht schöner werden, sondern ihm vor allem dienstbar sein sollte. Die netzförmig auf die Piazza Venezia zulaufenden großen Straßenzüge transportierten die faschistischen Massen zu den *adunate oceaniche*, bei denen Mussolini vom Balkon des Palazzo Venezia aus insgesamt 64mal endlose Reden hielt.[39] Im Notfall hätte das neue Straßensystem sicherlich auch dem militärischen Aufmarsch zur Sicherung des faschistischen Regimes dienen sollen. Da der militärische Oberbefehl in der Heimat jedoch auch im Krieg dem König vorbehalten blieb, war es dieser, der am 25. Juli 1943 in Rom Truppen zur Verhaftung Mussolinis aufmarschieren lassen konnte. Die faschistische Urbanisierungspolitik Roms trug damit am Ende ungewollt zum Zusammenbruch der Diktatur Mussolinis bei.

Ähnlich wie sie die Solitarisierung einzelner Gebäude aus römischer Zeit durch deren Einbindung in eine moderne Umbauung aufzuheben suchten, gingen die Faschisten schließlich im Ansatz auch mit den alten Städten im ganzen um. Dem alten Stadtkern wurden vielerorts neue Stadtteile angegliedert, die architektonisch und städtebaulich in scharfem Kontrast zu diesem standen. Auf diese Weise sollten die alten Städte sozusagen faschistisch übertrumpft werden. Die Industriezone in Bozen mit den dazugehörigen Arbeitersiedlungen lieferte hierfür das wohl provozierendste Beispiel.[40] Im großen Maßstab wurde dieser Aspekt der faschistischen Urbanisierungspolitik wiederum in Rom realisiert. In der Zeit des Faschismus wurde um die Stadt herum ein Kranz von neuen Stadtteilen gebaut, die keine Wohnbezirke waren, sondern jeweils bestimmte städtische Funktionen erfüllen sollten. Auf diese Weise entstanden das Ospidale Littorio (heute Ospidale San Camillo) als ein großzügig geplantes Klinikum, das Foro Mussolini (heute Foro Italico) als eine ausgedehnte Sportstadt mit zahlreichen Wettkampfstätten, ein neuer Universitätscampus (Città Universitaria) und eine Filmstadt (Cinecittà).[41] Das ehrgeizigste Projekt dieser faschistischen Urbanisierungspolitik war die weit außerhalb Roms im Westen geplante, bis zum Kriegsende jedoch nur teilweise verwirklichte Messestadt für die für 1942 eigentlich vorgesehene Weltausstellung (*Esposizione Universale di Roma*/EUR).[42] Die Stadt der Weltausstellung entstand auf der grünen Wiese, wurde als Idealanlage vollkommen auf dem Reißbrett geplant. Sie hatte für das faschistische Regime hohe symbolische Bedeutung. Bewußt wurde sie im Westen von Rom gebaut, auf der Mitte zwischen der alten Stadt und dem Meer. Sie sollte damit ein erster Schritt in Richtung eines faschistischen Imperiums sein, das an das Imperium Romanum anknüpfte. Zugleich sollte sie eine Stadt der Zukunft (*città del futuro*) sein, welche die Modernität des Faschismus repräsentierte. In der Praxis lief die vom Faschismus apostrophierte Modernität am Ende freilich auf reine Monumentalität hinaus. Nirgendwo sonst hat sich der Faschimus so steril mit gigantischen Repräsentativbauten, voluminösen Denkmälern und extrem breiten, streng axial verlaufenden Straßen verwirklicht wie auf dem geplanten Weltausstellungsgelände.

Mehr als in allen anderen Städten Italiens ist dem Regime Mussolinis die Faschisierung seiner römischen Hauptstadt gelungen. Hier entstand eine Stadt, die durch den radikalen Umbau im Innern und die äußere Angliederung von im Verständnis des Faschismus modernen Stadtteilen ein eigenes urbanistisches Profil erhielt, wie es sonst keine zeitgenössische europäische Stadt hatte. In der Geschichte der Urbanisierung im 20. Jahrhundert stellte die römische Entwicklung insofern einen Sonderfall dar, dem freilich auch in Italien nicht die Zukunft gehörte. Die Stadt ließ sich nicht auf Dauer urbanistisch so einhegen, wie das der Faschismus versucht hatte, ganz davon abgesehen, daß die Stadt diesen nach seinem Verschwinden nicht mehr repräsentieren konnte. Auch wenn das nicht so geplant war, kann es bis zu einem gewissen Grad als eine List der Vernunft angesehen werden, daß das Netzwerk der faschistischen Straßenachsen in Rom heute unentbehrlich für die Bewältigung des überbordenden Autoverkehrs ist. Nicht vorauszusehen war auch, daß die Monumentalisierung antiker Überreste der Eventkultur dienlich sein würde, die heute zunehmend den Massentourismus bestimmt.

Insgesamt muß der gewaltsame Stadtumbau des Faschismus jedoch generell als gescheitert angesehen werden. Aufgrund seiner hochideologischen Begründungsstruktur gingen von ihm nach dem Ende des Faschismus keine Impulse für die Zukunft mehr aus. Nach 1945 setzte sich in Italien eine städtebauliche Entwicklung durch, an deren Ende die Stadt fast nur noch als bloße Agglomeration angesehen wurde. Der Versuch des Faschismus, den ländlichen Raum mit Hilfe einer dezidiert ruralistischen Politik aufzuwerten, muß erst recht als gescheitert angesehen werden. Mit dem industriellen Aufschwung nach 1945 in den oberitalienischen Stadtzentren setzte eine forcierte Landflucht ein, die zu einer millionenfachen Migration vom Land in die Stadt führte. Vor allem im Mezzogiorno fiel das Land dadurch nochmals unverhältnismäßig gegenüber den Städten zurück. Vollends besiegelt wurde der Sieg der großen Städte mit dem Bau der Autobahnen. Diese haben in Italien nur sehr wenige Auf- und Ausfahrten, sie verbinden im Grunde nur die Städte miteinander. Italien ist bei den Autobahnen als eine einzige große Stadt konzipiert. Die faschistische Urbanisierungspolitik stellt sich demgegenüber als ein unzeitgemäßes Zwischenspiel dar.

6. Rom – die Repräsentation der Antike im Faschismus

Keine europäische Stadt ist in ihrer äußeren Gestalt so oft verändert worden und hat doch die Spuren ihrer Vergangenheit so sichtbar bewahrt wie die Stadt Rom.[1] Man kann heute, wenn man das will, durch das antike Rom, die Stadt des Mittelalters und der Renaissance, das barocke Rom der Päpste, das nationale Rom des 19. Jahrhunderts, das faschistische Rom und das Rom der Nachkriegszeit jeweils für sich spazierengehen. Läßt man das letztere, ausschließlich außerhalb des aurelianischen Mauerrings gelegene moderne Rom beiseite, wird die größte Altstadt der Welt heute in erster Linie durch die gewaltsamen Umgestaltungen beherrscht, welche die faschistische Urbanisierungspolitik bewirkt hat. Besonders das antike Rom ist heute fast nur noch in faschistischer Repräsentation gegenwärtig. Die Suche nach den Erinnerungsorten der römischen Antike wird daher durch die historische Erfahrung, welche die Stadt Rom in der Zeit des Faschismus machen mußte, gebrochen.

Seinem Ursprung nach hatte der Faschismus eigentlich nichts mit Rom zu tun. Als politische Bewegung 1919 in Mailand gegründet, stieg er zu einer Massenbewegung auf, als er sich in der Emilia-Romagna und in der Toskana ausbreiten konnte. Erst als er sich anschickte, an die Regierung zu gelangen, mußte er die italienische Hauptstadt in die Hand bekommen. In gewissem Sinn wiederholte sich damit die nationale Gründungserfahrung der Italiener. »Rom oder Tod« hieß es 1870, ein »Marsch auf Rom« war 1922 für den Faschismus die Devise.[2] Diese Losung war einerseits die Ansage für eine gewaltsame Eroberung der Stadt. Andererseits wurde damit jedoch die symbolische Aneignung der vermeintlichen Tradition des antiken Roms durch den Faschismus vollzogen. Der Faschismus schuf sich eine historische Legitimation, die seinen voluntaristisch motivierten Gewaltcharakter ideologisch überhöhen sollte.

Der Rekurs auf die altrömische Vergangenheit bot sich deshalb an, weil er den Faschismus geschichtspolitisch an die Erinnerungskultur des liberalen Italiens anschlußfähig machte. Um aus der heterogenen Bevölkerung Italiens nach der Gründung des Nationalstaats Italiener zu machen, hatten die bürgerlichen Führungseliten sich des Rommythos bemächtigt. Wie das antike Rom sollte das italienische Rom die »Hauptstadt eines großen Staates« (Camillo Cavour) werden. Die Wortführer der italienischen Nationalstaatsbildung ließen sich in ihrer erinnerungspolitischen Euphorie auch nicht durch Theodor Mommsen stören, der 1871 im Gespräch mit Quintino Sella spöttisch fragte, was man denn »mit Rom anfangen« wolle. In Rom könne man nicht sein, »ohne kosmopolitische Zielsetzungen zu haben«.[3]

Den Protagonisten des Nationalstaats reichte es aus, ihren geschichtspolitischen Nationalismus mit der auf das Mittelmeer bezogenen altrömischen Ideologie des *mare nostrum* zu verbinden. Die diffusen nationalen Hoffnungen der Italiener wurden durch diese Kontinuitätskonstruktion auf ein gemeinsames imperialistisches Ziel ausgerichtet. Das entsprach der zeitgenössisch in Europa üblichen Geschichtspolitik im Zeitalter des Nationalismus. Die Faschisten wollten mit der Übernahme dieser Integrationsideologie freilich noch mehr. Der Faschismus war das erste und einzige politische Regime, für das ›Rom‹ nicht nur eine historische Projektion war, sondern ein Projekt der Gegenwart.

Schon der Name der Bewegung wies auf das republikanische Rom zurück. Das italienische Wort *fascismo* wurde etymologisch von dem lateinischen Wort *fasces* abgeleitet, das in der Römischen Republik ein in ein Rutenbündel eingebundenes Richtbeil bezeichnete. Dieses symbolisierte die Amtsgewalt der Liktoren. Im italienischen Risorgimento war davon das Wort *fascio* übriggeblieben, dessen sich vor allem außer- und antiparlamentarische Bewegungen der politischen Linken (z.B. als *fascio operaio* oder *fasci siciliani*) bedienten. Der von Benito Mussolini am 23. März 1919 in Mailand gegründete erste *fascio di combattimento* (Kampfbund) bewahrte terminologisch noch diese begriffsgeschichtliche Tradition, auch wenn er sich politisch nicht auf der Linken, sondern auf der extremen Rechten verortete. Da die Ausbreitung der *fasci* als zielgerichtete politische Bewegung anzusehen war, bürgerte sich dafür, wohl zuerst bei den politischen Gegnern, der Begriff des *fascismo* ein.

Der Neologismus ließ als solcher zwar allenfalls noch vage einen Bezug zur römischen Antike erkennen. Es ist jedoch verbürgt, daß Mussolini frühzeitig erkannt hat, welches geschichtspolitische Kapital in der Instrumentalisierung der römischen Vergangenheit für den Faschismus enthalten war. Die Ausrichtung des Faschismus an einer *romanità fascista* wurde zum Fixpunkt einer im übrigen höchst flexibel gestalteten Ideologie, in der die verschiedensten Elemente synkretistisch zusammengebunden wurden.[4]

Als es im Herbst 1922 darauf ankam, das anarchische faschistische Gewaltpotential zu bündeln und auf die politische Machtergreifung zu konzentrieren, nahm Mussolini die Idee des ›Marsches auf Rom‹ auf. Es ging ihm dabei weniger um eine militärische Aktion, der ›Marsch auf Rom‹ war für ihn vielmehr eine »politische und propagandistische Formel«, mit der er den auseinanderdriftenden *fasci* in der Provinz eine verbindende Idee vermittelte.[5] Die unverhohlene Geschichtsanleihe bei Sullas »Marsch auf Rom« sollte seine Bürgerkriegsaktion bei potentiellen politischen Sympathisanten unter den nationalkonservativen Eliten zugleich als legitime Rettungsmaßnahme für den gefährdeten bürgerlichen Staat erscheinen lassen.

Der politischen Akzeptanz seiner faschistischen Bürgerkriegstruppen war es ohne Frage auch dienlich, daß Mussolini seine bewaffnete faschistische Miliz hierarchisch in *manipoli*, *centurie*, *coorti* und *legioni* gliederte, denen wiederum *decurioni*, *centurioni*, *seniori* und *consoli* als militärische Befehlshaber entsprachen. Auch die militärischen Anführer des ›Marsches auf Rom‹ erhielten als *Quadrumviri* ein altrömisches Etikett. Um bei seiner anarchischen Bürgerkriegsarmee militärische Disziplin durchzusetzen, griff Mussolini schließlich auch bewußt auf vermeintliche römische Rituale zurück. Als ›römischer Gruß‹ wurde das Grüßen mit der erhobenen rechten Hand zum Symbol faschistischer Selbstdarstellung. Ebensowichtig war die Einführung des römischen Marschschritts, der als *marcia fascista* die Aufhebung des Einzelnen im faschistischen Kollektiv bewirken sollte. Den allzu offensichtlichen Verdacht, daß der Marschschritt eher deutsche als altrömische Vorbilder hatte, suchte Mussolini kurzerhand dadurch zu entkräften, daß er den Deutschen die Imitation römischer Rituale unterstellte.[6]

So willkürlich alle diese Rückbezüge auf das alte Rom auch sein mochten, so machte die historische Verfremdung der revolutionären Kampfansage gegenüber dem liberalen Staat den Auftritt des Faschismus bei seinen politischen Sympathisanten jedoch zweifellos erträglicher. Das mag selbst für Mussolinis erste Parlamentsrede nach dem ›Marsch auf Rom‹ gegolten haben, in der er damit drohte, das Parlamentsgebäude gegebenenfalls durch seine bewaffneten Kämpfer besetzen zu lassen. Er sprach hier nämlich nicht von seinen *squadre*, sondern gezielt von seinen *manipoli*, den gewalttätigen Charakter seiner faschistischen Horden hinter dem altrömischen militärischen Ordnungsbegriff gezielt versteckend.[7]

Diente die Adaption römischer Militärgrade vor allem der semantischen Eingewöhnung der Dienstgrade seiner Bürgerkriegsarmee in den politischen Sprachschatz, so sollte die »faschistische Besetzung des Kalenders«[8] in erster Linie der Ritualisierung der *romanità* durch den Faschismus dienen. Seit 1926 wurde mit rückwirkendem Beginn am 28. Oktober 1922, dem Tag des ›Marsches auf Rom‹, eine *era fascista* gezählt, die als Wiederaufnahme kaiserlicher Regierungsjahre im alten Rom verstanden werden sollte. Gezählt wurden die Jahre der *era fascista* mit römischen Ziffern neben oder auch anstelle der lateinischen Datumsangaben nach dem Gregorianischen Kalender. Auch wenn hier der französische Revolutionskalender das Vorbild war, evozierte die für die faschistischen Datumsangaben verbindliche Schreibweise neuerdings die vorgebliche *romanità fascista*. Dieser Eindruck wurde noch dadurch verstärkt, daß der mythische Gründungstag der Stadt Rom am 21.4.753 v. Chr. in der faschistischen Erinnerungskultur neben dem Jahrestag der Gründung des ersten *fascio* (23. März) und dem Jahrestag des ›Marsches auf Rom‹ (28. Oktober) als *giornata fascista* zum dritten großen Gedenktag des faschistischen Regimes erhoben wurde. Vordergründig sollte damit dem Feiertag der Arbeiterbewegung am 1. Mai ein faschistischer Mobilisierungstag als ›Fest der Produktion‹ entgegengesetzt werden. Mussolini nutzte jedoch schon vor dem ›Marsch auf Rom‹ die Gelegenheit, die Erinnerung an die mythische Geburtsstunde Roms zur faschistischen Mythenbildung zu nutzen: »Rom ist unser Ausgangspunkt und Bezugspunkt; es ist unser Symbol, oder, wenn man so will, unser Mythos. Wir träumen von einem römischen Italien, d. h. einem klugen und starken, disziplinierten und imperialen. Vieles von dem, was im unsterblichen Geist Roms enthalten war, steht im Faschismus wieder auf: römisch ist das Liktorenbündel, römisch ist die Organisation unserer Kampfbünde, römisch ist unser Stolz und unser Mut.«[9]

Der Veralltäglichung der Erinnerung an ›Rom‹ diente auch die von Mussolini 1932 angeordnete Umbenennung einer der zentralen Straßen aller italienischen Städte in ›Via Roma‹. In Turin ging man sogar noch weiter und gestaltete die ›Via Roma‹ architektonisch komplett um. Eine ebenso pompöse wie glatte Marmorarchitektur ersetzte die zuvor auf zwei Kirchen zulaufenden Laubengänge. Nicht zufällig förderte das faschistische Regime auch die Wahl römischer Vornamen wie ›Romulo‹, ›Remo‹ oder ›Italo‹ anstelle der traditionellen christlichen, wobei Mussolini selbst hier 1927 mit der Taufe seines Sohnes Romano voranging.

Schließlich nutzte das faschistische Regime die Gelegenheit, die Zweitausendjahrfeiern zur Geburt von Vergil (1930), Horaz (1935) und Augustus (1937) zur Vergegenwärtigung der *romanità fascista* heranzuziehen. In besonderer Weise galt dies für die geschichtspolitischen Veranstaltungen, die aus Anlaß des bimillennario von Augustus inszeniert wurden. Augustus wurde 1937/38 mit der Mostra Augustea della Romanità eine Ausstellung gewidmet, die vor allem den imperialen Charakter der Herrschaft dieses Kaisers herausstellte.[10] Parallel zu dieser Ausstellung fand im September 1938 ein internationaler archäologischer Kongreß mit über 300 Teilnehmern statt, in dessen Verlauf die wiederhergestellte Ara Pacis des Augustus eingeweiht wurde. Auch wenn sowohl die Ausstellung als auch der Kongreß von wissenschaftlich anerkannten italienischen Archäologen vorbereitet und organisiert wurden, überwog der politische Schaucharakter der beiden Veranstaltungen bei weitem den wissenschaftlichen Ertrag. Worauf es dem faschistischen Regime ankam, war die Konstruktion einer vermeintlich spirituellen Kontinuität von Augustus zu Mussolini. Bei dieser Kontinuitätskonstruktion gab man sich wenig Mühe, am intelligentesten wurde sie noch von Giuseppe Bottai, dem führenden Kulturpolitiker des faschistischen Regimes, beschworen.[11] Dieser sah die Rückwendung in die Antike durch die angebliche Modernität des Augustus begründet. In einem Vortrag über »Das Italien des Augustus und das Italien von heute« stellte er den römischen Kaiser als Vorläufer Mussolinis dar. Beide hätten eine *rivoluzione legale* herbeigeführt und beide hätten dadurch den inneren Frieden ihres Imperiums hergestellt.

Mussolini selbst ließ sich auf solche intellektuellen Trockenübungen gar nicht erst ein. Die faschistische *romanità* hatte für ihn keinen spezifischen Inhalt, sondern war für ihn immer nur symbolische Form. Die Vergegenwärtigung der Antike diente vor allem seiner propagandistischen Selbstdarstellung, sein Interesse an der Antike reduzierte sich daher auf die Frage, inwieweit diese zu einer ideologischen Absicherung seiner charismatisch vermittelten Führerherrschaft führte.

Mit Bedacht hatte er sich 1921 schon den Titel *Duce* zugelegt. Das lateinische ›dux‹, von dem dieser semantisch herzuleiten ist, hatte in der römischen Antike keinerlei staatsrechtliche Bedeutung. Es handelte sich vielmehr um einen ähnlich informellen, nicht amtsgebundenen Titel, wie ihn sich Oktavian als ›Augustus‹ zugelegt hatte. Die Formel *Duce del fascismo* umschrieb deshalb exakt den charismatischen Charakter seiner Herrschaft. Als *capo del governo* verstand sich Mussolini nur, wenn er sein Regierungsamt als Ministerpräsident wahrnahm.

Wie wichtig Mussolini die caesarische Attitüde des *Duce* aber war, zeigte sich an deren propagandistischer Aufbereitung. Schon kurz nach dem ›Marsch auf Rom‹ wurde eine Lithographie mit dem Titel »Il Duce entra trionfalmente a Roma« in den faschistischen Printmedien verbreitet, die Mussolini, von Adlern umkreist, an der Spitze seiner Legionen hoch zu Roß darstellte. Im Hintergrund sind römische Aquädukte sowie das Kapitol zu erkennen, womit der *Duce* die Aura vergangener imperialer Größe für sich in Anspruch nimmt. »Er ist nicht mehr Mussolini: er ist schon der erstgeborene Sohn der römischen Wölfin, ist schon der Duce, ist schon der neue Caesar, der neue Augustus, er ist schon der Heros, prädestiniert, Gott zu werden.«[12] In einer ganzen Flut von populär geschriebenen Biographien wird Mussolini schon in den zwanziger Jahren als Reinkarnation des großen Römers gefeiert. Die offiziöse, in zahlreiche Sprachen übersetzte Biographie Margherita G. Sarfattis wies hier 1926 die Richtung. Mussolini wird darin, ungeachtet seiner familiären Herkunft aus der Romagna, mit einer geradezu rassistischen Begründung als Römer par excellence gefeiert: »Benito Mussolini ist ein Römer, in der Seele wie im Antlitz, er ist die Wiedervereinigung des rein italienischen Typs, der über die Jahrhunderte hinweg nun zu neuer Blüte gelangt.«[13] In der medialen Repräsentation wurde der Körper des *Duce* seitdem vollständig romanisiert. Seine Figur, sein Gang, seine Gestik, sein Blick und seine Hautfarbe wurden in Text, Bild und Film als vollkommener Ausdruck römischer Virilität gepriesen. Mussolini verkörperte damit im wahrsten Sinne des Wortes die Männlichkeitsrituale des Faschismus.[14] Dieser ›römische‹ *Duce* war allgegenwärtig. Sein Portrait erschien im Film, auf Fotos, Briefmarken, Münzen, Medaillen, Siegeln und Stempeln, auf amtlichen Verlautbarungen, in Zeitungen und Zeitschriften, auf Maueranschlägen und auf Spruchbändern. Es wurde graphisch und künstlerisch vielfältig gestaltet, nicht selten, wie z. B. bei Sironi, in der avantgardistischen Verfremdung, welche der Futurismus in den Faschismus hineingebracht hat. Häufig wurden auch nur durch die serielle graphische Verwendung des Wortes »Duce« optische Effekte erzielt, womit der Führerkult besonders suggestiv visualisiert wurde.[15]

Der im Prinzip zeitlose Titel des ›Duce‹ ermöglichte es Mussolini auch, sowohl das republikanische als auch das kaiserliche Rom für die faschistische Konstruktion von Vergangenheit in Anspruch zu nehmen. Abgesehen davon, daß sie als historische Referenz für faschistische Sekundärtugenden wie ›Ordnung‹ und ›Disziplin‹ herhalten mußten, waren es freilich nur die imperialen Aspekte der republikanischen Zeit, die für die faschistische Geschichtspolitik wichtig waren. Schon 1926 ließ sich Mussolini bei einem aufsehenerregenden Flottenbesuch in Libyen, der ersten einer kolonialen Präsenz eines italienischen Ministerpräsidenten überhaupt, als neuer ›Scipio Africanus‹ feiern. Die symbolische Adaption der republikanischen Scipio durch Mussolini gab 1937 auch den Anlaß für Carmine Gallinas Film »Scipione l'Africano«, den aufwendigsten und am meisten aufgeführten Propagandafilm des faschistischen Regimes. Der Film erhielt 1937 auf der Biennale in Venedig bezeichnenderweise den ›Preis des Duce‹ als bester italienischer Film. Scipio Africanus wird darin als Retter vor dem Chaos, als Vermittler zivilisatorischen Fortschritts sowie als Repräsentant einer überlegenen Rasse gegenüber den semitischen Karthagern dargestellt. Vor allem aber erscheint er auch als Vorläufer römischer Imperialpolitik in der Kaiserzeit. Das entsprach der Neuorientierung der faschistischen Erinnerungskultur, die sich seit der gewaltsamen Eroberung Äthiopiens und der Ausrufung des *Impero fascista* fast vollständig nur noch auf das kaiserzeitliche Rom konzentrierte. Er stellte insofern die filmische Repräsentation des faschistischen Imperialanspruchs auf das *mare nostrum* dar, den Mussolini auf seine Fahnen geschrieben hatte.

Ungeachtet aller rituellen Beschwörungen der *romanità fascista* wäre die erinnerungspolitische Adaption der Antike durch den Faschismus nur eine rasch vorübergehende Episode in der langen

Geschichte der Antikenrezeption geblieben. Mit dem Sturz Mussolinis am 25. Juli 1943 war der faschistische Romkult mit einem Mal zu Ende, wenn er denn seit dem italienischen Kriegseintritt von 1940 überhaupt noch große politische Bedeutung gehabt hat. Das faschistische Diktaturregime hinterließ jedoch in der italienischen Hauptstadt sowie in geringerem Maße auch in anderen Städten und in den Kolonien Italiens eine Stadtstruktur, in der sich die faschistische Repräsentation der Antike gleichsam verdinglichte.

Das faschistische Regime griff tief in die urbanistische Struktur Roms ein, um die baulichen Überreste der Antike freizulegen. Die erhaltenen Monumente der antiken Metropole bzw. die davon erhaltenen Ruinen können daher heute in Rom weitgehend nur in faschistischer Aufbereitung wahrgenommen werden. Was dem visuellen Befund nach authentisch zu sein scheint, ist in Wahrheit häufig nur ein Konstrukt faschistischer Erinnerungspolitik. Die archäologische Rekonstruktion der römischen Monumente ist insofern eigentlich nur möglich, wenn sie zeitgeschichtlich kontextualisiert wird, d. h., wenn die ideologisch motivierten Eingriffe des Faschismus in die Textur der Überlieferung jeweils genau bestimmt werden.

Das beginnt mit der öffentlichen Präsenz der faschistischen Herrschaftszeichen. An den meisten öffentlichen Orten fielen die faschistischen Parteisymbole nach 1945 zwar der *damnatio memoriae* zum Opfer, erstaunlich viele *fasci* blieben aber bis zum heutigen Tage im öffentlichen Straßenbild Roms unversehrt erhalten. So prangen, um nur einige besonders signifikante Beispiele zu geben, an der Eisenbahnbrücke, die aufgrund der Lateranverträge von 1929 an den Vatikanstaat herangeführt wurde, von Bogen zu Bogen abwechselnd das Papstwappen Pius' XI. und die faschistischen *fasci*. Nicht zu übersehen sind auch die *fasci* am Reiterdenkmal Giuseppe Garibaldis auf dem Gianicolo, an dessen Sockel sie 1932 hinzugefügt wurden. Nicht beseitigt wurden auch die *fasci* an der faschistischen Umbauung des Augustus-Mausoleums, von der noch die Rede sein wird.

Man kann das als heute nur noch kuriose heraldische Reminiszenzen an eine vergangene Zeit ansehen. Die heute noch öffentlich sichtbaren faschistischen Herrschaftszeichen stehen jedoch nicht für sich allein, sondern in einem städtebaulichen Kontext, der in stärkstem Maße vom Faschismus geprägt wurde. Die Stadt Rom wurde in faschistischer Zeit in ihrem durch das Mittelalter, die

Renaissance und die Zeit des Barocks geprägten historischen Kern so radikal umgestaltet wie nie zuvor, auch nicht durch Papst Sixtus V. im 16. Jahrhundert oder die nationalen Regierungen zu Ende des 19. Jahrhunderts.

Die faschistische Urbanisierungspolitik war nicht so sehr das Ergebnis systematischer Stadtplanung. Der Stadtbebauungsplan (*piano regulatore*) von 1931 stand weitgehend nur auf dem Papier und wurde durch Korruption und hemmungslose Bauspekulation fast vollständig ausgehöhlt. Vor allem aber bezog er sich nicht auf die bebaute Altstadt, sondern vielmehr in erster Linie auf das nicht bebaute Stadtgebiet innerhalb und teilweise auch schon außerhalb der aurelianischen Mauer. Viel wichtiger als die Planungsvorgaben von professionellen Stadtplanern und Architekten waren für die urbanistische Umgestaltung Roms in der Zeit des Faschismus die voluntaristischen Absichtserklärungen Mussolinis. Mit Bedacht äußerte sich Mussolini hierzu erstmals am 28. Oktober 1925, dem dritten Jahrestag des ›Marsches auf Rom‹, anläßlich der erstmaligen Einsetzung einer autoritären Stadtregierung (*Governato di Roma*). In fünfzig Jahren, forderte er bei dieser Gelegenheit, müsse sich Rom »der ganzen Welt als großartige Stadt präsentieren, weitläufig, geordnet, mächtig, wie sie zur Zeit des Imperiums von Augustus« gewesen sei.[16] Das war mehr als ein plakativer Gegenentwurf zur kleinräumigen Stadt des Mittelalters und der frühen Neuzeit. Bezeichnend war vor allem wiederum der Bezug auf Augustus. Erneut bestätigt sich damit, daß sich Mussolini geschichtspolitisch in erster Linie an der Imperialpolitik dieses ersten römischen Kaisers orientierte, wenn er die romanità für sich reklamierte.

Der Rekurs auf das kaiserliche Rom kann jedoch nicht einfach als rückwärtsgewandte Antikenbegeisterung abgetan werden. Das Rom der Zukunft, das Mussolini vorschwebte, sollte nicht einfach eine Kopie des kaiserlichen Roms sein, sondern eine moderne Stadt im Geiste Roms. Für den *Duce* bestand hier eine Art von historischer Dialektik. Er sprach bezeichnenderweise von der »Gleichzeitigkeit der Antike mit dem Modernen«.[17] Die römische Tradition und die faschistische Moderne sollten im neuen Rom miteinander verschmolzen werden.

Mussolini hatte keine genaue Vorstellung davon, welche architektonische und urbanistische Formensprache sich aus seinem erinnerungspolitischen Programm ergeben sollte. Er legte sich deshalb auch nicht formal fest, sondern entschied von Fall zu Fall. Die Folge war, daß sich traditionalistische (*scuola romana*) und modernistische Architekten (*scuola razionalista*) bis zuletzt um die architektonische Ausgestaltung des Programms der *romanità fascista* stritten. Zwar setzte sich mit Marcello Piacentini der Architekt und Stadplaner durch, der für einen steinernen Monumentalstil mit aufgesetzten antikisierenden Elementen stand. Da er das Ohr Mussolinis hatte, konnte er die Planung und den Bau der meisten faschistischen Repräsentationsbauten an sich reißen. Aber auch dieser faschistische Großarchitekt mußte die Errichtung von Funktionsbauten wie Postämtern, Bahnhöfen oder auch Parteihäusern häufig jüngeren Architekten überlassen, die aus der Richtung der scuola modernista kamen. Fern allen Antikenbezugs arbeiteten diese Architekten vor allem mit Glas und Stahlbeton, wobei sie sich vor allem an Le Corbusier, aber auch am deutschen Bauhaus orientierten,

So wie in der architektonischen Formensprache rangen auch bei der Stadtplanung in Rom zwei Richtungen um die Vorherrschaft. Dieser Gegensatz manifestierte sich weniger bei der Planung neuer Trabantenstädte, dafür jedoch um so mehr bei der faschistischen Ausgestaltung der Altstädte, und hier in erster Linie der urbanistischen Veränderung der alten Stadt. Der Eingriff in die bestehende Stadtstruktur wurde von den gemäßigteren Stadtplanern des Faschismus damit begründet, daß die alten Städte hygienisch saniert und für den modernen Verkehr geöffnet werden müßten. Das entsprach der Tradition des liberalen Italiens, das Ende des 19. Jahrhunderts mit der Sanierung der alten Städte begonnen und die Entkernung der Zentren propagiert hatte.[18] Das bekannteste Beispiel für die liberale Stadtsanierung liefert der Corso Vittorio Emanuele I. in Rom, der die mittelalterliche Stadt durchbrach und die neuen Stadtteile an der Via Nazionale und dem Tiber verband. Wie der gewundene Verlauf dieser Straße zeigt, bemühten sich die liberalen Stadtplaner jedoch darum, soweit wie möglich die überkommene Bausubstanz zu schonen. Schon vor der Zeit des Faschismus prägte man dafür den Begriff des *diradamento edilizio*, der Stadtdurchlichtung. Ihr führender Repräsentant war Gustavo Giovannoni, in den zwanziger Jahren Gründer und lange Zeit Präsident der römischen Architekturfakultät sowie Lehrer einer ganzen Generation von Architekten. Sein wichtigster Gegenspieler und Repräsentant einer radikaleren Richtung war wiederum Marcello

Piacentini, der sich das schon aus liberaler Zeit stammende Programm des *sventramento* zu eigen machte, dieses aber entschieden radikalisierte. Von ihm wurde nicht die Stadtentlüftung, d.h. die funktional begründete Stadterneuerung, sondern der Stadtumbau zu staatsrepräsentativen Zwecken propagiert.

Es kann nicht überraschen, daß sich in dieser Auseinandersetzung im wesentlichen Piacentini durchsetzte, entsprachen doch seine radikalen urbanistischen Vorstellungen weit mehr denen Mussolinis als die seiner konservativen Gegenspieler. Situationsgerecht hatte der *Duce* am 22.10.1934 auf einem Dach eines alten Hauses die Ziele des von ihm gewünschten Stadtumbaus zusammengefaßt. Die Politik des *sventramento* versprach nach seiner Vorstellung einen dreifachen Nutzen, »den der Geschichte und der Schönheit, den des Verkehrs und den der Hygiene«.[19] Das neue Rom sollte also nicht nur besser bewohnbar sein, sondern zugleich den faschistischen Herrschaftsanspruch symbolisieren.

Auch wenn sich Mussolini stilistisch nicht festlegte und kaum in die professionellen Kontroversen um die architektonische Gestaltung des neuen Roms eingriff, hatte er eine ziemlich genaue Vorstellung davon, in welcher Form das kaiserliche im faschistischen Rom repräsentiert werden sollte. Nie ging es ihm bloß um eine archäologische Konservierung oder zeitgemäße Restaurierung, die antiken Monumente waren für ihn vielmehr immer Mittel zum Zweck. Befreit von der Bebauung späterer Zeiten und in ihrer scheinbar reinen Monumentalität isoliert, sollten sie gleichsam als architektonische Denkmäler ihrer selbst erscheinen. Zu diesem Zweck sollten sie nach der vollständigen Freilegung ihrer Umgebung als faschistische Erinnerungsmonumente in den freien Raum gestellt werden.

Um den freien Blick auf die isolierten Monumente der Antike zu ermöglichen, ließ Mussolini außerdem die römische Altstadt mit einem Netz von magistralen Straßen durchziehen, die, in bezeichnender Analogie zu den alten Römerstraßen, möglichst linear verlaufen mußten und keine Rücksicht auf die überkommene Bebauung zu nehmen brauchten. Zugleich konnte auf diesen städtischen Magistralen der faschistische ›Marsch auf Rom‹ durch den Aufmarsch der Schwarzhemden rituell reproduziert werden. Mit der monumentalen Repräsentation der Antike war also immer der gewalttätige Gleichschritt der faschistischen Horden verbunden. Keinesfalls sollten die neuen städtischen Arterien einen

»lediglich archäologischen Zweck« erfüllen, sie waren vielmehr als breitangelegte Straßen konzipiert, »auf denen das gewaltige und beständige Leben der Stadt fließt«.[20]

Der herrische Anspruch des Diktators, die überkommene Stadtlandschaft radikal umzugestalten, war keine bloße Attitüde. Wenn irgendwo, dann hat sich Mussolini als rigoroser Städteplaner verewigt. Fast könnte man sagen, daß er vor allem mit der Spitzhacke, dem piccone, regierte. Jahr für Jahr wurde von 1925 bis mindestens 1940 mit einem großen Projekt des sventramento begonnen, fast alle wurden auch zu Ende geführt, manche allerdings erst nach dem Ende des Krieges. Fast alle diese urbanistischen Großprojekte wurden von Mussolini in einem Akt symbolischer Politik am 21. März (›Gründung Roms‹) oder am 28. Oktober (›Marsch auf Rom‹) angekündigt, also an den genuin faschistischen Erinnerungsdaten an das antike Rom. Häufig schwang er bei diesen inszenierten Aktionen persönlich die Spitzhacke, was dann jeweils Anlaß zu vielfältigen medialen Repräsentationen gab: Anstelle einer Grundsteinlegung gibt der *Duce* den Startschuß für den Abriß.

Die auf die römische Antike ausgerichtete faschistische Freilegungsdynamik zielte im Prinzip auf alle Ruinen, die innerhalb, aber auch außerhalb der aurelianischen Mauern (man denke an Ostia Antica) aus römischer Zeit erhalten sind. Da es den Faschisten jedoch nicht um eine archäologische Konservierung, sondern um eine politische Inszenierung ging, fanden bei ihnen nicht alle antiken Monumente das gleiche Interesse. Angesichts der Unterfütterung der gesamten Stadtlandschaft mit altrömischen Hinterlassenschaften wäre es auch keine erfolgversprechende Strategie gewesen, alle gleichermaßen politisch zu inszenieren. Viele kleinere, aber auch manche größere antike Ruinen wie z. B. die Caracalla-Thermen oder die neronische Domus Aurea wurden in faschistischer Zeit nicht besonders beachtet. Die Triumphbögen der Kaiser Konstantin, Septimus Severus und Titus standen schon in der *splendid isolation*, welche sie zum faschistischen Erinnerungsort machte. Wiederum andere römische Bauwerke wie die beiden aus dem 2. Jahrhundert v. Chr. stammenden Tempel der Fortuna Virile und der Vestia auf der heutigen Piazza della Bocca della Verità, die infolge der Umwidmung in christliche Kirchen erhalten geblieben waren, erhielten nur deshalb eine solitäre Stellung, weil die faschistischen Bilderstürmer sonst in der ganzen Umgebung keinen Stein auf dem andern ließen.

Ungeplant war eigentlich auch die Ausgrabung der republikanischen Tempelzone auf dem Largo di Torre Argentina. Sie wurde 1926 beim Durchbruch des letzten Stücks der Verbindungsstraße vom Tiber (Ponte Garibaldi) zum zentralen Corso Vittorio Emanuele I. aufgefunden.[21] Das Gelände gehörte einer Immobiliengesellschaft, die hier eigentlich bauen wollte. Dagegen liefen die Archäologen Sturm, die hier die einzigartige Chance sahen, im großen Stil Relikte der republikanischen Zeit auszugraben. Der Konflikt wurde dadurch gelöst, daß Antonio Muñoz, von 1928 bis 1944 oberster Denkmalpfleger der Stadt Rom, Mussolini persönlich zur Hilfe rief. Muñoz war ein Kunsthistoriker ohne jeden Sachverstand für die wissenschaftlichen Anliegen der Archäologen und wohl gerade deshalb der engste städteplanerische Vertraute Mussolinis bei der rücksichtslosen Durchdringung der alten Stadt. Mussolini entschied in diesem Fall, das Gelände zu erhalten, obwohl es nicht aus der von ihm favorisierten Kaiserzeit stammte. Der gänzlich aus der Luft gegriffene Name »Foro Argentina« mußte allerdings die republikanische Herkunft der Ausgrabungen verschleiern.

Schon 1925 hatte Mussolini die ihm besonders wichtigen Erinnerungsorte genannt, die in Rom freigelegt werden sollten. Es waren dies das Marcellustheater, das Pantheon, das Augustus-Mausoleum und das Kapitol. Es versteht sich von selbst, daß dazu noch das Kolosseum hinzukam, das in seiner gewaltigen Größe alle sonstigen antiken Überreste überragte.[22]

Nicht alle urbanistischen Vorstellungen Mussolinis wurden realisiert. Der von ihm 1925 gegebene Führerbefehl, innerhalb von fünf Jahren von der Piazza Colonna her einen Durchbruch zu schaffen, der das Pantheon frei sichtbar machen sollte, wurde nie ausgeführt. Ausgerechnet das mit großem Aufwand betriebene Projekt der Freilegung des Augustus-Mausoleums ist nach den Maßstäben der faschistischen Urbanistik letzten Endes mißlungen, so tief es auch die Stadtstruktur veränderte. Tatsächlich ist auch überliefert, daß Mussolini mit dem Ergebnis unzufrieden war. Der faschistische Traum einer zeitgemäßen Inszenierung antiker Größe ließ sich gerade hier nicht verwirklichen, weil die Ruinenstruktur des Monumentes sich selbstverständlich nicht verändern ließ.

Ursprünglich sollte das entkernte und auf seine antiken Reste zurückgeführte Mausoleum im Mittelpunkt einer Straßenkreuzung stehen, an der eine vom Pincio über den Tiber nach Prati verlaufende Ost-West-Achse sich mit einer vom Campo Marzio zum Pantheon verlaufenden Nord-Süd-Achse kreuzte. Da diese schon in der Planung ungeheuerlichen Straßendurchbrüche nie in Angriff genommen wurden, erhielt das Augustus-Mausoleum entgegen der faschistischen Vernetzungsideologie einen isolierten Inselcharakter. Rings um das Gelände des Museums blieb die alte Stadtbebauung erhalten. Seine Abschließung wurde noch dadurch betont, daß das von aller Überbauung befreite Mausoleum am Platzrand von drei Seiten durch faschistische Neubauten eingeschlossen wurde. Bei dieser Randbebauung handelt es sich um monumentale Bürobauten mit jeweils einem vorgelagerten Portikus. An einem der Gebäude an der Nordseite des Platzes ist über dem Eingang in augusteischen Majuskeln eine lateinische Inschrift angebracht, welche die faschistische Inszenierung der romanità durch gelehrte Anspielungen philologisch zu untermauern sucht:

> HUNC LOCUM UBI AUGUSTI MANES VOLITANT PER AURAS
> POSTQUAM IMPERATORIS MAUSOLEUM EX SAECULORUM TENEBRIS
> EST EXTRACTUM ARAEQUE PACIS DISIECTA MEMBRA REFECTA
> MUSSOLINI VETERIBUS AUGUSTIIS DELETIS SPLENDIDIORIBUS
> VIIS AEDIFICIIS AEDIBUS AD HUMANITATIS MORES APTIS
> ORNANDUM CENSUIT ANNO MDCCCCXL A.F.XVIII.[23]

Die vorgebliche faschistische Erneuerung der Antike wird hier durch die Anrufung der »Manen des Augustus« geradezu sakralisiert. Zwei neben der Inschrift von links und rechts heranschwebende Siegesgöttinnen, welche fasces in den Händen halten, verstärken noch diesen sakralen Effekt. Wiederum geht es dabei um die faschistische Erneuerung der Antike. Auf den Trümmern der augusteischen Anlage sollen »noch schönere Straßen, Bauten und Tempel« entstehen. Explizit wurde damit der Anspruch formuliert, die Antike architektonisch zu übertreffen.

Die vorgebliche Modernität des faschistischen Antikenrevivals kann freilich nicht darüber hinwegtäuschen, daß die Randbebauung dem brutal entkernten Mausoleum beziehungslos gegenübersteht. Das liegt zum einen an dem einfallslosen Repräsentationsstil der Neubauten, zum anderen jedoch auch daran, daß der bauliche

Zustand des Mausoleums für die Ausgräber enttäuschend gewesen sein dürfte. Der über Jahrhunderte andauernde Verfall des augusteischen Familiengrabes hatte von dem Mausoleum nicht mehr viel übriggelassen. Im Grunde war nur noch der kreisrunde Unterbau des ursprünglichen Tumulus mit den Grabkammern einigermaßen erhalten. Der diesem auflagernde Mauerring ist nicht durchgehend erhalten, vor allem fehlt ihm die Abdeckung. Der Volksmund verglich das ausgegrabene Mausoleum deshalb bald mit einem »kariösen Zahn«, eine ironische Bezeichnung, die den ruinösen Charakter des Monuments durchaus zutreffend beschrieb. Ohnehin muß man sich das Mausoleum im Originalzustand wohl als geschlossenen Tumulus vorstellen, der von einer Statue des Augustus überragt wurde.

Da das moderne Straßenniveau wie üblich mehrere Meter über der Basis des Monuments liegt, vermittelt dieses einen wenig imposanten Eindruck. Seiner mittelalterlichen und neuzeitlichen Überbauung entkleidet, stand das Mausoleum für sich in einem desaströsen Zustand da, der nicht gerade auf die vergangene Größe des Augustus verwies. Die Hoffnung, einen rein faschistisch geprägten kaiserlichen Erinnerungsort als Gegenstück zu dem päpstlich überformten Hadrians-Mausoleum auf der gegenüberliegenden Tiberseite schaffen zu können, erfüllte sich dadurch nicht. Der Vergleich mit der Engelsburg ließ vielmehr erst recht erkennen, daß mit dem Augustus-Mausoleum kein Staat zu machen war. Es war insofern nur konsequent, daß der Torso durch eine überdimensionale Randbebauung eingehegt und dem Blick des näher kommenden Betrachters bis zuletzt entzogen wurde. Dem erinnerungspolitischen Konzept des Faschisten, sich als die modernen Repräsentanten des kaiserlichen Roms zu gerieren, entsprach das freilich nicht.

Allerdings gelang es den erinnerungspolitischen Strategen des Faschismus, den genius loci doch noch auf andere Weise zu nutzen. Zwischen dem Mausoleum und dem Tiber wurde in streng rationalistischem Stil ein Pavillon errichtet, in dem – in diesem Fall wissenschaftlich durchaus korrekt – aus erhaltenen, neu aufgefundenen und anderswo kopierten Stücken die Ara Pacis des Augustus aus dem Jahre 9 v. Chr. rekonstruiert wurde. Auch das hatte einen höchst aktuellen politischen Bezug: Mussolini wollte sich entsprechend dem Vorbild des Augustus nach der Ausrufung des *Impero fascista* zum Friedensbringer stilisieren, obwohl er längst wieder in einen Krieg verwickelt war. Der Bau wurde in Rekordzeit fertiggestellt, so daß er am 23. September 1938 gerade noch am letzten Tag der Feierlichkeiten zum 2000. Geburtstag des Augustus eröffnet werden konnte. In letzter Minute gelang es so doch noch, den Gleichklang der imperialen Politik Mussolinis mit der des Augustus scheinbar unter Beweis zu stellen. Daß Augustus im sogenannten Monumentum Ancyranum dokumentieren wollte, erstmals im gesamten Römischen Reich Frieden hergestellt zu haben, während sich Mussolini nach der Eroberung Abessiniens in Spanien schon wieder im Krieg befand, tat der Sache keinen Abbruch. Es bereitete der faschistischen Propaganda keine Mühe, mit dem Rekurs auf Augustus auch Mussolini zum Friedensbringer umzudeuten. Erfundene Traditionsbezüge bedürfen keiner Legitimierung durch wissenschaftliche Erkenntnisse, vielmehr gehört es zu ihrem Wesen, daß sie rein fiktional konstruiert sein können und nur des Scheins der Plausibilität bedürfen.

Auch wenn die Identifikationsmöglichkeit mit Augustus für Mussolinis historisches Selbstverständnis am wichtigsten war, ließ sich der *Duce* nicht ausschließlich darauf festlegen. Das läßt die von ihm betriebene urbanistische Umgestaltung Roms in besonderer Weise erkennen. Nicht das Augustus-Mausoleum, sondern das Kapitol stellte für ihn die größte urbanistische Herausforderung dar. Was beim Augustus-Mausoleum mißlang, setzte er im Fall des Kapitols durch: die monumentale Visionalisierung der Antike im Geist einer faschistischen Erneuerungsideologie.

Der faschistische Zugriff beschränkte sich keineswegs nur auf den eigentlichen Kapitolshügel, er war vielmehr von vorneherein weiträumig angelegt. Das lag für die Faschisten schon allein deshalb nahe, weil der Hügel zwar dicht, aber ausschließlich nachrömisch bebaut war. Es waren hier fast keine antiken Monumente freizulegen, sondern es konnte nur die spätere Bebauung beseitigt werden. Erst mit einem weiteren Freilegungsprogramm konnte es zu der von den Faschisten propagierten Monumentalisierung der Antike kommen. Tatsächlich faßten sie zusammen mit dem eigentlichen Kapitolshügel auch das Forum Romanum, den Palatin, das Kolosseum und den Circus Maximus, also den gesamten Metropolbereich der römischen Herrschaft, als ein einziges urbanistisches Erinnerungsmonument zusammen. Nicht mehr einzelne Monumente, nicht einmal das Kolosseum oder die Maxentius-Basilika wurden als erinnerungspolitische Solitäre herausgehoben, vielmehr wurde die gesamte archäologische Zone zum Monument der *romanità* erhoben.

Das *sventramento* begann hier unter der Anleitung von Muñoz 1925 am Janusbogen und am Marcellustheater, erreichte 1928 die Abhänge (*pendici*) des Kapitols und 1929 das Quartier am Fuß der Kirchen Ara Coeli und San Marco. Die hier meist noch aus dem Mittelalter stammende Bebauung wurde fast vollständig beseitigt. Man muß deshalb von einem Kahlschlag sprechen, der sich am Ende vom Kapitol bis zur Piazza della Bocca della Verità hinzog. An die Stelle der dichten bisherigen Bebauung trat eine überdimensioniert breite Straße, welche als Via del Mare der Anfang einer bis nach Ostia zum Meer führenden Achse sein sollte. Außer dem freigelegten Marcellustheater blieben in dem Viertel nur die beiden schon genannten republikanischen Tempel, der Janusbogen sowie die Kirche San Nicola in Carcere, weil in diese der Portikus einer römischen Tempelanlage einbezogen war, erhalten. Aus ihrem in Jahrhunderten gewachsenen urbanistischen Kontext gerissen, stehen diese römischen Gebäude isoliert herum, ohne in irgendeiner Weise mit den faschistischen Neubauten verbunden zu sein, die an den Seiten der Via del Mare errichtet wurden. Es handelt sich bei diesen Gebäuden um klassizistisch verbrämte Bürogebäude, die den faschistischen Anspruch auf eine moderne Repräsentation der Antike im wahrsten Sinn des Wortes untermauern sollten, mit dieser in der Realität jedoch nichts zu tun hatten. Sie können ebensowenig die intendierte Beziehung zu der römischen Vergangenheit herstellen, wie die Randbauten des Augustus-Mausoleums dies vermögen.

Die Freilegung des Marcellustheaters war 1933 abgeschlossen, die Zerstörungsarbeit am Kapitolshügel zog sich dagegen noch bis 1943 hin. Am 21. April desselben Jahres, wenige Monate vor seinem Sturz, machte Mussolini hier seinen letzten archäologischen Besuch, ein klares Zeichen dafür, wie wichtig ihm der faschistische Stadtumbau bis zuletzt war.

Schon 1931 hatte er das Projekt der ›Via dell'Impero‹ (heute Via dei Fori Imperiali) auf den Weg gebracht. Im Generalbebauungsplan war von einer nicht weniger als 60 m breiten Straße die Rede, welche die Piazza Venezia über die Kaiserforen hinweg und entlang dem Forum Romanum und der Maxentius-Basilika mit dem Kolosseum verbinden sollte. Im Oktober 1931 wurde mit dem Bau dieser faschistischen Magistrale begonnen. In der Rekordzeit von nur einem Jahr wurde sie, auch wiederum unter der Leitung von Muñoz, fertiggestellt, so daß sie am 28. Oktober 1932, dem 10. Jahrestag des ›Marsches auf Rom‹, eingeweiht werden konnte.

Das selbst für faschistische Verhältnisse forcierte Tempo bewirkte, daß man beim Abriß besonders rücksichtslos vorging. Dabei fielen nicht nur wiederum Wohnhäuser, Adelspaläste und Kirchen der Spitzhacke zum Opfer, auch die Ausgrabung der darunter zum Vorschein kommenden großen Kaiserforen, vom Traiansforum über die Traiansmärkte und das Augustusforum zum Nervaforum, sowie das diesen gegenüberliegende Caesarforum erfolgte in so großer Eile, daß nicht einmal archäologisch exakte Grabungsberichte angefertigt wurden. Die professionellen Archäologen protestierten in ihrer Mehrzahl gegen dies oberflächliche Verfahren. Der furor archaeologicus verführte allerdings auch einige von ihnen dazu, sich an den archäologisch fragwürdigen Schnellgrabungen zu beteiligen, die fast keine wissenschaftliche Dokumentation zuließen.

Wenn es noch eines Beweises bedurft hätte, daß die Aufarbeitung der römischen Antike für den Faschismus einen rein politischen Zweck hatte und von keinerlei wissenschaftlichem Impetus oder konservatorischen Anliegen getragen wurde, dann lieferte der Bau der Via dell'Impero dafür den Beweis. Die breite Prachtstraße durchschnitt die einzigartige Ausgrabungszone der Kaiserforen ohne jede Rücksicht auf die Topographie. Da nicht nur der von der Straße versiegelte Teil sofort wieder dem Blick entzogen, sondern auch fast die gesamte Ausgrabungszone zugeschüttet wurde, konnte nicht einmal davon die Rede sein, daß durch das rigorose sventramento die Repräsentation der Antike in der modernen Stadt verbessert worden wäre.

Daß für die faschistischen Stadtgestalter allein der politische Showeffekt wichtig war, zeigte sich auch daran, daß die Via dell'Impero um jeden Preis den Blick auf das Kolosseum freigeben sollte. Von der Piazza Venezia her stellte sich diesem ein Hindernis der besonderen Art entgegen, nämlich die sogenannte Velia, ein etwa 200 m langer, bis vor die Maxentius-Basilika reichender Ausläufer des Esquilins. Etwa 2 500 000 m^3 Erde und Gestein mußten hier abgetragen werden, damit der Blick auf das Kolosseum freigegeben wurde. Als am 6. September 1932 der Durchbruch gelang, verkündete Mussolini bei einem Besuch auf der Baustelle triumphierend: »Rom hat jetzt in seinem Zentrum eine wirklich für große Paraden, die bisher in die Peripherie oder aufs Land verbannt werden mußten, geeignete Straße.«[24] Kaum war der geradlinige Weg zum Kolosseum frei, dachte Mussolini also schon an politische Aufmärsche und militärische Paraden. Die Freilegung der antiken Monumente diente ihm also letzten Endes nur als Staffage seiner Gewaltinszenierungen. Hier liegt der eigentliche Kern der faschistischen Konstruktion von *romanità*.

Die neuen Magistralen der Via del Mare und der Via dell'Impero umringten schon etwa zur Hälfte den kapitolinischen Hügel und den Palatin, beide endeten jedoch in einer Sackgasse. Weder ging es am Kolosseum adäquat weiter, noch gab es von der Piazza della Bocca del Verità einen angemessenen Ausgang. Es lag deshalb nahe, daß die faschistischen Stadtplaner, kaum war die Via dell'Impero am 21. April 1933 für den öffentlichen Verkehr freigegeben worden, nach einer Fortsetzung suchten. Dies konnte nur die in römischer Zeit zwischen Palatin und Caelius verlaufende Via Triumphalis sein, die vom Kolosseum zur heutigen Piazza di Capena, im rechten Winkel von der Via dell'Impero abzweigend, führt. Als Via dei Trionfi (heute Via di San Gregorio) wurde sie in der Tat erneuert und so verbreitert, daß sie für den Aufmarsch faschistischer Marschkolonnen geeignet war. In der Verlängerung nach Süden bis zur 1938 eigens erbauten Stazione Roma-Ostiense führend, diente sie aber auch beim Staatsbesuch Hitlers als mit riesigen Hakenkreuzen und *Fasci* dekorierte Zubringerstraße.

Um den Ring zu schließen, fehlte nur noch eine Verbindungsstraße von der Piazza Porta Capena zur Piazza della Bocca della Verità. Deshalb wurde 1939 die alte Via dei Cerchi als Verbindungsstraße zwischen den beiden Plätzen erweitert. Die faschistischen Stadtplaner taten aber noch ein übriges. Sie befreiten auch den riesigen, im Süden sich den ganzen Palatin entlangziehenden Circus Maximus von allen späteren, in diesem Fall geringfügigeren Überlagerungen und faßten ihn in eine sehr viel breitere Straße (Via del Circo Massimo) ein.

Damit war der antike Herrschaftskern Roms mit dem Kapitol, dem Forum Romanum, dem Kolosseum, dem Palatin und dem Circus Maximus von einem breiten faschistischen Straßenring umgeben. Auch wenn das sicherlich nicht von Anfang an so geplant war, stellte sich dieser in der faschistischen Ummantelung geradezu als ein einziges riesiges Monument der Antike dar. Innerhalb des faschistischen Straßenrings war zwar nicht alles antik.

Zwischen Kapitol und Palatin blieben einige Häuserblocks von der Spitzhacke verschont, wahrscheinlich allerdings nur, weil am Ende des faschistischen Regimes keine Zeit mehr blieb, sie abzureißen. Auch etwa ein Dutzend Kirchen blieb erhalten, viele davon allerdings wahrscheinlich nur deshalb, weil sie einen römischen Baukern oder unmittelbare Vorgängerbauten in römischer Zeit hatten. Dies gilt, zumindest der christlichen Legende nach, vor allem für die drei wichtigsten der innerhalb des faschistischen Straßenrings verbleibenden Kirchen, für Santa Maria in Aracoeli auf dem Kapitol, Santa Francesca Romana auf dem Gelände des Forum Romanums und besonders Santa Maria Antiqua auf dem Palatin. Und selbstverständlich konnte die faschistische Spitzhacke nicht am Vittoriano, dem völlig überdimensionierten nationalen Großdenkmal für König Vittorio Emanuele II. ansetzen, das als *Altare della Patria* ursprünglich einer rein nationalmonarchischen Repräsentation diente. Mussolini brauchte es vielmehr als Plattform für politische Inszenierungen, mit denen er die historische Verankerung seines Regimes im Nationalstaat und Ersten Weltkrieg vor Augen führen konnte.[25]

Indem Mussolini den faschistischen Straßenring um den antiken Herrschaftskern Roms legte, beanspruchte er, selbst ein neuer Caesar zu sein, der sich mit einem riesigen Forum nach antikem Vorbild verewigte. Nicht zufällig wurde der durch den repräsentativen Straßenring herausgehobene Stadtkern von den faschistischen Strategen in seiner Gesamtheit als »Foro Mussolini« bezeichnet. Mit dieser Bezeichnung ging der Faschismus weit über eine bloß rhetorisch apostrophierte Erinnerung an die imperiale Vergangenheit Roms hinaus. Er erhob den Anspruch, diese in moderner Form neuerdings zu repräsentieren.

Es war selbstverständlich kein Zufall, daß sich das vom Faschismus urbanistisch eingehegte altrömische Herrschaftszentrum im Nordwesten zur Piazza Venezia hin öffnete. Hier hatte Mussolini seit 1929 im Palazzo Venezia seine Residenz, in bewußter Distanz zum Vatikan (Papst), zum Quirinal (König) und zum Palazzo Montecitorio (Parlament). Papstum, König und Parlament hatten durch die Befestigung von Mussolinis Diktatur deutlich an politischem Gewicht verloren, aber nur das letztere war vollständig faschisiert worden. Durch die Einbeziehung seines Amtssitzes in die altrömische Herrschaftszone wertete Mussolini seine politische Stellung auch gegenüber dem König und dem Papst mit urbanistischen Mitteln auf. Schon in der Zeit des liberalen Nationalstaates war der vor dem Palazzo Venezia liegende Platz durch zwei neue Straßen, den Corso Vittorio Emanuele II., der die Altstadt zum Tiber hin durchbrach, und die Via Nazionale, welche die neuen Stadtteile bis hin zur Stazione Termini erschloß, verkehrsmäßig verbessert worden. Aber der Platz blieb immer noch in sich geschlossen. Erst durch die von Mussolini geschaffenen Achsen der Via dell'Impero und der Via del Mare wurde er topographisch ins Zentrum der Stadt gerückt. Von hier aus zu regieren bedeutete daher, vom Zentrum der Macht her zu regieren. Vom Balkon des Palazzo Venezia aus hielt Mussolini denn auch die meisten seiner öffentlichen politischen Ansprachen, führte er in den sogenannten *adunate oceaniche* den Dialog mit den Massen.[26] Hier rief er im Mai 1936 das *Impero fascista* aus, hier kündigte er im Juni 1940 auch den Kriegseintritt Italiens an.

Das Vittoriano wurde demgegenüber als monarchischer Erinnerungsort deutlich abgewertet. 1926 ließ Mussolini im Garten des Monumentes einen Granitblock zur Erinnerung an die bis zum ›Marsch auf Rom‹ gefallenen Faschisten aufstellen. Später wurde die ritualisierte nationalmonarchische Ehrung des Unbekannten Soldaten am in das Vittoriano integrierten ›Altar des Vaterlandes‹ bewußt mit der Ehrung der faschistischen Märtyrer auf dem Kapitol verbunden. Schließlich entdeckte Mussolini, daß er sich des Vittoriano auch selbst für einen symbolischen Akt nationaler Mobilisierung bemächtigen konnte, wie ihn die massenhafte Eheringspende der *Giornata della fede* vom 18.12.1935 darstellte.[27] Am meisten wurde der monarchische Symbolgehalt des Monuments jedoch dadurch zurückgedrängt, daß es in den faschistischen Straßenring um den antiken Herrschaftskern Roms einbezogen wurde. Damit wurde es in den faschistischen Kult der romanità integriert, der den Kern von Mussolinis Herrschaftsideologie ausmachte.

In nur anderthalb Jahrzehnten wurde das alte Rom unter der Herrschaft Mussolinis radikal umgestaltet. Das Rom der Antike, vor allem das kaiserliche Rom, ist seitdem topographisch weitgehend nur noch in faschistischer Verfremdung präsent. Um die antiken Monumente in ihrer authentischen Form kennenzulernen, müßten daher heute erst einmal die faschistischen Überlagerungen abgetragen oder zumindest deutlich kenntlich gemacht werden. Solange das nicht der Fall ist, wird die römische Antike durch den

Faschismus repräsentiert. Fast könnte man daher sagen, Mussolini habe recht behalten mit seiner Vision eines faschistischen Roms, in dem sich die Moderne mit der Antike untrennbar miteinander vereine. In Wahrheit ist dieses urbanistische Programm freilich ebenso gescheitert wie der faschistische Imperialanspruch überhaupt.

II. Der italienische Faschismus als Vorbild

1. Das italienische Experiment

Der Faschismus als Vorbild in der Krise der Weimarer Republik

Seit langem ist bekannt, daß Adolf Hitler keinen zeitgenössischen Politiker so vorbehaltlos anerkannt, ja geradezu verehrt hat wie den faschistischen Diktator Benito Mussolini.[1] Schon früh sprach er von dem »überragenden Genie« des Italieners.[2] Auch in kritischen Situationen der deutsch-italienischen Beziehungen fand er immer noch Gründe, Mussolini persönlich von seiner sonstigen Kritik am Faschismus auszunehmen. So entschuldigte er Anfang 1940 die für ihn enttäuschende Erklärung der italienischen *non belligeranza* damit, daß Mussolini in Italien keine derartig omnipotente Stellung habe wie er in Deutschland.[3] Nach dem Sturz Mussolinis im Juni 1943 befand er, daß innerhalb der Führungsschicht des Faschismus »nur der Duce selbst der Alte geblieben« sei.[4] Und noch in seinen allerletzten Tagen soll er zwar das Bündnis mit Italien als politischen Fehler bezeichnet, gleichwohl aber in einem Atemzug beteuert haben, daß sich an seiner »persönlichen Verbundenheit mit dem Duce« nichts geändert habe.[5] Diese eigentümliche Anhänglichkeit kann nicht einfach als sentimentale Marotte Hitlers abgetan werden, die letzten Endes keinen Einfluß auf seine tatsächliche Politik gehabt hat. Vielmehr deutet sie auf eine tiefere politische Bindung hin, die durchaus erklärungsbedürftig ist.

Will man sich nicht mit psychologischen Deutungsversuchen begnügen und die Beziehung Hitlers zu Mussolini jener ominösen Art von Männerfreundschaft unter Politikern zuordnen, so liegt es nahe, sich in diesem Zusammenhang des historischen Vergleichs zu bedienen. Tatsächlich sind denn auch die ideologische Konvergenz von Faschismus und Nationalsozialismus, die politische Wesensverwandtschaft der beiden Bewegungen und die strukturelle Ähnlichkeit der Diktaturregime Mussolinis und Hitlers in diesem Zusammenhang als Erklärung herangezogen worden, sei es unter faschismustheoretischen oder sei es unter totalitarismustheoretischen Vorzeichen.[6] Diese komparatistischen Forschungsansätze haben zweifellos auch eine Reihe wesentlicher historischer Einsichten in die Genese und die Herrschaftsstruktur der nationalsozialistischen Diktatur vermitteln können, die einer nur auf Hitler und seinen Ort in der deutschen Geschichte bezogenen Forschung verschlossen bleiben.[7] Hitlers Fixierung auf Mussolini läßt sich jedoch daraus allein ebensowenig erklären wie aus seinem außenpolitischen ›Programm‹, in dem Italien bekanntlich neben Großbritannien eine bündnispolitische Sonderrolle spielte. Sie entsprang nicht in erster Linie faschistischer oder totalitärer Gesinnungsgemeinschaft, die sich allein auf konkludente ideologische Vorstellungen zurückführen ließe. Es war vielmehr vor allem die erfolgreiche Umsetzung der faschistischen Ideologie in politische Machtausübung, die Hitler an Mussolini anzog. Entgegen vielfach verbreiteter Annahme darf Hitler ja nicht nur als programmorientierter Ideologe verstanden werden, vielmehr war er zugleich auch immer politischer Propagandist und Organisator. In »Mein Kampf« bezeichnet er sich selbst nicht zufällig als »Theoretiker, Organisator und Führer in einer Person«.[8] Die propagandistische und organisatorische Umsetzung seiner sogenannten Weltanschauung war ihm also mindestens ebenso wichtig wie diese selbst. Es ist ganz selbstverständlich, daß Hitler auch Mussolini gar nicht anders sehen konnte. Nur danach zu fragen, ob und inwieweit die beiden Diktatoren ideologisch und außenpolitisch miteinander übereinstimmten, greift daher zu kurz.[9] Es war in erster Linie das Charisma des erfolgreichen Popularisators und Organisators einer von ihm als revolutionär angesehenen politischen Ideologie, das Hitler an Mussolini beeindruckte. Am meisten faszinierte ihn, wie Mussolini 1922 an die Macht gekommen war. Das war für Hitler bis 1933 das Vorbild, an dem er seine eigene Machtergreifungsstrategie in starkem Maße orientierte.[10] Damit soll Hitlers Weg zur Macht nicht auf ganz neue Weise gedeutet, wohl aber der bisherige Kenntnisstand über diesen komplexen historischen Ereigniszusammenhang um eine zusätzliche Erklärung bereichert werden. Genauer gesagt geht es um die Frage, inwieweit der real existierende Faschismus in Italien für die ›Ermöglichung Hitlers‹ ein bisher vielleicht vernachlässigter, aber gleichwohl historisch sehr bedeutsamer Faktor gewesen ist.

Dabei kann nicht nur von Hitler selbst die Rede sein. Vielmehr muß ein weiter Bogen geschlagen und der Hintergrund erfaßt werden, vor dem Hitler mit seiner Imitation des faschistischen Modells in Deutschland überhaupt erfolgreich sein konnte. Es ist zunächst einmal davon auszugehen, daß jedenfalls bis 1933 in keinem Land Europas soviel über den italienischen Faschismus geschrieben und geredet worden ist wie in Deutschland.[11] Etwa 150 Bücher, sicherlich Tausende von Aufsätzen und Artikeln in Zeitungen und Zeitschriften sind hier zwischen 1922 und 1933 über diesen publiziert worden,[12] von regelmäßigen Korrespondentenberichten in den großen Tageszeitungen einmal ganz abgesehen.[13] Das läßt schon erkennen, daß der Faschismus für die deutschen Zeitgenossen offenbar kein beliebiges, sondern ein besonders bedeutungsvolles politisches Thema war. Welche Folgen das für den Aufstieg Hitlers hatte, soll Gegenstand der folgenden Überlegungen sein.[14]

Keinesfalls soll dies nur auf die Rekonstruktion eines wie auch immer gearteten ›Italienbildes‹ hinauslaufen. Die Vorstellung, daß sich transnationale historische Wahrnehmungsprozesse in mehr oder weniger stereotypen ›Bildern‹ darstellen, hat vielmehr etwas Künstliches. Jedenfalls sind solche ›Geschichtsbilder‹ immer historische Konstrukte. Erst recht gilt das für die Perzeption moderner politischer Ideologien. Es empfiehlt sich daher, eine Art von Rezeptionshistorik anzuwenden, auch wenn es dafür noch kaum irgendwelche theoretischen Vorgaben gibt.[15] Zu berücksichtigen sind dabei einerseits individuelle und vor allem kollektive politische Erwartungshaltungen. Andererseits ist zu beachten, daß die Verbreitung von Ideologie stets auf diejenigen zurückwirkt, die sie in Umlauf gesetzt haben. Der Ideentransfer stellt sich also als ein reziproker Vorgang dar, nicht etwa als ein nur in einer Richtung verlaufender Informationsstrom. Ideologische Rezeptionsprozesse können deshalb auch nicht auf ihre Vollständigkeit oder Richtigkeit hin überprüft werden. Vielmehr geht es immer um die Frage, mit welcher Art von anwendungsbezogener Anverwandlung man es jeweils zu tun hat. Produktive Mißverständnisse sind bei solchen Rezeptionsvorgängen eher die Regel.

Das faschistische Regime in Italien stellte seit dem ›Marsch auf Rom‹ vom 28. Oktober 1922 für die Zeitgenossen eine ungewöhnliche politische Herausforderung dar. Zunächst noch im Rahmen des parlamentarischen Regierungssystems bleibend, regierte Mussolini seit seinem Staatsstreich vom 3. Januar 1925 unzweifelhaft mit diktatorischen Mitteln. Seine Diktatur wurde durch Monarchie, Beamtenschaft und Armee politisch legitimiert, sie war aber doch nicht einfach eine Königs- oder Militärdiktatur wie viele andere im Europa der Zwischenkriegszeit. Mussolini stützte sich vielmehr zusätzlich auf die von ihm gegründete faschistische Partei, die als autoritäre Ersatzpartei für die unterdrückten liberalen, sozialistischen und katholischen Parteien des Landes einen betonten Massencharakter hatte. Die daraus sich ergebende Doppelherrschaft des *Duce* hatte einen neuartigen Systemcharakter, der gleichermaßen faszinierte und abstieß.[16] Bis 1933 war das »italienische Experiment« in Deutschland zu keinem Zeitpunkt bloß ein Gegenstand akademischer Diskurse.[17] Spätestens seit den Reichstagswahlen vom September 1930 war die deutsche Auseinandersetzung mit dem Faschismus vielmehr unmittelbar mit der Existenzfrage der Weimarer Republik verknüpft. Nachdem Mussolini die Machtbalance seiner Führerdiktatur zwischen Monarchie, Heer und Bürokratie einerseits und faschistischer Bewegung andererseits dauerhaft gefestigt hatte, seitdem er mit der Carta del Lavoro über ein korporativistisches Wirtschaftsmodell zur Überwindung des Klassenkampfes und der Beseitigung gesellschaftlicher Konflikte zu verfügen schien und seitdem er mit dem Konkordat von 1929 seinen Frieden mit dem Vatikan gemacht hatte, schien das faschistische Regime in Deutschland ein alternativ zum politischen System des parlamentarischen Parteienstaates denkbares Diktaturmodell zu sein.[18] Der jungkonservative Publizist Moeller van den Bruck brachte den paradigmatischen Charakter des faschistischen Modells unmittelbar nach Mussolinis ›Marsch auf Rom‹ auf die suggestive Formel »Italia docet«. Er stellte sich allerdings damals noch die Frage: »Ist Fascismus in Deutschland möglich?«[19] Als Werner Sombart diese Formel im Mai 1932 in Ferrara wiederholte, konnte niemand mehr Zweifel daran haben, daß der Faschismus auch in Deutschland Erfolg haben könnte.[20] An der Frage, ob Hitler unbedingt Deutschlands Mussolini werden sollte oder mußte, schieden sich, auffällig oft mit Blick auf die faschistische Machtergreifung, die Geister. Das ›Italia docet‹ war aber in der Krise der Weimarer Republik mehr Verheißung als Menetekel.

Es hat in der Weimarer Republik selbstverständlich nicht an Warnern vor einer Übertragung des faschistischen Modells auf Deutschland gefehlt. Sie waren, wie nicht anders zu erwarten, vor allem auf der Seite der politischen Linken angesiedelt. Zeitschriften wie die linksliberale »Weltbühne« oder das »Tagebuch« befaßten sich regelmäßig und ausführlich mit der vom italienischen Faschismus ausgehenden politischen Suggestion.[21] Der Faschismus reduzierte sich jedoch für diese Zeitschriften auf ein gewöhnliches Diktatursystem, dem sie in erster Linie auch nur die Unterdrückung der Meinungs- und Versammlungsfreiheit sowie die Verfolgung der politischen Gegner anlasteten. Letzten Endes glaubte man aber Mussolini als »weltfroh[en], eleganten Energiekerl« abtun zu können, dem man seine »ästhetische Sympathie« nicht versagte.[22] Da man den besonderen faschistischen Systemcharakter bei der »Weltbühne« und dem »Tagebuch« nicht besonders ernst nahm und Mussolini eher für das Produkt seiner eigenen Rhetorik hielt, wurde die Gefahr einer Übertragbarkeit des Faschismus weitgehend verkannt.[23]

Das gilt aus anderen Gründen auch für die Kommunisten. Die Einordnung in das leninistische Klassenkampfschema machte den Faschismus in kommunistischer Sicht zwar zu einem notwendigen Produkt des kapitalistischen Klassenantagonismus, für keine politische Richtung war es deshalb selbstverständlicher, daß der Faschismus nicht nur in Italien, sondern auch in Deutschland sein Haupt erheben könne. Die Wirkung des kommunistischen Antifaschismus blieb gleichwohl begrenzt, weil dieser sich nicht nur gegen die Nationalsozialisten, sondern pauschal gegen die gesamte ›Bourgeoisie‹ richtete, als deren bloßes Kampforgan der Faschismus angesehen wurde.[24] Besonders grotesk war, daß die Kommunisten bekanntlich auch die Sozialdemokraten zu sogenannten Sozialfaschisten abstempelten.[25] Das machte sie blind für die wirkliche Gefahr, die von Hitler ausging.

Ähnlich wie den Kommunisten stand auch vielen anderen Sozialisten die marxistische Weltanschauung bei der politischen Analyse des italienischen Faschismus im Wege. Das gilt z. B. auch für die in den sechziger Jahren wiederentdeckten Linkssozialisten August Thalheimer und Arthur Rosenberg oder die Austromarxisten um Otto Bauer. Ihr marxistisches Vorurteil verstellte auch ihnen den Blick dafür, daß es sehr wohl in einem so kapitalistisch fortentwickelten Land wie Deutschland zu einer faschistischen Diktatur nach italienischem Vorbild kommen konnte.[26]

Auch innerhalb der Sozialdemokratie versuchten sich viele damit zu beruhigen, daß »Deutschland nicht Italien« sei.[27] Das gilt selbst für den wohl scharfsinnigsten zeitgenössischen Analytiker des italienischen Faschismus, den Staatsrechtslehrer Hermann Heller, dessen Buch »Europa und der Fascismus« zu den bedeutendsten wissenschaftlichen Analysen des Faschismus in der Weimarer Republik gehört.[28] Heller stellte die »fascistische Diktatur« als »abschreckendes Beispiel« für die europäischen Demokratien dar.[29] Den Nationalsozialismus sah er »realsoziologisch von den gleichen ideologischen und kleinbürgerlich-kapitalistischen Kräften getragen« wie den »italienischen Fascismus der ersten Stunde«. Gleichwohl hielt er einen politischen Erfolg des Nationalsozialismus für ausgeschlossen. Die faschistische Diktatur beruhte nach seiner Auffassung nämlich ganz auf der Person Mussolinis, und diese könne man nicht nachahmen, wie »Hitlers schlechte Mussolinikopie« zeige.[30]

Diese Fehleinschätzung war deshalb besonders gravierend, weil sie aufgrund Hellers wissenschaftlicher Autorität innerhalb der deutschen Sozialdemokratie als weitgehend verbindlich angesehen wurde. So warnte der Vorsitzende der sozialdemokratischen Reichstagsfraktion, Rudolf Breitscheid, 1931 in deutlicher Anlehnung an Heller zwar davor, Hitler zu unterschätzen: »Es ist gesagt worden, man solle Hitler und Hugenberg ans Ruder kommen lassen, sie würden schon abwirtschaften. Denken Sie an Mussolini! Er regiert heute neun Jahre. Kommt der Faschismus, dann gibt es keine Wahlen, keine Pressefreiheit, keine Versammlungsfreiheit!«[31] Auch Breitscheid glaubte aber, daß der Faschismus in Deutschland auf die Dauer nicht triumphieren könne.[32] Noch am 8. Februar 1933 verkündete die Parteizeitung »Vorwärts«: »Berlin ist nicht Rom. Hitler ist nicht Mussolini. Berlin wird niemals die Hauptstadt eines Faschistenreiches werden. Berlin bleibt rot.«[33] Obwohl man die politische Durchsetzungsfähigkeit des italienischen Faschismus erkannte, überschätzte man in den Führungskadern der Sozialdemokratie die eigenen politischen Möglichkeiten. Der weitgehend noch marxistisch vermittelte Glaube an historische Gesetzmäßigkeiten des Klassenkampfes ließ das Eingeständnis politischer Ohnmacht gegenüber einer zwar deutlich konterrevolutionären, aber nichtsdestoweniger populären Massenbewegung nicht zu. Es gab innerhalb der Sozialdemokratie zwar schon früher als in anderen politischen Lagern einen kritischen Diskurs über das Aufkommen des Faschismus in Italien.[34] Die frühesten deutschsprachigen Bücher über den Faschismus stammen fast alle von sozialdemokratischen Journalisten, an der Spitze die römische Korrespondentin des »Vorwärts«, Oda

Olberg.[35] Der italienische Faschismus wird in diesen Schriften zwar durchweg kenntnisreich kritisiert, jedoch allein auf die entwicklungsbedingte Schwäche der italienischen Arbeiterbewegung zurückgeführt, von der man Deutschland nicht betroffen sah. Man sah deshalb schon vor und erst recht nach dem Scheitern des Hitler-Putsches vom 9. November 1923 in der Sozialdemokratie keinen Anlaß, an die Möglichkeit eines deutschen Faschismus zu glauben. Das änderte sich auch nicht wesentlich in der zweiten Hälfte der zwanziger Jahre. Der »Vorwärts« und die »Münchener Post« waren zwar ständig auf der Suche nach »Faschistenskandalen«.[36] Dieser antifaschistische Enthüllungsjournalismus galt aber nur der Entlarvung von italienischen Agenten, er reduzierte die faschistische Induktionswirkung auf die direkte Anwerbung oder gar Finanzierung potentieller deutscher Faschisten durch Mussolini. Es kann deshalb auch nicht mehr verwundern, daß man innerhalb der Sozialdemokratie Hitler selbst 1933 noch nicht einen politischen Durchbruch nach der Art Mussolinis zutraute.

Die auf klarer Gegnerschaft zum Faschismus beruhende politische Fehldiagnose der Sozialdemokraten wie überhaupt der sich als Gegner des Faschismus verstehenden Linken wäre politisch nicht so folgenreich gewesen, wenn Mussolinis Botschaft in der Weimarer Republik sonst keine Resonanz gefunden hätte. Das Gegenteil war jedoch der Fall. Es hat nur den Anschein, als ob der Faschismus so gut wie ausschließlich ein Thema der Linken gewesen wäre. Gerade in der Endkrise der Republik haben sich jedoch in Deutschland diejenigen viel lautstärker zu Wort gemeldet, die gegenüber dem faschistischen Diktaturmodell eine mehr oder minder positive Erwartungshaltung hatten. Nur weil die Auseinandersetzung der politischen Linken mit dem italienischen Faschismus ungleich besser erforscht ist, kann man den Eindruck gewinnen, als ob diese in der Weimarer Zeit die politische Diskussion beherrscht hätte. In Wahrheit haben sich die politische Rechte, die bürgerliche Mitte und besonders auch der politische Katholizismus mindestens ebenso stark mit dem italienischen Faschismus beschäftigt wie die Linke. Dadurch wurde in der Endphase der Republik ein ausgesprochen philofaschistisches Meinungsklima geschaffen, dem gegenüber die linke Faschismuskritik weitgehend wirkungslos blieb.

Ungeachtet aller nationalistischen Vorbehalte, die innerhalb des Bürgertums gegenüber dem Faschismus wegen dessen Südtirolpolitik verbreitet waren, stieg die politische Sympathiekurve gegen Ende der Republik gegenüber diesem bemerkenswert an. Bei einer Meinungsumfrage unter Wahlberechtigten aller Parteien, bei der große Persönlichkeiten aus Geschichte und Gegenwart genannt werden sollten, kam Mussolini 1929 bei Nationalsozialisten hinter Bismarck und Hitler, aber noch vor Friedrich dem Großen auf den dritten Platz.[37] Wähler bürgerlicher Parteien setzten ihn immerhin noch (vor Goethe!) auf den siebten Platz, wobei von zeitgenössischen Politikern nur Hindenburg vor ihm rangierte. Man kann sich sicherlich fragen, inwieweit durch dieses Politbarometer wirklich politische Präferenzen angezeigt wurden. In vielen zeitgenössischen Darstellungen bildungsbürgerlicher Provenienz erscheint Mussolini eher als die Projektion eines kulturpessimistischen Harmoniebedürfnisses nach einem Staat jenseits vom sogenannten Parteienstaat und der nackten Artikulation partikularer Interessen. Bekannte Italianisten der zwanziger Jahre wie Karl Vossler, Ludwig Curtius oder Wilhelm Waetzold sahen durch den Staat Mussolinis in erster Linie ein ästhetisches Weltbild bestätigt, das seit dem 19. Jahrhundert sozusagen archetypisch durch Goethes »Italienische Reise« bestimmt wurde.[38] Das ›Italia docet‹ hatte daher in diesem kulturellen Milieu zunächst zweifellos eine andere Bedeutung als die eingangs erläuterte. Doch waren die Übergänge von vermeintlich unpolitischen zu explizit politischen Sympathien für den Faschismus fließend. Ein bezeichnendes Beispiel dafür liefert die von Werner von der Schulenburg 1927 bis 1929 herausgegebene Zeitschrift »Italien«, die sich, ursprünglich als »Monatsschrift für Kultur, Kunst und Leben« konzipiert, zunehmend politischen Stellungnahmen zugunsten des faschistischen Regimes öffnete.[39] Auch Rainer Maria Rilke, der sich 1926 in Mailand an den rhetorischen Künsten Mussolinis berauschte, kann in diesem Zusammenhang genannt werden.[40] Bis weit in das gebildete Bürgertum hinein läßt sich für die zwanziger Jahre eine deutlich politisch akzentuierte Parteinahme für den italienischen Faschismus nachweisen.

Als besonders bedeutsam hat zu gelten, daß sich, wenn auch nurbedingt, mit Emil Ludwig und Theodor Wolff sogar zwei der prominentesten liberaldemokratischen Publizisten der Weimarer Republik auf die Seite Mussolinis schlugen. Beide waren ursprünglich Kritiker des faschistischen Diktatursystems. Es erregte deshalb beträchtliches Aufsehen, als Wolff den faschistischen Diktator am 11. Mai 1930 im »Berliner Tageblatt« aufgrund eines in Rom mit ihm geführten Interviews als maßvollen Realpolitiker ohne »nationalistische Eitelkeit« vorstellte.[41] Wolff machte in dem Interview zwar auch den Versuch, Unterdrückung und Inhaftierung Andersdenkender in Italien zu monieren, er gab sich aber mit Mussolinis Antwort, eine »autoritäre Demokratie« aufbauen zu müssen, ohne weiteres zufrieden. Kein Wunder, daß die »Frankfurter Zeitung« ihn daraufhin zu den »Nachbetern Mussolinis« rechnete und Klaus Mann sich noch viel später darüber aufregte, daß dem *Duce* damit »publizistisch Weihrauch« gestreut worden sei.[42]

Sehr viel größere öffentliche Wirkung noch hatte die publizistische Verwertung einer ganzen Serie von Interviews, die Emil Ludwig zwischen dem 23. März und dem 4. April 1932 mit Mussolini geführt hat. Das daraus hervorgegangene Buch »Mussolinis Gespräche mit Emil Ludwig« wurde 1932 geradezu zu einem politischen Bestseller.[43] Ludwig feierte Mussolini unverhohlen als »großen Staatsmann« und als »echten Diktator«, als »Mann von der feinsten Höflichkeit« und als »natürlichsten Menschen von der Welt«.[44] Auch wenn er in einem ganzen Kapitel seines Buches darüber berichtet, wie er mit Mussolini über die »Gefahren der Diktatur« diskutiert habe,[45] bleibt am Ende in den »Gesprächen mit Emil Ludwig« der Eindruck zurück, daß die »konstruktive Seite« der Diktatur ihre Schattenseiten bei weitem überwiege.[46] Von seinen Kritikern wurde Ludwig deshalb auch ironisch als »Benito Ludovico« bezeichnet.[47]

Wolff und Ludwig ließen beide erkennen, daß es die Krise der Republik war, die ihren politischen Gesinnungswandel herbeigeführt hatte. In der damit gegebenen Situation schien ihnen die Einführung eines autoritären Regimes nach Art des faschistischen ein vorübergehender politischer Ausweg zu sein. Es kam den beiden Publizisten allerdings, und das ist in diesem Zusammenhang entscheidend, darauf an, den Faschismus Mussolinis von dem seiner »deutschen Nachahmer« abzuheben.[48] Dazu ließen sie sich von Mussolini zum einen bestätigen, daß er seine direkten Anhänger im Ausland nicht anerkenne. Beiden suggerierte der faschistische Diktator, obwohl er gleichzeitig eine panfaschistische Offensive startete, sein Faschismus sei »kein Exportartikel«.[49] Zum anderen war für die beiden jüdischen Publizisten wichtig, daß der Antisemitismus dem italienischen Faschismus fremd war.[50] Das richtete sich eindeutig gegen den Nationalsozialismus. Wolff verteidigte sein Interview ausdrücklich mit Mussolinis Absage an seine ausländischen Nachahmer. Sie sei den Nationalsozialisten »schwer aufs Gemüt gefallen«, weil diese sich immer auf das »Patronat Mussolinis« berufen hätten.[51] Bezeichnenderweise polemisierte der militant antisemitische Reichstagsabgeordnete Ernst Graf von Reventlow in seinem »Reichswart« auch sofort gegen Wolff als »kleinen jüdischen Schmock«, der sich in »reizender Koketterie« von Mussolini habe bestätigen lassen, daß der Faschismus nichts mit dem Nationalsozialismus zu tun habe.[52]

Die Auseinandersetzung der beiden liberalen Publizisten mit dem italienischen Faschismus läßt beispielhaft erkennen, daß politische Sympathie für Mussolini in Deutschland nicht unbedingt mit einer Parteinahme für Hitler gleichzusetzen war, sondern in subjektiver Einschätzung der Zeitgenossen geradezu das Gegenteil bedeuten konnte. Das läßt sich etwa an der – allerdings vergleichsweise geringen – Resonanz ablesen, die der Faschismus im deutschen Unternehmerlager gefunden hat. Bis Ende der zwanziger Jahre war der italienische Faschismus in der deutschen Wirtschaftspresse oder gar in der internen Diskussion in den Unternehmerverbänden kein Thema, geschweige denn, daß er größere Zustimmung gefunden hätte. Zwar wurden die Ausschaltung der Gewerkschaften und das allgemeine Streikverbot in Italien gelegentlich positiv hervorgehoben, die sich dort seit 1925 anbahnende staatsinterventionistische Politik wirkte in der deutschen Wirtschaft jedoch zunächst offenkundig abschreckend.[53] Das änderte sich erst, als sich mit den großen Arbeitskämpfen in der nordwestdeutschen Stahlindustrie um die Jahreswende 1928/29 die Weltwirtschaftskrise ankündigte. Das faschistische Modell einer korporativ verfaßten Wirtschaft war für die Unternehmer mit einem Mal so attraktiv, daß sie es auf Verbandsebene zu diskutieren begannen. Auf der Mitgliederversammlung der Vereinigung der Deutschen Arbeitgeberverbände vom 14. Dezember 1928 durfte der Wirtschaftsprofessor Herbert von Beckerath einen Vortrag über »Wirtschaftsverfassungen der heutigen Zeit« halten.[54] Beckerath warnte darin vor einer Gefährdung der »industriekapitalistischen Wirtschaft« durch staatliche Reglementierungen, wie sie in seinen Augen in Deutschland in höchstem Maße drohe. Wohin diese führen könne, zeige die sozialistische Planwirtschaft in Rußland. Die faschistische Wirtschaftspolitik hob sich für Beckerath demgegenüber vor dem russischen Negativbeispiel sehr positiv ab. Der Faschismus leugne zwar nicht »seine starken sozialistischen respektive syndikalistischen Wurzeln«, in der Praxis sei er jedoch »im ganzen produktionspolitisch orientiert« und diene damit »in der Regel privatkapitalistischen und besonders industriekapitalistischen Interessen«.[55] Auch wenn Beckerath den Vorbehalt machte, daß sich die Diktatur des *Duce* jederzeit auch gegen die Interessen der Unternehmer auswirken könne, weil sie die individualistische Eigentumsordnung nur respektiere, aber nicht prinzipiell anerkenne, setzte er den Faschismus damit in ein relativ günstiges Licht. Er folgte damit bis zu einem gewissen Grade seinem Vetter und wirtschaftswissenschaftlichen Fachkollegen Erwin von Beckerath, der 1927 mit seinem Buch »Werden und Wesen des fascistischen Staates« das in der Weimarer Republik wohl wirkungsvollste Buch über den italienischen Faschismus veröffentlicht hatte.[56] Auch Erwin von Beckerath sah die »fascistische Wirklichkeit« deutlich unterschieden vom Idealbild eines ›korporativen Staates‹ an. Er fand dafür die Formel »wirtschaftliche Selbstverwaltung unter staatlicher Aufsicht«.[57] Anders als sein Vetter hatte er aber auf die Dauer nichts gegen eine »Unterordnung der Wirtschaft unter den Staat« einzuwenden. Für ihn war das vielmehr gerade »ein eminent europäischer Gedanke«.[58] Auch wenn er der weitaus bessere Kenner des italienischen Faschismus war, kann es deshalb kaum überraschen, daß nicht er, sondern sein Vetter dazu eingeladen wurde, vor der Organisation der Unternehmer die Wirtschaftspolitik des italienischen Faschismus zu erläutern. Was den autoritären Staat Mussolinis im deutschen Wirtschaftslager interessant machte, war allein die Zerschlagung der gewerkschaftlichen Gegenmacht bei gleichzeitiger Stärkung der freien Unternehmerinitiative. Der autoritäre Staat erschien insofern paradoxerweise als Retter vor staatsinterventionistischen Entwicklungen.[59] Die weiterreichenden wirtschaftspolitischen Vorstellungen Erwin von Beckeraths konnten die bei den Unternehmern gegenüber dem Faschismus bestehenden Vorbehalte nur bestätigen.

Wie diffus die Erwartungen gegenüber dem Faschismus innerhalb der organisierten Unternehmerschaft waren, zeigt die Debatte, die seit Ende der zwanziger Jahre vor allem im zentralen Verbandsorgan »Der Arbeitgeber« über das Problem des Korporativismus geführt wurde.[60] Anfangs wurde diese größtenteils durch die Anhänger der berufsständischen Ideologie Othmar Spanns bestimmt, der von der Vereinigung der deutschen Arbeitgeberverbände schon 1922 auch persönlich ums Wort gebeten worden war.[61] Unter Führung des österreichischen Heimwehrführers Walter Heinrich hatten die Anhänger Spanns seit 1929 ihr Augenmerk auf Italien gerichtet und einen korporativen Gesellschaftsaufbau nach Art des Faschismus gefordert.[62] Seit 1930 kamen sie auch im »Arbeitgeber« zu Wort.[63] Auch der Freiburger Philosophieprofessor Georg Mehlis, der sich 1928 mit einer bemerkenswert unkritischen, bezeichnenderweise ins Italienische übersetzten Rechtfertigung von Mussolinis Diktatursystem hervorgetan hatte, durfte sich in der Zeitschrift äußern.[64] Das von Mussolini propagierte Korporativsystem wurde von Mehlis als ein Modell zur Einführung einer ständisch gegliederten wirtschaftsparlamentarischen Verfassung interpretiert.[65]

Eine besonders wichtige Rolle spielte in dieser Diskussion allem Anschein nach der Herausgeber des »Rheinisch-Westfälischen Wirtschaftsdienstes«, August Heinrichsbauer, der sich seit Ende der zwanziger Jahre als geschäftiger Mittelsmann zwischen der ihn finanzierenden Ruhrindustrie und der politischen Rechten in Deutschland betätigte.[66] Heinrichsbauer war es auch, der 1930 Edgar Jung und 1931 Hans Reupke aus Unternehmergeldern Reisen nach Italien zum Studium des Faschismus finanzierte.[67] Im Fall von Jung erreichte er damit, daß dieser das faschistische Wirtschaftssystem als den Versuch einer »Rettung der Privatwirtschaft auf planwirtschaftspolitischer Grundlage« interpretierte,[68] nachdem er dem Faschismus wenige Jahre zuvor noch sehr viel skeptischer gegenübergestanden hatte.[69] Jung sprach sich jedoch ausdrücklich dagegen aus, den faschistischen »Regenerationsversuch« in Deutschland nachzuahmen.[70] Damit erfüllte er bestimmt nicht die Erwartungen Heinrichsbauers, der seit dem Frühjahr 1931 darauf hinarbeitete, die Nationalsozialisten ausgerechnet mit Hilfe von Gregor Strasser auf einen industriefreundlichen Kurs zu bringen, bei dem das faschistische Modell Pate stand.[71]

Weit mehr dürften die publizistischen Äußerungen des ehemaligen Rechtsanwalts Hans Reupke die Erwartungen Heinrichsbauers erfüllt haben. Reupke war seit 1927 in der Geschäftsführung des Reichsverbandes der Deutschen Industrie tätig.[72] Den italienischen Reiseauftrag hatte er seinem Buch über das »Wirtschaftssystem des Faschismus« zu verdanken, das er 1930 veröffentlicht hatte.[73] Er äußerte sich darin gegenüber den Realisierungsmöglichkeiten des faschistischen Korporativismus zwar zurückhaltend, bezeichnete den Faschismus jedoch als einen »Pfadfinder des kapitalistischen Systems«.[74] Für seine großindustriellen Arbeitgeber dürfte vor allem wichtig gewesen sein, daß er in zahlreichen Reden und Vorträgen immer wieder auf die »überragende Bedeutung« verwies, die Mussolini der »Privatinitiative« zubilligte.[75] Reupke ließ es jedoch nicht dabei bewenden. Um die Jahreswende 1930/31 trat er heimlich in die NSDAP ein und veröffentlichte 1931 ein Buch mit dem Titel »Der Nationalsozialismus und die Wirtschaft«, in dem er seine am italienischen Faschismus gewonnenen wirtschaftspolitischen Erkenntnisse ausdrücklich auf die »Parallelbewegung« des Nationalsozialismus übertrug.[76] Das war der explizite Versuch, dem großindustriellen Unternehmerlager das noch wenig Vertrauen erweckende Wirtschaftsprogramm der Nationalsozialisten durch den Verweis auf die faschistischen Realitäten in Italien schmackhaft zu machen.

Im Unternehmerlager hatte er damit freilich keinen großen Erfolg. Während sein Faschismusbuch bei Albert Vögler von den Vereinigten Stahlwerken und wohl auch im Kreis um Paul Reusch ein außerordentlich positives Echo gefunden hatten[77], war die Reaktion auf sein Buch über das nationalsozialistische Wirtschaftsprogramm auf seiten der Wirtschaft deutlich ablehnend.[78] Wenn man sich um 1930 in einigen Kreisen der deutschen Unternehmer für den italienischen Faschismus zu interessieren begann, hieß das also nicht, daß man sich damit automatisch dessen deutscher Variante zuwandte. Im Gegenteil: Aufkommende Sympathien für den italienischen Faschismus konnten vielmehr die Abneigung gegenüber dem Nationalsozialismus zunächst sogar noch vergrößern. Je mehr sich freilich Hitler auch in wirtschaftspolitischer Hinsicht am italienischen Faschismus orientierte, desto weniger konnte man gegen ihn einwenden.

Was für die Unternehmer das korporativistische Programm Mussolinis war, war für die Politiker und Journalisten im Umkreis des Zentrums und der Bayerischen Volkspartei Mussolinis Verhältnis zur katholischen Kirche. In den Anfangsjahren der Republik waren innerhalb des politischen Katholizismus für die Beurteilung des Faschismus ohne Frage auch noch andere Kriterien wichtig. So bestanden wegen der Südtirolfrage ganz erhebliche

Vorbehalte gegen Mussolini. Es ist kein Zufall, daß der große außenpolitische Konflikt zwischen Stresemann und Mussolini im Februar 1926 durch eine nationalistische Rede des bayerischen Ministerpräsidenten Held zugunsten der Südtiroler eingeleitet wurde.[79] Schwer erträglich war für Zentrumspolitiker anfangs auch die diktatorische Verfestigung des faschistischen Regimes, zumal seitdem die katholische Schwesterpartei in Italien, der *Partito Popolare Italiano*, 1926 verboten worden war.[80] Der Abschluß der Lateranverträge und des Konkordats zwischen Italien und dem Vatikan änderte das jedoch 1929 schlagartig. Nur wenige öffentliche Wortführer des politischen Katholizismus blieben danach noch bei ihrer Ablehnung des faschistischen Regimes.[81] Die große Masse der katholischen Politiker und Journalisten gab die politischen Vorbehalte gegenüber Mussolini auf und sah in ihm mit einem Mal zuerst den »Mann der Vorsehung« (Pius XI.). Die bis dahin sehr viel differenziertere Einschätzung Mussolinis wurde zugunsten einer ausschließlich kirchenpolitischen Sicht aufgegeben, ein bemerkenswerter Fall einer Reduktion von politischer Komplexität.

Als exemplarisch kann dafür das Verhalten des Kölner Oberbürgermeisters Konrad Adenauer angesehen werden. Er schickte »als Katholik« nach dem Abschluß der Lateranverträge nicht nur spontan ein Glückwunschtelegramm an den Nuntius Pacelli, sondern auch eines an Mussolini.[82] Die schon Ende 1928 eingeleiteten Bemühungen, in Köln ein Deutsch-Italienisches Kulturinstitut zu gründen, wurden danach von ihm um so hartnäckiger vorangetrieben. Sie führten 1931 zur Eröffnung des Petrarca-Hauses.[83] Noch 1932 lobte Adenauer in einem Interview mit einem faschistischen Funktionär als »überzeugter und bekennender Katholik« das staatsmännische Format Mussolinis unter ausdrücklichem Hinweis auf die Versöhnung mit dem Vatikan.[84] Es ist jedoch charakteristisch, daß ihm ein Regime wie das des Faschismus außerhalb Italiens nicht denkbar erschien. Das entsprach ganz der seit 1929 innerhalb des politischen Katholizismus vorherrschenden Einschätzung des Faschismus. In einer Kontroverse mit den »Nationalsozialistischen Monatsheften«, die ein Konkordat nach italienischem Muster forderten, wies die offiziöse Parteizeitschrift »Das Zentrum« im Frühjahr 1931 beispielsweise die Möglichkeit einer Übertragung der italienischen Konkordatsbestimmungen auf Deutschland ausdrücklich zurück. Eine »mechanische Übertragung kirchlicher Verträge« wurde wegen der »großen Strukturunterschiede zwischen Italien und Deutschland« als unmöglich angesehen.[85]

Auch Ludwig Kaas lobte nach Abschluß der Lateranverträge und des italienischen Konkordats gleichermaßen die »staatsmännische Aktivität des Duce« und die »weisheitsvolle Mäßigung des Pontifex«.[86] Obwohl nach seiner Ansicht in außenpolitischer Hinsicht »zum großen Teile parallele Interessenrichtungen« mit Italien bestünden, warnte er jedoch ausdrücklich vor einer allzu positiven, aus »innenpolitischen Voreingenommenheiten« sich ergebenden »Einstellung gewisser Rechtskreise«, wie übrigens auch der »Gegnerschaft gewisser Linkskreise gegenüber Italien«.[87] Bekannt ist, daß er das italienische Konkordat um die Jahreswende 1932/33 nochmals ausführlich analysierte. Erneut hob er dabei sowohl die »weise Selbstbeschränkung des Papstes« als auch den »Mut und die Entschlossenheit des italienischen Staatsmanns« hervor.[88] Daraus ist der Schluß gezogen worden, daß die faschistische Lösung der Kirchenfrage von Kaas als Vorbild für Deutschland angesehen worden sei und sein Handeln 1933 in Zusammenhang mit dem Ermächtigungsgesetz für Hitler bestimmt habe.[89] Wie schon der Titel des Aufsatzes erkennen läßt, läuft die Argumentation von Kaas jedoch gerade darauf hinaus, daß es sich bei dem italienischen Konkordat um eine historisch einzigartige Vertragsleistung handele. Für mögliche Übertragungen auf Deutschland bleibt da kein Raum. Es war ausschließlich Mussolini, dem die politische Hochachtung des Zentrumsführers galt.

Kaas wich damit nicht von der politischen Linie anderer Zentrumsführer ab. Ganz ähnlich wie von ihm wurde der faschistische Diktator auch von dem ehemaligen Reichskanzler Wirth und von dem badischen Zentrumsführer Heinrich Köhler als »großer Staatsmann« gefeiert.[90] Für Hitler hatten beide, zumindest zu diesem Zeitpunkt, nichts übrig.[91] Der Parteivorsitzende der Bayerischen Volkspartei Georg Heim stellte 1931 Mussolinis Absage an den Sozialismus und seinen Friedensschluß mit dem Vatikan ausdrücklich dem antibürgerlichen und antikatholischen Radikalismus Hitlers gegenüber und warnte (damals noch) vor einer Regierungsbeteiligung der NSDAP.[92] Es lag auf dieser Linie, daß der politische Prälat Georg Schreiber in einer Handreichung des Zentrums für den Reichstagswahlkampf von 1930 auf den »bissigen Hohn« verwies, mit dem sich Mussolini über die »Hitler-

Bewegung« geäußert habe.[93] Stets sollte Hitler damit sozusagen als faschistischer Simulant erscheinen, der trotz seines italienfreundlichen außenpolitischen Programms wegen seiner antikirchlichen Haltung eigentlich nichts mit Mussolini zu tun habe. Gerade weil man Hitler ablehnte, konnte man sich für Mussolini begeistern. Selbst der Reichskanzler Brüning scheint von dieser Art von Mussolini-Euphorie angesteckt worden zu sein. Seinen Staatsbesuch in Italien vom August 1931 zählte er jedenfalls noch in seinen Memoiren »zu den wenigen angenehmen Erinnerungen dieser schweren Zeit«.[94]

Was für führende Zentrumspolitiker gilt, kann erst recht für die politische Publizistik des Katholizismus nachgewiesen werden. Die Zuwendung zum italienischen Faschismus entsprang auch hier ursprünglich einer antinazistischen Frontstellung. Es gab in der beginnenden Krise der Republik so etwas wie einen aus der Sympathie für den italienischen Faschismus geborenen katholischen Antinazismus. Eine Schlüsselrolle spielte in diesem Zusammenhang der gemeinsame römische Korrespondent von vier wichtigen Zentrumszeitungen (»Germania«, »Kölnische Volkszeitung«, »Augsburger Postzeitung«, »Schlesische Volkszeitung«), Edmund Freiherr Raitz von Frentz. Mit seinen regelmäßigen »Vertraulichen Informationsbriefen« an die Redaktionen verschiedener kirchlicher Presseorgane steuerte er die Meinungsbildung über den Faschismus im katholischen Milieu in ganz außergewöhnlichem Maße, wobei er selbst allerdings wiederum der ständigen Gegenkontrolle durch den Kardinalstaatssekretär Pacelli unterworfen war.[95] Frentz verteidigte seit 1929 über alle politischen Krisen und Konflikte des Vatikans mit dem faschistischen Regime hinweg die politischen Errungenschaften des Konkordats und der Lateranverträge. Vor diesem Hintergrund verblaßten in seinen Augen alle politischen Vorurteile gegenüber dem Faschismus, wie sie in der Zentrumspresse z. B. in der Südtirolfrage bestanden. Vor allem aber warnte er unermüdlich davor, die Faschisten abzulehnen, »weil sie uns als Vorbilder der Nazis erscheinen«.[96] In seinen Augen war die Parallelsetzung von Nationalsozialismus und Faschismus ein unzulässiger Vergleich, Hitlers Berufung auf Mussolini ganz ungerechtfertigt.[97] Alleiniges Beurteilungskriterium war für Frentz durchweg nur die religionspolitische Haltung Mussolinis. Erst als er nach dem Sturz der Regierung Brüning im Sommer 1932 einräumen mußte, daß das »Hitlertum« in seiner ganzen

Machtstrategie ein »recht gelehriger Schüler« Mussolinis sei,[98] zog er die Orientierung Hitlers am religionspolitischen Kompromißkurs Mussolinis in Erwägung. Um so unglaubwürdiger wirkte es freilich, wenn er nunmehr plötzlich vor der Wiederholung des faschistischen Weges in Deutschland zu warnen begann.

Im katholischen Zeitschriftenmilieu war eine auf selektiver Wahrnehmung beruhende, die terroristische Diktaturpraxis des Faschismus ganz aussparende Mussolinibegeisterung noch ausgeprägter verbreitet als in der Tagespresse des Zentrums. Das gilt vor allem für die der Bayerischen Volkspartei nahestehende Münchener Zeitschrift »Allgemeine Rundschau« und die in Wien erscheinende »Schönere Zukunft«, aber auch sogar für die deutschnational orientierten »Gelben Hefte« oder für »Hochland«. Die in diesen Zeitschriften schreibenden katholischen Intellektuellen erreichten zwar sicherlich vorwiegend eine immer nur sich selbst rezipierende Öffentlichkeit. Stichproben zeigen jedoch, daß die Mussolini-Begeisterung im katholischen Zeitschriftenmilieu erstaunlich weit diffundierte und der Italiener seit 1929 selbst in Unterhaltungsbeilagen katholischer Hauszeitschriften gefeiert wurde.[99] Der junge Eugen Kogon begeisterte sich etwa 1926 für das mit Mussolinis Carta del Lavoro verbundene Programm einer korporativistischen Wirschaftsordnung und hoffte darauf, daß der Faschismus »sich als eine Jahrhunderterscheinung erweisen möge«.[100] Als gesellschaftspolitischer Sympathisant des italienischen Faschismus unterstützte er aber bezeichnenderweise zunächst die österreichische Heimwehr-Bewegung und 1932 schließlich die autoritärkonservativen Regierungsexperimente von Dollfuß in Österreich und Papen in Deutschland, nicht aber Hitler. Von dem oberfränkischen Geistlichen Georg Moenius und seinem Adlatus Anton Hilckmann wurde der italienische Faschismus in der »Schöneren Zukunft« sogar geradezu als ein katholisches Diktaturprogramm propagiert. Mussolini wurde zum Vollstrecker lateinisch-römischer und katholisch-christlicher Traditionen erhoben, mit dem der antirömische und germanisch-heidnische politische Kult des Nationalsozialismus nichts zu tun habe. Der Nationalsozialismus wurde folgerichtig als ein »deutscher Pseudofaschismus« attackiert, der sich von dem »wahren, zutiefst aus katholischem Geiste geborenen« Faschismus fundamental unterscheide.[101] So bizarr diese Argumentation heute auch klingen mag, so lag sie doch zweifellos auf der Linie des katholischen Abwehrkampfes gegen Alfred

Rosenbergs »Mythos des 20. Jahrhunderts«. Die vorgebliche römische Katholizität des Faschismus wurde zum Argument gegen den als antichristlich bekämpften Nationalsozialismus. Nicht unwichtig ist auch, daß die Hinwendung dieser katholischen Außenseiter zum Faschismus bei Mussolini vorübergehend eine gewisse Resonanz fand. Es gelang der Gruppe um Moenius zeitweise mit dem Kreis italienischer Faschisten um Asvero Gravellis Zeitschrift »Antieuropa« zusammenzuarbeiten, der sich seit 1930 im Auftrag des *Duce* um den Aufbau einer faschistischen Internationale bemühte. Aufgerüttelt durch Hitlers Wahlsieg vom September desselben Jahres versuchte Mussolini nämlich mit Hilfe einer panfaschistischen Bewegung seinen internationalen Führungsanspruch als Begründer des Faschismus zu untermauern. Die Nationalsozialisten wurden in dieser faschistischen Internationale bewußt ausgespart, andere profaschistische Gruppierungen waren Mussolini in Deutschland aber willkommen. So konnte sich vorübergehend eine direkte politische Zusammenarbeit des Faschismus mit der radikalen katholischen Gruppe um Moenius ergeben.[102] Auch wenn dies eine Episode geblieben ist, muß der Vorgang doch vor dem Hintergrund der seit 1929 innerhalb des politischen Katholizismus weit verbreiteten Mussolini-Euphorie gesehen werden. Mussolini war der Mann der Stunde, weil er etwas erreicht hatte, was man Hitler niemals zutraute, nämlich die politische Versöhnung des Staates mit der Kirche.

Die kirchenpolitisch motivierte Sympathiewerbung mit Mussolini war eine Spezialität des politischen Katholizismus. Im freilich nicht so eindeutig definierbaren Lager des Protestantismus hatte sie kein Pendant. Gleichwohl sorgten zahlreiche Wortführer des protestantisch geprägten politischen Konservativismus dafür, daß Mussolini in diesem, wenn auch aus anderen Gründen, ebenso populär wurde. Das war ursprünglich keineswegs selbstverständlich, da die Südtirolfrage gerade bei der nationalkonservativ geprägten politischen Rechten von besonderem Gewicht war. Mussolinis Versuch, mit den Deutschnationalen und der Reichswehr insgeheim ins Gespräch zu kommen, scheiterte 1924 noch auf der ganzen Linie. Vor allem verweigerte sich Seeckt dem faschistischen Werben.[103] Der im Februar 1926 ausbrechende deutsch-italienische Konflikt um Südtirol verstärkte noch die Reserven der Nationalkonservativen gegenüber dem Faschismus. Seeckt hielt sich im Frühjahr 1927 aus privaten Gründen über ein Vierteljahr in Rom auf, wurde in dieser Zeit von Papst Pius XI. in Privataudienz empfangen, vermied jedoch bezeichnenderweise jeden Kontakt zur faschistischen Partei und zur Regierung Mussolinis.[104] Erst als sich die Weimarer Staatskrise Ende der zwanziger Jahre zuspitzte, schwanden allmählich auch die Vorbehalte, welche die nationalkonservative Rechte aus außenpolitischen Gründen gegenüber dem faschistischen Regime hatte. Und zwar war es der autoritäre Charakter von Mussolinis Regime, der im konservativen Lager mit einem Mal so anziehend wirkte, daß er die außenpolitisch bedingten Vorurteile zurücktreten ließ.

Interessanterweise spielten bei diesem Annäherungsprozeß einige hochadelige Monarchisten eine politische Vorreiterrolle. Für diese war vor allem die Tatsache wichtig, daß es sich bei Mussolini um einen »königlichen Ministerpräsidenten« handelte.[105] An erster Stelle ist hier sicherlich Philipp Prinz von Hessen zu nennen. Er war seit 1924 mit einer Tochter des italienischen Königs Vittorio Emanuele III. verheiratet und betätigte sich in Rom als diskreter Vermittler von allerlei politischen Kontakten.[106] Im Mai 1928 äußerte auch der frühere Kronprinz Friedrich von Hohenzollern nach einer Audienz bei Mussolini in einem Brief an seinen Vater, es sei »eine unglaubliche Kurzsichtigkeit von national gesinnten Kreisen, daß sie auf das propagandistische Geschrei unserer demokratischen Presse hereinfalle und die Südtiroler-Frage immer wieder als Anlaß nehme, um Mussolini anzugreifen«. Die Begeisterung über den antisozialistischen und antidemokratischen Charakter des Regimes überwog seine nationalistischen Vorbehalte. Voller Bewunderung lobte er die »geniale Brutalität«, mit der dieser »Sozialismus, Kommunismus, Demokratie und Freimaurerei« ausgerottet habe.[107] Erste konkrete Kontakte mit italienischen Faschisten wurden von deutschnationaler Seite durch den einflußreichen Reichstags- und preußischen Landtagsabgeordneten der DNVP und späteren Staatssekretär Hugenbergs Hans-Joachim von Rohr geknüpft, der im November 1928 mit einer kleinen Delegation des pommerschen Landbundes nach Rom fuhr. Die Delegation wurde auch von Mussolini empfangen, dessen Charme die Landjunker prompt erlagen. Rohr rühmte hinterher uneingeschränkt Mussolinis »starken Willen, Bescheidenheit und Güte« und bekannte sich auch noch 1930 in einer Debatte des preußischen Landtags zu seinem Besuch bei dem italienischen Staatsmann.[108] Wichtig ist vor allem, daß er Mussolinis Südtirolpolitik angesichts dessen erfolgreicher Methoden bei der Bekämpfung des Marxismus hinzunehmen bereit war.

Ein ähnlicher politischer Enthusiasmus für Mussolini bewegte auch den Herzog von Sachsen-Coburg-Gotha, der im September 1929 mit einer Gruppe des Nationalen Deutschen Automobilclubs eine Rundreise durch Italien machte. Die demonstrative Herausstellung des Besuchs durch die italienische Presse führte dieses Mal jedoch dazu, daß das Auswärtige Amt einen Empfang bei Mussolini erfolgreich vereitelte.[109] So ernst nahm die Regierung des Sozialdemokraten Müller dieses Zeichen eines möglichen Positionswechsels der deutschnationalen Opposition! Vor dem 14. September 1930 rührte sich in dieser Hinsicht auf deutschnationaler Seite jedoch weiterhin nur wenig. Mussolinis ehemaliger Finanzminister De Stefani bemühte sich bei einem Besuch in Berlin noch im Februar 1930 vergeblich um »eindeutige und unmißverständliche« Erklärungen Hugenbergs zu Italien.[110] Erst im Oktober 1931 führte der deutschnationale Reichstagsabgeordnete Reinhold Quaatz in Rom nach Absprache mit Hugenberg Gespräche mit dem faschistischen Parteisekretär Giurati sowie den Ministern Bottai und Rocco. Hinterher beklagte er sich darüber, daß er nicht auch von Mussolini empfangen worden sei, obwohl er sich doch als erster offizieller Repräsentant der DNVP nach Rom begeben habe.[111] In einem Interview lobte er gleichwohl den Faschismus als »aufgeklärte Form einer nationalen Diktatur«.[112]

Auf einen entschieden profaschistischen Kurs legte sich im konservativen Lager langfristig allerdings nur der Stahlhelm fest. Ursprünglich als militärischer Veteranenverband gegründet, wurde dieser im Laufe der zwanziger Jahre bekanntlich zunehmend politisiert und ins deutschnationale Fahrwasser gesteuert. Daß Hindenburg Ehrenvorsitzender des Stahlhelms war, gab diesem Rechtsschwenk zusätzlich politische Bedeutung.[113] Der Faschismus geriet weniger wegen seiner Ideologie oder seiner Politik ins Blickfeld des Stahlhelms als vielmehr wegen seines politischen Stils, was wiederum eine bezeichnende Form der selektiven Wahrnehmung war. Schon Ende 1925 hatte der nationalrevolutionär orientierte Journalist Helmut Franke den Stahlhelm politisch auf den Faschismus festzulegen versucht, nachdem er der Stahlhelmführung, ganz offensichtlich angeregt durch den ›Marsch auf Rom‹, schon 1923 Entwürfe für die Errichtung einer Diktatur vorgelegt hatte.[114] Er war nach Rom gereist und hatte dort Kontakte zu allerdings eher zweitrangigen Parteiführern des *Partito Nazionale Fascista* knüpfen können.[115] Aus dem politischen System des Faschismus wollte er zwar keine »Parallelen, Möglichkeiten und Lehren für deutsche Verhältnisse« ziehen, er feierte Mussolini aber als Techniker der Revolution.[116] Später unterschied er am Faschismus »Idee und Methode«. Der Idee nach sah er den Faschismus als eine Art von modernisiertem Preußentum an, das die Nation zur »Religion des Diesseits« machte.[117] Er deutete den Faschismus also pauschal im Geiste jenes stark militaristisch geprägten ›neuen Nationalismus‹ um, dem er sich selbst verpflichtet fühlte.[118] Wichtiger als diese oberflächliche ideologische Anverwandlung war für ihn freilich, was er als die Methode des Faschismus bezeichnete: »Vorrecht der Minderheit, Recht auf Gewalt, schnelles Tempo und Revolution«.[119] Die Attraktion des Faschismus ergab sich also für Franke in erster Linie daraus, daß er mit einem Staatsstreich einer antidemokratischen revolutionären Elite Erfolg gehabt hatte. Ernst Jünger, der 1926 an der von Franke herausgegebenen Zeitschrift »Die Standarte« mitarbeitete, war genau aus dem gleichen Grund von Mussolinis Faschismus fasziniert.[120] Der ›Marsch auf Rom‹ hatte für den von ihm behaupteten »neuen Willen« der Völker dieselbe Bedeutung, »wie sie die Eroberung der Bastille für das Bürgertum darstellte«.[121] Auch er reduzierte also den Faschismus auf den revolutionären Aktivismus Mussolinis, während er von der Realität des faschistischen Regimes sonst weiter nichts wahrnahm.

Innerhalb des Stahlhelms wurde Franke mit seinem nationalrevolutionären Kreis allerdings abgeblockt und sukzessive aus dem Bund herausgedrängt. Die Stahlhelmführung konnte sich Mitte der zwanziger Jahre noch nicht mit einem nationalrevolutionären Kurs anfreunden, der sich in ihren Augen ausgerechnet den »Unterdrücker des Deutschtums«, der in Südtirol ein »zweites Elsaß« schaffe, zum Vorbild nahm.[122] Erst 1929 drängten wieder jüngere Stahlhelmführer darauf hin, die Frontkämpferorganisation auf einen dezidiert profaschistischen Kurs zu bringen. Reisen einzelner Stahlhelmmitglieder oder ganzer Gruppen von Stahlhelmern nach Italien häuften sich. Bis zum Herbst 1930 handelte es sich dabei sicherlich um einen politisch eher unverbindlichen Polittourismus, wenngleich nach dem Besuch einer brandenburgischen Stahlhelmgruppe unter Führung des regionalen Bundesführers Heinke in Rom im November 1929 in der Berliner Presse sofort von »nationaler Würdelosigkeit« die Rede war.[123]

Nach dem Wahlsieg Hitlers vom September 1930 änderte sich dies jedoch schlagartig. Mussolini zog aus dem Wahlerfolg der NSDAP Hitlers den Schluß, daß in Deutschland der Weg in eine Diktatur beschritten werden könne. Teils weil er fürchtete, daß vor allem Hitler von dieser von ihm durchaus begrüßten Entwicklung profitierte, teils weil er diesem nicht zutraute, allein an die Macht zu kommen, widmete er nunmehr dem Stahlhelm seine besondere Aufmerksamkeit. Schritt um Schritt wurden die Kontakte zum Stahlhelm von italienischer Seite 1930/31 intensiviert und auf eine immer höhere Ebene gehoben. Anfang Oktober 1930 nahm Roberto Maltini, der Führer des faschistischen Studentenverbandes, als offizieller Vertreter des faschistischen Parteisekretärs Turati am II. Reichsfrontsoldatentreffen des Stahlhelms in Koblenz teil.[124] Anfang November fuhr erneut eine brandenburgische Stahlhelmdelegation unter Leitung Heinkes nach Rom. Sie wurde dieses Mal nicht nur vom faschistischen Parteisekretär Turati, sondern am 11. November auch von Mussolini empfangen, dem sie als »Erinnerungsgabe« ein Stahlhelmabzeichen überreichte. Heinke hielt in Rom eine Rede, in der er die Hinwendung des Stahlhelms zur »fascistischen Idee« freilich nur sehr allgemein mit der gemeinsamen Frontstellung gegen Liberalismus und Marxismus begründete.[125] Auch dieses Mal war in der Presse wieder von »nationaler Würdelosigkeit« die Rede. Hindenburg sah sich daraufhin als Ehrenpräsident des Stahlhelms genötigt, der von ihm einbestellten Bundesleitung der Frontkämpferorganisation seine Mißbilligung auszusprechen, worauf diese die ganze Angelegenheit als eigenmächtige Aktion der brandenburgischen Gauführung herunterspielte.[126]

Gleichwohl erschien am 16. November 1930 auf der ersten Seite der Bundeszeitung »Der Stahlhelm« in großer Aufmachung ein Artikel über »Italien und Deutschland«, der die Ausrichtung des Stahlhelms auf den Faschismus vollends offenkundig machte. Der Artikel stammte von Giuseppe Renzetti, dem immer noch geheimnisumwitterten politischen Verbindungsmann Mussolinis in Berlin.[127] Das war kein Zufall. Renzetti spielte vielmehr bei der Stimmungsmache für den Faschismus in Deutschland seit etwa 1930 eine zentrale Rolle. Ohne ihn, das kann man ohne Übertreibung sagen, hätte die deutsche Auseinandersetzung mit dem Faschismus aller Wahrscheinlichkeit nach nicht die politische Qualität erhalten, die das faschistische Diktaturregime zum Vorbild für die rechten Gegner der Weimarer Republik werden ließ. Seit Anfang der zwanziger Jahre in Deutschland hatte Renzetti aufgrund privater Initiative in Berlin eine deutsch-italienische Handelskammer aufgebaut. Gleichzeitig betätigte er sich als Repräsentant der *Fasci all'Estero* in Deutschland. Sein Versuch, in Leipzig zum italienischen Generalkonsul zu avancieren, scheiterte zwar Mitte der zwanziger Jahre, weil ihm von der Reichsregierung nicht ganz zu Unrecht Agententätigkeit für das faschistische Italien vorgeworfen wurde. Seinen politischen Aufstieg in der deutschen Politik behinderte das aber nicht. Seit Ende der zwanziger Jahre ging er in deutschnationalen Kreisen ein und aus, so im sogenannten Führerkreis Alfred Hugenbergs, im Deutsch-Nationalen Herrenclub und vor allem beim Stahlhelm. Seine eigentliche politische Stunde schlug bei den Reichstagswahlen vom September 1930.

Fast als einziger zeitgenössischer Beobachter sagte er schon im Juli voraus, daß die Nationalsozialisten über 100 Mandate im Reichstag gewinnen würden. Das machte ihn für Mussolini so interessant, daß von diesem Zeitpunkt an bis zum Januar 1933 fast alle Kontakte zu führenden Nationalsozialisten nur noch über Renzetti liefen.[128]

Ursprünglich hatte Renzetti allerdings den Stahlhelm für den geeigneteren Partner des Faschismus gehalten. In völliger Verkennung der tatsächlichen politischen Schwäche dieses paramilitärischen Verbandes glaubte er – selbst seiner Herkunft nach mehr Offizier als faschistischer Parteifunktionär – im Stahlhelm die Kerntruppe einer künftigen Diktatur nach faschistischem Muster zu erkennen.[129] Direkte Kontakte zu faschistischen Führern bis hin zu Mussolini sollten die erwünschte Faschisierung des Stahlhelms beschleunigen und diesen vor allem auch aus der wegen der Südtirolfrage geschlossenen Phalanx der konservativen Rechten herausbrechen. Aufgrund seiner unermüdlichen Vermittlungstätigkeit war die faschistische Partei auch auf dem Stahlhelmtag von 1931 in Breslau wieder vertreten.[130] Und die Reisen von mehr oder weniger prominenten Stahlhelmführern nach Italien rissen nicht ab. Höhepunkt dieser philofaschistischen Besuchspolitik war das Gespräch, das der erste Bundesführer des Stahlhelms, Franz Seldte, anläßlich des internationalen Kongresses zum zehnjährigen Jubiläum des ›Marsches auf Rom‹ im November 1932 in der italienischen Metropole mit Mussolini führte.[131] Wegen ihres geringen programmatischen Vorstellungsvermögens interessierte sich die Stahlhelmführung freilich nach wie vor nur wenig für die politischen Inhalte der faschistischen Ideologie.[132] Es ist jedoch unbestreitbar, daß die Hinwendung zum Faschismus dazu beitrug, den Stahlhelm für die Einbeziehung der Nationalsozialisten in eine nationale Blockpolitik plädieren zu lassen. Renzetti rühmte sich bezeichnenderweise, daß eine der entscheidenden Vorbesprechungen für die Bildung der ›Harzburger Front‹ in seiner Wohnung am Berliner Kurfürstendamm Nummer 100 stattgefunden habe.[133] Dahinter steckte offensichtlich die uns heute ganz illusionär, mit Blick auf Italien gegen Ende der Weimarer Republik aber keineswegs abwegig erscheinende Überlegung, Hitler mit Hindenburg in ähnlicher Weise in einen faschistisch-konservativen Doppelstaat einbinden zu können wie Mussolini in Italien mit König Vittorio Emanuele III.

In der historischen Rückschau mag es selbstverständlich erscheinen, daß die Nationalsozialisten dem italienischen Faschismus in der Zeit der Weimarer Republik am nächsten standen, diesem deshalb auch von Anfang an die größten Sympathien entgegenbrachten. Die Öffnung des unbestreitbar ganz unabhängig von diesem entstandenen Nationalsozialismus gegenüber dem Faschismus ergab sich jedoch keineswegs wie von selbst, sie vollzog sich vielmehr in einem höchst schwierigen politischen Prozeß. Bezeichnend dafür ist, daß der faschistische Ideentransfer von den Nationalsozialisten häufig geleugnet wurde, obwohl er nur allzu offenkundig war. So ging etwa die Einführung des später so genannten »Deutschen Grußes« eindeutig auf den Faschismus zurück. Der Gruß wurde offensichtlich erst 1926 nach der Reorganisation der NSDAP offiziell eingeführt und bis 1933 ganz allgemein als »Faschistengruß« bezeichnet.[134] Von völkischer Seite wurden die Nationalsozialisten wegen dieser unverhohlenen Symboladaption heftig kritisiert.[135] Rudolf Heß sah sich daher 1928 veranlaßt, das faschistische Vorbild zu verleugnen und die Einführung des Grußes auf 1921 zurückzudatieren, »längst bevor wir vom Faschismus und seiner Grußart etwas wußten«.[136] Tatsächlich wurden die italienischen Faschisten jedoch in diesem Jahr schon gelegentlich im »Völkischen Beobachter« erwähnt, wenn auch durchweg mit einer negativen Charakterisierung.[137] Die erste überlieferte Äußerung Hitlers, in der er auf den Faschismus anspielt, stammt immerhin schon vom 16. August 1922.[138] Ganz wohl scheint Heß denn auch bei seiner manipulativen Vordatierung nicht gewesen zu sein; denn er stellte gleichzeitig die rhetorische Frage, ob die Übernahme des faschistischen Grußes »wirklich so schlimm« sei. Wie der Bolschewismus und die Freimaurerei, fügte er bezeichnenderweise hinzu, dokumentierten damit die »nationsweise zusammengeschlossenen Kämpfer des Nationalismus« auch nur ihre »bis zu einem gewissen Grade vorhandene Gemeinsamkeit«.[139]

In besonders eklatanter Weise widersprach der Anspruch der Nationalsozialisten auf das ideologische Erstgeburtsrecht der historischen Realität im Bereich der Sozialpolitik. Obwohl sich die nationalsozialistischen Sozialpolitiker schon seit 1929 mit der faschistischen Freizeitorganisation des Opera Nazionale Dopolavoro in Italien beschäftigten und diese in Deutschland, zunächst in der wörtlichen Übersetzung »Nach der Arbeit«, öffentlich propagierten,[140] wurde der Aufbau der Organisation »Kraft durch Freude« nach 1933 von Robert Ley in bewußter Abgrenzung zum italienischen Vorbild begonnen.[141] »Nicht Freizeit, nicht Feierabend, nicht ›Nach der Arbeit‹«, verkündete Ley bei der Gründung der NS-Organisation emphatisch, »unser Werk heißt Nationalsozialistische Gemeinschaft ›Kraft durch Freude‹.«[142] Diese Abgrenzungsstrategie entsprang zweifellos der Enttäuschung der nationalsozialistischen Führung über die außenpolitische Zurückhaltung, mit der Mussolini zunächst auf Hitlers Machtübernahme reagiert hatte. Darin kamen jedoch auch politische Ressentiments gegenüber dem Faschismus zum Ausdruck, die vor 1933 innerhalb des Nationalsozialismus eine beträchtliche Rolle gespielt hatten.

Einer offenen Parteinahme für den Faschismus oder gar dessen bewußter Nachahmung standen innerhalb des Nationalsozialismus vor 1933 drei politische Hindernisse entgegen: erstens die faschistische Repressionspolitik im ehemals österreichischen Südtirol, zweitens der Mangel an antisemitischer Ideologie innerhalb des Faschismus und drittens der im Faschismus angeblich fehlende gesellschaftliche Veränderungswille. Wenn diese Widerstände überwunden werden konnten, so ist das mit dem früh sich verfestigenden Willen Hitlers zu erklären, gegen alle innerparteilichen Vorbehalte einen profaschistischen Kurs einzuschlagen und bei seinem Weg an die Macht offen die faschistische Karte zu spielen.

In der Südtirolfrage teilten die Nationalsozialisten 1919 zunächst die antiitalienische Einstellung fast aller deutschen Parteien.[143] Eine im Ursprung zutiefst nationalistische Partei wie die NSDAP konnte nicht abseits stehen, wenn man in Deutschland darin wetteiferte, die Unterdrückung der Südtiroler durch die italienischen ›Verräter‹ zu brandmarken.[144] Dies änderte sich erst, als Hitler einige Monate vor Mussolinis ›Marsch auf Rom‹ auf den italienischen Faschistenführer aufmerksam wurde. Im September 1922 schickte er einen gewissen Kurt Lüdecke zu Mussolini nach Mailand, um eine Zusammenarbeit von Nationalsozialismus und Faschismus vorzuschlagen. Die nationalsozialistische Einstellung zu Südtirol ließ zu diesem Zeitpunkt jedoch keinerlei Gemeinsamkeit aufkommen.[145] Der ›Marsch auf Rom‹ bestärkte Hitler in seiner positiven Einschätzung Mussolinis. Er entschloß sich, abweichend von der Linie aller anderen politischen Parteien in Deutschland, außenpolitischen Ballast abzuwerfen und die Annexion Südtirols durch Italien anzuerkennen.[146] Wie riskant ihm dieses folgenreiche politische Manöver zu diesem Zeitpunkt noch zu sein schien, läßt sich daran ablesen, daß Hitler seinen außenpolitischen Schwenk zunächst nur in internen Verlautbarungen, unter anderem gegenüber einem Abgesandten Mussolinis, zu erkennen gab.[147] Erst Anfang 1926 im Verlauf des deutsch-italienischen Südtirolkonfliktes entschloß sich Hitler dazu, öffentlich Farbe zu bekennen. Er tat dies mit der Veröffentlichung einer Broschüre über »Die südtiroler Frage und das deutsche Bündnisproblem«, die in veränderter Form später als dreizehntes Kapitel in sein Buch »Mein Kampf« aufgenommen wurde.[148] Die Broschüre enthält eine ganz am Primat der Außenpolitik orientierte Analyse der deutschen Bündnismöglichkeiten. Neben Großbritannien wird Italien als natürlicher Bündnispartner Deutschlands bezeichnet: Auf der Basis dieser Bündnispolitik wollte Hitler den vorgeblichen Erbfeind Frankreich in Schach halten und im Osten Europas freie Hand für eine radikale imperialistische Lebensraumpolitik bekommen. Seine proitalienische Wende war deshalb nicht nur ein taktisches Manöver, sondern sie gehörte zum Kern seiner damaligen außenpolitischen Konzeption. Er hat daran unbeirrt festgehalten, obwohl er deswegen unter Dauerbeschuß sowohl der demokratischen als auch der völkischen und deutschnationalen Parteien geriet. Das Manuskript seines »Zweiten Buches«, das er 1928 niederschrieb, aber nicht veröffentlichte, war bekanntlich ganz diesem Thema gewidmet.[149] In der oft zitierten Unterredung mit Ettore Tolomei, dem nationalistischen Protagonisten der *Ita-*

lianita Südtirols, erklärte er am 14. August 1928 verbindlich, gegen eine italienische Assimilierungspolitik keine Einwände zu haben.[150]

Nur äußerst mühsam konnte Hitler seine italienfreundliche außenpolitische Linie in der eigenen Partei durchsetzen. Hans Frank trat nach der Rückkehr »aus unserem deutschen Südtirol« im August 1926 vorübergehend aus der NSDAP aus, als er Hitlers Südtirolbroschüre in die Hand bekam. Der »Faschismus Italiens« sei eine »romantisch-völkische Gewalttat«, Hitlers Ansichten über diesen »in wesentlichsten Punkten unrichtig«.[151] Nach seinem Wiedereintritt in die Partei hielt er im Juli 1931 in Innsbruck eine unbeirrt völkische Brandrede, in der er ein Deutsches Reich von der Nordsee bis Salurn forderte.[152] Selbst nach der Aussprache mit führenden Südtiroler Politikern, bei der Hitler am 31. März 1932 in München kompromißlos auf seinem Standpunkt beharrte, gab Frank immer noch deutlich seine abweichende Meinung zu erkennen.[153] Gottfried Feder setzte Südtirol in seinem Kommentar zum nationalsozialistischen Parteiprogramm bis 1928 auf eine völkische Irredentaliste und erklärte: »Wir verzichten auf keinen Deutschen in Sudetendeutschland, Südtirol, in Polen, in der Völkerbundskolonie Österreich.« Erst in der fünften Auflage von 1929 wurde Südtirol von ihm gestrichen.[154] Rosenberg wetterte im »Völkischen Beobachter« jahrelang gegen die »gewaltsamen Nationalisierungsversuche« der Faschisten in Südtirol und paßte sich nur mühsam Hitlers Sprachregelung an.[155] Noch im April 1932 hob er in einem Interview mit dem faschistischen Funktionär Carlo Scorza hervor, daß der Faschismus ein rein italienisches Phänomen und der Nationalsozialismus ganz unabhängig von diesem entstanden sei.[156]

Auch Joseph Goebbels tat sich anfangs schwer, sich mit dem italienfreundlichen Kurs Hitlers zu befreunden. Noch im August 1928 notierte er nach einem Besuch am Grabe Andreas Hofers in der Innsbrucker Hofkirche: »Der Italiener ist doch ein Mistvieh, mit Ausnahme von Mussolini!«[157] Nur über die persönliche Verehrung für den Diktator, den er schließlich gar emphatisch als sein »großes zeitgenössisches Vorbild« bezeichnet, findet Goebbels dann auch den Weg zur Anerkennung von Mussolinis Politik in Südtirol.[158] Die politische Rechtfertigung dafür hatte er schon im März 1926 entdeckt, als er sich über den von nationalen Verbänden ausgerufenen Importboykott italienischer Apfelsinen lustig machte und gleichzeitig gegen »Held, Severing, Stresemann und Genossen« wetterte, die über Südtirol die »deutsche Irredenta im polnischen Korridor, in Oberschlesien, in Eupen-Malmedy, in Schleswig, in der Tschechoslowakei, in Elsaß-Lothringen usw.« vergessen hätten.[159]

Überhaupt keine Probleme mit Hitlers Italienpolitik hatte lediglich Hermann Göring. In drei großen Artikeln, die er vom schwedischen Exil aus im März 1926 im »Völkischen Beobachter« unter der Überschrift »Zum deutsch-italienischen Konflikt« veröffentlichte, führte er diesen auf die kalkulierte Politik der französischen Regierung zurück, die 1919 in Südtirol bewußt einen deutsch-italienischen Zankapfel geschaffen habe.[160] Er behauptete, daß es an sich eine außenpolitische Interessengemeinschaft zwischen dem deutschen und dem italienischen Volk gäbe, die aber erst, und dies war sein wichtigstes propagandistisches Argument, zum Tragen kommen könne, wenn Mussolini sich einer »national völkischen deutschen Regierung« gegenübersähe.[161] In diesem Zusammenhang sprach er nicht nur von einer »vielfachen Verwandtschaft« zwischen dem italienischen Faschismus und dem Nationalsozialismus,[162] sondern er erhob Mussolini zum Führer der internationalen völkischen Bewegung: »Wie für den internationalen Kommunismus Rußland und Moskau das Mekka ihres Glaubens wurde, so erscheint für die nationalen Bewegungen Italien und Rom als Muster und Vorbild.«[163]

Göring war es dann auch, der den von Hitler propagierten neuen Kurs in der Italienpolitik als erster prominenter Nationalsozialist in die Praxis umzusetzen suchte. Obwohl er damals außer der später allerdings wichtigen Bekanntschaft mit Philipp Prinz von Hessen keine nennenswerten politischen Verbindungen hatte herstellen können, leitete er seine Faschismuskompetenz aus seinem italienischen Exil in den Jahren 1924/25 her.[164] Entscheidend war aber wohl, daß er Anfang 1929 mit Giuseppe Renzetti in Kontakt kam,[165] dessen mondänen Lebensstil er teilte und mit dem ihn bald eine »aufrichtige und tief empfundene Freundschaft« verbinden sollte.[166] Renzetti bereitete schon die Romreise vor, die Göring Ende April 1931 im Auftrag Hitlers unternehmen sollte.[167] Als Hitlers Vertrauter führte Göring in Rom erstmals Gespräche mit faschistischen Parteiführern und wurde vor allem auch offiziell von Mussolini empfangen.[168] Nach der Rückkehr konnte er seinem ›Führer‹ eine handsignierte Photographie des faschistischen

Großmeisters als politisches Mitbringsel überreichen, die erste persönliche Erkenntlichkeit des Italieners gegenüber seinem deutschen Zauberlehrling, von der wir Kenntnis haben.[169]

Die Romreise Görings erregte beträchtliches öffentliches Aufsehen, sie war aber bezeichnenderweise auch innerhalb des Nationalsozialismus umstritten. Goebbels notierte am 8. Mai 1931 ziemlich mißgünstig in seinem Tagebuch, daß Göring bei einem abendlichen Treffen mit Hitler »auch da« gewesen sei; »kam eben aus Rom zurück und brachte Bilder von Mussolini mit, ein sehr schönes, mit herrlicher Widmung für den Chef«.[170] Besonders harsche Kritik daran, ausgerechnet Göring nach Rom entsandt zu haben, mußte sich Hitler von seinem Wirtschaftsberater Wagener anhören. Göring habe kein parteipolitisches Amt, sei nur Reichstagsabgeordneter. Seine Verbindungen zu Italien hätten sich allein über Renzetti ergeben. Der eigentliche politische Vorwurf Wageners bestand darin, daß der Besuch Görings in Rom »gegen deutsches Empfinden« verstoßen habe und eine Annäherung Deutschlands an Italien anbahne, die nur nachteilige Folgen haben könne.[171] Zu seinem Ärger mußte Wagener jedoch erkennen, daß Hitler Görings außenpolitische Linie in vollem Umfang stützte und sich von dieser durchaus nicht abbringen lassen wollte. Im Herbst 1931 bemühte sich Hitler vielmehr sogar selbst darum, in Rom mit Mussolini zusammenzutreffen, wobei er sich ebenfalls der diskreten Vermittlerdienste Renzettis bediente.[172] Ein für den 11. Dezember 1931 vereinbarter Besuchstermin scheiterte jedoch in letzter Minute wohl an der aufsehenerregenden Aufdeckung der sogenannten Boxheimer Dokumente in Hessen, welche die staatsfeindlichen Absichten der Nationalsozialisten allzu deutlich publik machten. Auch ein neuer Reisetermin kam im Juli 1932 nicht zustande.[173] Dafür fuhr jedoch Hermann Göring im November 1932 – inzwischen als Reichstagspräsident – anläßlich des als »Volta-Kongreß« bezeichneten faschistischen Jubiläumskongresses erneut nach Rom.[174] Politisch war diese Reise so ergiebig, daß Mussolini Göring ein Sonderflugzeug zur Verfügung stellte, als dieser wegen des Rücktritts der Regierung Papen vorzeitig aus Rom abreisen mußte.[175] Görings außenpolitische Italienkompetenz wurde damit so gefestigt, daß er im Jahre 1933 nach der Machtergreifung mit zahlreichen Italienmissionen mühelos den Außenminister Neurath ausstechen konnte.[176]

Schließlich kam Göring auch in der Frage des Antisemitismus

als erster prominenter Nationalsozialist zu einer propagandistisch wirkungsvollen Argumentation. Er sah schon 1926 zwischen Nationalsozialismus und Faschismus nur einen »scheinbaren Unterschied in der Auffassung der Rassenfrage«. Nach seiner Behauptung werde der Faschismus nämlich über kurz oder lang den »Kampf gegen das Judentum« aufnehmen, weil dieses längst den Faschismus bekämpfe. Und er sah die Faschisten auch schon auf dem richtigen Wege: Mit dem Verbot der Freimaurerei habe Mussolini den ersten Schritt getan; denn die Freimaurer seien der »jüdische Generalstab«.[177] Anderen Nationalsozialisten fiel es auch in diesem Punkt schwerer, sich mit den Faschisten anzufreunden. Rosenberg wies immer wieder auf »italienische Merkwürdigkeiten« hin und sah die Faschisten in der Rassenfrage »auf der schiefen Ebene«.[178] In den Augen von Julius Streicher, dem fanatischsten Antisemiten unter allen nationalsozialistischen Führern, war Mussolini schlicht und einfach ein »Judenknecht«.[179] Der erste nationalsozialistische Mussolini-Biograph, Adolf Dresler, erklärte lapidar: »Der National-Sozialismus ist völkisch-sozial, der Faschismus ist jüdisch-kapitalistisch-imperialistisch.«[180] Und auch Goebbels notierte noch im April 1930 in sein Tagebuch: »Mussolini scheint die Judenfrage nicht erkannt zu haben. Auch in Italien ist nicht alles Gold was glänzt.«[181] Hitler hat sich zur Rassenfrage im Faschismus bis 1933 bemerkenswerterweise nie direkt geäußert. Er dürfte aber in dieser für ihn zweifellos zentralen ideologischen Frage Görings Ansicht zugeneigt haben. Jedenfalls feierte auch er Mussolini 1927 als den Mann, der die »Weltfreimaurerei bekämpft«.[182] Ein Jahr später setzte er den »Freimaurer Stresemann« gegen den »Anti-Freimaurer Mussolini«.[183]

Tief ging der Riß innerhalb des Nationalsozialismus schließlich auch in der Frage des Sozialismus. Hier waren es in erster Linie die ›linken‹ Nationalsozialisten um Gregor Strasser, die an der Gesellschaftspolitik des italienischen Faschismus Anstoß nahmen. Sie wurden nicht müde zu betonen, daß der Nationalsozialismus in dieser Hinsicht nichts mit dem Faschismus zu tun habe.[184] Der Streit um die gesellschaftspolitischen Ziele des Faschismus entzündete sich besonders an dem schon erwähnten Buch »Der Nationalsozialismus und die Wirtschaft« von Hans Reupke.[185] Reupke vertrat die These, daß ein künftiges nationalsozialistisches Regime ähnlich wie der Faschismus an der kapitalistischen Eigentumsordnung festhalten und sich von allen sozialistischen Experimenten verabschieden müsse. Die linken Nationalsozialisten widersprachen dem vehement. Der spätere ostpreußische Gauleiter Erich Koch sprach von einem »grundlegenden Unterschied zwischen Nationalsozialismus und Faschismus« in der Frage der Wirtschaft.[186] Dieser sei kapitalistisch, der Nationalsozialismus dagegen sei sozialistisch. Graf Reventlow erklärte in dem von ihm herausgegebenen »Reichswart«: »Im Gegensatz zu Herrn Reupke aber vertreten wir den Standpunkt, daß der Nationalsozialismus nicht mit dem Bürgertum wie unter Mussolini durchgeführt werden kann, sondern nur gegen das Bürgertum.«[187] Hitler hielt sich auch aus dieser Auseinandersetzung heraus. Mit dem Auszug Strassers und seines Anhangs aus der NSDAP erledigte sich 1932 das Thema ohnehin von selbst. Sozialistische Vorbehalte gegenüber dem italienischen Faschismus konnte es innerhalb des Nationalsozialismus nicht mehr geben, seitdem Hitler entschlossen auf die Unternehmer zuging, die ihn bis dahin in ihrer großen Mehrheit abgelehnt hatten.

Ungeachtet aller Vorbehalte gegenüber dem Faschismus in außenpolitischer, rassenideologischer und gesellschaftspolitischer Hinsicht setzte sich am Ende somit innerhalb des Nationalsozialismus die profaschistische Linie Hitlers durch. Es zeigte sich, daß Hitlers frühe politische Option für Mussolini ein tragfähiges politisches Konzept für einen deutschen Weg zum Faschismus zu sein schien. Hitler hatte auch nie ein Hehl daraus gemacht, daß er sich in seiner politischen Strategie am Vorbild Mussolinis orientierte. Schon am 8. November 1922, wenige Tage nach dem ›Marsch auf Rom‹, ließ er sich in München als Gegenstück zum »Mussolini Italiens« feiern.[188] Und noch im Juni 1941 vertraute er seiner andächtigen Tafelrunde an, daß der ›Marsch auf Rom‹ »einer der Wendepunkte der Geschichte« gewesen sei. »Die Tatsache allein, daß man das machen kann, hat uns Auftrieb gegeben.«[189] Hitler hatte Mussolinis politische Strategie 1922 allerdings nur zur Hälfte verstanden. Erst nachdem sein Versuch, von München aus die Macht mit Hilfe eines ›Marsches auf Berlin‹ zu ergreifen, am 9. November 1923 kläglich zusammengebrochen war, begriff er wohl, daß Mussolini von Anfang an eine politische Doppelstrategie verfolgt und gleichzeitig mit den Putschvorbereitungen reguläre Koalitionsverhandlungen geführt hatte. In seiner Verteidigungsrede vor dem Münchener Volksgericht sprach er im März 1924 folgerichtig davon, daß der »Staatsstreich Mussolinis« nicht durch die »Ergreifung der Macht an sich« abgeschlossen, sondern erst durch die nachträgliche politische Beseitigung der revolutionären Bedrohung Italiens »legalisiert« worden sei.[190] In einer programmatischen Rede an dem für ihn symbolischen Datum des 9. November wiederholte er 1927 diesen Gedankengang. Er bekannte sich unmißverständlich dazu, wie Mussolini einen Staatsstreich anzustreben, rechtfertigte dieses Ziel aber nicht mit bloßem revolutionären Machtdrang. Vielmehr versprach er, wie Mussolini nachträglich für die »Legalisierung unseres Handelns« zu sorgen.[191] Daß er diese politische Indemnität wie in Italien unter den Bedingungen einer Diktatur herbeiführen wollte, verbarg er keineswegs. Offen ventilierte er z.B. im Mai 1928 im Zusammenhang mit seinem politischen Kampf gegen den Young-Plan die Möglichkeiten der »Tyrannei« eines »deutschen Mussolini«.[192] Goebbels verkündete etwa gleichzeitig, daß auch Mussolini ins Parlament gegangen sei: »Trotzdem marschierte er nicht lange Zeit darauf mit seinen Schwarzhemden nach Rom.«[193] Der spätere Innenminister Frick schließlich wurde im Oktober 1929 noch deutlicher. Genauso wie Mussolini in Italien die »Marxisten ausgerottet« habe, so müsse »es auch bei uns durch Diktatur und Terror erreicht werden«.[194]

Auch wenn Hitler ungleich stärker als Mussolini darauf achten mußte, nicht in die reine Illegalität abgedrängt zu werden, geht aus diesen Äußerungen hervor, daß die nationalsozialistische Machtergreifungsstrategie in der Methode stark durch das faschistische Vorbild einer zugleich revolutionären und legalistischen Doppelstrategie geprägt wurde. Hitler ging sogar soweit, die von Mussolini praktizierte innenpolitische Strategie eines Bündnisses mit den Führungseliten in Wirtschaft und Heer sowie dessen Ausgleichspolitik mit dem Vatikan ganz offen auf die deutsche Situation zu übertragen. Im Oktober 1926 mahnte er die ihm bisher fehlende Unterstützung der Industrie an. Mussolini habe es »in seinem Kampfe viel leichter gehabt, da er die italienische Industrie auf seiner Seite« gehabt habe. »Er erhielt Unterstützung in Gestalt von Auto und Geld. Was tut die deutsche Industrie für die Wiedergeburt des deutschen Volkes, nichts!«[195] Im März 1929 verwies er in einer Rede darauf, das italienische Heer habe Italien gerettet, indem es »sich einst zum Faschismus bekannte«. Die Reichswehr klagte er damit an, sich gegenüber dem Nationalsozialismus viel zu reserviert zu verhalten.[196] Besonders bemerkenswert war schließlich die strategische Anpassung an den faschistischen Kurs, die Hitler nach dem Abschluß der römischen Verträge in religionspolitischer Hinsicht vornahm. In einer öffentlichen Rede begrüßte er wenige Tage nach der Unterzeichnung der Lateranverträge »die jetzige Regelung in Italien auf das herzlichste«. Die Kirche sei mit dem faschistischen Regime zu einer Verständigung gekommen, »die mit dem liberal-demokratischen undenkbar gewesen wäre«.[197] Daraus folgerte er flugs, daß die »nationalistische Weltanschauung – gleichgültig ob in Italien faschistisch oder in Deutschland nationalsozialistisch« – eine »positiv christliche« sei und deshalb jeder gute Katholik ebenso wie jeder überzeugte Protestant ein Gegner des Parlaments und ein Anhänger der »Diktatur der nationalen Idee« sein könne.[198] Auch wenn er nicht ausdrücklich erklärte, als Regierungschef ebenfalls ein Konkordat mit dem Heiligen Stuhl abschließen zu wollen, war das ein bemerkenswertes Signal. Im Juli 1929 stimmte die Landtagsfraktion der NSDAP zwar noch gegen den Abschluß des preußischen Konkordats mit dem Vatikan. Spätestens in der parteiamtlichen Schrift des nationalsozialistischen Physikprofessors (und Nobelpreisträgers) Johannes Stark über »Nationalsozialismus und katholische Kirche«, die im Dezember 1930 entstand und in hoher Auflage vertrieben wurde, wurde die Bereitschaft der Nationalsozialisten, mit dem Vatikan zu vertraglichen Regelungen zu kommen, dann jedoch parteioffiziös bekanntgemacht.[199]

Selbst noch in dem Augenblick, in dem sich Hitler erstmals schon am Ziel seiner Machtergreifungspolitik wähnte, verwies er auf das italienische Vorbild. Als er am 13. August 1932 mit Papen über eine Regierungsbeteiligung der Nationalsozialisten verhandelte, verlangte er unter ausdrücklichem Verweis auf Mussolini, dem nach dem ›Marsch auf Rom‹ vom König auch die »ganze Macht« überantwortet worden sei, das Amt des Reichskanzlers für sich. Eine bloße Vizekanzlerschaft lehnte er, auch in dem anschließenden Gespräch mit Hindenburg, strikt ab.[200]

Auch wenn Hitler später immer wieder, ohne aber übrigens je die für ihn sakrosankte Person Mussolinis einzubeziehen, die Realität des faschistischen Regimes, vor allem den fortdauernden Einfluß von katholischer Kirche, König und reaktionären Generälen kritisierte, hielt er bis zuletzt an seiner Überzeugung von der »Gemeinsamkeit der faschistischen und der nationalsozialistischen Revolution« fest.[201] Mussolini, so könnte man zusammenfassen, lehrte Hitler, wie er – wenn auch unter durchaus anderen politischen Rahmenbedingungen – an die Macht kommen könne. Je mehr Hitler nach seiner Machtergreifung die ursprüngliche Machtbalance mit seinen nationalkonservativen Bündnispartnern zu seinen Gunsten verändern konnte, desto weiter entwickelte er dann sein Regime von dem Mussolinis weg. Für die Zeit bis 1933 blieb aber das ›Italia docet‹ bestehen.

Abschließend stellt sich die Frage, inwiefern Hitler bei seiner Machtergreifung von dem faschismusfreundlichen Klima, das sich in Deutschland zu Anfang der dreißiger Jahre unzweifelhaft herausgebildet hatte, politisch profitiert hat. Auch wenn dazu ein endgültiges Urteil sicherlich noch nicht möglich ist, so läßt der hier vorgestellte historische Befund jedoch einige Folgerungen zu.

1. In der Krise des Weimarer Parteienstaates wurden spätestens seit dem Sturz Brünings im Mai 1932 auf die verschiedenste Weise Überlegungen angestellt, die parlamentarisch-demokratische Verfassung zeitweise oder auch dauerhaft durch eine förmliche Diktatur zu ersetzen. Das faschistische Regime Mussolinis lieferte in diesem Zusammenhang nur ein mögliches Modell neben anderen. Wie wir heute wissen, war es auch keineswegs zwingend, daß 1933 gerade eine faschistische Diktatur einen Ausweg aus der Staatskrise von Weimar bieten mußte. Da die der faschistischen so geistesverwandte politische Massenbewegung des Nationalsozialismus seit Herbst 1930 aber unübersehbar ein innenpolitischer Machtfaktor war und Hitler offensichtlich die faschistische Karte spielte, war eine Diktaturlösung nach italienischem Vorbild jedoch zweifellos eine denkbare Möglichkeit. Andere Diktaturvarianten, wie z. B. eine Präsidial- und Militärdiktatur, ließen sich jedenfalls nur gegen Hitler, und das heißt sehr viel schwerer, realisieren.[202]

2. Keine Diktaturform war in der Krise der Weimarer Republik so bekannt, wurde in einem so breiten Spektrum politischer Meinungen akzeptiert wie die faschistische. Diese Zustimmung bezog sich zwar außerhalb des Nationalsozialismus, aber auch innerhalb dieser Bewegung, meist nur auf Teilbereiche des Faschismus. Mussolinis Leistung als charismatischer Staatsmann wurde von seinen Bewunderern durchweg mehr wahrgenommen als seine terroristische Regierungspraxis. Gerade die nur selektive Wahrnehmung der faschistischen Realität schuf in Deutschland jedoch gegenüber dem Unterdrückungsregime Mussolinis ein eigentümlich positi-

ves, sonst gegenüber keiner zeitgenössischen Diktatur entwickeltes politisches Meinungsklima. Je mehr Hitler seine politische Strategie diesem politischen Erwartungshorizont anpaßte, desto mehr konnte er daraus politisches Kapital schlagen.

3. Letzten Endes wirkte selbst der verbreitete antinazistische Philofaschismus auf die Dauer zugunsten von Hitler. Man konnte sich nicht aus Sorge vor Hitlers Antisemitismus, Antikapitalismus, Antiklerikalismus oder einfach seinem Anspruch auf ungeteilte Machtübertragung ausgerechnet Mussolini zuwenden, ohne daß dies unerwünschte politische Konsequenzen hatte. Aus verständlichem Abscheu gegen den Antisemitismus mit dem faschistischen Regime von Mussolini zu liebäugeln ruinierte das Vertrauen in die liberaldemokratischen Grundwerte, ohne den Antisemitismus abwehren zu können. Das gleiche gilt für diejenigen, die Hitler vor allem wegen seiner antireligiösen Kirchenpolitik bekämpften und sich deshalb mit dem faschistischen Regime in Italien anfreundeten. Spätestens in dem Moment, in dem Hitler ebenfalls seine Bereitschaft zu einem Konkordat mit dem Heiligen Stuhl signalisierte, hatten sie keine Argumente mehr gegen ihn. Aus Sorge vor einem nationalen Sozialismus mit Mussolinis Korporativismus zu liebäugeln konnte ebenfalls nicht mehr überzeugen, als Hitler eine Besitzstandsgarantie für die marktwirtschaftliche Eigentumsordnung der Weimarer Republik abgab. Und erst recht wurde die politische Strategie, Hitler nur wegen seines ungeteilten Machtanspruches abzulehnen, fragwürdig, als dieser bereit war, sich auf die Koalition mit der nationalkonservativen Rechten von den Deutschnationalen bis zum Stahlhelm einzulassen.

Man kann selbstverständlich nicht exakt angeben, wie stark der Vorbildcharakter des faschistischen Regimes Mussolinis die Bereitschaft Hindenburgs, aber auch der Reichswehr und der nationalkonservativen Eliten beeinflußte, Hitler schließlich zu akzeptieren. Daß der Blick auf Italien jedoch eine Machtübertragung auf Hitler in Deutschland erträglich gemacht hat, scheint mir außer Zweifel zu stehen. Die Beschwörung einer faschistischen Alternative trug insofern zumindest indirekt zur Ermöglichung Hitlers bei. Daß Hitler nicht einfach ein zweiter Mussolini war, zeigte sich allerdings nach dem 30. Januar 1933 nur allzu schnell. Hitler übertrumpfte sein italienisches Vorbild in kürzester Zeit und formte seine Herrschaft zu einem totalitären Regime um, wie es Mussolini zwar ebenfalls angestrebt, aber nie erreicht hat. Es war der historische Irrtum der Helfershelfer Hitlers, daß dieser sich an sein historisches Vorbild halten würde. Hitler ahmte Mussolini nur so lange politisch nach, wie er noch nicht selbst an der Macht war. Nach der Machtergreifung ging er seinen eigenen, verheerenden Weg.

2. Carl Schmitt und Italien

Viele Interpreten von Carl Schmitt weisen darauf hin, daß das politische Gedankengut des nationalsozialistischen ›Kronjuristen‹ in den romanischen Ländern heute unvoreingenommen rezipiert werde. Die »Jünger am Grabe« des Meisters scheinen das »als Beleg seiner europäischen Bedeutung« anzusehen.[1] Besonders häufig verweist man auf Italien, das geradezu als Zentrum eines zukunftsträchtigen Neo-Schmittianismus gilt. So hebt etwa Helmut Rumpf die »größere Unbefangenheit« der Italiener gegenüber der »deutschen Carl-Schmitt-Literatur der ersten 25 Nachkriegsjahre« hervor.[2] Günter Maschke bemerkt, daß die liberale Schmitt-Kritik in Italien »meist fair und wohlwollend« sei. Er glaubt deshalb, eine »hohe Überlegenheit« der liberalen Interpreten Schmitts in Italien »gegenüber ihren deutschen Gesinnungsverwandten« feststellen zu können.[3] Häufig läßt man in diesem Zusammenhang auch einfließen, daß gerade die intellektuelle ›Linke‹ in Italien das nur scheinbar obsolete Rechtsdenken Schmitts aufgreife. Besonders kommt Ellen Kennedy, die sich mit erfrischender Unbefangenheit die Frage stellt, inwieweit Carl Schmitt die ›Frankfurter Schule‹ beeinflußt hat, der Verweis auf die Anleihen der »italienischen Genossen« bei dem deutschen Rechtsdenker gelegen.[4] Es ist jedoch sehr die Frage, ob die bemerkenswert breite italienische Schmitt-Rezeption der letzten Jahre tatsächlich ohne weiteres als Beweis für die ungebrochene Wirksamkeit der Ideen des deutschen Juristen herangezogen werden kann. Vielmehr ist *erstens* festzustellen, daß die Beurteilung Schmitts auch in Italien äußerst strittig ist. Und *zweitens* ist es nur allzu offensichtlich, daß ihn gerade diejenigen, die ihn besonders hochschätzen, meist nur höchst selektiv rezipieren. Schmitts Ideen werden in Italien eher politisch instrumentalisiert als kritisch aufgearbeitet. Es ist deshalb wahrscheinlich, daß das grassierende Schmitt-Fieber eines Tages so plötzlich wieder abklingen wird, wie es entstanden ist.

Schon einmal hat Carl Schmitt unter ganz anderen historischen Voraussetzungen in Italien besondere Beachtung gefunden: In der Zeit der faschistischen Diktatur Mussolinis. Auch damals entstand das Interesse für ihn ziemlich plötzlich. Gemessen an den unter dem Faschismus beschränkten Möglichkeiten freier Meinungsäußerung war die italienische Diskussion über ihn auch damals schon bemerkenswert kontrovers.

Carl Schmitt war in Italien bis 1933 zunächst so gut wie überhaupt nicht wahrgenommen worden. Der eindringliche Forschungsbericht von Carlo Galli und die sorgfältige Bibliographie von Alessandro Campi enthalten für die Jahre zwischen 1924 und 1931 ganze fünf, durchweg nur wenige Seiten umfassende Nachrichten über Schmitt.[5] Ausgerechnet für die Jahre 1932/33 ist in der italienischen Literatur bisher überhaupt kein Hinweis auf Schmitt bibliographisch nachgewiesen worden. Ob er in Italien schon in den zwanziger Jahren größeren Einfluß hätte gewinnen können, wenn sein 1921 publiziertes Buch über »Die Diktatur« schon damals in italienischer Übersetzung erschienen wäre, erscheint zweifelhaft. Es waren nämlich – das ist schon als historische Ironie anzusehen – die Sozialisten, die die Übersetzung in ihrem Mailänder Zeitungsverlag des »Avanti« herausbringen wollten, während Faschisten dies, freilich ungewollt, verhinderten. »Damals – 1922, noch vor dem Marsch auf Rom –«, so behauptete wenigstens Carl Schmitt 1969 unter Berufung auf seinen damaligen deutschen Verleger, »wurde die Druckerei von den Faschisten besetzt und das Manuskript verbrannt. Fata libellorum!«[6]

Es ist schwer zu sagen, weshalb man sich in Italien bis 1933 für Carl Schmitt so gut wie nicht interessierte. Jedoch kann kein Zweifel daran bestehen, daß das 1933 plötzlich einsetzende Interesse an seiner Staatstheorie auf die Machtergreifung Hitlers zurückzuführen ist. Schmitt wurde in Italien als ›Kronjurist‹ des Nationalsozialismus angesehen. Als solcher fand er seit 1933 sowohl Zustimmung wie auch Ablehnung.

Positiv wurde Schmitt vor allem bei einer Gruppe faschistischer Staatsideologen aufgenommen, die sich um die von Carlo Costamagna herausgegebene Zeitschrift »Lo Stato« scharte.[7] Costamagna gehörte zu denjenigen, die Anfang der dreißiger Jahre im internen Streit um die Ausgestaltung des faschistischen Korporativsystems entschieden für eine staatliche Kontrolle der korporativen Institutionen und gegen einen ›integralen Korporativismus‹, durch den sich die einzelnen Korporationen als wirtschaftliche Produzenten institutionell verselbständigt hätten, eintrat.[8] Man hat ihn deshalb als »Exponenten eines konservativen und rechten Faschismus«,[9] aber auch als einen Vertreter der italienischen »konservativen Revolution« bezeichnet«.[10] Wie Costamagna innerhalb des italienischen Faschismus politisch einzuordnen ist, bedürfte insofern sicherlich noch genauerer Untersuchung. In unserem Zusammenhang ist jedoch nur wichtig, weshalb gerade er es war, der Schmitt als erster in Italien präsentierte.

Es scheint so, daß er durch Carlo Curcio, einen ursprünglich revolutionären Syndikalisten, der sich seit der Machtergreifung Mussolinis zu einem Staatskorporativisten gewandelt hatte,[11] auf Schmitt gestoßen ist. Curcio stellte Schmitt nämlich schon 1930 im ersten Jahresband von »Lo Stato« in einem kurzen Artikel vor, ohne daß dies zunächst Beachtung gefunden hätte.[12] Aber 1933 publizierte Costamagna dann in seiner Zeitschrift einen von Schmitts Machtergreifungsartikeln (»Führertum als Grundbegriff des nationalsozialistischen Rechts«) in italienischer Übersetzung.[13]

In einer redaktionellen Vorbemerkung bezeichnete er Schmitt interessanterweise als »juristischen Berater des nazistischen Regimes in Deutschland«.[14] Er tat dies zweifellos deshalb, weil er ihn auf diese Weise als juristische Autorität für den auch von ihm gewünschten ›totalitären Staat‹ glaubte ausspielen zu können. Schmitts Programm zur Ausgestaltung des nationalsozialistischen Staates sollte in der faschistischen Auseinandersetzung um die Ausgestaltung des Korporativsystems dazu dienen, den etatistischen Standpunkt Costamagnas zu untermauern. Bezeichnenderweise verwies er darauf, daß Schmitt eine ökonomistische Lösung des faschistischen Verfassungsproblems, wie sie »einige Gerüchtemacher des integralen Korporativismus« vorschlugen, zurückwiese.[15] Costamagna hat dann im Laufe des ›Dritten Reiches‹ sechs weitere Aufsätze von Schmitt in italienischer Übersetzung in seiner Zeitschrift publiziert, den letzten noch im Jahre 1942.[16] Schließlich hat es auch den Anschein, als ob die italienische Übersetzung des einzigen vollständigen Buches, das vor 1945 von Schmitt in italienischer Sprache erschienen ist, auf Costamagna zurückgeht. Schmitts Buch über »Völkerrechtliche Großraumordnung« erschien jedenfalls 1940 auf italienisch zunächst in gekürzter Fassung in »Lo Stato«, ehe es 1941 vollständig publiziert wurde.[17]

Sowohl die Übersetzung dieses Buches wie die von Schmitt seit 1938 in italienischer Sprache publizierten Aufsätze zeigen, daß sich, nachdem die Schlacht um den Korporativismus geschlagen war, das Interesse der Gruppe um Costamagna an dem deutschen Juristen geändert hat. Es waren jetzt die rechtlichen Großraumtheorien Schmitts, die in diesem Kreise auf Interesse stießen.[18] Wie zuvor die Staatstheorie wurde jedoch auch seine Völkerrechtstheorie nicht eigentlich rezipiert. Seine ›Reichs‹-Vorstellungen wurden vielmehr wegen ihrer konkreten Polemik gegen den Völkerbund und die Großmachtansprüche Großbritanniens und Frankreichs herangezogen und für die Legitimierung der faschistischen Imperialansprüche ausgedeutet.

Die Veränderung des Blickwinkels, unter dem der deutsche Rechtsdenker in »Lo Stato« seit Ende der dreißiger Jahre wahrgenommen wurde, entsprach selbstverständlich auch dem Themenwechsel »vom Staatsbegriff zum Reichsbegriff«, den Schmitt bekanntermaßen seit 1937 selbst vollzogen hat.[19] Aber sie ist damit allein nicht zu erklären. Zumindest der apologetische Sammelband »Positionen und Begriffe«, in dem Schmitt 1940 auch einen Teil seiner kleineren verfassungstheoretischen Schriften wieder vorlegte, hätte sonst Beachtung finden müssen. Indessen findet sich in »Lo Stato« davon keine Spur. Es spricht deshalb einiges dafür, daß die nachlassende Begeisterung für die Staatstheorie von Carl Schmitt bei den faschistischen Intellektuellen um Costamagna mit dem Versuch ihrer innerfaschistischen Gegner zusammenhing, den Deutschen in Italien nachhaltig zu diskreditieren.

Als Gegner der Gruppe um »Lo Stato« waren in erster Linie die unter der geistigen Führung von Ugo Spirito stehenden integralen Korporativisten anzusehen,[20] deren Organ die von diesem und von Arnaldo Volpicelli herausgegebenen »Nuovi studi di diritto, economia e politica« waren.[21] Diese radikalen korporativistischen Ideologen waren 1932 in Ferrara auf einem allgemeinen Kongreß der faschistischen Korporationen in die Schranken gewiesen worden, nicht zuletzt durch das politische Eingreifen des Korporationsministers Giuseppe Bottai.[22] Sie gaben aber bis zur Unterdrückung ihrer Zeitschrift Ende 1935 noch nicht auf. Eine ihrer letzten Aktionen war ganz offensichtlich der gegen Costamagna gerichtete Versuch einer Entzauberung von Carl Schmitt. Im ersten Heft der »Nuovi studi« wurde nämlich 1935 der Fundamentalangriff Karl Löwiths auf Schmitt in italienischer Sprache veröffentlicht, den dieser unter dem Pseudonym ›Hugo Fiala‹ gleichzeitig in Brünn in der von Hans Kelsen mitherausgegebenen »Revue internationale de la théorie du droit« publizierte.[23] Löwiths ebenso scharfe wie scharfsinnige Kritik läuft auf eine Art Rückentlarvung des politischen Denkens von Carl Schmitt hinaus. Er wendet nämlich die Begriffe des (ironischen) ›Okkasionalismus‹, mit dem Schmitt die ›Politische Romantik‹ (besonders von Adam Müller) und des (souveränen) ›Dezisionismus‹, mit dem er die ›Politische Theologie‹ (besonders von Donoso Cortés) charakterisiert hatte, auf diesen selbst an. Schmitts »eigener Dezisionismus« ist für Löwith »ein okkasioneller«.[24] Er müsse dies sein, »weil ihm nicht nur die theologischen und metaphysischen, sondern auch die humanitär-moralischen Voraussetzungen der früheren Jahrhunderte fehlen«.[25] Schmitts Entscheidung für das ›Politische‹ sei deshalb »nichts anderes als eine Entscheidung für die Entscheidung«.[26] Es entspricht der philosophischen Grundposition von Löwith, daß er die politische Philosophie von Schmitt deshalb als ›nihilistisch‹ bezeichnete.[27] Er stieß mit dieser philosophischen Kritik jedoch tatsächlich zum problematischen Kern der politischen Theorie von Schmitt vor. Entgegen dessen Selbstdarstellung und entgegen der gängigen Interpretation auch noch vieler heutiger rechtsphilosophischer Verteidiger Schmitts bemerkte Löwith vor allem auch, daß sich die »drei Arten des rechtswissenschaftlichen Denkens« im Grunde nicht unterschieden.[28] Er ließ sich also nicht von Schmitts Behauptung beeindrucken, daß das von diesem 1934 postulierte »konkrete Ordnungsdenken« strukturell von dem ›Normativismus‹ des Regel- und Gesetzesdenkens und dem ›Dezisionismus‹ des Entscheidungsdenkens abweiche. Die »vorerst letzte Wandlung in Schmitts beweglichem Denken« bestätigte für ihn erst recht nur »den durchaus okkasionellen Charakter seines politischen Denkens«.[29]

Aus dem ›okkasionellen Dezisionismus‹ ergibt sich für Löwith der zutiefst antiliberale Charakter des »Politischen« bei Schmitt, den er als »radikale Gleichgültigkeit gegen jeden politischen Inhalt« beschreibt.[30] Für die deutsche Auseinandersetzung mit Schmitts Denken war es schließlich besonders folgenreich, daß Löwith daraus auch eine antisemitische Grundeinstellung ableitete. Er interpretierte Schmitts Begriff der ›Artgleichheit‹ als »völkische

Gleichheit im Sinn der Rasse«.[31] Das war 1935 ein von dem einsamen Emigranten schwer zu belegender Vorwurf. Löwith unterstellte denn auch nur, daß Schmitts Begriff des Politischen nicht nur antiliberal, sondern auch antisemitisch sei.[32] Gleichwohl war es in der Tat eine freilich nur zu verständliche Einladung, »Schmitt als Antisemiten zu demaskieren«.[33]

Daß man im faschistischen Italien, um den geistigen Einfluß von Schmitt einzudämmen, gerade auf Löwith zurückgriff, ist zweifellos mit dessen unmittelbarer römischer Präsenz zu erklären. Löwith war nämlich 1934 zunächst nach Italien emigriert, wo er sich bis 1936 mit einem Stipendium der Rockefeller-Stiftung an der Universität Rom über Wasser hielt.[34] In Rom hatte er sich mit dem jungen, damals noch im Banne der neohegelianischen, philofaschistischen Philosophie Giovanni Gentiles stehenden Delio Cantimori angefreundet, der nach 1945, inzwischen marxistisch geprägt, zu einem der bedeutendsten und einflußreichsten italienischen Historiker werden sollte.[35] Cantimori war seinerseits schon vor 1933 auf Schmitt aufmerksam geworden,[36] aber erst die Begegnung mit Löwith scheint seinen Blick voll auf den problematischen deutschen Denker des ›Politischen‹ gelenkt zu haben. Er war es auch, der Löwiths Angriff auf Schmitt 1935 ins Italienische übersetzte.[37] Wichtiger noch ist, daß er außerdem eine Anthologie von Schmitts politischen Schriften in italienischer Sprache herausbrachte. Diese erschien unter dem Titel »Principii politici del Nazionalsocialismo« und enthielt drei Schriften Schmitts aus den Jahren 1933/34.[38] Sowohl der Titel des Bandes als auch die Reihe, in der dieser veröffentlicht wurde, waren durchaus programmatisch zu verstehen. Die Anthologie erschien als zweiter Band einer Reihe »Documenti« der von Spirito und Volpicelli geleiteten »Scuola di scienze corporative« in Pisa, in der zuvor nur ein Band über »Bolscevismo e Capitalismo« erschienen war.[39] Schmitt rangierte für Cantimori also unmißverständlich auf der ›Feindseite‹ des Faschismus. Erst recht sollte der Titel zum Ausdruck bringen, daß das politische Denken von Schmitt als spezifisch nationalsozialistisch anzusehen sei. Auch wenn ihn im Werk Schmitts, das ihn in formaler Hinsicht durchaus faszinierte, die europäischen Aspekte interessierten, siedelte er dieses »ganz innerhalb der deutschen Kulturwelt« an.[40] Eine Übertragung auf das faschistische Italien konnte er deshalb nicht in Betracht ziehen. Arnaldo Volpicelli unterstrich dies zusätzlich in einem der Anthologie vorausgestellten Vorwort, das überdies gesondert in den »Nuovi studi« publiziert wurde.[41] Er stellte Schmitt darin äußerst distanziert als einen der »offiziellen Theoretiker des Nationalsozialismus« vor.[42] Seine auf dem Freund-Feind-Verhältnis aufbauende politische Theorie wies Volpicelli ausdrücklich zugunsten einer ethisch begründeten Staatsauffassung zurück, wie sie, wenn auch letzten Endes vergeblich, von Giovanni Gentile in den italienischen Faschismus eingebracht worden war.[43]

Auch Cantimori hatte ursprünglich gegenüber Schmitt schon ähnlich argumentiert, wenn er diesem einen auf einen wissenschaftlichen Agnostizismus hinauslaufenden »kalten Empirismus« vorhielt, der eine politische Sinngebung, wie sie der faschistische Staat des ›Stato etico‹ ermögliche, nicht zuließe.[44] Unter dem Einfluß von Löwith akzentuierte Cantimori 1935 stärker die irrationalen Elemente des Denkens von Schmitt.[45] Jedoch blieb seine Kritik in einem Punkte konstant: Er sah die politische Philosophie des Deutschen, sicherlich in Verkennung von dessen spezifisch juristischem Denkansatz, durchweg zu stark am aktuellen Tagesgeschehen orientiert. Auch wenn er Löwiths Vorwurf des ›okkasionalistischen Dezisionismus‹ ausdrücklich nicht direkt übernahm, vermißte er somit bei Schmitt die Substanz einer politischen Ethik, wie er sie bezeichnenderweise dann bei Marx finden sollte.[46] Auf jeden Fall bewirkte Cantimori durch seine intensive Auseinandersetzung mit der politischen Theorie von Schmitt, daß diese im faschistischen Italien entgegen den Bemühungen des Kreises um die Zeitschrift »Lo Stato« als spezifisch deutsch, und ungeachtet aller intellektuellen Brillanz als fremdartig angesehen wurde. Ein anderer, ebenfalls dem Kreis der »Nuovi Studi« um Spirito und Volpicelli nahestehender Autor brachte das 1936 auf die pathetische Formel, daß Schmitts politische Philosophie nicht mit der spezifisch »italienischen, christlichen und lateinischen« Tradition zu vereinbaren sei.[47]

Nach 1945, eigentlich schon ab 1943, war Schmitt in der italienischen Geschichts- und Politikwissenschaft, aber auch in der Rechtswissenschaft so gut wie vergessen.[48] Nur einige wenige kurze biographische Artikel erschienen noch über ihn in rechtswissenschaftlichen Enzyklopädien.[49] In der staatsrechtlichen Literatur wurde er gelegentlich erwähnt, aber nirgendwo eingehender diskutiert;[50] ein paar seiner Nachkriegsaufsätze wurden in italienischer Übersetzung publiziert, meist in neofaschistischen Kulturzeitschriften.[51] Kein Zweifel also: Carl Schmitt war in Italien »für lange Jahre hoffnungslos *out*«.[52] Um so verblüffender ist es, daß sich das Interesse für Schmitt in den letzten Jahren geradezu explosionsartig ausgebreitet hat. Kaum ein ausländischer politischer Denker wird heute in Italien so lebhaft diskutiert wie Carl Schmitt.

Den Startschuß gaben Gianfranco Miglio und Pierangelo Schiera mit der Publikation ausgewählter Schriften Carl Schmitts, die 1972 unter dem Titel »Le categorie del ›politico‹. Saggi di teoria politica« bei Il Mulino, einem der angesehensten italienischen Verlage, in Bologna erschienen. Carl Schmitt steuerte noch selbst ein in Deutschland zuvor nicht bekanntes Vorwort zu der Edition bei.[53] Nach und nach sind seitdem fast alle wichtigeren Schriften von Schmitt ins Italienische übersetzt worden.[54] Wenn man anfangs aufgrund fehlender deutscher Sprachkenntnisse vielfach aus zweiter Hand schöpfen mußte, so liegt das literarische Werk Schmitts nunmehr in Italien in einer Breite offen wie sonst in keiner anderen Sprache außerhalb des Deutschen. Auch die publizistische und wissenschaftliche Produktion über Schmitt stieg in Italien parallel dazu überproportional an. Während für die Zeit bis 1971 bisher lediglich 58 Publikationen über Schmitt nachgewiesen werden konnten, verzeichnet die keineswegs vollständige Bibliographie Campis für die folgenden 14 Jahre bis einschließlich 1985 nicht weniger als 173 Titel.[55] Carl Schmitt wurde schließlich in Italien sogar schon früher zum Gegenstand wissenschaftlicher Kongresse als selbst in Deutschland.[56] Schon im April 1980 fand in Padua eine erste Tagung über den deutschen Juristen statt.[57] Im November 1985 folgte ein internationaler Kongreß in Neapel über »Il pensiero politico di Carl Schmitt«.[58] Eine kleinere Tagung wurde im Januar 1986 in Rom über »Amleto ed Ecuba« veranstaltet.[59] Die Referate einer weiteren Tagung, die im Mai 1986 in Rom unter dem Titel »La concezione giuridica di Carl Schmitt« stattfand, wurden in der Zeitschrift »Quaderni Costituzionali« veröffentlicht.[60] Und schließlich ist noch der von Roberto Racinaro herausgegebene Band über »Tradizioni e modernità nel pensiero politico di Carl Schmitt« zu nennen, der die Referate einer Tagung in Salerno vom Juni 1986 enthält.[61] Ein Ende dieser Schmitt-Renaissance ist noch nicht abzusehen. Zumindest der Zahl der Veröffentlichungen nach ist die Tendenz immer noch eher steigend.

Wie ist dieses plötzliche Interesse an Carl Schmitt zu erklären? Gianfranco Miglio hatte Schmitt in Italien ursprünglich als Staats- und Verfassungsdenker von europäischem Rang vorgestellt und ihn als ›letzten der Klassiker‹ ausdrücklich in eine Reihe mit Machiavelli, Bodin, Hobbes, Pareto und Max Weber gestellt. Schmitt hätte die rein juristische Staatstheorie mit der Politischen Wissenschaft durch seine »wahrhaft kopernikanische Entdeckung der Kategorie des Politischen versöhnt«.[62] Sein Versuch, Schmitt von seinem historischen Umfeld abzulösen und auf diese Weise zu entideologisieren, war indessen von Anfang an zum Scheitern verurteilt. Der prominente, an der Katholischen Universität Mailand lehrende Verfassungsrechtler trug dazu insofern schon selbst bei, als er seine Hinwendung zu Schmitt keineswegs wissenschaftsimmanent, sondern durchaus politisch begründete. Die Aktualität des politischen Rechtsdenkens Schmitts ergab sich für Miglio 1972 aufgrund der »gigantischen Explosion der Konfliktualität im letzten Jahrzehnt«.[63] Es war also die in Italien als ›Contestazione‹ bezeichnete Herausforderung der parlamentarischen Demokratie, die von Anfang an den Blick auf Schmitt lenkte. Dieser wurde südlich der Alpen neu entdeckt, weil er wissenschaftliche Beweise dafür zu liefern schien, weshalb der liberaldemokratische Parlamentarismus in eine existentielle Krise geraten konnte. Die Diskussion über den deutschen Rechtsdenker entsprang insofern der in den siebziger Jahren aufkommenden Diskussion über die Regierbarkeit der Republik Italien.[64] Zwangsläufig spiegeln sich deshalb darin die unterschiedlichen politischen Positionen dieser Auseinandersetzung wider.

Am auffälligsten ist sicherlich, daß »die italienische Debatte über Schmitt einen überwiegend marxistischen Anstrich« hat.[65] Jedoch ist, was in Italien nicht überraschen kann, der marxistische Zugriff auf Schmitt alles andere als einheitlich. Eher orthodoxe marxistische Autoren wie Carlo Roehrssen verstehen Schmitts Kritik an der liberalen Tradition als zwangsläufige Folge der Krise des kapitalistischen Systems. Seine Neubestimmung des ›Politischen‹ wird als letzter, in sich widersprüchlicher Versuch interpretiert, die bürgerliche (Klassen-)Herrschaft unter den Bedingungen des Massenstaates zu erhalten. Schmitt wird damit zum ›objektiv‹ faschistischen Denker stilisiert, der sich nur scheinbar über den bürgerlichen Staat erhebe.[66] Es versteht sich von selbst, daß der Versuch Miglios, Schmitt zu entpolitisieren, von dieser

Warte aus als akademisch zurückgewiesen wird. Schmitts politischer Theorie wird primär eine ideologische Funktion unterstellt, die allenfalls eine partielle politische Erkenntnis, nicht jedoch eine gesamtgesellschaftliche Analyse zulasse, wie sie vorgeblich allein der Marxismus ermögliche.[67]

Mehr eigenständige und weniger parteigebundene marxistische Autoren wie Mario Tronti oder Massimo Cacciari bemerken freilich, daß durch Carl Schmitt nicht nur die liberale, sondern auch die marxistische Staatstheorie in Frage gestellt wird. Sie sehen dadurch ihre Auffassung bestätigt, daß die orthodox-marxistische Lehrmeinung über die Abhängigkeit der Politik von der ökonomischen ›Basis‹ unter den im fortgeschrittenen Stadium des ›Kapitalismus‹ bestehenden gesellschaftlichen Bedingungen weiter entwickelt werden müßte. Es ist die ›Autonomie des Politischen‹ gegenüber dem System des ›Kapitalismus‹, die diese marxistischen Denker bei Schmitt entdecken und für eine neue politische Strategie der Linken zu nutzen suchen.[68] Schmitts dezisionistische politische Ordnungsvorschläge werden zwar zurückgewiesen, seine Vision einer demokratischen Politik jenseits des Parteienstaates wird jedoch für eine Erneuerung des Marxismus als geeignet angesehen.

Es konnte nicht ausbleiben, daß sich gegen diese *marxisti schmittiani* Widerspruch erhob. Er kam zunächst, was nicht überraschen kann, wiederum aus dem orthodox-marxistischen Lager.[69] Bemerkenswerter ist indessen, daß man auf seiten der neomarxistischen Linken auf die Idee kam, Jürgen Habermas gegen die Schmittianer in den eigenen Reihen zu Hilfe zu rufen. Habermas dämpfte denn auch die linke Schmitt-Begeisterung durch den Verweis auf den existentialistischen Grundcharakter der schmittianischen ›Politik‹. Entschieden wies er alle Versuche zurück, sich überhaupt auf eine politische Theorie einzulassen, die den Ausnahmezustand zur Regel der Politik mache und die ›Demokratie‹ auf die plebiszitäre Akklamation der Massen reduziere.[70] Auch wenn er damit eigentlich keine neuen Argumente vortrug, stärkte Habermas damit in Italien doch nicht nur den Schmitt-Kritikern wie Giacomo Marramao, deren geistige Heimat die dialektische Philosophie der ›Frankfurter Schule‹ ist, den Rücken.[71] Es hat vielmehr den Anschein, als ob die linke Schmitt-Begeisterung seit der Intervention von Habermas insgesamt deutlich im Abklingen wäre.

Angesichts der neomarxistischen Versuche, seine politische Kritik am parlamentarischen Regierungssystem zu instrumentalisieren, kann es nicht überraschen, daß Carl Schmitt auch in Italien besonders scharf von liberalen Positionen aus kritisiert wird. Das »einheitsstiftende Element« eines großen Teils dieser Kritik ist in Italien der Bezug auf Karl Löwith.[72] Man kann dies bei Francesco Mercadante, bei Salvatore Valitutti und vor allem bei Pier Paolo Portinaro sehen, der in Italien bisher nicht nur das umfangreichste, sondern auch das differenzierteste Buch über Schmitt geschrieben hat.[73] Von Mercadante wird Schmitt als ein politischer Doktrinär abgelehnt, der eine plebiszitäre Demokratie anstelle des pluralistischen Systems des Parlamentarismus gesetzt habe. Auch Portinaro kommt zu dem Ergebnis, daß der ›Okkasionalismus‹ der Schlüssel zum politischen Denken Schmitts sei. Valituti schließlich kommt es vor allem darauf an, die Irrationalität des Schmittschen Freund-Feind-Denkens hervorzuheben. Für alle gilt, daß es keine wissenschaftliche Anerkennung geben könne, wo die ›Zerstörung der Vernunft‹ am Werke sei. In vergröbernder Form wird diese Kritik in zahlreichen Zeitungsartikeln weiterverbreitet. Der rhetorisch geschulten Formulierungskunst der italienischen Journalisten sind hier keine Grenzen gesetzt. Der Linken wird so etwa vorgeworfen, mit Hilfe von Schmitt »la rambizzazione della politica« zu betreiben. Das ist ein brillantes Wortspiel, mit dem das dem Begriff des ›Politischen‹ zugrunde liegende ›Freund-Feind-Verhältnis‹ als Aufforderung zur Selbstjustiz nach Art des amerikanischen Filmhelden ›Rambo‹ interpretiert wird.[74]

Angesichts solcher lustvoll polemischer Übertreibungen ist kaum zu erwarten, daß die italienische Diskussion über Carl Schmitt, wenn sie überhaupt noch lang weitergehen sollte, ohne weiteres entpolitisiert werden könnte. Dies dürfte je weniger der Fall sein, desto mehr man sich auch in Italien mit der Biographie von Schmitt vor und während des ›Dritten Reiches‹ befaßt und sein politisches Denken in den Zusammenhang mit seinem politischen Verhalten stellt. Davon ist man nämlich in Italien bisher im Grunde noch weit entfernt. So ist der auf Löwith zurückgehende Vorwurf des Antisemitismus bisher kaum aufgenommen worden. Man sieht in dieser Kritik sogar eher eine »unüberwindliche Grenze« des Löwithschen Ansatzes, Schmitt zu interpretieren.[75] Die Auseinandersetzung mit Schmitt als dem ›Kronjuristen‹ des ›Dritten Reiches‹ steht den Italienern also erst noch bevor.

Überraschender als die auffällige Zurückhaltung bei der Beurteilung des Verhältnisses von Carl Schmitt zum Nationalsozialismus ist freilich, daß man sich in Italien bisher auch nicht ernsthaft mit seiner Beziehung zum italienischen Faschismus befaßt hat. Günter Maschke hat nicht zu Unrecht den auffälligen Tatbestand hervorgehoben, daß der Name von Benito Mussolini »eigentlich in allen Nekrologen« auf Carl Schmitt in Italien nicht vorkomme.[76] Möglicherweise müßten vor allem einige der *marxisti schmittiani* ihre Ansichten revidieren, wenn sie von Schmitts eigenartigem Faible für den Italofaschismus Kenntnis nehmen würden. Es empfiehlt sich deshalb, die Untersuchung der Rezeption von Carl Schmitt in Italien abschließend auf die Frage nach seinem Verhältnis zum faschistischen Italien auszuweiten. Dies wurde bisher erstaunlicherweise nicht untersucht, wenn man von einigen eher beiläufigen Hinweisen absieht.[77]

Carl Schmitt hat sich, im Unterschied etwa zu Gerhard Leibholz oder besonders Hermann Heller, der 1928 sogar sechs Monate zu einem Studienaufenthalt in Italien weilte, mit dem italienischen Faschismus nie wirklich beschäftigt.[78] Was er darüber wußte, hatte er im wesentlichen aus zweiter Hand. Das ist insofern überraschend, als ihm nicht nur die spanische oder französische, sondern auch die klassische politische Theorie Italiens von Machiavelli bis Mosca und Pareto sehr vertraut war. Bekanntlich stand er so gar nicht an, sein sauerländisches Nachkriegsdomizil in Plettenberg mit Machiavellis Verbannungsort San Casciano zu identifizieren.[79] Sowohl die wissenschaftliche wie die publizistische Auseinandersetzung mit dem italienischen Faschismus war jedoch in Deutschland in den zwanziger Jahren so intensiv, daß Schmitt sich darüber auch ohne eingehendere Befassung nicht nur oberflächlich informieren konnte.[80]

Bis 1933 scheint Schmitt auch noch kaum Kontakte zu italienischen Wissenschaftlern gehabt zu haben. »Im Frühjahr 1929« war er zwar »einige Wochen in Italien«, hat sich bei dieser Gelegenheit aber wohl nur »mit Gaetano Mosca unterhalten«. Immerhin fällt jedoch auf, daß er zu der wissenschaftlichen Schauveranstaltung eingeladen worden ist, die im November 1932 in Rom von der italienischen Akademie der Wissenschaften im Auftrag Mussolinis zum zehnjährigen Jubiläum des ›Marsches auf Rom‹ veranstaltet wurde.[81] Während an diesem Kongreß aus Deutschland – in einer aparten Mischung – u.a. Erwin von Beckerath, Willy Helpach,

Alfred Rosenberg, Hjalmar Schacht, Werner Sombart, Alfred Weber und Hermann Göring teilnahmen, sagte neben anderen jedoch auch Schmitt seine Teilnahme ab.[82] Seine einzige wissenschaftlich motivierte Italienreise fand dann erst im Frühjahr 1936 statt. Schmitt hatte sie wohl seinem Freund und Protektor, dem Reichsminister Hans Frank, zu verdanken, der als Reichsrechtsführer der NSDAP und als Präsident der Akademie für Deutsches Recht am 3. April 1936 in Rom vor dem »Istituto Nazionale Fascista di Cultura« einen Vortrag hielt, nachdem er zuvor vom italienischen König und von Mussolini jeweils in Privataudienz empfangen worden war.[83] Schmitt reiste zwar nicht in der Entourage des »Reichsrechtsführers« nach Rom mit, die Gleichzeitigkeit seines Romaufenthaltes mit dem Franks war jedoch kein Zufall. Auch er hielt in Rom nicht nur einen Vortrag, sondern wurde am 15. April 1936 ebenfalls von Mussolini zu einer halbstündigen Audienz eingeladen.[84] Bei dieser überreichte Schmitt dem *Duce* des italienischen Faschismus ein rasch gebundenes Vorausexemplar der italienischen Auswahl seiner Schriften.[85] Mussolini trug ihm, o nbar in völliger Verkennung der politischen Position Schm n Deutschland, auf, Hitler die Nachricht zu vermitteln: »Lo S rimane mentre il movimento passa« (»Der Staat ist ewig, die B egung ist vergänglich«).[86] Die Begegnung mit Mussolini war Schmitt, der mit Hitler nie persönlich zusammengetroffen ist, ifellos der letzte Höhepunkt einer kurzen politischen Karrie s ist aber nicht ausgeschlossen, daß sie seine Hoffnungen ve kte, im Falle einer Ernennung Franks zum Reichsjustizm ter dessen Staatssekretär zu werden. Diese wurden erst in der zweiten Jahreshälfte 1936 zunichte gemacht, als Frank sich im internen Machtkampf der politischen Führungseliten des ›Dritten Reiches‹ nicht durchsetzen konnte und Schmitt nach heftigen Angriffen von Himmlers »Schwarzem Korps« Ende 1936 fallenlassen mußte. Die »gesuchte Nähe zu den Machthabern« führte Schmitt so in die politische Niederlage.[87] Dank des Eingreifens von Göring blieb Schmitt aber immerhin preußischer Staatsrat; und selbstverständlich behielt er seinen einflußreichen Berliner Lehrstuhl. Von einer völligen Isolierung des gescheiterten ›Kronjuristen‹ konnte bis zum Ende des ›Dritten Reiches‹ also keine Rede sein.

Der römische Vortrag Schmitts wurde wahrscheinlich von dem umtriebigen Leiter der seit 1934 bestehenden Zweigstelle des

DAAD, Theodor Blahut, organisiert, so daß er im »Istituto di Studi Germanici« in deutscher Sprache gehalten werden konnte.[88] Unter den Zuhörern befand sich damals auch, ohne daß Schmitt dies erfahren hätte, Karl Löwith. Er schilderte das Auftreten des ›Staatsrates‹ noch in der Rückschau boshaft als das eines unsicheren »petit bourgeois mit rosigem, glattem Gesicht«.[89] Es ist zu vermuten, daß auch der Übersetzer und Herausgeber der Schriften Schmitts, Delio Cantimori, bei dem Vortrag anwesend war, obwohl Schmitt ihn in seinem nachträglichen Reisebericht nicht erwähnt. Dagegen spricht er von persönlichen Begegnungen mit Arnaldo Volpicelli und Ugo Spirito, die zu dieser Zeit noch als politisch-philosophische Mentoren von Cantimori anzusehen waren.[90] Am wichtigsten war für Schmitt zweifellos die Begegnung mit Carlo Costamagna, den er in Rom durch Vermittlung von Blahut kennenlernte und mit dem er damals sogar die Gründung eines völkerrechtlichen Forschungsinstitutes verabredet zu haben scheint.[91] Die Beziehungen zu Costamagna waren jedenfalls so eng, daß Schmitt sich über ihn später sogar bei Mussolini für die Freilassung von Ernst Niekisch aus dem Gefängnis eingesetzt haben will, nachdem dieser im März 1937 verhaftet worden war.[92]

Julius Evola, mit dem Carl Schmitt nach eigener Aussage ebenfalls in einem regen Gedankenaustausch stand, scheint er dagegen 1936 noch nicht persönlich kennengelernt zu haben.[93] Er dürfte mit ihm aber im Mai 1941 zusammengetroffen sein, als Evola in Berlin einen Vortrag vor der Deutsch-Italienischen Gesellschaft hielt.[94] Evola gehörte zu dem kleinen Kreis genuin faschistischer, freilich kulturanthropologisch, nicht rassenbiologisch argumentierender Antisemiten, deren Organe die Zeitschrift »La vita italiana« und »La difesa della razza« waren.[95] Er hatte schon 1930 Kontakt zu Alfred Rosenberg,[96] fand dann jedoch mehr in Kreisen der ›Konservativen Revolution‹, vor allem bei Othmar Spann, bei dem Kreis um Wilhelm Stapels Zeitschrift »Deutsches Volkstum« und bei dem Prinzen Karl Anton von Rohan, in dessen »Europäischer Revue« er publizierte, Anklang.[97] Seit 1933 wurde eine Reihe seiner Bücher ins Deutsche übersetzt, jedoch stieß er mit diesen bei nationalsozialistischen Rassenideologen zunehmend auf Widerstand.[98] Sein 1941 auch von Mussolini persönlich geförderter Plan, unter dem Titel »Spirito e Sangue« eine zweisprachige italienisch-deutsche Zeitschrift herauszubringen, scheiterte an der Ablehnung des rassenpolitischen Amtes der NSDAP.[99]

Auf der Rückfahrt von Rom hat Schmitt Mitte April 1936 auch noch in Mailand einen Vortrag gehalten, zu dem er von Oreste Ranelletti im Rahmen eines Vortragszyklus in den »Circolo giuridico di Milano« eingeladen worden war.[100] Themen der Vortragsreihe waren »Die europäischen Staaten unter Einparteienherrschaft«. Schmitt sprach nicht zufällig über »Die wesentlichen Merkmale des nationalsozialistischen Staates«.[101] Ranelletti scheint dabei Schmitts Explikation des totalitären Führerprinzips distanziert aufgenommen zu haben, was angesichts seiner eher konservativen Staatsvorstellungen nicht erstaunlich war.[102] Jedenfalls hielt er es für nötig, in dem von ihm herausgegebenen Tagungsband zu vermerken, daß Schmitt in Mailand zwar auf seinen Wunsch hin, aber »auf Bestimmung der deutschen Regierung« und »mit Zustimmung unserer Regierungsautoritäten« gesprochen habe.[103] Auch bei dieser Gelegenheit zeigte sich somit wieder, daß die Resonanz auf Carl Schmitt im faschistischen Italien äußerst zwiespältig, überwiegend sogar ablehnend war.

Die Distanz der Italiener steht in merkwürdigem Kontrast zu Schmitts eigenem Enthusiasmus gegenüber dem italienischen Faschismus. In seinem Bericht über seine Italienreise von 1936 rechnete er Gemeinsamkeiten zwischen dem faschistischen Italien und dem nationalsozialistischen Deutschland zu den »zahlreichen Parallelerscheinungen der politischen und geistigen Geschichte Deutschlands und Italiens«. Beide stünden »in der Mitte Europas, zwischen dem Liberalismus des alten Westens und dem Kollektivismus eines weltrevolutionären Ostens«.[104] Zwar vermerkte er auch große weltanschauliche Verschiedenheiten zwischen den beiden Regimen, wobei er pflichtschuldigst darauf hinwies, daß das »Problem der Rasse« in Italien »ignoriert« werde.[105] Entscheidend war ihm jedoch die »gemeinsame Frontstellung gegen Bolschewismus und Kapitalismus«.[106]

Diese philofaschistischen Bekenntnisse entsprangen nicht etwa der Begeisterung über die italienischen Reiseerlebnisse bis hin zu der Audienz bei Mussolini, über die er übrigens seinerzeit völliges Stillschweigen bewahrte; sie gingen vielmehr auf alte Vorlieben zurück. Schmitt stieß auf den Faschismus schon 1923 im Zusammenhang mit seiner Destruktion des parlamentarischen Repräsentativsystems.[107] Mussolini war schon damals für Schmitt geradezu ein Kronzeuge für seine zwar völlig unhistorische, aber suggestive Behauptung, daß repräsentative Demokratie und liberaler Parlamentarismus in einem Gegensatz zueinander stünden. Er schien ihm seine Herrschaft mit jener plebiszitären Form von Demokratie zu legitimieren, die Schmitt als ultima ratio staatlicher Existenz im postliberalen Zeitalter ansah. Genauer gesagt: Es war der Traum, politische Macht auf einem Mythos aufzubauen, den Mussolini in den Augen Schmitts zu erfüllen schien. Mit erschreckender, zu seiner bemerkenswerten Kritikfähigkeit gegenüber dem parlamentarischen System in erstaunlichem Kontrast stehender Leichtgläubigkeit saß er der von jenseits der Alpen kommenden mythischen Botschaft auf.

Den Weg zum politischen Mythos wies ihm Sorel. Die »Kraft zum Mythos«, die dieser forderte, war für Schmitt mit dem Mut zur ›Entscheidung‹ identisch.[108] Während jedoch Sorel diesen ›energetischen‹ Mythos im Generalstreik des Proletariats verwirklicht sah, behauptete Schmitt, »daß der stärkere Mythos im Nationalen liegt«.[109] Das war ein gedanklicher Sprung ins Irrationale politischer Romantik, der die Ausweglosigkeit seiner Parlamentarismuskritik jäh aufscheinen ließ.[110] Schmitt sah zwar »die ideelle Gefahr derartiger Irrationalitäten«, aber er war selbst irrational genug, den kollektiven Mythos der ›Massen‹ für politisch realer zu halten als den individualistischen Mythos des bürgerlichen Liberalismus:[111] »Bisher gibt es nur ein einziges Beispiel dafür, daß unter bewußter Berufung auf den Mythus Menschheitsdemokratie und Parlamentarismus verächtlich beiseite gesetzt wurden, und das war ein Beispiel für die irrationale Kraft des nationalen Mythus. In seiner berühmten Rede vom Oktober 1922 in Neapel, vor dem ›Marsch auf Rom‹, sagte Mussolini: ›Wir haben einen Mythus geschaffen, der Mythus ist ein Glaube, ein edler Enthusiasmus, er braucht keine Realität zu sein, er ist ein Antrieb und eine Hoffnung, Glaube und Mut. Unser Mythus ist die Nation, die große Nation, die wir zu einer konkreten Realität machen wollen‹ …«[112] Und damit nicht genug, wird Mussolini von Schmitt auch gleich noch zum zweiten Machiavelli erhoben: »Wie damals, im 16. Jahrhundert, hat wieder ein Italiener das Prinzip der politischen Wirklichkeit ausgesprochen.«[113]

Gegen Ende der Weimarer Republik sah Schmitt den Faschismus in Italien nüchterner, wenn auch nicht realistischer. Vom ›Mythos‹ war nicht mehr die Rede, um so mehr dagegen von der Verwirklichung wahrer ›Demokratie‹. Im Staat des italienischen Faschismus sah Schmitt seine antiliberalen Vorstellungen von

Demokratie verwirklicht, in denen das Plebiszit unvermittelt zum Ausdruck eines angeblich einheitlichen, in der parlamentarischen Mehrheitsentscheidung nicht gegebenen Volkswillens erhoben wird. In einer ausführlichen Besprechung des Buches von Erwin von Beckerath über »Wesen und Werden des fascistischen Staates«[114] führte er den Faschismus 1929 als empirischen Beweis für den politischen Erfolg einer »zäsaristisch gesinnten« Demokratie an.[115] Er feierte Mussolinis plebiszitäres Gesetz vom 17. Mai 1928 als »politisch und infolgedessen auch demokratisch gedacht«, weil es »Fragestellung und Vorschlagslisten von der Regierung ausgehen« lasse und »nicht anonymen Cliquen und Interessengruppen« anheimgebe, »die sie im tiefsten Geheimnis fabrizieren und aus einem undurchsichtigen und unverantwortlichen Dunkel heraus einer teils parteimäßigen organisierten, teils hilflos schwankenden Masse von geheimabstimmenden Einzelnen unterbreiten«.[116]

Was Schmitt in den zwanziger Jahren aufgrund des Artikels 48 der Weimarer Verfassung in Deutschland für denkbar und wünschenswert hielt, das sah er im italienischen Faschismus schon als verwirklicht an: die Überwindung des ohnmächtigen liberalen Parteienstaates durch den plebiszitär legitimierten ›starken Staat‹. »Der fascistische Staat«, behauptete er, »will mit antiker Ehrlichkeit wieder Staat sein.«[117] In einem Referat vor der Mitgliederversammlung des schwerindustriellen ›Langnam‹-Vereins hob er 1932 den *stato totalitario* des Faschismus als ›total‹ im Sinne der Qualität und der Energie« von einem bloß »im rein quantitativen Sinne« totalen Staat ab, in dem er »das Gegenteil von Kraft und Stärke« erblickte.[118] Das läßt besonders gut erkennen, in wie starkem Maße seine autoritären Staatsvorstellungen bis 1933 von der von ihm freilich völlig idealisierten Staatsentwicklung im italienischen Faschismus geprägt waren. Selbst auf die triadische Formel von »Staat, Bewegung und Volk«, mit der er sich 1933 eilfertig an die durch die Märzwahlen und das Ermächtigungsgesetz geschaffene autoritäre Realität anpaßte, scheint er durch den Faschismus gekommen zu sein. Unter freilich völliger Verkennung der Tatsachen sieht er im *Stato corporativo* des Faschismus eine staats- und parteifreie Sphäre, in der sich das ›Volk‹ autonom entfalten könne.[119]

So war der italienische Faschismus, ohne daß er ihn genau gekannt hätte oder vielleicht gerade deswegen, in der Weimarer Zeit für Schmitt immer wieder ein idealer Bezugspunkt seiner politischen Philosophie. Das heißt nicht, daß er diesem näher gestanden hätte als dem Nationalsozialismus. Schon gar nicht ginge es an, durch die Annäherung an den Italofaschismus seine Parteinahme für den Germanofaschismus zu relativieren oder gar in Frage zu stellen. Schmitt machte sich den italienischer Faschismus nur ganz selektiv zu eigen. Es hieße im übrigen Schmitt überschätzen, wenn man seine Wahrnehmung von Mussolinis faschistischem Regime für außerordentlich hielte. Er stand in dieser Hinsicht nur in einem breiten, von ganz rechts bis weit in die politische Mitte reichenden, insbesondere auch – was für Schmitt wichtig ist – die katholischen Gegner Weimars umfassenden Strom, die, unbeeindruckt durch faschistische Gewalt und Unterdrückung, ihre Augen sehnsuchtsvoll auf Italien richteten. Moeller van den Bruck brachte das auf die pathetische Formel: »Italia docet«.[120] Was für Italien gut war, warum sollte das nicht auch für Deutschland angemessen sein? Die Parteinahme für den italienischen Faschismus schloß daher nicht die für den deutschen aus; sie setzte sie vielmehr voraus. Auch bei Carl Schmitt.

3. Faschismus für Deutschland

Erwin von Beckerath und das Italien Mussolinis

Mit Mussolinis ›Marsch auf Rom‹ vom 28. Oktober 1922 kam in Italien eine politische Bewegung an die Macht, der man im Ausland bis dahin nur wenig Aufmerksamkeit geschenkt hatte. Der Faschismus trat auf die politische Bühne des noch kaum befriedeten Nachkriegseuropas. Er sollte bald das politische Überlegenheitsbewußtsein der demokratischen Siegermächte des Weltkrieges ebenso in Frage stellen wie die Selbstgewißheit der Revolutionäre in der jungen Sowjetunion. Innerhalb nur eines Jahrzehnts entstanden zwar in den meisten Staaten Südeuropas, Mitteleuropas und Ostmitteleuropas ebenfalls Diktaturen. Keiner dieser Umbrüche hatte jedoch vor der Machtergreifung Hitlers eine solche politische Signalwirkung wie der faschistische in Italien. Das hatte drei Gründe: Zum einen verabschiedete sich 1922 erstmals einer der Gründerstaaten von den liberaldemokratischen Prinzipien der Völkerbundsgemeinschaft. Diese wurde damit in ihren Grundwerten in Frage gestellt. Zum anderen handelte es sich nicht lediglich um einen Staatsstreich, durch den ein Monarch oder ein Militärführer das parlamentarische Regierungssystem außer Kraft setzte. Mussolini kam vielmehr, wenn auch keineswegs ausschließlich, mit Hilfe einer bewaffneten Parteiarmee an die Macht, die unbestreitbar einen Massencharakter hatte. Der Faschismus schuf damit, und das ist das dritte besondere Merkmal von Mussolinis Machtübernahme, das Modell einer auf Massenbasis beruhenden charismatischen Führerherrschaft, die weder liberaldemokratisch noch kommunistisch legitimiert war.

1922 war das allerdings noch nicht in vollem Umfang abzusehen. Daß sich das politische Koordinatensystem im Nachkriegseuropa durch den Auftritt des Faschismus in Italien entscheidend verschob, erkannte zunächst nur die politische Linke. Die erste intensive Auseinandersetzung über den politischen und gesellschaftlichen Charakter des Faschismus fand in der Kommunistischen Internationale statt. Karl Radek ging, ähnlich wie auch Clara Zetkin, soweit, den Sieg des Faschismus in Italien als die »größte Niederlage« des Kommunismus seit Beginn der »Periode der Weltrevolution« zu bezeichnen.[1] Selbstkritische Erkenntnisse dieser Art wurden freilich von den sowjetischen Führern der Komintern zurückgewiesen und durch die beschönigende Einschätzung ersetzt, daß der Faschismus nur eine konterrevolutionäre Sonderform bürgerlicher Herrschaft sei, die deren baldigen Zusammenbruch anzeige. Der Erkenntnisvorsprung der kommunistischen Faschismusanalytiker ging damit verloren, mit der verheerenden politischen Folge, daß der Aufstieg Hitlers völlig falsch eingeschätzt wurde.

Kaum weniger frühzeitig waren, zumindest in Deutschland, auch die Sozialdemokraten über die Machtübernahme der italienischen Faschisten beunruhigt. Die ersten deutschsprachigen Bücher, die 1923/24 über den Faschismus veröffentlicht wurden, stammten fast ausnahmslos von sozialdemokratischen Publizisten.[2] Sie enthielten sehr genaue Darstellungen des faschistischen Gewaltpotentials und dessen politischer Instrumentalisierung vor allem durch das agrarische Bürgertum Norditaliens. Der Aufstieg und die Machtbeteiligung des Faschismus wurde übereinstimmend auf die Duldung durch den liberalen Staat zurückgeführt. Daß die organisierte Arbeiterbewegung dem Zangengriff von faschistischem Terror und administrativ gesteuerter Ausgrenzung erlegen ist, wurde allerdings als spezifisch italienisches Problem angesehen. Eine Übertragung des Faschismus auf Deutschland hielt man bei der SPD spätestens seit Hitlers gescheitertem Putsch vom 9. November 1923 für ausgeschlossen. Das sozialdemokratische Interesse am Faschismus ging deshalb seit Mitte der zwanziger Jahre deutlich zurück, um erst wieder in den letzten Jahren der Weimarer Republik anzusteigen.[3]

Ganz anders verlief die politische Auseinandersetzung mit dem Faschismus im liberaldemokratischen und konservativen bürgerlichen Lager der Weimarer Republik. Sie wurde zunächst fast vollständig durch die Südtirolfrage beherrscht. Noch im Februar 1926 durfte sich Stresemann einer breiten politischen und publizistischen Unterstützung sicher sein, als er Mussolinis Ausfälle gegen die deutsche Einmischung in Südtirol mit größter Schärfe zurückwies.[4] Sieht man von den damals freilich noch unbedeutenden

Nationalsozialisten ab, bestand zu dieser Zeit eine von der politischen Rechten über die bürgerlichen Mittelparteien bis ins katholische Lager reichende Abwehrfront gegenüber dem italienischen Faschismus, die nahezu ausschließlich außenpolitisch motiviert war. Eine ernsthafte Auseinandersetzung mit dem politischen System oder gar den gesellschaftlichen Grundlagen des Faschismus fand dagegen zunächst kaum statt. Lediglich der Berliner Staatswissenschaftler Ludwig Bernhard, der zum engeren Kreis Hugenbergs gehörte, und der Leiter des Marburger Instituts des Grenz- und Auslandsdeutschtums, Johann Wilhelm Mannhardt, traten außerhalb der politischen Linken schon relativ früh mit politischen Systemanalysen des italienischen Faschismus hervor.[5] Solange sich der faschistische Staat lediglich durch die staatsstreichartige Machtergreifung mit Hilfe einer bewaffneten Massenpartei und die terroristische Verfolgung politischer Oppositioneller von anderen Diktaturen unterschied, bestand im bürgerlichen Lager offenbar auch kein Anlaß, sich mit dem Faschismus besonders zu befassen. Auch in anderen Staaten Europas wurde die demokratische Freiheit durch Diktatoren bedroht, z. B. in Spanien oder in Ungarn. Das faschistische Italien schien insofern nur ein Fall unter anderen zu sein. Das sahen letzten Endes auch die frühen sozialdemokratischen Faschismusanalytiker so. Und wenn sich in der Kommunistischen Internationale 1923 die sowjetische Ansicht durchsetzte, daß der italienische Faschismus nur eine Variante bürgerlicher Klassenherrschaft sei, so war selbst das zu dieser Zeit nicht gänzlich abwegig.

Erst der zweite Staatsstreich Mussolinis vom 3. Januar 1925, mit dem er zur offenen Diktatur überging, veränderte die Lage. Der italienische Faschismus entwickelte sich jetzt, aber eben auch erst jetzt, zu einem Diktaturtyp besonderer Art. Durch die als *leggi fascistissimi* bezeichneten Diktaturgesetze von 1925/26 entfaltete Mussolini einerseits ein Bedrohungspotential, das von der ins Exil gedrängten antifaschistischen Opposition in Analogie zu der bolschewistischen Diktatur als ›totalitär‹ bezeichnet wurde.[6] Mit der Verkündung der *Carta del Lavoro* vom 21. April 1927 legte er andererseits das Programm einer korporativistischen Verfassung vor, die über die des real existierenden Faschismus hinauszuweisen schien. Die Vision eines korporativen Zukunftsstaates, so vage dieser auch beschrieben sein mochte, gab seinem Diktaturregime im bürgerlichen Lager den Anschein, einen ›dritten Weg‹ zwischen

›Kapitalismus‹ und ›Sozialismus‹ gefunden zu haben.[7] Das hob den Faschismus endgültig von allen anderen Diktatursystemen ab und machte ihn, ungeachtet seines verschärften autokratischen Charakters, auch außerhalb Italiens attraktiv.

Nicht zufällig beginnt 1927 gerade auch in Deutschland eine Phase intensiver Auseinandersetzung mit dem Faschismus, in der dieser in der Hauptsache wegen seines gesellschaftspolitischen Profils diskutiert wurde.[8] Der Faschismus faszinierte jetzt, weil er, wie es bezeichnenderweise hieß, eine »soziale Wirtschaftsmacht« sei[9] oder weil er den »korporativen Gemeinschaftsgedanken« verwirklichte.[10] Dieser Enthusiasmus war um so erstaunlicher, als von einer spezifisch faschistischen Wirtschaftsorganisation jenseits sowohl des Kapitalismus als auch des Sozialismus – zumindest bis 1934 – in Wahrheit keine Rede sein konnte. Bloße Absichtserklärungen reichten aus, den Faschismus außerhalb Italiens in einem besonderen Licht erstrahlen zu lassen. Vielfach beruhte das einfach auf Unkenntnis. Aber auch die deutschen Analytiker, die die Realität des Faschismus in Italien selbst genau geprüft hatten, ließen sich zu günstigen Prognosen für die Entwicklung des faschistischen Korporativismus hinreißen. Das gilt auch und gerade für den wohl besten deutschen Kenner des italienischen Faschismus in der Zeit der Weimarer Republik, den Kölner Professor der Staatswissenschaften Erwin von Beckerath.

Beckerath veröffentlichte 1927 in Deutschland das erste Buch, in dem der italienische Faschismus nach dem Übergang Mussolinis zur vollen Diktatur einer systematischen Analyse unterzogen wurde.[11] Er schrieb darüber hinaus bis zu Hitlers Machtergreifung viele weitere Aufsätze und Artikel über den italienischen Faschismus, darunter im Handwörterbuch der Soziologie (Stichwort »Fascismus«)[12] und – noch bemerkenswerter – in der Encylopaedia of the Social Science (Stichwort »Fascism«). Sein Buch wurde vielfältig rezensiert, es diente Intellektuellen, die sich in Deutschland für den italienischen Faschismus interessierten, häufig als einzige Informationsquelle. Das prominenteste Beispiel dafür war Carl Schmitt, der daraus begierig die antiparlamentarische Botschaft einer vermeintlich demokratischen Führerdiktatur entnahm.[13]

Obwohl der politische Kontext sowohl der Entstehung als auch der Rezeption des Buches von Beckerath nur allzu offenkundig ist, gilt dieses merkwürdigerweise in der historischen Forschung auch heute noch als »wegweisender deutscher Beitrag« zur »Wissenschaft vom Faschismus«.[14] Zumindest wird es zu den »bedeutendsten deutschsprachigen Untersuchungen« zum Faschismusproblem gerechnet.[15] Besonders erstaunlich ist, daß ihm ausdrücklich »wissenschaftliche Distanz« zu seinem Gegenstand bescheinigt wird.[16] Die Kühle seiner Darstellung ist zwar in der Tat auffällig, aber nicht gegenüber dem Faschismus, sondern, wie Jens Petersen richtig bemerkt hat, gegenüber der »Umwandlung der Kernbereiche des liberalen Rechtsstaates« durch den Faschismus.[17] Auch Petersen glaubt Beckerath allerdings noch als Liberalkonservativen bezeichnen zu können.[18] Dazu besteht indessen kein Anlaß. Beckerath gehörte vielmehr, auch wenn er sich nie offen parteipolitisch betätigte, ziemlich eindeutig ins Lager der Republikgegner. Sein Interesse am Faschismus entsprang ganz offensichtlich der Erwartung, daß dem »autoritären Staat« in Europa die Zukunft gehöre.[19] Das bedauerte er nicht, geschweige denn, daß ihn das beunruhigte. Vielmehr entsprach es seinen eigenen politischen Präferenzen.

Auch wenn er sich in seinen politischen Aussagen sehr zurückhielt, kann kein Zweifel daran bestehen, daß Beckerath zumindest zwei Grundpositionen des antirepublikanischen Lagers der Weimarer Republik teilte: Er sah Europa in hohem Maße durch den ›Bolschewismus‹ bedroht, und er hielt die parlamentarische Demokratie nicht für geeignet, die wirtschaftlichen Verteilungskämpfe in der modernen Industriegesellschaft zu kontrollieren. Das soll nicht heißen, daß Beckerath ein simpler Antikommunist war. Als einer der wenigen deutschen Beobachter erkannte er vielmehr scharfsinnig, daß die »bolschewistische Welle« in Italien im Herbst 1920 im Grunde schon verebbt war, als der Faschismus seinen antikommunistisch motivierten Feldzug begann.[20] Der Faschismus verdankte nach Beckeraths historisch zutreffender Beobachtung seinen Aufstieg der Tatsache, daß er die »Illusion einer Gefahr« für sich habe ausnutzen können.[21] Auch wenn er den Faschismus nicht als Retter vor dem Bolschewismus ansah, sprach Beckerath ihm jedoch eine für Italien historische Bedeutung zu. Die bolschewistische Bedrohung wirkte in Italien nach seiner Formulierung »wie eine Schutzimpfung«.[22] Daß diese länger anhielt und die italienische Gesellschaft gegen den Bolschewismus immunisierte, sei das Verdienst des Faschismus gewesen. Dieser habe damit für die bürgerliche Gesellschaft Italiens eine sekundäre Stabilisierungsfunktion gehabt. Das könnte an die kommunistische Faschismustheorie erinnern, wonach der Faschismus nur der Agent des Großkapitals war. Beckerath distanziert sich aber selbstverständlich von der »marxistischen Deutung« und weist mit Recht schon darauf hin, daß die italienische »Bourgeoisie dem fascistischen Phänomen zunächst skeptisch« gegenübergestanden habe.[23] Während der Faschismus nach kommunistischer Auffassung nur eine transitorische historische Funktion hatte, sah Beckerath ihn durchaus auf längere Dauer angelegt. Zwar war er vorsichtig genug, die Existenz des »fascistischen Systems« von der »Willenskraft« Mussolinis und der Vermeidung eines Krieges abhängig zu machen, aber er gab dem Faschismus doch eine große Zukunftschance.[24]

Wie wenig Beckerath liberalem politischen Denken verpflichtet war, zeigt sich schon daran, daß er die Aufhebung des parlamentarischen Regierungssystems und die Herstellung eines Einparteiensystems in Italien in seinem Buch keiner besonderen Erwähnung für notwendig hielt. Er sah es geradezu als historisch folgerichtig an, daß Italien »aus dem Parteienstaat zum Ein-Parteien-Staat« wurde.[25] Mit großer Distanz spricht er vom »liberalen Staat« und kritisiert die »individualistische Lehre«, weil sie angeblich den »Gegensatz von Individuum und Nation« nicht aufheben könne.[26] Es bereitet ihm daher auch keine Mühe, die »immanente Logik« des faschistischen Herrschaftssystems anzuerkennen, die eine Diktatur notwendig mache.[27] Unter Berufung vor allem auf Pareto, dessen Soziologie er auch noch nach 1945 verpflichtet war[28], sah er diese Diktatur allein durch das »Charisma des geborenen Führers« legitimiert, das von Mussolini ausgehe.[29] Es kann kein Zweifel daran bestehen, daß Beckerath der Faszination Mussolinis in jeder Hinsicht erlegen ist.[30] Bewundernd spricht er im Zusammenhang mit dem ›Marsch auf Rom‹ von einem »brillant vorbereiteten und durchgeführten Handstreich«.[31] Anerkennend hebt er hervor, daß der Diktator es verstanden habe, »den Consensus der Massen zu organisieren, auf den noch kein modernes absolutistisches Regierungssystem« verzichtet habe.[32] Und er versteigt sich zu Formulierungen, in denen er Mussolini als »absoluten Herrn« oder »genialen Führer« feiert.[33]

Ungleich mehr noch als von Mussolini und seinem politischen Herrschaftssystem wurde Beckerath freilich von der korporativistischen Programmatik des Faschismus in der Wirtschaftspolitik angezogen. Dafür gibt es zunächst eine einfache Erklärung. Beckerath stand als Wirtschaftswissenschaftler der klassischen liberalen Theorie fern. Die Annahme, daß regelmäßige staatliche Eingriffe in wirtschaftliche Prozesse notwendig seien, gehörte zum Grundbestand seiner wissenschaftlichen Lehrmeinungen. Seine großbürgerliche Herkunft aus einer traditionsreichen Krefelder Fabrikantenfamilie scheint zwar biographisch auf ein liberales Umfeld zu verweisen. Man muß jedoch in Rechnung stellen, daß er – noch im späten Kaiserreich – als Angehöriger der mennonitischen Minderheit in dem Bewußtsein erzogen worden ist, daß der preußische Staat als Garant unternehmerischer Freiheit unabdingbar sei.[34] Es kann deshalb kaum verwundern, daß der Student der Nationalökonomie 1912 in Berlin bei Gustav Schmoller promovierte und sich 1918 in Leipzig u.a. bei Carl Bücher habilitierte.[35] Die Schulhäupter der sogenannten jüngeren historischen Schule der Nationalökonomie legten somit den Grund für Beckeraths wirtschaftstheoretisches Denken. Seine akademischen Schüler wurden zwar nicht müde zu behaupten, daß sich 1919 in der wissenschaftlichen Einstellung Beckeraths eine »persönliche kopernikanische Wende« vollzogen habe bis hin zur Annahme der ökonomischen Grenznutzentheorie.[36] In seinem Œuvre findet sich davon jedoch allenfalls in seinen finanzwissenschaftlichen Studien eine Spur.[37] Beckerath hat sich aber nie von den wissenschaftlichen Grundpositionen gelöst, die ihm insbesondere von Schmoller vermittelt worden sind. Darauf verweist allein schon die Tatsache, daß er sich seinem Lehrer mehrfach biographisch anzunähern suchte.[38] Bemerkenswert ist auch, daß er sich in einer dogmengeschichtlichen Untersuchung mit drei von ihm als »Dreigestirn« der deutschen Finanzwissenschaft bezeichneten Vorläufern Schmollers befaßte, mit Lorenz von Stein, Adolf Wagner und Albert Schäffle.[39]

Es waren vor allem zwei wissenschaftliche Grundeinsichten, die Beckerath von Schmoller übernahm: zum einen die Annahme, daß jede Wirtschaftsverfassung historisch bedingt sei und sich deshalb jedem ökonomischen Modelldenken entziehe. Zum anderen hielt er mit Schmoller die »sozial ausgleichende Funktion des Staates« in der Wirtschaft für unabdingbar.[40] Wie dieser glaubte er nicht an die selbstregulierenden Kräfte des Marktes, sondern sah das »arbitrium des Staates« als notwendig an.[41] Nach dem Erscheinen von Walter Euckens epochemachendem Buch über die »Grundlagen der Nationalökonomie« (Jena 1940) präsentierte er sich zwar noch während des Krieges vor einem italienischen Publikum als Anhänger der ordoliberalen Wirtschaftstheorie des Freiburger Ökonomen.[42] Er versuchte jedoch bezeichnenderweise Euckens

Ansatz mit dem der historischen Schule zu vereinbaren, obwohl sich jener von dieser ausdrücklich absetzte. Auch Eucken hätte es mit »entschieden historisch-ökonomischen« Problemen zu tun. Er vereine in seiner Theorie ähnlich wie die ›historische Schule‹ historische mit theoretischen Überlegungen. Seine Methode biete nur insofern einen Fortschritt, als sie letzteren entschieden mehr Raum gäbe.[43] So problematisch dieser dogmengeschichtliche Harmonisierungsversuch sein mochte, zeigt er doch, wie stark Beckerath seinen wissenschaftlichen Anfängen verpflichtet blieb.

In den zwanziger und frühen dreißiger Jahren konnte Beckerath sich auf jeden Fall sehr viel massivere staatliche Eingriffe in den Marktprozeß vorstellen, als sie Eucken je für zulässig hielt. Eine staatliche Steuerung wirtschaftlicher Prozesse beschränkte sich für Beckerath keineswegs auf sogenannte ordnungspolitische Maßnahmen zur bloßen Regulierung des Wettbewerbs. In Anlehnung an die Schule machenden wirtschaftstheoretischen Erkenntnisse seines ihm freundschaftlich verbundenen Schülers Heinrich Freiherr von Stackelberg sah er die ›reale Marktsituation‹ in entwickelten kapitalistischen Gesellschaften durch unterschiedlich strukturierte, die freie Konkurrenz aber in jedem Fall aufhebende monopolistische Organisationsformen bestimmt.[44] Er zog daraus den Schluß, daß der Staat sich weder grundsätzlich zurückhalten noch aber nur gelegentlich in den Wirtschaftsprozeß eingreifen dürfe, sondern diesen ständig kontrollieren müsse. Der Staat sollte also weder als *pouvoir neutre* agieren noch bloß fallweise intervenieren, sondern sich gegenüber der Wirtschaft als ›höherer Dritter‹ etablieren. Beckerath führte in diesem Zusammenhang den Begriff der »Wirtschaftsverfassung« ein, den er von Carl Schmitt übernommen hat.[45] Er verstand darunter mehr als einen bloßen Primat der Politik gegenüber der Wirtschaft. Auch wenn er das nicht näher ausgeführt hat, sollte das auf einer privatrechtlichen Eigentumsordnung beruhende kapitalistische Wirtschaftssystem nach seiner Vorstellung offenbar in eine öffentlich-rechtliche Organisationsform überführt werden. Die entscheidende Voraussetzung dafür war für Beckerath der Übergang vom parlamentarisch-demokratischen zu einem autoritären Staat. Dem demokratischen Parteienstaat traute er die Bändigung der »organisierten Wirtschaft« nicht zu, da er im Ernstfall in wirtschaftliche Interessentengruppen zerfalle.[46] Nur ein Staat ›über den Parteien‹ war in seinen Augen in der Lage, die Wirtschaft »in Verfassung zu bringen«.[47]

Seine wirtschaftspolitischen Auffassungen hingen insofern aufs engste mit seinen politischen Vorbehalten gegenüber der Weimarer Republik zusammen. Die Ablehnung des demokratischen Parteienstaates und die Skepsis gegenüber einer liberalen Marktwirtschaft bedingten einander.

Beckerath stand mit diesen Auffassungen in der Endphase der Weimarer Republik sicherlich alles andere als allein. Was ihn jedoch von anderen Anhängern eines ›organisierten Kapitalismus‹ unterschied, war seine Orientierung am italienischen Faschismus. Das faschistische Italien war in seinen Augen das einzige europäische Land, das schon über ein Programm einer solchen ›Wirtschaftsverfassung‹ verfügte.[48] Er meinte damit den faschistischen *stato corporativo,* in dem Kapital und Arbeit künftig obrigkeitsstaatlich verfaßt zusammenwirken sollten. Obwohl die innerfaschistische Debatte über den Korporativstaat erst 1932 zu einem vorläufigen Ende kam, hielt Beckerath schon die *Carta del lavoro* vom 21. April 1927, mit der der faschistische Großrat (*Gran consiglio*) ein Arbeitsverfassungsprogramm vorlegte, in hohem Maße für zukunftsträchtig. Der Faschismus strebte damit in seinen Augen eine Wirtschaftsverfassung an, die sich vom bloßen Interventionsstaat ebenso unterschied wie vom Staatssozialismus. Er fand dafür 1929 die später mehrfach wiederholte Formel, es handele sich um »eine Art wirtschaftlicher Selbstverwaltung unter staatlicher Aufsicht«.[49] Wenn er damit die faschistischen Korporationen als Organe der ›wirtschaftlichen Selbstverwaltung‹ interpretierte, so war das schon deshalb falsch, weil ihre vorgebliche Autonomie durch die Schaffung des ihnen übergeordneten Korporationsministeriums von vornherein bürokratisch eingeschränkt wurde. Nach der Definition der *Carta del lavoro* sollten die Korporationen regelrechte Staatsorgane sein, womit sie, wie Hermann Heller es formulierte, zu »Anstalten einer zentralistischen Diktatur gestempelt« wurden.[50] Der von Beckerath absichtsvoll eingeführte Terminus der ›Selbstverwaltung‹ suggerierte eine obrigkeitlich garantierte Autonomie, die der deutschen Tradition des 19. Jahrhunderts entsprach, der faschistischen Wirklichkeit in Italien aber ganz fremd war. In einem entscheidenden Punkt seiner Faschismusdeutung ließ sich Beckerath also eher von seinen eigenen wirtschaftspolitischen Wunschvorstellungen leiten als von der tatsächlichen Programmatik des Faschismus. Nur weil er vor der Realität des Diktaturregimes Mussolinis weitgehend die Augen verschloß, konnte er sich in der späten Weimarer Republik überhaupt als Befürworter des italienischen Faschismus profilieren.

Es ist nicht ganz leicht abzuschätzen, wie wichtig Beckerath in der Endphase der Republik als Vermittler und Fürsprecher des italienischen Faschismus gewesen ist. Daß sein Plädoyer für das »italienische Experiment« jedoch für die Rezeption faschistischer Vorstellungen in Deutschland herausragende Bedeutung hatte,[51] wird allein schon durch die Aufmerksamkeit belegt, die ihm in Italien zuteil wurde. Neben Werner Sombart wurde er 1932 als einziger Deutscher sowohl zu dem vom italienischen Korporationsministerium veranstalteten zweiten *Convegno di Studi Sindacali e Corporativi* in Ferrara (5.-8. Mai) als auch zu dem von der Königlichen Akademie zu Rom veranstalteten Europa-Kongreß (14.-20. November) eingeladen[52], die anläßlich des zehnjährigen Jubiläums des ›Marsches auf Rom‹ in Italien stattfanden.[53] Noch auffälliger ist, daß er vor 1933 als Deutscher in Mussolinis programmatischer Zeitschrift »Gerarchia« einen Aufsatz veröffentlichen durfte. Mussolini honorierte damit, daß Beckerath die korporativistischen Experimente des Faschismus nicht nur ernst nahm, sondern sich in Deutschland mit seiner wissenschaftlichen Autorität sogar für ihre Zukunft verbürgte. Bemerkenswerterweise war es der einzige Beitrag Beckeraths, in dem er sich vor Hitlers Machtergreifung öffentlich zum Nationalsozialismus äußerte.[54] Damit stellt sich die Frage, welche politische Einstellung Beckerath gegenüber dem Nationalsozialismus hatte.

Danach überhaupt zu fragen mag angesichts Beckeraths profaschistischer publizistischer Aktivität auf den ersten Blick als überflüssig erscheinen. Doch war in der deutschen Faschismusdiskussion vor 1933 ein dezidierter Philofaschismus keineswegs automatisch mit einer nazifreundlichen Haltung identisch. Im Gegenteil: Es gehörte zu den vor allem in katholischen, aber auch in konservativen und sogar in liberalen Kreisen verbreiteten politischen Abwehrstrategien, den Faschismus gegen den Nationalsozialismus auszuspielen.[55] Man hielt sich an Mussolini, weil ihm der Antisemitismus fremd war, weil er seinen Frieden mit der katholischen Kirche gemacht hatte oder weil er seine Diktatur durch Monarchie und Militär einschränken ließ. Andere wiederum hielten den Nationalsozialismus für lernfähig und erhofften sich eine Angleichung an das italienische Vorbild, wenn er erst einmal an der Macht war. So illusionär das heute alles erscheinen mag, sprach aus der Sicht der Zeitgenossen doch immerhin dafür, daß Hitler sich bei jeder nur passenden Gelegenheit auf das Vorbild Mussolinis berief. Wenn er denn ein Diktaturregime errichten sollte, so glaubte man sich das ungefähr so vorstellen zu können wie das faschistische, wobei allerdings der greise Reichspräsident Hindenburg dieselbe Funktion ausüben sollte wie die institutionell gesicherte Monarchie in Italien.

Es kann kein Zweifel daran bestehen, daß auch Beckerath dem faschistischen Diktaturmodell in hohem Maße einen paradigmatischen Charakter zubilligte. Zwar wendete er sich gegen eine allzu inflationäre Verwendung des Faschismusbegriffs.[56] Schon früh verwies er jedoch auf die autoritären Regime in Spanien, Polen und Litauen, die ohne das italienische Vorbild nicht erklärlich seien.[57] Und das »Übergewicht des politischen Elements gegenüber dem ökonomischen«, das für ihn die eigentliche Innovation des Faschismus darstellte, war in seinen Augen »ein eminent europäischer Gedanke«.[58] In der Zeitschrift »Gerarchia« stellte er denn auch ausdrücklich fest, daß die Nationalsozialisten der »Richtschnur des Faschismus« folgten.[59] In der Parteistruktur, dem Programm und der Form der Propaganda entdeckte er zwischen Faschismus und Nationalsozialismus analoge Elemente. Zu kritisieren hatte er an der nationalsozialistischen Bewegung nur zwei »tragische Irrtümer«: Die Verwicklung in das parlamentarische System und den Anspruch Hitlers auf die ganze Macht (*potere totalitario*).[60] Beides waren in seinen Augen Abweichungen vom faschistischen Vorbild, und allein deshalb kritisierte er sie. Damit gab er zum einen zu erkennen, daß er gegen die Nationalsozialisten im Prinzip nichts einzuwenden hatte. Er lobte sie vielmehr sogar ausdrücklich, weil sie »das Gewicht des nationalen Denkens« seit den Wahlen von 1930 erheblich verstärkt hätten.[61] Zum anderen aber machte er deutlich, daß er den Nationalsozialismus fast ausschließlich unter dem Gesichtspunkt beurteilte, inwieweit er dem Vorbild des Faschismus folgte. Was er sich vor allem in wirtschaftspolitischer Hinsicht erhoffte, war, so paradox das klingen mag, eine Faschisierung des Nationalsozialismus. Er glaubte 1933 ganz offensichtlich, daß sich die vermeintlichen wirtschaftspolitischen Errungenschaften des Faschismus unter der Diktaturregierung Hitlers besser auf Deutschland übertragen ließen als unter den Bedingungen der parlamentarischen Demokratie.

Beckerath gehörte nicht zu den ›Märzgefallenen‹ des Jahres 1933.

Anders als sein ehrgeiziger Schüler von Stackelberg, der schon seit 1931 der NSDAP angehörte und 1933 auch noch der SS beitrat[62], war Beckerath während des ganzen ›Dritten Reiches‹ weder in der Einheitspartei noch in einer ihrer Unterorganisationen Mitglied. Wie vor 1933 und wieder nach 1945 lag es ihm völlig fern, eine aktive parteipolitische Rolle zu spielen. Ein praktizierender Nazi war der rheinische Aristokrat also keinesfalls. Das heißt jedoch nicht, daß er das nationalsozialistische Regime von Anfang an entschieden abgelehnt hätte, wie manche seiner Lobredner immer wieder behauptet haben.[63] Die »nationalsozialistische Gewaltherrschaft« war ihm mit Sicherheit nicht »von Anfang an zuwider«.[64] Ganz auf die wirtschaftspolitischen Entscheidungen fixiert, scheint er sie vielmehr als solche zunächst gar nicht besonders wahrgenommen zu haben. Im Herbst 1933 soll er zwar den Nationalsozialismus schon als eine »plebejische Führerochlokratie« bezeichnet und von der »hierarchischen Führerdemokratie« des Faschismus in Italien abgesetzt haben.[65] Von einer offenen Gegnerschaft oder auch nur erkennbaren Distanz zu Hitlers Regime konnte jedoch in dieser Zeit noch keinesfalls die Rede sein. Als er 1937 einen Ruf an eine andere Universität erhalten sollte, wurde ihm von der Kölner Führung des NS-Dozentenbundes sogar bestätigt, daß er »vor dem Umbruch der einzige Professor seiner Fakultät« gewesen sei, dem man »seine positive Einstellung gegenüber dem Nationalsozialismus deutlich ansehen konnte«. Und in einer Stellungnahme des NS-Studentenbundes hieß es, daß er »in seinen Seminaren stets bemüht« sei, »nationalsozialistische Wirtschaftspolitik zu lehren«.[66] Auch wenn man diese politischen Gefälligkeitsgutachten nicht überbewerten sollte, geht daraus jedenfalls hervor, daß Beckerath noch 1937 nicht gerade im Ruf stand, ein regimekritischer Professor zu sein.

Das entspricht durchaus seinem öffentlichen Verhalten in den ersten Jahren des ›Dritten Reiches‹. Kaum war Hitler 1933 an der Macht, legte er sich für den italienischen Faschismus in Deutschland mit einem Elan ins Zeug, der seine bisherige ideologische Maklertätigkeit in der Zeit der Republik weit in den Schatten stellte. An erster Stelle ist hier sein Engagement im Kölner Petrarca-Haus zu nennen, das 1931 auf Betreiben Konrad Adenauers gemeinsam von der Stadt Köln und dem italienischen Staat als Deutsch-Italienisches Kulturinstitut gegründet worden war.[67] Beckerath war seit der Eröffnung des Petrarca-Hauses deutscher

Kodirektor dieser im ›Dritten Reich‹ dann einzigartigen Einrichtung, er blieb dies offiziell bis 1941 und vertretungsweise bis 1944.[68] Schon seit dem Wintersemester 1932/33 hielt er an diesem Institut öffentliche Vorlesungen und Vorträge über den italienischen Faschismus, die sich immer mehr oder weniger um den Korporativismus drehten. Diese Vortragstätigkeit setzte er bis zur Schließung des Instituts fort, so daß nirgendwo sonst in Deutschland während des ›Dritten Reiches‹ so kontinuierlich und so intensiv über faschistische Verfassungs- und vor allem Wirtschaftsverfassungsprobleme informiert worden ist.[69]

Besonders bemerkenswert ist, daß Beckerath zu Beginn des ›Dritten Reiches‹ im Petrarca-Haus eine eigene Abteilung für korporative Studien einrichtete, innerhalb deren er bis weit in den Krieg hinein regelmäßig eine Arbeitsgemeinschaft leitete. Die neue Abteilung wurde am 15. November 1933 mit einem Vortrag des ehemaligen Korporationsministers und führenden faschistischen Politikers Giuseppe Bottai eröffnet.[70] Auch in den folgenden Jahren verstand es Beckerath immer wieder, dem Petrarca-Haus durch publikumswirksame Aktionen überregionale Aufmerksamkeit zu verschaffen. So brachte er 1936 eine deutsche Übersetzung wichtiger korporativistischer Reden und Gesetze Mussolinis heraus.[71] Gemeinsam mit der nationalsozialistischen Akademie für deutsches Recht schrieb das Petrarca-Haus am 15.10.1937 einen Preis für eine wissenschaftliche Untersuchung über »Staat und Partei in Italien« aus.[72]

Erstmals hielt Beckerath 1933 auch außerhalb des universitären Umfeldes Vorträge über den Faschismus, so im Juni vor der Kölner Sektion des Kampfbundes für deutsche Kultur und im Oktober auf einem Fortbildungskurs des Gaus Köln-Aachen im Nationalsozialistischen Deutschen Ärztebund.[73] Den Auftritt vor Rosenbergs kulturkämpferischem Kampfbund dürfte er sich dabei besonders überlegt haben, da dieser im Mai 1933 die von Beckerath mitzuverantwortende Tätigkeit des als »jüdisch« bezeichneten Lektors Wittkower am Kölner Petrarca-Haus beim Rektor der Universität denunziert hatte.[74] Beckerath wiederholte bei dieser Gelegenheit seine Deutung der faschistischen Wirtschaftsverfassung als »wirtschaftliche Selbstverwaltung unter staatlicher Aufsicht und Führung«. Aber er fügte nun erstmals ausdrücklich hinzu, daß es aufgrund der »nahen Verwandtschaft beider Systeme« von hohem Nutzen sei, in Deutschland die »Erfahrungen der faschistischen Staatsschöpfung zu studieren und auf sich wirken zu lassen«.[75] Auch vor den nationalsozialistischen Ärzten hob er die Gemeinsamkeit von Faschismus und Nationalsozialismus hervor. Beide hätten das gleiche Ziel, nämlich die Errichtung eines »totalen Staates«, als dessen Kernstück Beckerath neben dem hierarchischen Verwaltungsaufbau und der Einheitspartei die korporative Arbeitsverfassung bezeichnete.[76]

Erstmals vertrat er 1934 öffentlich die Ansicht, daß der »ständische Aufbau« in Deutschland »interessante Analogien« zu der »italienischen Lösung der korporativen Konstituierung« aufweise. Er verglich dabei das faschistische Gesetz über die Bildung und die Aufgaben der Korporationen vom 5. Februar 1934, mit dem in Italien vorgeblich die eigentliche Phase des Korporativstaates eingeleitet werden sollte, mit der Schaffung des Reichsnährstandes und der Deutschen Arbeitsfront durch das NS-Regime.[77] Daß im Bericht des nationalsozialistischen »Westdeutschen Beobachters« ausgerechnet diese vergleichenden Bemerkungen seines Vortrages unterschlagen wurden, hätte ihm eigentlich zu denken geben müssen.[78] In einem Vortrag, den er im gleichen Jahr in Italien hielt, wiederholte er jedoch erneut seine Überlegungen. Er feierte den Reichsnährstand in Deutschland als ein »Organ der wirtschaftlichen Selbstdisziplin«, das den 1934 in Italien eingerichteten Korporationen voll entspreche.[79] Die durch das Gesetz zur Ordnung der nationalen Arbeit geschaffene Deutsche Arbeitsfront lobte er völlig unkritisch als einen »großartigen Organismus«, der in der Zukunft Arbeiter und Unternehmer in einer einheitlichen Organisation unter staatlicher Führung zusammenfassen werde.[80] Gegenüber dem italienischen Publikum war er besonders bestrebt, die »neuen deutschen Institutionen« im Bereich der Wirtschaft als analoge Schöpfungen zur korporativen Ordnung in Italien hinzustellen. Erstmals wandte er dabei seine alte wirtschaftstheoretische Formel von der »verantwortlichen Selbstverwaltung unter der Aufsicht und Führung des Staates« nicht mehr nur auf den italienischen Faschismus, sondern auch auf den Nationalsozialismus an.[81] Der von ihm seit langem für Deutschland gewünschte Lerneffekt war damit gegenüber dem Faschismus in seinen Augen eingetreten.

Wenig später erhielt er vom Reichserziehungsminister Rust den Auftrag, diesen im Januar 1935 an der Technischen Universität in Lissabon bei der Eröffnung eines Deutschen Lesesaals am Institut für Volkswirtschaft und Finanzwirtschaft amtlich zu vertreten, eine Beauftragung, die nebenbei erneut erkennen läßt, in welch hohem Ansehen er bei den nationalsozialistischen Machthabern stand.[82] Beckerath nutzte die Gelegenheit, um auch hier seine Thesen von der geglückten Faschisierung des Nationalsozialismus auf wirtschaftlichem Gebiet vorzutragen. Doch klang es jetzt schon fast zwanghaft, wenn er immer noch auf die »allmähliche Ausbildung von vertikalen Selbstverwaltungskörpern« hoffte, die nur unter staatlicher Kontrolle, nicht aber Lenkung stehen sollten.[83] Weder die Entwicklung der faschistischen noch die der nationalsozialistischen Wirtschaftsorganisationen verlief zu diesem Zeitpunkt noch auf der Ideallinie, die nach Beckeraths Auffassung jeweils systemimmanent vorgegeben war. Das Ideal einer Versöhnung von freier Unternehmerinitiative und autoritär verfaßtem Staat, die Beckerath zunächst im italienischen Faschismus verwirklicht und von diesem auf den Nationalsozialismus übertragen sehen wollte, deckte sich immer weniger mit der historischen Wirklichkeit. Der institutionelle Umbau der faschistischen und erst recht der nationalsozialistischen Wirtschaft verlief ganz anders, als es das theoretische Konstrukt des Korporativismus vorsah.

Beckerath hielt gleichwohl an seiner »Vision der sich bildenden korporativen Ordnung« fest.[84] Selbst der endgültigen Beseitigung des italienischen Parlaments und dessen Ersetzung durch die Kammer der *Fasci* und Korporationen im Januar 1939 gewann er nochmals positive Aspekte ab, weil sich darin der »Wesenszug des Faschismus«, wonach die Wirtschaft »einheitlich auf das nationale Interesse bezogen und der politischen Gesamtrichtung untergeordnet« sein solle, ausdrücke.[85] Noch 1942 hielt er in einem Vortrag in Italien daran fest, daß sowohl in Deutschland als auch in Italien der Übergang zu »neuen Formen einer kontrollierten Wirtschaft« gelungen sei.[86] Erst 1943 hat er, was zu diesem Zeitpunkt dann doch einigen Mutes bedurfte, öffentliche Zweifel an der »korporativen Wirtschaftstheorie« geäußert.[87] Noch immer glaubte er zwar daran, daß der Primat des Staates und die freie Unternehmerwirtschaft nicht »a limine inkompatibel« sein müßten.[88] Doch mußte er nun endlich einräumen, daß das korporativistische Ideal einer »Selbstverwaltungswirtschaft« in Italien nicht realisiert worden sei. Die Folgen der Weltwirtschaftskrise, der Kreditmangel der dreißiger Jahre und schließlich der Übergang in die Kriegswirtschaft hätten bewirkt, daß die korporativen Selbstverwaltungsorgane »vollkommen unter die schwere Hand des Staates« geraten seien. Statt vor allem den Großunternehmen und Konzernen unternehmerische Freiheit zu geben, seien diese zunehmend dem direkten Einfluß des Staates unterworfen worden. Statt zur wirtschaftlichen Selbstverwaltung habe die Wirtschaftspolitik des faschistischen Regimes, so das Fazit des enttäuschten Apologeten des Korporativismus, zu immer mehr Verstaatlichung geführt.[89]

Die Auslieferung des Teilbandes von »Schmollers Jahrbuch«, der den kritischen Aufsatz von Beckerath enthielt, dürfte mit dem Sturz Mussolinis am 25. Juli 1943 und dem Zusammenbruch des Faschismus zusammengefallen sein. Wir wissen nicht, wie Beckerath darauf reagiert hat. Tagebucheintragungen aus der unmittelbaren Nachkriegszeit lassen jedoch erkennen, daß er dem Diktator Mussolini persönlich die Schuld für das Mißlingen des faschistischen Weges zu neuen Ufern der Wirtschaftspolitik gab. Mussolini habe »nicht den Mut gehabt«, so notierte er im März 1948 in sein Tagebuch, »seine eigenen Lehren durchzuführen«, sonst hätte er gemerkt, »daß sie nichts wert sind«. Der Ausgangspunkt für Mussolinis Irrweg war für Beckerath im Rückblick das sogenannte Achsenbündnis mit Hitler. Durch dieses habe sich Mussolini mit Hitler, »der bis 1936 moralisch und geistig so tief unter ihm stand«, auf eine Stufe gestellt.[90] Beckerath erhielt sich damit die Möglichkeit, zwischen dem »brutalen nationalistischen Egoismus« des späten Faschismus und dem Faschismus der Anfänge zu unterscheiden, der angeblich von den »guten Genien des Risorgimento und der Renaissance« inspiriert worden sei.[91] Die hilflos moralisierenden Schuldzuweisungen an den einstmals bewunderten Diktator lassen erkennen, daß Beckerath zu einer ungeschminkten Einsicht in die systemimmanente Dynamik des Faschismus auch noch nach dessen vollständigem Zusammenbruch nicht fähig war. Eine solche Einschätzung hätte freilich auch zu der Selbsterkenntnis führen müssen, daß die eigene Perzeption des Faschismus über Jahrzehnte hinweg irrig gewesen ist. Seine Annahme, daß der faschistische Korporativismus theoretisch zu einer Harmonisierung sozialer Widersprüche und – mit staatlicher Hilfe – zu einer konfliktfreien Koordination wirtschaftlicher Prozesse hätte führen können, hat Beckerath aber nie vollständig widerrufen. Selbst 1962 beharrte er noch darauf, daß der Faschismus die »Idee eines aktiven Staates, welcher gegensätzliche Interessen in sich aufhebt«, hätte verwirklichen können, wenn er sich nicht mit »Großindustrie und Hochfinanz« verbunden hätte.[92]

Man muß das im Auge haben, wenn man Beckeraths Weg in den Kreis von Wirtschaftswissenschaftlern richtig einschätzen will, die in den letzten Kriegsjahren die Wirtschaftspolitik der ›sozialen Marktwirtschaft‹ theoretisch vorbereitet haben. Beckerath gehörte Anfang 1940 zu der größeren Gruppe von Wirtschaftswissenschaftlern, die innerhalb der Akademie für deutsches Recht die neu eingerichtete »Klasse IV: Erforschung der völkischen Wirtschaft« bildeten.[93] Er übernahm den Vorsitz einer von insgesamt neun Expertengruppen, die als Arbeitsgemeinschaft Volkswirtschaft innerhalb der Klasse IV als eine Art Zentralausschuß fungieren sollte. Ausgehend von Walter Euckens neuen Erkenntnissen diskutierte man in dieser Arbeitsgemeinschaft in den nächsten Jahren in wechselnder Zusammensetzung vor allem über »Ziele und Mittel der gelenkten deutschen Wirtschaft«, wobei zunehmend die wirtschaftspolitischen Aufgaben der Nachkriegszeit in den Vordergrund traten.[94] Diese Arbeiten waren noch bei weitem nicht beendet, als die Arbeitsgemeinschaft mit der Schließung der gesamten Akademie für deutsches Recht am 1. März 1943 ihre Tätigkeit einstellen mußte. Beckerath wurde jedoch von »oben« und »unter der Hand« gebeten, die wissenschaftliche Planungsdiskussion in privatem Kreis weiterzuführen.[95] Unter dem Namen »Arbeitsgemeinschaft Erwin von Beckerath« tagte man zwischen März 1943 und Juli 1944 dann noch achtmal in Freiburg, drei weitere Treffen fanden anderswo in kleinerem Kreis statt. Zu den ursprünglich zehn Teilnehmern stießen später drei weitere, die vor allem als Praktiker dazugeladen wurden.[96] Allen Beteiligten war klar, daß man sich trotz der ursprünglich zumindest halboffiziösen Rückendeckung auf ein riskantes, unter den polizeistaatlichen Bedingungen des späten NS-Regimes für den Einzelnen sogar freiheitsbedrohendes Unternehmen einließ. Die Beteiligung an der Arbeitsgemeinschaft setzte deshalb eine mehr oder weniger entschiedene Ablehnung des NS-Regimes voraus. Es gab überdies personelle Überschneidungen zu anderen Freiburger Kreisen, die eindeutig dem bürgerlichen Widerstand gegen Hitler zuzuordnen waren.[97]

Beckerath hatte mit dem aktiven Widerstand gegen Hitler nachweislich nichts zu tun. Daß er 1940 zum Vorsitzenden der zentralen »Arbeitsgemeinschaft Volkswirtschaft« bestimmt wurde, ist sogar wohl eher noch auf das Renommee zurückzuführen, das er als Fürsprecher des faschistischen Korporativismus hatte. Noch hatte er sich nicht von der Vorstellung verabschiedet, daß sich die nationalsozialistische Wirtschaftsordnung im faschistischen Sinn reformieren ließe. 1943 sah das jedoch anders aus. Wenn er seine Zustimmung dazu gab, die informelle Arbeitsgemeinschaft unter seinem Namen weiterbestehen zu lassen, so war das indirekt zweifellos ein politisches Signal. Er bekannte sich innerhalb seiner akademischen Umwelt jetzt, allerdings aber auch erst jetzt, zu den Gegnern des Nationalsozialismus.

Wichtiger als die politischen Begleitumstände waren ihm aber zweifellos die programmatischen Inhalte der Freiburger Diskussionen. Die nach ihm benannte Arbeitsgemeinschaft war offensichtlich der Ort, an dem er nach dem langen Abschied vom Faschismus seine wirtschaftspolitischen Vorstellungen neu ordnete, um sie später dann in die wirtschaftspolitische Diskussion der frühen Bundesrepublik einzubringen. Als Vorsitzender des Wissenschaftlichen Beirats beim Bundeswirtschaftsministerium war er von 1949 bis zu seinem Tode im Jahre 1964 an prominenter Stelle tätig. Das kann hier nicht weiterverfolgt werden. Jedoch ist abschließend festzuhalten, daß Beckerath sich in den Freiburger Diskussionen in gewissem Sinn treu bleiben konnte. Entgegen den ordoliberalen Vorstellungen Euckens setzten sich in den Zukunftsplanungen der Arbeitsgemeinschaft diejenigen durch, die für den Nachkrieg eine »marktliche Wirtschaftsordnung« forderten, die aus einer auf Wettbewerb beruhenden Marktwirtschaft mit einer mittelbar lenkenden Wirtschaftspolitik des Staates bestehen sollte.[98] So wie Beckerath sich in den zwanziger Jahren das wirtschaftspolitische Programm des Faschismus zurechtgelegt hatte, mußte es gedanklich kein weiter Schritt sein von der Selbstverwaltung unter staatlicher Kontrolle zur regulierten marktlichen Wirtschaftsordnung, wenn man einmal von den korporativen Institutionen absieht, die für die faschistische Theorie konstitutiv waren. Es wäre interessant zu wissen, inwieweit Beckerath in den Freiburger Diskussionen diese theoretischen Übergänge reflektiert hat. Leider hat er sich jedoch zuwenig mit eigenen Vorlagen und Stellungnahmen hervorgetan, um aus den erhaltenen Texten über die vermutete Teilkontinuität seiner wirtschaftspolitischen Vorstellungen Aufschluß gewinnen zu können.[99] Er sah seine Hauptaufgabe offenbar darin, die Sitzungen der Arbeitsgemeinschaft zu moderieren. Dabei konnte er den »einzigartigen Charme seiner Persönlichkeit«,[100] seine Fähigkeit, in kontroversen Diskussionen ausgleichend zu vermitteln, und sein ungewöhnlich breites, Fachgrenzen überschreitendes Bildungswissen voll zur Geltung bringen. Einem Teilnehmer der Freiburger Diskussion erschien er deshalb auch als der »geborene Dirigent eines so risikovollen wissenschaftlichen Unternehmens«.[101]

In einem Punkt mußte Beckerath freilich eindeutig umdenken. Es war nicht der einstmals von ihm favorisierte autoritäre Staat, der nach 1945 schließlich eine gelenkte Marktwirtschaftsordnung garantierte, sondern die von Beckerath in den zwanziger Jahren als nicht mehr handlungsfähig angesehene parlamentarische Demokratie. Im Falle Italiens ist er aber sogar hier wieder schwankend geworden. Von seiner letzten Reise in das Land soll er bedrückt über das Gesehene zurückgekommen sein. Er äußerte Zweifel daran, ob die italienische Demokratie sich noch aus eigener Kraft behaupten könne, und fragte sich, ob nicht »der Faschismus als Revolution des depossidierten Kleinbürgertums die für Italien angemessene Staatsform sei«.[102]

4. Faschismus im politischen Transfer

Giuseppe Renzetti als faschistischer Propagandist und Geheimagent in Berlin 1922-1941

Renzettis politische Anfänge

Niemals zuvor war Italien in Deutschland politisch so populär, beschäftigte sich die deutsche Öffentlichkeit so intensiv mit dem politischen System dieses Landes wie in der Zeit des Faschismus.[1] Das neuartige charismatische Diktatursystem Mussolinis mit seinen vermeintlichen verfassungspolitischen, sozialpolitischen und wirtschaftspolitischen Errungenschaften avancierte in der Krisenzeit der Weimarer Republik bei der politischen Rechten, aber auch in den bürgerlichen Parteien und innerhalb des politischen Katholizismus aus unterschiedlichen Gründen zum vielfach bewunderten Vorbild und einer möglichen politischen Alternative zum ungeliebten demokratischen Parteienstaat. Das läßt sich an einer ganzen Flut von Büchern, Broschüren und Zeitschriftenaufsätzen über den italienischen Faschismus ebenso ablesen wie an der ungewöhnlich dichten Berichterstattung in fast allen wichtigen deutschen Tageszeitungen und Zeitschriften. Einzelne Journalisten und Wissenschaftler taten sich dabei in besonderer Weise als Multiplikatoren hervor. Sie betrieben einen gezielten Transfer faschistischen Gedankenguts, der sich jeweils am Erwartungshorizont einer bestimmten politischen Klientel in Deutschland orientierte.

Es wäre jedoch verfehlt, die ideologische Aneignung des Faschismus in Deutschland als einen eindimensionalen Prozeß anzusehen, bei dem der Faschismus in Deutschland lediglich rezipiert wurde. Zwar behauptete Mussolini lange Zeit, daß sein Faschismus kein »Exportartikel« sei.[2] Das hatte jedoch lediglich taktische Gründe. Mussolini mußte mit seinen expansionistischen Ideen vorsichtig sein, seitdem er nach seiner ersten imperialistischen Attacke im Jahre 1923 in Europa mit Mißtrauen beobachtet wurde. Eine internationalistische Attitüde hätte ihm außenpolitisch nur geschadet.[3] Daß er jedoch spätestens seit 1925 durchaus an eine Ausbreitung des Faschismus dachte, ist nicht zu bezweifeln. Dafür spricht besonders auch, daß er seit seinem Staatsstreich vom 3.1.1925 panfaschistische Ideologen keineswegs bremste, sondern sie vielmehr gewähren ließ, teilweise sogar unterstützte.[4]

Im einzelnen ist schwer zu beurteilen, was die faschistischen Internationalisten antrieb, ideologische Besessenheit, politische Karrierehoffnungen oder einfach persönlicher Ehrgeiz. Da das faschistische Regime jedoch offiziell kein universalistisches Programm vertrat, erhielten sie zunächst keine Unterstützung durch Instanzen der Einheitspartei oder des Staates, sie mußten sich diese vielmehr erst jeweils erkämpfen. Der faschistische Internationalismus stellte insofern keine einheitliche Bewegung dar, geschweige denn, daß er zentral gesteuert wurde. Das rechtfertigt es, mit Giuseppe Renzetti die historische Rolle eines seiner Protagonisten gesondert zu untersuchen.

Der Weltkriegsoffizier, der fast die gesamte Zeit der Weimarer Republik und einen großen Teil des ›Dritten Reiches‹ in Deutschland verbrachte, war freilich auch weit mehr als ein politischer Propagandist neben anderen. Das ergibt sich schon daraus, daß er es Ende der zwanziger Jahre schaffte, das Vertrauen der wichtigsten NS-Führer und vor allem auch Hitlers zu gewinnen. Renzetti gelang es, zum politisch aktiven Agenten und wichtigsten Verbindungsmann Mussolinis zu Hitler aufzusteigen. Sein politisches Kapital waren die persönlichen Kontakte, die er zu den Führern der republikfeindlichen Rechten in Deutschland von der DNVP über den Stahlhelm bis zur NSDAP aufbauen konnte. Anders als die italienische Botschaft, die aufgrund völkerrechtlicher Bestimmungen gehalten war, jeden Anschein innenpolitischer Intervention zu vermeiden, konnte sich Renzetti ungeniert im rechten Milieu der Weimarer Republik bewegen und sich als eine Art Schattenbotschafter gerieren. Sein Sonderstatus endete erst, als es für Mussolini nach Hitlers Machtübernahme keiner Geheimagenten mehr bedurfte, um mit dem ›Führer‹ eine besondere Beziehung aufrechtzuerhalten.

Wer war Giuseppe Renzetti?[5] Am 4.11.1891 in Ascoli Piceno in den Marken geboren, ergriff er nach der Schulzeit die aktive Offizierslaufbahn, in der er es bis zum Major (*Maggiore*) brachte. Schon 1912 nahm er am italienischen Kolonialkrieg in Libyen teil. Im Ersten Weltkrieg war er ab 1916 in Albanien stationiert, wo er auch noch nach Kriegsende bis August 1920 den italienischen Besatzungstruppen angehörte.[6] Nach einem kurzen Heimaturlaub ließ er sich als Mitglied der Interalliierten Militärkommission nach Oberschlesien versetzen, wo er bis 1922 aktiv war. In dieser Zeit entwickelte er, ohne daß dies vorher in irgendeiner Weise abzusehen gewesen wäre, eine lebenslange, fast obsessive Leidenschaft für Deutschland, gegen das er zuvor noch im Krieg gekämpft hatte. Mit einer Unterbrechung von 1935 bis 1936 sollte er bis 1941 in Deutschland bleiben.

Renzettis ungewöhnliche Germanophilie hatte ihren Ursprung sicherlich darin, daß er in den gewalttätigen Nationalitätenkämpfen in Oberschlesien mit der gesamten italienischen Delegation für die Deutschen Partei nahm, während die französischen Offiziere die Polen protegierten.[7] Entscheidend dürfte aber eine ganz persönliche Beziehung gewesen sein: Renzetti lernte in Gleiwitz Susanne Kochmann, die blutjunge Tochter (geb. 1905) eines jüdischen Justizrates kennen, die er dort 1927 heiraten sollte.[8] Als er 1922 nach einem wiederum sehr kurzen Zwischenaufenthalt in Italien den Militärdienst quittierte und nach Deutschland zurückkehrte, mußte er sich zunächst eine bürgerliche Existenz schaffen, die ihm ein ausreichendes Einkommen sicherte. Dieser elementare Antrieb mischte sich erst allmählich mit dem Ehrgeiz, als Repräsentant des italienischen Faschismus in Deutschland eine politische Mission zu erfüllen. Renzetti verschrieb sich, ohne dadurch von irgend jemand angeregt worden zu sein, der selbstgewählten Aufgabe, dem Faschismus in Deutschland zur politischen Akzeptanz zu verhelfen. Es ging ihm ursprünglich tatsächlich darum, »faschistische Propaganda mit geschäftlichen Zielen zu verquicken«, wie der sozialdemokratische »Vorwärts« 1925 polemisch bemerkte.[9]

Es ist nicht bekannt, wie sich Renzetti in den ersten Jahren seines Deutschlandaufenthaltes durchgeschlagen hat. Wie es scheint, gelang es ihm aber nach seinem Eintreffen in Berlin, den italienischen Botschafter Alessandro De Bosdari für sich zu gewinnen, was insofern nahelag, als er in Oberschlesien dem italienischen Außenministerium unterstellt gewesen war. In seinen unvollendeten Memoiren lobte er den Diplomaten jedenfalls rückwirkend als unseren »weisen, umsichtigen und kultivierten Botschafter«.[10] De Bosdari scheint die kurzlebige italienisch-deutsche Zeitschrift »Cultura« gefördert zu haben, die Renzetti vom Oktober 1923 bis Mai 1924 redigierte.[11] Die Zeitschrift enthielt, abgesehen von einem kleinen Beitrag über »Lo Stato fascista«,[12] keinerlei politische Artikel, sondern ausschließlich solche über Kunst und Literatur Italiens und Deutschlands. Wo Renzetti seine Zukunft sah, läßt aber möglicherweise schon der einzige Artikel erkennen, den er zu der Zeitschrift selbst beigesteuert hat. Er publizierte einen mit Zahlen gespickten Aufsatz über die Einfuhr von Zitrusfrüchten und Gemüse aus Italien in Deutschland.[13]

Bald darauf verlegte er sich jedenfalls auf die Wirtschaftswerbung für italienische Produkte. Mit Unterstützung des Botschafters betrieb er seit 1924 in Berlin den Aufbau einer »Italienischen Handelskammer für Deutschland«. Sie hatte anfangs ihren Sitz in der Berliner Markgrafenstraße 55, wo Renzetti auch schon die Zeitschrift »Cultura« redigiert hatte.[14] 1925 erreichte er, daß die Handelskammer vom italienischen Wirtschaftsministerium mit 12 000 Lire im Jahr unterstützt wurde.[15] Dabei kam ihm wahrscheinlich der Abschluß des deutsch-italienischen Handelsvertrages im Oktober 1925 zugute, von dem sich die faschistische Regierung eine Wiederbelebung der stagnierenden Handelsbeziehungen mit Deutschland erhoffte.[16] Im März 1927 gewann er auch noch die Unterstützung von Ezio Maria Gray, der ihn zum Repräsentanten des staatlichen Reisebüros (ENIT) in Deutschland ernannte.[17] Renzetti machte sich anheischig, den infolge der 1926 besonders heftigen politischen Auseinandersetzungen um Südtirol stockenden deutschen Touristenstrom nach Italien wieder zu verstärken.

Als Präsident der Italienischen Handelskammer schuf er sich eine Position, die bis zu seinem ersten Weggang aus Berlin im Jahre 1935 sowohl seine Lebensgrundlage als auch seine politische Operationsbasis bleiben sollte. Von der Handelskammer aus entfaltete er eine rege Werbetätigkeit für italienische Produkte. Gleichzeitig warb er in der italienischen Presse für den deutschen Markt.[18] Außerdem nahm er an den Kongressen der italienischen Handelskammern im Ausland teil.[19] Seit 1927 gab er für die Handelskammer ein monatliches »Bollettino« heraus, in dem er bis 1933 seine handels- und tourismuspolitischen Werbeaktivitäten bündelte.[20] Er benutzte die Handelskammer aber auch als eine Art von politischer Propagandazentrale für den italienischen Faschismus. Ihre Räumlichkeiten dienten ihm dazu, bei aufwendigen Essen und Empfängen persönliche Kontakte zu knüpfen und politische Verbindungen herzustellen.

Was Renzetti bei solchen Gelegenheiten an politischen Hintergrundinformationen erfuhr, berichtete er seit 1930 an den *Partito Nazionale Fascista* (PNF), an das Außenministerium und schließlich an Mussolini persönlich nach Rom. Sein Nachlaß enthält die Durchschläge von Hunderten solcher geheimen Agentenberichte, oft mehrerer vom selben Tag. Ein großer Teil der Originale hat sich in verschiedenen Archiven erhalten, zu einem kleinen Teil ist er publiziert worden.[21] Wir sind daher über Renzettis bemerkenswerte Agententätigkeit ungewöhnlich gut informiert.

Mehrere Rollen gleichzeitig spielend, war er in Berlin als Wirtschaftsrepräsentant und Lobbyist, als Gesellschaftslöwe, als faschistischer Propagandist und als Geheimagent tätig. Kein Italiener hat sich in Deutschland während des 20. Jahrhunderts auf solch vielfältige, freilich auch zwielichtige Weise politisch in Szene setzen können wie Renzetti.

Von Anfang an war er entschlossen, sich nicht auf die Rolle eines wirtschaftspolitischen Lobbyisten einschränken zu lassen, sondern die Italienische Handelskammer als Tarnung für weiterreichende politische Aktivitäten zu benutzen. Deshalb bemühte er sich, an das neu gegründete faschistische Korporationsministerium heranzukommen, was ihm 1929 auch gelang. Auf dem Höhepunkt der faschistischen Korporationseuphorie erhielt Renzetti im März 1932 vom Korporationsministerium sogar einen monatlichen Betrag von 2000 Lire, mit dem er einen vom italienischen Industriellenverband (*Confindustria*) als Fachmann empfohlenen Adlatus bezahlen konnte.[22]

Mit dem Eintreten für den faschistischen Korporativismus hatte Renzetti den richtigen politischen Instinkt. Die reine Produktwerbung für italienische Erzeugnisse hätte ihn ebensowenig über interessierte Fachkreise hinaus bekannt gemacht wie die Repräsentanz des staatlichen Reisebüros. Es war das scheinbar Neue, die vorgebliche Versöhnung von ›Arbeit‹ und ›Kapital‹, das den italienischen Faschismus in Deutschland in der Krisenzeit der ausgehenden Weimarer Republik interessant machte.[23] Von der Verkündung der *Carta del Lavoro* im Jahre 1927 bis zur Übernahme des Korporationsministeriums durch Giuseppe Bottai, den führenden faschistischen Theoretiker des Korporativismus, im September 1929 schien sich die Fama eines vermeintlichen ›Dritten Weges‹ zwischen Kapitalismus und Sozialismus zu erhärten, obwohl das faschistische Regime in der Praxis noch überhaupt nicht mit einem Umbau der Wirtschaftsordnung begonnen hatte, ja diesen eigentlich nie wirklich in Angriff nehmen sollte.[24] In den letzten Jahren der Weimarer Republik entstand so in Deutschland ein philofaschistisches Meinungsklima, das sich wesentlich aus der selektiven Wahrnehmung des faschistischen Korporativismus speiste.

Renzetti erkannte, daß er eine unter Politikern, Journalisten und Wissenschaftlern in Deutschland weitverbreitete Erwartungshaltung gezielt ansprechen und auf diese Weise für das faschistische Wirtschaftsmodell Werbung betreiben konnte. Der korporativistische Ideentransfer von Italien nach Deutschland wurde von ihm spätestens seit 1932 massiv gesteuert. Renzetti knüpfte zum Reichsverband der deutschen Industrie ebenso Kontakte wie zum »Tat«-Kreis oder dem Wiener Kreis um Otmar Spann mit der Zeitschrift »Ständisches Leben«.[25] Er stellte persönliche Verbindungen zu Hjalmar Schacht, Fritz Thyssen, Alfred Hugenberg und anderen nationalkonservativen Wirtschaftsführern her. Und es gelang ihm, Einfluß auf die wirtschafts- und sozialpolitische Berichterstattung einiger Zeitungen über den Faschismus zu nehmen, so etwa auf die der »Berliner Börsenzeitung« oder der »Deutschen Allgemeinen Zeitung«.[26] Mit dem Direktor der »Börsen-Zeitung«, Richard Jügler, vereinbarte er im Frühjahr sogar ausdrücklich eine faschismusfreundliche Berichterstattung, nachdem er ihm und dem römischen Korrespondenten des Blattes, Hans Ludwig, im März eine Audienz bei Mussolini vermittelt hatte.[27] Der Erfolg seiner faschistischen Werbekampagne war so groß, daß sich für Renzetti der Vertrieb eines vertraulichen Informationsdienstes lohnte, den er von Juli 1932 bis Juli 1934 unter dem Titel »Italienische Berichte« in hektographierter Form herausbrachte.[28]

1930 begann Renzetti auch damit, für deutsche Zeitungen und Zeitschriften zu schreiben.[29] Der Schwerpunkt seiner Beiträge lag auch hier auf wirtschaftlichen Themen. Sich ständig wiederholend, pries er immer wieder den angeblichen »Wiederaufbau der Wirtschaft durch den Faschismus« an. Unter diesem Titel hielt er auch quer durch ganz Deutschland Vorträge vor Wirtschaftsvertretern, Professoren, Journalisten und nationalkonservativen Politikern. Die Hamburger Sektion des Nationalklubs von 1919 publizierte seinen Vortragstext als eigene Broschüre.[30] Mit besonderem Nachdruck verwies er dabei stets auf das »korporative System« des Faschismus, das er auch für Deutschland als wirtschaftspolitisches Allheilmittel anpries.[31] Beispielsweise eröffnete er eine von Ruggero Vasari herausgegebene Buchreihe »Italien in Vergangenheit und Gegenwart« mit einer Broschüre »Der korporative Staat«.[32]

Sie enthielt eine Eloge auf eine besondere Errungenschaft des Faschismus, nämlich die Opera Nazionale Dopolavoro, die 1924 gegründete staatliche Freizeitorganisation.[33] Wenn Renzettis korporativistische Propaganda sonst mehr oder weniger auf Schönrederei hinauslief, handelte es sich hierbei tatsächlich um eine »essentiell faschistische Gründung«, die in Italien zu einer beispiellosen Massenmobilisierung führte.[34]

Inwieweit er auch an der Vorbereitung der innerhalb des Nationalsozialismus umstrittenen Ausstellung über die italienische Flugmalerei (*Aeropittura*) beteiligt war, die am 28. März 1934 in Berlin eröffnet wurde, kann bisher nicht gesagt werden.[35] Es spricht jedoch für sich, daß er in der Buchreihe des ebenfalls in Berlin lebenden Organisators Vasari gleich drei politische Broschüren publizierte.[36] Außerdem fällt auf, daß mit Göring, Goebbels und Rust die drei nationalsozialistischen Führer die Schirmherrschaft über die Ausstellung übernahmen, zu denen Renzetti die besten Beziehungen hatte.[37]

Es ist selbstverständlich nicht genau abzuschätzen, wieviel Renzetti in Deutschland zur Herstellung des positiven Meinungsklimas gegenüber dem Faschismus und insbesondere gegenüber dem faschistischen Korporativismus beigetragen hat. Er neigte dazu, seinen Anteil daran zu überschätzen. Auch das Kölner Petrarca-Haus, eine deutsch-italienische Gründung, bemühte sich darum, in Deutschland Kenntnisse über das korporativistische System zu verbreiten.[38] Und für viele der deutschen Zeitungskorrespondenten in Rom war der Korporativismus ebenfalls das Hauptthema. Doch anders als alle übrigen Multiplikatoren des Faschismus beschränkte sich Renzetti nicht auf bloß ideologischen Transfer. Die Propaganda für den Korporativismus und insbesondere für die faschistische Freizeitpolitik war für ihn Teil einer politischen Handlungsstrategie. Renzetti hielt sich für berufen, in Deutschland nach faschistischem Vorbild einen politischen Systemwechsel herbeizuführen. Dezidiert antidemokratisch eingestellt, wollte er »die kurzsichtige und verantwortungslose Regierung der Parteien« durch einen hierarchisch organisierten Führerstaat ersetzen.[39] Zeitweise arbeitete er sogar auf einen gewaltsamen Umsturz der politischen Rechten nach Art des ›Marsches auf Rom‹ hin, um auch in Deutschland das parlamentarische System zu beseitigen und eine faschistische Diktaturregierung nach dem Vorbild Mussolinis zu etablieren.

Bei diesen Geheimoperationen handelte er zunächst keinesfalls in Mussolinis Auftrag. Die Initiative ging eindeutig nicht vom *Duce* des Faschismus aus, sondern von Renzetti. Es handelte sich um eine Art von politischer Selbstmobilisierung, deren Erfolg um so erstaunlicher war, als Renzetti sich gegen den Widerstand der professionellen Diplomaten durchsetzen mußte.[40] Als er freilich erst einmal die Rückendeckung Mussolinis hatte, erhöhte dies seine politische Reputation in Deutschland bei der von ihm umworbenen politischen Rechten ganz beträchtlich. Die Tatsache, daß er als Vertrauensmann Mussolinis angesehen werden konnte, öffnete ihm die Türen sowohl bei führenden Nationalkonservativen als auch bei den Nationalsozialisten. Diese doppelte Vertrauensstellung prädestinierte ihn sogar dazu, gelegentlich als Vermittler zwischen den beiden rechten Lagern tätig zu werden. In bestimmten kritischen Situationen, so bei der Gewinnung von Schacht für die ›Nationale Rechte‹ oder der Bildung der sogenannten Harzburger Front, war Renzetti offenbar als Mittelsmann tätig, wobei seine luxuriöse Wohnung am Berliner Kurfürstendamm 100 häufig als neutraler Treffpunkt diente.[41]

Renzettis als auffallend schön beschriebene deutsche Frau Susanne spielte dabei als gesellschaftlicher Mittelpunkt eine große Rolle. In mißgünstiger Rivalität wurde dies sogar von Elisabetta Cerrutti, der Frau des italienischen Botschafters in Berlin von 1932 bis 1935, anerkannt. Sie mußte erleben, daß »auf jedem großen Empfang, in jeder Gesellschaft, ja sogar bei jeder wichtigen Beerdigung«, an der sie in Berlin teilnahm, immer auch Susanne Renzetti dabei war und ihr offenbar gesellschaftlich die Schau stahl.[42] Nicht zufällig setzte die Zeitschrift »Elegante Welt« noch am 17. Juli 1933 das Foto eines Ölbildes von Susanne Renzetti auf ihr Titelblatt. Es stammte von dem schlesischen Portraitmaler Egon Josef Kossuth, der z. B. auch Ebert als Reichspräsidenten gemalt hatte.[43]

Der faschistische Propagandist

Renzettis Weg in die Politik begann 1924. Ausgerechnet auf dem Höhepunkt der Matteotti-Krise, die Mussolinis faschistisches Regime vorübergehend ins Wanken brachte, ließ er sich von Botschafter Bosdari dazu überreden, in die faschistische Partei einzutreten.[44] Ein Jahr später war er schon der Vertrauensmann

(*Fiduciario*) aller faschistischen Parteisektionen in Deutschland und nahm in dieser Funktion im November 1925 am ersten Kongreß der *Fasci all'Estero* in Rom teil.[45] In derselben Eigenschaft wurde er am 26.12.1926 auch nochmals zusammen mit den faschistischen Vertrauensleuten aus China und Japan von Mussolini empfangen.[46] Schon am 16. Mai desselben Jahres hatte er in Berlin den ersten Kongreß der *Fasci all'Estero* in Deutschland ausgerichtet.[47] Am 8. Juli 1926 gründete er schließlich in den Räumen der Berliner Handelskammer selbst den *Fascio di Berlino*.[48]

Das blieb in Deutschland nicht verborgen. Seine ersten politischen Aktivitäten wurden vor allem von der sozialdemokratischen Presse mißtrauisch beäugt.[49] Richteten sich die ersten Angriffe dagegen, daß Renzetti die Italienische Handelskammer dazu mißbrauchte, die *Fasci all'Estero* in Deutschland zu leiten und dort das Parteiorgan »Il Gagliardetto« herauszugeben, so wurde der Ton noch schärfer, als bekannt wurde, daß Renzetti im Oktober 1925 in Leipzig aufgrund eigener Initiative ein italienisches Konsulat eröffnet hatte. Der »Vorwärts« prangerte im Dezember 1925 »Faschistenpläne in Deutschland« an und äußerte den Verdacht, daß Renzetti mit den *Fasci* in Deutschland einen »Bespitzelungsapparat« für die Auslandsitaliener aufziehen wolle.[50] Der öffentliche Protest gegen die politischen Aktivitäten Renzettis bewirkte, daß ihm vom Auswärtigen Amt das Exequatur als Konsul verweigert wurde.[51] Renzetti führte das Konsulat gleichwohl weiter und organisierte 1926 auf der Leipziger Messe erstmals eine italienische Musterschau. Auf Weisung von Dino Grandi, dem ihm nicht gewogenen Staatssekretär des römischen Außenministeriums, mußte er das Konsulat jedoch Anfang 1927 schließen.[52]

Nachdem ihm damit die diplomatische Karriere zunächst verschlossen bleiben sollte, setzte Renzetti ganz auf die faschistische Partei. Er nutzte dafür die Bekanntschaft mit Roberto Maltini, einem Freund des faschistischen Generalsekretärs Augusto Turati, der von 1929 bis 1930 für die *Gruppi Universitari Fascisti* (GUF) dem Präsidium des PNF angehörte. Er baute den Sitz des *Fascio* zu einer *Casa degli Italiani* aus, in der auch die faschistischen Jugend-, Studenten- und Frauenorganisationen sowie die Freizeitorganisation des Dopolavoro Räume erhielten.[53] Als Sekretär der faschistischen Auslandssektion organisierte er an den faschistischen Festtagen demonstrativ politische Feiern, bei denen er sich als Festredner hervortat. Besondere Aufmerksamkeit erregten die politischen Empfänge, die er für prominente Faschisten wie Attilio Teruzzi (am 7.7.1926), Italo Balbo (am 2.7.1927) oder Roberto Forges Davanzati (am 21.2.1932) gab.[54]

Es versteht sich, daß er mit dieser öffentlichen Aktivität bei der zuvor schon mißtrauischen demokratischen Presse in Deutschland erst recht Anstoß erregte. Bis zum Herbst 1927 häuften sich die Presseberichte über das »Faschistentreiben in Berlin«.[55] Wir wissen nicht, inwieweit diese permanenten öffentlichen Angriffe dazu beitrugen, daß Renzetti das Amt des Vertrauensmanns der *Fasci all'Estero* in Deutschland aufgab. 1928 wurde er jedenfalls als »ex-fiduciario dei fasci in Germania« bezeichnet.[56] Wahrscheinlich zog er sich jedoch aus der Schußlinie zurück, weil er sich als Geheimagent Mussolinis profilieren wollte. Der Generalsekretär der *Fasci all'Estero*, Di Marzio, hatte ihn schon im Juli 1927 dem Chef der Politischen Polizei, Arturo Bocchini, als Geheimagent empfohlen.[57] Das führte zu diesem Zeitpunkt noch zu keinem Ergebnis. 1928 begannen sich jedoch Roberto Maltini und wahrscheinlich auch Arnaldo Mussolini für regelmäßige Geheimberichte Renzettis zu interessieren.[58] Damit begann seine Karriere als politischer Geheimagent, die bis 1933 den eigentlichen Schwerpunkt seiner Tätigkeit in Deutschland bilden sollte.

Auch wenn Renzetti nun ständig geheime Berichte nach Rom sandte, kann man ihn dennoch nicht einfach als politischen Spitzel bezeichnen. Er wollte von Anfang an nicht nur Informationen weitergeben, sondern etwas politisch bewirken. Sein Ziel war ein politischer Umsturz in Deutschland und die Herstellung eines autoritären Regierungsregimes nach faschistischem Vorbild. Da er der Meinung war, daß die politische Rechte in Deutschland dies nicht aus eigener Kraft bewirken könnte, versuchte er die faschistische Führung mit seinen Berichten davon zu überzeugen, an der Vorbereitung dieses Umsturzes insgeheim mitzuarbeiten. In fundamentaler Verkennung der politischen Realitäten träumte er von einer italienischen Führungsrolle bei einer nationalrevolutionären Umgestaltung Deutschlands.

Zur Erreichung dieses politischen Ziels setzte er ursprünglich in erster Linie auf den Stahlhelm, wahrscheinlich weil ihm dessen militärisches Gehabe aufgrund seiner beruflichen Herkunft vertraut war. Besonders enge persönliche Beziehungen knüpfte er zu dem brandenburgischen Landesführer Elhard von Morosowicz und zu dem Diplomaten Vicco von Bülow-Schwante, die er wahrscheinlich beide im monarchistischen Salon von Viktoria von Dirksen kennengelernt hatte.[59] Sie haben ihm auch den Weg zum Bundeskanzler des Stahlhelms, Siegfried Wagner, und zu Franz Seldte, dem Ersten Bundesführer, gebahnt, mit denen er seit dem Frühjahr 1930 in Verbindung stand.[60]

Seit 1929 organisierte Renzetti zahlreiche politisch motivierte Gruppenreisen von Stahlhelmern sowie von anderen nationalkonservativen Gruppierungen nach Italien. Diese Reisen waren ihm besonders wichtig, weil er durch sie ein »enges Netz von Wissenschaftlern und Sympathisanten« zu gewinnen hoffte, die in Deutschland für den Faschismus eintreten und zu Promotoren einer faschistischen Bewegung werden sollten.[61] Bei der Organisation dieser Gruppenreisen entwickelte er ein bemerkenswertes Organisationstalent. Nach eigenen Angaben will er bis 1932 40 solcher Reisen vermittelt haben.[62] Auch wenn das sicherlich übertrieben war, war der von ihm inszenierte Polittourismus nach Italien bemerkenswert genug. Über Maltini scheint er zunächst vor allem rechte Studentengruppen nach Italien vermittelt zu haben.[63] Politisch von größerer Bedeutung waren die Italienreisen verschiedener deutschnationaler Gruppen. Sie wurden von der faschistischen Führung Schritt um Schritt ernster genommen und auf eine immer höhere politische Ebene gehoben. Den Anfang machte eine vom Vorsitzenden Karl Eduard Herzog von Sachsen-Coburg geleitete Gruppenreise des Nationalen Deutschen Automobilklubs im Oktober 1929, an der etwa 100 Angehörige des Stahlhelms und der DNVP teilnahmen.[64] Wenig später fuhr eine brandenburgische Stahlhelmgruppe unter Führung des regionalen Bundesführers Heinke nach Italien. Sie wurde in Rom vom faschistischen Parteisekretär Turati und in Mailand von Arnaldo Mussolini, dem Direktor des »Popolo d'Italia«, empfangen, worauf in der deutschen Presse sofort von »nationaler Würdelosigkeit« die Rede war.[65] Nach einer Gruppe des deutschnationalen Königin-Louise-Bundes im Sommer 1930[66] reisten im November neuerdings 30 Stahlhelmmitglieder unter Führung Heinkes nach Italien. Sie wurden dieses Mal nicht nur von Turati, sondern sogar auch von Mussolini empfangen, dem sie als »Erinnerungsgabe« ein Stahlhelmabzeichen überreichte. Das wurde in der demokratischen Presse erst recht als »nationale Würdelosigkeit« gebrandmarkt, so daß sich Hindenburg als Ehrenpräsident des Stahlhelms zu einer Intervention genötigt sah.[67]

Im Gegenzug nahm Renzetti Roberto Maltini für die faschistische Parteiführung Anfang Oktober 1930 am 11. Reichsfrontsoldatentag des Stahlhelms in Koblenz teil.[68] Welche Bedeutung der Stahlhelm zu diesem Zeitpunkt der Öffnung gegenüber dem Faschismus zumaß, läßt sich daran erkennen, daß am 16. November 1930 auf der ersten Seite der Bundeszeitung in großer Aufmachung ein Aufsatz von Renzetti abgedruckt wurde, in dem dieser die politischen Gemeinsamkeiten zwischen Deutschland und Italien beschwor.[69] Auch danach rissen die Stahlhelm-Reisen nach Italien nicht ab. Der Höhepunkt war das von Renzetti vermittelte Gespräch, das Franz Seldte anläßlich des internationalen Kongresses zum zehnjährigen Jubiläum des ›Marsches auf Rom‹ im November 1932 in Rom mit Mussolini führen konnte.[70]

Zu diesem Zeitpunkt hatte Renzetti freilich längst weitere Partner für seine Politik der nationalen Einheitsfront gewonnen. Am 9. Januar 1931 führte er zum ersten Mal ein Gespräch mit Alfred Hugenberg, mit dessen ›Führerkorps‹ er schon vorher Kontakt hatte.[71] Schon zuvor war es ihm gelungen, als erster Ausländer in den Deutsch-Nationalen Herrenklub eingeladen zu werden.[72] Besonders intensiv waren seine Kontakte zu dem reaktionären Wiener Spann- Kreis, vor allem zu Walter Heinrich, dem Generalsekretär der österreichischen Heimwehren, und zu Wilhelm Longert, dem Herausgeber der Zeitschrift »Nationalwirtschaft«. Wie Daniela Liebscher nachgewiesen hat, war es auch kein anderer als Renzetti, der zusammen mit Longert um die Jahreswende 1931/32 die umtriebige Gesellschaft zum Studium des Faschismus gegründet hat, die ein politisches Sammelbecken für italienfreundliche Intellektuelle aus dem Umkreis des Stahlhelms, der DNVP und auch der NSDAP war.[73]

Verbindungsmann zwischen Mussolini und Hitler

Renzettis größter politischer Erfolg bestand freilich darin, daß er seit 1929 den Zugang zum inneren Kreis der NS-Führung gefunden hat. Schon 1926 hatte er möglicherweise zu Hermann Göring Kontakt, auch wenn er diesen allerdings wohl erst 1929 im Haus des italienischen Luftfahrtattachés Senzadenari persönlich kennenlernte.[74] Mit Göring verband ihn bald eine »aufrichtige und tief empfundene Freundschaft«.[75] Kein deutscher Freund, behauptete der Luftfahrtminster sogar gegenüber dem italienischen Botschafter Magistrati, habe mehr für ihn getan als Renzetti.[76] Es kann daher nicht überraschen, daß er Anfang April 1935 als einziger Ausländer zur Hochzeit Görings mit seiner zweiten Frau Emmy Sonnemann eingeladen wurde.[77] Durch Göring lernte Renzetti nach und nach fast die gesamte nationalsozialistische Führungsclique kennen. Wie aus seinen Geheimberichten hervorgeht, kam er mit Heß, Röhm, Rust, Kerrl, Kube, Rosenberg und Frank mehr oder weniger häufig zusammen. Goebbels bezeichnete ihn in seinem Tagebuch mehrfach als einen nationalsozialistischen Parteigänger.[78]

Am wichtigsten aber war es, daß Göring Renzetti den Weg zu Hitler bahnte und 1929 nicht nur zum ersten Treffen mit dem ›Führer‹ nach München mitfuhr, sondern auch später häufig bei seinen Gesprächen mit Hitler anwesend war.[79] Durch den persönlichen Kontakt mit Hitler erhielt die geheime Werbetätigkeit Renzettis für den Faschismus eine neue Dimension. Kein anderer Ausländer ist so häufig mit Hitler zusammengetroffen, keiner hat, sofern das überhaupt möglich war, eine so enge persönliche Beziehung zum ›Führer‹ herstellen können wie Renzetti. Dies allein schon rechtfertigt es, ihn aus der Vergessenheit herauszuholen und seine zweifellos problematische historische Rolle genauer zu bestimmen.[80]

Hitler dedizierte Renzetti schon bei der ersten Begegnung in München ein Foto mit der Widmung: »Herrn Major Renzetti, dem Vorkämpfer eines Zusammenfindens des italienischen und deutschen Volkes. A. Hitler«.[81] Ein weiteres signiertes Foto erhielt Renzetti, als Hitler ihm am 21. Juni 1935 demonstrativ eine Abschiedsaudienz gewährte.[82] Hitler übertrug seine Gunst auch auf Renzettis Frau Susanne, wobei ihm ihre jüdische Herkunft von Anfang an bekannt war.[83] Darüber wurde vor Hitlers Machtergreifung sogar öffentlich geredet.[84] Goebbels fand Susanne Renzetti später in seinem verbohrten Rassenwahn »schrecklich nichtarisch«.[85] Es gibt aber keinen Grund, an ihrer Aussage zu zweifeln, Hitler habe sich bei zahlreichen gesellschaftlichen Anlässen stets auf das liebenswürdigste um sie bemüht.[86] Fast unglaublich erscheint es nur, daß Hitler sie kurz vor ihrem vorübergehenden Weggang aus Berlin im Juni 1935 sogar zum Abschied in Privataudienz empfangen habe, um sich von ihr persönlich zu verabschieden.[87]

Insgesamt hat Renzetti zwischen 1929 und 1941 nachweislich mindestens 42mal mit Hitler politische Gespräche geführt, möglicherweise sogar noch einige Male mehr.[88] Darüber hinaus scheint er auch noch bei zufälligen gesellschaftlichen Anlässen mit ihm zusammengekommen zu sein.[89] Nur zweimal davon telefonierte er mit Hitler, ansonsten traf er sich ausnahmslos persönlich mit ihm. Viele Begegnungen fanden in Gesellschaft mit anderen, vor allem mit Göring, statt. Auch bahnte Renzetti prominenten Faschisten den Weg zu gemeinsamen Treffen mit Hitler, so etwa Roberto Forges D'Avanzati und vor allem Carlo Scorza.[90] Die meisten Gespräche fanden jedoch unter vier Augen statt, wobei Renzetti dazu von Hitler häufig zum Essen in das Berliner Hotel »Kaiserhof« eingeladen wurde:

Tabelle 1:
Audienzen Giuseppe Renzettis bei Hitler

Datum	*Ort*	*Weitere Teilnehmer*	*Quelle*
1929	München	Göring, Heß, Röhm	NL Renzetti, Memoiren
Einige Tage vor dem 14.4.1930	Berlin	–	DDI, 7/VIII, 608
Einige Tage vor dem 22.11.1930	Berlin	–	NL Renzetti, Bericht 22.11.1930
5.1.1931	Berlin	Göring, Goebbels, Thyssen, Schacht	NL, 5.1.1931; 20.3.1933
Zwischen dem 8. und 10.6.1931	Berchtesgaden	–	De Felice, 229; NL Renzetti, 10.6.1931
21. und 22.6.1931	Berlin	–	NL Renzetti, 24.6.1931
10.8.1931	Bad Harzburg	Telefongespräch	10.8.1931
11.10.1931	Braunschweig	?	NL Renzetti, 15.10.1931
17. und 18.10.1931	Berlin	?	NL Renzetti, 19.10.1931
20.11.1931	Berlin	?	NL Renzetti, 20.11.1931; DDI, 7/IX, 137-139;ACS, Segr.Part. Duce,20.11.1931

Datum	*Ort*	*Weitere Teilnehmer*	*Quelle*
Einige Tage vor dem 16.12.1931	Berlin	–	NL Renzetti, 16.12.1931
6. und 7.1.1932	Berlin	?	NL Renzetti, 7.1.1932
11.1.1932	Berlin	–	NL Renzetti, 11.1.1932
12.1.1932	Berlin	–	DDI, 7/XI, 281; NL Renzetti, 12.1.1932
21.2.1932	Berlin	Forges D'Avanzati	DDI, 7/XI, 410
22.3.1932	Berlin	–	NL Renzetti, 22.3.1932
10./11.4.1932	Berlin	Telefongespräch	NL Renzetti, 11.4.1932
14.4.1932	Berlin	–	NL Renzetti, 14.4.1932
29.4.1932	Berlin	Carlo Scorza	Scorza, Fascismo, 80-87; Hitler, Reden, V,1, 99-108.
30.4.1932	Berlin	Göring, Heß, Kube, Loerzer, Thyssen,	NL Renzetti, 30.4.1932
8.6.1932	Berlin	–	De Felice, 238f.; NL Renzetti, 12.6.1932
21.6.1932	Berlin	–	De Felice, 240; NL Renzetti, 21.6.1932; DDI, 7/XII, 144-146.
11.9.1932	Berlin	–	NL Renzetti, 11.9.1932
12.9.1932	Berlin	Göring, Goebbels, von Stauß	NL Renzetti, 12.9.1932
25.10.1932	Berlin	–	NL Renzetti, 25.10.1933; ASMAE, Lancelotti, 25.10.1932
23.1.1933	Berlin	–	De Felice, 247-50; NL Renzetti, 23.1.1933
30.1.1933	Berlin	Goebbels, Röhm, Helldorf, Hanfstaengl	NL Renzetti, Memoiren

Datum	*Ort*	*Weitere Teilnehmer*	*Quelle*
31.1.1933	Berlin	–	DDI, 7/XIII, 63 f.; ACS, Segr.Part. Duce, 31.1.1933
3.2.1933	Berlin	–	DDI, 7/XIII, 71 f.
5./6.2.1933	Berlin	Göring, Kerrl, Kube, Rust, Thyssen	De Felice, 256; DDI, 7/XIII, 184-86
7.3.1933	Berlin	–	DDI, 7/XIII, 191-93
15.3.1933	Berlin	Casalini, Göring, Schacht	NL Renzetti, 15.3.1933
Vor dem 5.7.1933	Zug München–Berlin	–	DDI, 7/XIII, 974-76
10.11.1933	Berlin	–	ASMAE, Lancelotti, 10.11.1933
29.11.1933	Berlin	Alfieri, Göring, Heß	ASMAE, Lancelotti, 29.11.1933
3.2.1934	Berlin	–	ASMAE, Lancelotti, 3.2.1934
7.6.1934	Berlin	–	NL Renzetti, 7.6.1934
19.6.1934	Berlin	Heß, Frank, Habicht, Schaub, Brückner, Dietrich	NL Renzetti, 19.6.1934; DDI, 7/XV, 444 f.
21.6.1935	Berlin	–	ACS, Cult.Pop., 21.6.1935; DDI, 8/I, 438-441.
18.3.1937	Berlin	–	DDI, 8/VI, S. 395 f.
11.12. 1937	Berlin	?	Magistrati, L'Italia,S. 106; DDI, 8/VII, S. 815.
1.4.1941	Berlin	–	DDI, 9/VI, 2.4.1941

NL Renzetti: Bundesarchiv Berlin, NL 1235, Nr. 10-13; DDI: I Documenti Diplomatici Italiani, Settima Serie, Bd. VIII-XIII, Ottima Serie, Bd. I, Bd. VI; Nona Serie, Bd. VI; ASMAE, Lancelotti: Archivio Storico del Ministero degli Affari Esteri di Roma, Fondo Carte Lancelotti, Cassetta 235, Rapporti Renzetti; ACS, Cult. Pop.: Archivio Centrale dello Stato di Roma, Ministero di Cultura Popolare, busta 165; ACS, Segr. Part. Duce: Archivio Centrale dello Stato di Roma, Segreteria Particolare del Duce, Carteggio riservato (1922-1943), fasc. 443/R; De Felice: Renzo de Felice, Mussolini e Hitler. I rapporti secreti 1922-1933, Firenze 1975; Magistrati, L'Italia: Massimo Magistratri, L'Italia a Berlino (1937-1939), Milano 1956; Scorza,

Fascismo: Carlo Scorza, Fascismo Idea Imperiale, Roma 1932; Hitler, Reden: Hitler, Reden, Schriften, Anordnungen, Februar 1925 bis Januar 1933, Bd. V,1, München 1996.
Die Datumsangaben in der vierten Spalte beziehen sich jeweils auf einen Geheimbericht Renzettis.

Die Begegnungen mit Hitler waren nicht nur ihrer Zahl nach ungewöhnlich. Hitler erwies vielmehr Renzetti bei vielen Gelegenheiten seine besondere Wertschätzung. Das erklärte sich anfangs vor allem daraus, daß er durch ihn endlich an Mussolini heranzukommen hoffte. Renzetti war für Hitler gewissermaßen der Schlüssel, mit dem er endlich das Tor zur ersehnten persönlichen Begegnung mit Mussolini aufschließen konnte. Seine Gunsterweise gingen jedoch weit darüber hinaus und hielten auch noch dann an, als er der Mittlertätigkeit Renzettis eigentlich nicht mehr bedurfte. So wurde Renzetti am 22.6.1931 nach Berchtesgaden eingeladen, ein Privileg, das Hitler vor 1933 sonst nur den Angehörigen seines engsten Kreises gewährte.[91] Welcher besonderen Wertschätzung er sich erfreute, kann man auch daran ablesen, daß Hitler ihn gerade bei solchen Gelegenheiten zu sich rief, die für ihn von besonderer politischer Bedeutung waren. So wartete Renzetti am Morgen des 30. Januar 1933 zusammen mit Goebbels, Röhm, Graf Helldorf und Hanfstaengl im Hotel Kaiserhof auf Hitler und Göring, als diese mit Papen bei Hindenburg waren, um über die Ernennung des ›Führers‹ zum Reichskanzler zu verhandeln.[92] Abends wurde er von einem Vertrauten Hitlers in die Reichskanzlei eingeladen, wo er bis 1.00 Uhr nachts, sich im Hintergrund haltend, als einziger Ausländer den Vorbeimarsch der jubelnden Nazihorden erlebte.[93] Schon am 10./11. April 1932 hatte er die Nacht im Kreis der Naziführer verbracht, als die Stimmen des zweiten Durchgangs der Reichspräsidentenwahl ausgezählt wurden.[94] In der Nacht vom 5. zum 6. März 1933 wartete er gemeinsam mit Hitler sowie Göring, Rust, Thyssen, Kerrl, Kube und anderen führenden Nationalsozialisten auf das Ergebnis der Reichstagswahlen.[95] Und schließlich war er auch anwesend, als Hitler am 9. November 1933 erstmals den »Kult um die toten Helden« für die bei dem Putsch von 1923 gefallenen Nationalsozialisten inszenierte.[96]

Es ist festzuhalten, daß Renzetti schon Beziehungen zu Göring und Hitler herstellte, als er noch nicht von Mussolini dazu autorisiert war. Am 9.12.1925 und am 21.12.1926 war er zwar jeweils zusammen mit anderen Vertrauensleuten der *Fasci all'Estero* von

Mussolini empfangen worden, daraus hatte sich jedoch noch keine persönliche Beziehung zum *Duce* ergeben.[97] Noch 1928 scheint er vergeblich versucht zu haben, bei einer Romreise von Mussolini empfangen zu werden.[98] Einen Durchbruch erzielte er erst, als er 1930 in einem Bericht an den Generalsekretär des PNF, Augusto Turati, voraussagte, daß die NSDAP zusammen mit den Deutschnationalen bei den Reichstagswahlen am 14. September etwa 120 Mandate erringen werde.[99] Er lag damit weit über allen bekannten zeitgenössischen Schätzungen in Deutschland. Als sich die Voraussage überraschenderweise weitgehend bestätigte und die Nationalsozialisten allein schon 107 Mandate bekamen, wurde Renzetti kurzfristig nach Rom gerufen und am 16. Oktober erstmals allein von Mussolini empfangen. Dieser beauftragte ihn nunmehr offiziell damit, im geheimen Kontakt zu Hitler zu halten.[100]

Renzetti war nicht der erste Emissär, der zwischen den beiden Faschistenführern hin- und herpendelte. Noch vor Mussolinis Machtübernahme hatte Hitler Kurt Lüdecke, einen windigen politischen Glücksritter, vergeblich bei Mussolini vorsprechen lassen.[101] 1927 hatte Hitler über den Presseattaché der italienischen Botschaft in Berlin, Francesco Antinori, und 1930 über den italienischen Generalkonsul in München, Giovanni Capasso Torre, an Mussolini heranzukommen versucht, jedoch ohne Erfolg.[102] Mussolini scheute sich zu dieser Zeit offensichtlich noch, auf normalem diplomatischen Wege mit Hitler zu verkehren. Ihm war zwar nicht entgangen, daß die NSDAP in Deutschland die einzige Partei war, die nicht nur in der Südtirolfrage eindeutig die italienische Position unterstützte, sondern sich auch sonst dezidiert faschistisch gerierte. Doch konnte es seiner internationalen Reputation nicht dienlich sein, sich mit einer offenkundig staatsfeindlichen Partei öffentlich einzulassen.

Der Erfolg der Nationalsozialisten bei den Septemberwahlen von 1930 ließ solche Skrupel zurücktreten. Das Wahlergebnis überzeugte Mussolini davon, daß Hitler eine Machtergreifung nach faschistischem Vorbild zuzutrauen war. Mit ihm in Verbindung zu treten und ihn an sich zu binden war ihm daher jetzt wichtiger als außenpolitische Rücksichten. Es ist kein Zufall, daß er am 27. Oktober 1930 in einer Rede vor den Provinzsekretären des PNF erstmals öffentlich die »Universalität des Faschismus« beschwor,[103] nachdem er noch im Mai gegenüber Theodor Wolff betont hatte, daß der Faschismus »kein Exportartikel« sei.[104] Für Mussolini war nunmehr die Zeit beendet, in der es ihm nur um den Aufbau des Faschismus ›in einem Land‹ gegangen war. Der Aufstieg Hitlers überzeugte ihn davon, daß der Faschismus sich auch in anderen Ländern verbreiten könne, wobei er es für selbstverständlich hielt, daß ihm dabei die Führungsrolle zukäme. Die Möglichkeit, über Renzetti eine diskrete Verbindung zu Hitler aufzunehmen, kam ihm in dieser Situation gerade recht. Ohne daß dies öffentlich bekannt wurde, konnte er auf diesem Wege mit dem ihm geistesverwandten Führer des Nationalsozialismus kommunizieren.

Nach dem ersten Gespräch wurde Renzetti von Mussolini bis 1935 noch weitere acht Mal empfangen.

Tabelle 2: Audienzen Giuseppe Renzettis bei Mussolini

Datum	*Ort*	*Weitere Teilnehmer*	*Quelle*
9.12.1925	Rom	Delegierte aller Fasci all'Estero	Popolo d'Italia, 10.12.1925
12.12.1926	Rom	Fiduciari Fasci all'Estero Japans und Chinas	BAB, Neurath an AA, 30.12.1926
16.10.1930	Rom	–	Renzetti, Memoiren; Scarano, 211-13
20.1.1931	Rom	–	Renzetti, Memoiren; Scarnao, 336f.
24.4.1931	Rom	Göring	De Felice, Duce I, 433; Scarano, 339f.
4.11.1931	Rom	–	NL Renzetti, 4.11.1931
9.6.1932	Rom	–	NL Renzetti, 12.6.1932
18.11.1932	Rom	–	NL Renzetti,Chiavolini an Renzetti, 18.11.1932; Scarano, 502
13.2.1933	Rom	Suvich	DDI, 7/XIII, 92f.
18.4.1933	Rom	Suvich	DDI, 7/XIII, 462f.
2.7.1933	Rom	Suvich	DDI, 7/XIII, 962f.

NL Renzetti: Bundesarchiv Berlin, Nachlaß 1235, Nr. 10-16; BAB, Neurath an AA: Bundesarchiv Berlin, R 72963, K 152156, Neurath an Auswärtiges Amt; DDI, XIII: Documenti Diplomatici Italiani, Settima Serie, Bd. XIII; Scarano: Federico Scarano, Mussolini e la Repubblica di Weimar, Napoli 1996; De Felice, Duce I: Renzo De Felice, Mussolini il Duce I. Gli anni del consenso 1929-1936, Torino 1974. Nicht anders ausgewiesene Datumsangaben beziehen sich jeweils auf einen Geheimbericht Renzettis.

Auch wenn wir nur von einigen dieser Gespräche genauer wissen, was in ihnen jeweils besprochen wurde, steht fest, daß Renzetti mehr und mehr auch das Vertrauen Mussolinis gewonnen hat. Der Italiener in Deutschland rückte dadurch in eine einzigartige Stellung: Er wurde der exklusive Verbindungsmann zwischen Hitler und Mussolini, über den die beiden faschistischen Führer außerhalb der offiziellen diplomatischen Kanäle kommunizierten. Renzetti kann dabei nicht einfach als Briefträger angesehen werden, der geheime Botschaften zwischen Hitler und Mussolini hin- und hertrug. Er spielte vielmehr eine durchaus aktive Rolle und betrieb auf eigenwillige Weise die politische Annäherung der beiden faschistischen Führer. In Italien warb er unermüdlich für die Anerkennung des Nationalsozialismus als einer dem Faschismus verwandten Bewegung, in Deutschland versuchte er den Nationalsozialisten beizubringen, sich am faschistischen Vorbild Italiens zu orientieren. Das Ziel war eine vorrangig ideologisch motivierte politische Allianz der beiden faschistischen Regime.

Für den Nationalsozialismus durfte er in Italien sogar an zentraler Stelle werben. Arnaldo Mussolini ließ ihn, wohl kaum ohne Zustimmung seines mächtigen Bruders, von November 1931 bis Mai 1933 nicht weniger als sieben Mal in der von ihm herausgegebenen Zeitschrift »Gerarchia« über aktuelle Probleme der politischen Entwicklung der NSDAP schreiben.[105] Hitler wurde dabei von Renzetti als nationaler Revolutionär angepriesen, der ungeachtet aller äußeren und innerparteilichen Schwierigkeiten seinen Weg gehen und an die Macht kommen werde. Auch in seinen geheimen Berichten vertrat Renzetti diese Auffassung. So sprach er davon, daß die nationalsozialistische Bewegung »der historischen Notwendigkeit Deutschlands« entspreche und Hitler »der Interpret dieser Notwendigkeit« sei.[106] Jedoch räumte er hier auch ein, daß Hitler politische Fehler mache und womöglich die Gunst der Stunde nicht begreifen könne. Trotz dieser Defizite hielt Renzetti Adolf Hitler jedoch für »den besten Führer der nationalen Opposition«.[107]

In Deutschland drängte Renzetti Hitler anfangs dazu, eine politische Einheitsfront mit der DNVP und dem Stahlhelm zu bilden. Ungeachtet seiner reichlich selbstgefälligen Behauptung, das Treffen der ›Nationalen Opposition‹ in Bad Harzburg überhaupt erst zustande gebracht zu haben,[108] kamen ihm bei dieser bekanntlich von großen Spannungen geprägten Demonstration jedoch Zweifel, ob die faschistische Einheitsfronttaktik in Deutschland zum Erfolg führen könne.[109] Schon am 30./31. Mai 1931 war er anläßlich einer Massendemonstration des Stahlhelms in Breslau schwankend geworden, ob er politisch auf das richtige Pferd gesetzt hatte.[110] Theodor Duesterberg hatte hier eine nationalistische Rede gehalten, bei der er auch auf die angeblich unterdrückten Deutschen in Südtirol hingewiesen hatte. Renzetti wollte daraufhin mit ihm nichts mehr zu tun haben, obwohl der Erste Bundesführer Seldte Duesterbergs Ausfall als rein propagandistisch bedingt hinzustellen versuchte, die an der italienfreundlichen Grundeinstellung des Stahlhelms gegenüber Italien nichts ändere.[111]

Auf einer Massenversammlung der SA in Braunschweig revidierte Renzetti dann am 17./18. Oktober 1931 seine Einheitsfronttaktik und setzte fortan in erster Linie auf die Nationalsozialisten. Es spricht alles dafür, daß Mussolini diese neue Linie billigte, als sie ihm von Renzetti am 4. November 1931 vorgetragen wurde. Sonst hätte dieser nicht gerade bei dieser Audienz die Zusage eines monatlichen Salärs von 4000 Lire erhalten.[112]

Das bedeutete nicht, daß Mussolini nun auch dem von Renzetti nachdrücklich unterstützten Drängen Hitlers, nach Rom eingeladen zu werden, nachgegeben hätte. Er stimmte zwar zunächst einem Besuch Hitlers am 11.12.1931 zu, sagte diesen aber in letzter Minute wieder ab, als die aufsehenerregende Entdeckung des sogenannten Boxheimer Dokuments die staatsfeindlichen Absichten der Nationalsozialisten allzu publik machten. Ein neuerlicher Besuchstermin kam im Juli 1932 ebenfalls nicht zustande.[113]

So blieb es bis 1934, dem ersten Zusammentreffen Hitlers und Mussolinis in Venedig, bei dem geheimen Besuch Görings, den Mussolini am 24.4.1931 zusammen mit Renzetti empfangen hatte. Göring hatte bei diesem Besuch ein signiertes Foto Mussolinis in Empfang genommen, dessen Übermittlung an Hitler auf zeittypische Weise die Kontaktaufnahme zwischen den beiden Faschistenführern symbolisch besiegelte.[114] Hitler reagierte darauf bezeichnenderweise entsprechend und übersandte unter dem Datum des 8.6.1931 mit seinem ersten Brief an Mussolini über Renzetti seinerseits ein signiertes Foto.[115] Über Renzetti ließ sich der ›Führer‹ fast schon devot für die späte Antwort auf den von ihm so lange erwarteten Gunsterweis entschuldigen. Er habe jedoch »keine geeignete Fotografie gehabt, die er dem italienischen Regierungschef hätte schicken« können.[116] Noch bestand zwischen

Hitler und Mussolini ein politisch ausgesprochen asymmetrisches Verhältnis: hier der erfolgreiche Diktator und Lehrmeister des Faschismus und dort der faschistische Musterschüler, der sich trotz des Wahlerfolgs vom September 1930 erst anschickte, die politische Macht zu erobern.

Mit der Rückendeckung Mussolinis konnte Renzetti es sich aufgrund dieser Konstellation herausnehmen, Hitler immer unverblümter politische Ratschläge zu erteilen. Nachdem er von der Einheitsfrontstrategie abgekommen war, sorgte er sich vor allem um die innere Einheit der NS-Bewegung. Entschieden riet er Hitler schon frühzeitig dazu, gegen Gregor Strasser vorzugehen. Um des äußeren Erscheinungsbildes willen hielt er es ebenfalls schon vor der Machtergreifung für notwendig, daß sich Hitler von Röhm trenne.[117] Seit Frühjahr 1932 verstieg er sich sogar dazu, Hitler einen bewaffneten Handstreich in Berlin anzuraten. Rundheraus erklärte er im November, daß es nötig sei, eine Gewaltaktion zu versuchen, da es den Nationalsozialisten »auf legalem Wege nicht gelingen« werde, die Macht zu ergreifen.[118] Renzetti glaubte zu diesem Zeitpunkt zweifellos daran, daß diese Staatsstreichstrategie die Nationalsozialisten eher an die Macht bringen werde als Hitlers Legalitätskurs, und es scheint, daß auch Mussolini diese Auffassung teilte. Wenn er dagegen Einwände gehabt hätte, hätte er Renzetti am 9. Juni oder wieder am 18. November 1932 bremsen können, als dieser ihm von seinen Versuchen berichtete, die Nationalsozialisten zum gewaltsamen Losschlagen aufzustacheln.[119] Mussolini ließ Renzetti, auch wenn er seine politische Linie nicht ausdrücklich unterstützte, offensichtlich gewähren.

Als Hitler am 30. Januar 1933 eine rechte Regierung der ›nationalen Einheit‹ bildete, die ziemlich genau der ersten Regierung entsprach, die Mussolini in Italien nach dem ›Marsch auf Rom‹ gebildet hatte, konnte dieser sich in seiner Rolle als faschistischer Lehrmeister Hitlers bestätigt sehen. In Verkennung von Hitlers totalitärer Dynamik glaubte er diesem nun empfehlen zu können, seine Herrschaft nach faschistischem Vorbild durch ein *Governo totalitario* zu stabilisieren.[120] Mussolini verstand darunter ein Diktatursystem, in dem die faschistische Partei zur monokratischen Einheitspartei erhoben, zugleich aber diszipliniert und von ihren gewalttätigen Elementen gesäubert wurde. Nachdem er Hitler früher noch vor einer dezidiert antisemitischen Politik gewarnt hatte, hatte er gegen eine solche jetzt nichts mehr einzuwenden, wenn sie auf »eine allmähliche Entfernung der Juden von allen verantwortlichen Positionen« hinauslief.[121] Auch hier verkannte Mussolini die radikale Dynamik von Hitlers künftiger Politik gegenüber den Juden, jedoch kann keine Rede davon sein, daß er sich nur opportunistisch dem nationalsozialistischen Antisemitismus angepaßt hätte. Mussolini vertrat schon 1933 noch ohne jede Einwirkung Hitlers die antisemitische Position, die ihn 1938 zu seiner Apartheidspolitik gegenüber den italienischen Juden veranlassen sollte.[122] Wie auch schon früher warb Mussolini schließlich für die Einführung des faschistischen Korporativismus, des Kernstücks des faschistischen Gesellschaftssystems.[123]

Auch bei der Übermittlung dieser weitreichenden Ratschläge bediente sich Mussolini noch der Dienste Renzettis, nicht der italienischen Botschaft in Berlin. Er konnte sicher sein, daß die Vertraulichkeit seiner Intervention auf diese Weise gewahrt blieb. Je länger Hitler an der Macht war, desto weniger bedurfte es freilich eines diskreten Zwischenträgers. Die beiden faschistischen Diktatoren konnten sich jetzt des diplomatischen Dienstes oder ihres faschistischen Parteiapparates bedienen, um einander zu erreichen. Aufgrund des Verbotes aller oppositionellen Parteien und einer gleichgeschalteten Presse hatten sie keine kritischen Kommentare mehr zu befürchten. Bei der letzten Audienz, die Mussolini am 2.7.1933 Renzetti gewährte, eröffnete er diesem deshalb, daß er künftig nur noch auf Anordnung des Berliner Botschafters agieren dürfe. Der Faschismus lasse keine »Verdoppelung der Funktion noch eine Vermischung der Zuständigkeit« zu: »Der Verantwortliche für die Vertretung der italienischen Politik im Hinblick auf das Reich ist allein der Botschafter.«[124] Es war kein Zufall, daß Mussolini dies in Anwesenheit des Staatssekretärs im Außenministerium, Fulvio Suvich, anordnete, dem, wie allen faschistischen Karrierediplomaten, die politische Immediatstellung Renzettis immer schon ein Dorn im Auge gewesen war. Er sollte sich wieder auf seine korporativistische Propaganda konzentrieren, verlor hier jedoch spätestens im Frühjahr 1934 seinen früheren Einfluß.[125] Allerdings wurde er auch ermächtigt, seine persönlichen Beziehungen zur nationalsozialistischen Führungsspitze weiterhin zu pflegen. Renzetti konnte so weiterhin mit Hitler und Göring, aber z.B. auch mit Rust und Frank persönlich zusammenkommen und darüber nach Rom berichten, jetzt allerdings über die Berliner Botschaft. So konnte Mussolini auf diesem Wege z.B. etwas darüber erfahren, was Hitler über ihr erstes Zusammentreffen in Venedig erzählte.[126] Oder er wurde von Renzetti, allerdings aus zweiter Hand, über die Vorgänge bei der Ermordung der SA-Führung um Röhm informiert.[127]

Noch einmal spielte Renzetti in Berlin eine wichtige politische Rolle, als er am 21.6.1935 bei seinem ersten Weggang von Berlin von Hitler empfangen wurde.[128] Hitler benutzte ihn mit Erfolg dazu, von Mussolini fast schon ultimativ die Abberufung des offen nazifeindlichen Botschafters Cerrutti zu verlangen. Da die Botschaft in diesem Fall ausgeschaltet bleiben mußte, war Renzetti für diese politische Intrige der geeignete Mann. An Cerruttis Stelle trat der dem Nationalsozialismus gewogene Bernardo Attolico, ein deutliches Zeichen dafür, daß Mussolini nach der vorübergehenden Verstimmung im Jahre 1934 wegen des nationalsozialistischen Putsches in Österreich wieder an einer Annäherung an das nationalsozialistische Deutschland gelegen war.

Als Diplomat im Abseits

Was für Renzetti ein persönlicher Triumph hätte sein können, führte freilich das Ende seiner Berliner Zeit als geheimer Vermittler herbei. Renzetti wußte schon seit dem 18. August 1934, daß er in den diplomatischen Dienst übernommen werden sollte. Das entsprach zwar seinen Wünschen, es traf ihn jedoch schwer, daß man ihn aus Berlin abberufen und zunächst nur als einfachen Konsul nach Colombo, später dann wenigstens als Generalkonsul nach San Francisco schicken wollte. Er empfand das nicht zu Unrecht als eine »Bestrafung«.[129] Allerdings mußte er nicht allzu lange in der amerikanischen ›Verbannung‹ ausharren. Schon nach gut einem Jahr kehrte er, nicht zufällig nach Verkündung der ›Achse Rom–Berlin‹, wieder nach Berlin zurück, jetzt allerdings als Generalkonsul in die Botschaft eingebunden.[130] Seine hochrangigen deutschen Freunde hatten das allem Anschein nach möglich gemacht. Ganz unverblümt hatte Göring am 7. September den italienischen Geschäftsträger Magistrati wissen lassen, daß in den Augen Hitlers in den Auseinandersetzungen mit dem Botschafter Cerrutti »nichts so schwerwiegend« gewesen sei wie die Entfernung Renzettis aus Berlin.[131] Die NS-Führung hat somit nicht nur die Abberufung Cerruttis aus Berlin durchgesetzt, sondern offenbar auch die Rückversetzung Renzettis bewirkt. In Berlin konnte

Renzetti nochmals seine persönlichen Beziehungen zu nationalsozialistischen Politikern, vor allem zu Göring pflegen, ohne jetzt jedoch noch eine direkte Rückbindung an Mussolini zu haben.[132] Das minderte schlagartig seine politische Bedeutung, auch wenn seine nationalsozialistischen Freunde ihn zunächst freudig begrüßten.[133]

Wir wissen nicht, wie Renzetti auf die zunehmende Radikalisierung des NS-Regimes, vor allem auf die Verfolgung der Juden reagiert hat. Auch kennen wir nicht seine Reaktion auf die Politik Mussolinis, sich durch die Erklärung der sogenannten *non belligeranza* aus dem Weltkrieg herauszuhalten. Wenn er noch an eine faschistische Führungsrolle Mussolinis oder zumindest an dessen politische Gleichrangigkeit mit Hitler geglaubt haben sollte, muß seine Selbstgewißheit spätestens zu diesem Zeitpunkt schwer erschüttert worden sein. Vollends scheint ihn 1941 der klägliche Versuch des faschistischen Diktators desillusioniert zu haben, von Albanien aus Griechenland militärisch anzugreifen und zu unterwerfen. Darüber ist er anscheinend mit Außenminister Ciano so in Konflikt geraten, daß er im Frühjahr 1941, auch dieses Mal gegen seinen Willen, erneut von Deutschland abberufen und als Gesandter an die italienische Botschaft in Stockholm versetzt wurde.[134]

Um so auffallender war es, daß Renzetti vor seinem Weggang von wichtigen Führern des NS-Regimes persönlich verabschiedet wurde. Am 3. März machte er bei Göring einen Abschiedsbesuch.[135] Am Ende des Gespräches scheinen die Minister Funk und von Schwerin-Krosigk dazugestoßen zu sein.[136] Von Funk dürfte Renzetti bei dieser Gelegenheit das signierte Freundschaftsfoto erhalten haben, das sich in seinem Nachlaß befand.[137] Eine Woche später scheint Renzetti, so unglaublich es erscheinen mag, sogar von Himmler persönlich verabschiedet worden zu sein.[138] Selbstverständlich durfte auch Goebbels nicht fehlen.[139] Im Innenministerium führte Renzetti mit Staatssekretär Pfundtner ein Abschiedsgespräch.[140] Auch von Otto Meißner wurde er kurz vor seiner Abreise nach Schweden noch empfangen.[141] Der bemerkenswerte Höhepunkt war schließlich eine erneute Privataudienz bei Hitler,[142] den er seit seiner Rückkehr aus den USA nur noch selten gesehen hatte.[143] Hitler lud Renzetti am Ende des Gesprächs sogar in einem Anflug von Sentimentalität dazu ein, »ihn besuchen zu kommen, wenn er einmal in Berlin oder Rom sei«.[144] Renzetti dürfte diese Verabschiedungsrunde als persönliche Genugtuung empfunden haben, auch wenn er dies in seinen Berichten nicht zu erkennen geben konnte. Die nationalsozialistische Führungsclique wollte mit der demonstrativen Herausstellung Renzettis zweifellos in erster Linie zum Ausdruck bringen, daß sie seine Kritik an der katastrophalen faschistischen Kriegführung in Griechenland teilte.

Die Entfremdung von der faschistischen Politik dürfte Renzetti, abgesehen von seiner monarchistischen Grundeinstellung, nach dem Sturz Mussolinis am 25.7.1943 auch dazu bewogen haben, für die Regierung Badoglio zu votieren.[145] Daß er damit den Vater seiner Frau aufs höchste gefährdete, scheint er nicht erwartet zu haben, nachdem es Susanne Renzetti 1941 noch gelungen war, diesen zu retten.[146] Er wurde jedoch ebenso ein Opfer der nationalsozialistischen Judenvernichtung wie Susannes Bruder, der einen Tag nach Renzettis Loyalitätserklärung für Badoglio verhaftet worden ist.[147] Renzetti blieb in Stockholm trotz finanzieller Schwierigkeiten bis zum 16.10.1944 auf seinem Posten.[148] Nach Kriegsende kehrte er nach Italien zurück und ließ sich in Castellina Marittima nieder. Als monarchietreuer Offizier weigerte er sich 1946, für die neue Republik Italien zu votieren. Er erhielt deshalb lediglich für seine aktive Militärzeit eine kleine Rente und hatte infolgedessen mit ständigen finanziellen Sorgen zu kämpfen. Am 27.11.1953 ist er in Castellina Marittima gestorben.

Renzettis beispiellose politische Karriere in Deutschland endete somit in einer persönlichen und familiären Katastrophe. Die Entstehung der ›Achse‹ zwischen den beiden faschistischen Regimen, auf die er so intensiv hingearbeitet hatte, machte ihn als geheimen Vermittler überflüssig, die totalitäte Gewalttätigkeit des deutschen Faschismus wurde für sein familiäres Umfeld zur tödlichen Bedrohung. Man könnte das als eine tragische Entwicklung bezeichnen, wenn bei Renzetti nachträglich eine entsprechende Einsicht festzustellen wäre. Das ist jedoch nicht der Fall. In seinen unvollendeten Memoiren stellt er sich unverändert als uneigennützigen Vermittler zwischen Hitler und Mussolini hin, der guten Glaubens zur Befriedung der Beziehungen zwischen Deutschland und Italien beigetragen habe. Kein Wort der Selbstkritik an seiner öffentlichen Propagandatätigkeit und auch nicht an seiner verhängnisvollen Geheimtätigkeit findet sich in seinen allerdings fragmentarischen autobiographischen Aufzeichnungen. Renzetti gestand sich auch nachträglich nicht ein, daß seine betriebsame politische Aktivität in Deutschland letzten Endes nur einem genützt hat, nämlich Hitler. Das Ergebnis seines unermüdlichen Engagements für den Transfer des Faschismus bestand am Ende darin, daß man in weiten Kreisen den ›Führer‹ lediglich für eine Art von geklontem Mussolini hielt. Dabei ist zu berücksichtigen, daß der Mussolini des Staatsstreichs und der Diktatur von Renzetti nur im nationalsozialistischen Untergrund angepriesen wurde. Öffentlich stellte er den faschistischen Diktator als einen nationalen Erneuerer dar, der ›Arbeit‹ und ›Kapital‹ miteinander versöhnte. Obwohl er Hitler persönlich besser kannte als jeder andere Ausländer, unterschätzte Renzetti im Glauben an die ideologische und politische Führungsrolle Mussolinis andererseits die totalitäre Eigendynamik von dessen faschistischen Adepten. Zweifellos ließ er sich auch von dem vertraulichen Umgang mit den Führern des Nationalsozialismus und dem privilegierten Zugang zu Hitler blenden. Und er beteiligte sich mit seiner Frau auch nur zu gerne an dem hektischen Berliner Partyrummel in der zerfallenden Weimarer Republik und den ersten Jahren des ›Dritten Reiches‹. »Wir haben eine große Zeit erlebt, danach mußten wir dafür bezahlen«, befand Susanne Renzetti noch 1974 im Gespräch mit dem Verfasser.

III. Der Nationalsozialismus als deutscher Faschismus

1. Adolf Hitler

Adolf Hitler (geb. 20.4.1889 in Braunau/Österreich – gest. 30.4. 1945 in Berlin durch Selbstmord) stellte 1919 nach den ersten 30 Jahren seines Lebens eine gescheiterte Existenz dar.[1] Nichts deutete darauf hin, daß er in der zweiten Hälfte seines Lebens zum autoritären Führer einer Massenpartei und zum Diktator eines totalitären faschistischen Regimes aufsteigen sollte, das Europa Zerstörungen bisher unvorstellbaren Ausmaßes bis hin zum Völkermord an den Juden bringen sollte.

Als Sohn eines österreichischen Zollbeamten und einer Bauerntochter geboren, wuchs Hitler in Linz in der Sicherheit einer eher kleinbürgerlichen Familie auf. Seit 1907 in Wien, führte er hier so lange ein durchaus bequemes Leben, bis das elterliche Erbe verbraucht war. Sein Versuch, an der Wiener Kunstakademie eingeschrieben zu werden, scheiterte zweimal, nachdem er in Linz schon die Realschule nicht abgeschlossen hatte. Ohne bürgerlichen Beruf lebte er schließlich von Gelegenheitsarbeiten. Im Männerheim wohnend, verspürte er zunehmend die Ohnmachtserfahrungen eines sozial Deklassierten. Um dem Militärdienst in seiner Heimat zu entgehen, setzte er sich 1913 nach München ab, wo er sein unstetes Leben am Rande der Gesellschaft fortsetzte. Der Ausbruch des Ersten Weltkrieges erschien ihm daher unverhofft als »Erlösung aus den ärgerlichen Empfindungen der Jugend«. Er meldete sich als Freiwilliger zum bayerischen Heer, erhielt als Gefreiter in einem Infanterieregiment zwei Tapferkeitsauszeichnungen, wurde jedoch wegen mangelnder Führungsqualitäten nicht befördert. In der Rückschau bezeichnete er den Krieg als die »unvergeßlichste« und »größte« Zeit seines Lebens. Um so mehr traf ihn 1918 im Lazarett die Nachricht vom plötzlichen Ende des Krieges und vom Ausbruch der Novemberrevolution. Es drohte der Rückfall in die Haltlosigkeit seiner Vorkriegsexistenz.

Wenn er später behauptete, in dieser Situation beschlossen zu haben, Politiker zu werden, so entsprach das ganz und gar nicht den Tatsachen. Er wurde vielmehr in München bis 1920 von der Reichswehr zunächst als Spitzel zur Überwachung von rechtsextremen politischen Gruppierungen bezahlt. Im Rahmen dieser Tätigkeit trat er im September 1919 als Mitglied Nr. 55 der Deutschen Arbeiterpartei bei, einer von vielen unbedeutenden völkischen Sektierergruppen. Bis zum Herbst 1923 machte er die zuvor nur in Hinterzimmern aktive National-Sozialistische Deutsche Arbeiterpartei (wie sie seit Februar 1920 hieß) mit 55 000 Mitgliedern zu einer der stärksten rechtsextremen Parteien in Bayern. Dieser Massenerfolg verdankte sich ausschließlich dem ungewöhnlichen demagogischen Redetalent Hitlers, das dieser zu seiner eigenen Überraschung am 16. Oktober 1919 bei der ersten öffentlichen Veranstaltung der Partei entdeckte. Jedoch zögerte Hitler lange Zeit, formell die Parteiführung der NSDAP zu übernehmen. Er verstand sich zunächst als »Trommler« der gesamten nationalistischen Bewegung, nicht als Organisator nur einer Partei. So verkündete er zwar am 24.2.1920 das Parteiprogramm der NSDAP, war an seiner inhaltlichen Gestaltung jedoch nur redaktionell beteiligt. Erst als der nominelle Parteiführer Drexler im Juli 1921 Hitlers Sonderstellung in der NSDAP in Frage stellte, übernahm dieser den Vorsitz der Partei, wobei er sich ausdrücklich eine »diktatorische Machtbefugnis« zusichern ließ.

Als seine oberste Führerautorität durch den nordwestdeutschen Parteiflügel unter Gregor Strasser in Frage gestellt wurde, entmachtete er diesen im Februar 1926 auf einer sorgfältig inszenierten »Führertagung« in Bamberg und drängte ihn 1932 ganz aus der NSDAP heraus. Jedesmal verfuhr Hitler nach einem Handlungsmuster, das auch nach der Machtergreifung von 1933 für ihn charakteristisch sein sollte. Entgegen seiner eigenen Selbstdarstellung als entschlußfreudiger »Führer« scheute er im Grunde vor Entscheidungen zurück. Statt sofort durchzugreifen, ließ er die Dinge laufen, solange seine oberste Führerstellung nicht tangiert war. Sah er diese jedoch instinktiv als gefährdet an, griff er ebenso rücksichtslos wie brutal durch. Das berüchtigtste Beispiel ist der Mord an Ernst Röhm und nahezu der gesamten SA-Führung am 30.6.1934.

Soweit wie irgend möglich suchte sich Hitler regelmäßiger und arbeitsaufwendiger organisatorischer Tätigkeit zu entziehen. Das galt sowohl für die Parteiarbeit in der NSDAP wie seit 1933 für die Regierungsarbeit. Schon kurze Zeit nach seinem Regierungsantritt fanden keine Kabinettssitzungen mehr statt. Die Parteiarbeit überließ er seinen Stellvertretern Rudolf Heß bzw. Martin Bormann. Erst in seinen letzten Lebensjahren, die er seit 1941 fast ausschließlich in den Bunkersystemen des ›Führerhauptquartiers‹ bei Rastenburg in Ostpreußen und schließlich Berlins verbrachte, arbeitete er regelmäßig. Er glaubte nun, in der Kriegsführung seine Berufung gefunden zu haben. Auch jetzt agierte er jedoch meist sprunghaft und willkürlich. Im Grunde hat er seit 1933 den verantwortungslosen Lebensstil seiner frühen Jahre auch in seiner Regierungszeit weitergeführt. Immer wieder setzte er sich plötzlich auf seinen Berghof bei Berchtesgaden ab, wo er die Zeit mit seinen Schäferhunden und seiner Gefährtin Eva Braun verbrachte, die er bis zuletzt vor der Öffentlichkeit verbarg und erst kurz vor dem gemeinsamen Selbstmord am 30. April 1945 heiratete. Abends ließ er sich meist stundenlang deutsche und amerikanische Unterhaltungsfilme vorführen. Häufig sprach er davon, daß er eigentlich zum Künstler berufen sei. In diesen Zusammenhang gehört auch seine dilettantische Begeisterung für die Opern von Richard Wagner, die er sich bis zum Kriegsbeginn regelmäßig in Bayreuth anhörte. Mit dem von ihm protegierten Architekten Albert Speer verbrachte er viel Zeit, um für die Reichshauptstadt Berlin gigantomanische Umbaupläne zu einer imperialen Metropole »Germania« zu diskutieren. Nur weil die »Vorsehung« ihn dazu berufen habe, für das deutsche Volk und die gesamte »arische Rasse« Krieg zu führen, habe er, wie er immer wieder bekannte, seine künstlerischen Ambitionen einstweilen zurückstellen müssen. Die ästhetische Selbststilisierung Hitlers darf freilich nicht für bare Münze genommen werden. Der »schöne Schein des Dritten Reiches« (Peter Reichel) konnte nie die finstere und bösartige Seite von Hitlers Persönlichkeit verbergen. Gerade weil er seit seiner Jugend in einer selbstentworfenen ästhetischen Scheinwelt lebte, war er als Politiker so unberechenbar. Der bohemienhafte Lebensstil verschleierte die scharfe Auffassungsgabe und die psychologische Fähigkeit Hitlers, auch ihm gegenüber kritisch eingestellte Menschen für sich zu gewinnen.

Die zentrale Frage der historischen Forschung über Hitler ist nach wie vor die nach seiner »Ermöglichung« (Gerhard Schreiber). Das schließt die Frage ein, ob die Machtergreifung Hitlers vom

30.1.1933 unvermeidlich war oder ob es in der sich zuspitzenden Existenzkrise der Weimarer Republik noch andere politische Alternativen gab.

Nach einer ersten Interpretation entsprang der verhängnisvolle politische Erfolg Hitlers der überwältigenden Wirkung seiner politischen Ideologie, wie sie von ihm vor allem in seinem zweibändigen Werk »Mein Kampf« (1925/27) dargelegt wurde. »Hitlers Weltanschauung« (Eberhard Jäckel) wird in dieser Sicht zum Schlüssel für das Verständnis seines politischen Wegs. In der Tat steht außer Frage, daß Hitler großenteils schon vor seinem Eintritt in die Politik im Jahre 1919 ein ideologisch verfestigtes Weltbild hatte. Die Quellen seiner politischen Ideologie sind im einzelnen schwer zu bestimmen, da Hitler als völliger Autodidakt, der keine Fremdsprache, ja nicht einmal die deutsche Rechtschreibung beherrschte, keine systematischen Studien betrieben hat. Im Grunde beruhten seine politischen Ansichten weitgehend auf Zufallslektüre, oder sie waren aus zweiter Hand, meist aus den Schriften obskurer politischer Autoren geschöpft. Daß er je ein Buch zu Ende gelesen hätte, ist überhaupt nur in wenigen Fällen nachweisbar.

Dem niedrigen intellektuellen Bildungsniveau Hitlers entsprechend waren seine politischen Ansichten im Grunde von großer Simplizität. Hitler hatte ein dualistisches Weltbild, das von einem manichäischen Kampf zwischen Gut und Böse ausging. Dieser Kampf war für ihn rassenbiologisch determiniert. Die gesamte Geschichte war in seinen Augen eine Geschichte von Rassenkämpfen. Die Inkarnation des Guten stellte für ihn die ›arische Rasse‹ dar. Ihr Überleben im ewigen Rassenkampf der Völker sah er durch das ›Judentum‹ als gefährdet an. In seinen ersten Reden als politischer Agitator nach dem Ende des Krieges sah er die Juden vor allem in England und Frankreich an der Macht. Er attackierte sie als Agenten des Kapitalismus. Über die nationalsozialistischen Intellektuellen Dietrich Eckart und Alfred Rosenberg entdeckte er etwa 1920 das antisemitische Machwerk »Die Protokolle der Weisen von Zion«. Diesem entnahm er die Idee einer »jüdischen Weltverschwörung«, die für ihn nun nicht mehr nur kapitalistisch, sondern auch bolschewistisch determiniert war. Sein gesamtes Denken und Handeln drehte sich seitdem um den Kampf gegen die »jüdisch-bolschewistische« Gefahr.

Aus diesem rassenantisemitischen Denken ergaben sich auch die außenpolitischen Grundanschauungen Hitlers, an denen er bis zum Ende trotz aller gegenläufigen Erfahrungen festhalten sollte. Der eigentliche Feind Deutschlands war für ihn das bolschewistische Rußland. Seine Zerschlagung sollte dem deutschen Volk den ›Lebensraum‹ im Osten liefern, den es zur Erhaltung seiner völkischen Existenz angeblich benötigte. Den Schlag gegen die Sowjetunion wollte er jedoch um keinen Preis wagen, ohne im Westen Frankreich besiegt zu haben. England war in seinen Augen neben Italien ein natürlicher Verbündeter Deutschlands, da seine Weltmachtinteressen als Seemacht nicht im Widerspruch zu den Ansprüchen Deutschlands auf ein Kontinentalimperium standen. Bis 1941 hielt er an dieser fixen Idee einer außenpolitischen Interessengemeinschaft Deutschlands mit England fest, ehe er am 22. Juni 1941 den militärischen Überfall auf die Sowjetunion inszenierte und damit seine eigenen außenpolitischen Grundsätze desavouierte. Die rein ideologisch motivierte Idee eines »Weltanschauungskrieges« zur Gewinnung von »Lebensraum« im Osten triumphierte über seine im Kern durchaus realpolitischen Überlegungen, einen Zweifrontenkrieg im Osten und im Westen zu vermeiden.

Auch wenn das ideologische Programm Hitlers im Kern als Richtschnur seines politischen Handelns angesehen werden kann, bleibt fraglich, ob er damit vor 1933 Massenanhang und seit 1933 Massenloyalität gewinnen konnte. Er selbst verstand sich immer zugleich als »Programmatiker« und als »Propagandist«. Beides zusammen, die Weltanschauung und deren propagandistische Vorbereitung, machte in seinen Augen den wahren Politiker aus. Ebenso wichtig wie ein konsistentes ideologisches Programm war für ihn dessen demagogische Aufbereitung. Seine Massenerfolge bei der Gewinnung von Anhängern und (seit 1930) von Wählern erzielte er nicht so sehr durch inhaltlich überzeugende Zukunftsprogramme als vielmehr in erster Linie durch negative Abgrenzungen nach allen Seiten. So konnte er gleichzeitig ebenso einen Antikapitalismus vertreten wie einen Antisozialismus, um beiden die diffuse Idee einer »Volksgemeinschaft« entgegenzusetzen. Er distanzierte sich von liberalen und rechtsstaatlichen Positionen, ohne jedoch ein bloßer politischer Reaktionär zu sein. Gemeinsam mit der völkischen Rechten in Deutschland vertrat er ultranationalistische Positionen, um sich dann doch von diesen durch sein rassenideologisch begründetes imperialistisches Raumdenken abzusetzen. Schließlich sprach er zwar ständig von der »nationalen Revolution«, doch war er gewiß kein Revolutionär. Mit der im

Grunde nur in der politischen Ablehnung konkreten propagandistischen Praxis schuf Hitler sich die Möglichkeit, seiner Argumentation bei Bedarf jeweils diese oder jene Richtung zu geben, ohne sich je ganz festlegen zu müssen. Zwar kann sein rassenbiologisch motivierter Antisemitismus als ideologisches Bindemittel seines propagandistischen Negativkatalogs angesehen werden, jedoch stellte er sogar seinen Antisemitismus zurück, wenn ihm das – wie von 1928 bis 1933 – politisch opportun zu sein schien. Wenn deshalb die Machtergreifung Hitlers durch die Herstellung eines ideologischen Massenkonsenses ermöglicht wurde, so sicherlich nicht aufgrund der inhaltlichen Überzeugungskraft seines ›Programms‹, sondern eher durch die demagogische Verführungskraft, mit der er dieses propagandistisch umgesetzt hat.

Nach einer zweiten Interpretation wird Hitler nur insofern eine besondere historische Rolle zugebilligt, als sich in ihm zahlreiche Fehlentwicklungen des deutschen Nationalstaats von 1870 gleichsam »verdichtet« (Joachim Fest) hätten. Es wäre danach der deutsche Sonderweg einer verspäteten Nationalisierung und Demokratisierung gewesen, der Hitler ermöglicht hätte. Der Widerstand der alten, überwiegend aristokratischen Eliten von Bürokratie, Diplomatie, Wirtschaft und vor allem Militär gegen das demokratische Regierungssystem des Weimarer Verfassungsstaates hätte Hitler die Chance gegeben, politisch Erfolg zu haben. In der Tat glaubten führende Repräsentanten der reaktionären politischen Rechten vor 1933, sich Hitler zur endgültigen Beseitigung des demokratischen Systems »engagieren« (Franz v. Papen) zu können, um ihn nach der Errichtung eines autoritären Staates wieder fallenzulassen. Der Erfolg Hitlers am 30.1.1933 kann deshalb als das Ergebnis seiner »politischen Unterschätzung« (Karl-Dietrich Bracher) bezeichnet werden. In blindem Vertrauen auf den aus Altersgründen kaum noch handlungsfähigen Reichspräsidenten Hindenburg, der formal die Befehlsgewalt über die Reichswehr hatte, glaubte man, Hitler ohne weiteres für eine Weile das Amt des Reichskanzlers überlassen zu können. Womit man nicht rechnete, war die ebenso raffinierte wie rücksichtslose Entschlosssenheit Hitlers, seine persönliche Diktatur durchzusetzen.

In nur gut einem Jahr hatte Hitler mit Hilfe von Göring und Himmler die gesamte Polizei des Reiches in der Hand, waren sämtliche Parteien und Gewerkschaften außer der nationalsozialistischen Einheitspartei verboten und waren die Regierungen der deutschen Länder in der Hand von nationalsozialistischen Staatskommissaren. Dieser von den Nationalsozialisten als »Gleichschaltung« bezeichnete Prozeß wurde nach Hindenburgs Tod am 2.8.1934 mit der zusätzlichen Übernahme des Reichspräsidentenamtes durch Hitler abgeschlossen, einer völlig verfassungswidrigen Usurpation, die Hitler zum obersten Dienstherrn der jetzt in »Wehrmacht« umbenannten Reichswehr machte. Die Wehrmacht war von jetzt an neben der NSDAP die »zweite Säule« des nationalsozialistischen Regimes, und Hitler achtete sorgfältig darauf, der Generalität und dem Offizierskorps das Bewußtsein der Machtbeteiligung zu vermitteln.

Der Ablauf dieses totalitären Gleichschaltungsprozesses war allerdings keineswegs von Anfang an erkennbar. Hitler gab zwar im Juli intern vor den Gauleitern der NSDAP das Ziel an, »die Macht schnell und in einem Zuge zu erobern«. Daß er damit tatsächlich Erfolg hatte, hing jedoch in starkem Maße von ungeplanten Ereignissen wie z. B. dem Brand des Reichstags am 27. Februar 1933, mangelnder Entschlossenheit bzw. – wie im Fall von Hugenberg – vorzeitiger Resignation seiner nationalkonservativen Bündnispartner oder auch unerwarteter außenpolitischer Erfolge – wie etwa dem deutsch-englischen Flottenabkommen vom 18.6.1935 – ab. Eine entscheidende Ursache dafür, daß man Hitlers diktatorischen Machtwillen auch noch nach 1933 unterschätzte, war zweifellos seine legalistische Verschleierungstaktik. Hitler lehnte es ausdrücklich ab, der von ihm als »nationale Revolution« bezeichneten Machtergreifung eine eigene verfassungsrechtliche Form zu geben. Es war seine bewußte Entscheidung, die deutsche Reichsverfassung von 1919 formal bis zum Ende des ›Dritten Reiches‹ bestehen zu lassen. Hitlers Diktaturstellung beruhte auf einer Reihe von immer wieder verlängerten Ausnahmegesetzen, die von der »Verordnung zum Schutze des deutschen Volkes« (4.2.33) über die »Verordnung zum Schutz von Volk und Staat« (28.2.1933) bis zum sogenannten Ermächtigungsgesetz (24.3.1933) reichten. Auch wenn diese Diktaturgesetze im strengen Verfassungssinn durchweg nicht mehr legal waren, führte der bloße Anschein von Legalität zur Verkennung der totalitären Dynamik von Hitlers Herrschaft.

Erst neuerdings hat man erkannt, daß die Fehleinschätzung bis 1933 noch eine andere Ursache hatte: Hitler berief sich bei seinem Weg an die Macht schon seit 1922 immer wieder auf die Durchsetzung von Mussolinis faschistischem Regime in Italien. Schon im

November 1922 ließ er sich in München als deutscher Mussolini feiern. Noch kurz vor seinem Tod beteuerte er 1945, daß sich an seiner »persönlichen Verbundenheit mit dem Duce« nichts geändert habe. Was ihn an Mussolini so faszinierte, hat er 1942 in seinen »Tischgesprächen« erklärt: Es war das Gelingen des ›Marsches auf Rom‹, das ihm schlagartig eine politische Perspektive gegeben hat. Mussolinis faschistische Machtergreifung war für Hitler bis 1933 das große politische Vorbild. Das heißt nicht, daß er Mussolinis politische Strategie sofort richtig verstanden hätte. Erst als sein rein putschistischer Versuch eines ›Marsches auf Berlin‹ am 9.11.1923 in München kläglich scheiterte, begriff er, daß Mussolini von Anfang an eine politische Doppelstrategie verfolgt hatte. Unter ständiger Berufung auf Mussolini setzte er seitdem nicht mehr nur auf seine nationalrevolutionäre Bewegung, sondern peilte zugleich eine Allianz mit den nationalkonservativen Eliten an. Den Abschluß der Lateranverträge von 1929 nutzte er zu einer Verständigungsoffensive mit der zuvor von den Nationalsozialisten ideologisch bekämpften katholischen Kirche. Wenn Mussolini nach seiner Machtergreifung eine *normalizzazione* angestrebt hatte, so war es Hitlers Strategie, von ›legaler‹ Machtübernahme zu sprechen, die nationalrevolutionäre Bedrohung der Weimarer Republik durch seine Bewegung jedoch nicht aufzugeben. Diese faschistische Doppelstrategie führte Hitler 1933 ebenso an die Macht wie Mussolini 1922.

Das politische Diktaturregime, das Hitler in Deutschland zunächst ausübte, war dem Mussolinis zunächst außerordentlich ähnlich, weshalb man es auch als faschistisch bezeichnen kann. Es beruhte auf einer durch die Person Hitlers vermittelten politischen Allianz des Nationalsozialismus mit den nationalkonservativen Gruppen in der Reichswehr, der Bürokratie, dem ostdeutschen Großgrundbesitz und der Großindustrie, für die Hindenburg der Garant eines autoritären Staates war. Im Unterschied zu Mussolini gelang es jedoch Hitler nach dem Tod von Hindenburg seine nationalkonservativen Bündnispartner sukzessive zu entmachten und auf diese Weise seine persönliche Macht als Diktator entscheidend zu vergrößern. Das ursprüngliche faschistische Regime Hitlers nahm damit einen totalitären Charakter an, wie ihn Mussolini im Faschismus nie erreicht hat.

Gleichwohl hielt Hitler nicht zu Unrecht stets an der Überzeugung von der »Gemeinsamkeit der faschistischen und der nationalsozialistischen Revolution« fest. Zielstrebig steuerte er trotz anfänglicher Zurückhaltung Mussolinis auf ein Bündnis mit diesem zu, das mit der Ausrufung der »Achse« Rom–Berlin am 1.11.1936 dann auch tatsächlich Gestalt annahm und über den Stahlpakt (1938), den Kriegseintritt Italiens (1940) bis zum Sturz Mussolinis am 25.7.43 reichte, ja unter völlig veränderten Bedingungen in der Zeit der *Republica Sociale Italiana* (RSI), in der Mussolinis Italien freilich nur noch ein »besetzter Verbündeter« (Lutz Klinkhammer) war, Bestand hatte. Das faschistische Italien Mussolinis war für Hitler bis zuletzt der wichtigste Verbündete. Mit keinem anderen Land hat das nationalsozialistische Deutschland engere politische, militärische, aber auch wirtschaftliche und kulturelle Beziehungen gehabt als mit dem faschistischen Italien. Es kann heute auch kein Zweifel mehr daran bestehen, daß die großartige und so erfolgreiche Resistenz gegen die repressive deutsche Besatzung nicht die historische Tatsache aufwiegt, daß Mussolini in der Zeit der RSI, selbst bei der Verfolgung der Juden, in hohem Maße mit der nationalsozialistischen Vernichtungsmaschine kollaboriert hat.

Ebenso wie die Ursachen von Hitlers Machtergreifung von 1933 wird auch die Struktur seiner Herrschaft von 1933 bis 1945 sehr unterschiedlich beurteilt. In der Geschichtswissenschaft stehen sich auch hier zwei unterschiedliche Interpretationsrichtungen gegenüber. Auf der einen Seite wird Hitlers Herrschaftssystem als monokratisch definiert und in erster Linie aus seinem ideologischen Programm hergeleitet. Auf der anderen Seite geht man davon aus, daß es sich beim »Dritten Reich« um ein polykratisches politisches System handelte, in dem Hitler nicht eine allein ausschlaggebende Rolle spielte. Die erste Interpretation von Hitlers Herrschaftssystem unterstellt, daß im »Dritten Reich« alle politischen zentralen Entscheidungen nur von Hitler getroffen worden seien. Am ehesten ließ sich das für die nationalsozialistische Außenpolitik nachweisen, die offensichtlich von Hitlers rassenbiologischem Programm einer Gewinnung neuen ›Lebensraums‹ im Osten geprägt war. Für die Deutung von Hitlers Innenpolitik hat sich dieses intentionalistische Paradigma jedoch nicht als fruchtbar erwiesen. Wie vor allem Martin Broszat nachgewiesen hat, war Hitler innerhalb des nationalsozialistischen Regimes nicht allmächtig, sondern seine Stärke ergab sich vielmehr daraus, daß er in einem System ständig miteinander rivalisierender nationalsozialistischer Führungsgruppen als Integrationsfigur unentbehrlich war. Man hat Hitler deshalb sogar als einen »in mancher Hinsicht schwachen Diktator« (Hans Mommsen) bezeichnet. Das ist sicherlich eine überspitzte These, sie ist aber in jedem Fall nicht weniger zutreffend als die gegenteilige Annahme, Hitler habe ständig die gesamte Politik des ›Dritten Reiches‹ unter seiner persönlichen Kontrolle gehabt und bewußt nach dem Prinzip von divide et impera regiert. In der Praxis hatten nationalsozialistische Unterführer wie Göring mit seiner Wirtschaftsorganisation, Himmler mit der SS oder Bormann mit der Partei gegenüber Hitler einen außerordentlich großen Handlungsspielraum. Sie standen jedoch in ständiger Konkurrenz zueinander. Um sich durchzusetzen, mußten sie sich permanent bei Hitler absichern. Dies geschah über sogenannte Führerbefehle, die jeweils ad hoc eingeholt, aber keineswegs von Hitler im voraus gegeben wurden. Daraus ergab sich ein höchst ungeregelter und auch für die Historiker nachträglich häufig nicht durchschaubarer Entscheidungsprozeß. Nur dadurch, daß sich alle bemühten, »dem Führer entgegenzuarbeiten« (Ian Kershaw), wurde das Regime aufrechterhalten. Das wichtigste Beispiel dafür ist der Mord an den europäischen Juden. Hitler muß diesen irgendwann im Herbst 1941 durch einen Führerbefehl sanktioniert haben, obwohl Einsatzgruppen der SS schon ohne sein direktes Mandat mit der massenhaften Ermordung polnischer Juden begonnen hatten. Dieser Führerbefehl ist jedoch nicht aufzufinden, was revisionistische Historiker wie David Irving dazu verführt hat, Hitler zu exkulpieren. Ohne Hitlers unerbittlichen Willen, möglichst viele der europäischen Juden zu vernichten, wäre es jedoch nie zum Holocaust gekommen. Nur um dies zu erreichen, hat er schließlich die Wehrmacht einen zunehmend sinnloseren Abwehrkampf führen lassen, obwohl der Weltkrieg für Deutschland militärisch längst verloren war. Noch in seinem sogenannten politischen Testament verpflichtete er seine Nachfolger »zur peinlichen Einhaltung der Rassengesetze und zum unbarmherzigen Widerstand gegen den Weltvergifter aller Völker, das internationale Judentum«.

Bezeichnenderweise sicherte Hitler seine Herrschaft im »Dritten Reich« in keiner Weise bürokratisch ab, sondern ausschließlich über personale Abhängigkeiten. Der größte Teil der nationalsozialistischen Führer gehörte schon zu Hitlers frühen Parteigängern vor der Zeit der Machtergreifung. Diese waren es auch, die durch die Schaffung eines Führermythos Hitler mit einem Personenkult umgaben, der ihn zuerst in der Partei und dann im Regime unangreifbar machen sollte. Die Inszenierung des Führermythos diente Hitler vor allem dazu, die von ihm angestrebte »Nationalisierung der Massen« symbolisch zu verwirklichen und gegenüber dem deutschen Volk für seine persönliche Führerherrschaft zu nutzen. Ian Kershaw hat Hitlers Herrschaft deshalb neuerdings mit den Kategorien von Max Weber als »charismatische Herrschaft« definiert. Das ist eine zutreffende Charakterisierung, insofern damit der Massenkonsens mit Hitlers Bewegung und Regime bezeichnet wird. Die repressive Seite seiner faschistischen Herrschaft wird damit jedoch zuwenig gekennzeichnet. Es war Hitlers ureigenster Wille, in seinem Regime diejenigen aus der sogenannten Volksgemeinschaft gewaltsam auszuschließen, die er aus rassenbiologischen oder politischen Gründen als deren Feinde ansah: z. B. Pazifisten, Kommunisten, Sozialdemokraten auf der einen Seite, Behinderte, Homosexuelle, Roma und vor allem Juden auf der anderen Seite. Hitlers Herrschaft war eine auf politischem Terror und staatlich organisiertem Massenmord aufgebaute Zwangsherrschaft.

2. Die NSDAP vor 1933

Profil einer faschistischen Partei

Daß die NSDAP, zumal in ihrer 1925 erneuerten Form, im Parteienspektrum der Weimarer Republik einen Sonderfall darstellte, bedarf heute keiner Erörterung mehr. Immer noch ist aber in vieler Hinsicht umstritten, worin dieser Sondercharakter bestanden hat. War es die von Hitler geprägte Ideologie, welche die NSDAP gegen alle anderen Parteien stellte? Muß man sie eher wegen ihrer besonderen autoritären Führungsstruktur zumindest von den demokratischen Parteien der Republik abheben? Oder war – das wird am häufigsten hervorgehoben – die soziale Basis, auf welche sie sich sowohl als Mitglieder- als auch als Wählerpartei stützte, das Spezifikum ihrer politischen Extravaganz? Es gibt zweifellos Gründe, jeweils nur eines dieser Strukturmerkmale als historisch relevant anzusehen. In der NS-Forschung stehen aber ideologiegeschichtliche, organisationssoziologische und sozialstatistische Ansätze häufig viel zu unverbunden nebeneinander. Es scheint mir deshalb lohnend zu sein, einmal den Versuch zu machen, die drei Forschungsperspektiven, unter denen die Geschichte der NSDAP bis 1933 gesehen wird, zur Deckung zu bringen. Die Partei Adolf Hitlers kann auf diese Weise, ohne daß das hier explizit dargestellt werden muß, in Beziehung zu der Partei Benito Mussolinis gesetzt werden.[1] Sie läßt sich als eine Partei des faschistischen Typs verstehen.

Diese Deutung ist auch insofern historisch angemessen, weil sie – ganz unabhängig von der jeweiligen politischen Bewertung – weitgehend der Sicht der Zeitgenossen entspricht. Ob für Gegner, für Sympathisanten oder für Anhänger Hitlers – es war für alle schon 1922/23, erst recht seit 1930 offenkundig, daß sich die NSDAP ideologisch, organisatorisch und in ihrer sozialen Rekrutierungsbasis in starkem Maße am Vorbild des PNF in Italien orientierte.[2]

Entgegen der in der historischen Forschung immer noch stark verbreiteten Ansicht spricht einiges dafür, daß die NSDAP keine Programmpartei war.[3] Viel eher könnte man sie ähnlich wie den PNF als eine ideologische ›Omnibuspartei‹ bezeichnen, die von allem etwas, bei Bedarf aber auch nur dies oder jenes programmatisch verkündete. Die Ideologie des Nationalsozialismus bestand aus einem Konglomerat ideologischer Versatzstücke, die sich zu einem Antisozialismus, aber auch zu einem Antikapitalismus, zu einem Antiliberalismus, aber auch zu einem Antikonservativismus, zu einem extremen Nationalismus, aber auch zu einem universalistischen Faschismus zusammensetzen ließen. Als ideologisches Bindemittel diente zwar ein rassenbiologischer Antisemitismus, aber auch dieser stand bis 1933 keineswegs durchweg immer im Vordergrund.[4] Dies entsprach der Funktion des originären Rassismus, den der italienische Faschismus gegenüber Slawen und besonders Afrikanern vertrat, auch wenn sich dieser sehr viel stärker an kulturellen Stereotypen orientierte als der deutsche.[5]

Daraus erklärt sich auch, weshalb der Nationalsozialismus vor 1933 im Grunde keine feste Programmschrift hatte, die für alle Mitglieder der Bewegung verbindlich gewesen wäre. Auch Hitlers »Mein Kampf« erfüllte nicht diese Funktion. Bezeichnenderweise konnten sich Gottfried Feder, Alfred Rosenberg oder Walter Darré als nationalsozialistische Ideologen hervortun, ohne sich explizit auf »Mein Kampf« zu beziehen.[6] Hitler ließ das zu, solange die nationalsozialistischen Theoretiker die Parteiideologie nicht inhaltlich zu konkretisieren versuchten. Nicht zufällig vermied er es, von einer nationalsozialistischen Doktrin oder Theorie zu sprechen. Schon gar nicht hielt er etwas von festen Programmen. Was er in »Mein Kampf« entwickelte, sollte vielmehr eine politische Ideologie sein, die sich weder auf tagespolitisch bestimmte Festlegungen einließ noch reine Theorie blieb. Dafür benutzte er mit Bedacht den Begriff ›Weltanschauung‹.[7] Als Weltanschauung stellte Hitler mit seiner Ideologie zwar den Anspruch auf eine totalitäre Weltauslegung, er hütete sich jedoch, ins Detail zu gehen. Das gab ihm die Möglichkeit, über Abweichungen von der Weltanschauung nach Bedarf zu entscheiden. So verbot er 1925 bei seinem Wiedereintritt in die Politik aus taktischen Gründen die Behandlung religiöser Fragen in der nationalsozialistischen Propaganda. Fünf Jahre später ließ er Alfred Rosenberg zunächst gewähren, als dieser in seinem »Mythus des 20. Jahrhunderts« dem Nationalsozialismus eine scharf antikirchliche Ideologie zu unterlegen versuchte. Als sich jedoch vor allem die katholische Kirche gegen Rosenberg zur Wehr setzte, wurde der »Mythus des 20. Jahrhunderts« von Hitler kurzerhand als Rosenbergs Privatmeinung abgetan.[8]

Ebenso bezeichnend war die Diskussion, die innerhalb der Partei über die konkreten Inhalte eines spezifisch nationalsozialistischen ›Sozialismus‹ geführt wurde. Sie wurde durch den Entwurf eines Parteiprogramms ausgelöst, den die Brüder Gregor und Otto Strasser Ende 1925 in den nordwestdeutschen Gauen der NSDAP zirkulieren ließen. Der Programmentwurf enthielt nicht nur die verfassungspolitische Forderung nach einer »nationalen Diktatur«, sondern vor allem auch ausdrücklich einige agrarpolitische und wirtschaftspolitische Grundsätze eines »nationalen Sozialismus«.[9]

So wenig realistisch sie sein mochten, waren Hitler diese programmatischen Festlegungen äußerst unerwünscht, mußten sie doch seine politische Manövrierfähigkeit stark einschränken. Als ihm auf der für die Geschichte des Nationalsozialismus so wichtigen Bamberger Führertagung vom 14. Februar 1926 die Festigung seiner persönlichen Machtstellung als oberster ›Führer‹ gelang, erklärte er deshalb bezeichnenderweise kurzerhand das alte Parteiprogramm von 1920 für »unabänderlich« und verbot jede weitere Programmdiskussion.[10] Die nationalsozialistische Linke unterwarf sich in ideologischer Hinsicht jedoch nur scheinbar. Sie trat zwar nicht mehr mit eigenen programmatischen Entwürfen auf, hob jedoch um so mehr die antikapitalistischen Punkte des alten Parteiprogramms von 1920 hervor. Die Diskussion um die sozialistischen Zielsetzungen des Nationalsozialismus blieb auf diese Weise »ein Angelpunkt der politischen Differenzen«.[11]

Hitler schaltete sich in diese ideologischen Auseinandersetzungen so lange nicht ein, wie die rein weltanschauliche Ebene nicht verlassen wurde. Wenn seine Politik davon berührt wurde, schlug er jedoch sofort zu. Ein Beispiel hierfür war der Versuch des nationalsozialistischen Fraktionsführers im sächsischen Landtag Hellmuth von Mücke, mit den Fraktionen von SPD und KPD gegen die bürgerlichen Parteien zusammenzuarbeiten. Als Hitler davon erfuhr, erklärte er Mückes ideologisch motivierte Politik nach bewährtem Muster sofort als Privatschritt, worauf dieser die Partei verließ, nicht ohne die NSDAP als »willenloses Anhängsel der bürgerlich-kapitalistischen Richtung« zu bezeichnen.[12] Der Höhepunkt der hier im einzelnen nicht zu beschreibenden Auseinandersetzungen war erreicht, als Otto Strasser am 4. Juli 1930 mit der vielzitierten Parole »Die Sozialisten verlassen die NSDAP« aus der Partei austrat.[13] Hitler hatte damit auch in ideologischer Hinsicht den Kampf gegen die nationalsozialistische Linke gewonnen.

Auch der rassenbiologische Antisemitismus, der ohne Frage der eigentliche Kern der nationalsozialistischen Weltanschauung war, wurde von Hitler vor 1933 nach Möglichkeit nicht konkretisiert. Zwar gibt es in »Mein Kampf« gegenüber dem europäischen Judentum einige Äußerungen, die nicht erst in der Rückschau als physische Vernichtungsdrohungen angesehen werden können.[14] Jedoch ist auffällig, daß Hitler seit den Reichstagswahlen von 1928 die antisemitische Propaganda des Nationalsozialismus, ohne sie freilich je ganz aufzugeben, deutlich zurücknehmen ließ. Das gab ihm die Möglichkeit, sich von dem ›Radauantisemitismus‹ zu distanzieren, wie ihn am widerwärtigsten der fränkische Gauleiter Julius Streicher vertrat. Keiner der radikalen Antisemiten verließ deshalb die Partei; aber diese erschien bei bürgerlichen Schichten, in deren Denken der Antisemitismus nicht dominant war, in einem besseren Licht.[15]

Vielen seiner Anhänger mochte die ideologische Flexibilität Hitlers als purer Opportunismus erscheinen. Enttäuscht warf ihm beispielsweise der Berliner SA-Führer Stennes 1931 vor, die »alten Ideale des Nationalsozialismus« zugunsten einer »opportunistischen versöhnlichen Interessenpolitik« geopfert zu haben.[16] Das Geheimnis von Hitlers Erfolg bestand jedoch darin, daß er kein reiner Ideologe war, sondern immer auch die Durchsetzbarkeit von politischen Programmen im Auge behielt. Wichtiger als die inhaltliche Bestimmung der nationalsozialistischen Weltanschauung war ihm deren Umsetzung »in eine bestimmte, begrenzte, straff organisierte, geistig und willensmäßig einheitliche politische Glaubens- und Kampfgemeinschaft«.[17] Aus diesem Grunde verstand sich Hitler auch nicht nur als politischer Programmatiker, sondern immer zugleich auch und gleichrangig als politischer Organisator. »Propaganda und Organisation« werden von ihm im elften Kapitel von »Mein Kampf« als die entscheidenden Voraussetzungen für den Erfolg einer ›weltanschaulichen Revolution‹ herausgestellt. Er sieht sich hier selbst als »Theoretiker, Organisator und Führer in einer Person«.[18] Zwar weniger forciert, aber doch in der

Sache übereinstimmend, hat auch Mussolini seine Rolle als *Duce del Fascismo* in diesem Sinne verstanden.

Auch die politische Organisation, die Hitler vorschwebte, entsprach dem faschistischen Modell, das Mussolini in Italien entwickelt hatte. Es ging ihm nicht einfach um den Aufbau einer Partei neben anderen, schon gar nicht um den Aufbau einer demokratischen Parteiorganisation. Vielmehr sollte durchaus eine ›Partei neuen Typs‹ entstehen, die sich von den bestehenden politischen Parteien prinzipiell unterschied.[19] Es ist Hitler gelungen, die am 27. Februar 1925 wiederbegründete NSDAP organisatorisch zu einer solchen Partei umzuformen. Diese hatte, wie alle faschistischen Parteien, zwei besondere organisatorische Merkmale: Zum ersten wurde sie, obwohl als Massenpartei angelegt, als ›Führerpartei‹ konzipiert. Zum zweiten hatte sie sowohl einen politischen als auch einen militärischen Flügel. Beides zusammen machte sie in der Krise der Republik zu einer schlagkräftigeren Partei als alle anderen deutschen Parteien.

Als ›Führerpartei‹ wurde die gesamte NSDAP dem Grundsatz unbedingter Führerautorität unterworfen. Die politische Willensbildung sollte nur von oben nach unten verlaufen, von unten nach oben wurde unbedingter politischer Gehorsam erwartet. Das Führerprinzip gipfelte in der obersten Autorität Hitlers als des unbeschränkten ›Führers‹ der Bewegung. Der radikalste und geschickteste Propagandist dieses Führerkultes war Joseph Goebbels, den Hitler 1926 auf der Bamberger Führertagung zu sich herüberziehen konnte.[20] Goebbels übersteigerte den Führerkult auf geradezu ekstatisch-religiöse Weise und stilisierte Hitler allmählich zum politischen Übermenschen.[21] Die geschickte Nutzung moderner Massenkommunikationsmittel bis hin zum Flugzeug, in dem der ›Führer‹ göttergleich von oben zu der erwartungsvollen Gefolgschaft einschwebte, ging im wesentlichen auf den ›kleinen Doktor‹ zurück.

Wie in Italien entstand die faschistische Führerpartei allerdings nicht mit einem Schlag; sie mußte vielmehr von Hitler zwischen 1925 und 1933 in durchaus krisenhaften Auseinandersetzungen durchgesetzt werden. Ohne auf Einzelheiten eingehen zu können, will ich nur die wichtigsten Etappen kennzeichnen.

In den Gründungsrichtlinien von 1925 entwickelte Hitler das Konzept der Führerpartei als einer Partei ohne bürokratische

Strukturen, deren Willensbildung sich allein über die persönliche Bindung der Unterführer an den obersten Führer vollziehen sollte.[22] Diese Unterführer waren in erster Linie die Gauleiter, die in ihren Amtsbereichen ihrerseits wiederum eine personalstrukturierte Führerautorität ausüben sollten.[23] Zumindest außerhalb Bayerns war das zunächst mehr ein Anspruch als eine historische Realität. Der Durchbruch zur Führerpartei gelang Hitler erst, als er auf der Bamberger Führertagung von 1926 seine norddeutschen Widersacher überspielen konnte, indem er Gregor Strasser zum Leiter der Propagandaabteilung der NSDAP, Franz von Pfeffer zum Führer der SA und Joseph Goebbels zum Gauleiter von Berlin bestimmte.[24] Die neue Parteisatzung vom Mai 1926 sicherte den Führungsanspruch Hitlers auch formal ab.[25] Alle hohen Parteiführer, einschließlich der Gauleiter, wurden seitdem von Hitler ernannt. Der Parteivorsitzende selbst wurde zwar vereinsrechtlich gesehen von allen Mitgliedern der Partei gewählt, faktisch trat jedoch die Hitler absolut hörige Münchner Ortsgruppe an die Stelle der Gesamtpartei.

An der Basis konnten diese diktatorischen Organisationsprinzipien jedoch nur allmählich durchgesetzt werden. In vielen Gauen wurden die unteren Parteiführer weiterhin nach dem Grundsatz der von Hitler ursprünglich beschworenen »germanischen Demokratie« (»Wahl des Führers, aber unbedingte Autorität desselben«) gewählt. Es dauerte bis 1930, ehe die Gauleiter ihre Befehlsgewalt gegenüber den ihnen unterstellten Ortsgruppen tatsächlich durchsetzen konnten. Hitler trug dem Rechnung, indem er in der dritten Auflage von »Mein Kampf« das angeblich germanische Wahlprinzip durch den Grundsatz »Immer wird der Führer von oben eingesetzt« ersetzte.[26]

Die zentralistische Straffung der gesamten Parteiorganisation schuf die Voraussetzungen dafür, daß die NSDAP den 1929 beginnenden Strukturwandel von der Kader- zur Massenpartei ziemlich reibungslos bewältigen konnte.[27] Für die jetzt massenhaft in die Partei einströmenden Mitglieder stand die Unterwerfung unter den von der Spitze bis zur Basis durchgreifenden Führerwillen außer Frage. Politische Fraktionsbildungen, regionalistische Sonderentwicklungen oder gar Abspaltungen erlebte die NSDAP bis 1933 kaum noch. Das heißt nicht, daß sie schon einen monolithischen Charakter gehabt hätte. Im Gegenteil: Ihr politischer Massenerfolg ergab sich eher daraus, daß neben die vertikale Führungsstruktur ein Netz von Sonderorganisationen trat, die ihrerseits flächendeckend das gesamte Reichsgebiet horizontal erfaßten. Neben dem NS-Lehrerbund entstanden so z. B. entsprechende Standesorganisationen für Ärzte und für Rechtsanwälte.[28] Mit Hilfe des unter der Führung von Walter Darré aufgebauten Agrarpolitischen Apparates gelang es, beginnend in Schleswig-Holstein, die völkisch orientierten Bauernverbände von innen heraus zu unterwandern.[29] Besonders erfolgreich war schließlich der NS-Studentenbund, dessen Führung Hitler 1928 Baldur von Schirach anvertraut hatte. Er war stark genug, schon vor 1933 die Allgemeinen Studentenausschüsse sämtlicher deutscher Universitäten und Technischer Hochschulen in die Hand zu bekommen.[30]

Die Ausbreitung dieser Sonderorganisationen, so wichtig sie für den Erfolg der NSDAP war, schuf gleichzeitig allerdings auch ein innerparteiliches Konfliktpotential. Kompetenzüberschneidungen zwischen regionalen Parteiführern, besonders den Gauleitern, einerseits und den nationalen Sonderführern andererseits waren unvermeidlich. Zugleich weckte der Widerstreit von horizontaler und vertikaler Parteiorganisation den Drang zur Ämterkumulation. Schon vor 1933 bildete sich auf diese Weise innerhalb der NS-Bewegung eine politische Struktur heraus, wie sie dann überhaupt für Hitlers polykratische Herrschaft charakteristisch sein sollte.[31]

Es ist in der Forschung umstritten, ob Hitler diesen konfliktträchtigen Gegensatz von vertikaler und horizontaler Parteiorganisation absichtlich herbeigeführt oder nur nicht hat verhindern können.[32] In jedem Falle hatte er es, ähnlich wie Mussolini, verstanden, die latenten Führungskonflikte in der nationalsozialistischen Bewegung für die Stärkung seiner obersten Führerautorität auszunutzen. Es ist ihm auf diese Weise gelungen, seinen ›Führerbefehl‹ als oberstes, nach Möglichkeit aber nur wenig einzusetzendes Instrument der innerparteilichen Konfliktregelung zu etablieren. Er konnte gegenüber allen Amtsträgern der Partei eine Schiedsrichterrolle einnehmen, die es ihm ermöglichte, alle ihm wichtigen Entscheidungen zu fällen, ohne sich je selbst dafür verantworten zu müssen.

Die herausgehobene Führerstellung Hitlers ist auch die Erklärung dafür, weshalb sich die nationalsozialistische Bewegung, ähnlich wie die faschistische Bewegung in Italien, in einen politischen und einen militärischen Flügel aufspalten konnte, ohne daran zu zerbrechen. Ich komme damit auf das zweite organisatorische Merkmal des Nationalsozialismus zu sprechen, das dem italienischen Vorbild entsprach.

Das Verhältnis von Politischer Organisation (PO) und Sturmabteilung (SA) war innerhalb des Nationalsozialismus von Anfang an umstritten. In der Phase der Wiederbegründung der Partei brachen die alten Gegensätze in neuer Form auf.[33] Auf der einen Seite standen die politischen Führer des Nationalsozialismus mit Hitler an der Spitze, welche die SA nach Möglichkeit entmilitarisieren und ihrer politischen Führung unterwerfen wollten. Auf der anderen Seite standen die alten SA-Führer, die ihre Organisation zwar Hitler persönlich unterstellen, im übrigen aber selbständig leiten und vor allem als bewaffneten Wehrverband erhalten wollten. Ihr wichtigster Repräsentant war ohne Zweifel Ernst Röhm, der die SA in der Zeit des Parteiverbots in einem überparteilichen Frontbann hatte aufgehen lassen und auf diese Weise hatte erhalten können. Erst seine Resignation ermöglichte es Hitler 1926, die SA von Grund auf neu aufzubauen. Der ehemalige Freikorpsführer Franz von Pfeffer, den Hitler 1926 zum Obersten SA-Führer eingesetzt hatte, führte die SA jedoch durchaus in der Tradition Röhms weiter. Anders als in der NSDAP gaben in der SA die lokalen Unterführer, die Gruppen- und Sturmführer den Ton an. Alle Mitglieder hatten nach dem männerbündischen Konzept der SA den gleichen Rang. Das gab der SA einen scheinbar egalitären Anstrich, der sie mit ihrem betonten Kameradschaftsgeist und ihren gegenseitigen Treueverpflichtungen deutlich von der hierarchisch aufgebauten Parteiorganisation unterschied. Es besteht in der Forschung Einigkeit darüber, daß die Anziehungskraft der SA auf breite Massen in starkem Maße auf dieser Erscheinungsform beruhte.

Wenn die SA nicht nur für den Saalschutz bei Parteiveranstaltungen und bei Aufmärschen aktiv werden, sondern eine schlagkräftige, für den Bürgerkrieg geeignete Wehrorganisation sein wollte, bedurfte es jedoch einer militärischen Organisation mit einem professionell geschulten Führungskader. Es war das Dilemma Pfeffers, daß er dafür praktisch nur ehemalige Offiziere finden konnte, die dann auch bis 1930 fast alle Oberführerstellen in der SA besetzten. Gerade sie strebten aber besonders energisch nach Unabhängigkeit von der politischen Führung des Nationalsozialismus. Das erhöhte das latent schon immer vorhandene Konfliktpotential zwischen politischem und militärischem Flügel des

Nationalsozialismus. Ausgerechnet nach den für die Nationalsozialisten so erfolgreichen Septemberwahlen von 1930, bei denen sie auf parlamentarischer Ebene den politischen Durchbruch erzielten, kam es zwischen den beiden Teilorganisationen des Nationalsozialismus zu einem offenen Konflikt. Dieser ging von der offenen Revolte des Berliner SA-Oberführers Walter Stennes aus, von der im Frühjahr 1931 weite Teile der norddeutschen SA erfaßt wurden.[34] Die meuternden SA-Männer rebellierten gegen den politischen Legalitätskurs Hitlers, der ihrem revolutionären Selbstverständnis als Träger einer Bürgerkriegsarmee widersprach. Hitler gelang es, die für ihn durchaus gefährliche Revolte im Keim zu ersticken, weil er sich auch in diesem Fall scheinbar unberührt als oberster Führer einschaltete. Das Spannungsverhältnis zwischen SA und NSDAP blieb zwar bestehen, aber Hitler konnte nach außen hin den Eindruck erwecken, den unruhigen revolutionären Flügel seiner Bewegung in die Schranken gewiesen zu haben. Die Beilegung des aufsehenerregenden nationalsozialistischen Binnenkonfliktes bestätigte so nicht nur seine innerparteiliche Führerstellung, sondern trug auch dazu bei, seinen scheinbaren Legalitätskurs glaubwürdiger zu machen. Unter völlig veränderten Bedingungen sollte Hitler am 30. Juli 1934 noch einmal nach demselben Muster gegen die SA-Führung vorgehen, wobei er sich dieses Mal nicht einmal zu scheuen brauchte, den größten Teil der SA-Führung, mit Ernst Röhm an der Spitze, umzubringen.

Schon die Zeitgenossen haben intensiv darüber diskutiert, woher die Mitglieder der nationalsozialistischen Bewegung kamen und welches die Wähler der NSDAP waren. Der plötzliche Massenerfolg der Nationalsozialisten bei den Septemberwahlen von 1930 ließ das Schlagwort von der »Panik im Mittelstand« (Theodor Geiger) aufkommen.[35] Als Partei des unteren Mittelstandes, des sogenannten Kleinbürgertums, wurde die NSDAP auch nach 1945 zunächst von der historischen Forschung angesehen.[36] Hier wirkten vor allem marxistische Denkmuster nach, aufgrund deren politische Parteien grundsätzlich ein eindeutiges Klassensubstrat haben müssen. Mehr und mehr hat sich jedoch gezeigt, daß diese Charakterisierung ebenso zu eng ist wie die Herleitung des italienischen Faschismus aus der »piccola borghesia«.[37] Wir wissen heute, daß die nationalsozialistische Bewegung nicht nur die kleinbürgerlichen Mittelschichten erfaßte, sondern auch tief in bürgerliche Schichten einerseits und in die Arbeiterschaft andererseits hineinstieß. Das Geheimnis ihres politischen Erfolges bestand gerade darin, daß sie als einzige der Weimarer Parteien nicht auf die soziale Abgrenzung und Bewahrung ihres politischen Umfeldes bedacht war, sondern es vielmehr darauf angelegt hatte, ihren sozialen Aktionsradius ständig zu erweitern.

Beginnen wir bei den Mitgliedern.[38] Am 9. November 1923, dem Tage ihres vergeblichen Umsturzversuches, hatte die NSDAP rund 55 000 Mitglieder. 1925 mußte sie wieder ganz von vorne beginnen. Erst im März 1927 hatte sie wieder so viele Mitglieder wie schon einmal 1923; zwei Jahre später waren es erst 121 000. Doch 1929 setzte der große Mitgliederzuwachs ein, Jahr für Jahr verdoppelte sich die Mitgliederzahl bis zum Frühjahr 1932. Bei ihrer »Machtergreifung« war die NSDAP – auch ohne die SA – im Januar 1933 mit etwa 850 000 Mitgliedern die größte Partei der Republik.

In ihrer Frühphase (bis 1923) war die NSDAP vor allem eine ländlich-kleinstädtische Partei von kleinen Gewerbetreibenden und Bauern.[39] Auch nach ihrer Wiedergründung blieb sie bis 1929 zunächst eine Interessenpartei für unzufriedene Mittelständler.[40] Der untere Mittelstand der kleinen Angestellten, Beamten und der Handwerker und Einzelhändler war in ihr, gemessen an der Gesamtbevölkerung des Deutschen Reiches, fast zweifach überrepräsentiert. Aus dieser Aufstiegsphase rührt das Image der Partei als einer Partei des Kleinbürgertums her. 17,3 % der NSDAP-Mitglieder kamen vor den Septemberwahlen von 1930 noch aus dem alten Mittelstand (Handwerker, Kleinhändler), der zu dieser Zeit nur noch 9,2 % der Gesamtbevölkerung ausmachte, 25,6 % aus dem neuen Mittelstand der Angestellten. Neu war jedoch, daß die Bauern 1930 in der NSDAP schon mit einem mehr als doppelt so hohen Prozentanteil (14,1 %) vertreten waren, als dies ihrem Bevölkerungsanteil (6,7 %) entsprach.[41] Schon vor dem Durchbruch zur Massenpartei war die NSDAP also auch eine Bauernpartei, die ihre Schwerpunkte in den protestantischen Gebieten des Nordens und Ostens (Schleswig-Holstein, Mecklenburg, Ostpreußen) hatte.

Seit den Septemberwahlen wurde die NSDAP auch für den oberen, akademisch geprägten Mittelstand (einschließlich der Studenten) zunehmend attraktiver. Die schon erwähnte berufsständische Erfassung dieser Schichten durch nationalsozialistische Sonderorganisationen zahlte sich jetzt aus.[42] Goebbels sprach besonders im Hinblick auf diese neuen Mitglieder spöttisch von »Septemberlingen«,[43] was ihn freilich nicht hinderte, sie durch kulturpolitische Versprechungen in die NSDAP zu locken.[44] Besonders in der Führungsschicht der Reichsleiter war der obere Mittelstand sogar überrepräsentiert, wenn auch in der Regel durch gescheiterte akademische Existenzen wie Baldur von Schirach, Walter Darré oder auch Joseph Goebbels. Hier wurden akademisch ausgebildete Fachleute gebraucht, ohne die der von Hitler gewünschte Aufbau eines sachkundigen Schattenkabinetts nicht möglich war.

Entgegen einer lange Zeit verbreiteten Legendenbildung war das Wirtschaftsbürgertum, vor allem die Manager und die Direktoren der großen Industrie und der Banken, in der NS-Bewegung bis 1923 dagegen – ähnlich in der Frühphase des italienischen Faschismus – eher unterrepräsentiert. So prominente Figuren wie Fritz Thyssen, Emil Kirdorf oder Hjalmar Schacht fielen gerade deshalb auf, weil sie als eingeschriebene Nationalsozialisten unter ihren Standesgenossen die Ausnahme waren.[45]

Viel stärker muß man dagegen für die Zeit von 1930 bis 1933 den Zufluß von Arbeitern in die NSDAP hervorheben.[46] Schon vor den Septemberwahlen waren, soweit das statistisch zu berechnen ist, etwa 28 % der Mitglieder der NSDAP Arbeiter; bei der SA lag der Anteil mit Sicherheit noch höher.[47] Bis zum Tage der Machtergreifung war die nationalsozialistische Mitgliederwerbung bei den Arbeitern dann sogar besonders erfolgreich: Über ein Drittel der Neueinschreibungen (35,9 %) ging in dieser Zeit auf das Konto der Arbeiter. Der Arbeiteranteil lag damit in der NSDAP zwar immer noch weit unter ihrem Bevölkerungsanteil (54,6 %).[48] Es spricht auch einiges dafür, daß es sich bei den Arbeitern, die zwischen 1930 und 1933 in die NSDAP und vor allem in die SA eintraten, vorwiegend um unqualifizierte, in Kleinbetrieben beschäftigte oder arbeitslose Arbeiter handelte.[49] Festzuhalten ist jedoch, daß diese den Weg in die NSDAP, nicht aber mehr in die KPD, die SPD oder gar in andere bürgerliche Parteien fanden.

Wie ihr italienisches Vorbild war die NSDAP somit in sozialer Hinsicht eine volksparteiliche Sammlungsbewegung, die als einzige der Weimarer Parteien sozial heterogene Massen integrieren konnte. Weltanschaulich nicht genau festgelegt und den neuen Mitgliedern in organisatorischer Hinsicht keine politischen Mitspracherechte einräumend, unterwarf die Führerpartei ihre neuen Anhänger bedingungslos ihrem politischen Willen.

Weder der politische noch der militärische Flügel der nationalsozialistischen Bewegung überstand den gewaltigen Mitgliederschub der ausgehenden Weimarer Jahre ohne innere Krise. Letzten Endes brach die nationalsozialistische Bewegung jedoch entgegen den Hoffnungen z. B. Schleichers und anderer kurzsichtiger politischer Führer der Republik nicht auseinander. Maßgeblich dürften dafür vor allem die folgenden, 1922 auch schon für die faschistische Bewegung in Italien charakteristischen Gründe, gewesen sein:

Zum ersten bestanden die Massen, die von der NSDAP und vor allem von der SA in der Endzeit der Weimarer Republik organisatorisch erfaßt werden konnten, in erster Linie aus politischen Neophyten, d. h. erstmals parteipolitisch sich engagierenden Personen. Der Nationalsozialismus zog weniger Mitglieder von anderen Parteien ab, er mobilisierte diese vielmehr selbst. Diesem Tatbestand entspricht es zweitens, daß die Mitglieder der NSDAP vor 1933 überdurchschnittlich jung waren. 1930 waren 36,8 % der Mitglieder und 26,2 % der Parteiführer unter 30 Jahren![50] George Mosse und andere haben daher mit Recht darauf hingewiesen, daß es sich bei der NS-Bewegung um eine politische Jugendbewegung besonderer Art handelte.[51] Die politische Pubertät setzte bei den Nationalsozialisten sozusagen früher ein als gewöhnlich. Sie waren dadurch aber auch leichter zu beeinflussen und politisch zu manipulieren, als dies mit der nicht nur politisch, sondern auch dem Lebensalter nach im Durchschnitt sehr viel reiferen Mitgliedschaft der übrigen Parteien der Weimarer Republik möglich war.

In eingeschränkter Form gilt diese Feststellung auch für die Wählerschaft der NSDAP.[52] Der Nationalsozialismus konnte in hohem Maße solche Wählerschichten mobilisieren, die bisher einen besonders geringen Politisierungsgrad aufwiesen. Charakteristisch dafür waren etwa die Wahlerfolge, die die Nationalsozialisten bei ostelbischen Landarbeitern oder sächsischen Heimarbeitern erzielten, die sich bis dahin dem Werben der Linken entzogen hatten.[53] Bei der Wählerschaft der NSDAP spielte zweifellos die traditionelle konfessionelle Trennungslinie in Deutschland eine Rolle. Rein katholische Regionen wie das Rheinland waren bis zuletzt stärker gegen den nationalsozialistischen Angriff resistent als protestantische. Auch wenn der ideale Hitlerwähler statistisch gesehen seit 1930 aus einem ländlich-protestantischen Gebiet mit einem geringen Arbeiteranteil an den Erwerbstätigen kam, darf man aber doch nicht übersehen, daß die NSDAP nicht an ein festes

Sozialmilieu gebunden war, sondern sukzessive ein breites soziales Spektrum ausgefüllt hat. Auch die Wählerschaft der Nationalsozialisten hatte kein festes Sozialprofil, sondern dies veränderte sich seit 1928 beinahe von Wahl zu Wahl. Auf diese Weise gelang es der Partei, zu einer Ersatzpartei für Wähler aller anderen Parteien (einschließlich der KPD!) zu werden, eine Fähigkeit, die die NSDAP wiederum von diesen unterschied.

Als Wählerpartei hatte die NSDAP insofern eher den Charakter einer Protestpartei mit einer extrem hohen Fluktuation der Wähler. Über den reinen Protestcharakter hinaus gelang es der Partei jedoch, zu einer schlagkräftig organisierten Massenpartei zu werden. Das verdankte sie einmal ihrer besonderen Struktur als streng hierarchisch organisierter und durch horizontal gegliederte Sonderorganisationen abgestützter Führerpartei. Die zwar durchaus konfliktträchtige, aber letzten Endes lückenlose Organisation der Bewegung war ein Fangnetz, in dessen Maschen sich Sympathisanten der verschiedensten Herkunft verfangen konnten. Stellt man schließlich noch in Rechnung, daß die NSDAP kein differenziertes politisches Programm hatte, sondern sich als eher gläubige Avantgarde einer Weltanschauung verstand, dann sind die wesentlichen Elemente genannt, welche die NSDAP zu einer faschistischen Volkspartei machten. Daß der Nationalsozialismus an die Macht kam, war davon nicht allein abhängig. Ohne die Weltwirtschaftskrise und die durch diese weitgehend bedingte Krise des Parteienstaates von Weimar hätte Hitler seinen Massenerfolg nicht unbedingt in politische Macht umsetzen können. Er hätte diesen Erfolg aber auch nicht erzielen können, wenn er die NSDAP nicht ideologisch, organisatorisch und sozial dem flexiblen faschistischen Modell angepaßt hätte. Nach der Machtergreifung vom 30. Januar 1933 und dem Übergang zum nationalsozialistischen Führerstaat änderte sich der Charakter der NSDAP. Sie verlor weitgehend ihren faschistischen Charakter und entwickelte als Diktaturpartei ein eher totalitäres politisches Profil. Darüber dürfen ihre Ursprünge aber nicht vergessen werden.

3. Der deutsche Katholizismus und die Machtergreifung des Nationalsozialismus

Die seit langem anhaltende Diskussion über das Verhalten des deutschen Katholizismus bei der Machtergreifung Hitlers dreht sich im Grunde nur um eine einzige Frage: Wie war es möglich, daß die bis dahin so konsequenten Gegner des Nationalsozialismus nach dem 30. Januar 1933 in kürzester Zeit kapituliert haben.[1] Um darauf eine Antwort zu finden, muß man zweierlei berücksichtigen: Auf der einen Seite wurde der deutsche Katholizismus durch die katholische Kirche selbst repräsentiert, d. h. durch ihre Bischöfe, Priester und Laien. Andererseits waren die deutschen Katholiken schon vor Beginn des Nationalstaats von 1871 in einer starken Partei, dem Zentrum, organisiert. Dies war eine politische Besonderheit, die in Europa nicht ihresgleichen hatte. Katholische Kirche und katholische Partei stellten in Deutschland zwei Seiten einer Medaille dar, aber sie waren keineswegs miteinander identisch.

In gewissem Sinn machte es sogar die politische Schwäche des deutschen Katholizismus aus, daß er aufgrund seiner institutionellen Zweispaltung politisch häufig nicht auf derselben Linie war. Nur scheinbar gingen die beiden Repräsentationen des deutschen Katholizismus auch in der Auseinandersetzung mit dem Nationalsozialismus zusammen. Die katholische Kirche hatte, allein schon aufgrund ihrer Abhängigkeit von Rom, nicht dieselben Einstellungen wie die katholische Partei, von deren Mitgliedern und Funktionären viele Beamte des Staates waren. Jeder einzelne der deutschen Katholiken mußte sich daher immer wieder entscheiden, was für ihn wichtiger war: die Existenz der katholischen Amtskirche oder die der Zentrumspartei. In ihrer großen Mehrheit haben sich die Katholiken für ihre Kirche entschieden.

Sie folgten damit ihrem Oberhaupt Papst Pius XI. und dessen Staatssekretär Eugenio Pacelli, die beide nie viel Sympathien für die katholische Partei in Deutschland gehabt hatten. Das Zentrum war ihnen einfach zu unabhängig und letzten Endes vor allem zu demokratisch. Diese Partei in der Auseinandersetzung mit dem ›Dritten Reich‹ fallenzulassen, um die Situation der katholischen Kirche in Deutschland zu stabilisieren, war für den Vatikan deshalb eine naheliegende Entscheidung. Das soll nicht heißen, daß dies für Pius XI. und Pacelli eine von vornherein elaborierte Strategie gewesen wäre. Die Entscheidung für die Amtskirche war vielmehr erst das Resultat der politischen Konfrontation des Vatikans mit dem nationalsozialistischen Regime.

Um zu erklären, warum nicht nur viele Führer des deutschen Protestantismus, sondern auch manche des deutschen Katholizismus für die Machtergreifung Hitlers mitverantwortlich waren, muß man in erster Linie die Führung der Zentrumspartei ins Auge fassen. Die katholische Partei hatte sich Mitte des 19. Jahrhunderts in Opposition gegen den protestantischen preußischen Staat gebildet.[2] In dem großen Konflikt des sogenannten Kulturkampfes waren ihr in den siebziger Jahren jedoch von Bismarck ihre Grenzen aufgezeigt worden. Sie war seitdem darauf bedacht, von ihrer Fundamentalopposition gegen den deutschen Nationalstaat abzukommen und durch begrenzte Kooperation mit der kaiserlichen Regierung ihr Heil zu suchen. Da sie sich im Unterschied zu den liberalen Parteien des Bürgertums auf ein festes Wählerpotential verlassen konnte, wuchs die Zentrumspartei bis 1914 in eine Schlüsselposition hinein. Ohne das Zentrum ging im Deutschen Reichstag schließlich nichts mehr. Aus dieser Machtposition schöpfte die Zentrumspartei ein Selbstbewußtsein, das sie während des Ersten Weltkriegs an die Seite derjenigen führte, die das autoritäre Regierungssystem des Kaiserreiches verändern wollten. Gemeinsam mit der Sozialdemokratie und der Deutschen Demokratischen Partei betrieb sie seit 1917 die Parlamentarisierung des autoritären politischen Systems in Deutschland. Und nach der Revolution von 1918 war sie gemeinsam mit den beiden anderen Parteien eine der Säulen der sogenannten Weimarer Koalition, die für eine neue demokratische Verfassungsordnung stand. In den vierzehn Jahren der Weimarer Republik stellte das Zentrum folgerichtig nicht weniger als vier Reichskanzler.

In der agonalen Krisenzeit der Weimarer Republik von 1930 bis 1933 war die Zentrumspartei scheinbar die einzige Partei, die dem

Ansturm der Nationalsozialisten widerstehen konnte. Bei den Reichstagswahlen vom September 1930 sowie vom Juli und November 1932 blieb die Fraktion mit etwa 100 Abgeordneten nahezu stabil.[3] Das Zentrum wird deshalb in der katholischen Historiographie häufig als hartnäckigster Gegner der Nationalsozialisten hingestellt. Läßt man einmal die Tatsache beiseite, daß der Nationalsozialismus in Bayern, also in einer der katholischsten Regionen Deutschlands entstanden ist, weiß man jedoch heute, daß das nur die Hälfte der Wahrheit ist. Das Zentrum war nämlich am Ende der Weimarer Republik, auch wenn es von den deutschen Katholiken unverändert mehrheitlich gewählt worden ist, nicht mehr dieselbe Partei wie zu Anfang der Republik.

Ein Blick auf die Parteiführer belegt das. Politiker wie Erzberger oder auch der Reichskanzler Wirth sowie der christliche Gewerkschaftsführer Stegerwald, die im Zentrum in der ersten Hälfte der zwanziger Jahre den Ton angaben, waren entschieden christlich-demokratisch, ja geradezu linksdemokratisch eingestellt.[4] Mit Abstrichen gilt das auch für Wilhelm Marx, den letzten Reichskanzler, den das Zentrum stellte. Er trat 1928 als Präsident des Zentrums zurück, weil er für seine republikfreundliche Politik in der Partei keine Mehrheit mehr fand. Bei der Neuwahl des Zentrumspräsidenten fand der Repräsentant der Linken, Stegerwald, bezeichnenderweise erst recht keine Mehrheit. Wenig später, im Herbst 1928, triumphierte die Rechte in der Partei.

Wer repräsentierte die katholische Rechte im Zentrum? Zunächst einmal handelte es sich um im klassischen Sinne konservative Gruppierungen, die traditionalistisch eingestellt waren. Viele von ihnen wollten tatsächlich die Monarchie wiederherstellen. Ihr wichtigster Exponent war Heinrich Brüning, der von 1930 bis 1932 unter nicht mehr voll verfassungsmäßigen Bedingungen Reichskanzler war.[5] Er regierte bedenkenlos ohne eine Parlamentsmehrheit nur mit Hilfe des Artikels 48 der Weimarer Reichsverfassung, womit er sich ganz in Abhängigkeit vom Reichspräsidenten Hindenburg begab. Zwar ließ er die auf diesem Wege zustande gekommenen Gesetze noch verfassungsgemäß durch nachträgliche Parlamentsbeschlüsse sanktionieren. Sein politisches Ziel war jedoch, wie wir aus seinen Memoiren wissen, ein starker Monarch, der das Parlament ähnlich wie im Kaiserreich dominierte.

Noch verhängnisvoller war für das Schicksal der Weimarer Republik die konservativ-reaktionäre Strömung im Zentrum. Ihr gehörten eine Reihe von Persönlichkeiten an, die man nicht mehr als demokratisch orientiert ansehen kann. Sie vertraten mehr oder weniger offen das Programm eines autoritären Staates und einer korporativistischen Ökonomie. Wie kürzlich für die Region des Schwarzwaldes gezeigt worden ist, hatten diese reaktionären Zentrumspolitiker keine wesentlich anderen Ziele als die protestantischen Führer der Deutsch-Nationalen Volkspartei (DNVP) mit Hugenberg an der Spitze.[6] Es ist nicht übertrieben, sie als eine katholische Variante der Deutsch-Nationalen zu bezeichnen. Und genau diese deutschnationale Richtung war im Zentrum seit 1928 dominant.

Es ist bezeichnend, daß 1928 mit dem Priester und Professor des Kirchenrechts Ludwig Kaas ein Mann zum Präsidenten des Zentrums gewählt wurde, der eindeutig außerhalb des demokratischen Horizontes der Weimarer Republik stand.[7] Bis zu seiner Wahl war er als Politiker nicht besonders hervorgetreten. Sein einzig auffallendes Kennzeichen war seine enge Beziehung zum Vatikan, besonders zum Staatssekretär Pacelli, für den er seit 1920 als eine Art von mobilem Sekretär tätig war. Man muß deshalb konstatieren, daß die katholische Partei in Deutschland nicht nur zum ersten Mal von einem Priester geführt wurde, sondern daß dieser auch noch ein besonderer Vertrauensmann des Vatikans war. Im Grunde war Kaas sogar mehr ein Mann des Vatikans als des Zentrums. Unter seiner Führung orientierte sich die Partei aber vor allem immer weiter nach rechts. Kaas war kein unbedingter Verfechter der parlamentarischen Demokratie, er war vielmehr geprägt von Staatsvorstellungen, die eher in das wilhelminische Kaiserreich zurückwiesen.

Von großer Bedeutung war in diesem Zusammenhang, daß Kaas als Zentrumsführer in politischer Rivalität zu Franz von Papen stand. In der katholischen Historiographie Deutschlands herrscht zwar die Auffassung vor, daß Papen am Ende der Weimarer Republik nichts mehr mit dem politischen Katholizismus zu tun gehabt hätte. Das trifft indessen schon deshalb nicht zu, weil Papen auch nach seinem Ausscheiden aus dem Zentrum ein bekennender Katholik blieb, der überdies auch noch beste Beziehungen zum Vatikan hatte. Auch wenn die Zentrumspartei zu seiner Regierung in Opposition stand, war Papen im Grunde nicht weit von den damaligen Zentrumspositionen entfernt. Papen und Kaas hatten beide die Illusion, als im Katholizismus verankerte konservative

Politiker die revolutionären Nationalsozialisten in eine rechte Koalition einbinden zu können, bei der sie die Führung innehatten.[8] Bezeichnenderweise war es Kaas, der als erster mit den Nationalsozialisten Koalitionsverhandlungen aufnahm, nicht zuletzt deshalb, um damit Papen zuvorzukommen. Wenn Kaas mit Hitler nur auf der Basis einer »verfassungsmäßigen Politik« eine Koalition schließen wollte, so war das kein demokratischer Vorbehalt.[9] Er verstand darunter vielmehr eine Regierungspolitik, die im Unterschied zur Regierung Papens zwar wieder über eine parlamentarische Mehrheit verfügen sollte, aber über eine Mehrheit mit Einschluß der Nationalsozialisten. Allein schon die Tatsache, daß er im Hinblick auf Hitler solche Illusionen haben konnte, ist bezeichnend. Er war seiner politischen Verantwortung in diesem kritischen Augenblick der deutschen Geschichte einfach nicht gewachsen.

Für Hitler waren die Annäherungsversuche des Zentrums der politische Durchbruch und nicht erst die Intrigen Papens und des Reichswehrministers Schleicher, die ihn schließlich 1933 an die Macht brachten. Ohne daß er irgendwelche Avancen gemacht hätte, bemühte sich das Zentrum, neben der Sozialdemokratie die einzige Partei im Deutschen Reichstag, die seinen politischen Sieg noch verhindern konnte, um ihn. Wie keine der demokratischen Parteien der Weimarer Republik hat die Zentrumspartei Hitler politisch salonfähig gemacht.

Wie wir heute genau wissen, wie man aber auch damals schon ahnen konnte, hat Hitler die Verhandlungen mit dem Zentrum nur zum Schein geführt.[10] Er konnte darauf bauen, daß er die politische Rivalität von Kaas und Papen zu seinen Gunsten ausnutzen konnte. Es ist auch bekannt, daß Hitler am Ende richtig spekuliert hat: Papen spielte die entscheidende Rolle, als es am Ende um seine Beauftragung mit der Regierungsbildung als Reichskanzler ging.[11] Papen war zwar in erster Linie daran gelegen, seinen politischen Rivalen Schleicher auszuschalten, im Hintergrund ging es ihm jedoch gleichzeitig auch darum, Kaas mit einer Koalition mit Hitler zuvorzukommen. Als Vizekanzler im Kabinett Hitlers glaubte er alle Trümpfe in der Hand zu haben, da die Mehrheit der Minister deutschnationaler Provenienz war. Berüchtigt sind seine Behauptungen, Hitler dadurch normalisieren zu können, daß er ihn in einer Koalition ›einrahmt‹, um ihn auf diese Weise an die Wand zu drücken, »bis er quietscht«.[12]

Aber auch Kaas war keineswegs aus dem Spiel. Eigentlich war

er seit dem 30. Januar 1933 mit der Zentrumsfraktion im Deutschen Reichstag in der Opposition. Da Hitler jedoch, ähnlich wie Mussolini nach dem 3. Januar 1925, im Parlament ein Ermächtigungsgesetz durchbringen wollte, brauchte er die Unterstützung des Zentrums. Ohne die 91 Abgeordneten der katholischen Partei (einschließlich der Abgeordneten der ebenfalls katholischen Bayerischen Volkspartei) war im Reichstag die erforderliche Zweidrittelmehrheit für Hitler nicht zu erreichen, auch wenn von vorneherein klar war, daß die kommunistischen und etliche sozialdemokratische Abgeordnete mit terroristischen Mitteln von der Reichstagssitzung ferngehalten würden. Das versetzte die Zentrumsfraktion unversehens in eine unerwartet starke politische Position. Es war jetzt Hitler, der sich um sie bemühen mußte, während das Zentrum scheinbar alle Trümpfe in der Hand hatte.

Kaas war entschlossen, Hitler zu unterstützen und ihn mit den Stimmen des Zentrums zur persönlichen Diktatur zu ermächtigen. Als Gegenleistung dafür glaubte er, den Weiterbestand der Zentrumspartei auch unter den Bedingungen des politischen Ausnahmezustandes sichern zu können. Vor allem aber kam es ihm darauf an, daß die zahlreichen katholischen Beamten und Angestellten im öffentlichen Dienst nicht entlassen würden. Hitler gab ihm diese Garantien jedoch nicht, jedenfalls nicht schriftlich. Das Zentrum mußte sich mit vagen mündlichen Zusagen Hitlers zufriedengeben, die dieser in seiner Parlamentsrede vom 23. März 1933 abgab.[13] Doch steckte die Zentrumsfraktion den Kopf in den Sand und stimmte dem Ermächtigungsgesetz geschlossen zu. Wie nicht anders zu erwarten, war alles vergebens. Kaum war das Ermächtigungsgesetz beschlossen, begann schon die politische Verfolgung einzelner, vor allem linker Zentrumsführer. Kaas selbst setzte sich sofort in den Vatikan ab, obwohl er persönlich keineswegs bedroht war.

Am 7. Mai mußte daraufhin von der Zentrumspartei ein neuer Präsident gewählt werden, zum letzten Mal vor der gewaltsamen Auflösung der Partei durch das NS-Regime am 14. Juli 1933. Heinrich Brüning erklärte sich bereit, dieses Himmelfahrtskommando zu übernehmen, konnte aber in den zwei Monaten seiner Amtszeit nichts mehr bewirken. Nachdem das Zentrum den Ausbau von Hitlers Herrschaft zur Diktatur fahrlässig unterstützt hatte, hatte die Partei in den Augen der Nationalsozialisten ihre politische Existenzberechtigung verloren. Um die große Masse der deutschen Katholiken in die sogenannte Volksgemeinschaft zu integrieren, bedurfte Hitler nicht mehr der katholischen Partei, sondern der katholischen Kirche.

Wenn man von der Welt der katholischen Kirche in Deutschland spricht, kann man ohne Zweifel davon ausgehen, daß ursprünglich sowohl die Priester als auch die Laien dem Nationalsozialismus in ihrer ganz großen Mehrheit ablehnend gegenüberstanden. Das hing schon mit der Entstehungsgeschichte der NSDAP zusammen. Der Nationalsozialismus entstand bekanntlich in einer katholischen Region Deutschlands, in Bayern. Die große Mehrheit der Parteiführer war denn auch, angefangen bei Hitler, ursprünglich katholischer Herkunft. Daß die Partei in diesem Ambiente mit einem dezidiert antiklerikalen Programm auftrat, war deshalb von Anfang an eine enorme Herausforderung für die katholische Kirche.

Als besonders provozierend empfand man die Proklamation eines ›positiven Christentums‹ im Parteiprogramm der Nationalsozialisten von 1920. »Die Partei als solche«, hieß es da, unterstützt die Haltung eines positiven Christentums ohne Bindung an eine bestimmte Konfession«.[14] Niemand konnte zwar genauer definieren, worum es sich bei diesem ›positiven Christentum‹ eigentlich handelte. Auf jeden Fall wurden damit aber zwei Aussagen gemacht: Zum ersten war klar, daß es sich um ein Christentum außerhalb der christlichen Kirchen handeln sollte. Das war nicht nur für die katholische Kirche eine unannehmbare Vorstellung. Und in zweiter Linie war klar, daß damit auch die Existenz eines ›negativen Christentums‹ unterstellt wurde. Als ›negativ‹ wurde im Sinne der nationalsozialistischen Ideologie die jüdische Tradition innerhalb des Christentums angesehen, also die gesamte Überlieferung des Alten Testamentes. Das ›positive Christentum‹ sollte also ein von allen jüdischen Bestandteilen ›gereinigtes‹ Christentum sein, eine ›arische‹ Religion, die von ihren jüdischen Bestandteilen befreit war.

Wenn man von einigen klerikal-faschistischen Fanatikern absieht, die es vereinzelt gegeben hat, wurde der Nationalsozialismus von kirchlich gebundenen Katholiken eindeutig als eine politische Bedrohung angesehen. Man kann bis zum Ende der Weimarer Republik geradezu von einer kirchlich-katholischen Einheitsfront gegen den Nationalsozialismus sprechen. Vergeblich versuchte Hitler, diese durch gezielte Zukunftsversprechen an den Vatikan aufzubrechen. Schon am 22. Februar 1929, bezeichnenderweise nur vierzehn Tage nach dem Abschluß der Lateranverträge, hat er in einem Artikel im »Völkischen Beobachter« für den Fall seiner Regierungsübernahme sogar schon erstmals ein Konkordat zwischen dem Deutschen Reich und dem Vatikan für möglich gehalten. Taktisch geschickt wies er darauf hin, daß der faschistische und nicht der liberale Staat in Italien mit der katholischen Kirche Frieden geschlossen habe. Damit sei, so behauptete er, »unzweifelhaft bewiesen, daß das faschistische Denken viel enger mit dem Christentum verbunden sei als das jüdisch-liberale«.[15] Für sich leitete er daraus die Hoffnung ab, daß »alles, was heute Italien stärke, auch uns nütze«. Das war eine kaum verhüllte Botschaft an den Vatikan: Was in dem autoritären faschistischen Staat Italiens möglich ist, kann in einem ähnlich autoritären Staat in Deutschland wiederholt werden.

Die deutschen Katholiken hat Hitler mit diesen Avancen jedoch nicht beeindrucken können. Im Gegenteil: Ihre Ablehnung des Nationalsozialismus verschärfte sich noch, als nicht sehr viel später, im Frühjahr 1930, Alfred Rosenbergs Buch »Der Mythos des 20. Jahrhunderts« erschien, in dem den christlichen Kirchen eine radikal antichristliche ›Weltanschauung‹ gegenübergestellt wurde. Rosenberg propagierte nicht einmal mehr ein ›positives Christentum‹, sondern eine Religion ganz außerhalb des Christentums. Diese Religion sollte eine »Religion des Blutes« sein, und das ›Blut‹ sollte nach der Vorstellung Rosenbergs das »neue religiöse Mysterium« darstellen.[16] Und nur die sogenannten Arier sollten aufgrund ihrer vermeintlichen Blutsgemeinschaft dieser Religion angehören. Wir wissen heute, daß die politische Stellung Rosenbergs in der nationalsozialistischen Bewegung zu dieser Zeit nicht besonders stark war, da er weder ein Nationalsozialist der ersten Stunde war noch ein wichtiges Parteiamt bekleidete.[17] Da er aber immerhin Chefredakteur des »Völkischen Beobachters« war, mußte man im katholischen Lager fälschlich annehmen, daß er die offiziöse Linie der NSDAP und damit Hitlers vertrat. Keine Publikation der Nationalsozialisten ist von den deutschen Katholiken deshalb so heftig und so ausdauernd angegriffen worden wie Rosenbergs »Mythos des 20. Jahrhunderts«.

In Wahrheit wurde die wirkliche Haltung Hitlers gegenüber der katholischen Kirche in einem anderen Buch repräsentiert, das ein Jahr später publiziert wurde. Es handelt sich um das Buch von

Johannes Stark über »Nationalsozialismus und Kirche«.[18] Auch Stark war kein nationalsozialistischer Parteifunktionär, sondern ein bekannter Physikprofessor, der sogar den Nobelpreis erhalten hatte. Als Nationalsozialist der ersten Stunde hatte er in Kirchenangelegenheiten vor 1933 sehr viel mehr das Vertrauen Hitlers als Rosenberg. Wenn Rosenberg eine neue Religion proklamierte, orientierte sich Stark bezeichnenderweise ausdrücklich an den bestehenden christlichen Kirchen. In Übereinstimmung mit Hitler bot er einen modus vivendi zwischen einem künftigen nationalsozialistischen Staat und der katholischen Kirche an. Dieser sollte, hier folgte Stark ganz Hitler, in einem Konkordat seinen Ausdruck finden.

Die deutschen Katholiken waren freilich wegen Rosenbergs Buch so stark alarmiert, daß sie die von dem Buch von Stark ausgehenden Signale kaum wahrgenommen haben. Sie erkannten nicht, daß Hitler sich anschickte, einmal eine ähnliche Konkordatspolitik gegenüber dem Vatikan zu betreiben wie Mussolini. Ganz im Gegenteil bildete sich innerhalb des deutschen Katholizismus vielmehr die Meinung heraus, daß Mussolini sich durch seine Versöhnungspolitik gegenüber dem Vatikan gerade von Hitler unterschied. Die Lateranverträge von 1929 bedeuteten in dieser Hinsicht so etwas wie eine Wende. Hatte man im deutschen Katholizismus bis dahin das faschistische Regime nach dem Verbot des *Partito Popolare Italiano* nicht zuletzt auch wegen seiner Südtirolpolitik mit großer Skepsis betrachtet, schien Mussolini mit einem Mal der »Mann der Vorsehung« (Pius XI.) zu sein. Das autoritäre faschistische Regime lieferte jetzt geradezu das Vorbild für katholische Verfassungspläne. Einzelne katholische Publizisten wie Peter Georg Moenius in der Zeitschrift »Schönere Zukunft« stilisierten den italienischen Faschismus geradezu zu einem katholischen Diktaturprogramm.[19]

Besonders bemerkenswert ist, daß diese katholische Faschismusbegeisterung gerade nicht zu einer Öffnung gegenüber dem Nationalsozialismus führte. Man hob im Gegenteil das ›römisch-lateinische Christentum‹ des Faschismus um so mehr von dem ›heidnisch-germanischen‹ des Nationalsozialismus ab. Um es etwas überspitzt zu sagen: Die katholische Sympathie für den italienischen Faschismus führte dazu, den katholischen Antinazismus zu verstärken. Bis zur Machtergreifung Hitlers war diese antinazistische Faschismusbegeisterung für den deutschen Katholizismus kennzeichnend. Dafür nur ein Beispiel. Am 27.9.1930 wollte der

Gauleiter der NSDAP von Mainz von dem dortigen katholischen Bischof wissen, ob ein Katholik, der Mitglied der NSDAP sei, inzwischen die Sakramente der Kirche nehmen dürfe. Der Generalvikar des Bistums verneinte dies in seiner Antwort ohne Umschweife. Nach seiner Formulierung stand »die Kulturpolitik des Nationalsozialismus in klarem Gegensatz zum katholischen Christentum«.[20] Andere katholische Bischöfe schlossen sich dieser öffentlichen Erklärung ausdrücklich an, nur die bayerischen distanzierten sich davon, freilich nur aus rein taktischen Gründen. Man kann deshalb auch in dieser Hinsicht von einer Einheitsfront des Katholizismus gegenüber dem Nationalsozialismus sprechen.

Die Haltung der katholischen Bischöfe war selbstverständlich richtungsweisend für die der kirchlich gebundenen katholischen Laien, auch für die der katholischen Politiker. Es gibt bei ihnen zahlreiche Beispiele für eine explizite Ablehnung des Nationalsozialismus. Dafür nur wieder zwei Beispiele. Im Frühjahr 1931 publizierte der Reichstagsabgeordnete der BVP Karl Troßmann ein kleines Buch mit dem Titel »Hitler und Rom«. Er verdammte darin den Nationalsozialismus als »Ruin für Deutschland«.[21] Im selben Jahr veröffentlichte auch Alfons Wild ein Büchlein über »Hitler und das Christentum«. Sein Fazit war: »Die Weltanschauung Hitlers ist kein Christentum, sondern die Botschaft der Rasse, eine Botschaft, die nicht Frieden und Recht verspricht, sondern vielmehr Gewalt und Haß.«[22] Wo man auch hinsieht, findet sich also innerhalb des deutschen Katholizismus vor 1933 eine kompromißlose Ablehnung des Nationalsozialismus.

Wenn man von einer Einheitsfront des deutschen Katholizismus gegenüber dem Nationalsozialismus ausgeht, ist um so mehr zu erklären, weshalb diese nach Hitlers Machtergreifung nicht nur in kürzester Zeit zusammenbrach, sondern sich sogar geradezu ins Gegenteil verkehrte. In anderen Worten: Weshalb haben die deutschen Katholiken, nachdem sie so entschieden gegen Hitler Front gemacht haben, nach 1933 so schnell kapituliert? Es liegt auf der Hand, daß in diesem Zusammenhang die Frage des Zusammenhangs von Ermächtigungsgesetz und Reichskonkordat diskutiert werden muß.

Schon vor Jahren gab es in Deutschland eine Art von Historikerstreit darüber, ob die Zustimmung des Zentrums zum Ermächtigungsgesetz in direktem politischen Zusammenhang mit dem Abschluß des Reichskonkordates gestanden habe, genauer gesagt, ob die Auflösung der Zentrumspartei der Preis gewesen sei, den der Vatikan für die Durchsetzung des Konkordates gezahlt habe. Daß es hier einen kausalen Zusammenhang gegeben habe, war die These des evangelischen Kirchenhistorikers Klaus Scholder.[23] Der katholische Historiker Konrad Repgen leugnete dagegen, daß es irgendeine Verbindung zwischen diesen beiden letzten großen Beschlüssen gegeben habe, die der Deutsche Reichstag unter der Regierung Hitlers getroffen habe.[24] Ich bin der Auffassung, daß beide Historiker nicht recht hatten. Sicherlich gab es von seiten der römischen Zentrale der katholischen Kirche keine explizit formulierte politische Strategie, wonach das Zentrum notfalls für ein Konkordat mit dem Deutschen Reich geopfert werden sollte. Insofern ist die Auffassung Repgens überzeugend. Aber es gibt heute keinen Zweifel daran, daß die Verantwortlichen im Vatikan, besonders der Staatssekretär Pacelli, klare politische Präferenzen hatten. Für sie war eine Bestandsgarantie für die katholische Kirche in Deutschland ohne Frage viel wichtiger als eine solche für die Zentrumspartei. Als sich die Situation 1933 zuspitzte, entschied sich der Vatikan deshalb eindeutig für die Kirche. Das war kein von vorneherein feststehendes Programm, aber es war die Lösung, die nach den ersten Verhandlungen mit Hitler ganz selbstverständlich favorisiert wurde.[25]

Was die deutschen Katholiken betrifft, so erinnere ich zunächst nur daran, daß das Zentrum sich unter der Führung von Kaas so entschieden nach rechts orientiert hatte, daß die Zustimmung zum Ermächtigungsgesetz trotz fehlender schriftlicher Garantien von seiten Hitlers nicht allzu schwerfiel. Nur einen Tag nach der Verabschiedung des Ermächtigungsgesetzes reiste Prälat Kaas mit der Eisenbahn nach Rom. Wie er selbst zwei Jahre später bestätigte, »wollte er die Möglichkeit eines umfassenden Ausgleichs von Staat und Kirche« erkunden.[26] Man kann hier mit Händen greifen, daß für Kaas der Zusammenhang zwischen dem Ermächtigungsgesetz und dem Reichskonkordat – anders als für den Vatikan – ganz selbstverständlich gegeben war. Kaas glaubte ganz offensichtlich, daß in Deutschland nach dem Abschluß des Ermächtigungsgesetzes ähnliche politische Voraussetzungen für ein Konkordat bestünden wie nach 1925 in Italien. Wie der autoritäre faschistische Staat, so war in seinen Augen jetzt auch der nationalsozialistische Staat dazu in der Lage, Staat und katholische Kirche miteinander zu versöhnen. Noch 1932 hatte er dies in einer kirchenrechtlichen Analyse der Lateranverträge ausgeschlossen. Er hielt zu diesem Zeitpunkt zwar Mussolini für fähig, die »autoritäre Kirche« zu verstehen, nicht aber eine möglicherweise einmal von Hitler geführte Regierung.[27] Hitlers geschickte Taktik gegenüber Rom scheint ihn aber allem Anschein nach eines anderen belehrt zu haben: Kaas setzte anders als vor der Machtergreifung seit 1933 ganz auf Hitler.

Am selben Tag wie Kaas – immer noch Präsident der Zentrumspartei – wurde auch Franz von Papen, Vizekanzler in der Regierung Hitlers, aktiv. Er informierte den Kardinal Bertram, der Sprecher der katholischen Bischofskonferenz in Deutschland war, darüber, daß die ›nationale Regierung‹ mit dem Vatikan in Verhandlungen über ein Reichskonkordat eintreten wolle. Wenige Tage später (am 29. März) publizierte Bertram, der politisch eher den Deutsch-Nationalen zuzurechnen war, im Namen der deutschen Bischöfe, die er aber nicht einmal vollständig informiert hatte, eine zwar vorsichtige, aber im Kern doch eindeutig positive Erklärung zur Regierung Hitlers.[28] Er leitete damit eine politische Wende ein: Zum ersten Mal ließen die katholischen Bischöfe in Deutschland ihre strikt oppositionelle Linie gegenüber dem Nationalsozialismus fallen.

Wie war diese Wende möglich geworden? Nach meiner Auffassung gab es dafür zwei Gründe: Zum ersten müssen die Bischöfe wahrgenommen haben, daß sich die Masse der katholischen Laien mehr und mehr Hitler zuwandte, dessen Regierung schließlich mit dem Vizekanzler Papen ein prominenter Katholik angehörte. Der Wende nach rechts, die das Zentrum schon vor 1933 vollzog, entsprach nach 1933 durchaus eine solche der katholischen Bevölkerung insgesamt. Zahllose Katholiken begrüßten denn auch die Erklärung ihrer Bischöfe vom 29. März. Endlich schien der so viele gläubige Katholiken belastende Loyalitätskonflikt zwischen dem nationalen Staat und der universalen Kirche ein Ende zu haben. Man schien jetzt Nationalsozialist sein zu dürfen, ohne weiterhin kirchliche Sanktionen fürchten zu müssen. Aus regionalen Studien wissen wir, daß die Bischöfe durchaus den politischen Stimmungswechsel ihrer Klientel wahrgenommen haben. Es gab zwar auch katholische Laien, die sich jetzt von ihren Bischöfen im Stich gelassen fühlten, aber diese waren in der Minderheit. Auch die große Mehrheit der katholischen Bevölkerung Deutschlands erlag, nur etwas verspätet, dem faschistischen Rausch in Deutschland in den Monaten nach dem 30. Januar 1933.

In zweiter Linie war für die deutschen Bischöfe selbstverständlich »die Haltung Roms« entscheidend, womit der Münchener Kardinal Faulhaber die Wende der deutschen Bischöfe erklärte.[29] Wenn der Vatikan entschlossen war, mit Hitler über das Konkordat zu verhandeln, war es für die deutschen Bischöfe nicht mehr möglich, ihre möglicherweise ablehnende Haltung gegenüber dem Nationalsozialismus aufrechtzuerhalten.

Es ist nicht notwendig, hier alle Verhandlungsschritte bis zum Abschluß des Konkordats am 20. Juli 1933 nachzuvollziehen. Vielmehr genügt es, auf die Eigentümlichkeiten einzugehen, welche die Konkordatsverhandlungen kennzeichneten. Zunächst einmal handelte es sich um Geheimverhandlungen, in die auf beiden Seiten nur ganz wenige Personen eingeweiht waren. Auf der Seite des Vatikans war allein Pacelli der Verhandlungsführer. Er, nicht Papst Pius XI., muß denn auch als eigentlicher Architekt des Konkordats angesehen werden. Aus Gründen der Geheimhaltung, aber auch weil das seinem diplomatischen Naturell entsprach, stützte er sich lediglich auf zwei Mitarbeiter, nämlich auf Kaas und zeitweise auf den Bischof von Freiburg, Conrad Gröber. Die Beteiligung gerade dieser beiden Prälaten war insofern erstaunlich, als beide weder Kurialfunktionäre waren noch offiziell von der deutschen Bischofskonferenz bzw. ihrem Präsidenten, Kardinal Bertram, als päpstliche Verhandlungsführer autorisiert waren. Pacelli griff wahrscheinlich aber nur deshalb auf Kaas zurück, weil dieser, abgesehen davon, daß er die deutsche Szene genau kannte, sich für ihn schon einmal bei ähnlichen Verhandlungen nützlich gemacht hatte. Daß Kaas anfangs noch Präsident der Zentrumspartei war, scheint Pacelli nicht gestört zu haben, ein Zeichen dafür, wie wenig ihn das Schicksal der größten katholischen Partei Europas noch beschäftigte. Für Gröber sprach in den Augen Pacellis ohne Zweifel, daß er ihn immer schon als seinen Vertrauensmann in der deutschen Bischofskonferenz angesehen hatte. Daß er durch diese nicht weiter zu den Verhandlungen legitimiert war, dürfte ihm weniger wichtig gewesen sein.

Der kuriale Verhandlungsstil bewirkte, daß auch die deutschen Bischöfe nicht vor Mai 1933 überhaupt etwas von dem ganzen Vorgang erfuhren. Freilich hatte die große Mehrheit der deutschen Bischöfe auch nichts gegen die geheimen Verhandlungen einzuwenden. Diejenigen von ihnen, die überhaupt noch dagegen waren, ausgerechnet mit Hitler ein Konkordat zu schließen, bildeten eine verschwindende Minderheit. Immerhin gehörte allerdings der Bischof von Eichstätt, von Preysing, zu ihnen, im Zweiten Weltkrieg dann der couragierteste der katholischen Bischöfe im sogenannten Kirchenkampf.[30] Ein anderer Konkordatsgegner war der Kölner Kardinal Karl Joseph Schulte, der rundheraus erklärte: »Die Regierung ist eine revolutionäre Regierung ... Mit einer solchen Regierung kann man nicht zu einem Vertrag kommen.«[31]

Für die deutsche Regierung verhandelte in der Anfangsphase in Rom ausschließlich von Papen. In der Endphase der Verhandlungen war dann Rudolf Buttmann, ein hoher nationalsozialistischer Beamter des Reichsinnenministeriums, in Hitlers persönlichem Auftrag für die Verhandlungen zuständig. Das Außenministerium (einschließlich der deutschen Botschaft beim Heiligen Stuhl) und das Justizministerium blieben die ganze Zeit über ausgeschaltet. Beide Ministerien waren in dieser Zeit noch in der Hand von deutschnationalen Ministern, die Hitler nicht an seinem Coup beteiligen wollte.

Aus dieser ungewöhnlichen personellen Konstellation ergab sich ohne Frage, daß sowohl Pacelli als auch Hitler, und das ist ein zweites auffälliges Merkmal des Verhandlungsprozesses, das Konkordat um jeden Preis wollten. Die Verhandlungen wurden mit außerordentlichem Tempo vorangetrieben. Als Kaas am 10. September zum ersten Mal in Rom eintraf, begann ausgerechnet die Karwoche. Aber weder Kaas noch Pacelli störten sich daran. Sie trafen sich bis zum Ostermontag jeden Tag mit dem deutschen Vizekanzler. Nur zum Vergleich: Die Verhandlungen zwischen Mussolini und Pius XI. dauerten mehrere Jahre.

Die große Eile war kein Vorteil für die katholische Kirche. Im Gegenteil: es war ausschließlich Hitler, der letzten Endes von dieser unorthodoxen Verhandlungstaktik profitierte. Er konnte nach Belieben den Druck auf die kirchlichen Einrichtungen und Institutionen in Deutschland erhöhen, wenn sich die Verhandlungsführer des Vatikans in einer Frage querstellten. Am Ende konnte er sich deshalb auch vollständig mit seinen Vorstellungen durchsetzen. Wichtigster Artikel des ganzen Konkordats war der Artikel 31, in dem der katholischen Kirche und ihren Priestern jede Art von politischer Tätigkeit verboten wurde. Wenn Pacelli meinte, daß die Autonomie der Kirche durch das Konkordat gesichert worden sei, so war das eine Illusion. Schon kurz nach dem Abschluß des Konkordats begann der Existenzkampf des deutschen Katholizismus gegen den NS-Staat. Auch wenn immer wieder hervorgehoben wird, daß dieser ohne das Konkordat noch schwieriger gewesen wäre, ist das doch sehr unwahrscheinlich. Da Hitler die deutschen Katholiken für seine Kriegspolitik brauchte, hätte er es bei aller Repression auch ohne Konkordat nie zum äußersten kommen lassen können. Die katholische Kirche hätte deshalb zweifellos genauso ohne ein Konkordat das ›Dritte Reich‹ überlebt. So aber mußte sie sich nach 1945 nachsagen lassen, Hitler ohne Not einen gewaltigen Prestigegewinn vermittelt zu haben, um am Ende sogar noch mehr oder weniger mit leeren Händen dazustehen.

Zusammenfassend läßt sich das Verhältnis der deutschen Katholiken zur nationalsozialistischen Machtergreifung folgendermaßen charakterisieren:

1. Der deutsche Katholizismus gehörte bis zum 30. Januar 1933 zu den schärfsten Gegnern des Nationalsozialismus. Nach der Machtergreifung Hitlers kam es jedoch, wenn auch nur vorübergehend zu einer erstaunlich schnellen Annäherung an das nationalsozialistische Regime.

2. Schon vor 1933 wurde innerhalb des deutschen Katholizismus intensiv über autoritäre Staats- und Verfassungsmodelle nachgedacht, die den demokratischen Verfassungsstaat, den man nicht mehr für lebensfähig hielt, ersetzen könnten. In besonderem Maße wurde in diesem Zusammenhang der italienische Faschismus populär, weil er 1929 mit dem Vatikan Frieden geschlossen hatte.

3. Die katholische Zentrumspartei war zu Anfang der Weimarer Republik eine dezidiert demokratische Partei, sie wandelte jedoch in den letzten Jahren vor Hitlers Machtergreifung ihren Charakter. Faktisch entwickelte sie sich immer mehr nach rechts und wurde zu einer deutschnationalen Partei katholischen Zuschnitts. Als solche war sie einer Zusammenarbeit mit den Nationalsozialisten am Ende kaum weniger aufgeschlossen als die Deutsch-Nationale Volkspartei.

4. Die katholischen Bischöfe Deutschlands hatten länger als die katholische Partei gegenüber dem Nationalsozialismus starke Reserven aufrechterhalten. Der Umschwung zugunsten des ›Dritten Reiches‹ kam bei ihnen in dem Augenblick, in dem der Vatikan

ein Konkordat mit dem NS-Regime abschließen wollte und Hitler diesem Streben zu ihrer Überraschung entgegenkam. Die Bischöfe konnten kaum noch gegen den Nationalsozialismus opponieren, als die römische Kirchenführung sich mit Hitler arrangierte. Wie die große Mehrheit der deutschen Katholiken hatten sie im übrigen zuvor Mussolini wegen seines Friedensschlusses mit der Kirche gefeiert. Nachdem sich Hitler wider alle Erwartung anschickte es ihm gleichzutun, blieb ihnen gar nichts anderes übrig, als dies ebenfalls zu begrüßen. In gewissem Sinn kann man davon sprechen, daß die katholische Kirchenzentrale in Rom den deutschen Bischöfen in den Rücken gefallen ist.

5. Daß die großen Erwartungen, die der Vatikan und teilweise auch der deutsche Katholizismus in ein vertragliches Abkommen mit Hitler gesetzt haben, durchweg eine Illusion waren, stellte sich schon kurze Zeit nach dem Konkordatsabschluß heraus. Aber da war es schon zu spät.

4. Zwei Generationen im militärischen Widerstand gegen Hitler

Immer wieder habe man ihn gefragt, erklärte Franz Halder nach dem Zusammenbruch des ›Dritten Reiches‹, »warum denn die Generale Adolf Hitler nicht kurzerhand beseitigten, gleichsam als wäre das ihre verdammte Pflicht und Schuldigkeit gewesen«. Der ehemalige Generalstabschef war über solche Fragen »maßlos erstaunt«. Er konnte nicht begreifen, daß man die Beseitigung Hitlers ausgerechnet von denen verlangte, »die durch einen besonderen Eid zu einem besonderen Maß von Gehorsam verpflichtet« waren.[1] Er spielte damit zweifellos auf die Nürnberger Prozesse an, in deren Verlauf dieser Vorwurf von der Anklage wiederholt erhoben worden ist. Wenn aber ein Mann wie Halder, der zu Hitler in oppositioneller Distanz gestanden hat, selbst noch nach 1945 den Gedanken an den Tyrannenmord weit von sich wies, ist zu vermuten, daß seine Auffassungen in der Militäropposition im ›Dritten Reich‹ weiter verbreitet waren. In der Tat ist vielfach belegt, daß sich an der Frage des Attentats auf Hitler im Offizierskorps der Wehrmacht die Geister schieden.

Halders Äußerungen lassen auch erkennen, was Hitlers Generale vor der letzten Konsequenz zurückschrecken ließ: der Korpsgeist ihrer Gemeinschaft, der persönliche Eid auf den ›Führer‹ und die Sorge um die Einheit der Armee. Viele Zivilisten, die mit den Militärs im Widerstand zusammenarbeiteten, glaubten deshalb, daß mit dem hohen Offizierskorps bei einem Attentat auf Hitler überhaupt nicht zu rechnen sei. Der Botschafter Ulrich von Hassell sprach davon, daß die Generale sich auf die »tollsten Gespräche« einließen, aber »den Mut für die Tat« nicht aufbrächten.[2] Der Industrielle Nikolaus Christoph von Halem sah sich, von den Militärs enttäuscht, im Sommer 1938 nach einem berufsmäßigen Killer um.[3] Und als Hans Oster am 1. November 1939 im Gespräch eingestehen mußte, daß man niemanden hätte, »der die

Bombe werfe, um unsere Generale von ihren Skrupeln zu befreien«, stellte sich ihm der Diplomat Erich Kordt spontan als Attentäter zur Verfügung.[4]

Und doch ist das Attentat vom 20. Juli 1944 von einer militärischen Verschwörung vorbereitet und von einem Offizier, Claus Graf Schenk von Stauffenberg, ausgeführt worden. Wir wissen heute auch, daß es nicht der erste Attentatsversuch war, der vom Militär ausging. So scheint zwischen 1941 und 1942 im Stab des Generalfeldmarschalls Erwin von Witzleben in Paris zweimal ein Attentat auf Hitler vorbereitet worden zu sein.[5] Da Hitler nicht nach Paris kam, konnten diese Anschläge nicht ausgeführt werden. Nach der Katastrophe von Stalingrad ist dann seit 1943 in der Heeresgruppe Mitte an der Ostfront immer wieder aufs neue an Attentatsplänen gearbeitet worden. Anfang 1943 hatte man zunächst die Idee eines Kollektivattentats, nachdem selbst Georg Freiherr von Boeselager, der einer der besten Sportschützen des Heeres war, die Chancen eines Einzelattentats skeptisch beurteilt hatte.[6] Auch bei der Heeresgruppe Nord hatte man gleichzeitig ähnliche Pläne, bei denen ein Attentat zumindest in Kauf genommen wurde. Hitler besuchte jedoch zu dieser Zeit die Front überraschend im Bereich der Heeresgruppe Süd, bei der keine Widerstandszelle bestand.[7] Erst bei einem weiteren Frontbesuch kam Hitler im März 1943 ins Hauptquartier der Heeresgruppe Mitte nach Smolensk. Bei dieser Gelegenheit wurde der vielleicht erfolgversprechendste Attentatsversuch vor dem ›20. Juli‹ gemacht. Trotz scharfer Kontrollen und besonderer Bewachung des Diktators durch die SS gelang es dem Oberleutnant Fabian von Schlabrendorff, eine Bombe in das Flugzeug Hitlers zu schmuggeln. Was als Initialzündung eines Putsches gedacht war, mißlang jedoch, da die Zündung der Bombe versagte und Hitler unversehrt in seinen Bunker nach Rastenburg zurückkehren konnte.[8]

Noch einen Schritt weiter gingen im Laufe des Jahres 1943 der Oberst Rudolf Frhr. von Gersdorff, der Hauptmann Axel Frhr. von dem Bussche, der Oberleutnant Ewald Heinrich von Kleist und der Rittmeister Eberhard von Breitenbuch, die sämtlich bereit waren, ihr eigenes Leben bei einem Bombenanschlag auf Hitler aufs Spiel zu setzen.[9] Keiner von ihnen fand zwar Gelegenheit, dieses äußerste Opfer zu bringen, da Hitler sich jedesmal instinktiv den vorbereiteten Zusammentreffen entzog. Aber sie waren in ihrer Entschlossenheit Vorgänger des Attentäters Stauffenberg.

Dieser besaß allerdings als einziger die Kaltblütigkeit, am 20. Juli ein drittes Mal einen Anschlag zu wagen, nachdem er schon am 11. und 14. Juli 1944 vergeblich eine Sprengladung in die Nähe Hitlers zu bringen versucht hatte.[10]

Alle diese Tatbestände sind seit langem bekannt. Sie haben, je nach Fragestellung und Bewertungsmaßstab, in der Forschung zu unterschiedlichen Urteilen über den militärischen Widerstand geführt. Auf der einen Seite wird die Unfähigkeit eines großen Teiles der militärischen Opposition hervorgehoben, sich ganz von Hitler und seinem Regime zu lösen.[11] Andererseits gilt die Unbedingtheit des Widerstandswillens, der bei den Verschwörern des ›20. Juli‹ sichtbar wird, als letztlich maßgebend für die historische Beurteilung der Offiziere gegen Hitler.[12] Es dürfte heute jedoch feststehen, daß der militärische Widerstand durch beides bestimmt worden ist: sowohl durch das Unvermögen zum Handeln als durch die entschlossene Aktion. Der Zwiespalt zwischen beidem konnte bis zum Ende des ›Dritten Reiches‹ nicht überwunden werden, auch und gerade nicht durch die Verschwörung des ›20. Juli‹. Der militärische Widerstand ist in erster Linie wegen dieses inneren Widerspruchs erfolglos geblieben, nicht aufgrund äußerer Umstände, schon gar nicht aufgrund von Zufällen wie dem Fehlschlag aller Attentate auf Hitler.

Für das widersprüchliche Verhalten der Militäropposition gegen Hitler gibt es verschiedene Erklärungen. Häufig wird nur auf die Persönlichkeitsstruktur der Verschwörer verwiesen. Der Cunctator Beck oder der Opportunist Fromm werden dem Frondeur Tresckow oder dem Tatmenschen Stauffenberg gegenübergestellt.[13] Daß die Bereitschaft zum Handeln von der Persönlichkeit der einzelnen Widerstandskämpfer abhing, soll hier auch nicht bestritten werden. Die Spannungen innerhalb des militärischen Widerstandes können jedoch allein auf diesem Wege nicht ausreichend erklärt werden. Eher leuchtet es schon ein, die soziale Herkunft und den gesellschaftlichen Status der militärischen Verschwörer zur Erklärung heranzuziehen.[14] Jedoch entstammte offensichtlich die gesamte Militäropposition einem relativ einheitlichen sozialen Milieu, so daß sich auch hieraus keine Handlungsvarianten ableiten lassen. Der militärische Widerstand setzte sich nämlich, soweit das festzustellen ist, größtenteils aus Abkömmlingen der traditionellen Führungseliten des kaiserlichen Deutschlands zusammen, das heißt aus Söhnen von höheren Beamten,

Gutsbesitzern, Industriellen, Akademikern und vor allem Offizieren. Besonders bemerkenswert ist der hohe Anteil an Adeligen. Bedauerlicherweise liegen hierzu zwar keine exakten Zahlen vor; denn eine zuverlässige Datei aller Teilnehmer des militärischen Widerstands gibt es nicht.[15] Sie dürfte auch nur schwer aufzubauen sein, da die Übergänge von der Mitwisserschaft über die passive Teilnahme bis zur aktiven Beteiligung fließend waren.[16] Man kann aber annehmen, daß der eigentliche Kern der Militäropposition in fünf bisher vorliegenden Gesamtdarstellungen des deutschen Widerstandes von Hans Rothfels, Eberhard Zeller, Terence Prittie, Ger van Roon und Peter Hoffmann genannt wird.[17]

Ich habe auf dieser Basis 185 militärische Verschwörer, darunter 39 Generale, ausgezählt.[18] Daß diese Liste nicht vollständig ist, versteht sich von selbst. Tatsächlich dürften sich aber, die Angehörigen des Nationalkomitees Freies Deutschland einmal ausgenommen, nicht sehr viel mehr militärische Widerstandskämpfer ermitteln lassen.[19] Von den 185 Offizieren waren, soweit biographisch bisher faßbar, 27 Reserveoffiziere, die aufgrund ihrer unterschiedlichen Sozialisation von den Berufsoffizieren unterschieden werden könnten. Männer wie Werner von Haeften, Cäsar von Hofacker, Fabian von Schlabrendorff, Fritz-Dietlof Graf von der Schulenburg, Ulrich Wilhelm Graf Schwerin von Schwanenfeld oder Peter Graf Yorck von Wartenburg für die Zeit des Zweiten Weltkriegs nicht auch zum militärischen Widerstand zu rechnen wäre jedoch abwegig. Sie unterschieden sich zwar in ihrer ursprünglichen Berufskarriere, nicht jedoch mehr in ihrem Widerstandsverhalten von den Berufsoffizieren. Militärischer Widerstand ging seit 1939 nicht nur von Berufsoffizieren aus, sondern auch von im Krieg aktivierten Reserveoffizieren.[20]

Das Sample der 185 militärischen Verschwörer belegt zweifelsfrei den hohen Adelsanteil. Nicht weniger als 83 (das sind 44,9 %) von ihnen, darunter 17 der 27 Reserveoffiziere, waren nämlich adeliger Herkunft. Von den 146 Offizieren waren 43,8 % (64), von den 39 Generalen sogar 48,7 % (19) Adelige. Es ist keine Frage, daß diese Anteile weit über dem des gesamten Offizierkorps lagen. Wie Reinhard Stumpf nachgewiesen hat, waren nämlich insgesamt nur 18,1 % der Generale und Admirale des ›Dritten Reiches‹ adeliger Herkunft.[21] Etwas anders sah es im Generalstab aus. Hier lag der Adelsanteil 1932 bei durchschnittlich 23,8 %, davon 27,1 % bei den Leutnants und Obristen, jedoch 52,0 % bei den Generalen.[22]

1944 waren aber auch im Generalstab nur noch 19,0 % der Generale adeliger Herkunft.[23] Der besondere Charakter des den militärischen Widerstand bestimmenden Sozialmilieus tritt damit deutlich zutage. Dieser Befund könnte mit Sicherheit noch weiter erhärtet werden, wenn, was aufgrund fehlender Daten bisher leider nicht möglich ist, auch der beruflich-familiäre Hintergrund der militärischen Widerstandskämpfer stärker ausgeleuchtet würde.

Wenn der soziale Hintergrund in so hohem Maße homogen war, lassen sich die den militärischen Widerstand kennzeichnenden Gegensätze auch daraus nicht ausreichend erklären. Sowohl die militärischen Gegner Hitlers, die sich zu aktivem, bis zur Gewaltanwendung reichendem Widerstand entschließen konnten, wie diejenigen, die bei bloßer, das NS-Regime nicht grundsätzlich in Frage stellender Opposition verharrten, entstammten demselben stark aristokratisch geprägten sozialen Milieu. Es ist deshalb anzunehmen, daß die soziale Herkunft allein ebensowenig wie der individuelle Charakter das Verhalten der militärischen Verschwörer bestimmte; ausschlaggebend war vielmehr der zwischen ihnen bestehende Generationsunterschied. Das konträre oppositionelle Verhalten des militärischen Widerstandes war vorrangig das Ergebnis unterschiedlicher Generationserlebnisse.

Als ›Generation‹ verstehe ich in Anlehnung an Karl Mannheim keine biologische, sondern eine gesellschaftliche Einheit von Menschen, die durch gemeinsame historische Erfahrungen so geprägt ist, daß sie auf spätere Herausforderungen ähnlich reagiert.[24] Selbstverständlich kann ein solches Generationsmodell nicht alle individuellen Verhaltensweisen in einer gesellschaftlichen Gruppe erklären. Wenn man jedoch bei dieser bestimmte Übereinstimmungen feststellt, die sich mit Hilfe anderer analytischer Verfahren nicht erklären lassen, bietet es sich an, von generationsspezifischen Eigenheiten auszugehen.

Im vorliegenden Fall des militärischen Widerstandes gegen Hitler scheint mir dieser Ansatz deshalb besonders geeignet zu sein, weil sich die Generationen weitgehend hierarchisch abgrenzen lassen: Die ›ältere Generation‹ umfaßte das höhere Offizierkorps von den Generalmajoren bis zu den Generalfeldmarschällen, ›die jüngere‹ das niedere Offizierkorps von den Leutnants bis zu den Obersten. Man kann deshalb auch von einer ›oberen Linie‹ und einer ›unteren Linie‹ des militärischen Widerstandes sprechen, wie das der Schriftsteller Günther Weisenborn schon 1953 getan hat.[25]

Weisenborn wollte damit allerdings zwischen dem Widerstand der Offiziere und dem der Soldaten unterscheiden.

Das ist von der ostdeutschen Forschung aufgegriffen worden, die behauptet, daß der kleinen Zahl der militärischen Verschwörer des ›20. Juli‹ eine um ein Vielfaches höhere Zahl von Widerstandskämpfern an der Basis der Wehrmacht gegenübergestanden hätte. Dazu verweist man unter anderem auf die Kriminalstatistik der Wehrmacht, die für die Zeit des Zweiten Weltkriegs 16000 Todesurteile ausweist, von denen 14500 vollstreckt worden sind.[26] So eindrucksvoll diese Zahlen sind, ist es jedoch zweifelhaft, ob man die seit 1942 überproportional zunehmenden Fälle von Fahnenflucht, Gefangenenbefreiung und Meuterei tatsächlich durchweg als Widerstandshandlungen interpretieren kann. Auch wo dies nachweisbar ist, handelte es sich meist um spontane Einzelaktionen, die nicht planmäßig vorbereitet waren.

Von militärischem Widerstand kann aber erst gesprochen werden, wo es organisierten Widerstand gab. Und dieser ist fast ausnahmslos erst auf der Kommandoebene der Offiziere nachzuweisen, kaum schon bei den Soldaten. Wenn ich von einer ›unteren Linie‹ spreche, meine ich somit den Widerstand der Offiziere vom Leutnant aufwärts, wenn ich von einer ›oberen Linie‹ spreche, den der Generale, vom Generalmajor aufwärts.

Die 39 Generale, die der ›oberen Linie‹ der Militäropposition zugerechnet werden können, waren in irgendeiner Form aktiv an der Fronde gegen Hitler beteiligt. Als Mitwisser, von denen wiederum viele eine aktive Beteiligung ausdrücklich abgelehnt haben, kommen sicherlich noch eine Reihe weiterer Generale in Frage. Auch wenn die Gesamtzahl der Eingeweihten somit höher anzusetzen ist, ergibt das insgesamt doch nur eine kleine Gruppe. Während es nämlich in Deutschland 1932 erst 44 Offiziere im Generalsrang gab, waren es Ende 1938 schon 261 und im Mai 1943 weit über 1000.[27] Insgesamt dienten Hitler zwischen 1933 und 1945 3191 Generale und Admirale.[28] Nur eine kleine Minderheit von ihnen kann also überhaupt der Militäropposition zugerechnet werden. Die ganz große Mehrheit hat dem »Dritten Reich« bis zum Ende mehr oder weniger loyal gedient. Allerdings gehörten eine Reihe der bekanntesten Generale zu den Eingeweihten. Ich nenne nur die Generalstabschefs Beck und Halder, die von Hitler im Laufe des Krieges nach dem Vorbild Napoleons zu Generalfeldmarschällen ernannten Generale von Kluge, von Witzleben und Rommel, die Militärbefehlshaber im besetzten Belgien und Frankreich von Falkenhausen und von Stülpnagel sowie Admiral Canaris, den Chef der militärischen Abwehr.

Alle diese Generale entstammten dem Heer des Kaiserreichs. Sie wurden, soweit bisher bekannt, in den zwei Jahrzehnten zwischen 1880 und 1900 geboren und im monarchischen Geist des kaiserlichen Heeres erzogen. Als junge Offiziere gingen sie in den Ersten Weltkrieg. (Nur 3,6 % aller Generale des ›Dritten Reiches‹ können nicht mehr an diesem Krieg teilgenommen haben, weil sie nach 1900 geboren wurden.[29]) Der Krieg und die deutsche Niederlage waren ihre ersten gemeinsamen Generationserlebnisse.[30] Viele von ihnen sahen sich in den Freikorps der Revolutionszeit wieder, im Berufsheer der Weimarer Republik machten sie Karriere. Bei Hitlers Machtergreifung waren sie entweder schon in Führungsrängen der Reichswehr oder doch auf dem Sprung in diese. Spätestens 1938 gehörten sie zum Generalkorps Hitlers.[31]

Es besteht aber kein Zweifel, daß die Jahre der Republik für sie das zweite negative Generationserlebnis waren. Die Begrenzung auf 100 000 Mann und die empfindlichen Einschränkungen in der Bewaffnung, die der Versailler Vertrag der Reichswehr auferlegte, wurden vom Generalkorps als diskriminierend empfunden. Zum Trauma der als unverschuldet angesehenen Niederlage kam das der als ungerechtfertigt empfundenen Zurücksetzung. Beides trug wesentlich dazu bei, daß auch Generale der Reichswehr, die später zur Opposition gehörten, Hitlers Machtergreifung von 1933 zunächst als Chance für die eigene Rehabilitierung angesehen haben. Bezeichnenderweise war die Machtübernahme Hitlers 1933 selbst für Ludwig Beck »der erste große Lichtblick seit 1918«.[32] Die Generale glaubten mit Hitler durchsetzen zu können, was sie von den Regierungen der Weimarer Republik vergeblich gefordert hatten: den militärischen Wiederaufstieg Deutschlands.

Man hat deshalb von einer »Teilidentität der Ziele« von Reichswehr und Nationalsozialismus gesprochen.[33] Besser wäre es, von einer Scheinidentität der Ziele auszugehen, da die Reichswehrführung 1933 die politischen Endziele Hitlers nicht erkannt hat. Es war das gemeinsame Interesse an der Wiederaufrüstung, das die Reichswehr mit Hitler 1933 eine informelle Allianz eingehen ließ. Ohne die Zustimmung der Reichswehr hätte Hitler sich nicht durchsetzen können.[34] Die Reichswehr wäre ohne ihn andererseits nicht so schnell ausgebaut worden. Die Basis der gegenseitigen Verständigung war die sogenannte Zwei-Säulen-Theorie, die von Hitler geschickt ins Spiel gebracht wurde, ohne daß dies für ihn mehr als eine rhetorische Floskel gewesen wäre.[35] Die NSDAP und die Wehrmacht sollten danach angeblich die beiden ›Säulen‹ des neuen Staates sein. Der nationalsozialistische Totalitätsanspruch wurde damit scheinbar zurückgestellt. Das Militär schien wieder den Sonderstatus zu erhalten, den es im Kaiserreich gehabt hat. Es besteht kein Zweifel, daß viele der konservativ geprägten Generale der Reichswehr, auch diejenigen, die später in Opposition zu Hitler geraten sollten, die Allianz mit dem NS-Regime deshalb zunächst begrüßt haben. Die Parole »Hinein in den neuen Staat«, die 1933 von dem General von Reichenau ausgegeben wurde, entsprach durchaus den Überzeugungen vieler Generale, auch wenn sie manchem etwas riskant erscheinen mochte.[36] Von den Generalen war daher zunächst keine Opposition gegen Hitler zu erwarten. Die Stunde der Wahrheit schlug für sie erst 1938, als es Hitler in der von ihm inszenierten Blomberg-Fritsch-Affäre gelang, die Wehrmacht politisch zu entmachten und seinem Führerbefehl zu unterwerfen.

Dabei hatte Hitler frühzeitig erkennen lassen, daß er der Reichswehr die politische Autonomie, die er ihr 1933 zugestehen mußte, keineswegs auf Dauer lassen wollte. Schon die gleichberechtigte Anerkennung der Hakenkreuzfahne neben der schwarz-weiß-roten Kriegsflagge, die Teilnahme an ›nationalen Kundgebungen‹ des Regimes, die Übernahme nationalsozialistischer Erziehungsprogramme waren 1933 erste Schritte eines stufenweisen Anpassungsprozesses an den Nationalsozialismus. Am gravierendsten war, daß die Reichswehr aus eigenem Antrieb den sogenannten Arier-Paragraphen übernahm, obwohl sie dazu gesetzlich eigentlich gar nicht verpflichtet gewesen wäre.[37] Die Generale haben es dann 1934 nicht nur widerspruchslos hingenommen, daß mit der SA-Führung auch zwei der Ihren, darunter der ehemalige Reichskanzler von Schleicher, ermordet wurden, sondern Blomberg und Reichenau machten sich durch die Verschleierung der Umstände bei von Schleichers Tod geradezu zu »Komplizen des Mordes an ihm«.[38] Wenig später hat die Reichswehr schließlich nicht dagegen protestiert, daß Hitler nach dem Tode des Reichspräsidenten Hindenburg dessen Funktionen usurpierte und die Soldaten auf den »Führer und Reichskanzler« vereidigt wurden.[39]

Als Hitler die Wehrmacht 1938 gleichschaltete, war diese gar nicht mehr zur Gegenwehr fähig. Die Generale mußten es hinnehmen, daß sie nach der Abschaffung des Reichskriegsministeriums direkt dem militärischen Oberbefehl Hitlers unterstellt wurden. Wie wenig sie dem kaltblütigen Intrigenspiel Hitlers gewachsen waren, zeigte sich etwa daran, daß Fritsch mit Unterstützung Becks erwog, zu seiner Rehabilitierung Himmler zum Duell aufzufordern.[40] Die Blindheit der in altpreußischen Ehrvorstellungen befangenen Generalität gegenüber dem totalitären Herrschaftsanspruch Hitlers konnte nicht deutlicher zum Ausdruck kommen als in dieser bizarren Episode.

Die Blomberg-Fritsch-Affäre von 1938 war jedoch auch der Ausgangspunkt für die Formierung einer Opposition unter den Generalen gegen Hitler. So ist bekannt, daß Erich Hoepner, Karl Heinrich von Stülpnagel und Erwin von Witzleben, aber auch Wilhelm Canaris 1938/39 erstmals in Distanz zu Hitler gingen.[41] Vor allem aber war 1938 für den Generalstabschef Ludwig Beck der Punkt erreicht, an dem er seine Opposition gegen Hitler begann. Opposition gegen Hitler bedeutete für ihn zunächst noch nicht Staatsstreich. Beck dachte an einen kollektiven Protestschritt aller Generale bei Hitler. »Kurze, klare Parolen«, notierte er: »Für den Führer! Gegen den Krieg! Gegen die Bonzokratie! Friede mit der Kirche! Freie Meinungsäußerung!«[42] Das war noch kein Programm zur Beseitigung der Naziherrschaft,[43] das war vielmehr der paradoxe Versuch, *mit* Hitler eine Reform des Regimes durchzusetzen.[44] Erst mit seinem Rücktritt begab sich Beck auf den Weg des Widerstandes *gegen* Hitler.

Etwas anders ist der Umsturzplan zu beurteilen, der 1938 nach dem Rücktritt Becks von dessen Nachfolger Halder betrieben wurde. Es ist heute unbestritten, daß dieser »Septemberverschwörung« eine ernsthafte Umsturzplanung zugrunde lag.[45] Ob sie als das nach den Ereignissen des 20. Juli 1944 »wichtigste Faktum in der Geschichte der deutschen Militäropposition« bezeichnet werden kann,[46] ist allerdings zweifelhaft. Zu wenig sind wir trotz intensiver Nachforschungen über Einzelheiten dieser Planungen informiert, zu gering müssen aufgrund der unzureichenden Vorbereitung vor allem ihre Erfolgschancen eingeschätzt werden. Die beteiligten Generale, neben Halder vor allem Witzleben, ferner Stülpnagel, Graf Brockdorff-Ahlefeld, Paul von Hase und Canaris, waren sich zwar einig, daß sich der Militärputsch gegen Hitler richten sollte. Man lehnte es jedoch übereinstimmend ab, diesen gewaltsam zu beseitigen. Der Diktator sollte nach den Vorstellungen der militärischen Verschwörer vor ein Volksgericht gestellt oder für unzurechnungsfähig erklärt werden. Was nach seinem Sturz an die Stelle des NS-Regimes treten sollte, blieb jedoch bis zuletzt unklar.[47]

Noch weniger erfolgversprechend war der zweite Versuch Halders, eine militärische Fronde gegen Hitler aufzubauen. Die Gelegenheit hierzu bot Hitlers Ankündigung, nach dem Erfolg in Polen unverzüglich auch Frankreich anzugreifen. Bei dieser Gelegenheit kam es zwar zu einer erheblich besseren Koordination der militärischen Opposition mit zivilen Oppositionsgruppen. Die militärische Umsturzplanung blieb jedoch in den Anfängen stecken.[48]

Was war unter diesen Umständen von den Umsturzplänen der Generale 1938 und 1939 zu erwarten? Die Verschwörer selbst waren der Meinung, vor allem an äußeren Umständen gescheitert zu sein. Die Forschung ist ihnen hierin weitgehend gefolgt.[49] In der Tat wurden dem Umsturzplan Halders im September 1938 durch das Münchener Abkommen, den Plänen vom Herbst 1939 durch die Verschiebung des Angriffstermins im Westen der Wind aus den Segeln genommen. Auch wenn Großbritannien und Frankreich Hitler 1938 nicht nachgegeben und wenn Hitler schon im Herbst 1939 Frankreich angegriffen hätte, wäre es fraglich gewesen, ob die militärischen Verschwörungen Erfolg gehabt hätten. Nach meiner Auffassung spricht alles dafür, daß der geplante Staatsstreich in allen Fällen gescheitert wäre.[50]

Für diese Annahme sprechen vor allem zwei Gründe: Zum *ersten* trat sowohl 1938 wie 1939 nur eine ganz kleine Minderheit der Generale in Opposition zu Hitler. Die große Masse der Generale blieb Hitler treu, und es war keineswegs abzusehen, wie sie im Falle eines Staatsstreichs reagiert hätte. Mit Sicherheit war zu dieser Zeit, aber auch später, auszuschließen, daß sich die Kommandeure der neuen Waffengattungen an irgendeiner gegen Hitler gerichteten Aktion beteiligten. Die Luftwaffe und die Panzertruppen wurden im wesentlichen erst im »Dritten Reich« aufgebaut. Hier gab es keine eigenständige Tradition. Die Generale und das meist junge Offizierskorps dieser Waffengattungen waren mit wenigen Ausnahmen voll auf Hitler eingeschworen.[51]

Noch wichtiger scheint mir ein *zweiter* Umstand zu sein. Aufgrund der für jede Armee charakteristischen hierarchischen Ordnung hing der Erfolg eines militärischen Staatsstreiches gegen Hitler entscheidend davon ab, daß auch von denjenigen Offizieren Befehle befolgt wurden, die vorher nicht eingeweiht waren. Weder Beck noch Halder konnten als Generalstabschef solche Befehle geben. Diese konnten nur von den kommandierenden Generalen erteilt werden. Da es ausgeschlossen war, den hitlerhörigen Chef des Oberkommandos der Wehrmacht, Wilhelm Keitel, sowie die Oberbefehlshaber von Luftwaffe und Marine zu gewinnen, brauchten die Verschwörer deshalb wenigstens die Mithilfe des Heeres-Oberbefehlshabers Walther von Brauchitsch. Dieser aber konnte sich 1938 trotz des heftigen Drängens von Beck zu keiner eindeutigen Entscheidung durchringen. Becks Nachfolger Halder hat es dann 1938 nach eigener Aussage gar nicht erst riskiert, Brauchitsch voll in seine Umsturzpläne einzuweihen. Er wollte ihn erst im allerletzten Moment einschalten, ohne indessen zu wissen, wie dieser dann handeln würde.[52]

Nach dem Krieg in Polen versuchte Halder im Herbst 1939, wenigstens die Oberbefehlshaber der drei Heeresgruppen, die an der deutschen Westgrenze aufmarschiert waren, zum Handeln gegen Hitler zu bewegen. Gert von Rundstedt, Fedor von Bock und Wilhelm Ritter von Leeb erhoben daraufhin gegenüber Hitler zwar militärische Einwände gegen eine Offensive gegen Frankreich, versagten sich aber bezeichnenderweise einem Staatsstreich. Ihre Opposition beschränkte sich, mit Ausnahme derer von Leebs, auf ihr militärisches Metier.[53] Auch die Bemühungen um rangniedrigere Generale im Westheer schlugen fehl. Halder hat daraufhin selbst aufgegeben. Statt seine Autorität weiter bei den zögernden Generalen einzusetzen, zog er sich selbst aus dem militärischen Widerstand zurück, um Hitler noch bis zu seiner Entlassung im Jahre 1942 bei der Planung von dessen Kriegen zu dienen. Was er nachträglich zu seiner eigenen Rechtfertigung vorbrachte, galt ähnlich für fast alle kommandierenden Generale, die sich 1938/39 oder später dem Widerstand gegen Hitler versagten: »Es besteht ein Unterschied zwischen dem, der ausspricht, was geschehen müßte oder sollte, und dem, der … vor Augen hat, daß er zugleich Chaos und Zerstörung durch einen Krieg im Innern wagt.«[54]

Den wankelmütigen Generalen der oberen Linie der Gegner Hitlers in der Armee stand eine ›untere Linie‹ bestehend aus Leutnants und Obersten gegenüber. Bei diesen handelte es sich erst recht um eine kleine Minderheit. Gab es am 1. September 1939 in der Wehrmacht insgesamt 89075 Offiziere, so stieg deren Zahl bis zum Höhepunkt am 1. September 1943 auf 246453, um dann langsam wieder zurückzugehen. Am 1. Juli 1944, kurz vor dem Attentat auf Hitler, hatte die Wehrmacht 232670 Offiziere, von denen zu diesem Zeitpunkt mehr als 80 % Reservisten waren.[55] Die Gesamtzahl der Offiziere, die in Hitlers Heeren gedient haben, ist noch nicht errechnet worden. Wie hoch der Ersatzbedarf mit der Ausweitung und Verschärfung des Krieges gewesen sein muß, läßt sich aber daran ablesen, daß zwischen dem 1. September 1939 und dem 31. Januar 1945 69361 Offiziere gefallen sind und 107265 verwundet wurden, von denen etwa 40% nicht mehr dienstfähig waren.[56]

Die Offiziere der unteren Linie entstammten einer anderen Generation. Zwischen ihnen und den kaiserlichen Vorkriegsoffizieren entstand eine Kluft, »die über das hinaus ging, was die Natur an Trennendem zwischen verschiedene Generationen zu legen pflegt«.[57] Etwa zwischen 1900 und 1915 geboren, wurden die Jüngeren als Soldaten nicht mehr durch den spezifisch wilhelminischen Militarismus geprägt. Auch der Erste Weltkrieg war nicht ihr prägendes Generationserlebnis.[58] Nur die ältesten von ihnen (z.B. Helmuth Groscurth, Helmuth Stieff und Henning von Tresckow) haben daran im letzten Kriegsjahr überhaupt noch als junge Soldaten teilgenommen.[59] Es war die Zeit der Weimarer Republik, in der sie den Übergang ins militärische Berufsleben vollzogen oder wegen der beschränkten Aufnahmekapazitäten der Reichswehr daran gehindert wurden, diesen zu vollziehen. Im ersten Fall konnten sie zwar ihren Berufsweg als Offizier beginnen, sahen aber keine Möglichkeit zu einer militärischen Karriere. Im zweiten Fall kamen sie überhaupt erst nach der Wiedereinführung der allgemeinen Wehrpflicht durch Hitler zum Zuge. In beiden Fällen lasteten sie ihre beruflichen Enttäuschungen der Republik an.

Der Umsturz von 1933 wurde von ihnen deshalb begrüßt. Anders als die konservative und überwiegend monarchistisch gesinnte Generation der Generale erhoffte sich die jüngere Offiziersgeneration von Hitler aber nicht die Wiederherstellung von politischen Verhältnissen, wie sie im wilhelminischen Militärstaat bestanden hatten. Auch wenn sie konservativem Denken verhaftet waren, hatten ihre politischen Vorstellungen keine rein restaurative Tendenz. Eher standen sie, wie zum Beispiel Fabian von Schlabrendorff, am Ende der Weimarer Republik der ›Konservativen Revolution‹ nahe.[60] So glaubte etwa Fritz-Dietlof Graf von der Schulenburg, ausgehend von Oswald Spengler, Preußentum und Nationalsozialismus verschmelzen zu können.[61] Oftmals waren gerade diejenigen, die sich später am entschiedensten gegen Hitler stellten, 1933 am stärksten von diesem beeindruckt. So begrüßte etwa Henning von Tresckow Hitlers Regierungantritt mit großer Zustimmung. Er traute dem Nationalsozialismus die außenpolitische Revision des Versailler Friedensvertrages ebenso zu wie eine soziale Ausgleichspolitik, für die es für ihn in der Republik keine Chance mehr gab. Vor allem zog ihn bezeichnenderweise Hitlers Aufrüstungswille an.[62] Helmuth Stieff distanzierte sich 1930 deutlich vom »System« der Weimarer Republik, sprach von den Angehörigen des »Reichsbanners Schwarz-Rot-Gold« als »diesen Schuften«.[63] Albrecht Ritter Mertz von Quirnheim ließ sich 1933 sogar zur SA abkommandieren.[64] Und selbst Claus Graf Schenk von Stauffenberg scheint 1933 zunächst eine gewisse Sympathie für das neue Regime gehabt zu haben. Von rückhaltloser Zustimmung konnte bei ihm allerdings nie die Rede sein.[65]

Es liegt mir fern, mit diesen Hinweisen den aus dieser Generation kommenden Widerstand in ein Zwielicht zu stellen. Im Gegenteil: Während die durch das preußisch-deutsche Obrigkeitsdenken geprägten Generale sich auch dann nicht voll von Hitler lösen konnten, als sie dessen verbrecherische Handlungsweise durchschauten, fühlten sich die Jüngeren frei, sobald ihnen die Augen über den wahren Charakter des NS-Regimes geöffnet wurden. Unbedingter Widerstand gegen Hitler konnte gerade aus enttäuschten Hoffnungen erwachsen. Der Umschwung erfolgte dabei meist weniger aufgrund politischer oder militärischer Differenzen, wie bei den Generalen, als vielmehr infolge moralischer Entscheidungen. Viele der Offiziere, die sich im Laufe des Krieges auf der unteren Linie für den Kampf gegen Hitler entschieden, wurden bezeichnenderweise durch das Erlebnis willkürlicher Massenerschießungen von Polen und Russen und durch organisierte Mordaktionen an Juden in den Widerstand getrieben.[66]

So wurde Axel von dem Bussche im Herbst 1942 auf dem Flugplatz von Dubno in der Ukraine Zeuge einer Massenerschießung von mehr als 1000 Juden. Der Schock dieses Erlebnisses veranlaßte ihn, sich den militärischen Verschwörern als Attentäter zur Verfügung zu stellen.[67] Eine ähnliche Wirkung hatte die bestialische Ermordung aller Einwohner des jüdischen Ghettos in Borissow durch eine lettische SS-Einheit, die die Grafen Carl Hans von Hardenberg und Heinrich von Lehndorff im Dezember 1941 aus dem Flugzeug mitansehen mußten.[68] Als der Oberst Rudolf-Christoph Freiherr von Gersdorff davon erfuhr, hatte er den Mut, die Judenmorde im offiziellen Kriegstagebuch der Heeresgruppe Mitte anzuprangern:

»Bei allen längeren Gesprächen mit Offizieren wurde ich nach den Judenerschießungen gefragt. Ich habe den Eindruck gewonnen, daß die Erschießungen der Juden, der Gefangenen und auch der Kommissare fast allgemein im Offizierskorps abgelehnt werden, die Erschießung der Kommissare vor allem auch deswegen, weil dadurch der Feindwiderstand besonders gestärkt wird. Die Erschießungen werden als eine Verletzung der Ehre der deutschen Armee, in Sonderheit des deutschen Offizierskorps betrachtet.«[69]

Helmuth Stieff schrieb schon im November 1939 nach einer Reise durch Polen: »Ich schäme mich, ein Deutscher zu sein! Diese Minderheit, die durch Morden, Plündern und Sengen den deutschen Namen besudeln, wird das Unglück des gesamten deutschen Volks werden, wenn wir ihnen nicht bald das Handwerk legen.« Im November 1941 bezeichnete er die Judendeportationen aus dem Reich, die er bei Minsk miterleben mußte, dann als »eines angeblichen Kulturvolkes unwürdig«. Entsetzt stellte er fest, daß »alles noch viel schlimmer« geworden sei »als vor zwei Jahren in Polen«.[70] Stauffenberg schließlich scheint sich zur gewaltsamen Beseitigung Hitlers entschlossen zu haben, als er von einem Befehl Kaltenbrunners erfuhr, »der für 40000 oder 42000 ungarische Juden ›Sonderbehandlung‹ in Auschwitz anordne«.[71]

Von den älteren Generalen sind solche Äußerungen kaum überliefert. Aufgrund ihrer nationalkonservativen Herkunft aus dem Kaiserreich hatten sie sich nicht so vollständig mit dem Nazi-Regime identifiziert wie viele jüngere Offiziere. Sie fühlten sich daher weniger betroffen als die Jüngeren, denen mit der Einsicht in den verbrecherischen Charakter des Regimes oft eine Welt zusammenbrach. Es spricht deshalb viel dafür, daß es die größere Betroffenheit war, die zu entschlossenerem Widerstand führte.

Unterschiede in der oberen und in der unteren Linie des militärischen Widerstandes zeigten sich schon erstmals im Herbst 1938.

Im Zusammenhang der von Halder betriebenen Umsturzplanungen bildete sich eine Gruppe von zehn bis zwanzig jüngeren Offizieren, die von dem Major Friedrich Wilhelm Heinz und dem Kapitänleutnant Franz Maria Liedig angeführt wurde.[72] Diese Gruppe war davon überzeugt, daß ein Staatsstreich nur nach einem Attentat auf Hitler Erfolg haben könne. Da sie mit dieser Auffassung, außer bei Canaris, bei den zum Handeln entschlossenen Generalen und den mit diesen zusammenarbeitenden Zivilisten (vor allem Goerdeler) keine Zustimmung fand, bildete sie eine »Verschwörung in der Verschwörung«.[73] Der innere Widerspruch zwischen oberer und unterer Linie des militärischen Widerstandes hätte schon hier nicht deutlicher in Erscheinung treten können.

Ein zweites Mal bildete sich nach dem deutschen Einmarsch in Rußland im Herbst 1941 innerhalb der Heeresgruppe Mitte eine Offiziersfronde heraus. Dieses Mal ging die Initiative schon eindeutig von der unteren Linie des Offizierskorps aus. *Spiritus rector* der Verschwörergruppe war Henning von Tresckow, seit dem deutschen Einfall in Rußland Erster Generalstabsoffizier (I a) und seit dem Dezember 1943 Chef des Generalstabs der Heeresgruppe.

Durch gezielte Werbung und durch geschickte Personalpolitik gelang es Tresckow, die wohl größte und schlagkräftigste militärische Oppositionsgruppe aufzubauen, die während des ›Dritten Reiches‹ überhaupt je existiert hat. Die Mitglieder der Gruppe waren fast durchweg Offiziere des Generalstabs, um Truppenoffiziere hat man sich weniger bemüht.[74] Unermüdlich haben Tresckow, Schlabrendorff, Gersdorff, Lehndorff, Hardenberg und Berndt v. Kleist, um nur die »Keimzelle der Fronde« zu nennen,[75] zwischen 1941 und 1943 an Attentatsplänen gegen Hitler gearbeitet.[76] Es war ein Unglück, daß diese sämtlich scheiterten. Aber es ist sehr die Frage, ob allein der gewaltsame Tod Hitlers schon einen Umsturz bewirkt hätte. Tresckow hat sich zwar von Anfang an mit Erfolg um Verbindungen zum zivilen Widerstand in der Heimat bemüht.[77] Aber alle seine Versuche, zumindest die kommandierenden Generale an der Ostfront für einen Staatsstreich zu gewinnen, sind gescheitert.[78] Von seiner Stellung im Generalstab aus konnte Tresckow so zwar weiter an Attentatsplänen gegen Hitler arbeiten.[79] Im Falle eines Staatsstreichs wäre die kämpfende Truppe aber nicht seinen Befehlen, sondern nur denen der kommandierenden Generale gefolgt.

Von den Kommandeuren schlug sich zwar nach langem Zögern der Generalfeldmarschall Günther von Kluge auf die Seite der Verschwörer.[80] Durch einen Autounfall fiel er aber bald darauf wieder aus, um dann im Sommer 1944 als Oberbefehlshaber in Frankreich wieder hin und her zu schwanken.[81] Erich Hoepner, der einzige General, der an der Ostfront zu aktivem Widerstand bereit gewesen wäre, war schon im Januar 1942 von Hitler entlassen worden, weil er entgegen einem strikten Führerbefehl die Front der 4. Panzerarmee zurückgenommen hatte.[82] Er stand dann allerdings 1944 ebenso vorbehaltlos für den Staatsstreich zur Verfügung wie einige der Generale (an der Spitze Beck, aber auch Witzleben und Stülpnagel), die schon 1938/39 in Opposition gewesen waren.[83] Die meisten der Generale aber, die erst während des Krieges mit dem Widerstand in Berührung kamen, haben allenfalls den Schritt in die unverbindliche Opposition, aber nicht in den entschiedenen Widerstand getan. Die negative Symbolfigur für diesen Generalstyp war der auf beiden Schultern tragende Generaloberst Friedrich Fromm, der am 20. Juli 1944 als Befehlshaber des Ersatzheeres eine Schlüsselposition innehatte.[84] Auch der Generalfeldmarschall Erwin Rommel, auf dessen Popularität die Verschwörer des 20. Juli 1944 einige Hoffnungen setzten, war nicht voll zu gewinnen. Er scheint zwar von der Planung des Staatsstreichs gewußt zu haben, konnte sich aber nicht zu aktivem Widerstandshandeln durchringen.[85] Aufgrund seiner Verwundung fiel er dann am 17. Juli aus, ehe er überhaupt Farbe bekennen konnte. Tresckow hat das Zaudern der Generale mit zunehmender Erbitterung kritisiert,[86] ändern konnte er es ebensowenig wie Groscurth, der schon 1939 in sein Tagebuch schrieb: »Diese unentschlossenen Führer ekeln einen an. Grauenvoll.«[87]

Wenn die Verschwörergruppe an der Ostfront überhaupt noch eine Chance zum Handeln erhielt, so nur deshalb, weil es Tresckow im Herbst 1943 gelang, mit Claus Graf von Stauffenberg im Generalstab des Heimatheeres einen Mann für den Umsturz zu gewinnen, der aufgrund seiner ungewöhnlichen Tatkraft und seiner besonderen organisatorischen Begabung rasch ins Zentrum der Verschwörung rücken und bis zum 20. Juli 1943 der Motor aller Attentatsversuche werden sollte. Bezeichnenderweise begründete Stauffenberg seinen Entschluß zum Handeln im vertraulichen Gespräch damit, daß sich »nun die Obersten einschalten« müßten, »nachdem die Generäle bisher nichts erreicht haben«.[88] Neue

Teilnehmer an der Verschwörung warb er auch fast ausnahmslos unter Altersgenossen, die entweder mit ihm verwandt waren oder mit denen er aus früherer Zeit bekannt oder befreundet war.[89] So ergab es sich fast von selbst, daß sein Bruder Berthold und seine Vettern Cäsar von Hofacker und Peter Graf Yorck von Wartenburg die ersten waren, die er ins Vertrauen zog. Sie alle waren, wie er selbst, schon von Stauffenbergs Onkel Nikolaus Graf von Üxküll mit dem Widerstand bekannt gemacht worden.[90] Über Yorck wurden offensichtlich dessen Freund Ulrich Wilhelm Graf Schwerin von Schwanenfeld und über Hofacker dessen Freund Fritz-Dietlof Graf von der Schulenburg für den Stauffenbergkreis geworben.[91] Schulenburg war es dann wiederum, der Stauffenberg den ihm seit der gemeinsamen Dienstzeit im Potsdamer 9. Infanterieregiment freundschaftlich verbundenen Axel von dem Bussche als Attentäter präsentierte.[92] Das stark vom Adel geprägte preußische Traditionsregiment war überhaupt eine sichere Rekrutierungsbasis der militärischen Konspiration.[93] Ähnliches gilt für das süddeutsche Gegenstück, das in Bamberg stationierte 17. Reiterregiment, aus dem Stauffenberg beispielsweise die ihm entweder seit seiner dortigen Dienstzeit oder aus der Berliner Kriegsakademie bekannten Rudolf Graf Marogna-Redwitz, Ludwig Freiherr von Leonrod, Roland von Hößlin und Albrecht Mertz von Quirnheim heranzog.[94] So waren es im wesentlichen verwandtschaftliche sowie ältere freundschaftliche oder berufliche Verbindungen gleichaltriger Offiziere, welche 1943/44 das Gerüst der militärischen Verschwörung bildeten. Die Generationsbestimmtheit des militärischen Widerstandes trat damit hier besonders klar zutage.

Auch die Zusammenarbeit Tresckows mit Stauffenberg konnte die fehlende Zustimmung auf der Generalsebene jedoch nicht ersetzen. Welch entscheidende Bedeutung die Mitwirkung von Generalen in militärischen Schlüsselstellungen für den Widerstand hatte, beweist der Ablauf der Ereignisse des 20. Juli 1944 in Paris. Hier war es den militärischen Verschwörern gelungen, einen wichtigen General, Karl-Heinrich von Stülpnagel, zu gewinnen. Dieser war kraft seiner eigenen Befehlsgewalt in der Lage, alle SS-, SD- und Parteiführer in der französischen Hauptstadt verhaften zu lassen, obwohl der Oberbefehlshaber Kluge auch dieses Mal wieder nicht voll mitspielte.[95] In Berlin dagegen arbeiteten neben Witzleben zwar die Generale Olbricht, Thiele und Hoepner mit, nicht aber der oberste Befehlshaber des Heimatheeres, Generaloberst Fromm. Nur dessen Befehl aber hätte letztlich schwankende Offiziere und Generale veranlassen können, ihre Truppen für den Staatsstreich zu mobilisieren. So genial unter den gegebenen Umständen die Idee von Tresckow sein mochte, die an sich zur Bekämpfung innerer Unruhen vorgesehene Aktion ›Walküre‹ für den Staatsstreich umzufunktionieren, so bedurfte es doch eines Kommandos für ihre Auslösung. Da dieses von Fromm nicht kam, brach der Aufstand in Berlin im Grunde schon zusammen, bevor Klarheit darüber bestand, daß Hitler das Attentat in der Wolfsschanze überlebt hatte.

Der militärische Widerstand gegen Hitler ist so großenteils an einem inneren Widerspruch gescheitert, der vornehmlich generationsbedingt war. Die Offiziere auf der unteren Linie des Widerstandes besaßen die Entschlossenheit zu entschiedenem Handeln. Ihre Attentatsplanungen waren sicherlich nicht perfekt, sie mußten jedoch nach menschlichem Ermessen eigentlich irgendwann zum Ziele führen. Das Attentat allein, auch wenn Hitler dabei getötet worden wäre, garantierte jedoch noch nicht den Erfolg des Staatsstreichs. Für diesen bedurfte es der Kommandogewalt der Generale. Auf der oberen Linie des militärischen Widerstandes wurde sowohl 1938/39 wie 1943/44 zwar an einem Staatsstreich gearbeitet, das befreiende Attentat auf Hitler wollte man jedoch vermeiden. Nur wenige Generale waren auch zu diesem äußersten Schritt bereit. Dies gilt neben Oster und Fellgiebel besonders für Ludwig Beck, der wegen seiner Verbindungen zur zivilen Opposition vor dem 20. Juli 1944 eine der Zentralfiguren des Widerstandes war. Jedoch hatte gerade er keine Kommandogewalt. Untere und obere Linie des militärischen Widerstandes konnten generationsbedingt nicht zusammenkommen. Dieser war damit schon aufgrund seiner eigenen Voraussetzung zum Scheitern bestimmt, ganz davon abgesehen, daß überhaupt nur ein kleiner Teil des Offizierskorps daran beteiligt war. Da ohne das Militär ein Staatsstreich keine Aussicht auf Erfolg hatte, war der innere Zwiespalt der militärischen Gegner Hitlers eine wesentliche Ursache für die Schwäche des gesamten deutschen Widerstandes.

Die historische Leistung des militärischen Widerstandes soll damit nicht relativiert werden. Stauffenberg und vor allem Tresckow haben am Ende durchaus gewußt, daß allenfalls noch das Attentat auf Hitler, nicht aber mehr der Staatsstreich gelingen konnte.[96] Sie haben sich dadurch nicht vom Handeln abhalten lassen. Je deutlicher deshalb heute das Dilemma des militärischen Widerstandes erkannt wird, desto mehr tritt nur dessen besondere Qualität hervor.

IV. Italienischer und deutscher Faschismus im Vergleich

1. Faschismus

Der Begriff Faschismus

Der Begriff ›Faschismus‹ gehört zu den historischen Schlüsselbegriffen des 20. Jahrhunderts.[1] Er wurde von dem italienischen Wort *fascio* abgeleitet, das wiederum der lateinischen Bezeichnung *fasces* für die altrömischen Herrschaftssymbole der Liktoren entsprach. In der Bedeutung von ›Bund‹ wurde es im 19. Jahrhundert in Italien von der aufkommenden Arbeiterbewegung zur Bezeichnung ihrer meist revolutionären außer- und antiparlamentarischen Organisationen benutzt. Noch 1914 schlossen sich die Sozialisten und Syndikalisten, die unter der Führung Filippo Corridonis und Benito Mussolinis für einen Kriegseintritt Italiens an der Seite der Entente-Mächte plädierten, zu den *fasci d'azione rivoluzionaria* zusammen. Als sich jedoch nach der italienischen Niederlage von Caporetto 1917 der deutlich rechtsorientierte *fascio parlamentare* bildete, zeigte sich, daß der Begriff auch zur Bezeichnung gegenrevolutionärer Vorbehalte gegenüber dem Parlamentarismus verwendet werden konnte. Diese politische Zielrichtung hatte dann eindeutig der *fascio di combattimento* (Kampfbund), der am 23.3. 1919 von Mussolini in Mailand gegründet wurde. Mit der Entstehung weiterer *fasci* und ihrer Ausbreitung über Italien ergab sich daraus die Bewegung des *fascismo*.

Daß der Begriff *Faschismus* im engeren Sinn die von Mussolini 1919 gegründete, 1922 mit dem ›Marsch auf Rom‹ an die Macht geführte politische Bewegung und das von ihm bis 1943 bzw. 1945 ausgeübte politische Herrschaftssystem bezeichnet, steht fraglos fest. Darüber hinaus ist jedoch die historische Bedeutung des Begriffs, ähnlich wie bei anderen politischen Richtungsbegriffen (z.B. dem des Sozialismus, des Konservativismus oder des Liberalismus), äußerst umstritten. Die Geschichte des Faschismus stellt sich in mancher Hinsicht als eine Geschichte seiner Deutungen dar. Nahezu allen Interpretationen des Faschismus ist gemeinsam, daß sie diesem in kritischer Distanz ablehnend gegenüberstehen. Die sozial- und geschichtswissenschaftliche Theoriebildung über den Faschismus entspringt dem Geist des Antifaschismus.

In seiner realen Existenz war der Faschismus historisch an die Zwischenkriegs- und Kriegszeit von 1919 bis 1945 gebunden, auch wenn es seitdem noch politische Splittergruppen gab, die als neofaschistisch bezeichnet werden können. Diese Epochengebundenheit ergibt sich aus der historischen Leitfunktion des italienischen Faschismus. Alle politischen Bewegungen, die im strengen Sinn als faschistisch angesehen werden können, haben sich direkt oder indirekt auf das italienische Vorbild oder seit der Machtergreifung Hitlers im Jahre 1933 auf den seinerseits ursprünglich an Italien orientierten Nationalsozialismus berufen. Mussolini war sich seiner historischen Vorreiterrolle voll bewußt. Auch wenn er aus taktischen Gründen außenpolitischer Rücksichtnahme heraus gelegentlich behauptete, der Faschismus sei ›keine Exportware‹ (*merce di esportazione*), stellte er häufig genug den ›universalen Charakter‹ seines Faschismus heraus und erhob die ›Faschisierung Europas‹ zu seinem Programm. Nach der Machtergreifung des Nationalsozialismus förderte er, wenn auch vergeblich, sogar den Aufbau einer faschistischen Internationale, um seinen faschistischen Führungsanspruch gegenüber Hitler zu behaupten.

Schließlich ist es bezeichnend, daß es seit 1945 keine ernst zu nehmenden politischen Gruppierungen gibt, die sich selbst als faschistisch einstufen. Nach ihrem selbstverschuldeten Untergang verloren die beiden Führungsfaschismen in Italien und Deutschland ein für allemal jede politische Attraktivität, wozu entscheidend die Kriegs- und Verbrechensbilanz beitrug, die vor allem der deutsche Faschismus hinterlassen hat. Ohne den expliziten Bezug auf Mussolini oder auf Hitler kann es aber keinen genuinen Faschismus mehr geben. Seit 1945 hat der Faschismus deshalb keine Zukunft mehr.

Faschismusdeutungen

Faschismusdeutungen gibt es, seitdem der Faschismus selbst existiert. Doch auch 80 Jahre nach dem ›Marsch auf Rom‹ besteht in der historischen Beurteilung des Faschismus nur wenig Übereinstimmung. Dies ist daraus zu erklären, daß die internationale Faschismusforschung von Anfang an in starkem Maße politisch konditioniert wurde. Bis zum Untergang der faschistischen Regime in Italien und in Deutschland spiegeln sich in den Faschismusdeutungen die unterschiedlichen politischen Standortbestimmungen des Antifaschismus wider. Schon unmittelbar nach dem Aufkommen des Faschismus in Italien standen sich einander ausschließend eine kommunistische, eine sozialistische und eine liberaldemokratische Faschismusdeutung gegenüber. Die kommunistische Bewegung wurde durch Mussolinis Machtergreifung vom 28.10.1922 erstmals in ihrer revolutionären Selbstgewißheit getroffen. Innerhalb der Kommunistischen Internationale kam es angesichts dieser Herausforderung 1922/23 zu einer heftigen Kontroverse über den Faschismus. Dabei unterlagen diejenigen, die den Faschismus durchaus realistisch als die »größte Niederlage, die der Sozialismus und Kommunismus seit Beginn der Periode der Weltrevolution erlitten hat« (K. Radek) bezeichneten. Als Mehrheitsmeinung setzte sich innerhalb der kommunistischen Bewegung die Deutung durch, daß der Faschismus als ein bloßes Übergangsphänomen vor dem Untergang der kapitalistischen Gesellschaft anzusehen sei. Diese Interpretation trug zwar wesentlich dazu bei, den Faschismus als eine über Italien hinausreichende politische Bewegung zu begreifen. Je mehr sich aber die orthodoxen Kommunisten darauf versteiften, den faschistischen Staat lediglich als ausführendes Organ des sogenannten Monopolkapitalismus anzusehen, desto weniger waren sie in der Lage, dessen eigenständige historische Rolle zu durchschauen.

Auch als unter dem Eindruck der Machtergreifung Hitlers schließlich wenigstens ein Unterschied zwischen der demokratischen und der diktatorischen Form bürgerlicher Herrschaft gemacht wurde, hielt die Kommunistische Internationale dogmatisch an ihrer Agententheorie fest. Georgi Dimitroff fand im August 1935 die Definition, die im kommunistischen Lager im Prinzip bis zu seiner Auflösung kanonische Geltung behalten hat: »Der Faschismus ist die offene terroristische Diktatur der am meisten reaktionären, chauvenistischen und imperialistischen Elemente des Finanzkapitals.«

Während die kommunistische Faschismusdoktrin zunehmend erstarrte, fand unter sozialistischen Theoretikern außerhalb ihres politischen Geltungsbereichs eine weit weniger dogmatische Faschismusdebatte statt. Behaupteten die kommunistischen Kritiker pauschal, der Faschismus könnte die diktatorische Alternative jedes bürgerlichen Staates sein, so stand für diese Marxisten die Frage nach der Bedingung der Möglichkeit einer faschistischen Perversion bürgerlicher Herrschaft im Vordergrund des Interesses. Franz Borkenau interpretierte den Faschismus als Entwicklungsdiktatur »zur Schaffung des industriellen Kapitalismus« und glaubte damit seinen Durchbruch in Deutschland noch Ende 1932 ausschließen zu können. Otto Bauer sah den Faschismus 1936 umgekehrt als »Resultat eines eigenartigen Gleichgewichts der Klassenkräfte« von Bourgeoisie und Arbeiterschaft an, womit er seine Entstehungsmöglichkeiten auf fortgeschrittene Industrieländer eingrenzte. Das entsprach etwa der Theorie August Thalheimers, der den Faschismus 1930 als erster Marxist in Analogie zu der Bonapartismustheorie von Karl Marx zu erklären versucht hatte. Mussolini war in seinen Augen ähnlich wie Napoleon III. in einem Stadium des Machtgleichgewichts zwischen Bourgeoisie und Arbeiterbewegung an die Macht gekommen. Er sah voraus, daß es Hitler unter ähnlichen Bedingungen schaffen könnte, Deutschland in eine faschistische Diktatur zu verwandeln. Das Wesentliche dieser Diktatur sah er darin, daß sich die politische Exekutive verselbständigte, obwohl die gesellschaftliche Vormachtstellung der Großbourgeoisie nicht angetastet werde. Die sogenannte Neue Linke hat in den sechziger und siebziger Jahren in Deutschland eine letztlich fruchtlose Diskussion darüber geführt, inwieweit der politische Verselbständigungsprozeß des Staatsapparates von den ihn tragenden wirtschaftlichen Machtgruppen zu einer Abkoppelung des Faschismus vom Kapitalismus geführt habe. Kaum jemand knüpfte jedoch an die Erkenntnis Ernst Blochs an, der den Faschismus 1935 mit einer »Ungleichmäßigkeit der kapitalistischen Entwicklung« zu erklären versucht hatte, weshalb Deutschland für ihn als das »klassische Land der Ungleichzeitigkeit« in besonderem Maße für den Faschismus prädestiniert war.

Der liberaldemokratisch orientierte Antifaschismus stand von Anfang an vor dem Problem, sich nicht nur mit dem Faschismus, sondern zugleich auch mit der kommunistischen und sozialistisch inspirierten Faschismuskritik auseinandersetzen zu müssen, die den kapitalistisch geprägten bürgerlichen Staat für die Entstehung des Faschismus verantwortlich machte. Aus dieser doppelten Frontstellung heraus ist vor allem der Versuch zu erklären, die Entstehung des Faschismus auf die Krise des zwischen Kapitalismus und Sozialismus geratenen Mittelstandes zurückzuführen.

Schon 1923 bezeichnete in Italien der Journalist Luigi Salvatorelli den Faschismus als erster »als den Klassenkampf des Kleinbürgertums, das sich zwischen Kapitalismus und Proletariat wie der dritte zwischen zwei Kämpfenden befindet«. In Deutschland sprach der Soziologe Theodor Geiger 1930 in ähnlichem Sinn von der »Panik im Mittelstand«. Seymour M. Lipset entwickelte die Mittelstandsthese dann zu einem umfassenden Erklärungsmodell für den Faschismus. Während er dem Mittelstand als normale politische Einstellung den Liberalismus zuordnete, war der Faschismus in seinen Augen ein »Extremismus der Mitte«, der nur unter den Bedingungen einer umfassenden gesellschaftlichen Krise entstehen konnte. Nachdem die Forschung freilich mehr und mehr nachweisen konnte, daß sowohl der *Partito Nazionale Fascista* in Italien als auch die Nationalsozialistische Deutsche Arbeiterpartei in Deutschland, aber z.B. auch die Eiserne Garde in Rumänien oder die Pfeilkreuzlerpartei in Ungarn ein sehr viel differenzierteres, sowohl in den oberen Mittelstand als auch in die Arbeiterschaft und vor allem in die Bauernschaft hineinreichendes Sozialprofil hatten, ist die Mittelstandsthese fragwürdig geworden.

Liberaldemokratischer Selbstbehauptung diente seit den dreißiger Jahren auch die Theorie, daß Faschismus, Nationalsozialismus und Bolschewismus als totalitäre Regime in ihrer Herrschaftstruktur wesensgleich seien. Sie ging in ihrem Ursprung schon auf die antifaschistische Opposition in Italien zurück, für die der faschistischen Diktatur Mussolinis seit 1925 »die Verleugnung derselben Grundsätze von Freiheit und Ordnung« (Francesco Nitti) zugrunde lag wie der bolschewistischen in Rußland. Nach 1945 wurden von der politikwissenschaftlichen Forschung (vor allem von Jakob L. Talmon, Hannah Arendt, Carl Joachim Friedrich und Zbigniew Brzezinski) unter dem Begriff des ›Totalitarismus‹ jedoch zunehmend nur noch der stalinistische Kommunismus und der Nationalsozialismus subsumiert. Das entsprach der in der Zeit des Kalten Krieges im Westen vorherrschenden politischen Bewußtseinslage. Für die Faschismusforschung blieb dieses eingeengte Verständnis von Totalitarismus jedoch unbefriedigend, da der Nationalsozialismus aus seinem unbestreitbaren faschistischen Kontext herausgenommen wurde. Auch wenn eine »Differenzierung von Typen oder Versionen des Totalitarismus« (Karl Dietrich Bracher) vorgeschlagen wird, läßt sich ein abgestuftes System totalitärer Diktaturen nur beschreiben, wenn der Faschismus als solcher ernst genommen und das Totalitäre als ein für diesen möglicher, aber nicht notwendiger Aspekt angesehen wird.

Dem Faschismusbegriff eine eigene Legitimität zu verschaffen war das Anliegen von Ernst Nolte in seinem Werk über den »Faschismus in seiner Epoche« (1963). Nolte hielt es für ein »unabweisbares Bedürfnis, einen Begriff für diejenigen politischen Systeme« zu haben, »die ebenso sehr vom demokratisch-parlamentarischen wie vom kommunistischen Typus sich unterscheiden und doch nicht bloße Militärdiktaturen oder konservative Regime sind«. Da er zu diesem Begriff jedoch nicht auf dem induktiven Wege eines historischen Vergleichs fand, sondern mittels einer von der Philosophie Heideggers abgeleiteten Deduktion, sind Noltes Faschismusforschungen im Grunde kaum rezipiert worden. Erheblich wirksamer waren außerhalb des marxistischen Denkens die Forschungsansätze, die von der sozialwissenschaftlichen Theorie der Modernisierung ausgingen. Soweit sie durch den liberaldemokratischen Fortschrittsglauben getragen wurden, wonach der globale Industrialisierungsprozeß zu gesellschaftlicher Emanzipation und freiheitlicher Verfassung führen müsse, waren auch sie durchaus politisch motiviert. Der Faschismus erschien in dieser Sicht als ein letzter Versuch, den Fortschritt aufzuhalten, freilich nicht den auf dem Wege zum Sozialismus, sondern den zur liberalen Demokratie. Am eindringlichsten wurde der Faschismus 1968 von dem amerikanischen Soziologen Abramo F. V. Organski als ein politisches System zur Abwehr des Modernisierungsprozesses gedeutet. Organski vertrat die These, daß faschistische Systeme am ehesten in solchen Staaten entstünden, die sich »in der Mitte ihrer Modernisierung« befänden. In diesen seien »die Eliten des nichtmodernen Sektors« zwar schon in der Defensive gegenüber den expandierenden, Staat und Gesellschaft verändernden Kräften. Sie seien aber noch stark genug, die »modernen Eliten« in Krisensituationen zu politischen Kompromissen zu zwingen, die »der Kern des politischen Systems« seien, »das wir Faschismus nennen«. Wie die meisten modernisierungstheoretischen Modelle ist auch das von Organski allerdings insofern fragwürdig, als es zwar auf Italien oder auf das Argentinien Peróns paßt, nicht jedoch auch auf das nationalsozialistische Deutschland. Zu Recht hat aber Henry A. Turner 1972 darauf insistiert, daß die Modernisierungstheorie sich nur dann auf den Faschismus anwenden ließe, »wenn sowohl der italienische

Faschismus als auch der Nationalsozialismus« als »politische Entscheidungsformen des utopischen Anti-Modernismus« dargestellt werden könnten.

In der Frage, ob es zwischen dem italienischen Faschismus und dem Nationalsozialismus ein »faschistisches Minimum« (Stanley G. Payne) an historischen Gemeinsamkeiten gebe, war die nichtmarxistische Faschismusforschung lange uneins. Es gab manche Historiker, die den Nationalsozialismus strikt vom italienischen Faschismus getrennt und Bedenken »gegenüber dem Sinn und der Benutzbarkeit eines übernational dimensionierten Faschismusbegriffs« (Klaus Hildebrand) angemeldet haben. Einige (z. B. Zeev Sternhell) glaubten den Faschismusbegriff auf Bewegungen außerhalb des Nationalsozialismus begrenzen zu können. Für andere waren »bei den einzelnen Faschismen die nationalen Charakterzüge entscheidend« (Renzo De Felice). Besonders häufig wurde in diesem Zusammenhang darauf verwiesen, daß es dem italienischen Faschismus ursprünglich an einem rassenbiologisch motivierten Antisemitismus gefehlt habe, der für den Nationalsozialismus unbestritten konstitutiv ist. Gerade dieser Einwand kann jedoch als widerlegt gelten, seitdem man weiß, daß dem italienischen Faschismus zwar zunächst kein Antisemitismus, aber durchaus ein auch biologisch motivierter Rassismus eigen war, der sich gegen Slawen und Afrikaner, seit 1938 aber auch gegen Juden richtete. In der Faschismusforschung steht deshalb heute fest, daß zwischen italienischem Faschismus und Nationalsozialismus »die strukturellen Gemeinsamkeiten größer sind als die nicht zu verkennenden Unterschiede« (Hans-Ulrich Thamer und Wolfgang Wippermann).

Die Verwendbarkeit eines generalisierenden Faschismusbegriffs steht somit außer Frage.

Der italienische Faschismus als historisches Vorbild

Ungeachtet seiner generellen Akzeptanz gehen die Meinungen über Inhalt und historische Bedeutung des Faschismusbegriffs in den Geschichts- und Sozialwissenschaften freilich auseinander. Dies ist vor allem darauf zurückzuführen, daß die meisten Faschismusforscher (zuletzt noch 1998 Roger Griffin) von einem idealtypischen Begriff des Faschismus ausgehen. Dieser methodische Zugriff läßt viel Raum für von einander abweichende historische Interpretationen. Insbesondere läßt sich auf diesem Wege die historische Bandbreite des Faschismus nur schwer bestimmen. Gerade Gesamtdarstellungen des Faschismus zeichnen sich deshalb häufig durch eine gewisse Beliebigkeit aus. Sehr viel erfolgversprechender ist deshalb ein anderer methodischer Ansatz, der anstatt von einem Idealtypus von einem historischen Realtypus des Faschismus ausgeht: dem des italienischen Faschismus. Dieser bestand vor allen anderen Faschismen. Er liefert somit in seiner realen Existenz das historische Muster für jeden Faschismus. Ob eine politische Bewegung oder eine politische Partei als ›faschistisch‹ bezeichnet werden kann, läßt sich nicht durch einen idealtypisch gewonnenen Merkmalskatalog bestimmen, sondern im strengen Sinn nur durch den Bezug auf den italienischen Faschismus entscheiden.

Der historische Vorbildcharakter des italienischen Faschismus für alle anderen faschistischen Bewegungen einschließlich des Nationalsozialismus beruhte auf folgenden vier Wesensmerkmalen:

1. Das politische Selbstverständnis des Faschismus in Italien entsprang nicht einer in sich geschlossenen politischen Ideologie, es ergab sich vielmehr aufgrund einer einheitlichen politischen Praxis. Diese Praxis bestand in allererster Linie in kollektiver Gewaltausübung. Der Faschismus versuchte seine politischen Gegner nicht zu überzeugen, sondern zu vernichten. Nicht eine bestimmte Ideologie, sondern der Wille zum Bürgerkrieg konstituierte 1919 den Faschismus in Italien. Dadurch unterschied er sich von allen anderen Parteien. Alle Versuche, eine »Ideologie des Faschismus« (A. James Gregor) oder die politische Religion eines »Culto del littorio« (Emilio Gentile) zu entdecken, sind deshalb zum Scheitern verurteilt. Sie kommen nicht über eine Zusammenstellung von einander ausschließenden Abwehrhaltungen hinaus: Ein Anti-Sozialismus, aber auch ein Anti-Kapitalismus, ein Anti-Liberalismus, aber auch ein Anti-Konservativismus waren für den italienischen Faschismus in der Phase seiner Bewegung in höchst widersprüchlicher Ausprägung charakteristisch. Ein rassenbiologisch motivierter Antisemitismus gehörte anfangs nicht zu dem Konglomerat faschistischer »Allfeindschaft« (Nolte), wohl aber ein kulturell und biologisch begründeter Rassismus, der sich zunächst gegen die slawischen Minderheiten in Triest und in der Venezia Giulia, später dann gegen die Afrikaner in den italienischen Kolonien in Libyen und Abessinien sowie schließlich gegen die Juden richtete. Mussolini stieg zum *Duce del Fascismo* auf, weil

er virtuos die politische Kunst beherrschte, diese Antihaltungen nach Bedarf zu artikulieren, ohne sich je allzusehr auf sie festzulegen. Weit entfernt davon, eine klare politische Weltanschauung zu haben, war er in erster Linie ein Voluntarist. Treffend hat man ihn als »l'homme qui cherche« (De Felice) bezeichnet, d.h. als einen Politiker, der sich seine Entscheidungen grundsätzlich immer offenhielt und eher intuitiv seinen Weg suchte.

2. Der italienische Faschismus verstand sich ursprünglich ausdrücklich als ›Bewegung‹ (*movimento*), nicht als ›Partei‹ (*partito*). Damit wollte er sich nicht nur von allen übrigen Parteien unterscheiden, sondern geradezu zur Antipartei stilisieren. Auch als er sich 1921 im *Partito Nazionale Fascista* (PNF) förmlich als Partei formierte, verstand er sich mindestens noch in der bis 1929 reichenden Phase von Mussolinis diktatorischer Machtstabilisierung weiterhin als Bewegung. Und bezeichnenderweise suchte Mussolini 1943 bis 1945 in dem deutschen Satellitenstaat der *Repubblica Sociale Italiana* den Bewegungscharakter des Faschismus wiederzubeleben.

Zum besonderen Bewegungscharakter des italienischen Faschismus gehörte zunächst die Jugendlichkeit seiner Mitglieder. Das Durchschnittsalter der ersten Faschisten lag, soweit bisher bekannt ist, vor 1922 weit unter dem aller übrigen italienischen Parteien. Die große Mehrheit der Faschisten kam nicht aus den Reihen anderer Parteien, es handelte sich vielmehr weitgehend um politische Neophyten, die erstmals in die Politik gingen. Bezeichnend ist auch, daß ein großer Teil von ihnen nicht mehr am Ersten Weltkrieg teilgenommen hatte, sondern der Generation derjenigen entstammte, die den Krieg nur als Jugendliche erlebt hatten. Diese Generation der Kriegskinder fand sich im Faschismus in einer Art nachholendem Kriegserlebnis zusammen. Ihre Leitfiguren waren bezeichnenderweise aber Kriegshelden wie Gabriele D'Annunzio oder Italo Balbo. Auch später blieb für den italienischen Faschismus ein Kult der Jugendlichkeit charakteristisch.

Der Bewegungscharakter des Faschismus bestand zum zweiten darin, daß er ursprünglich weder eine demokratisch legitimierte noch eine bürokratisch ausdifferenzierte Organisationsform hatte. Am Anfang der faschistischen Bewegung stand die *squadra d'azione* (Sturmabteilung), die als eine verschworene Gemeinschaft gewaltbereiter politischer Kämpfer anzusehen war. Die squadra pflegte eine paramilitärische Lebensform, in der sich die

Kameraderie des Schützengrabens widerspiegelte, welche der Erste Weltkrieg hervorgebracht hatte. Ein drittes Element der Bewegung war im italienischen Faschismus die personenorientierte Gefolgschaftstreue der Mitglieder der einzelnen *squadre* (squadristi), gegenüber einem jeweils charismatisch vermittelten ›Führer‹. An die Stelle des demokratisch legitimierten Parteiaufbaus von unten nach oben trat das von oben her durchgesetzte Führerprinzip (im ital. meist als *gerarchia* bezeichnet). Da sich ein solches Führerprinzip nur lokal oder allenfalls regional durchsetzen ließ, hatte es anfangs eine ausgesprochen zentrifugale Wirkung. Entgegen der postulierten Geschlossenheit hatte die faschistische Bewegung ursprünglich einen geradezu polykratischen Charakter. Die beherrschenden Figuren waren die regionalen Unterführer, die in Analogie zu den abessinischen Stammesführern als *Ras* bezeichnet wurden. Mussolini konnte sich zwar 1921 bei der Gründung des PNF zum obersten *Duce* aufschwingen, hatte jedoch auch noch nach seiner Machtergreifung vom 28.10.1922 große Schwierigkeiten, sich gegenüber den mächtigen Unterführern durchzusetzen. Erst nach seinem Staatsstreich vom 3.1.1925 gelang es ihm, die faschistische Bewegung zu disziplinieren und als *Duce del fascismo* seiner charismatischen Führerherrschaft zu unterwerfen. Die faschistische Partei lieferte seitdem das Vorbild einer zumindest dem Anspruch nach hierarchisch gegliederten Führerpartei. Als solche war sie eine Partei neuen Typs.

3. Die politische Praxis des italienischen Faschismus unterschied sich grundlegend von der aller seiner Gegner. Ihr hervorstechendes Merkmal war ihr paramilitärischer Aktionsstil. Nicht zufällig kam ein großer Teil der ersten Führungskader des Faschismus aus dem Umfeld der militärischen Veteranenorganisationen des Nachkriegs (z. B. den *Arditi*, den *Combattenti* und den *Volontari Fiumani*). Politik war für die Squadristen Fortsetzung des Krieges mit terroristischen Mitteln. In der Staatsmiliz der Milizia per la Sicurezza Nazionale (MVSN) wurde der paramilitärische Ursprung des Faschismus seit 1923 konserviert. Der Faschismus behielt dadurch in Italien einen Doppelcharakter: Neben seinem im PNF organisierten politischen Flügel bestand, personell sich weitgehend überschneidend, in der MVSN ein militärischer Flügel weiter.

Zum besonderen politischen Aktionsstil des italienischen Faschismus gehörte von Anfang an auch eine einheitliche Uniformierung mit Schwarzhemden und Rangabzeichen sowie die militärische Grußform des Erhebens der rechten Hand. Beides wurde von den Freischaren D'Annunzios übernommen, die 1920 die jugoslawische Stadt Fiume besetzt hatten. Ferner entwickelten die Faschisten eine säkularisierte Märtyrerverehrung und einen Kult der *fascisti della prima ora* (Alten Kämpfer) mit Fahnenweihen, uniformierten Aufmärschen und einem ritualisierten Liedgut.

Der politische Aktionismus der Faschisten hatte ursprünglich einen fast anarchischen Charakter. Er zielte auf die Zerschlagung aller Organisationen der politischen Gegner unter willkürlichem Einsatz physischer Gewalt. Von der Gründung des Faschismus bis zu Mussolinis Machtergreifung zieht sich eine immer breiter werdende Blutspur. Hätte der Faschismus den Charakter dieses terroristischen *squadrismo* behalten, wäre er mit Sicherheit an sein Ende gekommen. Der Faschismus wurde zu einer politischen Kraft, weil seine blinde Gewalttätigkeit von Mussolini gebändigt und auf das politische Ziel einer faschistischen Machtübernahme ausgerichtet werden konnte.

4. Auch wenn das von manchen innerparteilichen Gegnern Mussolinis wie z. B. Roberto Farinacci gewünscht wurde, war der PNF seinem politischen Zuschnitt nach keine elitäre Kaderpartei, sondern eine Massenpartei. Dieser Massencharakter schlug sich nicht von Anfang an in großen Mitglieder- oder Wählerzahlen nieder. Bedeutsamer war, daß der PNF die einzige politische Partei Italiens war, die sich nicht als Klassenpartei festlegen ließ. Es handelte sich bei der Partei des Faschismus vielmehr um eine politische Sammlungsbewegung, die im Prinzip allen Schichten der Gesellschaft als politische Heimat anbot. Zunächst waren es Landbesitzer, bestimmte Gruppen von Akademikern und Studenten, die in die faschistische Partei fanden, dann Handwerker und Kleinhändler, schließlich das gesamte mittlere und obere Bürgertum sowie selbst auch Arbeiter. Auch wenn letztere in der faschistischen Bewegung immer unterrepräsentiert blieben, war doch entscheidend, daß keine der bürgerlichen Parteien Italiens zuvor je die Arbeiter erreicht hatte. Die Sozialisten und erst recht die Kommunisten schlossen sich umgekehrt strikt von den bürgerlichen Schichten ab. Nur der PNF bot deshalb für Menschen aller Schichten eine politische Heimat an. Er war eine universale Ersatzpartei für solche, die von allen anderen Parteien enttäuscht waren.

Historische Rahmenbedingungen des Faschismus

Faschistische Bewegungen gab es in der Zwischenkriegszeit und während des Zweiten Weltkriegs in allen europäischen Ländern mit Ausnahme der Sowjetunion. Ob und in welcher Form sich der Faschismus entfaltete, hing von den jeweiligen nationalen Rahmenbedingungen ab. Es gab daher in Europa sehr unterschiedliche Faschismen. Diese Unterschiede lassen sich aber erklären, wenn man berücksichtigt, daß die Entwicklungsmöglichkeiten faschistischer Bewegungen, unabhängig von ihren jeweiligen Zielvorstellungen, prinzipiell durch drei Faktoren bedingt wurden: Zum ersten war es von Bedeutung, welchen Stand der Prozeß der nationalen Integration in einem Land hatte. Damit ist einerseits die innere Nationsbildung im Sinne soziokultureller und rechtlich-politischer Vereinheitlichung zu verstehen, zum anderen die äußere Nationsbildung im Sinne zwischenstaatlicher Abgrenzung. Zweitens ist auf den Prozeß moderner politischer Verfassungsbildung zu verweisen, also auf den Weg vom Obrigkeitsstaat zum liberaldemokratischen Verfassungsstaat. Drittens schließlich war der Prozeß der Industrialisierung von Bedeutung, durch den die nationalen Gesellschaften Europas an Stelle von überwiegend agrarischen überwiegend industrielle Erwerbsstrukturen erhielten.

Die mit diesen historischen Entwicklungsprozessen verbundenen gesellschaftlichen Krisen stellten seit dem 18. Jahrhundert alle werdenden europäischen Staaten vor große Anforderungen. Aber erst als diese Modernisierungskrisen im Ersten Weltkrieg kumulierten, ergab sich daraus sowohl in verfassungspolitischer als auch in wirtschaftlicher und nationaler Hinsicht eine europäische Strukturkrise. Ihr wichtigstes Ergebnis war der Zusammenbruch der zaristischen Autokratie und die revolutionäre Machtergreifung des Bolschewismus in Rußland. Es kann kein Zweifel daran bestehen, daß der Faschismus historisch in erster Linie als eine radikale politische Antwort auf diese revolutionäre Herausforderung anzusehen ist.

Welche Erfolgschancen der Faschismus in einem Land hatte, hing jeweils davon ab, in welchem Verhältnis in den einzelnen europäischen Staaten nach dem Ersten Weltkrieg der Prozeß der Nationalstaatsbildung zu dem der Verfassungsbildung einerseits und dem der Industrialisierung andererseits stand. Je stärker diese säkularen Prozesse parallel liefen oder sich gar überschnitten, desto größer war die Gefahr eines faschistischen Umbruchs. Der Faschismus stellte für Länder wie Großbritannien oder die skandinavischen Staaten, in denen der Nationalisierungsprozeß der Industrialisierung deutlich vorausging, kein Problem dar. Auch wenn die Auseinandersetzungen um die Demokratisierung der Verfassung auch hier hart waren, war das politische System dieser Länder weder durch faschistische noch auch durch sonstige autoritäre Umsturzversuche ernsthaft gefährdet. Faschistische Bewegungen sind auch in den europäischen Ländern nicht zum Zuge gekommen, in denen im 20. Jahrhundert noch keine nennenswerte politische Massenmobilisierung stattgefunden hat. Dies war überall dort der Fall, wo die Industrialisierung noch großenteils ausstand und es infolgedessen an politisch selbstbewußten proletarischen oder sogar bürgerlichen Schichten fehlte, die nach Demokratisierung des politischen Systems verlangten. Politische Existenzkrisen führten in Staaten wie Rumänien, Ungarn, Jugoslawien oder Spanien zu traditionellen autoritären Regimen in der Form von Königs-, Präsidial- oder Militärdiktaturen. Faschistische Bewegungen wurden an diesen Regimen allenfalls beteiligt, in der Regel mittels einer Integration in autoritäre Staatsparteien. Mißlang die Einbindung der faschistischen Bewegungen, wurden diese in autoritären Regimen scharf bekämpft. Nur die relative Gleichzeitigkeit von Nationsbildung, Verfassungskonflikten und wirtschaftlichen Wachstumskrisen bewirkte, daß es unter den besonderen historischen Bedingungen der Nachkriegszeit zur Durchsetzung eigenständiger faschistischer Regime kam. Außer in Italien war dies im Grunde nur in Deutschland der Fall. In einigen anderen Ländern, z.B. in Ungarn oder Norwegen, kamen zwar noch in letzter Stunde faschistische Parteien an die Macht, doch handelte es sich durchweg um »bloße Kollaborationsregime« (W. Wippermann), deren Lebensfähigkeit allein von der nationalsozialistischen Besatzungsmacht abhing. Nur in Italien und in Deutschland entstanden ohne fremde Hilfe faschistische Diktaturen. Ihr historischer Sondercharakter bestand darin, daß in ihnen, vermittelt durch Mussolini bzw. Hitler, Teile der traditionellen politischen Führungsschichten mit faschistischen Bewegungen zusammenarbeiteten, die sie nicht weniger bedrohten als die gemeinsam bekämpfte Revolution von links.

Faschistische Bewegungen

Eine vollständige Übersicht aller politischen Bewegungen, die in Europa zwischen 1919 und 1945 als faschistisch einzustufen sind, kann beim derzeitigen Stand der Forschung noch immer nicht gegeben werden. Die Kurzlebigkeit, ideologische Fragwürdigkeit und politische Erfolglosigkeit mancher kleiner Gruppierungen läßt eine genauere Bestimmung häufig auch kaum zu. Außer in Italien gab es aber immerhin in weiteren 13 europäischen Ländern eine oder mehrere politische Bewegungen mit einem eindeutig faschistischen Profil, die entweder eine Mitgliederzahl von über 10000 erreichten oder bei Wahlen auf nationaler Ebene Abgeordnete ins Parlament brachten (vgl. Tabelle S. 332f.).

Von diesen Hauptparteien des Faschismus erreichte die NSDAP, auch in Relation zur Bevölkerung, schon vor ihrer Machtergreifung die mit Abstand höchste Mitgliederzahl. Der PNF kam allerdings in Italien schon nach einer Bewegungsphase von nur drei Jahren auf über 320000 Mitglieder, während die NSDAP 14 oder wenn man nur den zweiten Anlauf seit 1925 rechnet, acht Jahre brauchte, um auf knapp 850000 Mitglieder zu kommen. Die NSDAP war auch bei den Wählern weitaus am erfolgreichsten. Auch sie hat zwar bei freien Wahlen nie aus eigener Kraft eine absolute Mehrheit der Stimmen erreicht. Keine faschistische Partei kam jedoch an die 37,2 % heran, welche die NSDAP bei den Juliwahlen von 1932 in Deutschland erhielt. Deutschland war das Land, in dem der Faschismus schon als Bewegung die größten politischen Erfolge hatte.

Außer der NSDAP erreichten nur die Eiserne Garde in Rumänien und die Pfeilkreuzlerpartei in Ungarn vorübergehend annähernd die Stärke des PNF von vor 1922. Österreich stellte mit zwei miteinander konkurrierenden Parteien, den nach Italien orientierten Heimwehren und der von Deutschland abhängigen NSDAP, bis 1934 einen Sonderfall dar. Sofern in anderen Ländern sonst mehrere faschistische Parteien miteinander konkurrierten und nicht überhaupt alle (wie z.B. in Dänemark oder in Schweden) reine Splittergruppen blieben, setzte sich nämlich in der Regel nur eine durch. Dies war z.B. in Frankreich oder in der Schweiz der Fall, aber auch in der Tschechoslowakei, wo vor der erzwungenen staatlichen Trennung von 1939 die slowakische Hlinka Garde einen großen Massenerfolg hatte, während die tschechische

Nationale Faschistengemeinde (Narodni Obec Fasisticka) von Gayda völlig chancenlos blieb.

In allen Ländern mit stabilen parlamentarisch-demokratischen Systemen waren auch zeitweise große faschistische Bewegungen zu politischer Bedeutungslosigkeit verurteilt. Ungeachtet vorübergehender Massenerfolge bildeten sie sich hier überall nach kurzer Zeit wieder zu unbedeutenden politischen Splittergruppen zurück. Dies war in Frankreich ebenso der Fall wie in Belgien, Holland oder Norwegen. Nur durch die deutsche Besatzung erhielten die faschistischen Bewegungen in diesen Ländern seit 1940 nochmals die unverhoffte Chance, eine politische Führungsrolle zu spielen, die freilich nur in Norwegen über eine isolierte Kollaboration auf Parteiebene hinausging. In Großbritannien und in der Schweiz, die von Hitlers imperialistischem Zugriff verschont blieben, wurden die längst unbedeutend gewordenen faschistischen Parteien 1940 bzw. 1943 bezeichnenderweise von demokratischen Regierungen aufgelöst.

Faschismus in autoritären Regimen

Wenn der Faschismus über den Status einer politischen Bewegung hinauskam, so meist nur in der begrenzten Form einer Eingliederung in traditionelle autoritäre Regime. Während Mussolini 1922 in Italien demonstriert hatte, wie man durch eine mächtige politische Linke verschreckte nationalkonservative Eliten zu einer Koalition mit einer quasirevolutionären Bewegung bringen konnte, zeigte sich in Rumänien, in Ungarn, in Jugoslawien, in Spanien und in gewissem Sinn auch in Österreich, daß die Rechte sich stark genug fühlte, politische Systemkrisen durch die Einführung von traditionellen autoritären Diktaturen zu lösen. Die faschistischen Bewegungen waren hier entbehrlich, ja sie wurden teilweise sogar als bedrohlich angesehen. Daher mußten sie in diesen Regimen gerade gegen die politischen Eliten offen ankämpfen, die sie als Partner für eine eigene Machtergreifung benötigten. Häufig entwickelten sie daher eine totalitäre Radikalopposition, die in Rumänien die Legionäre der Eisernen Garde zeitweise sogar an die Stelle einer sozialrevolutionären Linkspartei treten ließ. Daraus ergab sich eine politische Zwitterstellung, die den Faschismus meist auf allen Seiten unglaubwürdig machte.

Die autoritären Regime reagierten auf die potentielle Bedro-

Große faschistische Bewegungen in Europa 1919-1945

Land	*Name der Partei*	*Oberster Führer*	*Gründung*	*Höchste Mitgliederzahl vor Regierung*	*Höchster Stimmenanteil bei Wahlen*	*Regierungsbeteiligung*
Italien	Partito Nazionale *Fascista (PNF)*	Benito Mussolini	1919	1922: 320000	1921: 6,8%	1922-1925: Faschistische Koalitionsregierung; 1925-1943: Autoritäres faschistisches Regime 1943-1945: Faschistisches Kollaborationsregime
Deutschland	Nationalsozialistische Deutsche Arbeiterpartei (NSDAP)	Adolf Hitler	1919	1933: 849000	1932:37,4%	1933-1934: Faschistische Koalitionsregierung 1934-1945: Totalitäres faschistisches Regime
Österreich	a) NSDAP b) Heimwehren	a) Adolf Hitler b) Rüdiger v. Starhemberg	a) 1926 b) 1930	1938: 147000 1930: 150000	1930: 3,0% 1930: 6,0%	a) 1933-1938: Oppositionspartei gegen autoritäres Regime b) 1934-1938: Eingliederung in die Einheitspartei eines autoritären Regimes (Schuschnigg)
Schweiz	Nationale Front	Rolf Henne u.a.	1933	1935: 10000	1935: 1,0%	1933-1943: Oppositionspartei gegen demokratische Regierung
Rumänien	Garda de Fier (Eiserne Garde)	Corneliu Zelea-Codreanu	1927	1937: 270000	1937:16,0%	1938-1940: Oppositionspartei gegen autoritäres Regime (König Carol) 1940-1941: Regierungsbeteiligung in autoritärem Regime 1941-1944: Oppositionspartei gegen autoritäres Regime (Antonescu)

Land	*Name der Partei*	*Oberster Führer*	*Gründung*	*Höchste Mitgliederzahl vor Regierung*	*Höchster Stimmenanteil bei Wahlen*	*Regierungsbeteiligung*
Ungarn	Nemzeti Akarat Partja (Pfeilkreuzler)	Ferenc Szálasi	1935	1939: 250 000	1939: 25,0%	1935-1944: Oppositionspartei gegen autoritäres Regime (Horthy)
Jugoslawien/ Kroatien	Ustaša Hrvatska Revolucionarna Organizacija (Ustascha)	Ante Pavelic	1929	1938: 40 000	–	1941-1944: Faschistisches Kollaborationsregime (Pavelic)
Tschechoslowakei/ Slowakei	Hlinková Garda (Hlinka Garde)	Vojtêch Tuka u.a.	1938	1939: 120 000	–	1939: Eingliederung in die Einheitspartei eines autoritären Kollaborationsregimes (Tiso)
Spanien	Falange Española de las Juntas de Ofensiva Nacional-Sindicalista (Falange)	José Antonio Primo de Rivera	1933	1936: 36 000	1936: 0,4%	1937: Eingliederung in die Einheitspartei eines autoritären Regimes (Franco)
Frankreich	Parti Populaire Français (PPF)	Jacques Doriot	1936	1937: 60 000	–	1940-1945: Oppositionspartei gegen autoritäres Kollaborationsregime (Petain)
Großbritannien	British Union of Fascists (BUF)	Oswald Mosley	1932	1934: 17 000	–	1932-1940: Oppositionspartei gegen demokratische Regierung
Belgien	Front Populaire de Rex (Rexisten)	Léon Degrelle	1936	1939: 12 500	1936:11,5%	1940-1944: Kollaboration mit deutscher Besatzung
Niederlande	Nationaal-Socialistische Bewegung (NSB)	Adriaan Anton Mussert	1931	1936: 47 000	1935: 8,0%	1940-1944: Kollaboration mit deutscher Besatzung
Norwegen	Nasjonal Samling (NS)	Vidkun Abraham Quisling	1933	1936: 8 500	1933: 2,2%	1942-1945: Faschistisches Kollaborationsregime (Quisling)

hung durch den Faschismus auf zwei verschiedene Weisen: Entweder drängten sie die faschistische Bewegung durch Verbote und Verfolgungen in den Untergrund, oder sie versuchten, sie durch die Eingliederung in autoritäre Staatsparteien zu neutralisieren. Das erste Schicksal erlitt die Eiserne Garde in Rumänien 1938 unter König Carol und erneut 1941 unter General Antonescu. Beide Male reagierten die rumänischen Faschisten auf den Versuch, sie zu illegalisieren, mit blutigen Terroranschlägen und mehreren Putschversuchen, ohne jedoch die kurze Zeit, in der sie auf diese Weise 1940/41 eine Regierungsbeteiligung erzwangen, zu einer Faschisierung des Regimes nutzen zu können. Auch die ungarischen Pfeilkreuzler standen zu dem autoritären Regime des Admirals Miklos v. Horthy in scharfer Opposition. Ähnlich wie die Eiserne Garde wurden die Pfeilkreuzler in die Illegalität gedrängt, aus der heraus sie 1940 vergeblich einen Putschversuch machten. Ihr Führer Ferenc Szálasi kam für mehrere Jahre ins Gefängnis, im Unterschied zu Corneliu Codreanu in Rumänien überlebte er jedoch, so daß er 1944 von Hitler in Ungarn als letzte Karte ausgespielt werden konnte.

In Österreich versuchte der autoritäre Staat beide Wege zu gehen: Die österreichische NSDAP wurde 1933 von Dollfuß verboten. Auch hier kam es daraufhin 1934 zu einem Putschversuch, dem Dollfuß zum Opfer fiel. Unter seinem Nachfolger Schuschnigg blieb die NSDAP verboten, trat jedoch seit 1936 mehr und mehr aus der Illegalität heraus. Die überwiegend nach Italien orientierte Heimwehr-Bewegung wurde dagegen 1934 in die Staatspartei der Vaterländischen Front eingegliedert und auf diese Weise politisch neutralisiert.

Auf ganz ähnliche Weise entledigten sich auch Francisco Bahamonde Franco in Spanien und Jozef Tiso in der Slowakei der ihnen unliebsamen faschistischen Konkurrenz. Die von Voitěch Tuka ursprünglich in der Form einer Heimwehr (*Rodobrana*) gegründete und gemeinsam mit Sano Mach geführte Hlinka Garde wurde 1939 nach der Entstehung des autoritären Kollaborationsregimes der Slowakei von Tiso in die stark klerikal-katholisch beeinflußte Hlinka-Volkspartei eingegliedert, womit sie von der direkten Machtausübung ferngehalten wurde. Am besten gelang General Franco in Spanien die Verschmelzung des Faschismus mit einem »Konglomerat an Rechtsgruppierungen« (Walther Bernecker) zu einer einheitlichen Staatspartei, wobei dem bisherigen Namen der faschistischen Falange Española bezeichnenderweise der Zusatz *Tradicionalista* hinzugefügt wurde. Durch die Zwangsvereinigung mit traditionalistisch-monarchistischen Gruppierungen verlor der spanische Faschismus seine politische Dynamik und wurde in dem Neuen Staat Francos nur noch als »Faschismus von oben« (Ben-Ami) praktiziert.

Faschistische Regime

Zu einer eigenständigen Regimebildung unter faschistischer Führung ist es außer in Italien nur noch in Deutschland gekommen. Zwar entstanden 1940 in Norwegen unter Vidkun Quisling, 1941 in Kroatien unter Ante Pavelić und 1944 in Ungarn unter Ferenc Szálasi jeweils kurzlebige faschistische Diktaturregime, die einen rein faschistischen Parteicharakter hatten. Diese konnten sich jedoch weder aus eigener Kraft durchsetzen noch selbständig an der Regierung bleiben. Sie wurden vielmehr durch deutsche, in Kroatien auch durch die italienische Besatzung eingerichtet und bis zum Untergang des Faschismus an der Macht gehalten. Es handelte sich um faschistische Kollaborationsregime, nicht um eigenständige faschistische Regime.

In Deutschland kam Hitler dagegen 1933 ebenso aus eigener Kraft an die Macht wie Mussolini 1922 in Italien. Mussolini lieferte bei seiner Machtergreifung auch das faschistische Muster, nach dem Hitler 1933 verfuhr. Der politische Vorbildcharakter der faschistischen Machteroberung in Italien bestand darin, daß Mussolini zwischen 1922 und 1929 schrittweise eine persönliche Diktatur durchsetzte, die sich sowohl auf die faschistische Partei als auch auf den König und die von diesem abhängige Armee und Beamtenschaft sowie auf die gesellschaftlichen Gruppen der Großgrundbesitzer und begrenzt auch der Industriellen stützte. Mussolini hatte diese Form einer Vermittlungsdiktatur durchaus zielstrebig angestrebt, in richtiger Einschätzung der politischen Machtkonstellation, die von radikalen Faschistenführern wie Farinacci oder Balbo geforderte faschistische Alleinherrschaft ebenso vermeidend wie die vollständige Unterwerfung unter die Monarchie.

Bis zu seiner Machtergreifung verfolgte Mussolini ein gewagtes Doppelspiel, an das sich Hitler seit 1925 ebenfalls halten sollte: Einerseits führte er gegen das in Italien seit 1919 bestehende liberaldemokratische System einen latenten Bürgerkrieg, andererseits bot er sich an, diesen zu beenden, sofern er mit der Regierung betraut würde. Das Ergebnis war ein eigentümliches politisches Machtkartell zwischen den politisch zersplitterten und eingeschüchterten konservativ-agrarischen, bürgerlich-industriellen, monarchischen und militärischen Kräften einerseits und der paramilitärischen Massenbewegung des Faschismus andererseits. Mussolinis politische Stärke bestand darin, daß er sich beiden Seiten gleichermaßen unentbehrlich machte.

Erst recht beruhte seine diktatorische Sonderstellung seit dem ›Marsch auf Rom‹ darauf, daß beide Seiten auf eine zentrale Vermittlung angewiesen waren. Mussolini war dadurch spätestens seit 1929, im Prinzip aber schon seit seinem das parlamentarische Regierungssystem außer Kraft setzenden Staatsstreich vom 3.1.1925 in der Lage, mit Hilfe des PNF die Monarchie einerseits in Schach zu halten und sie andererseits dazu zu benutzen, sich der vollständigen Umklammerung durch seine Bewegung zu entziehen. Der besondere Diktaturcharakter des vorgeblichen faschistischen *stato totalitario* bestand somit ursprünglich darin, daß er weder ein bloßer Einparteienstaat noch lediglich eine abgeleitete Königsherrschaft war, sondern eine auf einen charismatischen ›Führer‹ zugeschnittene Vermittlungsdiktatur. Deren formaler Rahmen wurde 1925/26 durch die sogenannten *leggi fascistissimi* geschaffen, durch welche alle Parteien und Verbände aufgelöst, die Presse- und Meinungsfreiheit beseitigt und das parlamentarische System abgeschafft wurde. Der Staat identifizierte sich im von Mussolini 1927 proklamierten, aber erst 1934 ansatzweise verwirklichten ›stato corporativo‹ formal mit dem Faschismus, gleichwohl war er nie mit diesem ganz identisch. Mussolini gelang es nur, sich mit einer Mischung von polizeistaatlicher Unterdrückung, sozialen Wohlfahrtsversprechen und einer imperialistischen Expansionspolitik (Abessinien, Spanien, Zweiter Weltkrieg) mehr als zwei Jahrzehnte an der Macht zu halten. Der immer wieder propagandistisch aufgefrischte Gewohnheitsmythos des *Duce del fascismo* überwölbte seine persönliche Diktaturstellung, indem er seine Person symbolisch sowohl über den König als auch über die faschistische Partei stellte. Sein Regime brach erst zusammen, als im Laufe des Zweiten Weltkriegs seit 1940 die nur unterdrückten, aber nie gelösten sozialen Konflikte der italienischen Gesellschaft aufbrachen, zumal als sich schließlich die militärische Niederlage der Achsenmächte abzeichnete. Der faschistische Diktator wurde am 25.7.1943 bezeichnenderweise in einer sowohl vom König Viktor Emanuel III. als auch vom PNF ausgehenden Paralellaktion gestürzt. In der *Repubblica Sociale Italiana* übte er 1943-1945 lediglich nochmals ein kurzlebiges, allerdings radikales faschistisches Kollaborationsregime aus.

Wie in Italien vollzog sich die Regimebildung des Faschismus auch in Deutschland in zwei Etappen. In einer dritten Stufe ging die faschistische Diktatur in Deutschland über ihr italienisches Vorbild hinaus, ohne jedoch ihren faschistischen Grundcharakter ganz aufzugeben. In einem ersten Schritt wurden von Hitler 1933 nach dem Vorbild Mussolinis die demokratischen Parteien und Gewerkschaften mittels einer Serie von Ausnahmegesetzen aufgelöst. An ihre Stelle trat als Einheitspartei die NSDAP mit ihren breitgefächerten Unterorganisationen von der SA und der SS bis zur Deutschen Arbeitsfront (DAF), der NS-Frauenschaft und der Hitlerjugend (HJ). Gleichzeitig wurden die Presse- und Meinungsfreiheit, das Versammlungsrecht, das politische Vereinigungsrecht wie überhaupt alle demokratischen Grundrechte außer Kraft gesetzt. Eine Welle von Berufsverboten verdrängte mißliebige Angehörige demokratischer Parteien, im Unterschied zu Italien vor allem Beamte jüdischer Herkunft, aus dem öffentlichen Dienst. Der Aufbau einer terroristischen Geheimpolizei und die Einrichtung von Konzentrationslagern, in die sofort Tausende von politischen Gegnern eingeliefert wurden, vollendete den im Vergleich zu Italien freilich von vorneherein sehr viel rigoroseren faschistischen Polizeistaat. Zum primären Gleichschaltungsprozeß gehörte auch die gewaltsame Eroberung der kommunalen Ämter durch die NSDAP und die Aufhebung der Selbständigkeit der deutschen Länder. Daß schließlich der Reichstag nicht mehr demokratisch gewählt und in seinen Entscheidungen auf eine reine Akklamationstätigkeit gegenüber der politischen Führung eingeschränkt wurde, entsprach ebenfalls dem italienischen Vorbild.

In einem zweiten Schritt gelang es Hitler, seine eigene Bewegung politisch zu disziplinieren. Wie Mussolini mit dem PNF hatte auch Hitler bis zu seiner Machtergreifung erhebliche Schwierigkeiten mit der NSDAP. 1925 mußte er sie nach seiner Entlassung aus der Haft in Landsberg so gut wie neu aufbauen. Nachdem die Partei zur Massenpartei geworden war, kam es Anfang der dreißiger Jahre zu dem Konflikt mit dem sogenannten Strasser-Flügel in der Partei. Ähnlich wie in Italien sammelten sich die radikalen faschistischen Kräfte des Nationalsozialismus nach der Machtergreifung vor allem im militärischen Flügel der Bewegung, der SA. Mussolinis Versuch, die Parteimiliz (MVSN) unter staatliche Kontrolle zu bringen, führte 1924 letzten Endes zu der Matteotti-Krise, die sein Regime vorübergehend in Frage zu stellen schien. Er konnte sich der Radikalen im Faschismus nur mit Hilfe des Staatsstreichs vom 3.1.1925 entledigen, für den er über den König die Rückendeckung des Heeres erhielt. Hitler entzog sich der potentiellen Bedrohung durch die nationalsozialistische Parteimiliz durch die gezielte Mordaktion, durch die er am 20.7. 1934 ebenfalls mit Billigung der Armee fast die gesamte SA-Führung liquidieren ließ. Seine oberste Führerstellung war seitdem in der nationalsozialistischen Einheitspartei noch weniger umstritten als die Mussolinis in Italien innerhalb des PNF.

Das Diktaturregime, das Hitler nach seiner Machtergreifung vom 30.1.1933 im Zuge des stufenweise sich vollziehenden Gleichschaltungsprozesses bis zum Tode des Reichspräsidenten Hindenburg am 2.8.1934 ausübte, war zunächst dem Mussolinis außerordentlich ähnlich. Es beruhte auf einer informellen, ausschließlich auf die Person Hitlers zugeschnittenen Allianz der Nationalsozialisten mit den nationalkonservativen Gruppen in der Reichswehr, der Bürokratie, dem ostelbischen Grundbesitz und Teilen der Großindustrie, für die Hindenburg der Garant eines autoritären Staates war. Es ist insofern angemessen, den Staat Hitlers in dieser Frühphase als genuin faschistisch zu bezeichnen.

Im Unterschied zu Mussolini, der aber zweifellos dasselbe anstrebte, gelang es jedoch Hitler, in einem dritten Schritt auch seine nationalkonservativen Bündnispartner sukzessive zu entmachten und auf diese Weise seinen diktatorischen Handlungsspielraum entscheidend zu erweitern. Dieser Radikalisierungsprozeß begann mit der Ausschaltung der Deutschnationalen samt ihrem großagrarischen Anhang um Hugenberg einerseits und Papen andererseits. Er setzte sich mit der Entmachtung der Wirtschaftsgruppen fort, für die Schacht der Sprecher war. Seinen Abschluß fand er im Februar 1938 mit der Unterwerfung der Wehrmachtsführung (Blomberg-Fritsch-Krise) und des Auswärtigen Amtes (Übergang des Ministeramtes von Neurath auf Ribbentrop). Das faschistische Regime Hitlers nahm seitdem einen totalitären Charakter an, wie ihn der italienische Faschismus niemals erreicht hat.

Die totalitäre Dynamik des faschistischen Regimes in Deutschland entsprang jedoch nicht der Omnipotenz einer zentralistisch geführten Einheitspartei. Es war vielmehr für das ›Dritte Reich‹ charakteristisch, daß sich nach der Ausschaltung der nationalkonservativen Bündnispartner der schon zuvor einsetzende Prozeß der Verselbständigung faschistischer Apparate ungehemmt beschleunigen konnte. In einem eher polykratischen Herrschaftsgefüge konkurrierten personenorientierte Parteiorgane und Sondergewalten permanent um politische Zuständigkeiten und Entscheidungsvollmachten, wobei sie das institutionelle Normensystem stattlicher Verwaltung zunehmend aushöhlten. Es ist in der Forschung umstritten, ob Hitler die Dauerrivalität nationalsozialistischer Unterführer bewußt herbeigeführt hat, um auf diese Weise seine oberste Führerstellung als letzte Entscheidungsinstanz abzusichern, oder ob er auf sie nur jeweils reagierte, ohne sie immer steuern zu können. Jedoch spricht vieles dafür, daß er in die Entscheidungsprozesse des NS-Staates nur insoweit eingriff, als davon Kernbereiche seines weltanschaulichen ›Programms‹ betroffen waren. Das wichtigste Beispiel dafür ist die Ermordung der europäischen Juden, für die es keinen förmlichen Befehl Hitlers gibt, die aber nicht ohne seine ausdrückliche Willensäußerung vorangetrieben worden sein kann. Im übrigen beschränkte sich die Führerdiktatur Hitlers auf die Vermittlung regimeimmanenter Konfliktlagen.

Für die Eigendynamik des NS-Regimes war etwa der Aufstieg Hermann Görings charakteristisch, der sich seit 1936 in Auseinandersetzung mit Schacht einerseits und Darré andererseits mit dem Amt für den Vierjahresplan einen wirtschaftlichen Machtapparat aufbauen konnte. Göring machte schließlich das Reichswirtschaftsministerium weitgehend funktionslos, ehe er selbst wiederum Anfang 1942 durch das konkurrierende Rüstungsministerium Albert Speers entmachtet wurde. Bei den entsprechenden Auseinandersetzungen auf kulturpolitischem Gebiet geriet Alfred Rosenberg gegenüber dem Propagandaminister Joseph Goebbels und dem Chef der Deutschen Arbeitsfront Robert Ley ins Hintertreffen. Der Dauerkonflikt zwischen dem Innenminister Wilhelm Frick und der Parteikanzlei unter Martin Bormann endete mit einem »machtpolitischen Patt« (Hans Mommsen). Nutznießer dieser Rivalität war letzten Endes aber Heinrich Himmler, der sich als Reichsführer der SS frühzeitig den Zugriff auf die Polizei gesichert hatte. Er trat im August 1943 als Reichsinnenminister an die Stelle Fricks und machte damit für die Endphase des NS-

Regimes den Vorrang des parasitären SS-Staates vor dem institutionell geregelten Verwaltungsstaat auch personell sichtbar.

Die Umgestaltung des faschistischen in ein totalitäres Diktaturregime faschistischer Prägung war die Voraussetzung für die Entfesselung des Zweiten Weltkriegs und die organisierte Massenvernichtung großer Teile der Juden Europas durch den Nationalsozialismus, für die der italienische Faschismus keinerlei Beispiel gab, an der er sich allerdings seit 1943 wie auch andere faschistische Kollaborationsregime indirekt beteiligte. Der deutsche Faschismus ging damit über sein historisches Vorbild in Italien entschieden hinaus, er ist jedoch seiner Entstehung nach nicht ohne dieses zu erklären.

2. Imperialismus im unfertigen Nationalstaat

Vergleichende Überlegungen zu Deutschland und Italien

Wer sich mit dem modernen Imperialismus beschäftigt, stößt immer noch auf eine »verwirrende Fülle der Positionen und Meinungen«.[1] Nach dem Zusammenbruch des Sowjetsystems und dem Verschwinden des dieses ideologisch legitimierenden Marxismus-Leninismus scheinen freilich solche Forschungsansätze das Feld zu beherrschen, die das »Zeitalter des Imperialismus« (Heinrich Friedjung) ausschließlich politikgeschichtlich interpretieren.[2] Der globale Wettlauf der europäischen und (mit den USA und Japan) außereuropäischen Mächte um die Herrschaft über die übrige Welt wird danach als eine unmittelbare Folge einer ausschließlich außenpolitischen Dynamik interpretiert. Ursache für den imperialen Herrschaftsantagonismus sei danach die Auflösung des Systems der ›Großen Mächte‹ gewesen, das den außenpolitischen Antagonismus des europäischen Staatensystems seit Beginn des 19. Jahrhunderts gebändigt habe. An die Stelle des sogenannten Konzerts der Mächte sei ein außenpolitisches Konkurrenzsystem getreten, in dem es nur noch wenige Möglichkeiten zu einem konsensualen Interessenausgleich gegeben habe.

Diese hier nur angedeutete Interpretation des 1914 manifest werdenden imperialistischen Debakels in Europa hat sicherlich einiges für sich. Sie sieht zum ersten historische Kontinuitäten, wo andere Imperialismustheorien nur Krisen und Brüche konstatieren. Zweitens hebt sie auf reale außenpolitische Entscheidungsprozesse der Regierungen im imperialistischen Zeitalter ab, anstatt strukturelle – vor allem ökonomische oder gesellschaftspolitische – Gegebenheiten als hinreichende Erklärungsmuster für die Entstehung des Imperialismus anzusehen. Und drittens schließlich macht sie deutlich, daß es auch im Zeitalter des Imperialismus nicht anonyme Prozesse oder gesellschaftlich bedingte Klassenkonflikte waren, die zum außenpolitischen Handeln führten, sondern daß zunächst einzelne Regierungen und deren angegliedertes Personal dafür verantwortlich waren.

Gleichwohl scheint es mir unbefriedigend zu sein, sich mit einer rein außenpolitisch argumentierenden Interpretation des imperialistischen Zeitalters zufriedenzugeben. Zum einen ist evident, daß Außenpolitik seit dem Beginn der hochimperialistischen Ära zu Anfang der achtziger Jahre des 19. Jahrhunderts kein bloßes Arcanum von Staatsmännern und Diplomaten mehr war. Außenpolitische Entscheidungsprozesse fanden gerade in den am meisten imperialistisch aktiven Staaten ein zunehmend breiteres öffentliches Interesse. Die expansionistische Politik der in den Nationalstaaten verantwortlichen Politiker wurde mehr und mehr in einen öffentlichen Diskurs, ja schließlich in eine organisierte politische Bewegung zurückgebunden, bis schließlich beides einander bedingte. Imperialistische Außenpolitik war deshalb zweifelsohne ein Teil der Innenpolitik. Das hatte es im Zeitalter der klassischen Kabinettsdiplomatie nicht gegeben. Was in der internationalen Politik geschah, bewegte die Völker zuvor so wenig, daß die Regierung auf diesem Feld kaum Rücksicht auf innenpolitische Bedürfnisse und Stimmungen zu nehmen brauchte. Selbst wenn es um die Entscheidung von Krieg und Frieden ging, ließ sich das relativ leicht handhaben, wie der klassische Fall von Bismarcks Manipulation der sogenannten Emser Depesche zeigte. Außenpolitik war bis zum Beginn des imperialistischen Zeitalters im wesentlichen tatsächlich nur Außenpolitik.

Zum zweiten ist festzustellen, daß es eine künstliche Verengung des Politikbegriffs darstellt, wenn man diesen für den Imperialismus auf die professionellen Amtsträger in Regierung, Diplomatie und Bürokratie reduziert. Neben den offiziellen zwischenstaatlichen Beziehungen bildete sich in dieser Zeit bekanntlich das vielfältige Geflecht transnationaler Kontakte heraus. Angefangen bei der hochindustrialisierten Wirtschaft und den großen Banken über Kultur und Wissenschaft bis hin zur bürgerlichen Friedensbewegung und der sozialistischen Internationale entstanden gegen Ende des 19. Jahrhunderts – wenn auch häufig nur vorübergehend – transnationale Institutionen, die jeweils von bestimmten gesellschaftlichen Gruppen getragen wurden. Diese agierten nicht in politikfreiem Raum, sondern waren selbstverständlich Teil der Politik. Je mehr solche transnationalen Beziehungen in die internationale Politik hineinwirkten, desto mehr veränderte diese ihre

Form. An der Stelle eines geschlossenen Systems staatlicher Politik bildete sich ein differenziertes System mit verschiedenen außenpolitischen Handlungsebenen heraus, die miteinander zusammenhingen, aber sich nicht unbedingt gegenseitig bedingten.

Drittens schließlich war es eine der Ursachen imperialistischer Politik, daß diese häufig von einem bestimmten Typus von Politikern initiiert wurde, der gerade nicht den traditionellen Habitus des Diplomaten, Bürokraten oder Militärs hatte. Ein Cecil Rhodes, ein Pierre Brazza oder ein Carl Peters hatte jeweils den Charakter eines politischen Desperados. Daß sie von der überseeischen Peripherie her auf die Außenpolitik der europäischen Metropolen einwirkten, ja diese zeitweise mitbestimmen konnten, zeigt ebenfalls die historische Formveränderung des außenpolitischen Entscheidungshandelns im Zeitalter des Imperialismus an.

Wenn die innenpolitisch bedingte Entstehung der imperialistischen Politik somit plausibel zu sein scheint, bleibt freilich erklärungsbedürftig, um welche inneren Faktoren und Prozesse es sich dabei handelte. Die Forschung ist sich in diesem Punkt bisher durchaus nicht einig. Es sei nur an die Differenz zwischen marxistisch und von Schumpeter inspirierten Forschern erinnert, wonach der Imperialismus seine Entstehung entweder der immanenten Dynamik des kapitalistischen Industriesystems oder gerade umgekehrt dem Beharrungsvermögen traditionaler, d.h. vormoderner Strukturen verdankte, die gewissermaßen dysfunktional zum vorherrschenden Modernisierungsprozeß standen.

Diesen systemtheoretischen Kontroversen entsprechen ebenso kontroverse sozialgeschichtliche Forschungsansätze. Wenn im ersten Fall die neue industrielle Klasse des Großbürgertums historisch für die in den Ersten Weltkrieg führende imperialistische Rivalität verantwortlich gemacht wird, sind es im zweiten Fall die traditionalen Eliten der Aristokratie, der Bürokratie und des Militärs. Es liegt auf der Hand, daß sich daraus zwei ganz unterschiedliche historische Interpretationen ergeben. Im ersten Fall wäre davon auszugehen, daß der Drang zu imperialer Expansion seine Ursache im bürgerlichen Willen zur politischen Herrschaft hatte. Im anderen Fall wäre der Imperialismus eher als eine konservative Abwehrreaktion gegen die bürgerliche Machtentfaltung zu interpretieren.

Wenn sich die Forschung bisher nicht darüber einigen konnte, welche dieser beiden Interpretationen der historischen Realität eher angemessen ist, so hängt das sicherlich damit zusammen, daß die theoretische Diskussion über das Problem des Imperialismus in letzter Zeit stark abgeebbt ist. Mir scheint jedoch, daß die im Hinblick auf die innenpolitischen Ursachen des Imperialismus so kontrovers geführte wissenschaftliche Debatte in einem zentralen Punkt von falschen Voraussetzungen ausgeht. Man sucht generell nach den inneren Antriebskräften für die Expansionspolitik *aller* am Imperialismus beteiligten Staaten. Ist es aber angemessen, die imperialistische Politik Großbritanniens und Frankreichs mit der Deutschlands und Italiens oder mit der der überseeischen Staaten Japan und USA einfach gleichzusetzen? Und wie kann man die Politik der alten, in ihrer gesellschaftlichen und politischen Verfassung rückständigen Kolonialmächte Spanien und Portugal in diesem Zusammenhang gewichten? Damit will ich nicht einer historischen Interpretation das Wort reden, wonach jeder Imperialismus sich von dem anderen grundsätzlich unterschieden habe und folglich jeder historische Vergleich problematisch sei. Vielmehr schlage ich vor, idealtypisch zumindest vier verschiedene historische Erscheinungsformen von Imperialismus zu unterscheiden:

Erstens die der altkolonialen Staaten Spanien und Portugal, die in der Zeit des Hochimperialismus noch kolonialpolitisch präsent sind, ohne indessen auch schon von innen her expansionistisch gesteuert zu werden; zweitens die der alten Nationalstaaten Großbritannien und Frankreich mit einer weit zurückreichenden kolonialen Tradition, zu deren Erhaltung und Ausbau eine starke imperialistische Bewegung drängte; drittens die der neuen Nationalstaaten Deutschland und Italien ohne jede koloniale Tradition, deren späte äußere Staatsgründung zu einer Vermengung von innerer Nationalstaatsbildung und imperialer Politik führte; viertens schließlich die der überseeischen Staaten Japan und USA, zu deren historischer Legitimation – besonders im Falle der USA – eigentlich ein antikolonialistischer Affekt gehörte, die aber gleichwohl imperialistische Antriebskräfte entwickelten.

An dieser Stelle kann kein umfassender Vergleich der Politik dieser vier imperialistischen Typen durchgeführt werden. Ich beschränke mich darauf, die besondere historische Qualität des Imperialismus in den beiden unfertigen Nationalstaaten Deutschland und Italien zu beschreiben. Dabei soll 1914 als Schlußpunkt gesetzt werden, obwohl für Italien eigentlich auch noch das faschistische Kolonialabenteuer Mussolinis einbezogen werden könnte, das 1935/36 zur militärischen Eroberung Äthiopiens führte. Anders als Italien hatte Deutschland zu diesem Zeitpunkt aber seine kolonialen Besitzungen längst verloren. Der faschistische Spätimperialismus entsprang im übrigen einem historischen Kontext, der sich von dem vor 1914 deutlich unterscheidet. Es empfiehlt sich deshalb den Vergleich auf die imperialistische Vorkriegszeit zu beschränken.

Bei der Annahme, daß die beiden unfertigen Nationalstaaten Deutschland und Italien eine Sonderform von imperialistischer Politik entwickelt haben, ist von dem historischen Tatbestand auszugehen, daß die meisten europäischen Staaten im Laufe des 19. Jahrhunderts auf drei verschiedenen, freilich aufeinander eng bezogenen Ebenen gesellschaftliche Wandlungen durchgemacht haben: auf der Ebene der nationalen Identitätsfindung, auf der Ebene der politischen Verfassungsbildung und auf der Ebene des gesellschaftlichen Strukturwandels. Der Prozeß der nationalen Integration umfaßte zum einen die äußere Nationsbildung im Sinne staatlicher Souveränitätsabgrenzung und zum anderen die innere Nationsbildung im Sinne gesellschaftlich-kultureller und rechtlich-politischer Homogenisierung. Unter politischer Verfassungsbildung ist der Prozeß zu verstehen, der, schlagwortartig ausgedrückt, vom Obrigkeitsstaat zum liberaldemokratischen Verfassungsstaat führte. Der Prozeß des gesellschaftlichen Strukturwandels schließlich wurde in erster Linie durch die fortschreitende Industrialisierung herbeigeführt, durch die die nationalen Gesellschaften Europas anstelle von überwiegend agrarischen überwiegend gewerbliche Erwerbsstrukturen erhielten. Die mit diesen historischen Entwicklungsprozessen verbundenen Probleme stellten seit dem 18. Jahrhundert fast alle europäischen Staaten vor große Anforderungen. In besonderer Weise betroffen waren aber Staaten wie Deutschland und Italien, in denen sich alle drei Modernisierungsprozesse relativ gleichzeitig vollzogen. Die nationalen Eliten waren hier angesichts einer anhaltenden Konfliktkumulierung konzeptionell und in ihrem politischen Verhalten in hohem Maße überfordert. Das innenpolitische Krisenpotential war in diesen Ländern daher besonders hoch. Vor allen aber wurden innenpolitische Antagonismen in besonders hohem Maße auf die Außenpolitik übertragen. Die Krisenanfälligkeit erst spät konsolidierter Nationalstaaten verlieh der imperialistischen Politik daher eine besondere innere Dynamik.

Sowohl Deutschland als auch Italien standen zu Beginn der hochimperialistischen Epoche, also zu Anfang der achtziger Jahre des 19. Jahrhunderts, ohne koloniale Besitzungen in Übersee da. In der Jahrhunderte zurückreichenden Geschichte des europäischen Kolonialismus als einer Form der imperialen Herrschaftsbildung waren beide Nationen nicht zum Zuge gekommen. Deutsche und Italiener besaßen beim Eintritt in das Zeitalter des modernen Imperialismus keine kolonialistische Tradition. Das hatte zur Folge, daß sich der Gedanke überseeischer Expansion in beiden Ländern zunächst nur langsam durchsetzte, um dann aber in einer zweiten Phase um so heftiger hervorzubrechen. Die erste Phase des Imperialismus deckt sich in Deutschland mit der Regierungszeit Bismarcks, in Italien mit der Regierungszeit Crispis. Sowohl Bismarck wie Crispi orientierten ihre koloniale Politik am sogenannten Primat der Außenpolitik und den dadurch gegebenen außenpolitischen Erfordernissen. Sie betrieben sozusagen ›Imperialismus von oben‹, ohne breite innenpolitische Diskussion oder gar Zustimmung. Ein »ideologischer Konsensus« über den Imperialismus, den Hans-Ulrich Wehler für die Bismarckzeit glaubte feststellen zu können,[3] fehlte in dieser Zeit gerade. In einer zweiten Phase war dagegen sowohl in Deutschland wie in Italien jeweils eine breite imperialistische Massenbewegung vorhanden, die jetzt umgekehrt Regierungen auf imperialistischen Kurs zwang, die diesen ursprünglich nicht einschlagen wollten. In Italien war dies in der Ära Giolitti (1901-1914), in Deutschland unter der Reichskanzlerschaft Caprivi (1890-1894) und in gewissem Sinne nochmals unter der Bethmann Hollwegs (1909-1917) der Fall. Die imperialistische Politik war in dieser zweiten Phase in beiden Staaten jeweils das Produkt massiver gesellschaftspolitischer Auseinandersetzungen, deren innere Fronten jeweils nach außen verlagert wurden.

Daß der Imperialismus als Mittel gesellschaftspolitischer Konfliktregulierung benutzt werden konnte, hing mit der kolonialen Traditionslosigkeit Deutschlands und Italiens zusammen. Je geringer die kolonialen Erfahrungen waren, je weniger volkswirtschaftliche Rentabilitätsrechnungen über den praktischen Nutzen von überseeischen Kolonien Auskunft gaben, desto leichter konnten kolonialistische Hoffnungen und Erwartungen in die Welt gesetzt werden. Anders ausgedrückt: weil imperialistische Utopien nicht an der eigenen historischen Wirklichkeit kontrolliert werden konnten, ließen sie sich in Deutschland und Italien besonders gut in der Innenpolitik instrumentalisieren.

Deutschland und Italien hatten, anders als die westeuropäischen Nationen, erst kurz vor Eintritt in die Ära des Imperialismus ihre nationale Identität nach außen hin durch Festlegung von Staatsgrenzen bestimmen können. Der Prozeß der inneren Nationsbildung hatte noch nicht einmal richtig begonnen. Konservativer Adel und liberales Bürgertum waren die alleinigen Träger der Nation, wobei der Adel allerdings in Deutschland mehr Vorbehalte gegen die Reichsgründung hatte als der in Italien. Der katholische Bevölkerungsteil blieb in Italien seit dem ›Non expedit‹ des Papstes von 1874 ebenso abseits wie in Deutschland seit dem ›Kulturkampf‹.

Die Arbeiterschaft stand in beiden Ländern erst recht noch vor der Tür. Das nationale Selbstbewußtsein der politisch verantwortlichen Eliten des Bürgertums und des Adels war sowohl in Deutschland wie in Italien schwach entwickelt. Es konnte unvermittelt in einem nach innen wie nach außen aggressiven Nationalismus umschlagen, der die Vollendung des Nationalstaats bewußt zu verhindern suchte. Ein Nationalismus dieser Art liegt sowohl dem deutschen wie dem italienischen Imperialismus zugrunde.

Als im europäischen Vergleich relativ spät entstandene Nationen kamen sowohl Deutschland wie Italien zu einer widersprüchlichen Verfassungsgebung. Der *Statuto Albertino* und die Deutsche Reichsverfassung von 1871 sind zwar inhaltlich kaum vergleichbar. Beide Verfassungen ließen sich jedoch mit dem gesellschaftlichen Fortschritt in Deutschland bzw. Italien nur schwer vereinen. Fehlte es in Italien an einer demokratischen Perspektive des konstitutionellen Parlamentarismus, so behielt in Deutschland umgekehrt das in der Verfassung verankerte allgemeine Wahlrecht einen eher plebiszitären Zug, solange die Parlamentarisierung der Regierung fehlte. In beiden Fällen bestand ein latenter Verfassungskonflikt zwischen den den Staat tragenden und den diesen ablehnenden Kräften der Gesellschaft. Der fehlende Fundamentalkonsens in der Verfassungsfrage war eine der Ursachen für die verschärfte Konfrontation in außenpolitischen Grundsatzfragen.

Nationsbildung und moderne Verfassungsschöpfung waren – wiederum anders als in Westeuropa – in Deutschland und in Italien engstens mit dem Übergang zum Industriestaat verbunden. Wirtschaftliche Wachstumskrisen wie die von 1879 in Deutschland und die von 1907 in Italien wirkten sich deshalb schwerer aus als in anderen Ländern. Vor allem hatten sie politische Folgen, die an die Grundlagen des politischen Systems beider Länder rührten. Diese ergaben sich aus der Reaktion der Wirtschaftsgruppen auf die Krise. Sowohl in Italien wie in Deutschland fanden sich Großagrarier und Unternehmer der Schwerindustrie, die bis dahin durchaus gegensätzliche Interessen hatten, zu einer protektionistischen Koalition zusammen. Diese drängte den Staat auf den Weg zum Interventionismus.

Aus der Gleichzeitigkeit von innerer Nationsbildung, latentem Verfassungskonflikt und ökonomischer Wachstumskrise ergab sich für die jungen Nationalstaaten Deutschlands und Italiens eine Strukturkrise, die sich mit dem Begriff der Partizipation beschreiben läßt. ›Partizipation‹ heißt in diesem Zusammenhang Teilhabe am politischen Entscheidungsprozeß. Diese Teilhabe wurde in Deutschland und Italien auf unterschiedliche Weise eingeschränkt. Die politische Mobilisierung breiter Bevölkerungsschichten war jedoch eingeleitet. Kleinbürgerliche Schichten, Arbeiter und politische Katholiken erhoben Anspruch auf politische Mitbestimmung.

Die traditionellen Herrschaftsschichten vertraten gegenüber dieser Herausforderung zwei alternative Strategien: die der Integration und die der Verhinderung von Integration. ›Integration‹ bedeutete in diesem Zusammenhang politische und gesellschaftliche Reform, ihre Verhinderung lief auf imperialistische Politik hinaus.

Der Imperialismus des deutschen und italienischen Typs läßt sich jeweils auf eine ganz bestimmte historische Konstellation zurückführen, nämlich auf das Ende einer autoritären Repressionspolitik in beiden Staaten. Diese Unterdrückungspolitik war in Deutschland durch den Kulturkampf und durch das Sozialistengesetz gekennzeichnet. In Italien reichte diese Politik von Crispis »Ausrottungskampf gegen den Sozialismus« (Benedetto Croce) Anfang der neunziger Jahre bis zu den Militärregierungen um 1900. Die Repression konnte den Aufstieg der auf Partizipation drängenden Emanzipationsbewegungen jedoch nicht aufhalten. Es lag daher nahe, den Versuch zu machen, mit Hilfe einer begrenzten sozialen und politischen Reform den Status quo des konstitutionellen Systems zu erhalten. Diesen Weg ist in Deutschland die Regierung Caprivi, in Italien die Regierung Giolitti gegangen.

Hatte Bismarck die agrarisch orientierten Führungsschichten noch für die »zuverlässigsten Stützen« der Monarchie gehalten, so fragte sich Caprivi, ob es für den Staat noch lohne, für diese einseitige Opfer zu bringen. Es ist bekannt, daß er das preußische Dreiklassenwahlrecht zu reformieren suchte. Die katholische Partei des Zentrums machte er praktisch zur Regierungspartei. Den Arbeitern kam er durch die Aufhebung des Sozialistengesetzes und durch Arbeiterschutzgesetze entgegen.

Giolitti bezeichnete 1899 radikale Reformen als eine »eminent konservative Aufgabe«, und er fügte hinzu, daß die italienische Monarchie eine Basis haben müsse, die nicht nur auf dem »Interesse kleiner privilegierter Klassen«, sondern auf der »Zuneigung der ungeheuren Mehrheit des Landes« beruhe.[4] Auch er erkannte die Notwendigkeit einer Einbeziehung von Katholiken und Sozialisten in den bürgerlichen Staat. Er ließ der Gewerkschaftstätigkeit der Industriearbeiter freien Lauf, wehrte sich allerdings gegen die gewerkschaftliche Organisierung der in Italien so wichtigen Landarbeiter des Mezzogiorno. Schließlich bejahte er die Entwicklung des industriellen Systems zum Interventionsstaat, hielt es aber bezeichnenderweise nicht für die Aufgabe des Staates, den »Interessen weniger Kapitalisten« zu dienen.[5]

Sowohl Caprivis politisches Programm wie das Giolittis enthielten zahlreiche Gegensätze und Unvereinbarkeiten, wie es überhaupt schon ein Widerspruch war, eine nationale Integrationspolitik zu betreiben, um die politische Hegemonie des Adels bzw. des Bürgertums zu erhalten. Jedoch enthielt diese Politik so viel Elemente für eine durchgreifende Modernisierung von Staat und Gesellschaft, daß sie auf lange Sicht den Ansatz zu einer Vollendung des Nationalstaats auf demokratischer Basis bot.

Sowohl Caprivi als auch Giolitti sind jedoch gescheitert. Gegen sie formierte sich jeweils ein heterogener Oppositionsblock, der vor allem über die Außenpolitik zu innenpolitischer Gemeinsamkeit fand. In Deutschland stand diese Politik unter dem Schlagwort der ›Sammlung‹. Sie wurde von dem preußischen Finanzminister Johannes von Miquel initiiert und bedeutete zunächst Sammlung aller bürgerlichen Kräfte zur politischen Bekämpfung der Sozialdemokratie. In der Praxis hieß das zunächst Aufhebung der politischen Gegensätze von Industriellen und Agrariern. Man sprach in diesem Zusammenhang von einem »Kartell der gesamten bürgerlichen Gesellschaft«.[6] Das war die Maxime für eine Politik, die im Kaiserreich zeitweise zur Errichtung eines agrarisch-industriellen »Kondominiums« (Eckart Kehr) führen sollte.

Miquel reflektierte auch die außenpolitischen Implikationen dieser Politik. Der Imperialismus sollte dazu dienen, die Ablenkung des »revolutionären Elements« zu fördern sowie »die Gefühle der Nation durch die Beschäftigung mit auswärtigen Fragen zu begeistern und auf einen gemeinsamen Boden zu bringen«.[7] Die liberalkonservative Sammlungspolitik sollte also im Zeichen der imperialistischen ›Weltpolitik‹ stehen. Sie hatte damit im Sinne Schumpeters eindeutig eine sozialimperialistische Funktion.

Auch in Italien formierte sich ein bürgerlicher Oppositionsblock gegen das ›System Giolitti‹, wie Luigi Albertini abschätzig zu sagen pflegte. Doch hier fanden Altkonservative wie Sidney Sonnino mit den industriellen Eliten zusammen, die 1906 die Lega industriale und 1909 die Confederazione italiana dell'industria bildeten. Seit 1910 lag das gemeinsame Ziel dieser vereinigten Opposition in Tripolis. Indem sie Giolitti zu einem imperialistischen Eroberungskrieg in Libyen drängte, trennte die Opposition diesen sowohl von den Sozialisten wie von den Katholiken und zerstörte damit sein Werk der sozialen Integration. In einer Rede warnte Giolitti am 7. Oktober 1911 noch wenige Tage vor Beginn des Libyenkrieges davor, durch außenpolitische Probleme von der Aufgabe des inneren Fortschritts abzulenken. Und noch in seinen Memoiren versicherte er, immer eine Aversion dagegen gehabt zu haben, »auswärts Ablenkungen für die Konflikte der Innenpolitik zu suchen«.[8] Genau auf diesen Weg wurde Giolitti jedoch von der integrationsfeindlichen Mehrheit der politischen Eliten Italiens gedrängt.

In Deutschland war der Helgoland-Sansibar-Vertrag vom 1. August 1890 das Startzeichen für den neuen Imperialismus. In diesem im Vergleich zum Libyen-Krieg zwar weniger spektakulären, aber gleichermaßen folgenreichen Unternehmen hatte der Reichskanzler Caprivi die koloniale Rivalität mit England durch Grenzbegradigungen in Afrika und den Rücktausch der Nordseeinsel Helgoland zu beendigen versucht. Der begrenzte koloniale Verzicht war der Anlaß, Caprivi den Verrat an Deutschlands weltpolitischem Interesse vorzuwerfen und ihn mit Hilfe des Kaisers zur neuer imperialistischer Politik zu zwingen. Die auf Imperialismus drängende Sammlungspolitik hatte somit in Deutschland ebenso Erfolg wie in Italien. Nicht ein kolonialer Ausgleich mit anderen imperialistischen Ländern war gefragt, sondern die außenpolitische Konfrontation zum Zwecke der interessenpolitischen Frontbildung im Innern.

Die Gegner der innenpolitischen Versöhnung verdankten ihren Erfolg dem in beiden Ländern neu formierten Nationalismus. Dieser neue Nationalismus war extrem außenorientiert. Er erhob die unbegrenzte territoriale, vor allem überseeische Expansion zum Kriterium erfolgreicher Politik, und er machte die Zustimmung zu diesem bedingungslosen Imperialismus zum Kriterium politischer Loyalität im Staate.

Weder in Italien noch in Deutschland war dieser Nationalismus in organisatorischer Hinsicht sehr erfolgreich. Die Associazione Nazionalista Italiana von 1910 kam vor dem Ersten Weltkrieg nie über den Stand einer Vereinigung locker verbündeter Intellektuellenzirkel hinaus. Auch der Alldeutsche Verband von 1891 hatte in Deutschland nie mehr als 40000 Mitglieder. Entscheidend war jedoch, daß der neue Nationalismus in beiden Ländern eine imperialistische Massenpropaganda betrieb, die als eine Art von Ersatzideologie große Teile des mittleren und gebildeten Bürgertums erfaßte und sogar in Teile der Arbeiterschaft hineinreichte. Quer durch die traditionellen bürgerlichen Richtungen und Parteien hindurch entstand auf diese Weise eine chauvinistische Ideologie, die im Innern wie im Äußeren des Landes politische Kompromisse ausschloß und den von der Arbeiterschaft geforderten Klassenkampf annahm. Dieser Nationalismus war das Ferment, das die heterogenen imperialistischen Fronde sowohl gegen die innenpolitische Versöhnungspolitik Caprivis als auch Giolittis miteinander verband. Ohne diesen Nationalismus wäre der Imperialismus in Deutschland und in Italien nicht denkbar gewesen. Er verschaffte diesem die Massenbasis, die den Imperialismus vor 1914 zu einem beherrschenden Prinzip sowohl der deutschen wie der italienischen Politik machte.

Die Verbindung von nationalistischer Mobilisierung und außenpolitischer Aggressivität unterschied den Imperialismus Deutschlands und Italiens deutlich von dem der saturierten Nationalstaaten des Westens mit ihrem altkolonialen Erbe. Auch in diesen Ländern, in besonderem Maße in Frankreich, entstand um 1900 ein militanter, deutlich reaktionär orientierter Nationalismus, man denke nur an Charles Maurras und Maurice Barrès. Weder war dieser in Frankreich jedoch politisch dominant noch konnte er die außenpolitischen Entscheidungsprozesse wesentlich beeinflussen. Und sozialimperialistische Strategien haben sich, wenn überhaupt irgendwo, nur in Deutschland und Italien durchsetzen können.

Ihrem historischen Gewicht nach hatte der deutsche und der italienische Imperialismus rein quantitativ bemessen selbstverständlich nicht den gleichen Rang. Es mußte Europa weit mehr beunruhigen, wenn man in Deutschland einen ›Platz an der Sonne‹ forderte, als wenn in Italien von D'Annunzio der »Klassenkampf der Völker« ausgerufen wurde. Aber ihrer besonderen historischen Qualität nach waren die beiden Imperialismen durchaus ähnlich. Beide hatten auch am Ende ein ähnliches Ergebnis. Der Erste Weltkrieg rief, anders wiederum als in Frankreich oder in Großbritannien, nur in Deutschland und Italien – wenn man von dem ganz anders gelagerten Fall Rußlands einmal absieht – eine fundamentale Gesellschaftskrise hervor, die bei Kriegsende in Italien nach nur drei und in Deutschland nach vierzehn Jahren – ohne daß das selbstverständlich zwangsläufig war – zur Etablierung eines faschistischen Systems führte. Der Imperialismus im unfertigen Nationalstaat war insofern eine historische Ursache für das Aufkommen des Faschismus.

3. Die Geburt des Faschismus aus der Krise der Moderne

Nie waren sich Deutschland und Italien in der neuzeitlichen Geschichte näher als in der Zeit von 1933 bis 1945. Die faschistischen Gemeinsamkeiten zwischen den Diktaturregimen Mussolinis und Hitlers wurden gleichwohl in der historischen Forschung lange Zeit erheblich verkannt. Das hatte verschiedene Gründe, die hier nicht ausführlich erörtert werden müssen. Jedoch ist festzuhalten, daß es weniger wissenschaftsimmanente Ursachen als vielmehr politische Gründe waren, welche lange Zeit geradezu zu einer Tabuisierung vergleichender Faschismusforschung führten. Ursprünglich gehörte der Faschismusbegriff bekanntlich zum politischen Begriffsarsenal der kommunistischen Linken.[1] Indem sie die als ›faschistisch‹ angesehenen Regime in Italien und Deutschland, aber auch anderswo (z.B. in Ungarn oder in Spanien) als repressive Diktaturvarianten bürgerlicher Klassenherrschaft ansahen, setzten die kommunistischen Dogmatiker die liberaldemokratischen Gesellschaften des Westens permanent unter Faschismusverdacht. In der Zeit der alliierten Kriegsallianz gegen die Achsenmächte wurde diese ideologische Kampfansage von der sowjetischen Propaganda zwar vorübergehend zurückgenommen, um dann jedoch in den Zeiten des ›Kalten Krieges‹ erneut vorgetragen zu werden.

Die westliche Forschung reagierte auf die kommunistischen Unterstellungen begreiflicherweise von Anfang an ablehnend. Der Faschismus war für sie nicht der Normalfall gefährdeter bürgerlicher Herrschaft, sondern allenfalls ein Ausnahmefall. Die Diktaturregime Mussolinis und vor allem Hitlers wurden in die Nähe der Sowjetdiktatur Lenins und besonders Stalins gerückt. Anstelle ›faschistischer‹ Gemeinsamkeiten zwischen Faschismus und Nationalsozialismus hob man die ›totalitären‹ Affinitäten von Nationalsozialismus und Sowjetkommunismus hervor, welche diese Regime von demokratischen Verfassungsstaaten unterschieden.

Auch wenn diese totalitaristische Herrschaftstheorie nicht politisch verbindlich war, hatte sie doch ebenfalls in hohem Maße einen doktrinären Charakter. Methodisch abweichendes Verhalten wurde in der Regel nicht wissenschaftlich diskutiert, sondern politisch sanktioniert: Wer versuchte, sich auf eine vergleichende Faschismusforschung einzulassen, geriet unter Kommunismusverdacht, oder er mußte sich vorwerfen lassen, den Nationalsozialismus zu ›unterschätzen‹, was immer damit gemeint sein mochte. Dem kommunistischen ›Antifaschismus‹ stand ein westlicher ›Antikommunismus‹ gegenüber. Für eine eigenständige, außerhalb des polarisierten politischen Kontextes stehende Komparatistik blieb da kein Raum. Sich auf den so naheliegenden Vergleich von Faschismus und Nationalsozialismus einzulassen galt vielen Zeithistorikern in Italien und in Deutschland als politisch bedenklich und deshalb als wissenschaftlich unzulässig.

Die Vermeidungsstrategien waren allerdings in Deutschland und in Italien nicht identisch, man wehrte den Vergleich von Faschismus und Nationalsozialismus in den beiden Nachkriegsdemokratien vielmehr mit unterschiedlichen Argumenten ab. Von außen betrachtet schien es sich sogar um zwei ganz verschiedene Diskurse zu handeln, was auch die eigentlich erstaunliche Tatsache erklärt, weshalb die gegenseitige Wahrnehmung so schwach ausgeprägt war.

In der Bundesrepublik Deutschland setzte man bei der Abwehr des kommunistischen Faschismusvorwurfs in besonderem Maße auf die Denkfigur des ›Totalitarismus‹. Anknüpfend an die von Talmon, Arendt und Friedrich entwickelte politikwissenschaftliche Herrschaftstheorie wurde die nationalsozialistische Diktatur Hitlers als wesensgleich mit der bolschewistischen Diktatur Stalins angesehen. Diese ›totalitären Regime‹ galt es daher wissenschaftlich zu vergleichen und nicht die faschistische Diktatur Mussolinis mit der nationalsozialistischen Hitlers. Allenfalls erklärte man sich bereit, eine »Differenzierung von Typen und Versionen des Totalitarismus« zuzulassen,[2] innerhalb deren dann auch, aber erst in zweiter Linie, dem italienischen Faschismus bis zu einem gewissen Grade ein totalitärer Charakter zugestanden wurde.

Diese Hierarchisierung real existierender ›totalitärer Regime‹ hatte in Deutschland, auch wenn das von manchen Forschern nicht so intendiert war, geschichtspolitisch eine entlastende Funktion. Wenn Hitlers nationalsozialistische Herrschaft nicht als historisch singulär angesehen werden mußte, sondern mit einem aus herrschaftstheoretischer Sicht ähnlich strukturierten Gewaltregime gleichgestellt werden konnte, dann befreite dies das postnationalsozialistische Deutschland in der kollektiven Erinnerung aus seiner marginalisierten Position. Der Vergleich mit dem offenkundig weniger totalitären faschistischen Regime in Italien konnte dagegen nicht zur Entlastung der Deutschen beitragen, weil daraus letzten Endes nur der Nationalsozialismus mit seiner politischen Verbrechensbilanz als das in jeder Hinsicht radikalere Regime hervorgehen konnte. Auch wenn man den totalitaristischen Ansatz dahingehend modifizierte, daß man den Nationalsozialismus seinem eigenen Wesen nach als »Hitlerismus« bezeichnete,[3] konnte man zu dem gleichen Ergebnis kommen, obwohl die Ähnlichkeit der ›charismatischen Führerdiktaturen‹ Hitlers und Mussolinis auf der Hand liegt. Der ›totalitäre‹ Charakter des NS-Regimes wurde einfach auf die Person Hitlers zurückgeführt – so wie die des Sowjetregimes auf die Stalins. Man brauchte nur Hitlers vorgebliches Programm zum »Entwurf einer Herrschaft« zu stilisieren,[4] um eine strukturelle Gleichsetzung mit dem stalinistisch geprägten Marxismus-Leninismus zu ermöglichen. Als erklärter Antiprogrammatiker fiel dagegen Mussolini auch aus dieser Vergleichsperspektive heraus. Wenn es an einem ›Programm‹ fehlte, dann konnte das faschistische Regime in Italien nach dieser historischen Logik auch nicht ›totalitär‹ gewesen sein. So definierte man sich an dem eigentlichen historischen Problem, wie ›totalitäre Herrschaft‹ überhaupt entstehen konnte, letzten Endes vorbei. Wichtig war allein, daß das NS-Regime ›totalitär‹ war.

Ganz anders, so scheint es zunächst, der Erinnerungsdiskurs in Italien. Die Totalitarismustheorie spielte in der italienischen Faschismusforschung nach 1945 so gut wie überhaupt keine Rolle.[5] Das ist insofern erstaunlich, als diese, wie Jens Petersen nachgewiesen hat, eigentlich ihren Ursprung gerade in Italien hatte.[6] Schon früh wurde Mussolini vorgeworfen, auf ähnliche Weise ein *regime totalitario* anzustreben wie die Bolschewisten. Der ehemalige liberale Ministerpräsident Nitti erregte mit diesem Vorwurf schon 1925 internationale Aufmerksamkeit, als er dem faschistischen Regime »die Verleugnung derselben Grundsätze von Freiheit und Ordnung« unterstellte, die für das bolschewistische in der Sowjetunion charakteristisch sei.[7] Nach dem Zusammenbruch des faschistischen Regimes wollte in Italien jedoch so gut wie niemand mehr etwas von diesen frühen Analysen wissen. Das lag ohne

Zweifel zunächst einmal daran, daß die Historiker, die der kommunistischen Linken nahestanden, sich nicht selbst politisch delegitimieren wollten, indem sie die Sowjetunion historisch auf eine Stufe mit dem Faschismus und dem Nationalsozialismus stellten. An die Stelle des totalitären setzten sie das antifaschistische Paradigma, wonach der Faschismus ein System bürgerlicher Klassenherrschaft gewesen sei. Und dieses sahen sie durch den Sieg der *Resistenza* über den *Nazifascismo* der RSI als überwunden an, weshalb es für sie keiner weiteren Beschäftigung mit dem faschistischen Regime mehr bedurfte.

Aber auch die italienischen Historiker, die politisch eher in der Mitte oder rechts einzuordnen waren, sahen keine Veranlassung, einen Diskurs über den totalitären Charakter des faschistischen Regimes zu eröffnen. Auch wenn jeder Vergleich mit dem NS-Regime die weitaus geringere Brutalität der faschistischen Diktatur hervortreten läßt, bringt er jedoch auch vielerlei gemeinsame Strukturen zutage, die den Faschismus und den Nationalsozialismus im Ursprung als ähnlich erscheinen lassen. Auch die nichtkommunistische Geschichtsschreibung bemühte sich daher in Italien darum, nicht die Gemeinsamkeiten, sondern die Unterschiede von Faschismus und Nationalsozialismus zu betonen. Das ganze Lebenswerk von Renzo De Felice ist davon geprägt, den Faschismus außerhalb des »sengenden Kegels des Holocaust«, wie er einmal gesagt hat, zu halten.[8] Im letzten Band seiner nicht ganz vollendeten Mussolini-Biographie wurde der faschistische Diktator geradezu als Märtyrer dargestellt, der sich am Ende geopfert habe, um die Italiener gegenüber der deutschen Besatzung zu schützen.[9] Sowohl die ›linke‹ wie die ›rechte‹ Geschichtsschreibung weigerte sich also in Italien lange Zeit, in irgendeiner Weise Vergleiche von Faschismus und Nationalsozialismus zuzulassen. Das enthob sie der Notwendigkeit selbstkritischer Reflexion. Im Ergebnis hatte das, ähnlich wie der Rekurs auf das Paradigma des Totalitarismus in Deutschland, für die kollektive Erinnerung in Italien zweifellos ebenfalls eine entlastende Funktion.

Seit der großen europäischen Wende von 1989 und dem Zusammenbruch des Sowjetsystems hat sich das alles grundlegend geändert. Nicht nur der Faschismus, sondern auch der Kommunismus ist seitdem Geschichte. Damit erhält nicht mehr nur der Antifaschismus, sondern auch der Antikommunismus eine andere Qualität: Er hat keine wirkliche Realität mehr. Daß das sogenannte

»Schwarzbuch des Kommunismus« unter Intellektuellen eine gewisse Aufregung hervorrief, war letzten Endes ein reines Nachhutsgefecht, eine reale politische Dimension eröffnete das Erscheinen dieser Publikation nicht mehr.[10] Wer sich auf den Versuch einer faschistischen Komparatistik einläßt, hat deshalb keine politisch motivierten Unterstellungen mehr zu befürchten. Man kann geradezu von einer Historisierung des Faschismusproblems sprechen. Mit großer Selbstverständlichkeit wird heute in Deutschland über die kulturellen, die wirtschaftlichen oder die sozialpolitischen Gemeinsamkeiten von Faschismus und Nationalsozialismus geforscht.[11] Am faschistischen Ursprung der nationalsozialistischen Rituale wie überhaupt am fundamentalen, keineswegs nur äußerlichen Vorbildcharakter des Italofaschismus für den Nationalsozialismus kann daher heute kein Zweifel mehr bestehen.[12] Auch in Italien gibt es heute eine Faschismusforschung, die bewußt den Vergleich mit dem Nationalsozialismus sucht.[13] Bezeichnenderweise steht dabei das rassistische Gewaltpotential des italienischen Faschismus in den italienischen Kolonien und in den im Zweiten Weltkrieg besetzten Gebieten auf dem Balkan im Mittelpunkt.[14] Auch die faschistische Beihilfe zum nationalsozialistischen Massenmord in den Jahren 1943-1945 ist in Italien kein Tabuthema mehr.[15] Ein Teil der italienischen Geschichtsforschung hat damit den Anschluß an internationale Forschungsdiskussionen gefunden, von denen man sich in Italien lange Zeit weitgehend ferngehalten hatte.

Stärker als bisher sind heute die Voraussetzungen dafür gegeben, in den Vergleich von italienischem und deutschem Faschismus modernisierungstheoretische Überlegungen einzubringen. Bisher sind die beiden Regime unter diesem Aspekt erstaunlicherweise allenfalls getrennt untersucht worden. Ein diskussionswürdiger Ansatz, die historische Verwandtschaft der faschistischen Regime in Italien und Deutschland zu erweisen, wurde damit bisher nicht genutzt.

In Italien sah die auf die *Resistenza* gegen den Faschismus in seiner nationalsozialistisch dominierten Endphase konzentrierte historische Forschung keinen Anlaß, dem in ihren Augen fremdbestimmten Faschismus irgendeinen gesellschaftlichen Entwicklungsaspekt zuzubilligen. Die revisionistische historische Schule um Renzo De Felice war andererseits davon überzeugt, daß Italien nach dem Ersten Weltkrieg durch den Faschismus in seiner gesellschaftlichen Entwicklung vorangebracht worden sei. Auch sie sah sich deshalb nicht genötigt, irgendwelche modernisierungstheoretischen Überlegungen anzustellen, schon gar nicht solche, die über den italienischen Faschismus hinausgingen. Es waren aber angelsächsische Forscher, die den italienischen Faschismus modernisierungstheoretisch in den Blick nahmen. Der Faschismus wurde von ihnen als das Ergebnis des krisenhaften Übergangs vom Agrar- zum Industriestaat interpretiert.[16] Das schloß einen Vergleich mit dem Nationalsozialismus aus. Andere Autoren verstanden den italienischen Faschismus als eine besondere Form einer Entwicklungsdiktatur, was wiederum keinen vergleichenden Bezug zum Nationalsozialismus zuließ.[17]

Anders als über den Faschismus wird über den Nationalsozialismus schon seit langem intensiv unter modernisierungstheoretischen Gesichtspunkten diskutiert. Den Anfang machte 1963 Ralf Dahrendorf mit seinem Buch über »Gesellschaft und Demokratie in Deutschland«. Dahrendorf vertrat bekanntlich die These, daß der Nationalsozialismus einen Bruch mit der gesellschaftlichen Tradition in Deutschland bewirkt und dem Land insofern einen »Stoß in die Modernität« versetzt habe.[18] Nach seiner Auffassung sei der Nationalsozialismus entgegen seinen vielfach rückwärtsgewandten Absichten in seiner realhistorischen Wirkung ›modern‹ gewesen, weil er durch die ›Gleichschaltung‹ der deutschen Gesellschaft zahlreiche traditionelle Institutionen zerstört und die gesellschaftliche Macht ganzer sozialer Klassen (vor allem des ostelbischen Adels) ein für alle Mal beseitigt habe. David Schoenbaum sprach sogar von einem »Triumph des Egalitären«, der im ›Dritten Reich‹ zu einer »klassenlosen Wirklichkeit« geführt habe.[19] Dieser Interpretation ist entschieden widersprochen worden. Der vorgebliche Modernisierungseffekt des Nationalsozialismus wurde als »Pseudomodernisierung«[20] oder als »vorgetäuschte Modernisierung«[21] bezeichnet. Henry A. Turner wies auf die rückwärtsgewandte Programmatik des Nationalsozialismus hin und bezeichnete diesen als einen »Ausdruck utopischen Anti-Modernismus«.[22] Um ihre fortschrittsfeindlichen Ziele verfolgen zu können, hätten die Nationalsozialisten zwangsläufig eine industrielle Kriegsmaschinerie aufbauen müssen, jedoch hätten sie alles andere als eine Modernisierung der deutschen Gesellschaft beabsichtigt. Mehr oder weniger auf dasselbe läuft auch die These von Jeffrey Herf hinaus, der Nationalsozialismus habe einen »reactionary modernism« vertreten.[23] Herf hebt zwar stärker auf die innere Widersprüchlichkeit des nationalsozialistischen Antimodernismus ab, aber auch er insistiert darauf, daß der Nationalsozialismus den Modernisierungsprozeß in Deutschland angehalten habe.

Auch dies war freilich noch nicht das letzte Wort. Von zwei entgegengesetzten, aber im Ergebnis konvergierenden Positionen aus ist erneut der Versuch gemacht worden, dem Nationalsozialismus einen modernisierenden Effekt zuzuschreiben. Auf der einen Seite interpretieren Götz Aly und Susanne Heim »Auschwitz« als einen »spezifisch deutschen Beitrag zur Entwicklung der europäischen Moderne«.[24] Sie unterstellen, daß es so etwas wie eine »Ökonomie der Endlösung« gegeben habe, die ihren Ursprung letztendlich im ökonomischen System des ganz gewöhnlichen Kapitalismus hatte.[25] Die nationalsozialistische ›Endlösung‹ der sogenannten Judenfrage wird damit monokausal auf die Planmäßigkeit ökonomischer Rationalität reduziert.[26] Stellten Aly und sein Kreis das »für latent erachtete Dekonstruktionspotential« des Nationalsozialismus ins Zentrum ihrer Vorstellung von Modernisierung,[27] so sprachen die Historiker um Rainer Zitelmann von einer »tatsächlich durch den Nationalsozialismus vollzogenen revolutionären Modernisierung«.[28] Zitelmann glaubt dies aus den verstreuten Äußerungen Hitlers ableiten zu können, die sich in seiner Sicht zu einem kohärenten Modernisierungsprogramm zusammenfügen lassen.[29] Hitler wird auf diese Weise geradezu zum Protagonisten der gesellschaftlichen Modernisierung Deutschlands erhoben.

Es besteht kein Zweifel, daß beide Interpretationen, so konträr sie in ihren Wertungen sein mögen, methodisch konvergieren. In beiden Fällen wird erstens unreflektiert intentionalistisch argumentiert. Ob nun Hitler persönlich oder die sogenannten »Vordenker der Vernichtung« im Mittelpunkt stehen,[30] die Idee wird jeweils mit der Umsetzung in die Praxis gleichgesetzt. Beide Male wird zum zweiten Modernisierung »von allen ethischen und politischen Optionen gelöst« und auf methodisch unzulässige Weise reduktionistisch verwendet.[31] Selbstverständlich war der Nationalsozialismus schließlich ein Teil der ›Moderne‹ – was sollte er im 20. Jahrhundert auch anderes sein. Hitler zum Repräsentanten der »totalitären Seite der Moderne« zu erheben[32] ist deshalb ebenso trivial wie die ›Endlösung‹ als »spezifisch deutschen Beitrag zur Entwicklung der europäischen Moderne« zu bezeichnen.[33] Die eigentliche Frage muß sein, wie der Nationalsozialismus in den Gang der Moderne einzuordnen ist. Und dies kann nicht intentionalistisch bestimmt werden. Es lassen sich ebenso viele Äußerungen Hitlers dafür finden, daß er im Zeichen der Moderne marschieren wollte, wie solche gegen diesen Weg.

›Modernisierung‹ ist theoretisch gesehen nicht von politischen Entscheidungsprozessen abhängig. Sie vollzieht sich nicht wegen, sondern eher trotz dieser. Modernisierende Entwicklungen können durch politische Entscheidungen ebenso behindert oder gar angehalten werden, wie Stagnation auch völlig unabhängig davon eintreten kann. In der sozialwissenschaftlichen Theorie ist Modernisierung ein säkularer Prozeß, der sich »weitgehend eigendynamisch« vollzieht und nicht das Ergebnis gezielter politischer Steuerung ist. Um die Auswirkungen der nationalsozialistischen Ära auf den Modernisierungsprozeß in Deutschland historisch richtig einzuschätzen, ist es daher unergiebig, allein nach fortschrittsträchtigen und rückwärtsgewandten Äußerungen Hitlers und führender Nationalsozialisten zu suchen, um den Nationalsozialismus auf dieser Basis nach der einen oder anderen Richtung hin einzuordnen. Für die modernisierungstheoretische Bewertung der Zeit des ›Dritten Reiches‹ ist vielmehr entscheidend, was sich in sozialgeschichtlicher Hinsicht tatsächlich verändert hat.

Dabei ist dreierlei zu berücksichtigen. Zum ersten lassen sich modernisierungstheoretische Fragestellungen nur über Langzeituntersuchungen beantworten. Die Epoche des ›Dritten Reiches‹ ist für sich genommen zu kurz, um über gesellschaftliche Veränderungsprozesse Auskunft geben zu können, die sich als *longue durée* darstellen. Wie sich die zwölf Jahre in den Modernisierungsprozeß Deutschlands einordnen, läßt sich nur abschätzen, wenn man eine lange Vorgeschichte und eine Nachgeschichte mit einbezieht.

Zweitens geht man von falschen Voraussetzungen aus, wenn man ›Modernisierung‹ deterministisch als einen linearen Prozeß ansieht, der irgendwann zum Ziel kommt. Spätestens seitdem Detlef Peukert auf die ›pathologischen Entwicklungsformen der Moderne‹ hingewiesen hat,[34] wissen wir, daß diese ein »Doppelgesicht« hatte.[35] Anstatt immer nur die Fortschrittsfrage zu stellen, ist es daher viel sinnvoller, den Nationalsozialismus als ein Krisenprodukt der Moderne zu verstehen.

Drittens schließlich liegt auf der Hand, daß Modernisierungsprozesse nur in historischer Relation zu solchen in anderen

Gesellschaften untersucht werden können. Die sozialwissenschaftliche Theorie ist hier durchweg normativ verfahren. Die angelsächsischen Demokratien galten erstens als das Maß aller Dinge. Zweitens behauptete man, daß sie ein global gültiges Paradigma lieferten, an dem sich alle anderen, vor allem auch die noch nicht entwickelten Gesellschaften, orientieren sollten. Beides ist längst fragwürdig geworden, das heißt aber nicht, daß damit die ganze Modernisierungstheorie falsifiziert wäre. Man muß nur ihren globalen Anspruch aufgeben und ihren historischen Geltungsanspruch auf Europa beschränken. Und man darf selbstverständlich nicht normativ verfahren, sondern man sollte das Modernisierungsparadigma nur als heuristisches Prinzip verwenden.

In der sozialwissenschaftlichen Modernisierungstheorie finden wir eine verwirrende Vielfalt von Parametern, an denen der Prozeß der Modernisierung gemessen wird. Aus geschichtswissenschaftlicher Sicht bleiben davon nur drei, jeweils eng aufeinander bezogene Ereigniszusammenhänge übrig, welche den Veränderungsprozeß in den europäischen Staaten im Übergang vom 19. zum 20. Jahrhundert bestimmt haben.[36] Es handelt sich um den Prozeß der nationalen Identitätsfindung, den Prozeß der politischen Verfassungsbildung und den Prozeß des wirtschaftlichen Strukturwandels. Der Prozeß der nationalen Identitätsfindung umfaßte zum einen die äußere Nationsbildung im Sinne staatlicher Souveränitätsabgrenzung von anderen Nationalstaaten und zum anderen die innere Nationsbildung im Sinne gesellschaftlich-kultureller und politisch-rechtlicher Homogenisierung.[37] Unter politischer Verfassungsbildung ist der Prozeß zu verstehen, der vom absolutistischen Obrigkeitsstaat zum liberalen Verfassungsstaat führte. Der Prozeß des ökonomischen Strukturwandels schließlich wurde durch die fortschreitende Industrialisierung herbeigeführt, durch welche die nationalen Gesellschaften Europas anstelle von überwiegend agrarischen überwiegend industrielle Erwerbsstrukturen erhielten.

Im Prinzip prägten diese drei Modernisierungsprozesse seit dem ausgehenden 18. Jahrhundert alle europäischen Gesellschaften. Jeder der drei Modernisierungsprozesse erzeugte schon für sich genommen einen enormen politischen Handlungsdruck, der sich im Laufe des 19. Jahrhunderts ständig steigerte. Weder die Nationsbildung noch die Verfassungsfindung und erst recht nicht die

Industrialisierung ließen sich ohne große Reibungsverluste durchsetzen. Jeder dieser säkularen Strukturveränderungen enthielt vielmehr ein hohes Konfliktpotential. Dieses war leichter zu bewältigen, wenn die drei Prozesse zeitlich einigermaßen aufeinander folgten, wenn vor allem der Vorgang der modernen Nationsbildung wenigstens nach außen hin abgeschlossen war, ehe die Industrialisierung ihre gewaltigen gesellschaftlichen Sprengkräfte entfaltete. Eine ganz andere historische Konstellation ergab sich jedoch in den europäischen Ländern, in denen die drei Modernisierungsprozesse relativ gleichzeitig, d. h. innerhalb von ein oder zwei Generationen, bewältigt werden mußten. Diese Situation stellte sich in Europa letzten Endes nur für zwei Völker, für die Italiener und für die Deutschen. Für beide ergab sich eine Konfliktkumulierung, wie wir sie in anderen europäischen Ländern nicht antreffen. Nur in Deutschland und in Italien entstand daraus seit dem ausgehenden 19. Jahrhundert eine Modernisierungskrise, welche das politische System der beiden Länder hoffnungslos überforderte. In dieser Krise ist nach meiner Auffassung der Ursprung des eigentümlichen Diktatursystems zu suchen, das als Faschismus zu bezeichnen ist. Der Faschismus war zunächst in Italien und dann auch in Deutschland die politische Antwort auf eine nicht zu bewältigende Modernisierungskrise. Er ist daher auch nicht unter dem Aspekt von Modernisierung, sondern dem von Modernisierungskrise zu diskutieren.

Läßt man sich einmal auf diesen wissenschaftlichen Zugriff ein, ergeben sich im Vergleich der Vorgeschichte von Faschismus und Nationalsozialismus erstaunliche Parallelen. Die historischen Unterschiede sollen deshalb selbstverständlich nicht geleugnet werden. Aber wer immer nur die nationalen Eigenarten Deutschlands und Italiens betont, sitzt in einer historistischen Falle, die alle historischen Urteile subjektiver Beliebigkeit ausliefert.

In aller Kürze ist auf folgende historische Gemeinsamkeiten hinzuweisen:

Erstens hatten die beiden Länder, anders als Frankreich und England, aber auch anders als z. B. Spanien oder Schweden, erst vergleichsweise spät, manche sagen, verspätet, ihre nationale Einheit finden können. Die politischen Eliten der beiden Länder sahen ihren Staat nach außen hin bis 1914 noch nicht als saturiert an. Erst recht kann man beide Länder als unfertige Nationalstaaten bezeichnen, wenn man den Prozeß der inneren Nationsbildung betrachtet.[38] Die ›herrschende Klasse‹ – ein für Italien bezeichnender Ausdruck der Zeit – tat sich mit der »Nationalisierung der Massen« (George Mosse) außerordentlich schwer. In Italien blockierte sie bis 1912 durch ein restriktives Wahlrecht den Zugang der ländlichen und städtischen Unterschichten zum Parlament. In Deutschland führte Bismarck zwar schon 1867 das allgemeine Wahlrecht ein, bis zum Ersten Weltkrieg wurde die organisierte Arbeiterbewegung jedoch von der politischen Macht ferngehalten, obwohl die SPD 1912 die stärkste Fraktion im Reichstag stellte. In Italien blieben auch die kirchengebundenen Katholiken dem laizistischen Staat fern, während sie sich in Deutschland mit Hilfe der Zentrumspartei seit der Jahrhundertwende immerhin aus der Isolierung, in die sie der preußisch-protestantische Staat gedrängt hatte, herauskämpfen konnten.

Es liegt zweitens auf der Hand, daß sowohl Italien wie Deutschland aufgrund der vergleichsweise späten Nationalstaatsgründung auch erst spät zu einer modernen Verfassungsgebung kommen konnten. Die Verfassungsschöpfung geht in beiden Ländern auf die Revolution von 1848/49 zurück. Die 1848 für das Königreich Piemont-Sardinien als *Statuto Albertino* geschaffene Verfassung wurde 1861 sogar mehr oder weniger unverändert zur Verfassung des neuen Königreichs Italien erhoben. In Deutschland trat die Reichsverfassung von 1849 zwar nie in Kraft, sie wurde jedoch in wesentlichen Elementen in die Verfassung des Norddeutschen Bundes von 1867 und schließlich des Deutschen Reiches von 1871 übernommen. Das ist nicht nur eine formale Parallele, der Rückgriff auf das liberale Verfassungsprogramm von 1848/49 zeigt vielmehr, daß man in beiden Fällen den nationalrevolutionären Staatsbildungsprozeß historisch zu legitimieren trachtete. Auch insofern hatte die Verfassungsgebung in beiden Ländern eine ähnliche Funktion, als sie den politischen Status quo zementieren sollte. Ein Verfassungswandel war eigentlich nicht vorgesehen. Obwohl ganz unterschiedlich angelegt, enthielt die nationalstaatliche Verfassung deshalb in beiden Fällen einen fundamentalen Widerspruch: Fehlte es im konstitutionell-parlamentarischen Regierungssystem Italiens an einer demokratischen Legitimation, so hatte das allgemeine Wahlrecht im monarchisch-autoritären System des Deutschen Kaiserreiches einen bloß plebiszitären Effekt, da es keine parlamentarische Verantwortlichkeit der Regierung gab. Die sich daraus jeweils ergebenden Spannungen zwischen

Verfassungsnorm und gesellschaftlicher Realität setzten die jungen Nationalstaaten unter einen konstitutionellen Dauerkonflikt. Weder kam es jedoch bis zum Ersten Weltkrieg in Deutschland zu einer Parlamentarisierung des Regierungssystems noch in Italien zu einer vollständigen Demokratisierung des Wahlsystems.

Der latente Verfassungskonflikt in den beiden unfertigen Nationalstaaten wurde nun auch noch dadurch verschärft, daß in beiden Ländern – in Italien allerdings nur im Norden – der Übergang vom Agrar- zum Industriestaat vollzogen wurde. Wenn es zu den unvermeidlichen wirtschaftlichen Wachstumskrisen kam, wirkten sich diese daher dramatisch aus. Geht man von der relativen Gleichzeitigkeit von Nationsbildung, latentem Verfassungskonflikt und ökonomischer Wachstumskrise aus, kann man erklären, weshalb sich Italien und Deutschland bis 1914 in einer permanenten Strukturkrise befanden, wie es sie in anderen europäischen Ländern nicht gegeben hat. Klassenkampf im wirtschaftlichen Bereich vermischte sich mit politischen Partizipationsansprüchen der Arbeiter zu einem systembedrohenden Protest. Und zur gleichen Zeit spitzte sich das Verhältnis von säkularem Staat und katholischer Bewegung dramatisch zu. Die staatstragenden Kräfte – in Deutschland vor allem der Adel, in Italien im starken Maße auch das Bürgertum – reagierten darauf auf sehr ähnliche Weise: Phasen der vorsichtigen Öffnung wechselten mit solchen der schieren Repression ab. Man kann geradezu von einem Pendelschlag repressiver und kooperativer Politik sprechen.

Nach der staatlichen Einigung herrschte in beiden Ländern zunächst eine Aufbruchsstimmung, welche verdeckte, wie unfertig die beiden Nationalstaaten waren. Die ersten gesellschaftlichen Konflikte führten jedoch schon jeweils zu einer politischen Zuspitzung, die eine Phase kompromißloser Repressionspolitik einleiteten. In Deutschland war diese durch den Kulturkampf und das Sozialistengesetz gekennzeichnet. In Italien reichte sie von Crispis antisozialistischer Politik zu Anfang der neunziger Jahre bis zu den Militärregierungen um 1900, dem Jahr, in dem der italienische König Umberto I. durch einen anarchistischen Attentäter ermordet wurde. In beiden Fällen ging es darum, den inneren Nationalisierungsprozeß aufzuhalten und den Unterschichten die politische Partizipation gewaltsam vorzuenthalten.

Diese Politik ist in Deutschland und Italien gleichermaßen gescheitert. In beiden Ländern wurde daraufhin übereinstimmend der Versuch gemacht, die sich überlagernden Modernisierungskrisen durch eine Politik begrenzter Reformen zu lösen. Das war der ursprüngliche Ansatz sowohl des von Kaiser Wilhelm II. eingeleiteten Neuen Kurses seit 1890, dessen Exekutor der Reichskanzler Caprivi war, als auch des sogenannten Systems Giolitti, das dieser seit seiner ersten Ministerpräsidentschaft im Jahre 1901 aufbaute. Während Bismarck bis zu seinem Sturz unverändert die großagrarischen Besitzschichten für die zuverlässigsten Stützen des politischen Systems im Kaiserreich gehalten hatte, zweifelte Caprivi daran, daß es sinnvoll sei, den Staat einseitig den Interessen der Agraraaristokratie auszuliefern. Er versuchte deshalb, durch ein System von Handelsverträgen den Wirtschaftsinteressen des Bürgertums entgegenzukommen. Die Arbeiter versuchte er durch Arbeiterschutzgesetze zu erreichen, die ihnen Bismarck verweigert hatte. Das Zentrum machte er erstmals de facto zur Regierungspartei. Und in Preußen machte er den freilich vergeblichen Versuch, das restriktive Dreiklassenwahlrecht zu reformieren.

Auch Giolitti dachte schon 1899 in überraschender Übereinstimmung mit Caprivi darüber nach, ob die italienische Monarchie sich weiterhin nur auf die Interessen »kleiner privilegierter Klassen« und nicht vielmehr auf die »Zuneigung der ungeheuren Mehrheit des Landes« stützen dürfte.[39] Auch er erkannte die Notwendigkeit einer wenn auch begrenzten Einbeziehung von Katholiken und Sozialisten in den liberalen Staat. Deshalb betrieb er eine Wahlreform, die den Anteil der wahlberechtigten Männer an dem der Gesamtbevölkerung von zuletzt 9,4 % auf 23,4 % erhöhte.

Beide Reformprogramme enthielten zahlreiche Ungereimtheiten. Im Prinzip war es schon ein Widerspruch in sich, eine Politik nationaler Kooperation und Integration zu betreiben, um die politische Hegemonie des Adels bzw. von Adel und Bürgertum zu erhalten. Es kann jedoch kein Zweifel daran bestehen, daß die Politik Caprivis bzw. Giolittis jeweils so viele Elemente einer durchgreifenden Modernisierung von Staat und Gesellschaft enthielt, daß sie auf lange Sicht zu einer Vollendung des Nationalstaats auf einer demokratischen Basis hätte führen können. Sowohl Caprivi als auch Giolitti sind jedoch politisch gescheitert. Gegen sie bildete sich jeweils ein strikt modernisierungsfeindlicher Oppositionsblock, der zwar heterogen zusammengesetzt war, aber vor allem über die Außenpolitik zu innenpolitischer Gemeinsamkeit fand. In Deutschland stand diese Politik unter dem Schlagwort der

›Sammlung‹. Sie wurde von dem preußischen Finanzminister Johann von Miquel konzipiert und zielte auf die Vereinigung aller bürgerlichen und aristokratischen Kräfte zur Bekämpfung der Sozialdemokratie. Sie führte in der Praxis vor allem zu einer Aufhebung der traditionellen Interessengegensätze von Industriellen und Agrariern, so daß man von einem »Kartell der gesamten bürgerlichen Gesellschaft« gesprochen hat.[40] Miquel war es auch, der die außenpolitischen Implikationen dieser Politik am klarsten formulierte. Eine überseeisch orientierte Weltmachtpolitik des Deutschen Reichs sollte dazu dienen, die Ablenkung des »revolutionären Elements« zu fördern und »die Gefühle der Nation durch die Beschäftigung mit auswärtigen Fragen zu begeistern und auf einen gemeinsamen Boden zu bringen«.[41] Die imperialistische ›Weltpolitik‹ hatte also für ihn eine deutlich innenpolitische Funktion.

In Italien formierte sich ein Oppositionsblock gegen das ›System Giolitti‹, in dem sich ebenfalls altkonservative Agrarier und industrielle Unternehmer zusammenfanden. Seit 1910 lag das Ziel dieses Oppositionsblocks auch hier in der Außenpolitik. Giolitti wurde 1911 wider seinen Willen dazu gezwungen, in Libyen eine imperialistische Eroberungspolitik zu beginnen, was ihn innenpolitisch sowohl von den Sozialisten wie von den Katholiken trennte. Auch in Italien funktionierte also das sozialimperialistische Programm, »auswärts Ablenkung für die Konflikte der Innenpolitik« zu suchen.[42]

Entscheidend war, daß die Gegner der innenpolitischen Versöhnungspolitik ihren Erfolg jeweils in hohem Maße der Entstehung eines sich neu formierenden radikalen Nationalismus verdankten. Das läßt sich schon an der Gründungsgeschichte des Alldeutschen Verbandes (1891) und der Associazione Nazionalista Italiana (1910) festmachen. Beide Organisationen entfalteten eine imperialistische Massenpropaganda, die große Teile des gebildeten und mittleren Bürgertums erfaßte. Ein antisozialistischer und antidemokratischer Nationalismus lieferte das ideologische Ferment, das die an sich heterogene Front der Gegner innenpolitischer Reformen miteinander verband. Die soziale Vollendung des Risorgimento wurde damit in Italien ebenso verhindert wie in Deutschland die demokratische Vollendung des »autoritären Nationalstaats« (Wolfgang J. Mommsen). Selbstverständlich war es, das gilt vor allem für Italien, nicht unbedingt zwangsläufig, daß dieser antimodernistische Imperialismus in einen großen Krieg führen mußte. Jedoch bewirkte die industriewirtschaftliche und gesellschaftspolitische Dynamik, welche der Erste Weltkrieg in beiden Ländern auslöste, daß die latente Modernisierungskrise nach Kriegsende erneut aufbrach.

Zum ersten waren sowohl Deutschland wie Italien nach 1919 weder nach außen hin saturiert noch im Innern als Nationalstaaten konsolidiert. Deutschland wurde aufgrund des Versailler Vertrages in seinem territorialen Bestand erheblich beschädigt. Infolge des Anschlußverbotes gegenüber Österreich konnten diese Gebietsverluste auch nicht nachträglich kompensiert werden. Italien vergrößerte zwar 1919 sein Staatsgebiet, gleichwohl blieb das Gefühl der *vittoria mutilata* vorherrschend, weil die durch den Londoner Vertrag von 1915 geweckten Großmachthoffnungen bei weitem nicht erfüllt wurden. Die notwendige Massenmobilisierung von Soldaten hatte andererseits Millionen von Männern aus den ländlichen und proletarischen Unterschichten das Gefühl vermittelt, erstmals gleichberechtigt in die Nation aufgenommen worden zu sein. Ihre Integration in den nationalen Staat ließ sich daher nach Kriegsende nicht mehr so leicht verhindern wie vor 1914. Um so bedrohlicher wurde der Anspruch auf nationale Gleichberechtigung von denen empfunden, welche die Integration der Arbeiter, aber auch der Katholiken in die Nation vor dem Krieg erfolgreich abgewehrt hatten.

Blickt man zweitens auf die Verfassungsentwicklung, so ist festzustellen, daß sich das Verfassungssystem Deutschlands und Italiens 1919 dem der westeuropäischen Länder annäherte. In Deutschland wurde das seit 1871 bestehende allgemeine und gleiche Wahlrecht auf die Frauen ausgedehnt und mit der Weimarer Verfassung durch ein parlamentarisches Regierungssystem ergänzt. In Italien wurde umgekehrt das bestehende parlamentarische System durch die Einführung, des allgemeinen Wahlrechts (allerdings nach wie vor nicht für Frauen) vervollständigt. Die Einführung des reinen Verhältniswahlrechts versprach in beiden Ländern eine größere Gerechtigkeit bei der Repräsentation der Interessen herbeizuführen. Dennoch ist die Modernisierung des Verfassungssystems in beiden Fällen mißlungen. Ursache dafür war die Tatsache, daß die Umstellung des Verfassungssystems auf moderne Ansprüche gegen den Willen der alten Machteliten erfolgen mußte. Beamtenschaft, Offizierskorps, Kirchen, Unternehmer, in Italien auch die Monarchie, verloren zwar ihren politisch bestimmenden Einfluß, sie blieben aber politisch präsent. Entscheidend war sowohl in Italien als auch in Deutschland, daß die gesellschaftliche Macht der Großagrarier nicht gebrochen wurde. Bei der Durchsetzung der parlamentarischen Demokratie mußten sich die Parteien der neuen Ordnung auf die der alten stützen. In Deutschland gab es das Bündnis von SPD und kaiserlichem Heer und das Abkommen zwischen Gewerkschaften und Unternehmern. In Italien bediente sich nach vergeblichen Versuchen Nittis, die Politik dem modernisierten politischen Verfassungssystem anzupassen, der alte Giolitti der traditionellen klientelistischen Praktiken, um innerhalb und außerhalb des Parlamentes überhaupt noch etwas durchzusetzen. Für die verfassungspolitische Modernisierung erwies es sich vor allem als tödlich, daß die Grundbesitzer der Poebene Methoden gewaltsamer Selbstverteidigung entwickelten, durch welche sie die demokratischen Institutionen systematisch delegitimierten.

1919 waren die Parteien, welche die Modernisierung des Verfassungssystems durchgesetzt hatten, in beiden Ländern im Parlament zunächst in der Mehrheit. SPD, Zentrum und DDP hatten in der Weimarer Nationalversammlung sogar eine Dreiviertelmehrheit. In Italien stellten die Sozialistische Partei (*Partito Socialista Italiano*), die neugegründete Volkspartei (*Partito Popolare Italiano*) und die liberaldemokratische Linke bei den ersten Nachkriegswahlen vom 16. November 1919 ebenfalls drei Viertel aller Abgeordneten. Eine tragfähige Regierungsmehrheit ergab sich daraus aber weder in Deutschland noch in Italien. In Italien war überhaupt eine stabile Koalitionsbildung unmöglich, da einerseits die antiklerikalen Vorbehalte auf bürgerlich-laizistischer Seite zu groß waren und andererseits der antisozialistische Affekt die katholische Volkspartei vor einem Zusammengehen mit dem PSI zurückschrecken ließ. Das Ergebnis waren Minderheitsregierungen, die von Mal zu Mal schwächer waren.

In Deutschland kam es bekanntlich 1919 in der Weimarer Nationalversammlung zunächst zu einvernehmlichem Handeln zwischen Sozialdemokraten, Zentrum und Deutscher Demokratischer Partei. Schon bei den ersten Reichstagswahlen von 1920 zeigte sich jedoch, daß die Weimarer Koalition in der Minderheit war. Das Schlagwort von der »Republik ohne Republikaner« kam zu dieser Zeit erstmals auf.[43] Der Sache nach entsprach in Italien der Rechtsruck bei den Parlamentswahlen vom 15. Mai 1921 ziemlich genau dem Ergebnis der deutschen Reichstagswahlen vom 6. Juni 1920. In beiden Fällen erwies sich also, daß die modernisierungsfeindlichen Parteien der politischen Rechten stark genug waren, die Reform des politischen Systems zu blockieren.

Der Faschismus hätte aber weder in Italien noch in Deutschland eine Chance gehabt, wenn nach 1919 nicht drittens auch das Wirtschaftssystem der beiden Länder in eine fundamentale Strukturkrise geraten wäre. Die forcierte Kriegswirtschaft hatte in allen kriegführenden Ländern zu einer einseitigen Förderung der waffentechnisch relevanten Schwerindustrie geführt. Daraus ergab sich bei Kriegsende eine gesamtwirtschaftliche Asymmetrie, die vor allem in Italien, aber auch in Deutschland zu einer dramatischen Verschlechterung der industriellen Produktivität führte. Eine enorme Staatsverschuldung in Italien einerseits, der passive Widerstand gegen die französische Rheinlandbesetzung in Deutschland andererseits führten beide Länder in eine galoppierende Inflation, die das Vertrauen vor allem der Beamten und Angestellten in das politische System ruinierte. In Deutschland konnte die Hyperinflation von 1923 zwar noch einmal beseitigt werden, aber die wirtschaftliche Dauerkrise der Weimarer Republik brach in dem Moment wieder auf, in dem 1929 mit dem New Yorker Börsenkrach die Weltwirtschaft durcheinandergeriet.

Die sich verschärfende, dreifach sich überlagernde Modernisierungskrise schuf sowohl in Italien wie in Deutschland eine historische Konstellation, in der sich die traditionellen Herrschaftseliten nicht mehr in der Lage sahen, sich aus eigener Kraft zu behaupten. Sie ließen sich daher jeweils auf ein Bündnis mit einer politischen Massenbewegung ein, die eigentlich die politische Hegemonie mit einem totalitären Machtanspruch bedrohte. Diese Massenbewegung war in Italien der *Partito Nazionale Fascista* und in Deutschland die NSDAP. Aufgrund des strukturell ähnlichen, sich ausdrücklich am italienischen Vorbild orientierenden Charakters des Nationalsozialismus muß man diesen als eine Variante des Ursprungsfaschismus begreifen.

Sowohl der PNF als auch die NSDAP hatten eine erheblich breitere soziale Basis und eine ungleich festere organisatorische Konsistenz als der Nationalismus der Vorkriegszeit.[44] Beide stellten jedoch keine soziale Klassenbewegung dar. Mitglieder und

Wähler kamen nicht, wie so oft behauptet worden ist, nur aus dem Kleinbürgertum bzw. der piccola borghesia. Beide stellten vielmehr politische Sammlungsbewegungen ohne feste soziale Basis dar. Die soziale Qualität ihrer Mitglieder und Sympathisanten stand außerdem nicht ein für allemal fest. PNF und NSDAP samt ihren zahlreichen Unter- und Nebengliederungen waren einem ständigen sozialen Veränderungsprozeß unterworfen. So ziemlich alle gesellschaftlichen Gruppen und Schichten wurden nacheinander von ihnen erfaßt, zunächst Bauern, Studenten und bestimmte Gruppen von Akademikern, dann Handwerker und Kleinhändler, schließlich das mittlere und obere Bürgertum sowie zu einem beträchtlichen Teil auch die Arbeiterschaft. Beide faschistischen Parteien stellten insofern eine Ersatzpartei für alle anderen Parteien der Nachkriegszeit dar. Da sie ihren Mitgliedern jedes innerparteiliche Mitspracherecht verweigerten und die Partei streng hierarchisch von oben nach unten organisierten, kann man die beiden Parteien nicht als Volksparteien bezeichnen. Als charismatisch gelenkte Führerparteien waren sie jedoch unzweifelhaft Massenparteien moderner Art.

Dies tritt noch deutlicher hervor, wenn man den politischen Stil der beiden Bewegungen vergleicht. Politik war für den PNF wie für die NSDAP die Fortsetzung des Krieges mit terroristischen Mitteln. Nicht zufällig kam ein großer Teil der Ursprungskader beider Bewegungen jeweils aus den militärischen Veteranenorganisationen des Nachkriegs. Der militante Aktionismus konnte in Italien erst nach der Matteotti-Krise von 1924 und in Deutschland erst mit dem Röhmmord 1934 gewaltsam gebändigt werden. Für sich allein genommen hätte er auch weder den italienischen noch den deutschen Faschismus an die politische Macht gebracht. Sowohl Mussolini als auch Hitler instrumentalisierten jedoch die blinde Gewalttätigkeit ihrer Bewegungen. Dies führte sie zu einer politischen Doppelstrategie, die nach meiner Auffassung das Wesen faschistischer Regimebildung ausmachte. Einerseits drohten sie mit Bürgerkrieg, andererseits versprachen sie, diesen zu vermeiden, wenn man sie nur an der politischen Macht beteiligte.

Diese politische Doppelstrategie war inhaltlich zwar in Italien und Deutschland nicht vollständig identisch, aber im Prinzip handelte es sich jedoch um historisch in höchstem Maße vergleichbare Konzeptionen. Es gab im 20. Jahrhundert kaum zwei andere politische Machtwechsel, die sich so gut vergleichen lassen wie der am 28. Oktober 1922 und der am 30. Januar 1933. In Italien formierte sich nur etwas schneller als in Deutschland ein politisches Zweckbündnis, das jede politische Reformlösung in der Modernisierungskrise ablehnte. Sichtbar in Erscheinung trat diese antimoderne Allianz in Italien 1921 in den *Blocci Nazionali*, in Deutschland 1931 in der sogenannten Harzburger Front. In beiden Fällen glaubten die traditionalen Machteliten, den Faschismus zu ihren Bedingungen politisch eingebunden zu haben. Wie sich jedoch wenig später zeigen sollte, verhielt es sich genau umgekehrt.

Es ist eigentlich nur schwer zu begreifen, wie man angesichts dieses Krisenszenarios überhaupt darauf kommen konnte, dem italienischen Faschismus und dem Nationalsozialismus eine modernisierende Wirkung zuzuschreiben. Man konnte zwar versuchen, das Verhältnis des Faschismus zur Moderne aus den schriftlichen oder mündlichen Erklärungen Mussolinis bzw. Hitlers herauszulesen. Von Eberhard Jäckel über Ernst Nolte bis zu Rainer Zitelmann ist dies im Hinblick auf Hitler mit unterschiedlicher Akzentuierung auch praktiziert worden.[45] Der Amerikaner James Gregor und sein italienischer Kollege Emilio Gentile haben dasselbe im Hinblick auf Mussolini versucht.[46] Die Ergebnisse sind jedoch nicht überzeugend. Das gilt jedenfalls für Mussolini, der sich dezidiert nicht auf ein festes Programm festlegen wollte und in seinem politischen Handeln einen dezisionistischen Aktionismus befolgte. Das gilt aber auch für Hitler, dessen sogenanntes Programm, sieht man von seinem radikal antisemitischen Kern ab, für sein Handeln weniger verbindlich war, als häufig angenommen wird.

Allerdings war es für den frühen Faschismus in Italien ebenso charakteristisch wie für den frühen Nationalsozialismus, daß ihr erster Auftritt bestimmte revolutionäre Erwartungen weckte. Das lag weniger an Mussolini oder gar an Hitler selbst als vielmehr an den politischen Kadern, auf die sie sich jeweils in der Gründungsphase ihrer Bewegungen stützen mußten. Als der Faschismus am 23. März 1919 in Mailand gegründet wurde, wurde er in ganz wesentlichem Umfang vom politischen Futurismus mitgetragen.[47] Die Futuristen waren antisozialistisch und antiklerikal eingestellt. Sie verstanden sich aber gleichzeitig als die Avantgarde der Moderne. Schnelligkeit, Bewegung und permanente Aktion waren für sie die Zeichen von Modernität. Deshalb verbanden sie ihr programmatisches Zukunftsprogramm vor allem mit einem Bekenntnis zur modernen Technik und zum Industriesystem. Auch nach Mussolinis Machtergreifung gab es in der faschistischen Bewegung eine aus dem revolutionären Syndikalismus kommende Strömung, die an eine technokratische Erneuerung des Wirtschaftssystems glaubte.[48] Ihr bedeutendster Exponent war Massimo Rocca. Schon in der Zeit des ›Marsches auf Rom‹ wurden von diesen Faschisten die sogenannten *Gruppi di Competenza* gebildet, welche dem Faschismus einen modernistischen Appeal geben sollten. Spätestens 1923 war es damit jedoch vorbei. Mussolini hatte nämlich begriffen, daß er seinen persönlichen Machtanspruch nicht gegen, sondern nur mit den traditionalen Eliten durchsetzen konnte. Um diese von den Zeitgenossen als *fiancheggiatori* (Steigbügelhalter) bezeichneten Gruppen dauerhaft an sich zu binden, durfte er nicht den Anschein erwecken, mit seiner Bewegung in irgendeiner Weise revolutionäre Ziele zu haben. In einem brutalen Akt der Säuberung wurden deshalb von ihm alle faschistischen Gruppierungen, die weiter von der ›Revolution‹ träumten, entweder zur Aufgabe dieser Hoffnungen gezwungen oder in den Dissidentismus gedrängt. Später gab es dann zwar nochmals den Versuch einiger intellektueller Faschisten um den Ökonomen Ugo Spirito, auf dem Umweg über den Korporativismus zu einer Sozialisierung des Produktiveigentums zu kommen. Doch auch dieser Versuch scheiterte im Mai 1932 auf dem »Secondo Convegno di Studi Sindacali e Corporativi« in Ferrara gründlich.

Auch der frühe Nationalsozialismus kannte die Vorstellung, über einen ›dritten Weg‹ zwischen Kapitalismus und Sozialismus die Krise der Moderne zu bewältigen. Die Thesen Gottfried Feders gingen, so abstrus sie sein mochten, in diese Richtung und fanden bekanntlich sogar Eingang in das Parteiprogramm der NSDAP. Von ungleich größerer Bedeutung war, daß sich seit Mitte der zwanziger Jahre vor allem in Norddeutschland ein *linker* Nationalsozialismus um die Brüder Strasser entfaltete, der dezidiert Programme zur Enteignung der Großindustrie ventilierte. Auch dieser Versuch einer revolutionären Profilierung des Nationalsozialismus scheiterte jedoch bezeichnenderweise an dem Willen Hitlers, sich nach dem Vorbild Mussolinis mit den traditionellen Machteliten zu arrangieren. Die linken Nationalsozialisten wurden 1932 genau in dem Moment aus der Bewegung herausgedrängt, in dem Hitler sich der Großindustrie annäherte und dieser ausdrücklich eine Eigentumsgarantie gab.

Weder Mussolini noch Hitler duldeten also, daß ihre Bewegungen als revolutionär mißverstanden werden konnten. Die Vergleichbarkeit von italienischem und deutschem Faschismus ergibt sich deshalb gerade daraus, daß sich die beiden ›Führer‹ als Vermittler einer antimodernen Allianz anboten. Von ihren nationalkonservativen Sympathisanten unterschieden sich die italienischen und die deutschen Faschisten nicht dadurch, daß sie zukunftsträchtigere moderne Programme hatten, sondern nur dadurch, daß sie in der Lage waren, zeitgemäße politische Formen der Massenmobilisierung zu entwickeln. Das scheinbar Moderne am Faschismus war nur sein politischer Stil: die Ausnutzung der Technik und der Medien, vom Auto und Flugzeug bis zum Rundfunk; die Choreographie der Massenversammlungen, vom Dialog zwischen ›Führer‹ und ›Masse‹ bis zum Aufmarsch der disziplinierten Horden der Miliz bzw. der SA; die Dynamik der Sprache, das hämmernde Stakkato der Parolen; die furchtbare Vereinfachung von Komplexität; die Suggestion gestellter, mit Fahnen, Girlanden und politischen Symbolen überladener Bilder; die Entdeckung der Fotografie und des Films zu politischen Zwecken; schließlich die Ausnutzung des sportlichen Wettkampfs zur politischen Identifikation mit dem Regime. Es war die besondere Kunst sowohl Mussolinis als auch Hitlers, sich aller dieser modernen Mittel zu antimodernen Zwecken zu bedienen. Der scheinbar moderne Habitus des Faschismus beider Gestalt führt deshalb nicht an dem Urteil vorbei, daß beide in ihren Ländern das ›Projekt der Moderne‹ auf verhängnisvolle Weise gestört haben.

Nun wird allerdings immer wieder behauptet, daß der Faschismus ungeachtet seiner eigenen Intentionen gleichsam wider Willen doch ›modern‹ gewesen sei. Dabei wird auf alle möglichen Entwicklungen verwiesen, welche sich in Italien und Deutschland in faschistischer bzw. nationalsozialistischer Zeit trotz allem vollzogen hätten. Ich kann dem schon deshalb nicht folgen, weil es nahezu unmöglich ist, festzustellen, was sich ohne, gegen oder mit dem Faschismus entwickelt hat. Selbst wenn es gewisse Teilmodernisierungen gegeben hat, muß doch immer gefragt werden, ob nicht ein ungleich größerer Modernisierungsschub möglich gewesen wäre, wenn man nicht den faschistischen Weg gegangen wäre.

Ein Blick auf die faschistisch-nationalsozialistische Frauenpolitik soll das abschließend noch etwas verdeutlichen.[49] Sowohl der italienische als auch der deutsche Faschismus waren, darüber besteht in der Forschung Übereinstimmung, in ihrem Ursprung zutiefst antifeministisch eingestellt. Die Frauen sollten vom Arbeitsmarkt ferngehalten werden und vor allem eine Rolle als Ehefrau und Gebärerin spielen. In diesem Sinne betrieb der Faschismus sowohl in Italien wie in Deutschland eine dezidiert natalistische Politik. Die gesetzlichen Maßnahmen gegen die Abtreibung wurden in beiden Diktaturen verschärft, die öffentliche Sexualberatung wurde verboten, die Ehescheidung zwar nicht erschwert, aber auch nicht erleichtert. Gleichzeitig wurde eine Reihe von familienfreundlichen Angeboten gemacht, vom Ehestandsdarlehen über steuerliche Erleichterung für Kinderreiche bis hin zu Geburtenprämien. Der Nationalsozialismus ging darüber allerdings hinaus, indem er einer rassistisch begründeten Eugenik zum Durchbruch verhalf, durch die angeblich Artfremde diskriminiert, ausgesondert, sterilisiert oder gar ermordet wurden. Das spezifisch Faschistische an dieser Politik liegt darin, daß es die beiden Regime nicht bei der reinen Repression beließen, sondern den Frauen äußerlich ein neues kollektives Rollenverständnis zu geben versuchten. Dies wurde durch den Aufbau zahlreicher Frauenorganisationen erreicht, welche für beide Regime charakteristische Formen annahmen. Ich nenne nur die NS-Frauenschaft und die Fasci Femminili als die beiden jeweils größten faschistischen Frauenorganisationen. Aber die organisatorische Erfassung von Millionen von Frauen im Dienste des Regimes war keine Ermunterung zur Emanzipation, sie war ein »Ersatzangebot für die bewußt vorenthaltene Emanzipation« (Ute Frevert), ein »Ventil« (Victoria de Grazia), das die individuelle Emanzipation kollektiv vergessen machen sollte. Das war die klassische Methode, antimodernistisch mit modernen Mitteln zu sein. Dem widerspricht auch nicht, daß sowohl der Faschismus wie der Nationalsozialismus den Frauen selektiv tatsächlich gewisse Emanzipationsmöglichkeiten anboten. Ein Beispiel dafür war die *Accademia Femminile Fascista di Educazione Fisica*, welche der Faschismus 1932 in Orvieto begründete. Die dort studierenden jungen Frauen wurden gezielt mit modernen Erziehungsmethoden ausdrücklich nicht für die Familie, sondern für öffentliche Führungsaufgaben des Faschismus ausgebildet. Der sportliche Geist, der ihnen vermittelt wurde, war ausschließlich Mittel zum Zweck, die Masse der italienischen Frauen sollte von diesem weiter ferngehalten werden. Die Führungskader

der NS-Frauenschaft wurden in ähnlicher Weise ausgebildet, wenngleich weniger elitär. Auch in ihrem Fall ging es darum, weibliche Funktionäre heranzubilden, nicht etwa Frauen individuell zu fördern. Man kann deshalb auch in diesem Fall nicht von einer Politik in emanzipatorischer Absicht sprechen, sondern allenfalls von einer Instrumentalisierung von Modernität.

Was für die Frauenpolitik gilt, könnte für die gesamte Familienpolitik von Faschisten und Nationalsozialisten nachgewiesen werden. Erst recht käme man bei der vergleichenden Bewertung anderer sozialpolitischer Maßnahmen des Faschismus in Deutschland und Italien zu ähnlichen Ergebnissen. In der Kulturpolitik ließ das faschistische Regime in Italien den Akteuren zweifellos größeren Spielraum als das NS-Regime in Deutschland. Aber auch wenn die italienische Kultur in der Zeit des Faschismus weniger den Anschluß an die Moderne verlor als die deutsche in der Zeit des Nationalsozialismus, so erstarrte sie doch nach der Durchsetzung von Mussolinis Diktatur ebenfalls mehr und mehr. Welchen Politikbereich man auch immer untersucht, das Ergebnis ist immer dasselbe: Weder haben die italienischen Faschisten und ihre totalitären Vettern in Deutschland generell eine Modernisierung der Gesellschaft angestrebt, noch haben sie eine solche bewirkt. Und wenn sie die Modernisierung in manchen Bereichen vorangetrieben haben, war dies nicht das Ergebnis zielgerichteten Handels. Man sollte deshalb aufhören, dem Faschismus weiterhin ein Modernisierungspotential zu unterstellen. Sinnvoll ist allein, die Entstehung faschistischer Regimes als das Ergebnis kumulierter Modernisierungskrisen zu verstehen.

4. Das Deutschland Hitlers und das Italien Mussolinis

Zum Problem faschistischer Regimebildung

Daß das Deutschland Hitlers und das Italien Mussolinis mehr miteinander zu tun hatten als andere Diktaturen der Zwischenkriegszeit, dürfte heute unumstritten sein. Wie weit aber die historischen Gemeinsamkeiten gereicht haben, wird in der Forschung kontrovers beurteilt. Die wissenschaftliche Auseinandersetzung dreht sich vor allem um die Frage, ob die beiden Regime unter dem übergeordneten Begriff des ›Faschismus‹ miteinander in Beziehung gesetzt werden können. Diese Problematik ist zwar nicht eigentlich neu; über die Entstehung eines faschistischen Diktaturtypus wird schon diskutiert, seit Mussolini 1922 an die Macht kam.[1] Seit dem Ende der Regime Mussolinis und Hitlers ist die Faschismusdiskussion jedoch geradezu endemisch geworden.[2] Die furchtbaren Katastrophen, welche die um Deutschland gescharten und von diesem getriebenen Staaten, zu denen Italien an erster Stelle gerechnet werden muß, über Europa gebracht haben, schienen denen recht zu geben, die schon immer davon gesprochen hatten, daß Unterdrückung, Verfolgung und schließlich Krieg das Ergebnis des Faschismus als ein und derselben Perversion der bürgerlichen Demokratie gewesen sei. Dies war bekanntlich im wesentlichen schon seit den zwanziger Jahren die Ansicht der politischen Linken, von den moskautreuen Kommunisten über freischwebende Sozialisten aller Art bis hin zu den Sozialdemokraten. Daß Hitlers und Mussolinis Regime und einige andere mehr (z.B. das Franco-Regime in Spanien oder das Militärregime Antonescus in Rumänien) Holz vom selben Stamme wären, bedurfte aus dieser Sicht, sosehr sich die linken Faschismusanalysen im einzelnen unterscheiden mochten, keiner Diskussion mehr.[3]

Es ist bekannt, daß dieses Faschismuskonzept auf der politischen Rechten, bei Konservativen und Liberalen aller Schattierungen, nicht akzeptiert wurde. Man sah hier schon in den dreißiger

Jahren viel stärker die Gemeinsamkeiten, welche das Sowjetregime und das NS-Regime als totalitäre Systeme bei aller Gegensätzlichkeit miteinander verbanden. In der Zeit der weltpolitischen Konfrontation des sogenannten Kalten Krieges setzte sich diese Auffassung in der westlichen Welt allgemein durch.[4] Von Faschismus war daher nicht mehr viel die Rede, umso mehr jedoch von Totalitarismus.[5] Erst mit dem Beginn der weltpolitischen Entspannung begann das Bewußtsein für die Wesensgleichheit des Sowjetsystems mit dem NS-Regime zu verblassen. Die in Mode kommende Fundamentalkritik an der liberaldemokratischen Verfassung entdeckte seit Ende der sechziger Jahre wieder den ›Faschismus‹. Einem Dammbruch gleich ergoß sich nun vornehmlich in der Bundesrepublik Deutschland, aber nicht nur hier, eine wahre Flut von Faschismusliteratur über den Büchermarkt. Dies hatte erheblichen Einfluß auf die politische Alltagssprache. Allenthalben waren selbsternannte Faschismuskommissare dem Täter auf der Spur; überall in Geschichte und Gegenwart fand man ›Faschisten‹. Jeder konnte unter Faschismusverdacht geraten, wenn er sich herrschenden Trends nicht anpaßte. Die Grenze zwischen dem liberaldemokratischen System und dem Faschismus schien sich, und das war sicherlich auch durchaus beabsichtigt, mehr und mehr zu verwischen.[6] Inzwischen ist diese Faschismuswelle längst abgeklungen, noch immer aber steht die Geschichts- und die Politikwissenschaft vor der Frage, wie sie es mit dem Faschismusphänomen halten soll.

Selbstverständlich war die Wissenschaft an der politischen Debatte über Faschismus und Totalitarismus von Anfang an beteiligt. Ohne die aktive Teilnahme von Wissenschaftlern hätte diese gar nicht geführt werden können. Die Faschismusdebatte der ausgehenden sechziger und der siebziger Jahre ist aber wissenschaftlich weitgehend außer Kontrolle geraten. An die Stelle historischer Grundlagenforschung trat eine sich verselbständigende Faschismustheorie, die immer mehr den historischen Boden unter den Füßen verlor. Es ist deshalb nur zu verständlich, daß viele sehr ernst zu nehmende Forscher dem Faschismusbegriff den Kampf angesagt haben.[7] Nicht zu Unrecht weist man darauf hin, daß die Generalisierung des Faschismusbegriffs »auf Kosten der Unterscheidung zwischen totalitärer und demokratischer Politik« erfolgt sei.[8] Vor einer weiteren Verwendung des Begriffs in der Wissenschaft wird deshalb entschieden gewarnt.

Auf der anderen Seite kann man sich fragen, ob die inflationäre Ausbreitung des Faschismusbegriffs und die damit verbundene Verwischung der Unterschiede von Diktatur und Demokratie damit bekämpft werden kann, daß man den Begriff sozusagen unter wissenschaftliche Quarantäne stellt. Anstatt den Faschismusbegriff den *terribles simplificateurs* zu überlassen, sollte man seinen heuristischen Wert als einen historischen Idealtyp ebenso nutzen wie den des Totalitarismusbegriffs. Die Verwendung beider Begriffe schließt sich ja gegenseitig keineswegs aus, beide können einander vielmehr sinnvoll ergänzen, sofern man sich über ihre Bedeutung hinreichend verständigt.[9] Dies setzt voraus, daß ihr empirischer Anwendungsbereich genau eingegrenzt wird.

Der Faschismusbegriff kann als historischer Systembegriff nach meiner Auffassung erfolgversprechend verwendet werden, wenn man ihn auf zwei historische Fälle reduziert: Auf das Italien Mussolinis und das Deutschland Hitlers. Politische Bewegungen und Parteien, die sich selbst als faschistisch verstanden, hat es in der Zwischenkriegszeit in allen europäischen Ländern (mit Ausnahme der Sowjetunion) gegeben. Eine erfolgreiche Machtergreifung und anschließende Regimebildung faschistischer Bewegungen fand aber zweifellos nur in Italien und Deutschland statt, wobei Mussolini das historische Vorbild lieferte, nach dem sich Hitler richtete.[10]

Das heißt nicht, daß die beiden Diktaturregime in ihrer inneren Struktur und in ihrer äußeren Dynamik vollkommen identisch gewesen wären. Wesensverwandt waren sie *erstens* ihrer historischen Herkunft nach und *zweitens* aufgrund der Methode ihrer Machtergreifung in historisch analogen Situationen. Als politische Regime entwickelten sie sich jedoch seit Ende der dreißiger Jahre deutlich auseinander. Während das faschistische Regime Mussolinis seinen autoritären Ursprungscharakter weitgehend bewahrte, entwickelte sich der faschistische Staat Hitlers zu einem totalitären System weiter. Die unterschiedliche Entfaltung der beiden Regime sollte freilich nicht als ein Beweis dafür angesehen werden, daß zwischen beiden ein qualitativer Unterschied bestand. Auch der Staat Mussolinis war seiner Tendenz nach ›totalitär‹.

Die historische Herkunft des faschistischen Italiens und des nationalsozialistischen Deutschlands ist gleichermaßen dadurch bestimmt, daß beide Länder unter den großen Nationen Europas als verspätete Nationen angesehen werden müssen.[11] Ohne hier auf Einzelheiten eingehen zu können, verweise ich darauf, daß sich sowohl die italienische wie die deutsche Nationalstaatsbildung in der zweiten Hälfte des 19. Jahrhunderts zu einer Zeit vollzog, in der sich in beiden Fällen fast gleichzeitig auch sowohl das Problem der modernen, demokratischen Verfassungsbildung wie das der industriellen Revolution stellte. Die relative Gleichzeitigkeit von Nationsbildung, Verfassungskonflikt und wirtschaftlicher Wachstumskrise führte in Deutschland und in Italien auf sehr ähnliche Weise zu einer inneren Strukturkrise, die sich unter der Sonderbelastung des Ersten Weltkriegs extrem verschärfte. Das Ergebnis war keine sozialistische Revolution mit anschließender kommunistischer Diktaturbildung wie in Rußland. Das Ergebnis war auch nicht ein traditionelles autoritäres Diktaturregime wie bei den zahlreichen europäischen Präsidial-, Königs- oder Militärdiktaturen der Zwischenkriegszeit. Zuerst in Italien und dann in Deutschland entstand vielmehr ein auf besondere Weise in sich widerspruchsvolles, ja heterogenes politisches Diktatursystem, das wegen der Vorbildwirkung Mussolinis die gemeinsame Kennzeichnung als ›faschistisch‹ rechtfertigt.

Italien und Deutschland gingen den Weg in den Faschismus bekanntlich nicht gleichzeitig, sondern im Abstand etwa eines Jahrzehnts. In beiden Ländern bestand nach dem Ende des Ersten Weltkriegs jedoch eine ähnliche Ausgangssituation,[12] und zwar in dreifacher Hinsicht:

Zum ersten waren sowohl Deutschland wie Italien nach 1919 als Nationalstaaten weder nach außen hin saturiert noch im Inneren konsolidiert. Deutschland hatte aufgrund des Versailler Vertrages erhebliche Gebietsverluste hinzunehmen. Infolge des Anschlußverbotes gegenüber Österreich konnten diese auch hier nicht ausgeglichen werden. Italien vergrößerte zwar sein Staatsgebiet beträchtlich, gleichwohl blieb das Gefühl der *vittoria mutilata* (verstümmelter Sieg) vorherrschend.[13] Die durch den Londoner Vertrag von 1915 geweckten Großmachthoffnungen wurden bei weitem nicht erfüllt. Im Inneren brachte die im Kriege notwendige Mobilisierung von Massen in beiden Ländern die Dämme zum Einsturz, die zuvor gegen die Integration der Arbeiter und auch der Katholiken in den Staat errichtet worden waren. Beide Gruppen setzten die volle politische Gleichberechtigung durch. Ihre Integration wurde jedoch begleitet von einer Abwendung eines großen Teils der alten Führungsschichten von dem neben parlamentarisch-demokratischen Regierungssystem.

Zum zweiten näherte sich das Verfassungssystem beider Länder 1919 dem der westeuropäischen Länder an. In Deutschland wurde das seit 1871 bestehende demokratische Wahlrecht mit der Weimarer Verfassung durch ein parlamentarisches Regierungssystem ergänzt. In Italien wurde das bestehende parlamentarische System durch die Einführung des allgemeinen Wahlrechts für Männer demokratisiert. Die Umsetzung des neuen Verfassungssystems in die politische Wirklichkeit ist jedoch in beiden Fällen mißlungen. Welches waren die Ursachen?

Die Umstellung des Verfassungssystems auf die parlamentarische Demokratie erfolgte in beiden Ländern gegen den Willen der alten Machteliten. Diese blieben aber politisch präsent, sie mußten nur eine Einschränkung ihres Einflusses hinnehmen. Beamtenschaft, Offizierskorps, Kirchen, Unternehmer, in Italien auch die Monarchie, verloren ihren bestimmenden Einfluß, behielten aber eine Sonderstellung. Entscheidend war vor allem, daß die gesellschaftliche Macht der Großagrarier sowohl in Italien wie in Deutschland nicht gebrochen wurde. Bei der Durchsetzung der parlamentarischen Demokratie stützten sich die Parteien der neuen Ordnung außerdem auf die der alten. In Deutschland gab es das Bündnis von SPD und kaiserlichem Heer sowie das Abkommen zwischen Gewerkschaften und Unternehmern. In Italien lavierten sowohl Nitti wie Giolitti in ähnlicher Weise, um das neue Regierungssystem durchzusetzen.[14]

Die Parteien der sozialen Schichten, welche die politische Gleichberechtigung durchgesetzt hatten, waren 1919 zunächst in den Parlamenten beider Länder deutlich in der Mehrheit. Die Abgeordneten der Sozialdemokratie, des Zentrums und der Deutschen Demokratischen Partei hatten in der Weimarer Nationalversammlung gemeinsam eine Dreiviertelmehrheit. In Italien stellten die Sozialistische Partei (*Partito Socialista Italiano*), die erstmals antretende Katholische Volkspartei (*Partito Popolare Italiano*) und die liberaldemokratische Linke nach den ersten Nachkriegswahlen vom 16. November 1919 ebenfalls drei Viertel der Abgeordneten. Eine tragfähige Regierungsmehrheit ergab sich daraus aber weder in Deutschland noch in Italien.

In Italien war eine Koalitionsbildung auf dieser Basis von vornherein unmöglich. Zu groß waren die antiklerikalen Vorbehalte auf sozialistischer und auf bürgerlich-laizistischer Seite einerseits und der antisozialistische Affekt bei den katholischen Popolari andererseits. Es kam hinzu, daß der PSI und der PPI politisch lange nicht so gefestigt waren, wie die Wahlen von 1919 anzuzeigen schienen. Bei den Sozialisten bestand ein scharfer Gegensatz zwischen dem revolutionären Flügel und dem zur Mitarbeit an den parlamentarischen Institutionen bereiten Gruppen. Die Partei war daher in sich gespalten und zu keiner realen politischen Entscheidung fähig. Hierin lag die entscheidende Schwäche der italienischen Arbeiterbewegung schon vor der Spaltung durch die Kommunistische Internationale. Ähnliches gilt für die katholische Volkspartei. Auch bei dieser gab es einen Gegensatz zwischen einem demokratischen und einem konservativen Flügel, der nur teilweise durch die Führungskraft Luigi Sturzos überbrückt werden konnte.

Was für Italien galt, traf prinzipiell auch für die Sozialdemokraten und das Zentrum in Deutschland zu. Auch diese Parteien waren bekanntlich in sich gespalten in Gegner und Anhänger der Weimarer Republik. Aufgrund der längeren Parteitradition und dem gemeinsamen politischen Kampf um die Parlamentarisierung der Reichsverfassung waren die demokratischen Mehrheitsparteien in Deutschland 1919 jedoch zunächst zu einvernehmlichem politischen Handeln fähig. Das Ergebnis war die Weimarer Koalition zwischen Sozialdemokraten, Zentrum und DDP. Schon bei den Reichtagswahlen von 1920 zeigte sich jedoch, daß die demokratischen Parteien im Volk in der Minderheit waren. Das Schlagwort von der »Republik ohne Republikaner« kam auf.[15] Es konnte in der parlamentarischen Monarchie Italien in dieser Form zwar nicht gebräuchlich werden. Der Sache nach entsprach der Rechtsruck bei den Wahlen vom 15. Mai 1921 jedoch ziemlich genau dem Ergebnis der deutschen Reichtagswahlen vom 6. Juni 1920.[16] In beiden Fällen wurden die Sozialisten auf Kosten linker Absplitterungen geschwächt und erlebten die bürgerlichen Demokraten einen gravierenden Einbruch. Auch wenn sich die katholische Partei sowohl in Italien wie in Deutschland halten konnte, reicht das nicht aus, die Gewinne der wiedererstarkten Rechten auszugleichen. Diese aber, und dies führte zu dauerhafter Instabilität des parlamentarischen Systems, war mit 136 Abgeordneten der DNVP und der DVP (von 459) bzw. 214 Abgeordneten der liberalen Mitte und Rechten (von 527) ebenfalls nicht zu einer alleinigen Regierungsbildung fähig.

Zum dritten ist der Faschismus schließlich 1922 ebenso nach einer schweren Krise des kapitalistisch strukturierten Wirtschaftssystems an die Macht gekommen wie 1933 der Nationalsozialismus in Deutschland. Die Krise in Italien führte auf dem Höhepunkt zu Hungerrevolten, die Krise in Deutschland zu Massenarbeitslosigkeit. Beide Male entstand der Eindruck, es drohe ein unmittelbarer sozialer Umsturz. Das ›Gespenst des Bolschewismus‹ schreckte das Bürgertum, obwohl in Wahrheit weder 1922 in Italien noch 1933 in Deutschland im entferntesten die Gefahr eines kommunistischen Umsturzes oder gar einer sozialen Revolution bestand.[17] Allerdings war die kollektive Macht der Arbeiter in den Betrieben, in Italien vor allem auch in den landwirtschaftlichen Großbetrieben des Nordens, größer als vor dem Krieg. Dies war in erster Linie eine Folge der forcierten Kriegswirtschaft und der Demobilisierung, die auch in den westlichen Siegerländern zu ähnlichen Konzessionen an die abhängige Arbeiterschaft geführt hatte, ohne hier jedoch als existentielle Bedrohung empfunden zu werden.[18]

Die Machtergreifung des Faschismus in Italien 1922 und in Deutschland 1933 kann somit als eine wenn auch keineswegs unvermeidliche Folge der längerfristigen, durch den Ersten Weltkrieg entscheidend verschärften Strukturkrise beider Länder angesehen werden, die sich aus dem in dieser Form einzigartigen Zusammenprall von nationaler Identitätskrise, unbewältigter Verfassungsproblematik und verschärftem Klassenkampf im wirtschaftlichen Bereich ergaben. Der unter diesen besonderen Bedingungen tatsächlich drohende oder auch nur vermeintliche Machtverlust bewog Teile der traditionellen gesellschaftlichen und politischen Führungsschichten dazu, gegen die Revolution von links mit Massenbewegungen zusammenzuarbeiten, die sie der Tendenz nach durch eine Revolution von rechts ebenso bedrohten. Diese Massenbewegungen waren in Italien der *Partito Nazionale Fascista* (PNF) und in Deutschland die Nationalsozialistische Deutsche Arbeiterpartei (NSDAP).

Im Unterschied zu dem italienischen und dem deutschen Nationalismus der Vorkriegszeit hatten beide Bewegungen eine breite soziale Basis und eine feste organisatorische Konsistenz.[19] Beide können aber nicht im engeren Sinne als Klassenbewegung angesehen werden. Mitglieder und Wähler beider Parteien kamen nicht, wie man oft behauptet hat, nur aus dem Mittelstand bzw. dem *ceti medi.* Sowohl der PNF wie die NSDAP waren vielmehr Sammlungsbewegungen ohne feste soziale Basis. Die soziale Qualität beider Bewegungen stand außerdem weder von Anfang an fest, noch blieb sie unverändert die gleiche. PNF und NSDAP samt ihren Unter- und Nebengliederungen waren einem ständigen sozialen Wandlungsprozeß unterworfen. Verschiedene soziale Gruppen gingen gleichsam durch sie hindurch: Zunächst Bauern, Studenten und bestimmte Gruppen von Akademikern; dann Handwerker und Kleinhändler; schließlich das mittlere und obere Bürgertum, aber zum Teil auch die Arbeiter. Sowohl der PNF wie die NSDAP stellten insofern eine Art von universaler Ersatzpartei für alle anderen Parteien der Nachkriegszeit dar. In diesem Sinne blieben sie ›Bewegungen‹ auch noch als sie zu ›Parteien‹ geworden waren.

Diesem Sozialprofil entsprach der politische Stil der beiden Bewegungen. Politik war für die beiden faschistischen Bewegungen die Fortsetzung des Krieges als Bürgerkrieg. Unübersehbar ist die Herkunft der ersten Kerngruppen. Sie kamen aus dem Reservoir der *Combattenti* bzw. Frontkämpfer. *Arditi* und *Volontari Fiumani* standen in Italien am Anfang der faschistischen Bewegungen, die Freikorps am Anfang des Nationalsozialismus. Die Organisationen beider Bewegungen waren ursprünglich paramilitärisch, mit der MVSN bzw. der SA wurde diese Organisationsstruktur auch noch nach der jeweiligen Machtergreifung konserviert.[20]

Für beide Bewegungen war ein militanter politischer Aktionismus typisch, der in Italien erst nach der Matteotti-Krise von 1924, in Deutschland nach der Röhm-Krise von 1934 gebändigt wurde. Der gewalttätige Aktionismus allein hätte aber weder den italienischen Faschismus noch den deutschen Nationalsozialismus an die Macht gebracht. Es ist sowohl für den italienischen wie für den deutschen Faschismus typisch, daß sie sich nach heftigen inneren Auseinandersetzungen jeweils einem obersten Führer unterwarfen, der die blinde Gewalttätigkeit mit einem politischen Kalkül verband. Sowohl Mussolini wie Hitler bauten die Durchsetzung und Stabilisierung der Herrschaft auf einer Doppelstrategie auf. Einerseits schürten sie mit Hilfe ihrer Bewegungen den Bürgerkrieg, andererseits versprachen sie, den Bürgerkrieg zu beenden, um mit den traditionellen Machteliten zu einem politischen Bündnis zu kommen.[21]

Daß diese Doppelstrategie Erfolg hatte, war nicht von vornherein abzusehen. Die Vorbehalte des Reichspräsidenten Hindenburg gegenüber dem »böhmischen Gefreiten« sind ebenso bekannt wie das Mißtrauen der italienischen Monarchie gegenüber dem Republikanismus Mussolinis. Es bedurfte auf konservativer Seite aktiver Partner, die bereit waren, mit den Faschisten zu kooperieren. Wer diese Partner waren und welchen Anteil sie jeweils an der Machtergreifung Mussolinis bzw. Hitlers hatten, ist in der Forschung umstritten.[22] Es besteht auch kein Zweifel, daß das zum Faschismus führende Kartell 1922 in Italien etwas anders zusammengesetzt war als das 1933 in Deutschland. Jedoch kann man davon ausgehen, daß es sich in beiden Fällen strukturell um dieselbe Allianz handelte. Wie sah diese im einzelnen aus?

Inzwischen verschwunden ist die Legende vom »Großen Kapital«.[23] Danach sollen bekanntlich sowohl die Faschisten wie die Nationalsozialisten nichts anderes als bezahlte Handlanger der Großbourgeoisie gewesen sein. Wie vor allem die Forschungen Renzo De Felices und Piero Melogranis für Italien sowie die analogen Untersuchungen Henry Turners und Reinhart Neebes für Deutschland erwiesen haben, trifft diese Theorie historisch jedoch in dieser Vereinfachung nicht zu.[24] Größeres Gewicht hat die These, daß Teile der Industrie und der Banken den Weg Mussolinis und Hitlers zur Macht durch Einwirkung auf die politischen Entscheidungsträger geebnet hätten.[25] Auch hier muß jedoch vor Übertreibungen gewarnt werden. Sowohl in Deutschland wie in Italien wurden die Industriellen lange Zeit durch die sozialrevolutionären Elemente des Faschismus abgeschreckt. Der Mann der Industrie war in Italien bis kurz vor dem ›Marsch auf Rom‹ Giolitti, nicht Mussolini! In Deutschland spielte von Papen lange Zeit eine ähnliche Rolle.[26] Erst in letzter Minute reihten sich jeweils größere Teile der Industriellen in die Front der Faschistenfreunde ein. Hitlers späte Unterredung mit Papen im Hause des Bankiers von Schröder am 4. Januar 1933 ist hierfür ebenso symptomatisch wie es die Mailänder Kontakte der Confindustria mit Mussolini sind, die am 28. Oktober 1922 erst post festum zustande kamen.[27]

Mittlerweile ist dagegen bekannt, daß die Großagrarier als Partner sowohl Mussolinis wie Hitlers eine weit bedeutendere Rolle gespielt haben als die Industriellen. Sie förderten in Italien den Faschismus als eine Art präventiver Konterrevolution.[28] In Deutschland hätte das Mißtrauen Hindenburgs gegenüber Hitler ohne die Mithilfe ostelbischer Großgrundbesitzer nicht abgebaut werden können. Diese übten damit in dem Industriestaat Deutschland in einer historisch entscheidenden Situation einen überproportional großen Einfluß aus. Ohne die Hilfestellung der Großagrarier wäre Hitlers Machtergreifung nicht möglich gewesen.[29]

Neben den Agrariern muß zweifellos das hohe Offizierskorps als wichtigster Bündnispartner des Faschismus genannt werden. Die Vereinbarungen, die Mussolini und Hitler jeweils mit der militärischen Führung ihres Landes getroffen haben, ähnelten sich in bemerkenswerter Weise. Während das Militär im neuen Regime jeweils seine politische Loyalität zusagte, sicherte es sich selbst die innere Autonomie. Hitler fand dafür die griffige Formel von den zwei ›Säulen‹ des neuen Staates: NSDAP und Wehrmacht.[30]

Zumindest für Italien muß weiterhin die hohe und mittlere Beamtenschaft als ein wichtiger Sympathieträger des Faschismus genannt werden. Das Einverständnis mit dem Faschismus reichte hier bis weit in die Polizei hinein, ein wichtiger Grund für die Schwäche des Staates gegenüber der revolutionären Bürgerkriegsoffensive der Faschisten.[31] In Deutschland war es für Hitler nach dem 30. Januar 1933 von Bedeutung, daß er mit der traditionellen Staatsloyalität der Beamtenschaft rechnen konnte. Die Verfügungsmacht über die Polizei sicherte er sich mit Hilfe Görings in schnellem Zugriff.[32] Bis zu Papens Staatsstreich in Preußen am 20. Juli 1932 war aber gerade die preußische Polizei ein antifaschistisches Bollwerk, ein Grund dafür, weshalb sich Hitler bei seiner Machtergreifung so sehr viel schwerer tat als Mussolini.[33] Schließlich waren die konservativen und liberalen Parteien des Bürgertums sowohl in Italien wie in Deutschland bereit, es mit dem Faschismus zu versuchen. Die eigene Unfähigkeit, sich auf die Bedingungen der Massendemokratie umzustellen, ließ sie nach einem Partner Ausschau halten, der mit den Sozialisten und Kommunisten mithalten konnte. Dies war der Faschismus.

In Italien etwas schneller, in Deutschland etwas langsamer formierte sich nach 1918 ein politisches Zweckbündnis, das jeden politischen Interessenausgleich rigoros ablehnte und den durch den Ersten Weltkrieg bewirkten sozialen Wandel nicht akzeptierte. Es trat in Italien erstmals 1921 in den *Blocci Nazionali*, in Deutschland erstmals 1931 in der *Harzburger Front* in Erscheinung, um dann wenige Jahre später jeweils zur gemeinsamen Machtübernahme zu führen.[34] Der Herrschaftskompromiß des heterogenen Machtkartells, das in Italien 1922 und in Deutschland 1933 die Regierung übernahm, beruhte auf einer dreifachen Grundlage:

Erstens war man sich darin einig, daß die außenpolitischen Entscheidungen von 1919 revidiert werden müßten. In Italien ging es um Gebietsgewinne in der Adria und um neue Kolonien. In Deutschland ging es um eine Revision der Ostgrenzen. Während die nationalkonservativen Partner der Allianz aber nicht über die traditionellen außenpolitischen Vorstellungen der Vorkriegs- und Kriegszeit hinausgingen, hatte zumindest Hitler, aber teilweise auch Mussolini in der Außenpolitik qualitativ andere Vorstellungen. Nur in der Anfangszeit des Regimes stimmten beide Seiten daher in der Außenpolitik voll überein.[35]

Zweitens war man sich darin einig, daß der seit 1918/19 voll sichtbare Demokratisierungsprozeß angehalten werden müßte. Die traditionellen Eliten hatten dabei die Wiederherstellung der oligarchischen bzw. obrigkeitsstaatlichen Verfassungsordnung der Vorkriegszeit im Auge. Faschisten und Nationalsozialisten schwebte eine neue Form der Diktatur vor, wobei nur offen war, ob diese als Partei- oder als Führerdiktatur konzipiert werden sollte.[36]

Drittens strebte man eine Zusammenarbeit von Staat und Wirtschaft im Sinne eines »Organisierten Kapitalismus« an.[37] Wichtigstes Element dieser Wirtschaftspolitik war die staatliche Regulierung von Arbeitskonflikten, wie sie in Italien im sogenannten *Patto Vidoni* von 1925 vorgesehen wurde.[38] Voraussetzung dafür war die Ausschaltung der freien Gewerkschaften. Außerdem strebte man für die Industrie eine staatliche Schutz- und Subventionspolitik an. Auch hier deckten sich die Ziele von Nationalkonservativen und Faschisten aber nur zum Teil. Wo die ersteren staatlichen Schutz erstrebten, ging es den letzteren um staatliche Aufsicht.

In allen diesen Fällen, und es ließen sich weitere finden, enthielt das Bündnis der ungleichen Partner also den Keim zum Konflikt. Ziel beider Seiten war es auch von Anfang an, sich der anderen nur zu bedienen. Die konservativen und liberalen Gruppen in Italien glaubten, den Faschismus durch die Aufnahme in die Regierung legalisieren und dadurch seine revolutionäre Dynamik aufheben zu können.[39] Von antifaschistisch orientierten Kritikern wurden sie deshalb treffend als *fiancheggiatori* bezeichnet, d.h. als diejenigen, die dem Faschismus politischen Flankenschutz gaben.[40] Die Nationalkonservativen in Deutschland vertrauten darauf, daß sie

Hitler »einrahmen« konnten.[41] Hitler andererseits war von Anfang an entschlossen, seine restaurativen Helfer zu entmachten. Auch Mussolini wäre diesen Weg gegangen, wenn er nur gekonnt hätte.

Nach der Machtergreifung lief sowohl das faschistische Regime in Italien wie das nationalsozialistische Regime in Deutschland auf eine Führerdiktatur hinaus, in der anfangs sowohl Mussolini wie Hitler ihre persönliche Machtstellung ihrer besonderen Mittlerfunktion verdankten. Sie allein waren bei ihrer Machtübernahme jeweils in der Lage, die ungleichen Partner ihres Machtkartells zusammenzuhalten. Mit Hilfe ihrer Bewegungen hielten sie die traditionellen Machteliten in Schach, diese wiederum benutzten sie, um sich der Umklammerung durch ihre Bewegungen zu entziehen. Das daraus hervorgegangene Diktatursystem des »Doppelstaates« kann durchaus als das genuin faschistische Herrschaftsmuster angesehen werden.[42] Weder Mussolini noch Hitler konnten daran interessiert sein, daß ihre Vermittlungsdiktatur in eine reine Parteidiktatur einmündete. Ebensowenig konnte ihnen an einer Rückbindung in ein autoritäres Regime präsidialen bzw. monarchischen Zuschnitts liegen. Langfristig ließ sich ihre persönliche Machtstellung nur durch ein Diktatursystem sichern, das ihre zentrale Führerstellung nach beiden Seiten hin unangreifbar machte. Der totalitäre Führerstaat war insofern die ultima ratio der Machtbehauptung Hitlers und Mussolinis.

Ob die beiden faschistischen Diktatoren jedoch ein solches monokratisches Herrschaftssystem durchgesetzt, ja ob sie dies überhaupt bewußt angestrebt haben, ist freilich umstritten. Im deutschen Fall zeigt sich, nach Jahrzehnten intensiver Forschung, daß die Vorstellung monolithischer Führerherrschaft mit der historischen Realität einer geradezu pluralistischen Ämterkonkurrenz in Einklang gebracht werden muß.[43] Viel spricht deshalb für die von Hans Mommsen erhobene Forderung, von der Vorstellung eines omnipotenten Führerwillens überhaupt abzusehen und den Improvisationscharakter von Hitlers Diktatur stärker zu beachten.[44] An der Interpretation des ›Dritten Reiches‹ als eines totalitären Regimes brauchte sich dadurch nichts zu ändern. Jedenfalls ist nicht einzusehen, weshalb sich der totalitäre Charakter des NS-Regimes ausschließlich aus der Omnipotenz und Planmäßigkeit von Hitlers Handeln ergeben haben sollte. Für die faschistische Spielart des Totalitarismus ist vielmehr gerade ein strukturbedingter Konkurrenzkampf auseinanderstrebender Kräfte charakteristisch, in den Hitler nur insoweit steuernd eingriff, als davon seine oberste Führerstellung unmittelbar berührt war.

Dies gilt auch für Italien. Mussolinis Staat wird in der modernen Totalitarismusforschung in der Regel nicht als totalitäres Regime angesehen.[45] Und dieser Befund wird auch meist als Beleg dafür angeführt, daß zwischen dem Deutschland Hitlers und dem Italien Mussolinis letzten Endes ein qualitativer Unterschied bestanden habe: Auf der einen Seite ein dem Rußland Stalins wesensverwandtes totalitäres Regime, auf der anderen Seite ein eher autoritärer, mit dem Spanien Francos vergleichbarer Führerstaat.[46] Solange jedoch das Beweisverfahren nicht zu Ende geführt worden ist, scheint mir dies ein vorschnelles Urteil zu sein. Auch ist es problematisch, das Regime Mussolinis seit 1936 als *totalitario*, aber nicht als »totalitär« zu bezeichnen, wie das der bedeutende Mussolini-Biograph Renzo De Felice vorgeschlagen hat.[47] Hinter diesem Spiel mit Worten steht die These, daß Mussolini in voller Erkenntnis seiner begrenzten Entfaltungsmöglichkeiten mit der Vorstellung eines *regime totalitario* von vornherein eine sehr viel gemäßigtere Diktatur gemeint habe, als dies den Nationalsozialisten mit ihrem ›totalen Staat‹ vorgeschwebt habe. De Felice glaubte, daß sich das faschistische Regime in Italien deshalb qualitativ von dem des Nationalsozialismus und dem des Stalinismus unterschieden habe. Ich bin demgegenüber der Auffassung, daß zwischen italienischem und deutschem Faschismus nur ein gradueller, kein grundsätzlicher Unterschied bestand. Auch Mussolinis faschistische Staatsgründung war ihrer Tendenz nach durchaus totalitär. Dafür spricht allein schon die Tatsache, daß Mussolini, wie Jens Petersen in einer begriffsgeschichtlichen Untersuchung überzeugend nachgewiesen hat, den Begriff des ›Totalitären‹ nach dem zweiten Staatsstreich vom 3. Januar 1925 von seinen antifaschistischen Kritikern übernahm.[48] Mit der Berufung auf seinen »unerbittlichen totalitären Willen« bestätigte er uneingeschränkt den Vorwurf seiner Gegner, nicht bloß eine Einschränkung, sondern die radikale Vernichtung des liberaldemokratischen Systems anzustreben.[49] Es ist ihm nur nicht gelungen, dieses Vorhaben zu verwirklichen, jedenfalls nicht in vollem Umfang. Der *Duce* blieb Diktator »in einem Regime, dem es nicht gelang, ein totalitäres zu werden«.[50] Man könnte deshalb auch sagen, daß der italienische Faschismus ein unvollendetes totalitäres Regime darstellte.[51]

Die Umwandlung der ursprünglichen, sowohl in Italien wie in Deutschland eingerichteten faschistischen Vermittlungsdiktatur in ein totalitäres faschistisches Regime vollzog sich in drei Stufen. In einer ersten ging es um die Beseitigung aller demokratischen Institutionen und die Ausschaltung und Verfolgung der Gegner des Faschismus. Die zweite Stufe bestand in der Disziplinierung der eigenen Bewegung und dem Verzicht auf die ›zweite Welle‹ der Revolution. Der dritte und letzte Schritt war getan, wenn es dem Diktator gelang, auch die konservativen Bündnispartner zu entmachten.

Es bedarf keiner weiteren Erläuterung, daß Hitler nacheinander auf allen drei Stufen erfolgreich gewesen ist. Karl-Dietrich Bracher, Wolfgang Sauer und Gerhard Schulz haben diesen Prozeß der sukzessiven Gleichschaltung in ihrem gemeinsamen Buch über »Die nationalsozialistische Machtergreifung« erstmals 1960 beschrieben.[52] Ihre heute klassische Darstellung ist für das NS-Regime immer noch maßgeblich. Ich erinnere nur daran, daß in der ersten Phase der NS-Herrschaft die demokratischen Parteien und Gewerkschaften mit Hilfe einer Serie von Ausnahmegesetzen aufgelöst wurden und die NSDAP zur Einheitspartei erklärt wurde. Parallel dazu erfolgte die Aufhebung der Presse- und Meinungsfreiheit, die durch ein staatliches Zensursystem ersetzt wurde. Eine Welle von Berufsverboten verdrängte Angehörige demokratischer Parteien und vor allem jüdische Bürger aus staatlichen und nichtstaatlichen Berufspositionen. Die Aufhebung des Rechtsstaates gipfelte im Aufbau einer terroristischen Geheimpolizei, einer Willkürjustiz und eines Systems von Konzentrationslagern, in die politische Gegner zu Tausenden eingesperrt und wo sie zu Tode gequält wurden. Zum primären Gleichschaltungsprozeß gehörte schließlich die Eroberung der kommunalen Ämter, die Aufhebung der Selbständigkeit der Länder und die Etablierung des »totalitären Maßnahmestaates« auf allen Ebenen der öffentlichen Verwaltung.[53]

Da Mussolinis Diktatur nicht die letzte totalitäre Stufe erreichte, wird oft übersehen, daß das faschistische Italien, wenn auch mit einigen charakteristischen Abweichungen, auf der ersten Stufe ebenfalls weitgehend gleichgeschaltet wurde.[54] So wurden nach dem Staatsstreich Mussolinis vom 3. Januar 1925 die Provinzialverwaltungen dem alleinigen Zugriff der Präfekten ausgeliefert; in den Kommunalverwaltungen, in denen schon zuvor teils gewaltsam, teils durch gelenkte Wahlen faschistische Mehrheiten hergestellt worden waren, wurde mit der Ersetzung der gewählten Bürgermeister durch die *Podesta* das politische Führerprinzip durchgesetzt.[55] Daß alle politischen Parteien und Gewerkschaften verboten und der PNF zur Einheitspartei gemacht wurde, versteht sich von selbst.[56] Das gleiche gilt für die Aufhebung der Presse-, Versammlungs- und Vereinigungsfreiheit. Das Parlament wurde ebenso wie in Deutschland zwar nicht sofort ausdrücklich beseitigt, jedoch zu einem reinen Akklamationsorgan herabgewürdigt.[57] Sehr viel langsamer als in Deutschland und letzten Endes nie vollständig kam die Faschisierung der hohen Bürokratie in Gang. So fielen z.B. bis 1929 fast alle Präfekten (nämlich 86 von 90) den politischen Säuberungen zum Opfer, sie wurden jedoch zunächst überwiegend durch parteilose Karrierebeamte, nicht durch faschistische Parteimitglieder ersetzt.[58] Erst in den dreißiger Jahren sah es dann anders aus. Im März 1935 gab beispielsweise der Staatssekretär im Innenministerium bekannt, daß von 7328 Podestà nur noch vier nicht in der faschistischen Partei eingeschrieben seien.[59] Die seit 1932/33 für neu eintretende Beamte vorgeschriebene Parteimitgliedschaft wurde 1940 auch auf bisher noch parteilose höhere und mittlere Beamte ausgedehnt, die befördert werden wollten. Einen vollständigen Parteizwang gab es für die Bürokratie aber nie, übrigens auch nicht im nationalsozialistischen Deutschland.[60] Daran zeigt sich beispielhaft, daß die konservativen Regimepartner Mussolinis ihren Einfluß aufrechterhalten konnten.

Auch das faschistische Italien war dessenungeachtet ein Polizeistaat. Mussolini setzte zwar in noch stärkerem Maße als Hitler auf Massenkonsens,[61] aber das Pendant dieser Konsens-Strategie war auch für ihn die Repression. Er suchte den Konsens, aber er sagte schon am 7. März 1923: »Wenn der Konsens fehlen sollte, dann gibt es die Gewalt.«[62] Und dies war, wie sich seit 1925 herausstellen sollte, keineswegs bloße Rhetorik.

Das Unterdrückungssystem Mussolinis war zwar insgesamt bei weitem nicht so effizient wie das Hitlers; aber auch Mussolini bediente sich seiner Terrorinstrumente. Noch 1937 wurden beispielsweise die antifaschistischen Emigranten Nello und Carlo Rosselli in Frankreich von faschistischen Schergen ermordet.[63] Die politische Geheimpolizei (OVRA), deren erster Chef, Arturo Bocchini, durchaus die organisatorischen Fähigkeiten, wenn auch nicht den zerstörerischen Machtdrang eines Himmler hatte, war im faschistischen Italien allgegenwärtig.[64] Mit der Einführung des Tribunale speciale per la difesa dello stato wurde Ende 1926 eine politische Sondergerichtsbarkeit geschaffen, durch die bis zu Mussolinis Sturz am 25. Juli 1943 insgesamt 4596 politische Gegner verurteilt wurden, nur ganz wenige allerdings zum Tode.[65] Im eigenen Land führte das faschistische Regime statt der Konzentrationslager für politische Gegner das zwar im ganzen viel mildere, in der Einzelwirkung aber nur zu oft grausame Mittel des *Confino*, der polizeilich verordneten Verbannung (meist auf isolierte Mittelmeerinseln), ein.[66] Im 1939 besetzten Albanien und während des Zweiten Weltkrieges in Jugoslawien bedienten sich die italienischen Faschisten auch des Konzentrationslagers als eines politischen Unterdrückungsmittels.[67]

Der italienische Faschismus war zwar schließlich in seinem Ursprung nicht antisemitisch orientiert, aber doch in jedem Falle rassistisch.[68] Wie für jeden Faschismus war auch und gerade für den italienischen ein durchaus sozialdarwinistisch begründeter Rassismus typisch.[69] Dies zeigte sich schon in aller Härte bei der Repressions- und Befriedungspolitik des Regimes in den nordafrikanischen Kolonien Tripolitanien und Cyrenaika zwischen 1929 und 1931. Von einer etwa 200000 Personen umfassenden Nomadenbevölkerung sind so etwa 40000-60000 bei der zwangsweisen Zusammenführung in Lagern umgekommen. Ihre auf Viehzucht beruhende wirtschaftliche Existenzgrundlage wurde nahezu vernichtet. In begrenztem Umfang sind an ihnen auch Sterilisierungen durchgeführt worden.[70] Kritische italienische Historiker stehen deshalb nicht an, in diesem Zusammenhang von Genozid zu sprechen.[71]

In Abessinien versuchten die Faschisten nach der blutigen Eroberung des Landes ein regelrechtes Apartheid-System einzuführen.[72] Gravierender noch ist, daß offensichtlich versucht wurde, die amharische Führungsschicht möglichst auszurotten. Allein nach dem Attentat auf den Militärgouverneur Graziani sind etwa 3000 Menschen umgebracht worden.[73] Es paßt dazu, daß Mussolini sowohl in Libyen wie in Abessinien die Vergasung ganzer Dörfer betreiben ließ und daß er im Spanischen Bürgerkrieg die Erschießung sämtlicher antifaschistischer Kriegsgefangener anordnete, da »Tote nicht mehr reden können«.[74]

Wir wissen heute, daß die den ›Nürnberger Gesetzen‹ von 1935 vergleichbare antisemitische Rassengesetzgebung von 1938 nicht auf direkte deutsche Einwirkung hin zustande kam, sondern dem eigenen Willen des faschistischen Diktators entsprang.[75] Das antisemitische Wendemanöver sollte in erster Linie der Annäherung an den Achsenpartner Deutschland dienen, die innerfaschistischen Gegner dieser Politik zum Schweigen bringen und dem Regime zu einer neuen Dynamik verhelfen.[76] Daß Mussolini den an sich in Italien wenig verwurzelten Antisemitismus jedoch überhaupt politisch instrumentalisieren konnte, hing aber zweifellos mit der genuin rassistischen Grundeinstellung des Faschismus zusammen, die in Afrika längst virulent geworden war.[77]

Zu einer organisierten Massenvernichtung der Juden ist es unter dem italienischen Faschismus allerdings nicht gekommen. Die italienischen Juden wurden von den Italienern ins Ghetto zurückverbannt, nicht aber vernichtet. Hierin besteht ein deutlicher Unterschied zwischen dem nur tendenziell totalitären Faschismus in Italien und dem in Deutschland. Er soll nicht verwischt werden. Angesichts der faschistischen Vernichtungspolitik in Afrika sollte deswegen jedoch nicht von vorneherein auf einen Vergleich des Vernichtungswillens der beiden faschistischen Regime verzichtet werden. Vielmehr ist festzuhalten, daß sich das Deutschland Hitlers und das Italien Mussolinis auf der Ebene der Verfolgung ihrer Opfer zwar in der Konsequenz und Unerbittlichkeit der Unterdrückung unterschieden, jedoch im Ansatz ähnlich waren.

Das gleiche gilt für die Stellung und Funktion der beiden faschistischen Einheitsparteien. Sowohl Hitler wie Mussolini hatten vor ihrer Machtergreifung erhebliche Schwierigkeiten mit ihren eigenen Bewegungen. Ich erinnere daran, daß die NSDAP 1925 nach Hitlers Entlassung aus der Haft in Landsberg praktisch neu gegründet werden mußte. Noch heftiger war bekanntlich der Machtkampf mit dem sogenannten Strasser-Flügel Ende der zwanziger Jahre, nachdem die Partei zur Massenpartei geworden war.[78] Mussolini mußte 1921 in einer ähnlichen Situation, d. h. nach dem überraschenden Aufstieg des Faschismus zu einer Massenbewegung, mit seinem Rücktritt drohen, um sich in der Partei überhaupt noch durchsetzen zu können. Beim ›Marsch auf Rom‹ war seine Führerstellung 1922 innerparteilich alles andere als gesichert. Der PNF war bis weit in die zwanziger Jahre hinein durch mangelnde Homogenität, regionale Zersplitterung und durch lokale Führungsrivalitäten gekennzeichnet.[79]

Die Matteotti-Krise trieb Mussolini 1924 nochmals ganz in

die Arme der faschistischen Radikalen, deren Führer Roberto Farinacci er 1925 zum Generalsekretär der Partei machen mußte. Farinacci vertrat das Konzept einer elitären Kaderpartei, die die ›Avantgarde der Nation‹ bilden und den faschistischen Staat als »auserwählte Minderheit« beherrschen sollte.[80] Nur mit der Rükkendeckung der konservativen Machtgruppen konnte Mussolini sich aus der Umklammerung des faschistischen Radikalismus befreien und die Parteidiktatur vermeiden. Mit Hilfe ihm ergebener Parteiführer, vor allem des langjährigen Parteisekretärs Achille Starace, formte er den PNF in den dreißiger Jahren in ein Propaganda- und soziales Wohlfahrtsinstrument um. Die Partei verlor dadurch zwangsläufig einen Großteil ihrer ursprünglichen Dynamik. Mussolini war daher gezwungen, sie immer wieder durch aktivistische Kampagnen, für die er die Außenpolitik (Abessinien-Krieg, Spanischer Bürgerkrieg, Kriegseintritt 1940) als besonders geeignet ansah, in Schwung zu bringen, wenn er nicht in einseitige Abhängigkeit von den traditionellen Eliten geraten wollte.[81]

Es war für den Faschismus charakteristisch, daß sich die Extremisten besonders in der Parteimiliz sammelten, obwohl Mussolini diese schon 1923 durch die Gründung der zentralen Milizia Volontaria per la Sicurezza Nazionale (MVSN) zu verstaatlichen versucht hatte.[82] Hitler stand nach dem 30. Januar 1933 vor einem ähnlichen Problem. Er konnte sich der militärischen Gegenmacht der Parteimiliz sogar nur durch die gezielte Mordaktion entziehen, durch die im Juli 1934 fast die gesamte SA-Führung liquidiert wurde.[83] Hitlers oberste Führerstellung in der NSDAP war seit 1934 ebensowenig umstritten wie die Mussolinis im PNF seit dem Sturz Farinaccis im Jahre 1926. Wenn die nationalsozialistische Einheitspartei im Staat Hitlers dennoch ein ungleich größeres Gewicht hatte als der PNF im Staat Mussolinis, so lag das daran, daß es in Deutschland spätestens seit 1937 keine politischen Widerlager mehr gab. Die fortschreitende Entmachtung der nationalkonservativen Bündnispartner Hitlers führte zur faschistischen Vorherrschaft der Einheitspartei mit allen ihren Untergliederungen.

Auch in Deutschland entstand jedoch nicht eigentlich eine totalitäre Parteidiktatur. Die für den faschistischen Herrschaftstypus charakteristische Sonderstellung des obersten Führers blieb auch im NS-Regime erhalten. Hitler verfügte niemals über einen geschlossenen Parteiapparat, mit dem er seine Diktatur ähnlich hätte steuern können wie Stalin die Sowjetunion mit Hilfe der KPdSU nach den großen Säuberungen, in den er aber auch selbst eingebunden gewesen wäre. Vielmehr war es bekanntlich für das ›Dritte Reich‹ typisch, daß sich parallel zu der Ausschaltung der nationalkonservativen Allianzpartner ein Prozeß der Verselbständigung der Parteiorgane vollzog, der zur Entstehung ständig neuer, miteinander scharf konkurrierender Apparate führte. In diesem strukturbedingten Ämterchaos übte Hitler als oberste Entscheidungsinstanz des Regimes weiterhin eine entscheidende Vermittlerrolle aus, nur nicht mehr zwischen Konservativen und Nationalsozialisten, sondern innerhalb der nationalszialistischen Machtgruppen.

Wenn Mussolini demgegenüber bis zu seinem Sturz am 25. Juli 1943 zwischen den traditionellen Eliten und der faschistischen Massenorganisation lavieren mußte, so lag das daran, daß er auf der dritten Stufe des Gleichschaltungsprozesses nicht erfolgreich gewesen ist. Während Hitler nacheinander die Deutschnationalen mit ihrem großagrarischen Anhang, die Wirtschaftsgruppen, für die Schacht repräsentativ war, die Diplomaten des Auswärtigen Amtes und schließlich in der sogenannten Blomberg-Fritsch-Krise auch das Heer politisch entmachten konnte, blieb Mussolini auf die nichtfaschistischen Partner, die ihm die politische Machtergreifung 1922 ermöglicht hatten, dauernd angewiesen. Er hatte nicht das Glück, das Hitler nach dem Tod des Reichspräsidenten Hindenburg zum obersten Befehlshaber des Heeres machte. Er hätte freilich bei einem frühzeitigen Tod König Viktor Emanuels III. dessen monarchisches Amt auch kaum so widerstandslos usurpieren können wie Hitler das des deutschen Staatsoberhauptes. Die italienische Armee blieb monarchistisch. Sie wurde nie voll dem faschistischen Zugriff preisgegeben, was sich etwa darin äußerte, daß der König, nicht Mussolini, über die Besetzung der klassischen militärischen Ressorts des Kriegs- und des Marineministeriums bestimmte. Aus dem gleichen Grunde mißlang auch die volle Faschisierung der hohen Bürokratie. Und schließlich blieb die Katholische Kirche nach den übergroßen Konzessionen, die Mussolini dem Vatikan 1929 in den Lateranverträgen zugestanden hatte, im faschistischen Regime fast als ein Staat im Staate erhalten.[84] Wie stark Mussolini diese Machtverhältnisse bewußt waren, läßt sich etwa daran ablesen, daß er dem König vom ersten Tage seiner Herrschaft an wöchentlich einmal seine Aufwartung machte. Bezeichnenderweise ist er am 25. Juli 1943 dann auch bei einer dieser Audienzen auf Befehl des Königs verhaftet worden.

Das Italien Mussolinis und das Deutschland Hitlers sind die beiden einzigen Diktaturregime der Zwischenkriegszeit, die in vollem Umfang als faschistisch angesehen werden können. Die Wesensverwandtschaft der beiden Regime ergibt sich erstens aus ihrer Entstehungsgeschichte. Deutschland und Italien können gleichermaßen als verspätete Nationen angesehen werden, die neben ihrer Nationsbildung relativ gleichzeitig auch das Problem einer modernen Verfassungsschöpfung und das Problem des Übergangs in das Industriezeitalter zu lösen hatten. Die daraus sich ergebende Strukturkrise konnte in beiden Ländern nicht bewältigt werden. Sie führte in beiden Fällen zur Bildung eines besonderen faschistischen Diktaturtyps.

Zweitens vollzog sich auch der Prozeß der Machtergreifung Mussolinis und Hitlers auf ähnliche Weise. Es war die Doppelstrategie von Bürgerkrieg und parlamentarischer Koalitionspolitik, die sowohl Mussolini wie Hitler an die Macht brachte. Hitler ahmte die Strategie Mussolinis bewußt nach, nachdem er den ›Marsch auf Rom‹ zunächst als reines Bürgerkriegsunternehmen mißverstanden hatte und damit am 9. November 1923 gescheitert war. Beide Regime können drittens in ihrem Ursprung als Machtkartelle angesehen werden, in denen Mussolini bzw. Hitler ihre besondere Machtstellung einer Mittlerfunktion zwischen der radikalfaschistischen Bewegung und den kollaborierenden Machteliten verdankten. Beide Regime entwickelten sich aber viertens unterschiedlich fort, nachdem sich Mussolini etwa 1929 und Hitler etwa 1937 endgültig durchgesetzt hatten. Hitler gelang es, seine konservativen Koalitionspartner sukzessive zu entmachten. Das NS-Regime wurde dadurch zu einem eindeutigen totalitären Regime umgeformt, das seinem faschistischen Ursprung aber insofern verpflichtet blieb, als auch Hitler weiterhin eine oberste Vermittlerrolle spielte in einem oft anarchischen System konkurrierender Parteiapparate. Mussolinis Italien behielt dagegen seinen ursprünglichen Charakter weitgehend bei, was jedoch nicht heißen kann, daß es sich damit prinzipiell von Hitlers Deutschland unterschied.

5. Kriegsregime des 20. Jahrhunderts

Deutschland, Italien und Japan im Vergleich

In der Rückschau scheint es klar zu sein, daß der Zweite Weltkrieg am 1. September 1939 begann. Als wirklich globaler Krieg kann er aber erst seit dem 11. Dezember 1941 angesehen werden, dem Tag, an dem Hitler, vier Tage nach dem japanischen Angriff auf Pearl Harbor, den USA den Krieg erklärte. Während bis dahin in Europa und in Ostasien zwei getrennte Kriege geführt worden waren, wurden jetzt die beiden Kontinentalkriege in einem einzigen Weltkrieg miteinander verknüpft. Das gilt im doppelten Sinne: die neu in den Krieg eintretenden USA führten zum einen, und das sollte sich als entscheidend erweisen, den Krieg auf zwei Kontinenten. Sie verklammerten also eigentlich erst die beiden bis dahin getrennten Kriegsschauplätze zu einem einzigen Weltkrieg. Zum anderen, und das ist noch wichtiger, führten jetzt die drei Mächte, welche das 1919 nach dem Ersten Weltkrieg geschaffene Friedenssystem nicht akzeptiert und jeweils für sich mit militärischen Mitteln zu verändern gesucht hatten, in einem gemeinsamen Bündnis (nicht allerdings gemeinsam) Krieg.

Für die Zeitgenossen war es spätestens seit 1940 nur zu offensichtlich, daß diese Front der revisionistischen Mächte eine innere Logik hatte. Mit Deutschland, Italien und Japan standen die drei Diktaturstaaten in einer Reihe, die ideologisch seit dem 6. November 1937, dem Tag des italienischen Beitritts zum Antikominternpakt, und militärisch seit dem 27. September 1940 durch den Dreimächtepakt auf besondere Weise miteinander verbündet waren. Die Zeit der Halbheiten war seitdem vorbei: Der zwar unheiligen, aber wirkungsvollen Allianz von westlichen Demokratiestaaten und stalinistischer Sowjetdiktatur standen jetzt die scheinbar geschlosseneren, sowohl antidemokratischen wie antikommunistischen Staaten des ›weltpolitischen Dreiecks‹ gegenüber, welche die bestehende Weltordnung verändern wollten.

Der Ausgang dieser weltgeschichtlichen Konfrontation ist bekannt. Nicht die vermeintlich jungen, sondern ihre scheinbar altersschwachen Gegner waren am Ende nach einem sechsjährigen Ringen die militärischen Sieger. Die in den Ländern des Dreimächtepaktes bis 1945 bestehenden Diktaturen verschwanden ein für alle Mal. Deutsche, Italiener und Japaner hatten sich im Zuge der Demokratisierung ihres politischen Systems jeweils mit einer katastrophalen Kriegsvergangenheit auseinanderzusetzen. Diese Auseinandersetzung dauert im Grunde bis heute an, ein deutliches Zeichen dafür, daß die drei Völker mit dieser Geschichte ihre besonderen Schwierigkeiten haben. Sie wird sehr unterschiedlich geführt. Aber das kann nicht überraschen, war die Ausgangssituation nach Kriegsende in Deutschland, Italien und Japan doch sehr unterschiedlich. Für die Deutschen konnte kein Zweifel daran bestehen, daß sie die eigentlichen Verlierer des Weltkriegs waren. Die Teilung des Landes und seine politische Einordnung in zwei einander feindlich gesinnte ideologische Lager bewirkte jedoch, daß die Auseinandersetzung mit der Weltkriegsvergangenheit lange Zeit durch die Gegenwart des Kalten Krieges konditioniert wurde. Die Japaner sahen sich zu Unrecht als Besiegte an, und die Italiener konnten sich gar auf der Seite der Sieger fühlen. In einer Hinsicht ähnelte sich jedoch der in den drei Ländern geführte Geschichtsdiskurs: Überall versuchte man nach 1945, sich ganz auf die eigene Kriegsvergangenheit zu konzentrieren. Das kann kein Zufall sein, so unterschiedlich der reduktionistische Umgang mit der Vergangenheit auch jeweils sein mochte. Die weitgehende Ausblendung der historischen Gemeinsamkeiten in der imperialistischen Kriegsallianz diente ganz offensichtlich dazu, die historische Erinnerung für die eigene Nation erträglicher zu machen.

Für die Italiener war wichtig, »außerhalb des sengenden Strahls des Holocausts« zu bleiben,[1] obwohl sie oder gerade weil sie von allen europäischen Völkern weitaus am engsten mit dem nationalsozialistischen Deutschland kollaboriert hatten. Daher organisierten sie ihre nationale Identitätsfindung ganz über die Zeit der deutschen Besatzung von 1943 bis 1945, in der sie selbst noch Opfer geworden waren und in der sie in der *Resistenza* beträchtliche, vor allem auch moralische Energien entwickelt hatten.[2] Die Kriegsverbrechen in den Kolonien, vor allem in Abessinien, und die brutale Repressionspolitik auf dem Balkan trat dabei völlig in den Hintergrund.[3] Auch in Japan wollte man offiziell lieber nicht mehr an das imperialistische Kriegsbündnis mit dem Deutschland Hitlers und dem Italien Mussolinis erinnert werden. Auch hier wurde die Opferrolle im nationalen Gedächtnis betont. Hiroshima und Nagasaki überlagerten und verdeckten das genozidale Nanking-Massaker und die Menschenversuche in der Mandschurei.[4] In Deutschland schließlich suchte man sich unter dem Dach des ›Totalitarismus‹ zu verstecken, um die unvergleichliche Verbrechensbilanz des Nationalsozialismus auszuhalten. Es fiel leichter, sich in Analogie zur Sowjetunion als das Opfer eines totalitären Diktators vorzustellen, als die strukturellen Gemeinsamkeiten und damit auch historischen Verantwortlichkeiten von Achsenbündnis und Antikominternpakt anzuerkennen.

Gleichwohl ist schwer zu verstehen, mit welchem Eifer sich die Historiker in allen drei Ländern in den Dienst singularisierender nationaler Geschichtsdeutungen nehmen ließen. Ich nenne nur Karl Dietrich Bracher für Deutschland, Renzo De Felice für Italien und Maruyama Masao für Japan.[5] In gewissem Sinn zeigte sich darin vielleicht ein letztes Mal die Trivialität jenes Historismus, dem jede Epoche ›unmittelbar zu Gott‹ ist. Jedoch war damit auch eine bewußte Geschichtspolitik verbunden, welche den historischen Vergleich nicht aus methodischen, sondern aus politischen Gründen um jeden Preis zu vermeiden suchte. In Wahrheit kann die historische Dimension nationaler Verantwortung für Kriegsverbrechen und Verbrechen gegen die Menschlichkeit letzten Endes jedoch nur im Vergleich richtig eingeschätzt werden.

Wer zwischen den Diktaturstaaten in Deutschland, Italien und Japan einen historischen Regimevergleich anstrebt, darf sich zunächst einmal nicht dadurch beeindrucken lassen, daß sich führende Repräsentanten aller drei Regime immer wieder davon distanziert haben, mit einem oder beiden anderen Diktaturen der historischen Herkunft, der gesellschaftlichen Struktur oder dem politischen System nach irgend etwas zu tun zu haben. So gehörte es zum guten Ton der Führungsclique des ›Dritten Reiches‹, sich herablassend oder verächtlich über die italienischen Achsenfreunde zu äußern. Alle z.T. bis in das 18. Jahrhundert zurückgehenden Stereotypen von den angeblich disziplinlosen, unzuverlässigen und desorganisierten Italienern wurden dabei mobilisiert. Umgekehrt setzte man sich unter den faschistischen Gerarchen gerne von den vermeintlich kulturlosen und täppischen Deutschen ab, womit man ebenfalls einem uralten antideutschen Stereotyp von den transalpinen Barbaren entsprach. In Japan schließlich setzte sich immer wieder die Auffassung durch, daß das hierarchische Ordnungsprinzip der japanischen Gesellschaft mit dem Kaisertum an der Spitze (das sogenannte *kokutai*) nichts mit den in Europa entwickelten Totalitarismen zu tun hätte. Wörtlich ist etwa in einem Reskript des Erziehungsministeriums von 1937 davon die Rede, daß es sich in Japan um eine »einzigartige national-politische Staatsform« handelte.[6]

Auch wenn es somit für die drei Regime geradezu konstitutiv war, die eigene historische Einzigartigkeit zu betonen, muß das die Historiker noch lange nicht veranlassen, dem ohne weiteres Glauben zu schenken. Den zahlreichen gegenseitigen Distanzierungen stehen sehr viel mehr Erklärungen der gegenseitigen Wertschätzung und Vorbildlichkeit gegenüber. Zumindest der italienische Faschismus und der Nationalsozialismus, in einem weiteren Sinne aber auch das japanische Diktatursystem, standen in einem gegenseitigen politisch-ideologischen Bezugssystem, wie wir dies sonst bei anderen Staaten zwischen 1919 und 1945 in dieser Dichte nicht kennen. Für Hitler war Mussolini bis 1933 das Vorbild seiner politischen Strategie.[7] Gegen den Widerstand seiner Unterführer setzte er in den zwanziger Jahren einen dezidiert profaschistischen Kurs durch. Die NS-Bewegung wurde in ideologischer, organisatorischer und soziologischer Hinsicht als faschistische Partei konzipiert. Und ungeachtet aller Enttäuschungen über die Schwäche des faschistischen Regimes hielt Hitler bis in seine letzten Tage hinein Mussolini für seinen wichtigsten Mentor und einzigen politischen Freund. Der Vorbildcharakter wechselte freilich nach 1933: Nach und nach wurde der Nationalsozialismus für die italienischen Faschisten immer nachahmenswerter. Die ideologische Überhöhung des lockeren Bündnisses von 1936 zur ›Achse‹ eines neuen Europas und die Anpassung an die nationalsozialistische Apartheidspolitik gegenüber den Juden, welche in den Rassengesetzen von 1938 ihren sichtbaren Ausdruck fand, waren dafür besonders bezeichnend. Schon am 1. April 1936 war etwa der italienische Polizeichef Bocchini bei Himmler, um ein Abkommen zur Zusammenarbeit bei der Bekämpfung von Kommunisten, Freimaurern und Emigranten zu unterzeichnen. Ironischerweise machte er sich gegenüber Mussolini darüber lustig, daß Himmler zwar große Worte geschwungen habe, aber noch nicht einmal eine vernünftige Kartei der zu verfolgenden Regimegegner besäße.[8] Von großer Bedeutung war auch die enge Zusammenarbeit der Freizeitorganisationen *Dopolavoro* und ›Kraft durch Freude‹ sowie der Sportorganisationen der beiden Regime.[9] Hitler und Mussolini gelang es seit 1936 die internationale olympische Bewegung in starkem Maße einzuschüchtern.

Was schließlich Japan betrifft, so gaben sich nach dem Putsch vom 26.2.1936 die Bewunderer des Nationalsozialismus in Berlin die Türklinke in die Hand.[10] Der Umsturzversuch junger Offiziere wurde zwar blutig unterdrückt, aber er veränderte radikal das politische Klima in Japan. Die Führung von Heer und Marine steuerten seitdem einen offenen Diktaturkurs. Sympathieerklärungen für den Nationalsozialismus und den Faschismus wurden jetzt nicht mehr nur geduldet, sondern gefördert. Besonders hervorzuheben sind in diesem Zusammenhang der Besuch des sozialistischen Abgeordneten Kamei Ende 1937 und des Führers der nationalsozialistischen Tohokai-Bewegung Nakano im Februar 1938 in Berlin.[11] Beide wurden von Ribbentrop und Hitler empfangen, Nakano vorher in Rom schon von Mussolini und Ciano. Beide bekannten sich offen zum Nationalsozialismus. Kamei zog eine Parallele zwischen Deutschlands Anspruch auf Lebensraum und Japans Ausdehnungsbedürfnissen in China. Nakano trat für die »Vollendung des totalitären Verteidigungsstaates« nach deutschem Vorbild ein, allerdings ohne die Einführung einer Führerdiktatur.[12]

Damit stellt sich die Frage, inwieweit die Regime in den drei Diktaturstaaten ihrer politischen Struktur nach übereingestimmt haben. Dies ist natürlich nur schwer zu beantworten, aber es besteht kein Grund, von vornherein auf vergleichende Überlegungen zu verzichten, nur weil die drei Diktaturregime in ideologischer Hinsicht nicht genauso ausgerichtet waren.[13] Es ist offensichtlich, daß es ein politisches Modell gab, an dem sich der Diktaturaufbau in den drei Staaten orientierte, und das war das faschistische Regime in Italien.[14] Ich meine das nicht in einem abstrakten Sinn, sondern ganz konkret in einem realtypischen. Es war Benito Mussolini, der zunächst mit seiner ›Bewegung‹ und dann seit dem 3.1.1925 mit seinem ›Regime‹ einen eigenständigen Diktaturtypus schuf. Die Basis für seinen politischen Aufstieg lieferte eine Massenbewegung, welche mit ihrem paramilitärischen Gewaltcharakter das bestehende politische System revolutionär in Frage stellte. Mussolini kam jedoch nur an die Macht, weil er es verstand, die nationalkonservativen Machteliten für sich zu gewinnen und gestützt auf beide eine Art Vermittlungsdiktatur auszuüben. Der besondere Charakter der faschistischen Ursprungsdiktatur bestand also darin, daß der sogenannte *stato totalitario* weder ein bloßer Einparteienstaat noch lediglich eine abgeleitete Königsherrschaft war. Er beruhte vielmehr auf der persönlichen Führerstellung Mussolinis als des *Duce del fascismo*, der sich auf der Basis polizeistaatlicher Repression sowohl auf den *Partito Nazionale Fascista* wie auf die formal durch den König garantierte militärische Gewalt der Armee stützte.

Die Machtergreifung Hitlers in Deutschland vollzog sich, und das war gewollt, ziemlich genau nach diesem Vorbild.[15] Im Unterschied zu Mussolini gelang es jedoch Hitler, nach dem Tod von Hindenburg seine nationalkonservativen Bündnispartner sukzessive auszubooten und vor allem die Wehrmacht seinem persönlichen Oberbefehl zu unterstellen. Das faschistische Regime Hitlers nahm dadurch spätestens seit 1938 einen totalitären Charakter an, den der italienische Faschismus so nie erreicht hat. Die totalitäre Dynamik des NS-Regimes entsprang jedoch nicht der Omnipotenz einer zentralistisch geführten Einheitspartei. Es war vielmehr für das ›Dritte Reich‹ charakteristisch, daß sich nach der Ausschaltung der nationalkonservativen Bündnispartner der schon zuvor eingeleitete Prozeß der relativen Verselbständigung faschistischer Apparate ungehemmt beschleunigen konnte. In einem eher polykratisch strukturierten Herrschaftsgefüge behielt Hitler zwar die Endentscheidung. Es spricht jedoch vieles dafür, daß er nur dann steuernd eingriff, wenn wirklich Kernbereiche seines ideologischen ›Programms‹ betroffen waren, so etwa bei der Anordnung zur Ermordung der europäischen Juden.

Es ist keine Frage, daß das japanische Diktatursystem, das sich seit 1936 herausbildete, in wesentlichen Teilen nicht dem faschistischen Modell entsprach, und zwar weder dem ursprünglichen in Italien noch dem entwickelten in Deutschland. Es gab in Japan keinen alleinigen ›Führer‹, der zwischen den Massen und den traditionellen Eliten vermittelt hätte. Und es gab auch keine Massenpartei, die mit dem PNF oder der NSDAP verglichen werden könnte. Jedoch gab es seit 1933 bezeichnenderweise immer wieder neue Anläufe zur Gründung einer Einheitspartei.[16] Das beginnt mit der Gründung der Liga zur Auflösung der politischen Parteien durch den extrem achsenfreundlichen Außenminister Matsuoka.

Von größerem Gewicht waren dann 1937/38 die Versuche des Ministerpräsidenten Konoe, in Japan eine ›Neue Struktur‹ durchzusetzen. Sie scheiterten spätestens mit dem Schock, den im August 1939 das Bekanntwerden des deutsch-sowjetischen Nichtangriffspaktes in Japan auslöste. Ein zweiter Anlauf zur Gründung einer Einheitspartei wurde jedoch bezeichnenderweise nochmals von Konoe in der Zeit seines zweiten Kabinetts 1940/41 unternommen.[17] Einer der Wortführer war dieses Mal der ehemalige Botschafter in Rom Toshio. Tatsächlich gelang es Konoe im August 1940, die Auflösung der Parteien durchzusetzen. Die von ihm gegründete Vereinigung zur Unterstützung der Kaiserlichen Herrschaft schaffte es jedoch nicht, eine neue Einheitspartei aufzubauen.

Gleichwohl wies das japanische Diktatursystem einige Strukturmerkmale auf, die es zumindest als protofaschistisch erscheinen lassen. Spätestens mit dem Gesetz zur nationalen Mobilisierung vom Frühjahr 1938 wurde in Japan ein gesetzlicher Ausnahmezustand geschaffen,[18] der dem in Deutschland nach der Durchbringung des Ermächtigungsgesetzes von 1933 und dem in Italien nach dem 3. Januar 1925 gleichkam. Da sich jedoch keine faschismustypische Führerdiktatur herausbildete, sah sich nicht nur der Premierminister, sondern auch der Beamtenapparat, die Heeresführung, die Marineführung, das halbwegs demokratisch gewählte Parlament und das aristokratisch dominierte Oberhaus dazu ermächtigt, den politischen Entscheidungsprozeß zu bestimmen. Wenn es irgendwo eine polykratische Herrschaftsstruktur gegeben hat, dann in dem Diktatursystem Japans seit 1938. Wenn man so will, kann man hier sogar den ›schwachen Diktator‹ entdecken, der Hitler nun wirklich nicht gewesen ist, nämlich den Tenno. Ihm fiel zwar aufgrund der Verfassung von 1889 Legislative, Exekutive und Judikative in einem zu, faktisch hatte er jedoch nach dem Ersten Weltkrieg einen großen Teil seiner Kompetenzen an Parlament und Regierung verloren. In seinen Entscheidungen wurde er wohl weitgehend durch den Geheimen Staatsrat bestimmt, in dem zunehmend hohe Militärs den Ton angaben.

In der Abstufung der Intensität faschistischer Herrschaft von Deutschland über Italien zu Japan ist auch schon eine Aussage über den Grad des Terrors enthalten, den die drei Diktaturregime im Innern ausgeübt haben. Im Prinzip waren alle drei auf Massenkonsens angelegt. Aber Mussolini verkündete schon kurz nach seiner Machtergreifung, daß das faschistische Herrschaftsprinzip noch eine andere Dimension habe: die der Gewalt.[19] Am wenigsten vertraute, darüber sollte man sich nicht täuschen, von den drei Regimen das nationalsozialistische dem Konsens in der Bevölkerung, obwohl es mit diesem vorübergehend in hohem Maße rechnen konnte. Mit einer Serie noch vom Reichspräsidenten Hindenburg abgezeichneter Notverordnungen etablierten die Nationalsozialisten mit Hilfe der Nationalkonservativen noch vor dem Ermächtigungsgesetz innerhalb weniger Wochen einen Ausnahmestaat, in dem die terroristische Einschüchterung der Bürger zur Regel wurde. Für politisch Mißliebige wurden sofort Konzentrationslager geschaffen. Eine willfährige Justiz verhängte in der Zeit des ›Dritten Reiches‹ vor Sondergerichtshöfen nicht weniger als 12000 Todesurteile. Der Terror gipfelte in der Ausgrenzung der sogenannten Gemeinschaftsfremden. Dazu gehörten Zwangssterilisationen, die sogenannte Euthanasie von Behinderten, die Kriminalisierung der Zigeuner und vor allem die Verfolgung der deutschen Juden, die bis 1939 zunächst als Ausgrenzungspolitik angelegt war. Insgesamt ein Pandämonium des Terrors, angesichts dessen die versprochene ›Volksgemeinschaft‹ ein Hohn war.

Im faschistischen Italien sprach die 1926 geschaffene Tribuna speciale demgegenüber bei insgesamt 5319 politischen Angeklagten nur 29 Todesurteile aus.[20] Als gängige polizeiliche Präventivmaßnahme gegen antifaschistische Gegner des Regimes oder solche, die dafür gehalten wurden, wurde in großem Stil die Strafe des *Confino* angewandt, die Verbannung auf Inseln oder abgelegene Bergdörfer.[21] Und seit 1938 wurden die italienischen Juden Opfer einer Apartheidspolitik, durch die sie auf ähnliche Weise ausgegrenzt wurden, wie die deutschen Juden bis 1939. Das faschistische Regime scheute sich auch nicht, die ausländischen Juden in Lager wie das in Tarsia di Ferramonte zu sperren.[22] Das waren ohne Frage äußerst brutale Zwangsmaßnahmen, auch wenn sie an die nationalsozialistische Gewalttätigkeit nicht heranreichten.

In Japan schließlich wurden offenbar überhaupt erst 1941 politische Gerichtsverfahren eingeführt.[23] Bis dahin gab es zwar zahlreiche Verhaftungen aus politischen Gründen, insgesamt etwa 66000. Die allermeisten der Verhafteten wurden jedoch nicht gerichtlich belangt. Sie brauchten offenbar nicht abgeurteilt zu werden, da sie geständig waren oder ihre politischen Ansichten widerriefen.[24] Diese Widerrufe wurden nicht erpreßt, sie waren eher das Ergebnis eines indirekten Terrors, der für das japanische Diktatursystem überhaupt charakteristisch war: Abweichendes Verhalten wurde in der japanischen Gesellschaft durch zwangsweise Sozialisation sanktioniert. Im Vergleich zu dem im nationalsozialistischen Deutschland oder auch im faschistischen Italien üblichen Terror war das eine subtile Form der Gewaltanwendung, aber es war eben doch eine Form von Gewalt.

Etwas näher rücken die drei Diktaturregime allerdings aneinander, wenn man nicht nur die innere Repression, sondern auch den Terror in den imperialistisch eroberten Gebieten berücksichtigt. Die nationalsozialistische Verbrechensbilanz bleibt auch hier ohne Frage unerreicht: Die Schreckensherrschaft im besetzten Polen und der Vernichtungskrieg in der Sowjetunion mit Massenerschießungen der Zivilbevölkerung, Umsiedlungen im gigantischen Ausmaß und eine sich immer mehr verschärfende Rücksichtslosigkeit bei der sogenannten Partisanenbekämpfung in diesen Ländern, aber auch in Serbien, Griechenland und zuletzt in Italien, die mörderische Behandlung der sowjetischen Kriegsgefangenen und schließlich ganz besonders der millionenfache Judenmord übertreffen schon rein quantitativ alle Kriegsverbrechen der Italiener und Japaner. Daß der Genozid an den europäischen Juden auch seiner historischen Qualität nach einen einzigartigen Charakter hatte, bedarf keiner weiteren Begründung. Der nationalsozialistische Binnenterror ermöglichte einen ungehemmten Außenterror wie er in Japan und Italien nicht möglich war.

Allerdings ist zu beachten, daß auch die Kriegsführung des japanischen Diktaturregimes in China eindeutig genozide Dimensionen erreichte.[25] Die Heeresleitung errichtete 1932 ein sogenanntes Forschungsbattaillon für bakterielle Kriegführung, das in der Mandschurei in großem Stil Menschenversuche betrieb. Gegenüber der Sowjetunion wurden bakterielle, gegenüber China chemische Waffen eingesetzt. Ihren eindeutigen Tiefpunkt erreichten die japanischen Kriegsverbrechen im Dezember 1937 in dem sogenannten Nanking-Massaker, bei dem nach neueren Forschungen wahrscheinlich insgesamt 200 000 Menschen auf grausamste Weise umgebracht wurden, Kriegsgefangene und Zivilisten.[26] Insgesamt wurden in Nordchina bei gigantischen Umsiedlungs- und Vernichtungsaktionen zwischen 1941 und 1945 möglicherweise über zwei Millionen Menschen ermordet. Das sind Dimensionen, welche das scheinbar milde Diktaturregime in Japan in einem ganz anderen Licht erscheinen lassen.

Das faschistische Italien schließlich muß auch davon, erst recht von der genozidalen Eroberungspolitik der Nationalsozialisten deutlich abgesetzt werden. Aber das kann nicht heißen, daß das Regime Mussolinis keinen Außenterror entwickelt hätte. Das Gegenteil ist der Fall, auch wenn das von vielen italienischen Historikern bis heute nicht anerkannt wird. Mussolini war nicht in der Lage, das 1936 großmächtig ausgerufene *Impero fascista* dauerhaft militärisch zu befrieden.[27] Um die Rebellen in Libyen zu bekämpfen, wurde die Zivilbevölkerung in Konzentrationslagern dezimiert. Hier wie dann ebenfalls in Äthiopien wurde im Krieg, aber auch gegen die Zivilbevölkerung Giftgas eingesetzt.[28] Ein Attentat gegen den italienischen Gouverneur in Äthiopien, den Marschall Graziani, ließ Mussolini mit der Erschießung von 3 000 Geiseln beantworten.[29] Gezielt wurden dabei und auch in anderen Fällen Angehörige der äthiopischen Elite ermordet. Das war ein durchaus mit dem deutschen Vorgehen in Polen vergleichbares Verfahren, bei dem beispielsweise der Lehrkörper der Universität Krakau fast vollständig umgebracht wurde. Nur wenig wissen wir schließlich bisher über die italienischen Besatzungsverbrechen in Albanien und vor allem in Jugoslawien.[30] Jedoch steht fest, daß sich die faschistische Herrschaft hier nur behaupten konnte, weil sie im großen Stil Konzentrationslager einrichtete. Auch wenn somit überdeutlich eine Abstufung der Kriegsverbrechen von Deutschen, Japanern und Italienern (in dieser Reihenfolge) festzustellen ist, kann insgesamt doch kein Zweifel daran bestehen, daß alle drei Regime den Terror nach außen exportierten.

Das wirft die Frage auf, ob dies eher ein Zufall war oder ob sich hier eine Gemeinsamkeit zeigt, die für die drei Regime konstitutiv war. Mir scheint dies der Fall zu sein, und zwar aus drei Gründen, die ich abschließend darlegen will.

Zunächst einmal scheint mir wichtig zu sein, daß alle drei Regime in ideologischer Hinsicht und in ihrer politischen Praxis rassistisch geprägt waren. Auch hier steht das nationalsozialistische Deutschland selbstverständlich wieder an erster Stelle. Die sozialdarwinistische Staatsideologie, aufgrund derer die sogenannte arische Rasse im ›Lebenskampf der Völker‹ zur Herrschaft prädestiniert sei, während ›minderwertige Rassen‹ wie Slawen oder Juden zum Aussterben verurteilt oder der Vernichtung preisgegeben werden sollten, war, das braucht nicht näher erläutert zu werden, zutiefst rassistisch begründet. Der Antisemitismus stellte innerhalb dieses rassistischen Denkens die radikalste Form dar, aber er war, und das macht den nationalsozialistischen Rassismus so gefährlich, in eine Art von rassistischer Allfeindschaft eingebettet. Die Rede von der ›jüdisch-bolschewistischen Weltverschwörung‹, gegen die man angeblich ankämpfen mußte, machte dies besonders sinnfällig. Nicht daß alle Deutschen im ›Dritten Reich‹ antisemitisch gewesen oder dazu gemacht worden wären, die Tatsache aber, daß sie in ihrem rassischen Feinddenken zumindest antipolnisch oder antisowjetisch eingestellt waren, ließ ihnen auch antisemitisch geprägte Maßnahmen als plausibel erscheinen.

Auch in Japan finden wir in den dreißiger Jahren ein ausgeprägtes rassisches Überlegenheitsdenken. Die Japaner wurden als eine von den Göttern abstammene Yamato-Rasse bezeichnet, welche gegenüber anderen, z. B. den Koreanern oder Chinesen, als höherwertig angesehen wurde.[31] In etwas gemäßigterer Form trat dieses rassische Überlegenheitsdenken im sogenannten Nipponismus in Erscheinung.

Im Hinblick auf Italien ist immer wieder festgestellt worden, daß der Faschismus ursprünglich kaum antisemitisch geprägt war. Das führte jedoch dazu, daß man die Rassengesetze von 1938 nur schwer erklären konnte. Erst neuerdings wird die rassistische Dimension der faschistischen Ideologie stärker beachtet.[32] Es zeigt sich, daß der Faschismus in einem Kern zwar nicht antisemitisch, aber wohl in anderer Weise rassistisch geprägt war. Die Überlegenheit der *razza italiana* wurde einerseits gegenüber den Slawen und anderseits gegenüber den Afrikanern behauptet. Der eigentliche Anlaß für die Rassengesetze von 1938 waren nicht zufällig die Afrikaner, die Juden wurden gewissermaßen dazu genommen – was sie freilich nicht weniger hart getroffen hat.[33] Um Äthiopien ruhig zu halten, mußten dort ständig über 100 000 italienische Soldaten bleiben. Da diese Unterkünfte und Versorgungseinrichtungen fast völlig fehlten, mußten sie unmittelbar bei der Bevölkerung einquartiert werden. Die daraus sich ergebenden Kontakte ließen das Gespenst aller biologistisch denkenden Rassisten auch in Italien auftauchen: den ›Mischling‹. Das Ergebnis einer rassistischen Apartheidspolitik, die in Afrika zwar weitgehend wirkungslos blieb, welche die etwa 40 000 italienischen Juden dagegen um so härter traf.

Der italienische Faschismus ist freilich bei diesem Apartheidsrassismus stehengeblieben, einen genuinen Vernichtungsrassismus wie ihn der Nationalsozialismus mit verheerenden Folgen praktiziert hat, gab es in Italien nicht. Gleichwohl scheint es mir evident zu sein, daß rassistisches Denken die Außenaggression aller drei Diktaturen in hohem Maße bestimmt hat. Die imperialistische Politik erhielt dadurch eine ideologische Legitimation, ohne die sich die kriegerische Massenmobilisierung der drei Staaten nicht oder nicht so leicht hätte bewerkstelligen lassen. Außerdem hatten die drei Regime so etwas wie einen gemeinsamen ideologischen Hauptfeind: den Bolschewismus. Wenn irgend etwas, dann hat der Antibolschewismus Deutsche, Japaner und Italiener miteinander verbunden. Nicht umsonst erfolgte die diplomatische Verständigung untereinander zunächst über den ideologisch hoch aufgeladenen Antikominternpakt vom 25.11.1936. Der Antibolschewismus wurde zwar jeweils etwas anders begründet: Die Nationalsozialisten verbanden ihn mit ihrem Rassenantisemitismus, in Italien wurde er mit der Verschwörungsangst vor der Freimaurerei zusammengezogen, und in Japan schließlich verschmolz er mit dem antiwestlichen Denken. Jede Diktatur hatte insofern ihren besonders akzentuierten Antibolschewismus, aber daraus ergab sich in ideologischer Hinsicht doch ein kleinster gemeinsamer Nenner. Selbstverständlich war der Bolschewismus keine reale Gefahr, real aber war in allen drei Diktaturländern die Angst vor diesem.

Mindestens ebenso wichtig wie die ideologische Konvergenz war für die drei Diktaturregime ihre militaristische Grundstruktur. Nicht nur das japanische Militärregime, sondern auch das faschistische und das nationalsozialistische waren in ihrem Kern militaristische Diktaturen. Man kann sogar die These vertreten, daß die bewaffnete Macht für den Aufbau der beiden faschistischen Regime jeweils eine ebenso herausragende Bedeutung hatte, wie die Partei. Nicht zufällig entwickelte Hitler 1933 die sogenannte Zwei-Säulen-Theorie, wonach NSDAP und Wehrmacht die beiden ›Säulen‹ des neuen Staates sein sollte. Noch in den beiden von Arnold Bräker geschaffenen Skulpturen vor der neuen Reichskanzlei kommt diese Machtstrategie zum Ausdruck: Sie symbolisierten Partei und die Wehrmacht. Nicht hohe Parteiführer, sondern hohe Offiziere und Generäle waren es auch, denen Hitler von der Besprechung am 3.2.1933 an bis zu der von Hoßbach nachträglich protokollierten Besprechung vom 5.11.1937 Einblick in seine eigentlichen imperialistischen Fernziele gab. Die Reichswehrführung spielte dabei nur zu gerne mit, da sich für sie, was die Revision des Versailler Vertrages betraf, zumindest eine »Teilidentität der Ziele« ergab.[34] Widerstandslos nahm man deshalb nach der sogenannten Blomberg-Fritsch-Krise die stufenweise Gleichschaltung und schließlich die Unterstellung unter den persönlichen Oberbefehl Hitlers hin. Die Wehrmacht war von Anfang an ein tragender Teil des NS-Regimes, und sie blieb es erst recht, nachdem Hitler ihre Führung übernommen hatte. Der totalitär-faschistische Staat des ›Dritten Reiches‹ war ein totalitär-faschistischer Militärstaat.

Auch Mussolini wußte von Anfang an, daß er die bewaffnete Macht im Staat zur Stabilisierung seines faschistischen Regimes brauchte. Ohne die wohlwollende Neutralität des Heeres wäre schon der Aufstieg des Faschismus und der sogenannte ›Marsch auf Rom‹ am 28. Oktober 1922 nicht möglich gewesen. Mit einer seiner ersten Amtshandlungen unterstellte Mussolini die faschistischen Milizen dem Staat und besetzte ihre wichtigsten Führungspositionen mit Heeresoffizieren. Die faschistische Miliz (MVSN) verlor dadurch ihren Charakter einer Parteiarmee, womit Mussolini seine Herrschaft dauerhaft bei der bewaffneten Macht absicherte. Da der König Oberbefehlshaber des Heeres und der Marine blieb, konnte Mussolini diese allerdings nicht so vollständig in sein Regime einordnen wie Hitler. Beim Eintritt in den Krieg am 11.6.1940 gelang es ihm lediglich, dem König den Oberbefehl über die kämpfende Truppe abzuringen, was freilich wenig besagte, da er sich um operative und militärstrategische Planungen nur wenig kümmerte. Mussolini machte seit 1925 allerdings alle Anstrengungen, das faschistische Regime, in das er Armee und Marine nicht direkt integrieren konnte, systematisch zu militarisieren.[35] Nicht nur aus wirtschaftspolitischen Gründen ließ er die berüchtigten Erzeugungsschlachten von der ›Schlacht für die Lira‹ über die ›Getreideschlacht‹ bis zum Kampf für eine höhere Geburtenrate führen. Genauso wie in Deutschland unternahm das Regime in den dreißiger Jahren besondere Anstrengungen, die Jugend durch gezielte vormilitärische Ausbildung dem angestrebten Ideal der ›nazione militare‹ näherzubringen. 1934 wurde an allen Schulen und Universitäten der Unterricht in vormilitärischer Erziehung in einem *Corso di cultura militare* verpflichtend gemacht. Auch wenn die vom Faschismus betriebene Militarisierung der Gesellschaft, wie immer wieder betont wird, insgesamt weit weniger gelungen ist als im nationalsozialistischen Deutschland, so steht doch fest, daß der militärische Stil auch zum genuinen Habitus des italienischen Faschismus gehörte.

Daß die »Martialisierung des gesamten öffentlichen Lebens« für das japanische Diktaturregime besonders charakteristisch war, versteht sich von selbst.[36] Man kann deshalb sagen, daß die Militarisierung der Gesellschaft die drei Diktaturregime am meisten miteinander verband. Und diese Militarisierung wurde nicht um ihrer selbst willen betrieben. Sie hatte vielmehr in allen drei Diktaturen das klare Ziel, die Bevölkerung für den Krieg zu mobilisieren. Nicht nur die Vorbereitung auf den Krieg, sondern der Krieg selbst gehörte zum Alltag aller drei Regime. Als faschistische Regime waren sie in erster Linie Kriegsregime.

Bezeichnenderweise führte jede der drei Diktaturen in der Zeit vom Beginn der dreißiger Jahre bis zur Globalisierung des Krieges im Jahre 1941 zunächst jeweils für sich eine Serie von kleineren Kriegen. Dabei handelte es sich ausnahmslos um imperialistische Aggressionskriege, welche der inneren Moblisierung dienten, dieser aber zugleich bedurften, um durchgeführt werden zu können. Die Militarisierung im Innern verband sich in diesen Kriegen mit der militärischen Aggressionspolitik nach außen.

Schon seit Beginn der faschistischen Herrschaft kämpften italienische Truppen in Nordafrika einen zermürbenden Kleinkrieg, um die Vorkriegskolonien Tripolis und Cyrenaika zu ›befrieden‹.[37] Seit 1929 handelte es sich hier um einen regelrechten Krieg, den Mussolini freilich verborgen halten mußte, weil er 1928 den Kellogg-Pakt mitunterzeichnet hatte. Erst Anfang der dreißiger Jahre konnten die Aufstandsbewegungen unterdrückt werden, so daß 1934 die vereinigte Kolonie Libyen geschaffen werden konnte. Schon Ende desselben Jahres faßte Mussolini den Entschluß, den afrikanischen Kaiserstaat Abessinien militärisch zu überfallen und zur italienischen Kolonie zu machen. Die Vorbereitungen für diesen Überfall hielt eine entsprechend indoktrinierte Öffentlichkeit im faschistischen Italien bis zum Herbst 1935 in Atem. Der Abessinienkrieg erwies sich dann als alles andere als ein Spaziergang. Er zog sich vom Oktober 1935 bis zum Mai 1936 hin. Mussolini mußte am Ende über 400000 Mann, die Hälfte des italienischen Heeres, sowie außerdem noch 90000 Mann an Kolonialtruppen aufbieten, um den unerwartet hartnäckigen Widerstand des Negus zu brechen. Das kostete die Italiener am Ende des Nationaleinkommen eines Jahres. Das Land stieß damit an den Rand seiner militärischen Leistungsfähigkeit. Gleichwohl stand Mussolini 1936 als *Fondatore dell'Impero* auf dem Gipfel seiner Popularität. Das einzige, was er nachträglich bedauert haben soll, war die in seinen Augen zu geringe Zahl von nur 5000 italienischen Gefallenen. Höhere Verlustzahlen hätten dem kriegerischen Appeal des faschistischen Regimes in seinen Augen besser angestanden.[38]

Schon vor dem Ende des Abessinienkrieges sprach Mussolini von einem baldigen neuen Krieg, ohne sich indessen schon genau festzulegen. Unverhofft erhielt er dann aber im Juli 1936 Gelegenheit, nach dem Generalsputsch in Spanien militärisch einzugreifen. In rascher Steigerung erreichten die italienischen Interventionstruppen bald über 70000 Mann. Die Verluste waren absolut gesehen geringer als im Abessinienkrieg, in prozentualer Hinsicht jedoch erheblich höher. Ein großer Teil davon kam überdies in einer einzigen Schlacht, der von Guadalajara, ums Leben, der ersten großen, nicht zu verheimlichenden militärischen Niederlage des Faschismus. In einem Regime, das auf die Perpetuierung gewaltsamer Expansion ausgerichtet war, wog das schwer. Mussolini mußte sich deshalb bis zum Ende des Bürgerkriegs in Spanien engagieren, um eine militärische Rehabilitierung zu erreichen.

Nur eine Woche nach dem Ende des Spanischen Bürgerkriegs überfiel am 7.4.1939 ein italienischer Flottenverband das kleine Albanien. In wenigen Tagen konnte hier ein militärischer Sieg errungen und das Land dem *Impero fascista* eingegliedert werden. Die militärische Dauerbesetzung Albaniens brachte dem faschistischen Italien nun jedoch erhebliche militärische Folgekosten ein. Als Hitler 1939 mit seinen Kriegen begann, waren die militärischen Ressourcen Italiens denn auch weitgehend erschöpft. Mussolini mußte die völkerrechtlich fragwürdige Formel von der ›Nonbelliggeranza‹ erfinden, um außerhalb des Konfliktes zu bleiben, ohne mit Deutschland zu brechen.

Auch für das japanische Diktaturregime war eine allmähliche Einfädelung in den Krieg charakteristisch. Als Ausgangspunkt dieser Kriegspolitik kann der sogenannte mandschurische Zwischenfall vom September 1931 gelten, der durch die japanische Heeresführung gegen den Willen der zu dieser Zeit noch parlamentarisch orientierten Regierung ausgelöst wurde.[39] Das Ergebnis dieses Angriffskriegs war die Errichtung des japanischen Satellitenstaates Mandschukuo. Fast nach demselben Muster wurde auch der sogenannte Shanghai-Zwischenfall vom Juli 1937 ausgelöst, durch den Japan den Krieg gegen China eröffnete. Der schnelle Sieg, den die Militärführung auch dieses Mal erhoffte, stellte sich jedoch nicht ein. Vier Monate lang mußte die japanische Armee um Shanghai kämpfen, ehe die chinesische Garnison im November 1937 kapitulierte. Die japanische Regierung und auch der Generalstab wollten daraufhin eigentlich den Krieg begrenzen. Der Oberkommandierende in China (Matsui Iwane) setzte den Krieg jedoch auf eigene Rechnung fort und überfiel im Dezember 1937 Nanking, wo es anschließend zu den genannten Kriegsverbrechen kam. In einem verschlungenen Entscheidungsprozeß, wie er für das japanische Diktatursystem typisch war, akzeptierten Regierung und Heeresführung die eigenmächtig getroffenen Entscheidungen, mit der Folge, daß sich der Krieg in China noch über drei Jahre hinziehen sollte.

Hitler schließlich war bei seiner Machtergreifung noch weit davon entfernt, einen Krieg führen zu können. In einem Stakkato von aggressiven politischen Schritten demonstrierte er jedoch schon in den ersten Jahren seiner Herrschaft, daß sein Regime künftig auf Krieg hin angelegt sein sollte. Der Rückzug von der Abrüstungskonferenz, der Austritt aus dem Völkerbund, die Ankündigung der allgemeinen Wehrpflicht, der Aufbau eines Heeres von 36 Divisionen und die Besetzung des entmilitarisierten Rheinlandes erfolgten Schlag auf Schlag. Hitlers erste Kriege gegen Polen, Holland und Belgien, Frankreich, gegen Jugoslawien und Griechenland sowie gegen Dänemark und Norwegen, d.h. die sogenannten Blitzkriege, entsprachen schließlich durchaus den Kriegen Mussolinis und den von den Japanern inszenierten militärischen ›Zwischenfällen‹. Hitler setzte die innere Militarisierung der deutschen Gesellschaft durch diese scheinbar begrenzten Kriege in die Praxis um und versuchte so die Deutschen auf ähnliche Weise an den Krieg zu gewöhnen wie Mussolini die Italiener und die Militärs die Japaner.

Für den Zusammenhang von innerer Mobilisierung und äußerer Aggression ist es bezeichnend, daß in Deutschland, in Japan und in Italien nach den ersten imperialistischen Erfolgen bei der Bevölkerung jeweils die größte Zustimmung zu der Diktatur hergestellt wurde: In Japan 1932 nach dem Mandschukuo-Zwischenfall, in

Italien 1936 nach dem Abessinienkrieg und in Deutschland 1939 nach dem Polenkrieg. Das bedeutete freilich nicht, daß das Kalkül der Diktatoren aufgegangen wäre, die Bevölkerung auch in einem globalen Krieg hinter sich zu haben. Die aggressionsorientierte Massenmobilisierung war nur mit schnellen militärischen Siegen zu erreichen, nicht mit Niederlagen, wie sie seit Stalingrad und El Alamain die Regel waren.

Ob der Zusammenhang von innerer Militarisierung und imperialistischer Expansion in den drei Diktaturstaaten einem rationalen politischen Kalkül entsprang, ist in der Forschung jeweils umstritten. Es lohnt sich deshalb, das Problem der Systemrationalität im Vergleich zu diskutieren.

Nach der unter rein politikgeschichtlich argumentierenden Historikern herrschenden Lehre hatte Hitler ein imperialistisches Problem, das er Stück um Stück umsetzte. Hitlers außenpolitische Aktionen mochten nach dieser Interpretation noch so widersprüchlich und sprunghaft sein, sie seien doch immer Ergebnisse eines rationalen Kalküls gewesen.[40] Daß Hitler im Juni 1941 entgegen seinem ›Programm‹ die Sowjetunion angriff, ohne den Rücken im Westen freizuhaben, war mit diesem Interpretationsansatz jedoch letzten Endes nicht zu erklären. Sehr viel einleuchtender war demgegenüber Martin Broszats These, daß Hitlers Vorhaben, im Osten ›Lebensraum‹ für die ›germanische Rasse‹ zu erobern, eine »Metapher und utopische Umschreibung« eines »kontinuierlichen Strebens nach immer mehr machtpolitischer Handlungsfreiheit« war.[41] Letzten Endes könnte man mit Schumpeter von einem Prinzip »objektloser Expansion« sprechen, von einem Expansionsdrang ohne räumliche und zeitliche Begrenzung. Das soll nicht heißen, daß Hitler eine absolut utopische Politik getrieben hätte. In räumlich und zeitlich überschaubaren Entscheidungszusammenhängen war er zumindest bis 1941 durchaus zu rational begründetem Kalkül und flexiblem Handeln fähig. Es war der Widerspruch zwischen diesen beiden Handlungsebenen, der die nationalsozialistische Außenpolitik einerseits unkalkulierbar und andererseits so aggressiv machte.[42]

Mutatis mutandis gilt das auch für die imperialistische Politik Mussolinis. Das als *mare nostrum* definierte Mittelmeer war ja von Anfang an keineswegs der Zielpunkt von Mussolinis imperialen Vorstellungen. Schon der Überfall auf Abessinien zeigte dies deutlich. Aus einer Reihe von geheimen Reden, die Mussolini zwischen

1938 und 1940 gehalten hat, kann man sogar entnehmen, daß er ein imperialistisches Parallelprogramm zu dem Hitlers entwickelt hat. Auch bei ihm finden sich utopische Fernziele in einem unaufgelösten Spannungsverhältnis mit konkreten Bündnisüberlegungen. Am deutlichsten wird das an einer geheimen Rede erkennbar, die Mussolini am 4.2.1939 vor dem *Gran Consiglio del Fascismo* gehalten hat.[43] Er stellt Italien darin als »Gefangenen am Mittelmeer« hin: »Die Riegel dieses Gefängnisses sind Korsika, Tunesien, Malta und Zypern. Seine Wächter sind Gibraltar und Suez.« In einer Art von Stufenplan setzte er der italienischen Politik zunächst das durchaus realistische Ziel, diesen »Gefängnisriegel aufzubrechen«. In einer zweiten Stufe erhielt sein imperialistisches Programm dann aber völlig utopische Dimensionen: »Vormarsch zum Ozean. Zu welchem Ozean? Zum Indischen Ozean durch den Sudan, der Libyen mit Abessinien verbindet; oder zum Atlantischen Ozean durch Französisch-Nordafrika? Im ersten wie im zweiten Fall« – und nun wird es wieder konkret – »stoßen wir auf englisch-französischen Widerstand. Es wäre sinnlos, die Lösung dieses Problems ohne Rückendeckung auf den Kontinent anzupacken«. Als Fazit dieses atemberaubenden Szenarios erklärte Mussolini dann am Ende seiner Rede, daß die »Politik der Achse Rom–Berlin« deshalb »einer grundlegenden historischen Notwendigkeit« entspräche. Das war sicherlich nicht ganz so mythisch gedacht wie Hitlers ›Lebensraum im Osten‹, jedoch deutete das wahlweise am Indischen und am Atlantischen Ozean angepeilte Ziel einer faschistischen Expansion deren im Grunde ebenfalls objektlosen Charakter an. Nicht ganz zu Unrecht hat man diese Rede deshalb als »eine Art von ›Mein Kampf‹« bezeichnet.[44]

Für Japan schließlich war charakteristisch, daß immer wieder von einer »Neuen Ordnung Großostasiens« gesprochen wurde daß der Weg zur Schaffung einer solchen japanischen Hegemonie jedoch offenblieb.[45] Richtete die Marineführung innerhalb des polykratisch strukturierten Diktatursystems ihre Blicke mehr nach Süden, sah die Heeresführung nach Westen. Für die einen waren die europäischen Westmächte und die USA, für die anderen die Sowjetunion der Hauptgegner. Dieser grundlegende Widerspruch konnte nie aufgelöst werden. Um so deutlicher müssen die geheimen Pläne der Regierung Konoe vom Juni 1940 als utopisch bezeichnet werden, in denen die Ausdehnung der ›großostasiatischen Wohlstandssphäre‹ unter japanischer Führung bis nach Australien und Indien hin gedacht wurde. Auch hier also jener im Grunde objektlose Expansionismus, der auch für die faschistische und besonders für die nationalsozialistische Imperialpolitik bezeichnend war. Wie immer man das Zustandekommen des ›weltpolitischen Dreiecks‹ zwischen Deutschland, Italien und Japan deshalb erklären will, scheint mir eines sicher zu sein: Es fanden sich darin die drei Regime zusammen, deren expansionistische Dynamik systembedingt war. Ungeachtet aller Unterschiede waren die drei Diktaturen außenpolitisch auf eine Unterdrückungspolitik angelegt, die jeweils ihrer inneren Verfassung entsprach.

6. Duce und Führer

Fotografische Inszenierungen

Es kann kein Zweifel daran bestehen, daß die mediale Inszenierung Mussolinis und Hitlers jeweils zu den bemerkenswerten Merkmalen faschistischer Diktatur gehörte. Das gilt in besonderem Maße für die visuellen Medien Film und Fotografie, welche die beiden Diktatoren gezielt zu ihrer Herrschaftssicherung genutzt haben. Sie dienten mindestens im selben Maße der Konstruktion des »Führermythos« wie propagandistische Texte aller Art.[1] Deshalb dokumentieren sie nicht nur die »Visualität von Geschichte«, sondern sie brachten diese selbst hervor.[2] Bilder, ob statisch oder bewegt, spiegeln nicht die historische Realität der faschistischen Regime wider, sie verbergen diese jedoch auch nicht einfach, so als ob sie nur »schöner Schein« von etwas ganz anderem wären.[3] Man muß vielmehr davon ausgehen, daß sie in besonderer Weise Teil der faschistischen Realität waren. Sie lassen erkennen, wie die faschistischen Diktatoren gesehen werden wollten. Ihre fotografische Selbstdarstellung sagt etwas darüber aus, welche Wirkung sie über die Bilder erzielen wollten. Insofern waren sie Teil des faschistischen ›Programms‹ der beiden Diktatoren, ebensoso wie dies ihre Reden auf Massenversammlungen oder über das Radio waren.

Für die faschistischen Bewegungen des zwanzigsten Jahrhunderts und besonders die beiden faschistischen Regime in Italien und Deutschland war es ja gerade charakteristisch, daß sie weniger wort- als handlungsorientiert waren. Nicht so sehr vorgeformte, für alle Mitglieder der Bewegung verbindliche Texte, als vielmehr gewalttätige Gemeinschaftserlebnisse bzw. nach dem Machtgewinn ritualisierte Aktionen wie Aufmärsche, Appelle, Fahnenweihen, Gelöbnisse, sportliche Wettkämpfe oder kollektive Sammelaktionen waren für den Faschismus charakteristisch. Sie sollten im kollektiven Vollzug die intendierte faschistische ›Volksgemeinschaft‹ konstituieren.[4] Bilder hatten in diesem Zusammenhang eine zentrale Bedeutung. Sie vermittelten die kollektiven Gemeinschaftserlebnisse zumindest visuell auch an diejenigen weiter, die nicht persönlich dabei gewesen waren und bezogen so im »Zeitalter der technischen Reproduzierbarkeit« (Walter Benjamin) das gesamte ›Volk‹ in die Gemeinschaft ein. Die Utopie der faschistischen ›Volksgemeinschaft‹ erhielt mittels der Bilder eine virtuelle Realität.

Eine besondere Rolle spielten in diesem Zusammenhang die Bilder der beiden ›Führer‹,[5] über die sich Mussolini und Hitler jeweils als Repräsentanten der ›Volksgemeinschaft‹ stilisierten. Nur die Führer waren in der Diktatur visuell allgegenwärtig, nur für sie wurde ein fotografischer Personenkult betrieben, der sie von der Masse abhob, und nur sie konnten darüber bestimmen, wie sie auf Bildern in der faschistischen Öffentlichkeit präsentiert wurden. Auf den Führerbildern ist daher nicht zu erkennen, wie Hitler und Mussolini *waren*, sondern wie sie *sein wollten*. Für das Verständnis der besonderen Form von charismatischer Führerdiktatur, wie sie die faschistischen Regime in Italien und Deutschland darstellten, ist dies aber von besonderer Bedeutung, da sich über die Interpretation der Führerbilder die Mechanismen der Massensteuerung erklären lassen.

Diese Bilder lassen freilich auch erkennen, daß ihre visuelle Inszenierung nur so lange möglich war, wie die beiden faschistischen Führer politischen Erfolg hatten. Als sich mit den militärischen Niederlagen im Krieg der Untergang der beiden Regime abzeichnete, übten die Führerbilder auf die Massen zunehmend weniger charismatische Wirkung aus, denn politisches Charisma ist immer an den Erfolg gekoppelt. Wenn in der Endphase ihrer Diktaturregime noch aktuelle Bilder von Hitler und Mussolini gezeigt wurden, dann wirkten diese wahrscheinlich eher kontraproduktiv. Sie vermittelten möglicherweise nicht mehr das, was die beiden Diktatoren wollten, sondern sie ließen erkennen, in welchem realen Zustand diese sich befanden.

Es versteht sich von selbst, daß mit der Interpretation ausgewählter fotografischer Bilder Hitlers und Mussolinis nicht die gesamte Struktur ihrer Diktaturen erklärt werden kann, jedoch eröffnet der Blick auf die Führerbilder einen zusätzlichen historischen Erkenntnisgewinn. Auch der *visual turn* kann keinen Königsweg in die Geschichte eröffnen, wohl aber einen anderen Blick auf diese. Da die historische Bildforschung sowohl für den italienischen als auch für den deutschen Faschismus noch vergleichsweise in den Anfängen liegt, soll damit nicht der Anspruch auf eine erschöpfende Bildinterpretation erhoben werden.[6] Wohl aber soll durch einen komparatistischen Zugriff methodisch ein neuer Weg gegangen werden. Die visuellen Darstellungen des *Duce* einerseits und des ›Führers‹ andererseits werden nicht jeweils für sich analysiert. Vielmehr soll der Versuch gemacht werden, in einer thematisch gegliederten Parallelschau der Fotos das Gemeinsame, das genuin Faschistische hervortreten zu lassen. Die optische Gegenüberstellung soll zeigen, welch auffallende Parallelen und häufig sogar verblüffende Übereinstimmungen es zwischen den Fotos der beiden Diktatoren gibt.

Wie wichtig Mussolini und Hitler die fotografische Stilisierung ihrer Führerrollen war, läßt sich schon daran ablesen, daß beide diese Bildproduktion frühzeitig ihrer Kontrolle zu unterwerfen suchten. Die Verbreitung von Führerbildern war damit Teil ihrer politischen Herrschaftssicherung. Schon 1924 ließ Mussolini die sogenannte *L'Unione Cinematografica Educativa* (LUCE) gründen, die alle audiovisuellen Informationssysteme einschließlich der Fotografie kontrollieren sollte. Durch ein Dekret vom 24.1.1929 wurde dem Institut die »Produktion, Herausgabe und der Vertrieb von Filmen und Fotografien sowohl eigener als auch fremder Herstellung mit didaktischem, erzieherischem, künstlerischem, kulturellem und wissenschaftlichem Inhalt zum Zwecke der Sozial-, Wirtschafts-, Gesundheits-, Landwirtschafts-, Berufs- und Nationalpropaganda« zugewiesen.[7] Diese umständliche Aufgabenbeschreibung implizierte nicht weniger als den Auftrag zur lückenlosen Erfassung der gesamten politischen Bildproduktion des Faschismus.[8] Damit sollte die visuelle Idolisierung Mussolinis als *Duce del fascismo* autoritativ gesteuert und von allen politisch nicht genehmen Visualisierungen freigehalten werden.[9] Das ging über eine vorgeschaltete oder nachträgliche Zensur deutlich hinaus: nur solche Fotos und Filmsequenzen sollten überhaupt von Mussolini verbreitet werden, die in dessen Auftrag hergestellt worden waren. Auch wenn diesem Anspruch im faschistischen Regime nie in vollem Umfang Genüge getan werden konnte, beherrschte das LUCE-Institut seit den dreißiger Jahren doch die gesamte, entsprechend hagiographische Bildproduktion des *Duce*. Auch wenn es sich um eine »oftmals schlecht koordinierte und schludrige Bildproduktion«[10] handelte, wurde Mussolini gleichwohl zum »Star einer gewaltigen, endlosen Plansequenz«.[11]

Administrativ war das Institut zunächst dem von Mussolini bezeichnenderweise neu geschaffenen Staatsekretariat für Presse und

Propaganda (*Sottosegretariato per la stampa e propaganda*) unterstellt, das am 24.6.1935 in ein selbständiges Ministerium für Presse und Propaganda umgewandelt wurde.[12] Wie stark gerade in diesem zentralen Bereich faschistischer Diktatur die gegenseitige Wahrnehmung und der wechselseitige Transfer zwischen italienischem und deutschem Faschismus war, zeigte die nach Ausrufung der ›Achse Rom–Berlin‹ am 1.6.1937 erfolgte endgültige Umbenennung dieses Ministeriums in *Ministero per la Cultura Popolare*. Das faschistische Regime in Italien orientierte sich damit am schon am 11.3.1933 eingerichteten nationalsozialistischen Reichsministerium für Volksaufklärung und Propaganda. Nachdem die faschistische Kontrolle des Kulturlebens für Goebbels ursprünglich das Modell gewesen war, lieferte er jetzt selbst wiederum das Vorbild für die Italiener. Nicht mehr bloße Pressearbeit, sondern eine massive Ideologisierung der Bevölkerung war nun auch in Italien das Ziel. Die fotografische Idolisierung Mussolinis war dabei ebenso zentral wie die Hitlers in Deutschland.

Im nationalsozialistischen Deutschland setzte man allerdings von vorneherein mehr auf Kontrolle und Pressezensur als auf eine eigene politische Bildproduktion. Im Propagandaministerium von Goebbels wurde ein besonderes »Bildpresse-Referat« eingerichtet,[13] das die gesamte Bildpublizistik zu überwachen hatte. Das sollte nach außen hin den Anschein einer pluralistischen Bildberichterstattung erwecken, lief in der Praxis freilich auf eine immer rigidere Zensur hinaus. Die fotografische Idolisierung Hitlers behielt zunächst vor allem Heinrich Hoffmann in der Hand, der schon vor 1933 der »Hoffotograf« des Führers gewesen war.[14] Als Fotograf blieb Hoffmann während des gesamten ›Dritten Reiches‹ ein Privatunternehmer, seine »monopolähnliche Stellung« beruhte einzig und allein auf dem persönlichen Verhältnis zu Hitler,[15] der ihm – wie auch bei vielen anderen persönlichen Beziehungen – als ›Altem Kämpfer‹ vertraute.[16]

Die hohe Bedeutung, welche die beiden Diktatoren ihrer fotografischen Selbstdarstellung zumaßen, läßt sich zweitens auch daran ablesen, daß sie sich offensichtlich genau überlegten, in welchem Habitus sie sich jeweils öffentlich ablichten ließen. Das bedeutet nicht, daß sie in vergleichbaren Situationen auch immer zu gleichen Lösungen kamen, ihre Auftritte besaßen jedoch durchaus ähnliche Funktionen.

Bis zu ihrer Machtübernahme präsentierten sie sich in erster

Linie als uniformierte Parteiführer. Das wichtigste Requisit ihres fotografischen Auftritts war daher in dieser Zeit der ›Bewegung‹ die Parteiuniform. Mussolini zeigte sich überwiegend in der Uniform eines faschistischen Milizführers,[17] während Hitler es zwar vermied, sich in einer bestimmten Parteiuniform portraitieren zu lassen, aber doch mit seiner Uniformierung keinen Zweifel an seiner Verankerung in der Partei ließ.[18] Vorwiegend ließ er sich mit einem stilisierten Braunhemd fotografieren.

Da sie jedoch nicht bloß revolutionäre Parteiführer und Führer einer Privatarmee bleiben, sondern einen breiten Massenkonsens erreichen wollten, suchten sie frühzeitig nach fotografischen Posen, mittels derer sie über ihre engeren Parteigänger hinaus Resonanz finden konnten. Neben den meist martialischen Fotos in Parteiuniform entstanden deshalb schon frühzeitig auch solche, die konservativere Sympathisanten anzusprechen vermochten. Schon vor 1933 ließ sich Hitler beispielsweise von Hoffmann als bodenständiger Bayer in Lederhosen, als Bergwanderer, Schreibtischgelehrter oder als Tierfreund ablichten.[19] Mussolini hingegen war so schnell an die Macht gekommen, daß er fotografisch bis 1922 fast ausschließlich als revolutionärer Parteiführer in Erscheinung getreten war. Erst später diversifizierte er sein visuelles Image, während Hitler jetzt das seine vereinfachte. Beide entwickelten über alle habituellen Veränderungen ihres Auftretens hinweg jedoch jeweils eine Art von physiognomischem Logo. Mussolini präsentierte sich mit kahlem Schädel, ohne Bart, mit hochgezogenen Lippen und vorgestrecktem Kinn, eine Hand meist energisch in die Seite gestützt.[20] Schon der Verzicht auf jedwede Art von Bart war für die politische Klasse wie überhaupt das Bürgertum in Italien eine Provokation. Das Rasieren des Haupthaares machte ihn vollends zu einer körperlichen Ausnahmeerscheinung. Hitler entwickelte von sich ein Bild mit einem eigenwillig gestutzten Schnauzbart und der ins Gesicht fallenden Haarlocke als besonderem Markenzeichen, das vor allem Entschlossenheit und Energie ausstrahlen sollte.[21] Auch er wurde auf diese Weise zu einem physiognomischen Sonderfall, der ihn von allen anderen Politikern abhob. Auf den Fotos, auf denen Hitler und Mussolini als Redner abgebildet sind, gestikulieren beide in der Regel wild mit den Händen.[22] Was sie hiermit anzeigen wollten, war die Einführung eines neuen, körperbetonten politischen Redestils, der sie auch visuell von anderen Politikern unterschied.

Da weder Mussolini noch Hitler 1922 bzw. 1933 eine Einparteienherrschaft errichten konnten, sondern zunächst auf nationalkonservative Koalitionspartner angewiesen waren, mußte ihnen daran liegen, durch visuelle Repräsentation den Anschein von Normalität zu verbreiten. Bezeichnenderweise suchten sich beide ihres revolutionären Images zumindest optisch zu entledigen und als seriöse Staatsmänner zu erscheinen. Mussolini blieb im Grunde sogar bis zu seinem Sturz am 25.7.1943 darauf angewiesen, »gleichzeitig Modernität, Effizienz und beruhigende Kontinuität« auszudrücken.[23] Da Hitler nach dem Tod Hindenburgs am 1. August 1934 das Reichspräsidentenamt usurpieren und danach in kurzer Zeit seine nationalkonservativen und militärischen Partner sukzessive entmachten konnte, mußte er diese fotografische Mimikry eigentlich nicht weiterbetreiben, auch er präsentierte sich jedoch bis zum Kriegsbeginn bei Gelegenheit in konservativem Habitus.

Mussolini ließ beispielsweise am 28.10.1925 zum dritten Jahrestag des ›Marsches auf Rom‹ ein Foto von sich verbreiten, das ihn im traditionellen Festornat der italienischen Ministerpräsidenten mit einer an den Rändern bestickten Jacke und dem traditionellen Zweispitz zeigte.[24] Das war zweifellos eine optische Beruhigungsgeste, durch die er dem König und den diesem verpflichteten Partnern seiner Regierung demonstrieren wollte, daß er auch nach seinem Staatsstreich vom 3.1.1925 weiterhin konstitutionell zu regieren gedachte. Hitler entschied sich nach dem 30.1.1933 für eine Monumentalisierung als Staatsmann, die sich an traditioneller Herrscherikonografie orientierte. Man muß diese nicht gleich auf absolutistische Herrscherbildnisse zurückführen,[25] wohl aber dürften Lenbachs Bismarckportraits Pate gestanden haben. Wie Bismarck zeigte sich Hitler auf einem weit verbreiteten und bis zum Ende des ›Dritten Reiches‹ in den meisten Amtsstuben hängenden Foto in militärischer Verkleidung. In der Uniform eines einfachen Weltkriegssoldaten mit Schulterriemen und Koppelschloß, dekoriert nur mit dem Eisernen Kreuz erster Klasse, blickte er stehend mit ruhigem Blick am Betrachter vorbei. Über der stilisierten militärischen Uniform trägt er auf dem Foto, die eine Hand in die Hüfte gestützt, einen offenen Militärmantel. Auch wenn es keine schriftlichen Aussagen Hitlers darüber gibt, kann diese visuelle Demonstration nur als politische Konzession interpretiert werden. Hitler signalisierte damit, daß er die Kleidung des revolutionären Parteiführers abgelegt hatte und sich nunmehr als besonnener Staatsmann präsentieren wollte.[26] Der wichtigste Adressat dieser habituellen Formveränderung war die Wehrmacht: Hitler zeigte sich als Reichskanzler in einer, wenn auch fingierten, militärischen Uniform. Nur auf einem um seinen Hals geschlungenen Tuch ist ein Parteiabzeichen der NSDAP befestigt. Damit deutete Hitler zweifellos an, daß er als Führer der nationalen Einheitsregierung das Eiserne Kreuz mit dem Hakenkreuz in seiner Person vereinen wollte, eine symbolische Repräsentation seines erklärten Willens, daß Partei *und* Wehrmacht im ›Dritten Reich‹ die beiden ›Säulen‹ des Regimes sein sollten.

Als Normalisierungsbilder müssen auch die Fotos angesehen werden, auf denen Mussolini und Hitler nach ihrer Machtergreifung jeweils in völlig zivilem Habitus abgebildet sind. Beide scheuten sich nicht, Frack und gelegentlich sogar Zylinder anzuziehen, auch wenn sie damit exakt dem bürgerlichen Rollenbild entsprachen, das sie ursprünglich »als Symbol des bürgerlichen Verhaftetseins an die Vergangenheit« vehement bekämpft hatten.[27] Von Hitler sind etwa solche Fotos, abgesehen vom ›Tag von Potsdam‹,[28] vor allem anläßlich von Diplomatenempfängen und von seinen Besuchen bei den Bayreuther Festspielen überliefert. Am 23.7.1937 begrüßte er z. B. Winifred Wagner am Portal des Festspielhauses im Frack, am 1.6.1939 ließ er sich zusammen mit dem jugoslawischen Prinzregentenpaar bei einem Abendempfang in der Reichskanzlei ebenso ablichten.[29] In der gleichen Kleidung ließ sich Mussolini im Oktober 1937 bei einem Empfang zusammen mit dem Komponisten Mascagni fotografieren.[30] Mit Frack und Zylinder präsentierte er sich am 25. Mai 1932 an der römischen *Stazione Termini* zum Empfang des türkischen Ministerpräsidenten.[31]

Nach Durchsetzung ihrer faschistischen Führerherrschaft standen beide Diktatoren vor dem Problem, visuell weder in ihre revolutionären Anfänge zurückfallen noch als konventionelle Regierungschefs auftreten zu wollen. Beide lösten dieses für sie existentielle Problem durch die gezielte Ausgestaltung des charismatisch vermittelten ›Führermythos‹, die faschistische Sonderform des bürokratisch gelenkten ›Personenkultes‹. Als *Duce* bzw. als ›Führer‹ stellten sie sich sowohl über die von ihnen jeweils geschaffene faschistische Bewegung als auch über den traditionellen Regierungsapparat. Hitler stilisierte sich visuell in deutlicher Distanz zum ›Volk‹. Zwar ließ er durch weitverbreitete Bildbände über »Hitler abseits vom Alltag« gegensteuern,[32] aber auch in seinen vorgeblichen Alltagsrollen blieb er letztlich für andere unerreichbar. Der visuell gestützte Führermythos war darauf abgestellt, Hitler nicht als normalen Zeitgenossen, sondern als Übermenschen erscheinen zu lassen.

Mussolini posierte dagegen auf Fotografien als Rennfahrer, als Tennisspieler, als Fechter, als Reiter, als Flieger oder als Skifahrer.[33] In deutlichem Kontrast zu Hitler gab er sich in diesen Sportrollen ausgesprochen körperbetont.[34] Es gibt von ihm auch Fotos als Erntehelfer oder als Grubenarbeiter.[35] Das sollte die visuelle Repräsentation eines kraftvollen Alleskönners ergeben, der nicht entrückt, sondern allgegenwärtig zu sein schien. Wenn Hitler auf Fotografien als alterslos dargestellt wurde, wurde Mussolini zum jugendlichen Kraftmensch stilisiert, der nicht zu altern schien. Anders als bei Hitler wurde sein Geburtstag bezeichnenderweise nicht öffentlich begangen. Demonstrativ ließ sich Mussolini auch mit nacktem Oberkörper fotografieren, so etwa bei der Ernte im Agro Pontino im Schnee oder sogar bei einem Zusammentreffen mit dem österreichischen Bundeskanzler Dollfuß am Strand von Riccione, eine für Hitler erst recht völlig undenkbare Situation.[36] Die penetrante Demonstration von Virilität ließ sich freilich nur solange aufrechterhalten, wie sein alternder Körper dies erlaubte. Seit Ende der dreißiger Jahre gab es deshalb keine entsprechenden Fotos von Mussolini mehr.[37]

Seine mediale Omnipräsenz bewirkte, daß seine reale Existenz als Person hinter dem konstruierten Bild des *Duce* verschwand. Über sein Privatleben durfte bezeichnenderweise ebensowenig berichtet werden wie über das Hitlers. Nur die Hochzeiten der Kinder und der Fliegertod des Sohnes Bruno ließ Mussolini bewußt fotografisch inszenieren.[38] Im übrigen gab es ein gestelltes Familienfoto mit Rachele Mussolini und allen fünf Kindern, das jedoch »eher peinlich, weil zu familiär« wirkte.[39] Die Italiener waren nicht darauf vorbereitet, anstelle des mythischen *Duce* einen durchschnittlichen Familienmenschen präsentiert zu bekommen.

Auch wenn das auf den ersten Blick so scheinen mochte, lagen Hitler und Mussolini, bei aller schon physisch bedingten Differenz, in ihrer medialen Repräsentation gar nicht so weit auseinander. Ob sie sich nun in immerwährender Jugendlichkeit oder in scheinbarer Alterslosigkeit präsentierten, vermittelt wurden fotografische Kunstfiguren. Die von ihnen verbreiteten Fotos sollten sie nicht menschlicher machen, sondern von der Masse der Menschen abheben.

Beide achteten ebenso darauf, welche Fotos von ihnen unter bestimmten Konstellationen verbreitet wurden. Diese situative Bedingtheit bewirkte, daß im Laufe ihrer politischen Karriere unterschiedliche Bilder politisch wirksam waren. Da Fotos für die Konstruktion des Führermythos eine zentrale Rolle spielten und ohne sie die Herstellung eines Massenkonsenses nicht möglich gewesen wäre, waren Hitler und Mussolini aber auch Gefangene ihrer Bilder. Als der Krieg und vor allem die sich abzeichnende militärische Niederlage der mythischen Bildproduktion ein Ende setzten, ließ sich über Führerbilder kein Konsens mehr herstellen. In den ersten Kriegsjahren, in denen die Achsenmächte dem Sieg entgegenzugehen schienen, ließ sich das noch dadurch abfangen, daß sich Hitler und Mussolini fast ausschließlich in militärischer Uniform zeigten. Es waren Fotos von vermeintlichen Siegern, die jedoch spätestens in dem Moment keine Wirkung mehr haben konnten, in dem von Siegen keine Rede mehr sein konnte.[40]

Ein dritter Hinweis darauf, welche Bedeutung Mussolini und Hitler der fotografischen Inszenierung ihrer Person beimaßen, sind die Fotositzungen, die sie ausnahmsweise sogar einmal einem ausländischen Fotografen gewährten. Anders als gewohnt hatten sie es bei diesen ja nicht in der Hand, was sie aus den geschossenen Bildern machten. Auch wenn sie natürlich verhindern konnten, von dezidiert antifaschistischen Fotografen aufgesucht zu werden, blieb doch ein gewisses Restrisiko, daß von ihnen im Ausland fotografische Negativsequenzen erschienen. Sowohl Mussolini als auch Hitler haben aber diese Bedenken gelegentlich zurückgestellt. Im Fall Hitlers geschah dies, wenn der Bericht seines Vertrauten Ernst Hanfstaengl zuverlässig ist, allerdings eher unfreiwillig. Hanfstaengl war es gelungen, dem faschismusfreundlichen amerikanischen Journalisten Knickerbocker 1933 einen Interviewtermin bei Hitler zu beschaffen.[41] Der Journalist brachte seinen Landsmann, den Fotografen James E. Abbe mit, der während des Gesprächs Aufnahmen machen sollte. Der ›Führer‹ scheint sich also auf die Präsenz eines fremden Fotografen eingelassen zu haben. Über die Fotos war er dann allerdings zunächst nicht begeistert. Jedoch behauptet Hanfstaengl, für einige dieser Fotos eine Freigabe erreicht zu haben.[42]

Sehr viel besser dokumentiert sind die Portraitsitzungen, die Mussolini dem deutschen Fotojournalisten Felix H. Man Anfang 1931 gewährt hat. Man, der eigentlich Hans Felix Sigismund Baumann hieß, war einer der bekanntesten Fotojournalisten der Weimarer Republik. Er arbeitete seit 1929 für die »Berliner Illustrierte Zeitung« und die »Münchner Illustrierte Presse«, die beiden führenden deutschen Illustrierten. Ende 1930 hatte Man die Idee, mit einer Fotoserie »das wahre Gesicht des Diktators« zu dokumentieren.[43] Es gelang ihm, nach wochenlangem Warten mit Hilfe des römischen Korrespondenten der »Münchner Illustrierten«, Kurt Kornicker, am 14. Januar 1931 einen Audienztermin bei Mussolini zu erhalten. Mussolini erklärte sich bei diesem Zusammentreffen bereit, sich von Man »während eines ganzen Tages wie ein Schatten« fotografisch begleiten zu lassen.[44] Das Ergebnis war eine Fotoserie, die Man unter dem Titel »Ein Tag im Leben von Mussolini« in den beiden Illustrierten veröffentlichte.[45] Man gilt seitdem als Pionier des modernen Bildjournalismus. Die Fotos zeigten Mussolini in seinem riesigen Arbeitszimmer im römischen Palazzo Venezia bei der Arbeit hinter seinem Schreibtisch sitzend sowie Befehle an einen Untergebenen erteilend, aber auch beim Reiten in der Villa Torlonia, seinem römischen Familienwohnsitz. Die internationale Wirkung der fünfseitigen Fotoserie war ungeheuer: erstmals schien der faschistische Diktator seine Fotos nicht selbst inszeniert zu haben, sondern »ohne jede Pose« er selbst zu sein.[46] Aus der Darstellung Mans ergibt sich zwar, daß dies letzten Endes nicht der Fall war, sondern daß sich Mussolini gezielt vor dem Objektiv produzierte. Da es sich jedoch um unzensierte Fotos handelte, wirkten diese nach außen ungleich authentischer als die faschistische Eigenproduktion. Mussolinis Rechnung, sich mit Hilfe eines ausländischen Fotografen in Szene zu setzen, ist insofern aufgegangen.

Bei aller Ähnlichkeit gab es selbstverständlich auch Bereiche, für die in den beiden faschistischen Diktaturen keine parallelen Führerbilder nachzuweisen sind. Wie in den Überlegungen dieses Bandes immer wieder betont wird, zielt der Vergleich der beiden faschistischen Diktaturen selbstverständlich nicht darauf ab, eine vollständige Identität der beiden Diktaturen zu belegen. Eine solche hat es nicht einmal zwischen den einzelnen Diktaturen des Sowjetsystems gegeben, unter dem die verschiedenen Staaten in stärkstem Maße von der Moskauer Zentrale aus dirigiert worden sind. Es sind immer nur selektive Rezeptionsprozesse, die sich in der neueren Geschichte in transnationaler oder auch in internationaler Perspektive nachweisen lassen. Diese zu untersuchen, ist die eigentliche Aufgabe der Geschichtswissenschaft, nicht das historistische Insistieren auf Einzigartigkeiten oder Einmaligkeiten. Ausgehend von gegenseitigen historischen Lernprozessen, derer sich zunächst die Deutschen gegenüber den Italienern und dann die Italiener gegenüber den Deutschen unterzogen haben, muß in unserem Fall vom wechselseitigen Transfer wichtiger, aber keineswegs aller medialen Strukturelemente der Diktaturen ausgegangen werden. Von entscheidender Bedeutung ist in diesem Zusammenhang, daß sich das NS-Regime seit 1934 ungebremst von einer genuin faschistischen zu einer totalitär entfalteten faschistischen Diktatur fortentwickeln konnte. In Deutschland konnten dadurch auch und gerade im medialen Bereich bestimmte Formelemente entwickelt werden, für die es in Italien kein wirkliches Gegenstück gab. Trotzdem kann man eindeutig davon ausgehen, daß es sich um eine überwiegend analoge Bildwelt handelte.

Sowohl Mussolini als auch Hitler kamen weder auf rein parlamentarischem Wege noch durch einen regelrechten Putsch an die Macht. Sie wurden vielmehr an die Macht gelassen, weil sie mit einem Staatsstreich drohen konnten. Diese scheinbar paradoxe Form der politischen Machtergreifung war möglich, weil sie jeweils eine potentiell revolutionäre Massenorganisation hinter sich hatten. Mussolini ließ seine faschistische Bewegung am 28.10.1922 auf Rom marschieren. Dieser ›Marsch auf Rom‹ wurde von einem sogenannten Quadrumvirat von vier faschistischen Unterführern befehligt. Mussolini selbst blieb im Hintergrund und führte, beginnend schon auf der Bahnfahrt von Mailand nach Rom regelrechte Koalitionsgespräche, bis er vom König mit der Regierungsbildung beauftragt wurde.[47] Es konnte deshalb keine authentischen Bilder des Marschs auf Rom geben, auf denen Mussolini an der Spitze marschierte. Um jedoch seiner faschistischen Bewegung das Gefühl eines erfolgreichen Umsturzes zu geben und auf diese Weise den politischen Mythos eines siegreichen Führers zu erschaffen, ließ er sich nach erfolgter Regierungsbeauftragung sowohl am 30. als auch am 31. Oktober mehrmals, eingereiht von den vier Quadrumvirn, bei einem fingierten Einmarsch seiner faschistischen Kohorten in Rom fotografieren (Abb. 1). Die durchaus konstitutionelle Form seiner Regierungsbildung sollte auf diese Weise visuell überdeckt werden.

Daß Hitler am 9.11.1923 in München zusammen mit Ludendorff an der Spitze einer bewaffneten Kolonne vom Bürgerbräukeller zur Feldherrnhalle zog, war dem unmittelbaren Vorbild von Mussolinis Marsch auf Rom geschuldet, wobei Hitler allerdings damals die politische Doppelstrategie des *Duce* noch nicht durchschaute.[48] Auch von diesem, allerdings bekanntlich gescheiterten Marsch, der ein Zeichen für eine zukünftige Eroberung Berlins setzen sollte, sind keine Bilder überliefert, die Hitler an der Spitze der Putschisten zeigen (Abb. 2). Es mag sein, daß Hitlers Fotograf Heinrich Hoffmann von den Ereignissen überrollt wurde und deshalb zu spät an Ort und Stelle ankam.[49] Möglich ist aber auch, daß Hitler nicht beim Marsch auf die Feldherrnhalle abgelichtet wurde, weil er schon bei den ersten Schüssen panikartig die Flucht ergriffen hatte.[50] Auch in seinem Fall mußte nach der Machtergreifung jedoch ein Führermythos bedient werden. Hitler marschierte deshalb seit 1933 bis zum Kriegsbeginn jährlich zum Gedenken an die gefallenen Nationalsozialisten an der Spitze seiner ›Alten Kämpfer‹ durch München und ließ davon gezielt Fotos verbreiten.[51] Dem Siegesmythos des ›Marsches auf Rom‹ wurde so der Mythos eines virtuellen Sieges in München an die Seite gestellt.

In Wahrheit wäre Mussolini nicht ohne die Zustimmung von König Vittorio Emanuele III. und Hitler nicht ohne die von Reichspräsident Hindenburg an die Regierung gekommen, die beide jeweils auch über die oberste militärische Befehlsgewalt verfügten. Mussolini und Hitler übten sich deshalb in kalkulierten Unterwerfungsgesten, die ihre politische Machtbegrenzung symbolisch markieren sollten.

Bekannt ist die am 23.3.1933 sorgfältig inszenierte Konstituierung des am 5.3.1933 gewählten Reichstags in Potsdam. Der ›Tag von Potsdam‹ gilt als Höhepunkt einer nationalsozialistischen Medienstrategie, durch welche die Versöhnung des alten mit dem neuen Deutschland symbolisiert werden sollte.[52] Die von Joseph Goebbels gesteuerte Bildpropaganda fand ihre »hochgradige visuelle Verdichtung« in Hitlers Verbeugung vor dem Reichspräsidenten.[53] Der durch den zivilen Habitus Hitlers gegenüber der militärischen Montur Hindenburgs noch verstärkte Unterwerfungsgestus wurde in verschiedenen fotografischen Varianten verbreitet und von Hitler auch noch mehrfach wiederholt.[54] Abb. 4 zeigt nur die bekannteste Version. Interessanterweise wurde die fotografische Repräsentation des ›Tages von Potsdam‹ auch nicht dem Hitlerfotografen Hoffmann anvertraut, sondern dem amerikanischen Fotografen Theo Eisenhart von der »New York Times«.[55] Nach dem

Kalkül von Goebbels sollte die Inszenierung von Potsdam dadurch vor allem auch im Ausland eine höhere Authentizität erhalten.

Die massenmediale Reproduktion des ›Tages von Potsdam‹ war der erste Höhepunkt der visuellen Repräsentation des Führermythos. Hitlers scheinbarer Devotionsgestus gegenüber Hindenburg bildete keine historische Wirklichkeit ab, er sollte diese vielmehr herstellen, indem er eine Versöhnung von Nationalsozialismus und Konservativismus suggerierte. Daß diese politische Verschmelzung allenfalls für den Augenblick gewollt, aber eigentlich fingiert war, ließen die Bilder nicht erkennen. Insofern dienten sie vor allem dem Zweck gezielter Verschleierung.

Weniger bekannt als die visuelle Repräsentation des ›Tages von Potsdam‹ ist die Tatsache, daß es von Mussolini und dem italienischen König analoge Fotos gibt. Auch wenn er den König immer wieder einzuschüchtern vermochte, konnte Mussolini die verfassungsmäßige Rangordnung nie aufheben. Besonders augenfällig trat dies beim Staatsbesuch Hitlers in Rom in Erscheinung. Hitler mußte beim Empfang an der eigens für diesen Anlaß errichteten *Stazione Ostiense* in seiner Funktion als Reichspräsident bei König Vittorio Emanuele III. in die Kutsche steigen, während Mussolini hinterherfuhr.[56] Während Hitler über diese protokollarisch vorgeschriebene Zeremonie ungehalten war, kam sie Mussolini allerdings durchaus gelegen. Die innere Verfassungsordnung blieb formal gewahrt, obwohl der Besuch Hitlers auch dem König demonstrierte, welch einen mächtigen Freund der *Duce* mittlerweile außerhalb Italiens hatte.

Ähnlich wie Hitler am ›Tag von Potsdam‹ setzte sich auch Mussolini bei entsprechender Gelegenheit fotografisch in Szene: Wenige Tage nach seinem Amtsantritt gab er am 4.11.1922 dem König vor der römischen Kirche Santa Maria degli Angeli anläßlich der Feier zum 4. Jahrestag des Sieges im Ersten Weltkrieg betont ehrerbietig die Hand (Abb. 3). ein ziviler Habitus kontastriert ebenso auffällig mit dem militärisch gekleideten König wie der Habitus Hitlers mit dem Hindenburgs. Auch bei anderen Gelegenheiten setzte sich Mussolini dem König gegenüber gezielt durch öffentliche Verbeugungen in Szene, wenn er die symbolische Unterstützung für seine Politik brauchte.[57] Solche Bilder gespielter Devotion verschleierten aber nur die tatsächliche Machtstellung des *Duce* im faschistischen Regime. Auch wenn er im Unterschied zu Hitler tatsächlich eher ein ›schwacher Diktator‹ war, wagte der

König ihn erst abzusetzen, als sich die militärische Niederlage der Achsenmächte abzeichnete und sich die Mehrheit der faschistischen Führer am 25.7.1943 im ›Großrat des Faschismus‹ (*Gran Consiglio del Fascismo*) gegen Mussolini stellte.

Es gehörte zur politischen Doppelstrategie sowohl Mussolinis als auch Hitlers, die von ihnen geschaffenen faschistischen Bewegungen mit der Regierungsübernahme politisch zu domestizieren, aber nicht gänzlich ihres revolutionären Elans zu berauben. Beide hatten mit dieser Strategie jedoch große Schwierigkeiten, weil sowohl im PNF als auch in der NSDAP die Hoffnung weit verbreitet war, daß die faschistische Machtergreifung jeweils zur Etablierung einer Parteidiktatur führen müsse. In Italien personifizierte Roberto Farinacci, in Deutschland Ernst Röhm diese Erwartungshaltung. Sowohl Mussolini als auch Hitler mußten damit ihr politisches Arrangement mit den nationalkonservativen Bündnispartnern als gefährdet ansehen. Mussolini setzte deshalb Farinacci 1926 als Generalsekretär des PNF ab, nachdem dieser die Partei diszipliniert, damit aber auch zu einem politischen Gegenpol zum *Duce* umgebaut hatte. Hitler ließ am 30.6.1934 Röhm samt des Großteils der SA-Führung liquidieren, nachdem diese zu einer Sondermacht im Staate zu werden gedroht hatte.

Als Organe der Massenmobilisierung und als Träger vormilitärischer Erziehung blieben der PNF für Mussolini und die NSDAP für Hitler jedoch unentbehrlich. *Duce* und ›Führer‹ zeigten sich deshalb visuell immer wieder an die Spitze ihrer Bewegung, um Entschlossenheit zu demonstrieren. Wie Abb. 5 und 6 auf fast synchrone Weise zeigen, ergab sich daraus eine bestimmte Choreographie: Die beiden Führer marschieren, jeweils einen Schritt voraus, an der Spitze einer keilförmig angeordneten Kohorte uniformierter Parteisoldaten. Die Anordnung der Marschkolonnen läßt den eigentlichen Zweck der faschistischen Mobilisierung erkennen: Die Bilder repräsentieren in bemerkenswerter visueller Übereinstimmung den Willen Hitlers und Mussolinis zur Militarisierung ihrer Bewegungen.

Hitler wird auf dem Foto zwar nicht von einer größeren Marschkolonne, sondern nur von seinen wichtigsten Parteiführern beim Einmarsch auf die Zeppelinwiese auf dem Nürnberger Parteitagsgelände begleitet. Es kommt jedoch auf die Choreographie an: Hitler geht im Marschschritt an der Spitze der Kolonne, einen Schritt vor seinen Begleitern, die ihm keilförmig gestaffelt folgen. Konfrontiert man das Foto mit dem Bild des marschierenden Mussolini, so ergibt sich eine erstaunliche Kongruenz. Die Einheit der faschistischen Miliz mit Mussolini an der Spitze marschiert ebenfalls in keilförmiger Anordnung. Vor allem aber kommt auch sie im preußischen Marschschritt daher, wobei Mussolini den Takt angibt. Um den faschistischen Transfer von Deutschland nach Italien zu verschleiern, bezeichnete der *Duce* den neuen militärischen Marschschritt zwar als *passo romano*. Überdies sorgte er höchstpersönlich dafür, daß das Foto, auf dem er den für Italien bis dahin fremden Militärschritt einübte, nicht veröffentlicht werden durfte.[58] Mit ihrer martialischen Optik symbolisieren die Fotos gleichwohl den militärischen Gleichschritt des *Duce* mit dem ›Führer‹.

Der oberste Parteiführer an der Spitze marschierender Kohorten war allerdings nicht die einzige Bildbotschaft, in der das Verhältnis von Führer und Gefolgschaft militärisch ausgedeutet wurde. Es gab noch zwei weitere visuelle Varianten dieser Beziehung. Die eine wird durch Fotos repräsentiert, auf denen uniformierte Parteisoldaten in präziser geometrischer Ausrichtung vor ihren faschistischen Führern vorbeiziehen, die den Vorbeimarsch mit faschistischem Gruß abnehmen. In immer derselben Choreographie demonstrieren die vorbeimarschierenden Kolonnen, daß sie ausschließlich für ihren ›Führer‹ bzw. *Duce* in Bewegung sind.[59] Die Bilder geben damit eine visuelle Antwort auf diejenigen Aufnahmen, auf denen ›Führer‹ und *Duce* visuell einen militärischen Führungsanspruch beanspruchen.

In der anderen Variante stehen gleichförmig uniformierte Kolonnen von Parteisoldaten gleichsam erstarrt in Reih und Glied, ihre Individualität ist nicht mehr zu erkennen. Sie sind nicht als Einzelne, sondern als anonyme Masse zum Appell vor ihrem Führer angetreten.[60] Die Bilder signalisieren die totale Unterwerfung der faschistischen Gefolgschaft unter den Willen des Führers. Sie ist zur Verfügungsmasse geworden, die dieser jederzeit mobilisieren kann.

Hitler und Mussolini zeigten sich zumindest bis Kriegsbeginn bei den verschiedensten Gelegenheiten in der Öffentlichkeit. Die Zurschaustellung ihrer Person gehörte zur Inszenierung des Führermythos. Von den zahlreichen Fotos, die von diesen Auftritten verbreitet wurden, waren diejenigen von besonderer Bedeutung, die die beiden Diktatoren als öffentliche Redner meist vor großen Menschenmassen zeigten. Die beiden hier von Mussolini und Hitler in entsprechender Pose gezeigten Fotos (Abb. 7 und Abb. 8) sind daher nur als Beispiele für ganze Ensembles paralleler Führerbilder anzusehen. Sie sind durch vier besondere Merkmale gekennzeichnet:

Als bloße Abbildungen von Rednern geben sie zunächst einmal keine Inhalte wieder. Gleichwohl sind sie nicht vollkommen stumm, sie machen vielmehr als Bilder eigene Aussagen, und diese konnten auch ohne Kenntnis der Redeinhalte eine beträchtliche Wirkung haben. So wissen wir, daß die anwesenden Zuhörer häufig mehr durch die Performance der beiden Redner gefesselt wurden als durch die in aller Regel rein demagogischen Inhalte. Die Rede Hitlers auf dem Wiener Heldenplatz am 14.3.1938 ging beispielsweise fast vollständig in dem Jubel der Massen unter.[61] Es kam überhaupt nicht darauf an, was Hitler sagte, sondern einzig darauf, daß er durch seine Präsenz den Anschluß Österreichs an das Deutsche Reich besiegelte. Auch die Hunderttausende von Menschen, die sich am 28.9.1937 auf der »Völkerkundgebung der 115 Millionen« unter *Lichtdomen* auf dem Maifeld vor dem Berliner Olympiastadion drängten, dürften von Mussolinis in schwer verständlichem Deutsch gehaltener Rede kaum etwas aufgenommen haben. Dennoch feierten sie den *Duce* in kollektiver Besessenheit frenetisch, bis sie ein wolkenbruchartiges Gewitter auseinandertrieb.[62]

Wie auf den beiden Fotos auch zu erkennen ist, sprachen Hitler und Mussolini zweitens deutlich erhöht zu ihren Zuhörern. Das war selbstverständlich zunächst der Tatsache geschuldet, daß sie meist vor großen Menschenmassen auftraten und andernfalls nicht einmal physisch wahrgenommen worden wären. Bei den beiden faschistischen Diktatoren hatte die Höherstellung jedoch nicht nur technische, sondern auch politische Bedeutung. Sie sprachen grundsätzlich nicht auf gleicher Augenhöhe mit ihren Zuhörern, weil sie als Führer eine erhöhte Sonderstellung beanspruchten. Der zur gleichnamigen Piazza hin geöffnete Balkon des Palazzo Venezia in Rom kann als symbolischer Ort für diesen Redestil angesehen werden. Mussolini wandte sich von ihm aus nicht weniger als 64mal an die auf dem Platz versammelten Massen und untermauerte mit diesen »ozeanischen Versammlungen« (*adunate oceaniche*) immer wieder aufs neue seinen Führungsanspruch als *Duce del fascismo*.[63] Der Balkon des Palazzo Venezia war für den faschistischen Diktator die moderne Reinkarnation der antiken Rednerbühne, dem Rostrum, die er bezeichnenderweise auch an zahlreichen Türmen nachbilden ließ, die das faschistische Regime in Italien errichtete.[64] Auf Abb. 7 spricht er allerdings nicht vom Balkon, sondern von einem erhöhten Podest aus, der vor dem Palazzo Venezia aufgebaut wurde. Das hing damit zusammen, daß er bei dieser Gelegenheit die neugeschaffenen sogenannten »Pensionsbücher« (*libretti di pensione*) verteilte, was vom Balkon aus nicht möglich gewesen wäre.[65]

Es ist bezeichnend, daß Hitler die von ihm errichtete neue Reichskanzlei in Berlin ebenfalls mit einem großen Balkon versehen ließ, von dem aus er freilich nie redete, auf dem er sich aber mit ausländischen Gästen zeigte.[66] Anders als Mussolini nutzte Hitler von 1933 bis 1938 die Reichsparteitage der NSDAP in Nürnberg für seine rhetorische Selbstdarstellung als oberster Führer des Nationalsozialismus. Ähnlich regelmäßig organisierte Massenhuldigungen für den *Duce* gab es in Italien nicht, da nationale Parteitage nicht zur Tradition des PNF gehörten. Im Grunde hat es in der Geschichte des PNF nur einen einzigen wirklichen Parteitag gegeben, den vom November 1921 in Rom, auf dem sich Mussolini mit seinem politischen Konzept, aus der faschistischen Bewegung eine Partei zu machen, durchsetzte.[67] In Deutschland waren die Nürnberger Reichsparteitage dagegen Höhepunkte der organisierten Massenhuldigung für den Führer.[68] Das gesamte Programm war von Anfang bis zum Ende auf Hitler ausgerichtet, die teilnehmenden Delegationen aus allen Parteigliederungen, seit 1935 auch der Wehrmacht und des Reichsarbeitsdienstes, sollten im Grunde nur die Unterwerfung der Masse unter seinen Willen dokumentieren. Die einzelnen Teilnehmer verschwanden völlig in der Gefolgschaft des ›Führers‹.

Es ist kein Zufall, daß die Reichsparteitage auch die größten regelmäßig stattfindenden Medienereignisse des ›Dritten Reiches‹ waren. Über das Radio, den Film und die Fotografie versuchte das Diktaturregime die ohnehin gigantischen Veranstaltungen auch im letzten Winkel des Reiches medial zu vermitteln. Eine wichtige Rolle spielte hierbei der aufwendig hergestellte Film, den Leni Riefenstahl im Auftrag Hitlers vom Parteitag von 1934 unter dem Titel »Triumph des Willens« gedreht hat.[69] Die Huldigung, welche die faschistischen Massen dem Führer in Nürnberg entgegenbrachten, wird darin zum Medienspektakel aufbereitet, bei dem freilich der Marschschritt der vorbeiziehenden Kolonnen im wahrsten Sinne des Wortes den Ton angibt.

Sowohl in der Luitpoldarena als auch auf der Zeppelinwiese des Nürnberger Reichsparteitagsgeländes wurde für Hitler jeweils eine überdimensionierte Rednertribüne errichtet, durch die er optisch deutlich von den ihm zujubelnden Menschen abgehoben wurde. Er konnte dort, wie Abb. 8 zeigt, jeweils von oben herab zu den Massen sprechen und die Unterwerfung unter seinen politischen Willen einfordern.

Aufgrund der entrückten Positionen der Redner konnte es drittens selbstverständlich keinen wirklichen Dialog zwischen Führer und Gefolgschaft geben. Die Reden der beiden Diktatoren waren grundsätzlich monologisch angelegt, sie wurden allenfalls durch massenhaften Beifall unterbrochen. Mussolini simulierte zwar häufig einen Dialog mit der Masse, ohne diesen jedoch tatsächlich zu führen. Auf der im Vergleich zum Nürnberger Parteitagsgelände ungleich kleinräumigeren Platzanlage der Piazza Venezia konnte er zwar an sich durchaus auf Zurufe reagieren, er nahm diese jedoch nur rhetorisch auf und ließ sie in seiner *Suada* verschwinden.

Als wichtigstes Merkmal der faschistischen Rhetorik muß viertens schließlich die Körpersprache der beiden Diktatoren genannt werden. Mussolini und Hitler redeten gleichermaßen stets mit dem ganzen Körper, um ihren Monologen Nachdruck zu verleihen.[70] Es ist allerdings eine Legende, daß Hitler diesen körperbetonten Redestil vor dem Spiegel eingeübt hätte.[71] Auch Mussolini hat seine Reden vom Balkon nur inhaltlich vorbereitet, er beherrschte seinen körperbetonten Redestil jedoch spontan.[72] Wie auf Abb. 7 und 8 erkennbar, unterstrichen die beiden Diktatoren ihre Reden vor allem mit den Händen. Ihre exzentrische, aber berechnende Gestik sollte jeden Widerspruch, wenn dieser denn möglich gewesen wäre, von vorneherein im Keim ersticken. Belehrende, warnende aber vor allem auch drohende Gesten, wie sie auf den beiden Fotos erkennbar sind, waren deshalb ein wesentlicher Bestandteil des rhetorischen Unterwerfungsprogramms der beiden faschistischen Diktatoren.

Beide faschistischen Regime hatten ihre Errungenschaften, die sie propagandistisch ausbeuteten. Auch hierbei spielte die mediale Reproduktion von Bildern eine wichtige Rolle, nur über sie konnte die vermeintliche Leistung der beiden Regime veranschaulicht werden. In Deutschland war dies der Bau von Autobahnen, in Italien die Nutzbarmachung unproduktiver Flächen, meist die Trokkenlegung von Sümpfen (*bonifica*). Obwohl die Anlage der Autobahnen längst vor dem Nationalsozialismus geplant worden und obwohl die *Bonifica* in Italien ein altes Thema des Nationalstaates war, nahmen die beiden faschistischen Diktatoren für sich in Anspruch, diese Jahrhundertwerke höchst persönlich in Gang gebracht zu haben. Mit gewaltigem propagandistischem Aufwand wurden sie als genuin faschistische Errungenschaften ausgegeben. Da es sich in beiden Fällen um langwierige Unternehmungen handelte, die viel Zeit in Anspruch nahmen und erst in einem sich lange hinziehenden Prozeß realisiert werden konnten, war es jedoch nicht einfach, diesen medial zu vermitteln. Hitler und Mussolini perfektionierten deshalb das System der Einweihung von Teilstücken, bei dem sie sich mit Momentaufnahmen visuell in Szene setzen konnten, obwohl von einem Abschluß der Unternehmungen noch keine Rede sein konnte.

Von Hitler gibt es so ein Foto vom ersten Spatenstrich für den Bau der Reichsautobahn von Frankfurt/M. nach Heidelberg vom 23.9.1933 (Abb. 10). Wie wichtig ihm diese symbolische Handlung war, läßt sich daran erkennen, daß das in mehreren Varianten von dieser Aktion verbreitete Foto zu den wenigen gehört, das Hitler Handarbeit verrichtend zeigt.[73] Der sonst so entrückte Führer wird bei dieser Gelegenheit als einfacher Arbeiter inszeniert. Benito Mussolini ließ sich bei den Arbeiten zur Trockenlegung der Pontinischen Sümpfe (*Agro Pontino*) südlich von Rom bei jeder passenden Gelegenheit fotografieren. Die Einweihung der Stadt Littoria am 18.12.1932 war für ihn auf dem *Agro Pontino* ebenso ein Anlaß für massive Bildpropaganda wie die Grundsteinlegung für die faschistische Retortenstadt Sabaudia am 5.8.1933.[74] Im Juli 1934 ließ er sich, wie Abb. 9 zeigt, in der Umgebung von Littoria als zupackender Landarbeiter hemdsärmlich bei der ersten Getreideernte ablichten.[75]

Die beiden faschistischen Diktatoren hatten erkannt, daß für die Konstruktion eines Führermythos nichts so wichtig war wie die mediale Verkündigung von vermeintlich einzigartigen Erfolgen ihrer Regime. Der Bau von Autobahnen und die Trockenlegung von Sumpfgebieten eigneten sich dafür in besonderem Maße, weil sich an ihnen fortlaufend dokumentieren ließ, welche Aufbauleistungen die beiden Regime erbrachten. Die gesteuerte Wahrnehmung dieser Errungenschaften trug erheblich dazu bei, den Konsens der Massen mit der faschistischen Führerdiktatur immer wieder aufs neue einzufordern.

Es kann kein Zweifel daran bestehen, daß Mussolini für Hitler bis mindestens 1933 das bewunderte Vorbild war. Hitler hielt den Italiener für »vielleicht seinen einzigen Freund«, und noch in seinen letzten Tagen bezeichnete er zwar das Bündnis mit Italien als einen Fehler, beteuerte aber gleichwohl, daß sich an seiner »persönlichen Verbundenheit mit dem Duce« nichts geändert habe.[76] Mussolini hatte dagegen zunächst keinerlei Sympathien für Hitler, obwohl es ihm schmeichelte, daß er einen so rückhaltlosen Verehrer gefunden hatte. Je schwächer seine internationale Stellung wurde, desto mehr geriet er jedoch in den Sog Hitlers. Schließlich war es nicht Hitler, der am 1.11.1936 auf dem Mailänder Domplatz emphatisch von einer ›Achse Rom–Berlin‹ sprach, sondern Mussolini.[77] Die beiden Diktatoren fanden schließlich zu einer eigenartigen Männerfreundschaft zusammen, die selbst die größten Krisen im deutsch-italienischen Verhältnis überdauerte.[78]

Das erste Mal trafen sich die beiden faschistischen Führer am 15.6.1934 in Venedig, das letzte Mal sahen sie sich am 20.7.1944, dem Tag des Attentates auf Hitler in dessen ›Wolfsschanze‹ in Rastenburg. Es war dies das letzte von insgesamt 17 Treffen. Als Höhepunkte ihrer gemeinsamen Zusammenkünfte müssen die beiden Staatsbesuche Mussolinis in Deutschland vom 25. bis 29.9.1937 und Hitlers in Italien vom 2. bis 10.5.1938 angesehen werden, die von einem enormen propagandistischen Aufwand begleitet wurden und sie zu einem bis dahin unbekannten medialen Ereignis machten. Die Bilder faschistischer Gemeinsamkeit, wie sie vor allem von Hitlers Fotografen Heinrich Hoffmann verbreitet wurden, gehen fast alle auf diese beiden Anlässe zurück. Sowohl die deutschen als auch die italienischen Printmedien berichteten in größter Aufmachung von den beiden Besuchen. Vor allem aber stellte die Bildpropaganda alles in den Schatten, was bisher bei solchen Gelegenheiten diplomatische Routine gewesen war. »Hier können nur Bilder sprechen«, faßte Hoffmann Mussolinis Deutschlandbesuch bezeichnenderweise zusammen.[79] Die Flut dieser Bilder ist noch kaum zu überblicken, da die gegenseitigen Aufwartungen Mussolinis und Hitlers bisher noch nicht ausreichend unter mediengeschichtlichen Fragestellungen untersucht worden sind. Hält man sich nur an die beiden offiziösen Bilddokumentationen, die Heinrich Hoffmann in Deutschland herausbrachte,[80] so ist jedoch dreierlei zu erkennen:

Auch wenn in Italien auf das Staatsoberhaupt König Vittorio Emanuele III. aus protokollarischen Gründen Rücksicht genommen werden mußte, standen Mussolini und Hitler vollständig im Mittelpunkt der Bildberichterstattung. Das besondere daran war, daß in den veröffentlichten Aufnahmen darauf geachtet wurde, die beiden Diktatoren nach Möglichkeit gemeinsam abzubilden. Sie sollten gleichsam als faschistische Dioskuren, als untrennbar miteinander verbunden erscheinen. Sowohl Abb. 11 als auch Abb. 12 sind nur Beispiele für zahllose fotografische Doppelportraits, die anläßlich der beiden Staatsbesuche von Hitler und Mussolini verbreitet wurden – sei es, daß sie stehend vorbeiziehende Kolonnen begrüßten, sei es, daß sie im offenen Auto fuhren oder sei es, daß sie in militärischer Haltung nebeneinander gingen. Wenn man berücksichtigt, daß die Bildpropaganda in den beiden faschistischen Staaten selbstverständlich jeweils nur auf den eigenen Führer ausgerichtet war, waren diese Doppelportraits etwas völlig Außergewöhnliches.

Auffällig ist zweitens, daß die beiden Führer weder 1937 noch 1938 bei irgendeiner Gelegenheit im bürgerlichen Habitus abgelichtet wurden. Erst recht wurde vermieden, nochmals ein ähnlich schiefes Bild zu vermitteln, wie bei der ersten Begegnung im Mai 1934 in Venedig, als Mussolini als faschistischer Milizführer und Hitler in bürgerlichem Anzug und leichtem Mantel auftrat. Beide Diktatoren präsentierten sich sowohl in Deutschland als auch in Italien in der Uniform von Parteiführern (vgl. Abb. 11 und Abb. 12). Damit signalisierten sie durch ihren äußeren Habitus, daß sie nicht als gewöhnliche Staatsmänner, sondern als Parteipolitiker der besonderen Art zusammentrafen.

Drittens war für die Bildproduktion der beiden Staatsbesuche charakteristisch, daß der Anteil militärisch geprägter Bilder unverhältnismäßig hoch war. Die gegenseitige Vorführung von militärischen Manövern und die Darbietung der eigenen Rüstungsproduktion nahmen bei der Besuchsregie jeweils einen großen Raum ein. Die zahlreichen Bilder davon sollten nicht so sehr den faschistischen Partner beeindrucken als vielmehr der internationalen Öffentlichkeit zeigen, daß die bündnispolitische Vereinigung der beiden Mächte auch ein beträchtliches Rüstungspotential vereinte. Die Deutschen führten Mussolini ihre modernen Panzer- und Luftwaffen vor. In Essen suchte man den *Duce* durch die Besichtigung der Kruppwerke als der ›Waffenschmiede‹ Deutschlands zu beeindrucken.[81] Mussolini suchte Hitler seinerseits durch Manöver der italienischen Kriegsmarine im Golf von Neapel und durch Manöver der Luftwaffe in Furbara zu imponieren.[82] In beiden Fällen waren es technologisch besonders anspruchsvolle Waffensysteme, mit denen die beiden Regime ihre Entschlossenheit zu einer gewaltsamen Imperialpolitik sichtbar machten.

Für das ›Dritte Reich‹ wie den italienischen Faschismus war ein aufwendiger Heldenkult charakteristisch. Dieser »Kult um die toten Helden« galt jedoch nicht den *gleichen* Toten.[83] Hitler trennte die Erinnerung an die Toten des Nationalsozialismus bewußt vom nationalen Totengedenken und reduzierte den politischen Märtyrerkult des Regimes auf die Nationalsozialisten, die beim Marsch auf die Feldherrnhalle am 9.11.1923 umgekommen waren. Ihre sterblichen Überreste wurden in einer pompösen Anlage auf dem Münchner Königsplatz beigesetzt und jährlich mit einem symbolischen Gedenkakt von Hitler persönlich geehrt.[84] Außerdem wurden nur noch die angeblich 240 nationalsozialistischen ›Blutzeugen‹ aus der ›Kampfzeit‹ der ›Bewegung‹ als Märtyrer anerkannt, der sie von den überlebenden Soldaten des Ersten Weltkrieges ebenfalls abhob.[85] Die Botschaft der bis zum Kriegsbeginn jährlich aufs neue produzierten Bilder war klar: als politische Märtyrer des ›Dritten Reiches‹ galten nur die Toten der ›Bewegung‹. Sie wurden von den Millionen deutscher Gefallener des Ersten Weltkriegs abgehoben, denen das besondere Totengedenken der Weimarer Republik gegolten hatte. Der Kriegstoten wurde an einem eigenen »Heldengedenktag« gedacht, der seit 1934 anstelle des »Volkstrauertages« jährlich am 5. Sonntag vor Ostern begangen wurde.[86] In dieses Heldengedenken konnten später mühelos die Toten des Zweiten Weltkriegs einbezogen werden.

Anders die italienischen Faschisten. Wenn Hitler die nationalsozialistischen Märtyrer der Kampfzeit von den Gefallenen des Ersten Weltkrieges strikt absondern wollte, so war es gerade das Bestreben Mussolinis, die Toten der faschistischen Bewegung im nationalen Gedenken mit den Gefallenen des Ersten Weltkriegs zu vereinen und ihnen damit den Status von militärischen Kämpfern zu verleihen.[87] Auf diese Weise wurden aus den faschistischen Toten der bürgerkriegsähnlichen Auseinandersetzungen der frühen zwanziger Jahre Gefallene für das Vaterland. Das entsprach exakt der nationalen Integrationspolitik Mussolinis, der den Faschismus als historische Fortsetzung der nationalen Traditionen Italiens ansah und ihn gerade nicht als einen radikalen Bruch mit der nationalen Geschichte verstand.

Der zentrale Ort des nationalen Totengedenkens war deshalb auch für Mussolini das pompöse Denkmal für Vittorio Emanuele II. auf dem römischen Kapitolshügel mit der ewigen Flamme am Grabmal des Unbekannten Soldaten, dem *Altare della patria*.[88] Hier gedachte Mussolini an nationalen Gedenktagen wie dem 4. November der Gefallenen, hier fanden Staatsbegräbnisse wie etwa die Gedenkfeier für den 1928 verstorbenen Weltkriegshelden Marschall Diaz statt,[89] hierher auch verlegte Mussolini für sein Regime so zentrale Veranstaltungen wie die *Giornata della Fede* am 18.12.1935.[90] Auch die rituellen Kranzniederlegungen ausländischer Staatsgäste fanden am *Altare della patria* statt.[91] Zwar gab es auf dem Kapitol auch eine *Ara dei Caduti Fascisti*, aber diese für faschistische Verhältnisse ohnehin schon ungewöhnlich kleine Erinnerungsstätte verschwand völlig hinter dem riesigen *Altare della Patria* und wurde selbst von faschistischen Parteidelegationen selten aufgesucht.[92] Damit war der faschistische Totenkult nicht in erster Linie Sache der Partei, sondern der gesamten Nation. Nicht nur die ehemaligen Schlachtfelder des Ersten Weltkriegs in Norditalien, sondern das gesamte Staatsgebiet wurde in den zwanziger Jahren mit zahlreichen Kriegerdenkmälern überzogen, in denen sich die nationale Erinnerung über den Faschismus hinaus verdichtete.[93] Völlig übersteigert zeugt für diesen nationalen Heroenkult das riesige Kriegerdenkmal in Redipuglia in der Nähe von Gorizia, das bezeichnenderweise auch von Mussolini mehrmals besucht wurde.[94]

Zwar ließ der *Duce* in der Krypta von Santa Croce in Florenz auch ein *Santuario dei Caduti* für die Märtyrer der faschistischen Revolution einrichten, dies geschah jedoch erst 1934 und es wurde selbst von ihm kaum besucht.[95] Eine bemerkenswerte Ausnahme bildete allerdings der Hitlerbesuch am 9.5.1938 in Florenz: Wie Abb. 14 ausweist, fühlte sich Mussolini aufgrund seines Besuches der nationalsozialistischen Gedenkstätte in München im Vorjahr offenbar veranlaßt, diese dem Führer vorzuführen. Das Foto, das die beiden Diktatoren beim Verlassen dieser Gedenkstätte zeigt, entspricht jedenfalls genau der Aufnahme, auf der Hitler und Mussolini beim Verlassen der Gedenkstätte für die Märtyrer des Nationalsozialismus zu sehen sind (Abb. 13). Hitler war es allerdings zuvor nicht erspart geblieben, auch dem Grabmal des Unbekannten Soldaten in Rom seine Referenz zu erweisen und dort am 4.5.1938 einen Kranz niederzulegen.[96]

Faschismus bedeutete Krieg, von Anfang an, nicht nur in

Deutschland, sondern auch in Italien. Hitlers, aber auch Mussolinis politisches Denken drehte sich seit ihrer Machtergreifung jeweils um nichts anderes als um gewaltsame territoriale Expansion. Man mag darüber streiten, in wieweit Hitlers Programm der »Gewinnung neuen Lebensraumes im Osten« geographisch konkret gemeint war oder als bloße Metapher für einen unbegrenzten imperialistischen Ausdehnungsdrang zu verstehen ist.[97] Mit Sicherheit war seine operative Umsetzung jedoch nicht ohne Krieg möglich. Und zumindest Hitler wußte genau, daß dieser Krieg ein technisch aufwendiger Materialkrieg sein würde. Die seit 1935 mit der Wiedereinführung der allgemeinen Wehrpflicht betriebene Wiederaufrüstung war daher ganz auf die Entwicklung neuer technischer Waffensysteme wie der Panzer und der Luftwaffe abgestellt. Mit der Aufrüstung ging eine gezielte Militarisierung der deutschen Gesellschaft einher, die Hitler durch vormilitärische Erziehung der Jugend, eine gezielte Faschisierung des Offizierskorps der Wehrmacht, die Einführung des Reichsarbeitsdienstes und eine autarkistisch orientierte Wirtschaftsplanung in eine virtuelle Kriegsgesellschaft zu verwandeln suchte. Auch wenn ihm dies vor allem aufgrund der in der Bevölkerung verbreiteten traumatischen Erinnerungen an den Ersten Weltkrieg nicht in vollem Umfang gelungen ist, war die Zustimmung der Deutschen zu seiner Führerdiktatur nach den überraschenden Blitzsiegen in Polen und Frankreich am größten. Hitler war 1940 in Deutschland nicht trotz, sondern wegen seiner militärischen Aggressionen populär.

Auch Mussolinis faschistische Diktatur war vollständig auf kriegerische Expansion angelegt.[98] Ähnlich wie Hitler suchte er durch militärische Erfolge den Konsens der Bevölkerung mit seiner Führerherrschaft zu erzwingen. Seit Ende der zwanziger Jahre führte er in den nordafrikanischen Kolonien einen blutigen Unterdrückungskrieg gegen aufständische Einheimische, bis 1934 die militärisch arrondierte Kolonie Libyen ausgerufen werden konnte. Er träumte seitdem von der Schaffung eines geschlossenen afrikanischen Kolonialimperiums. Um dieses zu realisieren, überfiel er 1935 das selbständige Kaiserreich Abessinien, das in einem auch die Zivilbevölkerung rücksichtslos einbeziehenden Vernichtungskrieg niedergeworfen wurde.[99] Das keineswegs voll befriedete Land gliederte er dem 1936 ausgerufenen *Impero Fascista* ein. Inzwischen hatte er sich durch sein Eingreifen in den Spanischen Bürgerkrieg schon wieder in ein neues militärisches Abenteuer gestürzt, das zwar den Sieg der spanischen Nationalisten unter General Franco mit herbeiführte, Italien aber teuer zu stehen kam. Gleichwohl überfiel, kaum war der Bürgerkrieg in Spanien beendet, im April 1939 ein italienischer Flottenverband Albanien, das ebenfalls dem faschistischen *Impero* zugeschlagen wurde.

Es war kein Wunder, daß Mussolini im Herbst 1939 außerstande war, den ihm durch den Stahlpakt verbundenen Hitler bei den Kriegen gegen Polen und Frankreich zu unterstützen. Die militärischen Ressourcen waren erschöpft, die italienische Bevölkerung kriegsmüde. Um bei der Verteilung der Beute nicht leer auszugehen, gab er 1940 dennoch seine ohnehin fragwürdige Nichtkriegführung (*non belligeranza*) auf und überfiel in letzter Minute das bereits geschlagene Frankreich.

Nach jedem ihrer gewonnenen Angriffskriege konnten sich die faschistischen Diktatoren in Siegerpose zeigen. Bilder gibt es davon zuhauf. Aufschlußreicher für die innere Labilität ihrer Diktaturregime sind jedoch zwei Parallelfotos, die Hitler und Mussolini abseits der vordersten Front zeigen, als sie bereits nicht mehr auf der Siegerstraße waren.

Für Mussolini war es mit den militärischen Erfolgen vorbei, als sein spontan vom Zaun gebrochener Feldzug gegen Griechenland Anfang 1941 unerwartet ins Stocken geriet und nur mit deutscher Hilfe siegreich beendet werden konnte. Hitler geriet als selbstherrlicher oberster Feldherr erstmals in die Krise, als sich im Spätherbst 1941 herausstellte, daß der Angriffskrieg auf die Sowjetunion in der Weite des Raumes nicht als Blitzkrieg zu gewinnen war. Beide Diktatoren reagierten in dieser Situation bezeichnenderweise ähnlich: sie zeigten sich persönlich an der Front, um einer Demoralisierung ihrer Truppen vorzubeugen. Von diesen Frontbesuchen ließen sie Bilder verbreiten, welche nur eine Botschaft vermitteln sollten: auch wenn der Vormarsch ins Stocken geraten ist und keine schnellen Siege mehr zu erwarten sind, stehen *Duce* und ›Führer‹ zu ihren Soldaten im Feld. Da sie sich nicht – ohne unglaubwürdig zu erscheinen – mit der Waffe in der Hand oder bei der Bedienung eines Artilleriegeschützes ablichten lassen konnten, ließen sich beide dabei fotografieren, wie sie Essen aus der Feldküche im Kochgeschirr zu sich nahmen (Abb. 15 und Abb. 16). Daß sie dabei nicht mehr als abgehobene Führer, sondern als einfache Frontsoldaten optisch in Erscheinung traten, war durchaus kalkuliert. Um überhaupt noch bei der Masse glaubwürdig zu sein, mußten sie bei den Frontsoldaten ihre Volksverbundenheit simulieren. Dem tatsächlich im Gespräch mit einfachen Soldaten zu sehenden Mussolini scheint dieses Mimikry allerdings besser gelungen zu sein als Hitler, der offensichtlich nur von Offizieren umgeben ist und überdies sein Essen abgewandt ganz für sich allein zu sich zu nehmen scheint. Damit ist nicht gesagt, daß Mussolini seinen Soldaten tatsächlich näherkam als Hitler, festzustellen ist nur, daß er offenbar die Wirkung dieser Bilder besser einzuschätzen wußte als Hitler.

Am Tage nach dem Überfall auf die Sowjetunion verlegte Hitler am 23.6.1941 seinen Amtssitz von der Berliner Reichskanzlei in das festungsartig ausgebaute Bunkersystem der sogenannten ›Wolfsschanze‹ bei Rastenburg in Ostpreußen. Obwohl ursprünglich anders geplant, war er seitdem immer seltener in Berlin oder gar in seiner Ferienresidenz auf dem Obersalzberg bei Berchtesgaden. Ursprünglich nicht als Regierungs- oder Parteikanzlei gedacht, sondern nur als vorübergehendes militärisches Befehlszentrum im Vernichtungskrieg gegen die Sowjetunion, ist die ›Wolfsschanze‹ im Zweiten Weltkrieg als Führerhauptquartier zum eigentlichen Entscheidungszentrum des ›Dritten Reiches‹ geworden. Hier empfing Hitler auch die wenigen ausländischen Politiker, denen er noch vertraute.

Selbstverständlich hatte auch Mussolini das Privileg, in der ›Wolfsschanze‹ mit Hitler zusammenzutreffen, obwohl sich die beiden Diktatoren während des Krieges aus Rücksicht auf Mussolinis Empfindlichkeiten meist auf halbem Wege in München, in Salzburg, in Schloß Kleßheim, im venezianischen Feltre oder besonders am Brenner begegneten. Zum ersten Mal wurde Mussolini von Hitler bereits am 25.8.1941, also gerade einmal zwei Monate nach Beginn des Rußlandfeldzuges, im Führerhauptquartier empfangen. Das hier als Abb. 17 vorgelegte Foto zeigt ihn zusammen mit Hitler beim Eintritt in den Führerbunker. Es wurde nach allem, was bekannt ist, nie veröffentlicht, hätte es doch nur aussagen können, daß sich die beiden, angeblich dem Endsieg entgegengehenden faschistischen Diktatoren nun selbst in Bunkern verstekken mußten. Als historischer Bildbeleg verweist das Foto jedoch in der Rückschau darauf, wie stark Mussolini seit seinem Kriegseintritt am 10.6.1940 an Hitler gekettet war. Seine Versuche, sich durch ›Parallelkriege‹ gegen Griechenland und gegen Großbritannien in Afrika als militärisch eigenständiger Partner zu beweisen, hatten mit Niederlagen geendet, aus denen ihn nur deutsche Truppen wieder hatten befreien können.

Auch nach seiner Befreiung durch deutsche Fallschirmjäger vom Gran Sasso traf er am 14.9.1943 wieder in Rastenburg ein.[100] Die letzte Begegnung Mussolinis und Hitlers fand am 20.7.1944 unter dramatischen Umständen wenige Stunden nach dem gescheiterten Attentat im Führerhauptquartier statt. Die wenigen überlieferten Bilder vermitteln den Eindruck unwiderruflicher Endzeitstimmung: So verabschiedet sich Hitler am Zug von Mussolini mit der linken Hand, wohl weil er die seit dem Anschlag am Vormittag lose herunterhängende Rechte nicht normal bewegen konnte. Auf einem anderen Foto zeigt Hitler Mussolini die durch das Attentat zerstörte Baracke (Abb. 18). Die Aufnahme sollte zweifellos das Überleben Hitlers dokumentieren, wie auch seine Stimme im Großdeutschen Rundfunk am selben Tag. Was es jedoch noch viel deutlicher erkennen läßt, ist das blanke Entsetzen, das die beiden Diktatoren erfaßt hat. Fassungslos blicken sie beide in die Trümmer, das gewaltsame Ende, dem Hitler nur knapp entgangen ist, vor Augen.[101]

Beide Führer gingen nun unwiderruflich dem Untergang entgegen. Wir wissen nicht, ob und wann sie sich jeweils eingestanden haben, daß das Spiel aus sei. Auf den wenigen Fotos, die sie noch vor ihrem Tod zeigen, scheint ihr Ende jedoch schon vorweggenommen zu sein. Keine Bäder in der Menge, keine Parteiformationen, keine unterwürfigen Generäle. Mit starrem Blick inspizieren Mussolini und Hitler jeweils das letzte Aufgebot ihrer Truppen, das nur noch aus Kindersoldaten besteht (Abb. 19 und Abb. 20).

Hitler beging am 30.4.1945 Selbstmord, seine Leiche wurde seinen Anweisungen entsprechend im Garten der Reichskanzlei verbrannt. Mussolini wurde am 28.4.1945 von italienischen Widerstandskämpfern erschossen und zusammen mit seiner Geliebten Clara Petacci und weiteren faschistischen Führern auf der Piazza Loreto in Mailand an einer Tankstelle mit dem Kopf nach unten aufgehängt.[102] Ob Hitler vom unrühmlichen Ende seines Waffenbruders noch erfahren hat, ist zweifelhaft aber eher unwahrscheinlich.[103] Unabhängig davon wollte Hitler zweifellos vermeiden, daß seine Leiche sowjetischen Soldaten in die Hände fiel. Zu den schrecklichen Bildern vom toten Mussolini gibt es deshalb im Falle Hitlers kein Pendant.[104]

Abb. 1: Am 31.10.1922 nachgestellter Einzug Benito Mussolinis in Rom mit den militärischen Führern des ›Marsches‹ auf Rom vom 28.10.1922, den Quadrumvirn Italo Balbo, Emilio De Bono, Cesare De Vecchi und Michele Bianchi.

Abb. 2: Gedenkmarsch Adolf Hitlers an den Putsch vom 9.11.1923 im München am 9.11.1937 vom Bürgerbräukeller zur Feldherrnhalle in München mit den ›Alten Kämpfern‹ Adolf Hühnlein, Streck, Kuhn, Friedrich Weber, Hermann Göring, Ulrich Graf, Hermann Kriebel, Kolb und Wilhelm Frick.

Abb. 3: König Vittorio Emanuele III. begrüßt Benito Mussolini am 4.11.1922 vor der römischen Kirche Santa Maria degli Angeli anläßlich der Feier zum 4. Jahrestag des Sieges im Ersten Weltkrieg.

Abb. 4: Adolf Hitler verabschiedet sich am 21.3.1933 von Reichspräsident Paul von Hindenburg nach der Reichstagssitzung am ›Tag von Potsdam‹.

Abb. 5: Benito Mussolini marschiert am 27.1.1938 in Rom an der Spitze einer Einheit der faschistischen Miliz erstmals im *passo romano* genannten Paradeschritt.

Abb. 6: Adolf Hitler marschiert am 13.9.1935 an der Spitze nationalsozialistischer Parteiführer (Robert Ley, Wilhelm Brückner, Rudolf Heß, Martin Bormann) während des Reichsparteitages der NSDAP in Nürnberg auf die Zeppelinwiese ein.

Abb. 7: Benito Mussolini redet im April 1933, auf einem Podest vor dem Palazzo Venezia in Rom stehend, anläßlich der Austeilung der neugeschaffenen ›Pensionsbücher‹ (*libretti di pensione*).

Abb. 8: Adolf Hitler redet am 1.9.1936 auf dem Reichsparteitag der NSDAP in der Luitpoldarena in Nürnberg.

Abb. 9: Benito Mussolini hilft im Juli 1934 bei der Getreideernte in der Umgebung der neuen Stadt Littoria, dem Zentralort für die Urbarmachung (*Bonifica*) der Pontinischen Sümpfe südlich von Rom.

Abb. 10: Adolf Hitler beim ersten Spatenstich für den Bau der Reichsautobahn Frankfurt/M.–Heidelberg am 23.9.1933.

Abb. 11: Adolf Hitler und Benito Mussolini am 25.9.1937 beim Vorbeimarsch von Formationen verschiedener Parteiorganisationen der NSDAP auf dem Münchner Königsplatz.

Abb. 12: Benito Mussolini und Adolf Hitler am 9.5.1938 auf dem Balkon des Palazzo Vecchio in Florenz.

Abb. 13: Adolf Hitler und Benito Mussolini verlassen am 25.9.1937 den ›Ehrentempel der Gefallenen der Bewegung‹ auf dem Münchner Königsplatz.

Abb. 14: Benito Mussolini und Adolf Hitler verlassen am 9.5.1938 das ›Heiligtum der Gefallenen‹ (*Sacrario dei caduti*) in Santa Croce in Florenz.

Abb. 15: Benito Mussolini nimmt während eines Frontbesuchs in Griechenland im März 1941 Essen aus der Feldküche zu sich.

Abb. 16: Adolf Hitler nimmt bei einem Frontbesuch in der Sowjetunion im Herbst 1941 Essen aus der Feldküche zu sich.

Abb. 17: Adolf Hitler und Benito Mussolini betreten am 25.8.1941 gemeinsam den ›Führerbunker‹ im Gelände des Führerhauptquartiers ›Wolfsschanze‹ bei Rastenburg in Ostpreußen.

Abb. 18: Adolf Hitler zeigt Benito Mussolini am Nachmittag des 20.7.1944 im Führerhauptquartier ›Wolfsschanze‹ bei Rastenburg in Ostpreußen die durch das Attentat am Vormittag zerstörte Lagebesprechungsbaracke.

Abb. 19: Benito Mussolini inspiziert im März 1945 ein Batallion der *Brigata Nera Mobile* vor dem militärischen Einsatz.

Abb. 20: Adolf Hitler im März 1945 im Garten der Reichskanzlei in Berlin im Gespräch mit Angehörigen der Hitlerjugend, die mit dem ›Eisernen Kreuz‹ ausgezeichnet worden waren.

Bildnachweise

S. 444: © ullstein bild – Keystone
S. 445: © ullstein bild
S. 446: aus: Sergio Romano, Mussolini. Una biografia per immagini, Mailand 2000, S. 57
S. 447: © ullstein bild
S. 448: © ullstein bild
S. 449: © ullstein bild
S. 450: © ullstein bild – KPA
S. 451: © ullstein bild – SZ Photo
S. 452: © ullstein bild
S. 453: © ullstein bild – SZ Photo
S. 454: © ullstein bild
S. 455: © ullstein bild
S. 456: © ullstein bild
S. 457: aus: Brunio Tobia: »Salve o popolo d'eroi …«. La monumentalità fascista nelle fotografie dell'Istituto Luce, Roma 2002, S. 207 (Editori Riuniti)
S. 458: © ullstein bild
S. 459: © ullstein bild – SZ Photo
S. 460: © ullstein bild
S. 461: © ullstein bild
S. 462: aus: Sergio Luzzatto: L'immagine del duce. Mussolini nelle fotografie dell'Istituto Luce, Roma 2001, S. 48 (Editori Riuniti)
S. 463: © ullstein bild/

Veröffentlichungsnachweise

Benito Mussolini
Unveröffentlicht

Die Zukunft der Avantgarde.
Kunst und Politik im italienischen Faschismus 1909-1922
In: Ute Frevert (Hg.), Das Neue Jahrhundert. Europäische Zeitdiagnosen und Zukunftsentwürfe, Göttingen 2000, S. 281-299.

Der Strukturwandel der faschistischen Partei Italiens in der Phase der Herrschaftsstabilisierung
In: Wolfgang Schieder (Hg.), Faschismus als soziale Bewegung. Deutschland und Italien im Vergleich, 2. Aufl. Göttingen 1983, S. 69-98.

Kriegsorientierung im faschistischen Italien
Unter dem Titel »Das faschistische Italien« veröffentlicht in: Norbert Frei, Hermann Kling (Hg.), Kriegsbejahung – ein deutsches Phänomen? Außenpolitische Verhaltensweisen und Einstellungen zum Krieg im europäischen Vergleich, Frankfurt/New York 1990, S. 48-61.

Merkmale faschistischer Urbanisierungspolitik in Italien 1922-1943. Eine historische Skizze
In: Friedrich Lenger, Klaus Tenfelde (Hg.), Die europäische Stadt im 20. Jahrhundert. Wahrnehmung – Entwicklung – Erosion, Köln/Weimar/Wien 2006, S. 157-170.

Rom – die Repräsentation der Antike im Faschismus
In: Elke Stein-Hölkeskamp, Karl-Joachim Hölkeskamp (Hg.), Erinnerungsorte der Antike. Die römische Welt, München 2006, S. 701-721.

Das italienische Experiment.
Der Faschismus als Vorbild in der Krise der Weimarer Republik
In: Historische Zeitschrift 262 (1996), S. 47-70.

Carl Schmitt und Italien
In: Vierteljahrshefte für Zeitgeschichte 37 (1989), S. 1-21.

Faschismus für Deutschland.
Erwin von Beckerath und das Italien Mussolinis
In: Christian Jansen, Lutz Klinkhammer, Bernd Weisbrod (Hg.), Von der Aufgabe der Freiheit. Politische Verantwortung und bürgerliche Gesellschaft im 19. und 20. Jahrhundert. Festschrift für Hans Mommsen zum 5. November 1995, Berlin 1995, S. 267-283.

Faschismus im politischen Transfer.
Giuseppe Renzetti als faschistischer Propagandist
und Geheimagent in Berlin 1922-1941
In: Sven Reichardt, Armin Holzen (Hg.), Faschismus in Italien und Deutschland. Studien zu Transfer und Vergleich, Göttingen 2005, S. 28-58.

Adolf Hitler
Unter dem Titel »Hitler, Adolf« auf italienisch veröffentlicht in: Victoria de Grazia, Sergio Luzzatto (Hg.), Dizionario del fascismo, Bd. 1, Turin 2002, S. 648-654.

Die NSDAP vor 1933. Profil einer faschistischen Partei
In: Geschichte und Gesellschaft 19 (1993), S. 379-397.

Der deutsche Katholizismus und die Machtergreifung des Nationalsozialismus
Unter dem Titel »Il cattolicesimo e l'avvento al potere del nazionalsocialismo« veröffentlicht in: Vincenzo Ferrone (Hg.), La chiesa cattolica e il totalitarismo. VIII giornata Luigi Firpo, Florenz 2004, S. 107-122.

Zwei Generationen im militärischen Widerstand gegen Hitler
In: Jürgen Schmädecke, Peter Steinbach (Hg.), Der Widerstand gegen den Nationalsozialismus. Die deutsche Gesellschaft und der Widerstand gegen Hitler, München/Zürich 1985, S. 436-459.

Faschismus
In: Richard van Dülmen (Hg.), Das Fischer Lexikon Geschichte, 3. Aufl. Frankfurt 2003, S. 199-221.

Imperialismus im unfertigen Nationalstaat.
Einige vergleichende Überlegungen zu Deutschland und Italien
In: Wolfram Pyta, Ludwig Richter (Hg.), Gestaltungskraft des Politischen. Festschrift für Eberhard Kolb, Berlin 1998, S. 211-220.

Die Geburt des Faschismus aus der Krise der Moderne
In: Christof Dipper (Hg.), Deutschland und Italien 1860-1960, München 2005, S.159-179.

Das Deutschland Hitlers und das Italien Mussolinis.
Zum Problem faschistischer Regimebildung
In: Gerhard Schulz (Hg.), Die Große Krise der dreißiger Jahre. Vom Niedergang der Weltwirtschaft zum Zweiten Weltkrieg, Göttingen 1985, S. 44-71.

Kriegsregime im 20. Jahrhundert.
Deutschland, Italien und Japan im Vergleich
In: Christoph Cornelissen, Lutz Klinkhammer, Wolfgang Schwentker (Hg.), Erinnerungskulturen. Deutschland, Italien und Japan seit 1945, Frankfurt 2003, S. 28-48.

Duce und Führer.
Fotografische Inszenierungen
Unveröffentlicht.

Anmerkungen

Einleitung

1 Vgl. Wolfgang Schieder, Faschismus, in: Sowjetsystem und demokratische Gesellschaft, Bd. 2, Freiburg 1968, Sp. 451-477; Wolfgang Wippermann, Faschismustheorien. Die Entwicklung der Diskussion von den Anfängen bis heute, 7. Aufl. Darmstadt 1997.

2 Vgl. Karl-Heinz Roth, Historiographie der DDR und Probleme der Faschismusforschung, in: Werner Röhr (Hg.), Faschismus und Rassismus. Kontroversen um Ideologie und Opfer, Berlin 1992, S. 228-238.

3 Zwei besonders charakteristische Beispiele liefern Richard Saage, Faschismustheorien, 4. Aufl. Baden-Baden 1997 und Reinhardt Kühnl, Der Faschismus. Ursachen und Herrschaftsstruktur. Eine Einführung, 4. Aufl. Heilbronn 1998. Vgl. dazu kritisch Heinrich August Winkler, Die »neue Linke« und der Faschismus, in: ders., Revolution, Staat, Faschismus. Zur Revision des Historischen Materialismus, Göttingen 1978, S. 65-117.

4 Wolfgang Wippermann, Die Bonapartismustheorie von Karl Marx und Friedrich Engels, Stuttgart 1982.

5 Vgl. dazu zuletzt Eckhard Jesse (Hg.), Totalitarismus im 20. Jahrhundert. Eine Bilanz der internationalen Forschung, Baden-Baden 1996; Hans Maier (Hg.), Totalitarismus und politische Religionen. Konzepte des Diktaturvergleichs, 2 Bde., Paderborn 1996.

6 Vgl. dazu Totalitarismus und Faschismus. Eine wissenschaftliche und politische Begriffskontroverse. Kolloquium im Institut für Zeitgeschichte am 24. November 1978, München 1980.

7 Ernst Nolte, Der Faschismus in seiner Epoche, München 1963.

8 Ebd., S. 32.

9 Vgl. Wolfgang Schieder, Der Nationalsozialismus im Fehlurteil philosophischer Geschichtsschreibung. Zur Methode von Ernst Noltes »Europäischem Bürgerkrieg«, in: Geschichte und Gesellschaft 15 (1989), S. 89-114. In der Nachfolge Noltes, allerdings ohne dessen philosophische Prämissen, steht in gewissem Sinn das interessante Buch von Stefan Breuer, Nationalismus und Faschismus: Frankreich, Italien und Deutschland im Vergleich, Darmstadt 2005.

10 Roger Griffin, Fascism's new faces (and new facelessness) in the ›post-fascist‹ epoch, in: Erwägen, Wissen, Ethik 14 (2003), S. 2.
11 Wolfgang Schieder (Hg.), Faschismus als soziale Bewegung. Deutschland und Italien im Vergleich, Hamburg 1976, 2. Aufl. Göttingen 1983.
12 Karl Dietrich Bracher, Leo Valiani (Hg.), Faschismus und Nationalsozialismus, Berlin 1991.
13 Christof Dipper, Rainer Hudemann, Jens Petersen (Hg.), Faschismus und Faschismen im Vergleich. Wolfgang Schieder zum 60. Geburtstag, Köln 1998.
14 Sabine Behrenbeck, Alexander Nützenadel (Hg.), Inszenierungen des Nationalstaats. Politische Feiern in Italien und Deutschland seit 1860/71, Köln 2000.
15 Sven Reichardt, Armin Nolzen (Hg.), Faschismus in Italien und Deutschland. Studien zu Transfer und Vergleich, Göttingen 2005.
16 Jens Petersen, Hitler-Mussolini. Die Entstehung der Achse Berlin–Rom 1933-1936, Tübingen 1973; Maurizio Bach, Die charismatischen Führerdiktaturen. Drittes Reich und italienischer Faschismus im Vergleich ihrer Herrschaftsstrukturen, Baden-Baden 1990; Lutz Klinkhammer, Zwischen Bündnis und Besatzung. Das nationalsozialistische Deutschland und die Republik von Salò 1943-1945, Tübingen 1993; Hans Woller, Rom, 28. Oktober 1922. Die faschistische Herausforderung, München 1999; Sven Reichardt, Faschistische Kampfbünde. Gewalt und Gemeinschaft im italienischen Squadrismus und in der deutschen SA, Köln 2002. In die Suche nach einem »generischen Faschismus« hat sich dagegen Wolfgang Wippermann, Europäischer Faschismus im Vergleich 1922-1982, Frankfurt a.M. 1983 verrannt.
17 Einige der wenigen und insofern wichtigen Ausnahmen: Alessandro Roveri, Le cause del fascismo, Origini storiche del regime reazionario di massa in Italia e Germania, Bologna 1985; Enzo Collotti, Fascismo, fascismi, 2. Aufl. Mailand 2004; Gustavo Corni, Fascismo e fascismi. Movimenti, partiti, regime in Europa e nel mondo, Rom 1989.
18 Wolfgang Schieder, Angst vor dem Vergleich. Warum die italienische Zeitgeschichtsforschung wenig europäisch ist, in: Heinz Duchardt (Hg.), Nationale Geschichtskulturen – Bilanz, Ausstrahlung, Europabezogenheit. Beiträge des internationalen Symposions in der Akademie der Wissenschaften und der Literatur, Mainz, vom 30. September bis 2. Oktober 2004, Stuttgart 2006, S. 169-194.
19 Vgl. dazu Wolfgang Schieder, Zeitgeschichtliche Verschränkungen. Über Ernst Nolte und Renzo De Felice, in: Annali dell'Istituto italo-germanico in Trento 17 (1991), S. 359-376.
20 Vgl. dazu die Beiträge von Jens Petersen, Der Ort der Resistenza in Geschichte und Gegenwart Italiens, in: Quellen und Forschungen aus italienischen Archiven und Bibliotheken 72 (1992), S. 550-571; Lutz Klinkhammer, Der Resistenza-Mythos und Italiens faschistische Ver-

gangenheit, in: Holger Afflerbach, Christoph Cornelißen (Hg.), Sieger und Besiegte, Düsseldorf 1997; ders., Kriegserinnerung in Italien im Wechsel der Generationen, in: Christoph Cornelißen, Lutz Klinkhammer, Wolfgang Schwentker (Hg.), Erinnerungskulturen. Deutschland, Italien und Japan seit 1945, Frankfurt a. M. 2003.

21 Vgl. dazu zuletzt die kritische Darstellung von Filippo Focardi, La guerra della memoria. La Resistenza nel dibattito politico italiano dal 1945 a oggi, Rom 2005.

22 Der letzte, unter dem Titel Mussolini l'Alleato II. La guerra civile 1943-1945, Turin 1997, posthum erschienene Band reicht bis zum Frühjahr 1944.

23 Martin Broszat, Plädoyer für eine Historisierung des Nationalsozialismus, in: ders., Der schwierige Umgang mit unserer Vergangenheit, München 1986, S. 159-173.

24 Interview des Journalisten Giuliano Ferrara mit Renzo De Felice im Corriere della Sera vom 27.12.1987.

25 Ein besonders charakteristisches Beispiel dafür liefert Roberto Vivarelli, Interpretations of the Origins of Fascism, in: The Journal of Modern History 63 (1991), S. 1-23. Mit einem verfehlten Konzept von ›politischer Religion‹ ähnlich italozentrisch, obwohl aus anderer politischer Perspektive auch Emilio Gentile, Fascism as Political Religion, in: The Journal of Modern History 70 (1990), S. 229-251.

26 Vgl. dazu aus deutscher Sicht Werner Loh, Wolfgang Wippermann (Hg.), Faschismus ›kontrovers‹, Stuttgart 2002 und vor allem Sven Reichardt, Was mit dem Faschismus passiert ist. Ein Literaturbericht zur internationalen Faschismusforschung seit 1990, Teil 1, in: Neue Politische Literatur 49 (2004), S. 385-406.

27 So Griffin, Fascism's new faces, S. 5.

28 Zeev Sternhell, Mario Sznajder, Maia Asheri, Die Entstehung der faschistischen Ideologie. Von Sorel zu Mussolini, Hamburg 1999; Shlomo Aveneri, Zeev Sternhell (Hg.), Europe's Century of Discontent. The Legacies of Fascism, Nazism and Communism, Jerusalem 2003.

29 George L. Mosse, The Fascist Revolution. Toward a General Theory of Fascism, New York 1999; ders. Die Nationalisierung der Massen. Politische Symbolik und Massenbewegungen in Deutschland von den Napoleonischen Kriegen bis zum Dritten Reich, Berlin 1976; Walter Laqueur, George L. Mosse (Hg.), Internationaler Faschismus 1920-1945, London 1966. Vgl. auch Walter Laqueur, Faschismus. Gestern, Heute, Morgen, Berlin 1996.

30 Vgl. z.B. Renzo De Felices Einleitung zu der italienischen Übersetzung von George L. Mosse, La nazionalizzazione delle masse. Simbolismo politico e movimenti di massa in Germania dalle guerre Napoleoniche al Terzo Reich, Bologna 1975. Ferner: Renzo De Felice, Der Faschismus. Ein Interview, Stuttgart 1977, S. 29: »Ich bin ein überzeugter Bewunderer des letzten Buches von Mosse, jenem über

die Nationalisierung der Massen. Ich halte es für ein sehr bedeutsames Werk.«

31 Vgl. Aristotle Kallis, Fascist ideology. Territory and Expansionism in Italy and Germany, 1922-1945, London/New York 2000; ders., The Fascism Reader, London/New York 2003; Richard Thurlow, Fascism, Cambridge 1999; Kevin Passmore, Fascism. A very short introduction, Oxford 2002; Philip Morgan, Fascism in Europe 1919-1945, London 2002; Martin Blinkhorn, Fascism and the Far Right in Europe, 1919-1945, Harlow 2000; Mark Neocleous, Fascism, Buckingham 1997.

32 Roger Eatwell, Fascism. A History, New York 1995, S. 11.

33 Roger Griffin, The Nature of Fascism, New York 1991; ders. (Hg.), International Fascism. Theories, causes, and the New Consensus, London 1998; ders. (Hg.), Fascism. Critical Concepts in Political Science, 5 Bde., London/New York 2004; ders., Werner Loh, Andreas Umland (Hg.) Fascism Past and Present, West and East: An international debate on concepts and cases in the comparative study of the Extreme Right, Stuttgart 2006.

34 Griffin, Fascism's new faces, S. 5.

35 Roger Eatwell, Zur Natur des »generischen Faschismus«. Das »faschistische Minimum« und die »faschistische Matrix«, in: Uwe Backes (Hg.), Rechtsextreme Ideologie in Geschichte und Gegenwart, Köln 2003, S. 95; Alexander De Grand, Griffin's New Consensus: A bit too minimal?, in: Erwägen – Wissen – Ethik 15 (2004), S. 38.

36 Stanley Payne, Geschichte des Faschismus. Aufstieg und Fall einer europäischen Bewegung, München/Berlin 2001, S. 14.

37 Ebd., S. 15.

38 Michael Mann, Fascists, Cambridge 2004, S. 12.

39 Ebd., S. 13-17.

40 Sven Reichardt, Faschistische Kampfbünde. Gewalt und Gemeinschaft im italienischen Squadrismus und in der deutschen SA, Köln 2002.

41 Mann, Fascists, S. 13.

42 Ebd., S. 10.

43 Michael S. Neiberg (Hg.), Fascism, Aldershot 2006, S. XIV.

44 Mann, Fascists, S. 93 ff.

45 Vgl. dazu und zum folgenden den Beitrag »Das italienische Experiment« in diesem Band (S. 149-184).

46 Vgl. ebd.

47 Vgl. dazu Gabriele Schneider, Mussolini in Afrika. Die faschistische Rassenpolitik in den italienischen Kolonien 1926-1941, Köln 2000; Angelo del Boca, Gli Italiani in Africa orientale, 4 Bde., Rom/Bari 1976-1984; Giulia Brogini Künzi, Italien und der Abessinienkrieg 1935/36. Kolonialer Krieg oder Totaler Krieg, Paderborn 2006; Asfa-Wossen Asserate, Aram Mattioli (Hg.), Der erste faschistische Vernichtungskrieg. Die italienische Aggression gegen Äthiopien, Köln 2006; Davide Rodogno, Il Nuovo Ordine Mediterraneo. Le politiche di occupazione dell'Italia fascista in Europa (1940-1943), Turin 2003;

Costantino Di Sante, I crimini di guerra in Jugoslavia e i processi negati (1941-1951), Verona 2005; Brunello Mantelli (Hg.), L'Italia fascista potenza occupante. Lo scacchiere balcanico, Triest 2002; Roberto Maiocchi, Scienza italiana e razzismo fascista, Florenz 2002; Thomas Schlemmer, Das königlich-italienische Heer im Vernichtungskrieg gegen die Sowjetunion. Kriegführung und Besatzungspraxis einer vergessenen Armee 1941-1943, in: Reichardt, Nolzen (Hg.), Faschismus, S. 148-175; Alessandra Kersevan, Lager italiani. Pulizia etnica e campi di concentramento fascisti per civili jugoslavi 1941-1943, Rom 2008.

48 Vgl. dazu neuerdings Michele Sarfatti, Gli ebrei nell'Italia fascista. Vicende, identità, persecuzione, Turin 2000; Carlo Moos, Ausgrenzung, Internierung, Deportation. Antisemitismus und Gewalt im späten italienischen Faschismus (1938-1945), Zürich 2004; Enzo Collotti, Il fascismo e gli ebrei. Le leggi razziali in Italia, Rom 2003; Aaron Gilette, Racial Theories in Fascist Italy, London/New York 2002; Thomas Schlemmer, Hans Woller, Der italienische Faschismus und die Juden 1922 bis 1945, in: Vierteljahrshefte für Zeitgeschichte 53 (2005), S. 165-201.

49 Vgl. den Beitrag »Faschismus« in diesem Band (S. 317-340).

50 Vgl. Wolfgang Schieder, Fascismo e nazionalsocialismo. Profilo d'uno studio strutturale comparativo, in: Nuova Rivista Storica 54 (1970), S. 114-124.

51 Robert O. Paxton, The Anatomy of Fascism, London 2005; ders., The Five Stages of Fascism, in: The Journal of Modern History 70 (1983), S. 1-23.

52 Paxton, Five Stages, S. 4.

53 Reichardt, Faschismus, S. 393.

54 Reichardt, Faschistische Kampfbünde, S. 707.

55 Adolf Hitler, in: Percy Ernst Schramm (Hg.), Dr. Henry Picker: Hitlers Tischgespräche im Führerhauptquartier 1941-1942, Stuttgart 1963, S. 133 f.

56 Philip V. Cannistraro, La fabbrica del consenso: fascismo e mass media, Bari 1975. Vgl. auch Victoria De Grazia, The culture of consent: mass organisation of leisure in Fascist Italy, Cambride, Mass. 1981.

57 Petra Terhoeven, Liebespfand fürs Vaterland. Krieg, Geschlecht und faschistische Nation in der italienischen Gold- und Eheringsammlung 1935/36, Tübingen 2003.

58 Paxton, The Five Stages, S. 11-20.

59 So auch in der angelsächsischen Faschismusforschung die Veröffentlichungen von Richard Bessel (Hg.), Fascist Italy and Nazi Germany. Comparisons and contrasts, Cambridge 1996 und Alexander J. De Grand, Fascist Italy and Nazi Germany. The ›Fascist‹ Style of Rule, London 1995. Während der Drucklegung dieses Bandes ist das wichtige Buch von MacGregor Knox, To the Threshold of Power, 1922/33. Origins and Dynamics of the Fascist and National Socialist Dictatorships, Cambridge 2007 erschienen.

I.1 Benito Mussolini

1 Statt detaillierter Anmerkungen werden hier im wesentlichen nur die in dem Essay zitierten wissenschaftlichen Literaturangaben aufgeführt: Dino Biondi, La fabbrica del Duce, Florenz 1973; Richard J.B. Bosworth, Mussolini, London 2002; Richard J.B. Bosworth, The italian dictatorship. Problems and perspectives in the interpretation of Mussolini and fascism, London 1998; James H. Burgwyn, Italian foreign policy in the interwar period 1918-1940, Westport, Conn. 1997; Alessandro Campi, Mussolini, Bologna 2001; Philip V. Cannistaro, La fabbrica del consenso: fascismo e mass media, Bari 1975; Franco Ciarlantini, Mussolini immaginario, Mailand 1933; Simona Colarizi, L'opinione degli italiani sotto il regime fascista 1929-1943, Rom/Bari 1991; Yvon De Begnac, Vita di Mussolini, 3 Bde., Turin 1936-1940; Renzo De Felice, Mussolini il rivoluzionario (1883-1920), Turin 1965; ders., Mussolini il fascista I: La conquista del potere (1921-1925), Turin 1966; ders., Mussolini il fascista II: L'organizzazione dello Stato fascista (1925-1929), Turin 1968; ders., Mussolini il duce I: Gli anni del consenso, Turin 1974; ders., Mussolini il duce II: Lo stato totalitario (1936-1940), Turin 1981; ders., Mussolini l'alleato I,1: L'Italia in guerra (1940-1943). Dalla guerra »breve« alla guerra lunga, Turin 1990; ders., Mussolini l'alleato I,2: L'Italia in guerra (1940-1943). Crisi e agonia del regime, Turin 1990; ders., Mussolini l'alleato II: La guerra civile (1943-1945), Turin 1997; ders., Mussolini. Edizione multimediale in 4 cd-rom, Turin 2001; ders., Intervista sul fascismo, a cura di Michael Ledeen, Bari/Rom 1975; ders., Rosso e Nero, a cura di Pasquale Chessa, Mailand 1995; Renzo de Felice, Luigi Goglia, Mussolini. Il mito, Rom/Bari 1983; Victoria de Grazia, The culture of consent: mass organisation of leisure in fascist Italy, Cambridge 1981; Angelo Del Boca, I gas di Mussolini. Il fascismo e la guerra d'Etopia, Rom 1996; Mimmo Franzinelli, Emanuele Valerio Marino, Il duce proibito. Le fotografie di Mussolini che gli italiani non hanno mai visto, Mailand 2002; Max Gallo, Vita di Mussolini, Bari 1967; Emilio Gentile, Il culto del littorio. La sacralizzazione della politica nell'Italia fascista, Rom/Bari 1996; August B. Hasler, Das Duce-Bild in der faschistischen Literatur, in: Quellen und Forschungen aus italienischen Archiven und Bibliotheken 60 (1980), S.420-506; Lutz Klinkhammer, Zwischen Bündnis und Besatzung. Das nationalsozialistische Deutschland und die Republik von Salò 1943-1945, Tübingen 1993; ders., Mussolinis Italien zwischen Staat, Kirche und Religion, in: Klaus Hildebrand (Hg.), Zwischen Politik und Religion. Studien zu Entstehung, Existenz und Wirkung des Totalitarismus, München 2003, S.73-90; MacGregor Knox, Mussolini unleashed 1939-1941: politics and strategy in fascist Italys last war, Cambridge 1982; Emil Ludwig, Mussolinis Gespräche mit Emil Ludwig, Berlin 1932; Sergio Luzzatto, Il corpo del duce. Un cadavere tra immaginazione, storia e memoria,

Turin 1998; Adrian Lyttelton, The seizure of power: fascism in Italy 1919-1929, London 1973; Denis Mack Smith, Mussolini, London 1981; Pierre Milza, Mussolini, Paris 1999; Brunello Mantelli, Faschismus, Geschichte Italiens, Selbstverständnis der Republik. Kritische Anmerkungen zur jüngsten Debatte über die Beziehungen von Geschichte und Gegenwart, in: Christof Dipper, Rainer Hudemann, Jens Petersen (Hg.), Faschismus und Faschismen im Vergleich. Wolfgang Schieder zum 60. Geburtstag, Vierow 1998; Pier Carlo Masini, Mussolini. La maschera del dittatore, Pisa 1997; Paolo Montelli, Mussolini piccolo borghese, Mailand 1959; Carlo Moos, Ausgrenzung, Internierung, Deportation. Antisemitismus und Gewalt im späten italienischen Faschismus (1938-1945), Zürich 2004; Alexander Nützenadel, Faschismus als Revolution? Politische Sprache und revolutionärer Stil im Italien Mussolinis, in: Christof Dipper, Lutz Klinkhammer, Alexander Nützenadel (Hg.), Europäische Sozialgeschichte. Festschrift für Wolfgang Schieder, Berlin 2000, S. 21-40; Luisa Passerini, Mussolini immaginario, Rom/Bari 1991; Jens Petersen, Mussolini – der Mythos des allgegenwärtigen Diktators, in: Wilfried Nippel (Hg.), Virtuosen der Macht. Herrschaft und Charisma von Perikles bis Mao, München 2000, S. 155-170; Giorgio Pini, Benito Mussolini. La sua vita, Bologna 1926; ders., Delio Susmel, Mussolini. L'uomo e l'opera, 4 Bde., Florenz 1953-1955; Giorgio Rochat, Le guerre italiane 1935-1943. Dall'impero d'Etiopia alla disfatta, Turin 2005; Gaetano Salvemini, Scritti sul fascismo, 3 Bde., Mailand 1961-1974; Margherita G. Sarfatti, Dux, Mailand 1926; Michele Sarfatti, Mussolini contro gli ebrei. Cronaca dell'elaborazione delle leggi del 1938, Turin 1994; Gabriele Schneider, Mussolini in Afrika. Die faschistische Rassenpolitik in den italienischen Kolonien 1936-1941, Köln 2000; Carlo Silvestri, Matteotti, Mussolini e il dramma italiano, Rom 1947; Petra Terhoeven, Liebespfand fürs Vaterland. Krieg, Geschlecht und faschistische Nation in der italienischen Gold- und Eheringsammlung 1935/36, Tübingen 2003; Nicola Tranfaglia, Un passato scomodo: fascismo e postfascismo, Rom/Bari 1996; Leo Valiani, Osservazioni sul fascismo e sul nazismo, in: Rivista Storica Italiana 75 (1976), S. 509-530; Hans Woller, Rom, 28. Oktober 1922. Die faschistische Herausforderung, München 1999.

I.2 Die Zukunft der Avantgarde

1 Hans Magnus Enzensberger, Die Aporien der Avantgarde, in: ders., Einzelheiten, Frankfurt 1962, S. 290-315.
2 Peter Bürger, Theorie der Avantgarde, Frankfurt 1974.
3 Vgl. in diesem Sinne Michael Hardt, Zu Begriff, Geschichte und Theorie der literarischen Avantgarde, in: ders. (Hg.), Literarische Avantgarden, Darmstadt 1989, S. 145-171.

4 Vgl. dazu z.B. Helga Finter, Semiotik des Avantgardetextes. Gesellschaftliche und poetische Erfahrung im italienischen Futurismus, Stuttgart 1980.
5 Michael Hardt, Futurismus und Faschismus. Vorarbeiten für eine ideologiekritische Studie ihrer Wechselbeziehungen, in: ders. (Hg.), Literarische Avantgarden, S. 252.
6 Francesco Grisi (Hg.), I futuristi. I manifesti, la poesia, le parole in libertà, i disegni e le fotografie di un movimento »rivoluzionario«, che fu l'unica avanguardia italiana della cultura europea, Rom 1990.
7 Der Text ist z.B. greifbar in der Anthologie von Grisi (Hg.), I futuristi, S. 25-32. Der italienische Text erschien in erweiterter, zugleich aber auch entschärfter Fassung in der von Marinetti mitherausgegebenen Zeitschrift »Poesia« (Febr./März 1909). Vgl. Hansgeorg Schmidt-Bergmann, Futurismus. Geschichte, Ästhetik, Dokumente, Reinbek 1993, S. 49 f.
8 Christa Baumgarth. Geschichte des Futurismus, Reinbek 1966, S. 299 f.
9 Vgl. Grisi (Hg.). I futuristi. S. 46-54.
10 Vgl. dazu Dietrich Kämper (Hg.), Der musikalische Futurismus, Laaber 1999.
11 Vgl. Filippo T. Marinetti, I Manifesti del Futurismo, 4 Bde., Mailand 1914.
12 Vgl. dazu Manfred Hinz, Die Zukunft der Katastrophe. Mythische und rationalistische Geschichtstheorie im italienischen Futurismus, Berlin 1985, S. 18-42.
13 Vgl. Baumgarth, Futurismus, S. 112.
14 Vgl. dazu Schmidt-Bergmann, Futurismus, S. 64-66.
15 Filippo T. Marinetti, Teoria e invenzione futurista, Mailand 1968, S. 268 f.
16 Vgl. Wolfgang Schieder, Das faschistische Italien als Krise der bürgerlichen Gesellschaft, in: Manfred Hettling u. Ernst Nolte (Hg.), Nation und Gesellschaft in Deutschland. Historische Essays, München 1996, S. 305-318.
17 Vgl. dazu die klassische Kritik von Gaetano Salvemini, Il ministero della mala vita, Mailand 1909.
18 Filippo T. Marinetti, Grande serata futurista, in: Lacerba, 15.12.1913.
19 Filippo T. Marinetti, Lettera aperta al futurista Mac Demarle, in: Lacerba, 15.8.1913.
20 Umberto Boccioni, Opere complete, Foligno 1927, S. 81.
21 Die Futuristen führten das Wort 1910 in ihrem Manifest »Contro Venezia passatista« ein.
22 Marinetti, Teoria e invenzione futurista, S. 179.
23 Hinz, Zukunft der Katastrophe, S. 12.
24 Programma Politico-Futurista vom 11.10.1913, in: Filippo T. Marinetti, Futurismo e fascismo, Foligno 1924, S. 93.
25 Boccioni, Opere complete, S. 143.

26 Boccioni, Gli scritti editi e inediti, Mailand 1971, S. 83.
27 Programma Politico-Futurista vom 11.10.1913, in: Marinetti, Futurismo e Fascismo, S. 83.
28 Ebd.
29 Ebd.
30 Mario Viana, La violenza dell'automobile e la forza del vivere, in: ders., Sciopero generale e guerra vittoriosa. Contributo di agitazione contro la democrazia, Turin 1910, S. 31-43.
31 Ebd., S. 40.
32 Vgl. dazu Mario Isnenghi, Il mito della grande guerra. Da Marinetti a Malaparte, Bari 1969.
33 Zit. nach Grisi (Hg.), I futuristi, S. 29. Im italienischen Original heißt es: »Noi vogliamo glorificare la guerra – sola igiene del mondo.«
34 Marinetti, Teoria e invenzione futurista, S. 248.
35 Giovanni Papini, La vita non è sacra, in: Lacerba, 15.10.1913.
36 Anders sieht das Hinz, Zukunft der Katastrophe, S. 92 ff.
37 Filippo T. Marinetti, Manifesto futurista, in: Grisi (Hg.), I futuristi, S. 29.
38 Filippo T. Marinetti, Mafarka il futurista, Mailand 1910.
39 Filippo T. Marinetti, La battaglia di Tripoli, Mailand 1912, S. 58. Vgl. auch Enrico Corradini, L'ora di Tripoli, Mailand 1911.
40 Filippo T. Marinetti, Manifesto tecnico della letteratura futurista (11.5.1912), in: Grisi (Hg.), I futuristi, S. 33: »1. Bisogna distruggere la sintassi, disponendo i sostantivi a caso, come nascono.«
41 Vgl. Filippo T. Marinetti, In quest'anno futurista, in: A. D'Orsi, L'ideologia politica del futurismo, Turin 1992, S. 134-137.
42 Boccioni an Puccini, Okt./Nov. 1915, in: ders., Gli scritti editi ed inediti, S. 386.
43 Filippo T. Marinetti, L'alcova acciaio, Mailand 1927, S. 397. Zit. nach der deutschen Übersetzung von Hinz, Zukunft der Katastrophe, S. 131.
44 Vgl. dazu Susanne v. Falkenhausen, Der Zweite Futurismus und die Kunstpolitik des Faschismus in Italien von 1922-1943, Frankfurt 1979.
45 Text bei Angelo D'Orsi, L'ideologia politica del futurismo, Turin 1992, S. 140-144.
46 Ebd., S. 143.
47 Filippo T. Marinetti, Democrazia futurista. Dinamismo politico, Mailand 1919.
48 D'Orsi, L'ideologia politica, S. 140.
49 Ebd., S. 140.
50 Enrico Rocca, Orientarsi, in: Roma Futurista, 13.7.1919.
51 Massimo Bontempelli, Aderisco, in: Roma Futurista, 10.11.1918. Vgl. Emilio Gentile, Il futurismo e la politica. Dal nazionalismo modernista al fascismo (1909-1920), in: Renzo De Felice (Hg.), Futurismo, cultura e politica, Turin 1988, S. 125.

52 D'Orsi, L'ideologia politica, S. 140.
53 Ebd., S. 141.
54 Vgl. Hinz, Zukunft der Katastrophe, S. 131.
55 Im Text des Manifests ist wörtlich von der »coscienza di tutta la razza« die Rede, vgl. D'Orsi, L'ideologia politica, S. 143.
56 Ebd.
57 Vgl. Marinetti, Futurismo e Fascismo, S. 17.
58 Vgl. dazu und zum folgenden Renzo De Felice, Mussolini il rivoluzionario, Turin 1965, S. 419-544; Ferdinando Cordova, Arditi e legionari dannunziani, Padua 1969; Gianni Grana, Il futurarditismo e i proto-modelli dell'azione fascista, in: Romain H. Rainero, Il futurismo. Aspetti e problemi, Mailand 1993, S. 101-120.
59 Vgl. zu den Arditi des Ersten Weltkrieges Giorgio Rochat, Gli arditi della grande guerra, Mailand 1981.
60 Vgl. De Felice, Mussolini il rivoluzionario, S. 485-490.
61 Ebd., S. 477.
62 So Nicola Tranfaglia, La prima guerra mondiale e il fascismo, Turin 1996, S. 155.
63 Vgl. dazu Roberto Vivarelli, Le origini del fascismo, Bd. 1, Bologna 1992.
64 Rochat, Gli arditi, S. 116.
65 Vgl. Ferdinando Cordova, Le origini dei sindacati fascisti 1918-1926, Bari 1974.
66 Emilio Gentile, Le origini dell'ideologia fascista (1918-1925), Bari 1975.
67 Vgl. De Felice, Mussolini il rivoluzionario, S. 572.
68 Marinetti, Futurismo e fascismo, S. 17.
69 Gentile, Il futurismo e la politica, S. 136ff.
70 Gentile, Le origini dell'ideologia fascista, S. 166-186.

I.3 Der Strukturwandel der faschistischen Partei Italiens in der Phase der Herrschaftsstabilisierung

1 Elfriede Leferenz, Neue bürgerliche Angriffe auf die Einschätzung des Faschismus durch die KI, in: Beiträge zur Geschichte der Arbeiterbewegung 16, 1974, S. 677. Vgl. ferner z. B. auch Jürgen Kuczynski, Die Geschichte der Arbeiter unter dem Kapitalismus, Bd. 15, Berlin 1965, S. 9.
2 Vgl. dazu meinen Artikel Faschismus, in: Sowjetsystem und demokratische Gesellschaft 2, Freiburg 1968, S. 455-59.
3 Il Terzo Congresso del Partito Comunista d'Italia – Sezione dell'Internazionale Comunista, o. O. [1926].
4 Ebd.
5 So bei A. Tilgher, Piccoli borghesi al bivio, Tempo, 7.12.1919 und bei G. Ansaldo: Ceti medi e operai, Rivoluzione Liberale, 19.10.1922. Vgl. Costanzo Casucci (Hg.), Il Fascismo. Antologia di scritti critici,

Bologna 1961, S. 206; Renzo De Felice: Le interpretazioni del fascismo, Bari 1969, S. 151 f.

6 So Mario Missiroli: Il fascismo e la crisi italiana, Bologna 1921, S. 17-19; auch bei Renzo De Felice (Hg.), Il fascismo e i partiti politici italiani. Testimonianze del 1921-1923, Bologna 1966, S. 311-14; ferner: A. Cappa, Due rivoluzioni mancate, Foligno 1923: S. 156-70 und Grildig [d. i. A. Cappa], Le generazione del fascismo, Turin 1924.

7 Luigi Salvatorelli, Nazionalfascismo, Turin 1923, S. 3-27. Vgl. auch Renzo De Felice (Hg.), Il Fascismo. Le interpretazioni dei contemporanei e degli storici, Bari 1970, S. 54-64. Salvatorelli unterscheidet in etwas eigenwilliger Diktion »piccola borghesia tecnica« und »piccola borghesia umanistica«. Zur ersteren rechnete er die in »produktiven Prozessen« der »kapitalistischen Gesellschaft tätigen« Techniker, zu letzterer die Masse der staatlichen Angestellten und Beamten sowie die freiberuflich Tätigen (ebd., S. 20f.).

8 So De Felice, Interpretazioni, S. 157; ders., Fascismo, XVIII.

9 Giovanni Zibordi, Critica socialista del fascismo, in: De Felice, Fascismo, S. 369f. Vgl. auch Ernst Nolte (Hg.), Theorien über den Faschismus, Köln/Berlin 1967, S. 83f.

10 Agostino Lanzillo, Le rivoluzioni del dopoguerra. Critiche e diagnosi, Città di Castello 1922, S. 225. Ähnlich auch Deputato al Parlamento: Il fascismo. Origini-sviluppo-finaltà, Mailand 1922, S. 25.

11 Salvatore Sechi, Dopoguerra e fascismo in Sardegna, Turin 1971; Luigi Nieddu, Origini del fascismo in Sardegna, Cagliari 1964; La Toscana nel regime fascista (1922-1939), 2 Bde., Florenz 1971; Roberto Cantagalli, Storia del fascismo fiorentino 1919/1925, Florenz 1972; Raffaele Colapietra, Napoli tra dopoguerra e fascismo, Mailand 1962; Simona Colarizi, Dopoguerra e fascismo in Puglia (1919-1926), Bari 1971; Mario Vani, Le origini del fascismo a Mantova (1914-1922), Rom 1961; Alessandro Roveri, Le origini del fascismo a Ferrara 1918/1921, Mailand 1974; Paul R. Corner, Il fascismo a Ferrara 1915-1925, Bari 1974; H. Corsi, Le origini del fascismo nel Grossetano (1919-1922), Rom 1973.

12 Die Unterscheidung von *Bewegung* und *Partei* geht auf die Rede Mussolinis vom 23. 3. 1921 zurück, in der er u. a. sagte: »Der Faschismus ist keine Kirche. Er gleicht mehr einem Trainingsplatz. Er ist keine Partei. Er ist eine Bewegung.« Benito Mussolini, Opera Omnia, Bd. XVI, Florenz 1955, S. 212.

13 Guido Dorso, La rivoluzione meridionale, 2. Aufl. Rom 1945, S. 89.

14 Zum Begriff des *Ras* und dem davon abgeleiteten *ras(s)ismo* vgl. z. B. den Artikel Rassismo e Fascismo, in: Corriere Italiano I, Nr. 216, 23.9.1923; ferner Umberto Fabbri, Analisi del regime fascista (agosto 1924), Roma [1925], S. 36-38; Dreyfus: Le elezioni dei Ras, La Ricostruzione I, Nr. I, 6.12.1923. Farinacci bekannte sich Ende 1924 mit den folgenden Worten zum ›Rassismo‹: »Der Rassismo ist mit der faschistischen Bewegung identisch. Er ist Ausdruck unserer anti-

demokratischen und antiliberalen Revolte.« Vgl. Il Selvaggio I, Nr. 21/22, 7.12.1924

15 O[doardo] C[agli], Fascismo provinziale, Battaglie Fasciste. Voce del fascismo fiorentino I, Nr. 6, 23.8.1924. Vgl. auch M. B., Farinacci, Balilla, Settimanale della Federazione Ferrarese del Partito Nazionale Fascista VI, Nr. 8, 1.3.1925, wo Farinacci als »Ras per eccelenza« bezeichnet wird. Zu Farinacci vgl. zuletzt U. Alfassio Grimaldi und Gherardo Bozzetti, Farinacci il più fascista, Mailand 1972, und Harry Fornari, Mussolinis Gadfly, Roberto Farinacci, Nashville (Tenn.) 1970. Eine kritische Biographie Farinaccis fehlt.

16 ACS Roma, Segr. Part., fasc. 242/R: Farinacci, sotto fasc. I, Turati an Farinacci, 31.10.1929: »Diese Stadt [d. i. Cremona] liegt für die Partei im Ausland und bildet, wie Deine Krieger tönen, eine Republik. Sieh zu, ob es Dir gelingt, Cremona wieder zu einer Provinz des italienischen Faschismus zu machen.«

17 Die politische Struktur des faschistischen Extremismus ist noch nicht systematisch untersucht worden. Summarische Aufzählungen der wichtigsten Führer des Extremismus (Ras) bei Yvon De Begnac, Palazzo Venezia. Storia di un regime, Rom 1950, S. 188; Camillo Pellizzi: Problemi e realtà del fascismo, Florenz 1924, S. 104f.; Luigi Federzoni, Italia di ieri per la storia di domani, Mailand 1967, S. 91; Cesare Rossi: Trentatre vicende mussoleane, Mailand 1958, S. 101 f. Vgl. auch Adrian Lyttelton, The seizure of power. Fascism in Italy 1919-1929, London 1973, S. 166-75, 185-88.

18 Adrian Lyttelton, Fascism in Italy: The second wave, ICH 1, 1966, S. 75-100.

19 Roberto Farinacci, Un periode aureo del partito nazionale fascista, Foligno 1925, S. 14.

20 Ebd., S. 338 (Rede Farinaccis vom 6.12.1925).

21 Vor dem Consiglio Nazionale Fascista stellte er am 19.10.1925 die Säuberungsmethoden der KPdSU öffentlich als vorbildlich hin. Vgl. ebd., S. 294. In einem Privatbrief an Mussolini schrieb er am 7.1.1933: »In Rußland konnte Stalin dank der hervorragenden Organisation der Partei und der Führungskader Lenin nachfolgen, indem er dieses Machtinstrument beibehielt. Nur deshalb konnte er die Bewegung Trotzkis zerschlagen. In Italien werden wir dagegen den Bruderkampf haben, weil alle alten und maßgeblichen Führer zerstritten sind, und ich sehe niemanden, der die Kontinuität der Regierung und des Regimes erhalten könnte.« ACS Roma, Segr. Part., fasc. 242/R: Farinacci, sottofasc. I.

22 Zur sozialen Herkunft und politischen Agglomeration des ersten Faschismus vgl. Girgio Rumi, Mussolini e il programma di S. Sepolcro, in: Il movimento di liberazione in Italia 14 (1963), S. 7-10; Renzo De Felice, Mussolini il rivoluzionario 1883-1920, Turin 1965, S. 477f., 504-06; Lyttelton, Seizure, S. 46-49; Roberto Vivarelli, Il dopoguerrain Italia e l'avvento del fascismo (1918-1922), Bd. I, Napoli

1967, S. 295-98. Ferner: G. Sabbatucci, I combattenti nel primo dopoguerra, Bari 1974.

23 Vgl. Jens Petersen, Wählerverhalten und soziale Basis des Faschismus in Italien zwischen 1919 und 1928, in: Wolfgang Schieder (Hg.), Faschismus als soziale Bewegung. Deutschland und Italien im Vergleich, Göttingen 1983, S. 145-47, der allerdings die Bedeutung dieser Gruppen überschätzt.

24 Vgl. Renato Zangheri (Hg.), Lotte agrarie in Italia. La Federazione nazionale dei lavoratori della terra 1901-1926, Mailand 1960; M. Bandini, Cento anni di storia agraria italiana, Rom 1963; A. Serpieri, La struttura sociale dell'agricoltura italiana, Rom 1947.

25 Benito Mussolini, Il fascismo ei rurali, in: ders., Opera Omnia, Bd. XVIII, Florenz 1955, S. 201-207.

26 ACS Roma, Mostra Rivoluzione Fascista, b. 99, fasc. Spezia, b. 102, fasc. Genova.

27 Vgl. dazu z.B. Luigi Preti, Le lotte agrarie nella valle padana, Turin 1955, S. 473-75, sowie für Ferrara A. Roveri, Origini, S. 188-95 und P. Corner, Fascismo, S. 222-28.

28 Vgl. dazu Lyttelton, Seizure, S. 168-73; De Felice, Mussolini il rivoluzionario, S. 656-62; Renzo De Felice, Mussolini il fascista. I. La conquista del potere 1921-1925, Turin 1966, S. 120-22.

29 ACS Roma, Min. Int., P.S., 1925 b. 96, fasc. Alessandria, 20.1.1921; Secondo Ramella, L'azione sindacale nell'agro novarese dal 1918 al 1925. Socialisti e fascisti aconfronto, Novara 1962, S. 91-100; Mario Vaini, Le origini del fascismo a Mantova, Rom 1961, S. 163-67.

30 Vgl. die klassische Beschreibung des faschistischen Massenaufschwungs im Zeichen des squadrismo bei Angelo Tasca, Nascita e avvento del fascismo. L'Italia dal 1918 al 1922, Bari 1965, S. 143-221 (erstmals 1938).

31 So Giuseppe Moschini, Il Bivio, La voce di Mantova, 23.9.1921 in Polemik gegen den Mussolinisten Enzo Ponzi: Il fascismo al Bivio, La voce di Mantova, 14./15.9.1921. Die ausführlichste Darstellung des gescheiterten patto di pacificazione bei De Felice, Mussolini il fascista I, S. 123-72.

32 Gino Piastra, Memorie di un illuso. La truffa rivoluzionaria e quella neogaribaldina, Genova [1925], S. 27-30, 101-112, 126. Dazu: ACS Roma, Carte Mussolini, Autori Vari, SC. I, b. 111, C, Mussolini an Farinacci, 16.11.1925: »P. S. libro di Piastra (vedi Corriere Padano) interessantissimo«.

33 Giuseppe Frignani, Appunti per le cronache del fascismo romagnolo, Bologna 1933, S. 43.

34 Vgl. zum folgenden Edoardo Malusardi, Elementi di storia del sindacalismo fascista. 3. Aufl. Genova 1938; Ferdinando Cordova, Le origini dei sindacati fascisti 1918-1926, Bari 1974; Raul Forti und Giuseppe Ghedini, L'avvento del fascismo. Cronache ferraresi, Ferrara 1923; Giovanni Pesce, La marcia dei rurali, Rom 1929; Mario

Abrate, La lotta sindacale nella industrializazzione in Italia 1906-1926, Turin 1967.

35 Edmondo Rossoni, Le idee della ricostruzione. Discorsi sul sindacalismo fascista, Florenz 1923, S. 41.

36 Guido Pighetti, Sindacalismo fascista, Mailand 1924, S. 191; ähnlich auch Rossoni, Idee, S. 882-94.

37 Cordova, Origini, S. 980-90; Lyttelton, Seizure, S. 219f.

38 Pighetti, Sindacalismo, S. 195.

39 Vgl. dazu die immer noch grundlegende Analyse von Guido Dorso, La rivoluzione meridionale, 2. Aufl. Rom 1945. Für Apulien Simona Colarizi, Dopoguerra, passim; für Kampanien: Raffaele Colapietra, Napoli, passim. Eine entsprechende Studie für Sizilien fehlt. Knappe Hinweise bei Lyttelton, Seizure, S. 194-202.

40 Sechi, Dopoguerra e fascismo, S. 351-433.

41 De Felice, Mussolini il fascista I, S. 506-509. Ferner: ACS Roma, Min. Int. P. S., 1923, b. 71.

42 De Felice, Mussolini il fascista I, S. 510-12; Nino Valeri: Da Giolitti a Mussolini: momenti della crisi del liberalismo, Florenz 1956, S. 105-109; G.B. Gifuni (Hg.), Il diario di Salandra, Mailand 1969, S. 279-86. Ferner: ACS Roma, Gab. Finzi, 1923, b. 7, fasc. 65; Antonio Salandra, Liberalismo e fascismo, Mailand 1924; Carmelo Licitra, Dal liberalismo al fascismo, Rom 1925.

43 Dazu die erstaunlich freimütige Darstellung aus faschistischer Zeit von Romolo Ronzo, La fusione del nazionalismo con il fascismo, Rom 1943, sowie De Felice, Mussolini il fascista 1, S. 501-06; Franco Gaeta, Nazionalismo italiano, Napoli 1965, S. 203-45; Colarizi, Dopoguerra, S. 274-303; Colapietra, Napoli, S. 220-30. Ferner: ACS Roma, Segr. Part., fasc. 82/R: Federzoni; ebd., Carte Mussolini, Autografi Vari, b. I, fasc. I.

44 Il Gran Consiglio nei primi dieci anni dell'era fascista, Rom 1933, S. 67f.

45 Der Zuwachs von rd. 480000 neuen Mitgliedern ergibt sich aus der Differenz der für Juli 1923 mit 797 605 angegebenen zu den 299 876 in Tab. 2 für den 31.12.1922 angegebenen Mitgliedern (Differenz 479 729). Beide Zahlen sind nur bedingt zuverlässig, lassen aber zumindest die Relationen erkennen.

46 Vgl. zu Rocco den ausgezeichneten Essay von Paolo Ungari, Alfredo Rocco e l'ideologia giuridica del fascismo, Brescia 1963. Umfangreichere Rocco- und Federzoni-Biographien fehlen. In manchem interessant die Memoiren von Luigi Federzoni, Italia ieri per la storia di domani, Mailand 1967.

47 Massimo Rocca, Come il fascismo divenne una dittatura, Mailand 1952, S. 118.

48 Gaeta, Nazionalismo, S. 195; Vivarelli, Dopoguerra, S. 99; Valerio Castronovo, Il potere economico e il fascismo, in: Guido Quazza (Hg.), Fascismo e società italiana, Turin 1973, S. 53-57.

49 Vgl. Maurizio Maraviglia, I nuovi compiti del proselitismo fascista, L'Idea Nazionale XIII, 9.12.1923; ders., Problemi di orientamento, L'Idea Nazionale XIV, 3.8.1924; Umberto Guglielmotti: Revisionismo pratico, L'Idea Nazionale XIV, 9.5.1924.
50 De Felice, Mussolini il fascista I, 382-86; Lyttelton, Seizure, S. 231-36. Ferner: ACS Roma, Min. Int., Ufficio Cifra, 11.12.1922; Cremona Nuova, 7.-10.12.1922; Rossoni, Idee, S. 28.
51 Roberto Farinacci, Oggi sone tutti fascisti, Cremona Nuova I, 9.11.1922. Ähnlich z. B. auch Enzo Ponzi, Agli amici, ai consiglieri, ai critici, La Fiamma 11, 18.11.1922 und Umberto Banchelli, Fascisti di professione alla sbarra, Florenz [1923], 4 (offener Brief an Mussolini vom Januar 1923).
52 So Cesare Forni, der Ras der Lomellina, im Januar 1923: Il II. Congresso Fascista Lomellino, Il Risveglio V, 12.1.1923.
53 Zum Phänomen des Dissidentismus vgl. De Felice, Mussolini il fascista I, 412-31; Lyttelton, Seizure, S. 176-78.
54 In Turin wurden Mario Gioda und Pietro Gorgolini aus der Partei ausgeschlossen, obwohl Mussolini zu dem Buch von Pietro Gorgolini: Il fascismo nella vita italiana, Turin 1922, persönlich ein Vorwort beigesteuert hatte. Gorgolini hatte darin gegen einen »reaktionären Konservativismus« und gegen die »konservative Bourgeoisie« polemisiert sowie von Fortführung des Klassenkampfes gesprochen (ebd., S. 33f., 131). Vgl. dazu Rocca, Come il fascismo, S. 147-50; Renzo De Felice, I fatti di Torino del dicembre 1922, Studi Storici IV, 1963, S. 51-122.
55 Vgl. zu Calza Bini, ACS Roma, Carte Bianchi, b. I, fasc. 3, und b. 3, fasc. 40; ebd., Segr. Part., fasc. H/R: Lodi, fasc. 64/R: Bottai; Polemica Fascista. Settimanale Politico 1,10.5.-30.9.1923; Giacomo Cipriani-Avolio, Da una rivoluzione a un eolpo di governo, Roma [1924], S. 62-70; zu Padovani, Colapietra: Napoli, S. 204-240; Renzo De Felice, Giovanni Preziosi e le origini del fascismo, Rivista storica del socialismo V, 1962, S. 522f.; zu Forni: ACS Roma, Min. Int., Gab. Finzi, b. 8, fasc. Pavia; ebd., P. S., 1923, b. 59, fasc. Pavia. Ferner: Giuseppe Rossini, Il delitto Matteotti tra Viminale e Aventino. Dagli atti del processo de Bono davanti all'Alta Corte di Giustizia, Bologna 1966, S. 423-26.
56 Vgl. die Selbstdarstellung Misuris in Alfredo Misuri, Rivolta Morale, Mailand 1924 und erneut in ders., »Ad bestias!« Memorie d'un perseguitato, Rom 1944. Ferner: Rossini, Delitto, S. 484-86; De Begnac, Palazzo Venezia, S. 188-94.
57 Zu Sala/Torre vgl. ACS Roma, Min. Int., P. S., 1923, b. 47, fasc. Alessandria; ebd., Gab. Finzi, b. 3, fasc. 25; ebd., Segr. Part., fasc. 216/R: Torre; zu Baroncini/Grandi vgl. ACS Roma, Min. Int., Gab. Finzi, b. 34, fasc. 34, sottofasc. 16; ebd., P.S., 1923, b. 50, fasc. Bologna.
58 Zum Organisationswandel des PNF in den ersten Jahren nach dem ›Marsch auf Rom‹ vgl. Alberto Aquarone, L'organizzazione delle stato totalitario, Turin 1965, S. 27-39.

59 Massimo Rocca, Idee sul fascismo, Florenz 1924; ders., Il prima fascismo, Rom 1964; Bruno Spampanato, Divenire fascista, Napoli 1924; Giuseppe Bottai, Pagine di Critica Fascista, Florenz 1941; ders., Vent'anni e un giorno (24 luglio 1943), Rom 1949; Camillo Pellizzi, Problemi e realtà del fascismo, Florenz 1924.

60 Massimo Rocca, Una battaglia perduta: il revisionismo del 1923, Abc. Quindicinale di critica politica VII, 1.3.1959; ders., Come il fascismo, S. 152.

61 Dazu De Felice, Mussolini il fascista I, S. 546-54, sowie der Bericht über den Consiglio Nazionale des PNF vom 29./30. Januar 1924 in Mussolinis Zeitung Popolo d'Italia X, 29.1.1924.

62 Vgl. Associazione Italiana per il Controllo Democratico: La ricostruzione fascista (novembre 1924 – gennaio 1925), Mailand 1925, S. 21-24, 93-100; Raffaele Paolucci, Il mio piccolo mondo perduto, Bologna 1947, S. 247-60; Carlo Avarna di Gualtieri, Il fascismo, Turin 1925, S. 39-42; A. Codignola, La resistenza de ›I combattenti di Assisi‹, Modena 1965, S. 108-10; Giacomo Lumbroso, La crisi del fascismo, Florenz 1925, S. 149-53; Popolo d'Italia XI, 20.111924.

63 Aquarone, Stato totalitario, S. 47-110; De Felice, Mussolini il fascista I, S. 705-30.

64 Vgl. dazu vor allem die Reden Farinaccis vor dem V. Parteikongreß des PNF, am 21.6.1925 und vor dem Nationalrat des PNF (*Consiglio Nazionale Fascista*) am 19.10.1925, beide abgedruckt bei Farinacci, Periodo aureo, S. 151-72, 291-300. Ferner: Antonio Canepa, L'organizzazione del PNF, Palermo 1939, S. 89-101; Lyttelton, Seizure, S. 270-78; Dante L. Germino, The Italian fascist party in power. A study in totalitarian rule. Minneapolis 1959, S. 32-45; Renzo De Felice, Mussolini il fascista II. L'organizzazione delle stato fascista 1925-1929, Turin 1968, S. 124-29.

65 Gaetano Salvemini, The fascist dictatorship in Italy, London 1928, S. 178-86; ACS Roma, Min. Int., P.S., 1925, b. 89, fasc. Firenze; ebd. b. 85, fasc. Fasci Affari Generali.

66 Vgl. Elio Apih, Italia, fascismo e antifascismo nella Venezia Giulia (1918-1943), Bari 1966, S. 254-64; ACS Roma, Min. Int., P.S., 1926, b. 101, Udine, ebd., 1925, b. 91, Padova; ebd., P.N.F., Situazione politica delle provincie, Rovigo.

67 De Felice, Giovanni Preziosi, S. 542-44; ACS Roma, Min. Int., P.S., 1925, b. 87, Bari; ebd., b. 89, Catania; ebd., b. 91, Girgenti; ebd., b. 91, Messina.

68 ACS Roma, Min. Int., P.S., F I (1903-1949), b. 2; ebd., 1925, b. 94, Torino.

69 Vgl. Bruno Uva, Gli scioperi dei metallurgici italiani del marzo 1925, SC I, 1970, S. 1011-78.

70 Farinacci, Periode aureo, S. 350.

71 Gran Consiglio, S. 217f.; irrige Interpretation dazu bei Aquarone: Stato, 65 und Lyttelton, Seizure, S. 289.

72 De Felice, Mussolini il fascista II, S. 168-73.
73 Gran Consiglio, S. 237-48; ACS Roma, Segr. Part., fasc. 242/R: Gran Consiglio, sottofasc. 4, ins. E.
74 Gran Consiglio, S. 257; ACS Roma, Mostra Fascista, P. I, b. 70, Circolare 6, 5.2.1929.
75 Gran Consiglio, S. 278.
76 Vgl. Apih, Italia, S. 264f.; Gran Consiglio, S. 310, 332f., 357-60; Partito Nazionale Fascista: Foglio d'ordini, Nr. 12, 23.10.1926; Nr. 14, 12.11.1926; Nr. 15, 22.11.1926; Nr. 16, 4.12.1926; Nr. 18, 24.12.1926; Nr. 20, 27.1.1927; Nr. 21, 1.2.1927; Nr. 23, 10.2.1927; Nr. 28, 2.4.1927; Nr. 29, 23.4.1927; Nr. 30, 4.6.1927; Nr. 31, 6.7.1927; Nr. 33, 20.7.1927; Nr. 35, 3.10.1927; (sämtliche Zahlenangaben über Säuberungen in den Provinzialorganisationen des PNF).
77 Ignazio Silone, La società italiana e il fascismo. Una veccia inchiesta sul P.N.F., Tempo Presente VII, 1962, S. 857-70. Ein Original des geheimen Umfrageformulars der KPI befindet sich im ACS Roma, Min. Int., P. S., 1927, b. 153, Palermo. Zusätzliche, von der Polizei beschlagnahmte Antworten mit Berichten über die Provinzen Siracusa, Caltanisetta und Palermo ebd., 1927, b. 151, Catania.
78 Zur Zerschlagung des Gesamtverbandes der faschistischen Gewerkschaften der *Confederazione nazionale dei sindacati fascisti* vgl. De Felice, Mussolini il fascista II, S. 326-41.
79 Daß Mussolini sich dessen selbst bewußt war, beweist seine Pfingstrede von 1926. Vgl. Mussolini, Opera Omnia XXII, S. 384.
80 Die Zahlen nach Germino, Fascist Party, S. 43. Vgl. ferner Albertina Baldi, Il dopolavoro strumento di propaganda del fascismo, in: La Toscana nel regime fascista (1922-1939), Florenz 1971, S. 635-56.
81 Dazu Stewart J. Woolf, L'impresa pubblica nell'esperienza italiana, Turin 1967; Enzo Santarelli, Storia del movimento e del regime fascista, II, Rom 1968; Lucio Villari, Il capitalismo italiano del novecento, Bari 1972; Castronovo, Potere economico, S. 79-83.
82 Partito Nazionale Fascista, Atti del PNF, VI, Bologna 1937; Consiglio dei Ministri, Obbligo del'appartenenza al Partito Nazionale Fascista per l'avanzamento in Carriera dei dependenti delle pubbliche amministrazioni, Rom 1940.
83 Vgl. dazu Germino, Fascist Party, S. 90-92.
84 Harold B. Lasswell u. Renzo Serreno, Governmental and Party leadership in fascist Italy, American Political Science Review 31 (1937), S. 914-29; Aquarone, Stato, S. 175-84.

I.4 Kriegsorientierung im faschistischen Italien

1 Frederick W. Deakin, Die brutale Freundschaft. Hitler, Mussolini und der Untergang des italienischen Faschismus, Köln/Berlin 1964; Alan Cassels, Mussolinis Early Diplomacy, Princeton 1970.

2 Vgl. Mario Toscano, Le origini diplomatiche del Patto d'Accaio, Florenz 1956. Renzo De Felice (Hg.), L'Italia fra tedeschi e alleati. La politica estera fascista e la seconda guerra mondiale. Bologna 1973; ders., Mussolini il duce II. Lo Stato totalitario 1936-1940, Turin 1981, S. 467-844.

3 Vgl. dazu Jens Petersen, Gesellschaftssystem, Ideologie und Interesse in der Außenpolitik des faschistischen Italien, in: Quellen und Forschungen aus italienischen Archiven und Bibliotheken 54 (1974), S. 428-470; ders., Die Außenpolitik des faschistischen Italien als historiographisches Problem, in: VjZG 22 (1974), S. 417-457; Marco Palla, L'imperialisme fasciste, in: Revue d'histoire de la deuxième guerre mondiale 35 (1985), S. 25-46.

4 Vgl. Esmonde M. Robertson, Mussolini as Empire-Builder. Europe and Africa: 1932-1936, London 1977; Glen John Barclay, The Rise and Fall of the New Roman Empire: Italy's Bid for World Power, 1890-1943, London 1973.

5 Vgl. dazu Michael Ledeen, Universal Fascism. The Theory and Practice of the Fascist International 1928-1936, New York 1972; Jerzy W. Borejsza, Il fascismo e l'Europa orientale. Dalla propaganda all'aggressione, Roma/Bari 1981; James Burgwyn, Il revisionismo fascista. La sfida di Mussolini alle grandi potenze nei Balcani e sul Danubio: 1925-1933, Mailand 1979.

6 Petersen, Gesellschaftssystem, Ideologie und Interesse, S. 460.

7 Vgl. Denis Mack Smith, Mussolini's Rome Empire, London/New York 1976; Giorgio Candeloro, Il fascismo e le sue guerre, Mailand 1982; und vor allem MacGregor Knox, La guerra di Mussolini 1939-1941, Rom 1984.

8 Vgl. Angelo Del Boca, Gli Italiani in Africa Orientale. La Conquista dell'Impero, Roma/Bari 1979; Giorgio Rochat, La repressione della resistenza araba in Cirenaica nel 1930-31, nei documenti dell'Archivio Graziani, in: Il Movimento di liberazione in Italia 110 (1973), S. 1-39; Enzo Santarelli, Giorgio Rochat, Romain Rainero, Luigi Goglia, Omar Al-Mukhtar e la reconquista fascista della Libia, Milani 1981.

9 Vgl. Del Boca, Gli Italiani in Africa Orientale. S. 8-11. Eric Salerno, Genocidio in Libia. Le atrocita dell'aventura coloniale (1911-1931), Mailand 1979.

10 De Felice, Mussolini il duce I. Gli anni del consenso 1929-1936, Turin 1974, S. 605-607.

11 Vgl. dazu De Felice, Mussolini il duce I., S. 597-757, hier auch S. 637 die folgenden Zahlenangaben.

12 Manfred Funke, Sanktionen und Kanonen. Hitler, Mussolini und der interntionale Abessinienkonflikt 1934-1936, Düsseldorf 1970.

13 Denis Mack Smith, Mussolini. Eine Biographie, München 1981, S. 310.

14 De Felice, Mussolini il duce I., S. 642.

15 Protokoll der Sitzung des Gran Consiglio del Fascismo vom 25.7.1944,

in der Aufzeichnung von Luigi Federzoni, Italia di ieri per la storia di domani, Mailand 1967, S. 278; F. Maugeri, Mussolini mi ha detto: confessioni di Mussolini durante il confino a Ponza e alla Maddalena, Rom 1944, S. 41 f. Vgl. Mack Smith, S. 309 f.

16 Benito Mussolini, Il piano regolatore della nuova economia italiana (23.3.1936), in: ders., Opera Omnia 27, S. 247 f.

17 Vgl. dazu und zum folgenden John F. Coverdale, Italian Intervention in the Spanish Civil War, Princeton N.J. 1975; De Felice, Mussolini il duce II, S. 331-466.

18 Vgl. die Tabelle bei Coverdale, Italian Intervention, S. 417.

19 Vgl. De Felice, Mussolini il duce II, S. 465.

20 Vgl. La politica dell'Italia in Albania nelle testimonianze del Luogotenente del Re Francesco Jacomini di San Savino, Bologna 1965. Stato Maggiore Esercito-Ufficio Storico, Le truppe italiane in Albania (Anni 1914-20 e 1939), Rom 1978. Eine wissenschaftliche Darstellung der italienischen Besatzungspolitik in Albanien fehlt.

21 Vgl. zum ganzen Komplex G. Maione, L'imperialismo straccione. Classi sociali e finanza di guerra dall'impresa etiopica al conflitto mondiale (1935-1943), Bologna 1979.

22 Vgl. De Felice, Mussolini il duce I, S. 627.

23 Vgl. Virgilio Ilari, La politicizzazione della cultura militare, in: ders., Antonio Sema, Marte in Orbace. Guerra, esercito e milizia nella concezione fascista dellanazione, Ancona 1988, S. 119-146. Vgl. auch Maria Fraddosio, La donna e la guerra. Aspetti della militanza femminile fiel fascismo: dalla mobilitazione civile alle origini del Sat nella Repubblica Sociale Italiana, in: Storia Contemporanea 20 (1989), S. 1105-1182.

24 Vgl. dazu Giampiero Carocci, La politica estera dell'Italia fascista (1925-1928), Bari 1969, S. 1-17; Mack Smith, Mussolini, S. 155-170, sowie Enzo Santarelli, Mussolini e l'imperialismo, in: ders., Ricerche sul fascismo, Urbino 1971, S. 1572.

25 Vgl. De Felice, Mussolini il duce I, S. 465 f.; ders, Alcune osservazioni sulla politica estera mussoliniana, in: ders., L'Italia fra tedeschi e alleati. La politica estera fascista e la seconda guerra mondiale, Bologna 1973, S. 65-74.

26 Vgl. dazu die Memoiren von Dino Grandi, La politica estera dell'Italia dal 1929 al 1932, Rom 1985; und Fulvio Suvich, Memorie 1932-1936, Mailand 1984.

27 Jens Petersen, Die Stunde der Entscheidung. Das faschistische Italien zwischen Mittelmeerimperium und neutralistischem Niedergang, in: Helmut Altrichter, Josef Becker (Hg.), Kriegsausbruch 1939. Beteiligte, Betroffene, Neutrale, München 1989, S. 134.

28 Zit. nach Deakin, Die brutale Freundschaft, S. 23. Vgl. auch Knox, La guerra di Mussolini, S. 57 f., der die Rede sogar als »eine Art von ›Mein Kampf‹« bezeichnet.

29 Vgl. dazu Enzo Santarelli, Storia del movimento e del regime fascista

11, Rom 1967, S. 69-152: »Il fascismo in Europa e nel mondo«; De Felice, Mussolini il duce I, S. 307-311; Ledeen, Universal Fascism, S. 26-63.

30 Vgl. Renzo De Felice (Hg.), Mussolini e Hitler. I rapporti segreti 1922-1933, Florenz 1973.

31 Vgl. dazu die grundlegende Darstellung von Jens Petersen, Hitler–Mussolini. Die Entstehung der Achse Berlin–Rom 1933-1936, Tübingen 1973, hier S. 492.

32 Vgl. das Zeugnis von Massimo Magistrati, L'Italia a Berlino (1937-1939), Mailand 1956, S. 350.

33 Zit. nach Ferdinand Siebert, Italiens Weg in den Zweiten Weltkrieg, Frankfurt a. M./Bonn 1962, S. 183.

34 Ebd.

35 Petersen, Stunde der Entscheidung, S. 133.

36 Graf Galeazzo Ciano, Tagebücher 1939-1943, Bern 1946, S. 89.

37 Vgl. Knox, La guerra di Mussolini, S. 23, S. 457-459.

38 Ebd., S. 33 f.

39 Fortunato Minniti, Il problema degli armamenti nella preparazione militare italiana dal 1935 al 1943, in: Storia Contemporanea 9 (1978), S. 5-61 und James J. Sadkovich, Understanding Defeat: Reappraising Italy's Role in World War II, in: Journal of Contemporary History 24 (1989), S. 27-61.

40 Vgl. dazu und zum folgenden Rosaria Quartararo, Roma tra Londra e Berlino. La politica estera fascista dal 1933 al 1940, Rom 1980, S. 484-518; sowie ferner Siebert, Italiens Weg in den Zweiten Weltkrieg, S. 249-257; De Felice, Mussolini il duce II, S. 650-670; Knox, La guerra di Mussolini, S. 94-108.

41 De Felice, Mussolini il duce II, S. 661.

42 Vgl. Documenti Diplomatici Italiani 8/XIII, S. 529, 563, Appendice I, S. 409. Vgl. dazu die differenzierte Darstellung von Gerhard Schreiber, Die politische und militärische Entwicklung im Mittelmeerraum 1939/40, in: Das Deutsche Reich und der Zweite Weltkrieg, Bd. 3, Stuttgart 1984, S. 4-42.

43 Documenti Diplomatici Italiani 9/III, S. 576-579.

44 Pietro Badoglio, Italien im Zweiten Weltkrieg. Erinnerungen und Dokumente, München/Leipzig 1947, S. 32. Vgl. auch Giacomo Carboni, Memorie segrete 1935-1948. Più che il dovere, Florenz 1955, S. 92; F. Guarnieri, Battaglie enonomiche tra le due guerre, Mailand 1953, t. 2, S. 498.

I.5 Merkmale faschistischer Urbanisierungspolitik in Italien 1922-1943

1 Benito Mussolini, L'Agricoltura e i rurali, Rom 1931, S. 243.

2 Zu der italienischen Übersetzung des Buches von Richard Korherr,

Regresso delle nascite: morte dei popoli, Rom 1928, schrieb er ein Vorwort, das er auch in seiner Zeitschrift »Gerarchia« veröffentlichte. Vgl. Benito Mussolini, Il numero è forza, in: Gerarchia, 9.9.1928, auch in Benito Mussolini, Opera Omnia, Bd. 23, S. 209-213. Mit Oswald Spengler, dessen »Untergang des Abendlandes« ihn tief beeindruckte, korrespondierte er mehrfach. Vgl. dazu Michael Thöndl, Die Rezeption des Werkes von Oswald Spengler (1880-1936) in Italien bis zum Ende des Zweiten Weltkrieges, in: Quellen und Forschungen aus römischen Archiven und Bibliotheken 73 (1993), S. 572-615.

3 Vgl. dazu Alexander Nützenadel, Landwirtschaft, Staat und Autarkie. Agrarpolitik im faschistischen Italien (1922-1943), Tübingen 1997, S. 30-36. Vgl. auch Volker Hunecke, Die Agrargeschichte Italiens und ihre Konflikte zwischen Risorgimento und Faschismus, in: Quellen und Forschungen aus italienischen Bibliotheken und Archiven 67 (1987), S. 311-335.

4 Vgl. dazu Dietrich von Delhaes-Guenther, Die Bevölkerungspolitik des Faschismus, in: Quellen und Forschungen aus italienischen Archiven und Bibliotheken 59 (1979), S. 392-420, sowie vor allem Carl Ipsen, Dictating Demography. The problem of population in Fascist Italy, Cambridge 1996.

5 Dazu grundlegend Nützenadel, Landwirtschaft, passim.

6 Zur Geburtenpolitik vgl. Delhaes-Guenther, Bevölkerungspolitik, sowie in einem weiteren Rahmen das wichtige Buch von Victoria De Grazia, How Fascism Ruled Women: Italy 1922-1945, Berkeley 1992. Vgl. auch dies., Die Radikalisierung der Bevölkerungspolitik im faschistischen Italien: Mussolinis »Rassenstaat«, in GG 26 (2000), S. 219-254. Wichtig auch Patrizia Dogliani, L'Italia Fascista 1922-1940, Mailand 1999, S. 239-288.
Zur Auswanderungspolitik vgl. E. Sori, L'emigrazione italiana dall'Unità alla seconda guerra mondiale, Bologna 1979; G. Rosoli (Hg.), Un secolo di emigrazione italiana: 1876-1976, Rom 1978.

7 Vgl. dazu Anna Treves, Le migrazioni interne nell'Italia fascista, Turin 1976.

8 Vgl. dazu die monumentale Darstellung von Angelo Del Boca, Gli Italiani in Africa Orientale, 4 Bde., Rom/Bari 1976-84; sowie allgemeiner auch Nicola Labanca, Storia dell'Italia coloniale, Mailand 1994.

9 Zur partiellen Industrialisierung der italienischen Landwirtschaft vgl. Nützenadel, Landwirtschaft, S. 291-322.

10 Vgl. Roberto Cerri, Note sulla politica bonificha integrale del fascismo 1928-1934, in: Italia Contemporanea 137 (1979), S. 35-61; Piero Bevilaqua, Le Bonifiche, in: Mario Isnenghi (Hg.), I luogi dell memoria. Simboli e miti dell'Italia unita, Rom/Bari 1998, S. 403-416; Patrizia Dogliani, L'Italia fascista 1922-1940, Mailand 1999, S. 198-208.

11 So die einleuchtende Berechnung von Nützenadel, Landwirtschaft, S. 270f.

12 Istituto Centrale di Statistica, Sommario di statistiche storiche dell'Italia 1861-1975, Rom 1976, Tab. 8.
13 Dogliani, L'Italia, S. 209.
14 Peter Hertner, Italien 1915-1980, in: Wolfram Fischer, u.a. (Hg.), Handbuch der Europäischen Wirtschafts- und Sozialgeschichte, Bd. 6, Stuttgart 1987, S. 1011.
15 Vgl. die Tabelle »Popolazione residente« bei Treves, Migrazioni, S. 38.
16 Vgl. Jens Petersen, Rom als Hauptstadt des geeinten Italiens 1870-1914, in: Quellen und Forschungen aus italienischen Bibliotheken und Archiven 64 (1984), S. 261-283, der S. 265 die Zahlen der Volkszählungen aufführt.
17 Eine genaue Zahl aller faschistischen Gründungsstädte kann nicht angegeben werden. Zu berücksichtigen ist, daß manche dieser Städte sich nicht entwickelt haben und ein städtebaulicher Torso geblieben sind. Das bekannteste Beispiel dafür ist Mussolinia in der Nähe von Caltagirone auf Sizilien. Als die 1924 gegründete Stadt sich in vier Jahren noch so gut wie überhaupt nicht entwickelt hatte, ordnete Mussolini 1928 an, daß ihr sein Name entzogen wurde. Er übertrug ihn auf eine Stadt in der Provinz Oristano auf Sardinien, die sich freilich auch nicht besser entwickelte. Vgl. Carlo Cresti, Architettura e fascismo, Florenz 1986, S. 127-129. Ferner: Riccardo Mariani, Fascismo e ›città nuove‹, Mailand 1976.
18 Vgl. dazu Cresti, Architettura, S. 129; Dogliani, L'Italia fascista, S. 224-226.
19 Vgl. Cresti, Architettura, S. 129f., sowie Karin R. Lehmann, Städtebau und Architektur als Mittel der Kolonisation am Beispiel der Provinz Bozen, Diss. Dr.Ing. Aachen 2000, S. 342.
20 Vgl. Lehmann, Städtebau, S. 341, Dogliani, L'Italia fascista, S. 223f.
21 Vgl. dazu Dogliani, L'Italia fascista, S. 198-209; Carlo De Seta (Hg.), Architettura e città durante il fascismo, Rom/Bari 1976; Piero Bevilaqua, Anna Rossi-Doria, Le bonifiche in Italia dal' 700 al oggi, Rom/Bari 1984. Wenig befriedigend ist leider Christoph Kühberger, Faschistische Retortenstadt Mussolinis als Bühne des Faschismus, Berlin 2001. Zur zeitgenössischen Rezeption innerhalb des faschistischen Lagers vgl. Mathias Schmitt, Die Bonificha Integrale Italiens und die Besiedlung der Pontinischen Sümpfe, Berlin 1934.
22 Zit, nach Eugenio Lo Sardo, Divina Geometria. Modelli urbani negli anni Trenta, Siena 1995, S. 193.
23 Ebd.
24 Vgl. Lehmann, Städtebau, S. 46.
25 Grundlegend dazu Antonio Cederna, Mussolini Urbanista. Lo sventramento di Roma negli anni del consenso, Rom/Bari 1979.
26 Vgl. dazu die klassische Kritik von Italo Insolera, Roma moderna. Un secolo di storia urbanistica (1870-1970), Turin 1976, sowie ferner A.M. Racheli, Corso Vittorio Emanuele II: urbanistica e architettura a Roma dopo il 1870, Rom 1985.

27 Vgl. dazu trotz vulgärmarxistischer Verkürzungen Margrit Estermann-Juchler, Faschistische Staatsbaukunst. Zur ideologischen Funktion der öffentlichen Architektur im faschistischen Italien, Köln/Wien 1982, sowie Nicola Timmermann, Repräsentative ›Staatsbaukunst‹ im faschistischen Italien und im nationalsozialistischen Deutschland – der Einfluß der Berlin-Planung auf die EUR, Stuttgart 2001.

28 Zu Piacentini, dem italienischen Speer, vgl. vor allem die Biographie von Mario Lupano, Marcello Piacentini, Rom 1991.

29 Grundlegend dazu Ueli Pfanmatter, Moderne und Macht. »Razionalismo« – italienische Architektur 1927-1942, Braunschweig/Wiesbaden 1980.

30 Von der umfangreichen Literatur zu Terragni ist wichtig Fabio Mariano, Terragni. Poesia della razionalità, Rom 1983; Ada F. Marcianò (Hg.), Giuseppe Terragni. Opera completa 1925-1943, Rom 1987; Bruno Zevi, Giuseppe Terragni, Bologna 1988.

31 Zur Enstehungsgeschichte der Casa Littoria, an der Ausschreibung für deren Bau 1938 fast alle renommierten Architekten des faschistischen Italiens teilnahmen, vgl. Cresti, Architettura, S. 178-188.

32 Ausführlich dazu Lupano, Piacentini, S. 230-240.

33 Cresti, Architettura, S. 115-117, sowie Dogliani, L'Italia fascista, S. 211 f.

34 Vgl. dazu ausführlich Lehmann, Städtebau, S. 185-217.

35 Vgl. dazu neuerdings Gustav Seibt, Rom oder Tod. Der Kampf um die italienische Hauptstadt, Berlin 2001.

36 Vgl. dazu Franz J. Bauer, Roma Capitale: Geschichtsverständnis und Staatssymbolik in der Hauptstadt Italiens (1870-1940), in: Helmut Engel, Wolfgang Ribbe (Hg.), Via triumphalis. Geschichtslandschaft »Unter den Linden« zwischen Friedrich-Denkmal und Schloßbrücke, Berlin 1997, S. 159-180, hier S. 173-180; Cederna, Mussolini, S. 135-156; sowie vor allem Italo Insolera, Francesco Perego, Storia moderna dei Fori di Roma, Rom/Bari 1999, S. 66-76.

37 Insolera, Perego, Storia, S. 77-174.

38 Cederna, Mussolini, S. 233-246.

39 Vgl. Insolera u. Perego, Storia moderna, S. 73. Zu den ›adunate‹ vgl. auch das wichtige Buch von Victoria De Grazia, Consenso e cultura di massa nell'Italia fascista, Rom/Bari 1981.

40 Vgl. dazu Lehmann, Städtebau, passim.

41 Vgl. dazu Insolera, Roma, passim, sowie G. Strappa, G. Mercurio, Architettura moderna a Roma e nel Lazio 1920-1945, Rom 1996. Eine systematische Untersuchung der faschistischen Funktionsstädte in Rom fehlt.

42 Von der umfangreichen wissenschaftlichen Literatur zur EUR ist wichtig Italo Insolera, Luigi Di Majo, L'EUR e Roma dagli anni trenta al duemila, Rom 1986; Maurizio Calvesi, Enrico Guidoni, Simonetta Lux (Hg.), E 42. Utopia e scenario del regime. Urbanistica, architettura, arte e decorazione, 2 Bde., Venezia 1992, sowie jetzt vor allem Timmermann, ›Staatsbaukunst‹, passim.

I.6 Rom – die Repräsentation der Antike im Faschismus

1 Vgl. dazu grundlegend Vittorio Vidotto (Hg.), Roma capitale, Rom/Bari 2002.
2 Camillo Cavour, I discorsi di Cavour per Roma capitale, Rom 1971, S. 43; Gustav Seibt, Rom oder Tod. Der Kampf um die italienische Hauptstadt, Berlin 2001, S. 9 ff.; R. Visser, Fascist Doctrine and the Cult of the »Romanità«, in: Journal of Contemporary History 27 (1992), S. 5-21; Andrea Giardina, André Vauchez, Il mito di Roma. Da Carlo Magno a Mussolini, Rom/Bari 2000;
3 Quintino Sella, Discorsi parlamentari raccolti e pubblicati per deliberazione della Camera dei Deputati, Bd. 1, Rom 1887, S. 292.
4 Emilio Gentile, Il culto del Littorio. La sacralizzazione della politica nell'Italia fascista, Rom/Bari 1993; Giardina, Vauchez, Il mito di Roma, S. 212 ff.; Vidotto, Roma capitale, S. 379 ff.; Visser, Fascist Doctrine, passim.
5 Giuseppe Bottai, in: Antonio Repaci, La marcia su Roma, Mailand 1972, S. 923.
6 Benito Mussolini, Opera Omnia, Bd. XVI, Florenz 1955, S. 244.
7 Ebd., Bd. XIX, Florenz 1956, S. 17.
8 Giardina, Vauchez, Il mito di Roma, S. 229; vgl. auch Gentile, Il culto del Littorio, S. 100 ff.
9 Mussolini, Opera Omnia, Bd. XVIII, Florenz 1956, S. 160 f.
10 Friedemann Scriba, Augustus im Schwarzhemd? Die Mostra Augustea della Romanità in Rom 1937/38, Frankfurt a.M. 1995; Gentile, Il culto del Littorio, S. 148 ff.; Giardina/Vauchez, Il mito di Roma, S. 246 ff.
11 Giuseppe Bottai, L'Italia di Augusto e l'Italia di oggi, Rom 1937.
12 So Curzio Malaparte, Mussolini il grande imbecille, Mailand/Trient 1999, S. 53.
13 Margherita Sarfatti, Mussolini. Lebensgeschichte nach autobiographischen Unterlagen, Leipzig 1927, S. 2. Vgl. auch Renzo de Felice, Luigi Goglia, Mussolini. Il mito, Rom/Bari 1983, S. 3 ff.; Dino Biondi, La fabbrica del Duce, Florenz 1973, S. 3 ff.; Sergio Luzzatto, Il corpo del Duce, Turin 1998, S. 109 ff.; Giardina, Vauchez, Il mito di Roma, S. 241 ff.; Luisa Passerini, Mussolini immaginario. Storia di una biografia 1915-1939, Rom/Bari 1999, S. 77 ff.
14 Luzzatto, Il corpo del Duce, S. 51 ff.; Passerini, Mussolini immaginario, S. 70 ff.; Biondi, La fabbrica del Duce, S. 3 ff.; G. Di Genova (Hg.), »L'Uomo della provvidenza«. Iconografia del Duce 1923-1945, Bologna 1996.
15 Vgl. z.B. den Außendeckel des Katalogs der Mostra della Rivoluzione fascista, Rom 1933, und das Bodenmosaik im Eingangsbereich des Foro Mussolini (heute Foro Italico) in Rom von Giulio Russo aus dem Jahre 1937.
16 Mussolini, Opera Omnia, Bd. XXII, Florenz 1957, S. 48.
17 Ebd., Bd. XXVI, Florenz 1957, S. 185.

18 Vgl. Antonio Cederna, Mussolini Urbanista. Lo sventramento di Roma negli anni del consenso, Rom 1983, S. 47ff.; Bruno Insolera, F. Perego, Archeologia e città. Storia moderna dei Fori di Roma, Rom/Bari 1999, S. 47.
19 Zit. nach Italo Insolera, Roma fascista nelle fotografie dell'Istituto Luce, Rom 2001, S. 161.
20 Ebd.
21 Vgl. Antonio Munoz, La Roma di Mussolini, Mailand 1935.
22 Mussolini, Opera Omnia, Bd. XXII, Florenz 1957, S. 49. Vgl. auch Giardina, Vauchez, Il mito di Roma, S. 231 ff.
23 Klaus Bartels, Roms sprechende Steine. Inschriften aus zwei Jahrtausenden, Mainz 2000, S. 122.
24 Zit. nach Cederna, Mussolini Urbanista, S. 187.
25 Vgl. zu diesem vor allem Bruno Tobia, L'Altare della Patria, Bologna 1998.
26 Tobia, L'Altare della Patria, S. 87ff.; Simonetta Falasca Zamponi, Fascist Spectacle: The Aesthetics of Power in Mussolini's Italy, Berkeley 1972.
27 Vgl. Petra Terhoeven, Liebespfand fürs Vaterland. Krieg, Geschlecht und faschistische Nation in der italienischen Gold- und Eheringsammlung 1935/36, Tübingen 2003; Alexander Nützenadel, Staats- und Parteifeiern im faschistischen Italien, in: Sabine Behrenbeck, Alexander Nützenadel (Hg.), Inszenierungen des Nationalstaates. Politische Feiern in Italien und Deutschland seit 1860/71, Köln 2000, S. 127-148.

II.1 Das italienische Experiment

1 Vgl. z. B. Ernst Nolte, Nationalsozialismus und Faschismus im Urteil Mussolinis und Hitlers, in: Faschismus – Nationalsozialismus. Ergebnisse und Referate der italienisch-deutschen Historikertagung in Trier, Braunschweig 1964, S. 60-72; Joachim Fest, Hitler. Eine Biographie, Frankfurt a. M./Berlin/Wien 1973, S. 685-690; Jens Petersen, Italien in der außenpolitischen Konzeption Hitlers, in: Kurt Jürgensen u. Reimer Hansen (Hg.), Historisch-politische Streiflichter. Geschichtliche Beiträge zur Gegenwart, Neumünster 1971, S. 206-220.
2 Adolf Hitler, Die südtiroler Frage und das deutsche Bündnissystem, München 1926, S. 6.
3 Hans-Günther Seraphim (Hg.), Das politische Tagebuch Alfred Rosenbergs 1934/35 und 1939/40, München 1964, S. 103 (Eintragung vom 3.3.1940).
4 Andreas Hillgruber (Hg.), Staatsmänner und Diplomaten bei Hitler. Vertrauliche Aufzeichnungen über Unterredungen mit Vertretern des Auslandes. T. 2: 1942-1944, Frankfurt a. M. 1970, S. 452 (Gespräch mit dem slowakischen Staatspräsidenten Tiso am 12.5.1944).
5 Hitlers Politisches Testament. Die Bormann-Diktate vom Februar

und April 1945, Hamburg 1983, S. 88. Vgl. auch schon Frederic W. Deakin, Die brutale Freundschaft. Hitler, Mussolini und der Untergang des italienischen Faschismus, Köln/Berlin 1962, S. 900, der freilich nur die englische Übersetzung des Textes benutzen konnte und diesem die suggestive Formel von der »brutal friendship« entnahm während Hitler eigentlich nur von einer »nüchternen Kritik bei aller Freundschaft« gesprochen hat. Vgl. ebd. S. 89. Ferner auch Fest, Hitler (wie Anm. 1), S. 1013, der diese Äußerung Hitlers allerdings gerade ausläßt.

6 Vgl. dazu Ernst Nolte, Der Faschismus in seiner Epoche, 8. Aufl. München/Zürich 1990; Wolfgang Schieder (Hg.), Faschismus als soziale Bewegung. Deutschland und Italien im Vergleich, 2. Aufl. Göttingen 1983; Hans-Ulrich Thamer u. Wolfgang Wippermann, Faschistische und neofaschistische Bewegungen, Darmstadt 1977; Stein Ugelvik Larsen, Berndt Hagtvet u. Jan Petter-Myklebust (Hg.), Who Were the Fascists? Social Roots of European Fascism, Bergen/Oslo/Tromsö 1980; Maurizio Bach, Die charismatischen Führerdiktaturen. Drittes Reich und italienischer Faschismus im Vergleich ihrer Herrschaftsstrukturen, Baden-Baden 1990; Enzo Collotti, Fascismo, fascismi, Florenz 1989.

7 Klaus Hildebrand, Hitlers Ort in der Geschichte des preußisch-deutschen Nationalstaates, in: HZ 217, 1973, S. 584-632.

8 Adolf Hitler, Mein Kampf, 70. Aufl. München 1933, S. 651.

9 So Hans Woller, Machtpolitisches Kalkül oder ideologische Affinität? Zur Frage des Verhältnisses zwischen Mussolini und Hitler vor 1933, in: Wolfgang Benz, Hans Buchheim u. Hans Mommsen (Hg.), Der Nationalsozialismus. Studien zur Ideologie und Herrschaft, Frankfurt a.M. 1993, S. 42-63, in einem sonst sehr anregenden Aufsatz.

10 Ähnliche Überlegungen finden sich im Ansatz bei Hans-Ulrich Thamer, Verführung und Gewalt. Deutschland 1933-1945, Berlin 1980, S. 153-159; ders., Der Marsch auf Rom – ein Modell für die nationalsozialistische Machtergreifung, in: Wolfgang Michalka (Hg.), Die nationalsozialistische Machtergreifung, Paderborn 1984, S. 245-260.

11 Zur außerdeutschen Faschismusrezeption vgl. John P. Diggins, Mussolini and Fascism. The View from America, Princeton, N.J. 1972; Pierre Milza, L'Italie fasciste devant l'opinion française 1920-1940, Paris 1967; Walter Crivellin, Cattolici francesi e fascismo italiano. »La vie intellectuelle« (1928-1939). Presentazione di Francesco Traniello, Mailand 1984; Jerzy W. Borejsza, Il Fascismo e l'Europa orientale. Dalla propaganda all'agressione, Rom 1981; Marco Palla, Fascismo e Stato corporativo. Un'inchiesta della diplomazia britannica, Mailand 1991.

12 Die Behauptung der Mussolini-Biographin Margherita Sarfatti, Il fascismo visto dall'estero, in: Gerarchia 5, 1929, S. 436-444, hier 436, »von den mehr als 5000 Veröffentlichungen«, welche »die Bibliogra-

phie des Faschismus« (welche?) aufweise, sei »fast 1/3 deutscher Herkunft«, ist allerdings stark übertrieben. Vgl. jedoch die zeitgenössischen Dokumentationen von Luigi Vicentini, Mussolini veduto dall'estero. Mailand 1924; ders., Il fascismo nei riflessi della stampa estera. Mailand 1924; ders., Il governo fascista giudicato fuori d'Italia, Mailand 1924; Eugenio Coselschi, Universalità del fascismo. Raccolta di giudizi di personalità e della stampa di tutto il mondo 1922-1932, Florenz 1933.

13 Michael Funk, Das faschistische Italien im Urteil der »Frankfurter Zeitung« (1920-1930), in: Quellen und Forschungen aus italienischen Archiven und Bibliotheken 69 (1989), S. 255-311, zählt allein für diese Zeitung »etwa 1500 Beiträge unterschiedlicher Art und Länge, die sich direkt mit Italien befaßten« (ebd. 257); dazu noch einmal etwa 300-400 kleinere Artikel. Die Darstellung von Karl-Egon Lönne, Faschismus als Herausforderung. Die Auseinandersetzung der ›Roten Fahne‹ und des ›Vorwärts‹ mit dem italienischen Faschismus 1920-1930, Köln/Wien 1981, läßt erkennen, daß die Zahl der längeren und kürzeren Artikel über den Faschismus im sozialdemokratischen »Vorwärts« kaum geringer gewesen sein kann.

14 Zur politischen Wirkung, die der Faschismus bei der politischen Rechten sowie im katholischen und liberaldemokratischen Lager gehabt hat, vgl. schon Klaus-Peter Hoepke, Die deutsche Rechte und der italienische Faschismus. Ein Beitrag zum Selbstverständnis und zur Politik von Gruppen und Verbänden der deutschen Rechten, Düsseldorf 1968; Karl-Egon Lönne, Der »Völkische Beobachter« und der italienische Faschismus, in: Quellen und Forschungen aus italienischen Archiven und Bibliotheken 51 (1971), S. 539-584; ders., Il fascismo italiano nel giudizio dei cattolicesimo politico della Repubblica di Weimar, in: Storia Contemporanea 2 (1971), S. 697-716; Meir Michaelis, I rapporti tra fascismo e nazismo prima dell'avvento di Hitler al potere, in: Rivista Storica Italiana 85 (1973), S. 544-600; ders., I nuclei nazisti in Italia e la loro funzione nei rapporti tra fascismoe nazismo nel 1932, in: Nuova Rivista Storica 57 (1973), S. 422-438; Jens Petersen, Hitler – Mussolini. Die Entstehung der Achse Berlin–Rom 1933-1936, Tübingen 1973; ders., Der italienische Faschismus aus der Sicht der Weimarer Republik. Einige deutsche Interpretationen, in: Quellen und Forschungen aus italienischen Archiven und Bibliotheken 55/56 (1976), S. 315-360; Jutta Bohn, Das Verhältnis zwischen katholischer Kirche und faschistischem Staat in Italien und die Rezeption in deutschen Zentrumskreisen (1922-1933), Frankfurt a. M./Berlin/Bern 1992; Bernd Sösemann, Das Ende der Weimarer Republik in der Kritik demokratischer Publizisten. Theodor Wolff, Ernst Feder, Julius Elbau, Leopold Schwarzschild, Berlin 1976; Stefan Breuer, Anatomie der Konservativen Revolution, Darmstadt 1993, S. 124-134.

15 Eine explizit formulierte Rezeptionshistorik gibt es eigentlich nicht.

Gewisse Anregungen dazu bei Gottfried Niedhart, Perzeption und Politik im Umgang mit der Sowjetunion, in: ders., Der Westen und die Sowjetunion. Einstellungen und Politik gegenüber der UdSSR in Europa und in den USA seit 1917, Paderborn 1983, S. 7-24; ders., Perzeption und Image als Gegenstand der Geschichte von den internationalen Beziehungen. Eine Problemskizze, in: Bernd-Jürgen Wendt (Hg.), Das britische Deutschlandbild im Wandel des 19. und 20. Jahrhunderts, Bochum 1984, S. 39-52; Manfred Fischer, Nationale Images als Gegenstand vergleichender Literaturgeschichte. Untersuchungen zur Entstehung der komparatistischen Imagologie, Bonn 1981.

16 Zur weiteren Begründung dieser Ausführungen vgl. die Beiträge in diesem Band »Das Deutschland Hitlers und das Italien Mussolinis« (S. 377-396) sowie »Faschismus« (S. 317-340).

17 Erwin von Beckerath, Wesen und Werden des faschistischen Staates, Berlin 1927, ND Darmstadt 1979, S. 154.

18 Die beste Darstellung zur Entstehung des faschistischen Regimes ist nach wie vor Adrian Lyttelton, The Seizure of Power. Fascism in Italy 1919-1929, London 1973. Vor allem wegen ihrer Materialfülle sind die ersten Bände der monumentalen Mussolini-Biographie von Renzo De Felice unentbehrlich. Vgl. Renzo De Felice, Mussolini il rivoluzionario 1883-1920, Turin 1965; ders., Mussolini il fascista I. La conquista del potere 1921-1925, Turin 1966; ders., Mussolini il fascista II. L'organizzazione dello Stato fascista 1925-1929, Turin 1968; ders., Mussolini il duce I. Gli anni del consenso 1929-1936, Turin 1974.

19 Arthur Moeller van den Bruck, Italia docet, in: Gewissen, 6.11.1922; auch in: Hans Schwarz (Hg.), Moeller van den Bruck. Das Recht der jungen Völker. Sammlung politischer Aufsätze. Berlin 1932, 123f. Schon 1923 lehnte Moeller van den Bruck allerdings eine einfache Übertragung des Faschismus auf Deutschland ab und wandte sich gegen den Begriff des »deutschen Faschismus«. Vgl. ders., Der dritte Standpunkt, in: ebd. 87-90. Dazu auch Breuer, Anatomie der Konservativen Revolution (wie Anm. 14), 126f.

20 Die Äußerung Werner Sombarts, »Adesso l'Italia docet a tutto il mondo«, in: Atti del secondo convegno di studi sindacali e corporativi. Ferrara 5-8 maggio 1932-X. Vol. 3. Rom 1932, S. 11. Vgl. dazu, wenn auch nicht erschöpfend, Friedrich Lenger, Werner Sombart 1863-1941. Eine Biographie, München 1994, S. 349f.

21 Man vergleiche nur Elmar E. Holly, Die Weltbühne 1918-1933. Ein Register sämtlicher Autoren und Beiträge. 2. Aufl. Berlin 1981; Joachim Radkau, Die Weltbühne als falscher Prophet? Prognostische Versuche gegenüber dem Nationalsozialismus, in: Thomas Koebner (Hg.), Weimars Ende. Prognosen und Diagnosen in der deutschen Literatur und politischen Publizistik 1930-1933, Frankfurt a. M. 1982, S. 57-79, und Gerhard Schreiber, Hitler in der »Weltbühne« 1923 bis

1933, in: Michalka (Hg.), Nationalsozialistische Machtergreifung (wie Anm. 10), S. 313-330, gehen nur ganz am Rande auf den italienischen Faschismus ein.

22 Kurt Hiller, Mussolini und unsereins, in: Die Weltbühne, 19.1.1926. Hiller wurde freilich in der »Weltbühne« sofort widersprochen. Vgl. M. M. Gerke, Mussolini und Hiller, in: Die Weltbühne, 19.1.1926.

23 Vgl. z.B. Fritz Sternberg, Illusionen über Hitler, in: Die Weltbühne, 26.8.1930; ders., Das italienische Beispiel, in: ebd., 17.3.1931; Rudolf Leinhard, Mussolinis Kriegserzählungen, in: ebd., 26.8.1930; ders., Legaler Faschismus, in: ebd., 27.1.1931.

24 Vgl. dazu u.a. Wolfgang Wippermann, Zur Analyse des Faschismus. Die sozialistischen und kommunistischen Faschismustheorien 1921-1945. Frankfurt a.M. 1981; Barbara Timmermann, Die Faschismus-Diskussion in der Kommunistischen Internationale (1920-1935). Diss. phil. Köln 1977; Claudio Natoli, La Terza Internazionale ed il fascismo 1919-1933. Proletariato di fabbrica e reazione industriale nel primo dopoguerra, Rom 1982.

25 Vgl. dazu Siegfried Bahne, »Sozialfaschismus« in Deutschland. Zur Geschichte eines politischen Begriffs, in: International Review of Social History 10 (1965), S. 211-245, sowie vor allem Heinrich August Winkler, Der Schein der Normalität. Arbeiter und Arbeiterbewegung in der Weimarer Republik 1924-1930, Berlin/Bonn 1985, S. 679-690.

26 Wolfgang Abendroth (Hg.), Otto Bauer, Herbert Marcuse, Arthur Rosenberg. Faschismus und Kapitalismus. Theorien über die sozialen Ursprünge und die Funktion des Faschismus. Frankfurt a.M./Wien 1967; Willy Buschak, Faschismusanalysen im europäischen Linkssozialismus, in: Helga Grebing u. Klaus Kinner (Hg.), Arbeiterbewegung und Faschismus. Faschismus-Interpretationen in der europäischen Arbeiterbewegung, Essen 1990, S. 307-328.

27 So erstmals ein Artikel mit der Überschrift »Der deutsche Faschismus«, in: Der Vorwärts, 18.11.1922, und letztmals der Artikel »Nein! Nein! Nein!«, in: ebd., 15.2.1933.

28 Hermann Heller, Europa und der Faschismus. Berlin/Leipzig 1929, 2., erw. Aufl. Berlin 1931, im folgenden zit. nach dem Wiederabdruck in: ders., Gesammelte Schriften. Bd. 2. Leiden 1971, S. 463-609.

29 Ebd., S. 609.

30 Ebd., S. 606.

31 Rudolf Breitscheid, Kampf dem Faschismus, in: Der Vorwärts, 12.11. 1931.

32 Ders., Die Überwindung des Faschismus, in: Sozialdemokratischer Parteitag in Leipzig vom 31. Mai bis 5. Juni 1931. Protokoll, Berlin 1931, S. 105. Vgl. ähnlich auch ders., Funktionäre treu zur Partei, in: Der Vorwärts, 2.12.1931.

33 Der Vorwärts, 8.2.1932.

34 Darauf verweisen Helga Grebing, Arbeiterbewegung und Nationalsozialismus 1924-1933, in: dies. u. Kinner (Hg.), Arbeiterbewegung

und Faschismus (wie Anm. 26), S. 237-246, und Reinhard Sturm, Faschismusauffassungen der Sozialdemokratie in der Weimarer Republik, in: Richard Saage (Hg.), Solidargemeinschaft und Klassenkampf. Politische Konzeptionen der Sozialdemokratie zwischen den Weltkriegen, Frankfurt a.M. 1986, S. 302-330. Daß die intensive Beschäftigung der SPD mit dem italienischen Faschismus dazu beitrug, sich vor dem Nationalsozialismus allzu sicher zu fühlen, können sie jedoch nicht widerlegen. Die Kritik, die Lönne, Faschismus als Herausforderung (wie Anm. 13), und Wolfram Pyta, Gegen Hitler und für die Republik. Die Auseinandersetzung der deutschen Sozialdemokratie mit der NSDAP in der Weimarer Republik, Düsseldorf 1989, an der sozialdemokratischen Perzeption des italienischen Faschismus üben, wird daher nicht in Frage gestellt.

35 Vgl. Oda Olberg, Der Faschismus in Italien, Jena 1923; Paul Kampffmeyer, Der Faschismus in Deutschland, Berlin 1923; Julius Deutsch, Die Faschistengefahr, Wien 1923; Wilhelm Ellenbogen, Das faschistische Italien, Wien 1923; Ernst Hamburger, Aus Mussolinis Reich. Die faschistische Episode in Italien, Breslau 1924; Hanns-Erich Kaminski u. Giacomo Matteotti, Ein Jahr Faschistenherrschaft, Berlin 1925.

36 Vgl. z.B. Faschistenskandale überall, in: Der Vorwärts, 26.5.1925.

37 Vgl. Emil Fromm, Arbeiter und Angestellte am Vorabend des Dritten Reiches. Eine sozialpsychologische Untersuchung. 2. Aufl. Stuttgart 1980, S. 133-141.

38 Wilhelm Waetzold, Das klassische Land. Wandlungen der Italien-Sehnsucht. Leipzig 1927; Karl Voßler, Das heutige Italien. Öffentlicher Vortrag, München 1923; ders., Italienische Kulturgeschichte, 4. Aufl. Berlin 1927; ders., Die neuesten Richtungen der italienischen Literatur, Marburg 1925; Ludwig Curtius, Mussolini und das antike Rom, Köln 1934.

39 Italien. Monatsschrift für Kultur, Kunst und Literatur, Jg. 1-3, 1927-1929. Die Zeitschrift wurde bemerkenswerterweise von 1942 bis 1944 weitergeführt, nachdem sie 1929 aus Geldmangel eingestellt werden mußte. Vgl. Hansgeorg Schmidt-Bergmann, Gedankenschmuggel – Die literarische Moderne Italiens im nationalsozialistischen Deutschland, in: Rudolf Lill (Hg.), Deutschland – Italien 1943-1945. Aspekte einer Entzweiung, Tübingen 1992, S. 139-150.

40 Rainer Maria Rilke, Lettres Milanaises 1921-1926. Paris 1956, S. 77, 81, 88.

41 T[heodor] W[olff], Bei Mussolini, in: Berliner Tageblatt, 11.5.1930. Vgl. auch Intervista con il ›Berliner Tageblatt‹, in: Benito Mussolini, Opera Omnia. Vol. 24, Florenz 1958, S. 224. Vgl. dazu auch Sösemann, Ende der Weimarer Republik (wie Anm. 14), S. 139, sowie Wolfram Köhler, Der Chef-Redakteur. Theodor Wolff. Ein Leben in Europa 1868-1943, Düsseldorf 1978, S. 225-227.

42 Frankfurter Zeitung, 12.5.1930; Klaus Mann, Der Wendepunkt. Ein Lebensbericht, o.O. 1952, S. 309.

43 Mussolinis Gespräche mit Emil Ludwig. Berlin/Wien/Leipzig 1932. Auszüge aus dem Buch erschienen bezeichnenderweise als Vorabdruck im Berliner Tageblatt vom 26.6.1932 (1. Beiblatt). Das Buch war auch international ein Erfolg. Vgl. Emil Ludwig, Talks with Mussolini. Transl. by Eden and Cedar Palil, London 1932; ders., Entretiens avec Mussolini. Traduit de l'allemand par Raimond Henry, Paris 1932; ders., De vorbà cu Mussolini, Bukarest o.J.; ders., Mussolini-Razgovori, Belgrad o.J.; ders., Mussolini – ilc múlakât, Istanbul 1932; ders., B. Mussolini osmnacát rozkovory. Se svolenim, autorovym prelozili Z. Munzrová a V. Vitinger, Prag 1932. Besonders wichtig war selbstverständlich die italienische Ausgabe, die unter dem Titel Emil Ludwig, Colloqui con Mussolini. Traduzione di Tommaso Guoli, Verona 1932, erschien. Wie aus der Neuausgabe der Colloqui con Mussolini. Riproduzione delle bozze della prima edizione con le correzioni autografe dei duce, Mailand 1950, hervorgeht, hat Mussolini in dem Text persönlich einige Streichungen und Veränderungen vorgenommen. Vgl. dazu auch De Felice, Mussolini il duce I (wie Anm. 18), S. 45 f.
44 Ludwig, Gespräche mit Mussolini (wie Anm. 43), S. 38, 35, 37.
45 Ebd., S. 131-142.
46 Ebd., S. 14.
47 Thomas Murner, Benito Ludovico, in: Die Weltbühne 28 (1932), S. 356-358.
48 Wolff; Bei Mussolini (wie Anm. 41).
49 Ebd.; Ludwig, Gespräche mit Mussolini (wie Anm. 43), S. 163. Vgl. auch T[heodor] W[olff], Kommentare zu einem Gespräch, in: Berliner Tageblatt, 18.5.1930.
50 Ludwig, Gespräche mit Mussolini (wie Anm. 43), S. 76: »Antisemitismus existiert nicht in Italien, sagte Mussolini«; Wolff, Bei Mussolini (wie Anm. 41): »Ja, dem italienischen Faschismus ist selbst der Begriff des Antisemitismus fremd.«
51 Wolff, Kommentare zu einem Gespräch (wie Anm. 49). Ähnlich argumentierte Wolff auch auf der internen Redaktionskonferenz vom 5.5.1930. Vgl. Cecile Lowenthal-Hensel u. Arnold Pauker (Hg.), Ernst Feder. Heute sprach ich ... Tagebücher eines Berliner Publizisten 1926-1932, Stuttgart 1971, S. 259. Für Feder schrieb Wolff über Mussolini gleichwohl »viel zu vorsichtig und ›klug‹«; vgl. ebd., S. 175.
52 Ernst Graf zu Reventlow, Wolff bei Mussolini, in: Reichswart, 17.5. 1930. Vgl. auch Sösemann, Ende der Weimarer Republik (wie Anm. 14), S. 139.
53 Vgl. z.B. Deutsche Arbeitgeber-Zeitung, 5.8.1923.
54 H[erbert] von Beckerath, Politische Ideen und Wirtschaftsverfassungen von heute im internationalen Vergleich, in: Die Mitgliederversammlung 1928. (Schriften der Vereinigung der Deutschen Arbeitgeberverbände e.V., H. 18.) Berlin 1929, S. 23-49 (danach zit.), auch

in: Der Arbeitgeber 18 (1928), S. 608-615. Vgl. auch ders., Politik und Weltkrise, in: Schmollers Jb. 56/1 (1932), S. 321-341.

55 Ders., Politische Ideen (wie Anm. 54), S. 42, 35.

56 von Beckerath, Wesen und Werden (wie Anm. 17). Vgl. auch Petersen, Der italienische Faschismus (wie Anm. 14), S. 324-333.

57 Erwin von Beckerath, Idee und Wirklichkeit des Faschismus, in: Schmollers Jb. 52 (1928), S. 201-218, hier 209. Vgl. auch ders., Faschismus und Bolschewismus, in: Bernhard Harms (Hg.), Volk und Reich der Deutschen. Vorlesungen gehalten in der Deutschen Vereinigung für staatswirtschaftliche Fortbildung. Bd. 3, Berlin 1929, S. 134-153.

58 von Beckerath, Wesen und Werden (wie Anm. 17), S. 151f., 154.

59 Vgl. dazu, wenn auch insgesamt nicht überzeugend, Claus-Dieter Krohn, Autoritärer Kapitalismus. Wirtschaftskonzeptionen im Übergang von der Weimarer Republik zum Nationalsozialismus, in: Dirk Stegmann u. Bernd-Jürgen Wendt (Hg.), Industrielle Gesellschaft und politisches System. Beiträge zur politischen Sozialgeschichte. Festschrift für Fritz Fischer zum siebzigsten Geburtstag, Bonn 1978, S. 113-129.

60 Vgl. dazu den freilich einen unzulänglichen Faschismusbegriff zugrunde legenden Aufsatz von Jürgen Lohn, Die Faschismus-»Kritik« in der Zeitschrift »Der Arbeitgeber«. Zur Politik der Spitzenverbände der deutschen Monopolbourgeoisie 1923/24, in: Zeitschrift für Geschichte 30 (1982), S. 1072-1086.

61 Vgl. dazu Herman Lebovics, Social Conservatism and the Middle Classes in Germany 1914-1955, Princeton, N.J. 1969, S. 131f.; Heinrich August Winkler, Unternehmerverbände zwischen Ständeideologie und Nationalsozialismus, in: VjZG 17 (1969), S. 341-371, hier 348f.; Klaus-Jörg Siegfried, Universalismus und Faschismus. Das Gesellschaftsbild Othmar Spanns. Zur politischen Funktion seiner Gesellschaftslehre und Ständestaatskonzeption, Wien 1974, S. 100-112.

62 Vgl. Walter Heinrich, Die Staats- und Wirtschaftsverfassung des Faschismus, in: Nationalwirtschaft 2 (1928/29), S. 273-291, 437-453, 591-615, 746-769; ders., Der Faschismus. Staat und Wirtschaft im neuen Italien, 2. Aufl. München 1932. Vgl. auch Wilhelm Andreae, Kapitalismus, Bolschewismus, Faschismus, Jena 1933.

63 Karl Vorwerck, Soziale Betriebspolitik und werksgemeinschaftlich-berufsständische Idee, in: Der Arbeitgeber, 15.8.1931; Faul Karrenbrock, Die Wiederkunft der organischen Ordnung, in: ebd., 15.1.1932; Walter Heinrich, Ständische Wirtschaft, in: ebd., 1.5.1932 u. 15.5.1932.

64 Vgl. Georg Mehlis, Der Ständestaat, in: ebd., 1.5.1930.

65 Vgl. ders., Die Idee Mussolinis und der Sinn des Faschismus, Leipzig 1928; ders., Il pensiero di Mussolini e il significato del Fascismo, Mailand 1930.

66 Vgl. seine spätere Selbstdarstellung: August Heinrichsbauer, Schwerindustrie und Politik. Essen 1948. Ein unverhülltes Pladoyer für eine autoritäre Präsidialdemokratie enthält sein Aufsatz über Wirtschaftsentwicklung und Politik, in: Der Arbeitgeber, 15.2.1930. Vgl. ferner ders., Zur Kritik der »Wirtschaftsdemokratie«, in: ebd., 15.7.1930. Dazu Winkler, Unternehmerverbände (wie Anm. 61), S. 546; Kurt Koszyk, Deutsche Presse 1915-1945. Berlin 1972, S. 176-178; Henry A. Turner, Die Großunternehmer und der Aufstieg Hitlers, Berlin 1985, S. 171-178.

67 Vgl. Larry Eugene Jones, Edgar Julius Jung: The Conservative Revolution in Theory and Practice, in: Central European History 21 (1988), S. 142-174, hier 150; Edmund Forschbach, Edgar J. Jung. Ein konservativer Revolutionär. 30. Juni 1934, Pfullingen 1984, S. 48f.; Hoepke, Deutsche Rechte (wie Anm. 14), S. 150.

68 Vgl. Edgar J. Jung, Die Bedeutung des Faschismus für Europa, in: Deutsche Rundschau 57 (1931), S. 184.

69 Vgl. ders., Die Herrschaft der Minderwertigen. Ihr Zerfall und ihre Ablösung, Berlin 1927, S. 314; ders., Falsches und echtes Führertum, in: Der Arbeitgeber, 15.11.1927; ders., Gesellschaft, Staat und Wirtschaft. Gedanken zur Zeitenwende, in: ebd., 15.12.1927.

70 Ders., Bedeutung des Faschismus (wie Anm. 68), S. 184.

71 Vgl. Turner, Großunternehmer (wie Anm. 66), S. 177f.; Forschbach, Edgar J. Jung (wie Anm. 67), S. 49.

72 Vgl. Hoepke, Deutsche Rechte (wie Anm. 14), S. 150; Turner, Großunternehmer (wie Anm. 66), S. 167-169.

73 Hans Reupke, Das Wirtschaftssystem des Faschismus. Ein Experiment der Planwirtschaft auf kapitalistischer Grundlage, Berlin 1930.

74 Ebd., S. 115.

75 Ebd., S. 113. Vgl. auch ders., Unternehmer und Arbeiter in der faschistischen Wirtschaftsidee. Ein neues Dogma der industriellen Zusammenarbeit und des sozialen Kampfes, Berlin 1931; ders., Der Faschismus – warum kein Exportartikel?, in: Der Tag, 9.9.1930; ders., Wirtschaftsideologie und Wirtschaftspolitik des Faschismus, in: Wirtschaftsdienst, 18.4.1930 u. 25.4.1930; ders., Die faschistische Partei, ihre Entwicklung und ihr gegenwärtiger Stand, in: Nationalsozialistische Monatshefte 3 (1932), S. 496-500.

76 Ders., Der Nationalsozialismus und die Wirtschaft. Erläuterungen der wirtschaftlichen Programmpunkte und Ideenlehre der nationalsozialistischen Bewegung, Berlin 1931, S. 9f. Sein Eintritt in die NSDAP wird belegt durch seine Aussage vor der Gestapo vom 20.6.1934, durch Renzetti (!) »mit nationalsozialistischen Führerkreisen in Berührung« gekommen und daraufhin der Partei beigetreten zu sein. Vgl. Hoepke, Deutsche Rechte (wie Anm. 14), S. 308.

77 Albert Vögler bekannte, »selten ein Buch mit solchem Interesse gelesen« zu haben, und regte an, es in Unternehmerkreisen weiter bekannt zu machen. Vgl. den Brief Hans Reupkes an Martin Blank vom

1.7.1930, abgedruckt bei Dirk Stegmann, Kapitalismus und Faschismus in Deutschland 1929-1934. Thesen und Materialien zur Restituierung des Primats der Großindustrie zwischen Weltwirtschaftskrise und beginnender Rüstungskonjunktur, in: Gesellschaft. Beiträge zur Marxschen Theorie 6 (1976), S. 76. Vgl. auch ebd., S. 76-78: Eine Denkschrift des Leiters der Volkswirtschaftlichen Abteilung der Gutehoffnungshütte, Scherer, für den Generaldirektor der Gutehoffnungshütte, Paul Reusch, vom 12.7.1930. In den Geschäftlichen Mitteilungen für die Mitglieder des Reichsverbandes der Deutschen Industrie vom 21.6.1930 und 10.7.1930 wurde das Buch von Reupke sehr positiv besprochen und sein verbilligter Bezug angeboten. Vgl. aber Turner, Großunternehmer (wie Anm. 66), S. 169. Dazu ferner auch der Brief v. Gilsas an Reusch vom 30.10.1930, in: Ilse Maurer u. Udo Wengst (Hg.), Politik und Wirtschaft in der Krise 1930-1932. Quellen zur Ära Brüning, Düsseldorf 1980, S. 456-458.

78 Der Große Industrie- und Handelstag lehnte im übrigen das italienische Modell eines Korporativstaates ab, weil die darin vorgesehenen paritätischen Organe die deutschen Industrie- und Handelskammern lahmlegen würden. Vgl. Helmut Klein, Der berufsständische Gedanke im italienischen Korporativsystem, in: Deutsche Wirtschaftszeitung, 28.7.1932. Dazu Winkler, Unternehmerverbände (wie Anm. 61), S. 352.

79 Vgl. Vera Torunsky, Entente der Revisionisten? Mussolini und Stresemann 1922-1929, Köln/Wien 1981. Die Landtagsrede Helds vom 5.2.1926, in: Bayerischer Landtag. Stenographischer Bericht. 90. Sitzung v. 5.2.1926, München 1926, S. 521.

80 Vgl. Lönne, Il fascismo italiano (wie Anm. 14), S. 697-716, der vor allem die »Kölnische Volkszeitung« und die »Rhein-Mainische Volkszeitung« auswertet.

81 Dies gilt vor allem für den Kreis um Ernst Thormann und die »Rhein-Mainische Volkszeitung«. Vgl. Lönne, Il fascismo italiano (wie Anm. 14), S. 707-716; Bruno Lowitsch, Der Kreis um die Rhein-Mainische Volkszeitung, Frankfurt a. M. 1980.

82 Das Telegramm Konrad Adenauers an Mussolini ist in der Forschung umstritten. Peter Koch, Konrad Adenauer. Eine politische Biographie, Reinbek 1985, S. 75, stellt die Sache so dar, als ob Adenauer nur an Mussolini telegraphiert habe. Auch Henning Köhler, Adenauer. Eine politische Biographie, Frankfurt a. M. 1994, S. 242, vertritt unter Verweis auf das erhaltene Antworttelegramm Mussolinis diese Version. Hans-Peter Schwarz, Adenauer. Der Aufstieg 1876-1952, Stuttgart 1986, S. 334, berichtet dagegen nur von einem Telegramm an Pacelli. Beides ist nicht richtig. Vgl. die Replik Adenauers auf Angriffe eines kommunistischen Stadtverordneten vom 14.2.1929, in: Verhandlungen der Stadtverordneten-Versammlung zu Köln vom Jahre 1929, Köln 1930, 6, in der er sich zu Glückwünschen sowohl an Pacelli wie an Mussolini bekennt.

83 Andrea Hoffend (Mannheim) habe ich in diesem Zusammenhang für freundliche Hinweise zu danken.

84 Carlo Scorza, Fascismo idea imperiale, Rom 1932, S. 65, 67; hier auch ein weiteres Bekenntnis Adenauers zu seinem Telegramm an Mussolini.

85 Vgl. Die italienischen Lateran-Verträge und das bayerische Konkordat. Ein zeitgemäßer Vergleich, in: Nationalsozialistische Monatshefte 2 (1931), S. 179-182; NSDAP und Katholische Kirche. Mißglückte Rechtfertigungsversuche. Unzulängliche Auslegungskünste, in: Das Zentrum 2 (1931), S. 145-156, hier 155f. Ähnlich z.B. auch R., Hitler–Mussolini. Eine Gegenüberstellung, in: Germania, 9.4.1931. Vgl. dazu Klaus Scholder, Altes und Neues zur Vorgeschichte des Reichskonkordats, in: VjZG 26 (1978), S. 533-570, hier 545.

86 Ludwig Kaas, Deutschland und Italien, in: Jb. für auswärtige Pol. 2 (1930), S. 53-65, hier 60.

87 Ebd., 59.

88 Ludwig Kaas, Der Konkordatstyp des faschistischen Italiens, in: Zs. für ausländisches öffentliches Recht und Völkerrecht 3 (1932), S. 488-522, hier 494.

89 Vgl. Klaus Scholder, Die Kirchen und das 3. Reich. Bd. I: Vorgeschichte und Zeit der Illusionen 1918-1934. Frankfurt a.M. 1977, S. 209. Die bekannte Kontroverse mit Konrad Repgen, die Scholder mit dieser Interpretation auslöste, interessiert in diesem Zusammenhang nicht weiter. Vgl. Konrad Repgen, Entstehung und Bedeutung des Reichskonkordats, in: VjZG 26 (1978), S. 499-534.

90 Heinrich Köhler, Lebenserinnerungen des Politikers und Staatsmanns 1918-1949, Stuttgart 1964, S. 289f.; Joseph Wirth, Das Politische im Wahlkampf, in: Deutsche Republik, 11.5.1928.

91 Vgl. dazu auch den Brief Wirths an Außenminister Curtius vom 15.4.1931, in dem er über eine Audienz bei Mussolini am 13.4.1931 berichtet, zit. bei Bohn, Verhältnis (wie Anm. 14), S. 189.

92 Georg Heim, Um Glück und Ende des Nationalsozialismus, in: Schönere Zukunft 7 (1931/32), S. 237f. Vgl. Hoepke, Deutsche Rechte (wie Anm. 14), S. 82f.

93 Georg Schreiber (Hg.), Zentrum und Reichspolitik. Ein politisches Handbuch in Frage und Antwort, Köln 1930, S. 207.

94 Heinrich Brüning, Memoiren 1918-1934, Stuttgart 1970, S. 355.

95 Die »Vertraulichen Informationsbriefe« sind im Nachlaß von Frentz im Archiv der Kommission für Zeitgeschichte in Bonn erhalten. Sie wurden erstmals von Bohn, Verhältnis (wie Anm. 14), S. 178-263, systematisch ausgewertet.

96 Edmund Freiherr Raitz von Frentz, Vertrauliche Informationsbriefe, 31.12.1931, zit. nach Bohn, Verhältnis (wie Anm. 14), S. 199.

97 Vgl. seinen Grundsatzartikel: Hitler – Mussolini. Eine Gegenüberstellung, in: Germania, 9.4.1931.

98 Vgl. Edmund Freiherr Raitz von Frentz, Vertrauliche Informationsbriefe, 6.6.1932, zit. nach Bohn, Verhältnis (wie Anm. 14), S. 307.
99 Vgl. die Zeitschrift Echo der Gegenwart, 14.6., 10.9., 12.9.1930, nach Günter Plum, Gesellschaftsstruktur und politisches Bewußtsein in einer katholischen Region 1928-1933. Untersuchung am Beispiel des Regierungsbezirks Aachen, Stuttgart 1972, S. 133.
100 Eugen Kogon, Wirtschaft und Diktatur. Das italienische Beispiel, in: Hochland 24 (1926), S. 406. Vgl. auch Karl Prümm, Walter Dirks und Eugen Kogon als katholische Publizisten der Weimarer Republik, Heidelberg 1984, S. 101-120.
101 Anton Hilckmann, Fascismus und »Faschismus«, in: Allgemeine Rundschau, 2.2.1930.
102 Vgl. dazu Michael Arthur Ledeen, Universal Fascism. The Theory and Practise of the Fascist International, 1928-1936, New York 1972, S. 77-82; Hoepke, Deutsche Rechte (wie Anm. 14), S. 259-262; De Felice, Mussolini il duce I (wie Anm. 18), S. 418-429.
103 Mussolini entsandte im März 1924 an der Botschaft vorbei den Weltkriegsgeneral Luigi Capello nach Deutschland, der dort 1922 schon einmal geheime Sondierungsgespräche geführt hatte. Vgl. Renzo De Felice, Mussolini e Hitler. I rapporti segreti 1922-1933. Con documenti inediti, Florenz 1975, S. 46-56, sowie 56-58 (Bericht Capellos von Ende 1922) und 70-115 (Bericht Capellos vom März 1924). Vgl. auch Hoepke, Deutsche Rechte (wie Anm. 14), S. 271-276; Petersen, Hitler – Mussolini (wie Anm. 14), S. 12f.
104 Franz von Seeckt, Aus meinem Leben 1918-1936. Hg. v. Friedrich von Rabenau, Leipzig 1940, S. 624-628. Vgl. auch Hoepke, Deutsche Rechte (wie Anm. 14), S. 270f.
105 Vgl. den Brief von Magnus von Levetzow an Hermann vom 3.10.1930, zit. bei Gerhard Granier, Magnus von Levetzow. Seeoffizier, Monarchist und Wegbereiter Hitlers, Boppard 1982, S. 279f. Am 8.12.1931 schrieb Levetzow an Donnersmarck: »Deutschland fehlt der Kristallisationspunkt der Krone ... und Deutschland hat keinen Mussolini, sondern nur einen ... Hitler, dessen Verdienst um unser Vaterland zwar schon ungeheuer groß ist, der aber das Ausmaß nicht hat wie Mussolini!« Vgl. ebd., S. 166.
106 Vgl. Hoepke, Deutsche Rechte (wie Anm. 14), S. 307-317; Alfred Kube, Pour le mérite und Hakenkreuz. Hermann Göring im Dritten Reich, München 1986, S. 18, 33-36; Meir Michaelis, La prima missione del principe d'Assia presso Mussolini, (agosto '36), in: Nuova Rivista Storica 55 (1971), S. 367-370.
107 Brief des Kronprinzen an seinen Vater, Wilhelm II., vom 7.5.1928, zit. nach Sigurd von Ilsemann, Der Kaiser in Holland. Aufzeichnungen des letzten Flügeladjutanten Kaiser Wilhelms II. Bd. 2. hg. v. Harald von Königswald, München 1968, S. 95.
108 Vgl. die harsche Kritik des sozialdemokratischen »Vorwärts« vom 21.11., 24.11. und 1.12.1928 an dieser Reise, sowie dazu Lönne,

Faschismus als Herausforderung (wie Anm. 13), S. 268. Zur Verteidigung v. Rohrs im Landtag vgl. Protokolle des Preußischen Landtags, 188. Sitzung v. 14.11.1930, Berlin 1930, S. 16063. Vgl. auch Joachim von Oppen, Mussolini und die italienische Landwirtschaft. Bericht über eine Studienreise im Mai 1930, 2. Aufl. Neudamm/Berlin 1931 (Arbeiten der Landwirtschaftskammer für die Provinz Brandenburg und für Berlin).

109 Vgl. Hoepke, Deutsche Rechte (wie Anm. 14), S. 284; Petersen, Hitler–Mussolini (wie Anm. 14), S. 35.

110 Bericht De Stefanis über ein Gespräch mit Hugenberg am 12.2.1930, in: De Felice, Mussolini e Hitler (wie Anm. 103), S. 115-124, hier 116. Vgl. auch Alberto De Stefani, Die Verwirklichung der faschistischen Idee. Vortrag gehalten im Münchener Akademisch-Politischen Club, mit einem Vorwort von A. Löwenstein, München 1930.

111 Vgl. den Bericht Renzettis vom 15.10.1931, Bundesarchiv Koblenz (künftig: BA Koblenz), Nachlaß Renzetti, Nr. 10.

112 Vgl. Aspetti di dittature. Nostre interviste col Principe K. A. Rohan e l'On R. G. Quaatz, Deputato al Reichstag, in: Antieuropa 3 (1931), S. 215-254, sowie Hermann Weiß u. Faul Hoser (Hg.), Die Deutschnationalen und die Zerstörung der Weimarer Republik. Aus dem Tagebuch von Reinhold Quaatz 1928-1933, München 1989, S. 154.

113 Grundlegend dazu immer noch Volker Berghahn, Der Stahlhelm. Bund der Frontsoldaten 1918-1935, Düsseldorf 1966.

114 Vgl. ebd. 51.

115 Vgl. Politisches Archiv des Auswärtigen Amtes Bonn (künftig: PA Bonn), Pol. Abt. H, Pol. 29: Italien, Bd. 3, Deutsche Botschaft Rom (Neurath) an Auswärtiges Amt, 28.12.1925.

116 Helmut Franke, Wir brechen die Bahn. Leipzig 1926,87. Ähnlich auch ders., Aufstieg und Krise des Faschismus, in: Der Deutschenspiegel. Politische Wochenschrift 2 (1925), S. 399-404, 461-469.

117 Ders., Der deutsche Faschismus, in: Arminius. Kampfschrift für deutsche Nationalisten, 3.4.1927, 10.4.1927, 17.4.1927, auch in: Carl Landauer u. Hans Honegger (Hg.), Internationaler Faschismus. Beiträge über Wesen und Stand der faschistischen Bewegung und über den Ursprung ihrer leitenden Ideen und Triebkräfte, Karlsruhe 1928, S. 40-65.

118 Vgl. dazu Marjatta Hietla, Der neue Nationalismus in der Publizistik Ernst Jüngers und des Kreises um ihn 1920-1933, Helsinki 1975.

119 Ebd.

120 Die Zeitschrift »Die Standarte. Beiträge zur geistigen Vertiefung des Frontgedankens« erschien 1925/26 als Sonderbeilage der Zeitung »Der Stahlhelm«, 1926 wurde sie von Franke als selbständiges Blatt unter dem Titel »Standarte. Wochenschrift des Neuen Nationalismus« fortgeführt.

121 Ernst Jünger, Der neue Nationalismus, in: Völkischer Beobachter, Beilage Die Neue Front 23./24.1.1927. 1929 forderte Jünger dann allerdings, daß sich der neue Nationalismus von dem übermächtigen Mussolini, dem er viel zu verdanken habe, befreien müsse. Vgl. ders., Die Freunde, in: Die Kommenden, 23.8.1929.

122 Will Mussolini ein zweites Elsaß schaffen? Deutsches Frontsoldatentum und italienischer Faschismus. Unser Kampf für Südtirol, in: Der Stahlhelm, 11.3.1928.

123 Eine nationale Würdelosigkeit, in: Berliner Tageblatt, 19.11.1929. Ein neutraler Bericht findet sich in der Kölnischen Zeitung vom 14.11.1930 (»Stahlhelmer bei Mussolini«).

124 Vgl. Der Stahlhelm am Rhein: 11. Reichsfrontsoldatentag am 4.-5. Oktober in Koblenz. O. O. O. J. [1930], S. 54; I Documenti Diplomatici Italiani (künftig DDI). Ser. 7, Vol. 8, Rom 1972, S. 216 ff., 387 ff., 493 ff.; Der Stahlhelm, 26.10.1930, Beilage 1; Hoepke, Deutsche Rechte (wie Anm. 14), S. 286.

125 Vgl. den Bericht Heinkes, Eine Studienfahrt nach Italien, in: Der Stahlhelm, 30.11.1930, sowie den italienischen Text seiner Rede, in: Il Tevere, 14.11.1930. Das Zitat nach Petersen, Hitler – Mussolini (wie Anm. 14), S. 36.

126 Nationale Würdelosigkeit, in: Der Vorwärts, 14.11.1930. Vgl. auch PA Bonn, Pol. Abt. II, Pol. 29: Italien, Akte betr. Beziehung des Stahlhelms zum Faschismus.

127 G[iuseppe] Renzetti, Italien und Deutschland, in: Der Stahlhelm, 16.11.1930. Vgl. zur Biographie Giuseppe Renzettis (1896-1956) vor allem seinen Nachlaß im BA Koblenz. Ferner: De Felice, Mussolini e Hitler (wie Anm. 103), S. 211-258, sowie Woller, Machtpolitisches Kalkül (wie Anm. 9), S. 42-63. Außerdem: Arrigo Petacco, Il barone Roma–Berlino, in: Panorama, 27.6.1974; Jens Petersen, Deutschland und Italien im Sommer 1935. Der Wechsel des italienischen Botschafters in Berlin, in: GWU 20 (1969), S. 330-341.

128 Vgl. die Entwürfe Renzettis zu seinen Memoiren, in: BA Koblenz, Nachlaß Renzetti, Nr. 16, aus denen hervorgeht, daß er im Juli 1930 einen Bericht an den stellvertretenden Generalsekretär des PNF, Roberto Maltini, schickte, in dem er für die Septemberwahlen 110 nationalsozialistische Abgeordnete voraussagte. Dieser Bericht gelangte über den Generalsekretär des PNF, Augusto Turati, an Mussolini, der daraufhin Renzetti nach Rom rief und ihn am 16.10.1930 in einer Audienz zum persönlichen Beauftragten in Berlin mit einem Gehalt von zunächst monatlich 5000 Lire, dann 8000 Lire machte.

129 Vgl. BA Koblenz, Nachlaß Renzetti, Nr. 9, Berichte Renzettis vom 14.4.1930, 25.4.1930, 14.6.1930, 9.10.1930, 31.10.1930.

130 PA Bonn, Pol. Abt. II, Pol. 2: Italien, Bd. 7, Deutsche Botschaft Rom (Smend) an Auswärtiges Amt, 18.6.1931.

131 Vgl. dazu Hoepke, Deutsche Rechte (wie Anm. 14), S. 293, der sich auf einen nicht genannten Gewährsmann beruft. Bei diesem handelte

es sich, wie ich von ihm erfahren konnte, um Karl Alexander Vico von Bülow-Schwante, Mitglied des Bundesvorstandes des Stahlhelms. Bülow-Schwante nahm mit Seldte an dem römischen Volta-Kongreß teil und schickte Mussolini am 23.12.1932 zum Dank kurioserweise einen Baumkuchen. Vgl. die Berichte Renzettis vom 27.10.1932, 27.11.1932 und 23.12.1932 (mit Abschrift eines Briefes v. Bülow-Schwantes an Renzetti vom selben Tag), BA Koblenz, Nachlaß Renzetti, Nr. 11. Im nicht in das BA Koblenz gelangten Teil des Nachlasses von Renzetti befand sich 1969 ein Foto Franz Seldtes mit einer Widmung für Renzetti mit der Datumsangabe »14.-21.11.1932«.

132 Immerhin erschien jedoch in »Der Stahlhelm« vom 3.7.1932 ein großaufgemachter Artikel von Benito Mussolini über »Die Idee des Faschismus«.

133 Vgl. die unvollendeten Memoiren Renzettis, in denen er über ein Treffen mit Göring, Schmidt-Hannover, v. Morosowicz, v: Bülow-Schwante und v. Medem in seiner Wohnung berichtet; BA Koblenz, Nachlaß Renzetti, Nr. 16.

134 Ein früher Beleg findet sich in einem Münchener Polizeibericht vom 28.4.1926: »Hitler bedient sich seinen Mitgliedern gegenüber vielfach des faschistischen Grußes (Seitwärtsstrecken des rechten Armes mit geballter Faust)«; zit. nach Albrecht Tyrell, Führer befiehl ... Selbstzeugnisse aus der ›Kampfzeit‹ der NSDAP, Düsseldorf 1969, S. 129.

135 Selbst Hans Frank entrüstete sich darüber, »in einer deutschen Bewegung den saluto romano mitansehen zu müssen«; vgl. seinen Brief an die Reichsleitung der NSDAP vom 10.8.1926, abgedruckt bei Hoepke, Deutsche Rechte (wie Anm. 14), S. 327.

136 Rudolf Heß, Der »Faschisten«-Gruß, in: Der S.A.-Mann, Nr. 4, (Juni 1928), Beilage zum Völkischen Beobachter, 16.6.1928, zit. nach Tyrell, Führer befiehl ... (wie Anm. 134), S. 130.

137 Vgl. z.B. Völkischer Beobachter, 15.5.1921 (Bericht über einen Auftritt Hermann Essers in Bozen) sowie Das vergessene Südtirol, in: ebd., 2.11.1921. Vgl. dazu auch Lönne, Faschismus als Herausforderung (wie Anm. 13), S. 548, sowie Bruno Thoss, Der Ludendorff-Kreis 1919-1923. München als Zentrum der mitteleuropäischen Gegenrevolution zwischen Revolution und Hitler-Putsch, München 1978, S. 456-467.

138 Vgl. Eberhard Jäckel (Hg.), Hitler: Sämtliche Aufzeichnungen 1905-1924, Stuttgart 1980, S. 683. Explizit erwähnt werden die »Fascisten« von Hitler erstmals am 14.10.1922; vgl. ebd., S. 701. Das entspricht dem Bericht von Kurt W. Ludecke, I Knew Hitler. The Story of a Nazi Who Escaped the Blood Purge, London 1938, S. 66f., im September 1922 im Auftrag Hitlers in Mailand Gespräche mit Mussolini geführt zu haben.

139 Heß, »Faschisten«-Gruß (wie Anm. 136), S. 130.

140 Vgl. Nach der Arbeit. Das große Feierabendwerk der Deutschen Arbeitsfront, in: Arbeitertum. Blätter für Theorie und Praxis der nationalsozialistischen Betriebszellen-Organisation. Amtliches Organ der Deutschen Arbeitsfront, 1.12.1933.

141 Vgl. dazu die noch unveröffentlichte Dissertation von Daniela Giovanna Liebscher, Die faschistische Opera Nazionale Dopolavoro und die NS-Gemeinschaft ›Kraft durch Freude‹. Zur deutschen Faschismus-Rezeption 1925-1939 am Beispiel der Sozialpolitik, Tübingen 2003.

142 Robert Ley, Kraft durch Freude, Berlin [1934], S. 15.

143 Vgl. Leopold Steurer, Südtirol zwischen Rom und Berlin 1919-1939, Wien/München/Zürich 1980; Rudolf Lill (Hg.), Die Option der Südtiroler 1939. Beiträge eines Neustifter Symposions, Bozen 1991.

144 Vgl. dazu Lönne, Der »Völkische Beobachter« (wie Anm. 14); Michaelis, Rapporti (wie Anm. 14); Petersen, Hitler – Mussolini (wie Anm. 14), S. 65-68.

145 Vgl. Ludecke, I Knew Hitler (wie Anm. 138), passim, sowie dazu Roland V. Layton Jr., Kurt Ludecke and I Knew Hitler: An Evaluation, in: Central European History 12 (1977), S. 372-386. Zum ganzen Vorgang: Edgar R. Rosen, Mussolini und Deutschland 1922-1923, in: VjZG 5 (1957), S. 17-41; Walter P. Pese, Hitler und Italien 1920-1926, in: VjZG 3 (1955), S. 113-126; Alan Cassels, Mussolini and German Nationalism, 1922-1925, in: Journal of Modern History 35 (1963), S. 137-157; Ernst Deuerlein (Hg.), Der Hitler-Putsch. Bayerische Dokumente zum 8./9. November 1923, Stuttgart 1962, S. 543-547.

146 Die Behauptung von Thoss, Ludendorff-Kreis (wie Anm. 137), S. 456-458, daß sich die Ludendorffianer schon vor Hitler für eine Aufgabe Südtirols erklärt hätten, ist fragwürdig.

147 Vgl. den Bericht des italienischen Delegierten bei der Interalliierten Rheinlandkomission Bad Ems, Adolfo Tedaldi, an Mussolini vom 17.11.1922, in: DDI (wie Anm. 124), Ser. 7, Vol. 1, Rom 1953, S. 80, sowie dazu Rosen, Mussolini und Deutschland (wie Anm. 145), S. 23 f.; Axel Kuhn, Hitlers außenpolitisches Programm. Entstehung und Entwicklung 1919-1939, Stuttgart 1970, S. 72 f.; De Felice, Mussolini e Hitler (wie Anm. 103), S. 47-144; Michaelis, Rapporti (wie Anm. 14), S. 558-560; Petersen, Hitler – Mussolini (wie Anm. 14), S. 67.

148 Hitler, Südtiroler Frage (wie Anm. 2); ders., Mein Kampf (wie Anm. 8), S. 684-725 (»Deutsche Bündnispolitik nach dem Krieg«).

149 Gerhard L. Weinberg (Hg.), Hitlers zweites Buch. Ein Dokument aus dem Jahr 1928, Stuttgart 1961, besonders S. 176-215.

150 Vgl. den Bericht Ettore Tolomeis über diese Unterredung bei De Felice, Mussolini e Hitler (wie Anm. 103), S. 150-154. Ferner dazu. Karl Heinz Ritschel, Diplomatie um Südtirol. Politische Hinter-

gründe eines europäischen Versagens, Stuttgart 1960, S. 133-137; Petersen, Hitler – Mussolini (wie Anm. 14), S. 68.

151 Brief von Hans Frank an die Reichsleitung der NSDAP in München vom 10.8.1926, abgedruckt bei Hoepke, Deutsche Rechte (wie Anm. 14), S. 327.

152 Vgl. Steurer, Südtirol (wie Anm. 143), S. 178f.

153 Vgl. Ritschel, Diplomatie um Südtirol (wie Anm. 150), S. 138.

154 Vgl. Gottfried Feder, Das Programm der NSDAP und seine weltanschaulichen Grundlagen, 4. Aufl. München 1928, S. 19; 5. Aufl. München 1929, S. 40. Bezeichnenderweise wurde Feder deswegen von völkischer Seite massiv angegriffen. Vgl. Faschismus. Sozialismus. Nationalismus. Tatsachen über die Nationalsozialistische Deutsche Arbeiter-Partei, bearb. v. Argus, Berlin 1930, S. 32: »Die Preisgabe Südtirols«.

155 Alfred Rosenberg, Der Zukunftsweg der deutschen Außenpolitik, München 1927, S. 67, ähnlich auch 44f., 55. Vgl. auch ders., Krisenstimmung, in: Völkischer Beobachter, 9.2.1926; ders., Der jüdisch-freimaurische Weltkampf gegen Deutschland und Italien, in: ebd., 13.2.1926.

156 Carlo Scorza, Fascismo, idea imperiale, Rom 1933, S. 145 (Interview vom 14.4.1932).

157 Elke Fröhlich (Hg.), Die Tagebücher von Joseph Goebbels, T. 1: Aufzeichnungen 1923-1941, Bd. 1/III, München 2004, S. 73 (Eintrag vom 29.8.1928); Vgl. auch ebd. S. 436: »Dieses italienische Kroppzeug verdient gar nicht den großen Mann« (Eintrag vom 6.10.1929).

158 Ebd., Bd. 2/I, München 2005, S. 67 (Eintrag vom 19.1.1930).

159 [Joseph] Goebbels, Der Apfelsinenkrieg, in: Nationalsozialistische Briefe, 15.3.1926. Vgl. auch Fröhlich (Hg.), Tagebücher (wie Anm. 157), Bd. 1/II, München 2005, S. 158.

160 Hermann Göring, Zum deutsch-italienisch(en) Konflikt I-III, in: Völkischer Beobachter, 3.3.1926, 6.3.1926, 9.3.1926.

161 Ebd., 9.3.1926.

162 Ebd., 3.3.1926.

163 Ebd., 6.3.1926.

164 Um Görings Italien-Aufenthalt von 1924/25 haben sich zahlreiche Legenden gerankt. Nach Roger Manvell u. Heinrich Fraenkel, Hermann Göring, Hannover 1964, S. 51, soll Göring im Herbst 1924 in Rom mit Mussolini zusammengetroffen sein, eine Behauptung, die von Fanny von Wilamowitz-Moellendorf, Karin Göring, Berlin 1934, S. 68f., in die Welt gesetzt wurde. Tatsächlich bemühte sich Göring 1924/25 während seines italienischen Aufenthaltes von Venedig aus vergeblich darum, über den faschistischen Journalisten Leo Negrelli an Mussolini heranzukommen. Vgl. dazu Michael Palumbo, Goering's Italian Exile, 1924-1925, in: Journal of Modern History 50 (1978/1), On Demand Supplement, D 1035-D 1051. Negrelli, den Göring in München kennengelernt haben dürfte, als

dieser im September 1923 Hitler interviewte, hatte in Rom offensichtlich nicht genug Einfluß. Vgl. Leo Negrelli, La giovane Germania prepara i rapporti italo-tedeschi circa l'Alto Adige. Dichiarazioni di Hitler al nostro inviato speciale, in: Il Corriere Italiano, 16.10.1923, sowie dazu Michaelis, Rapporti (wie Anm. 14), S. 563 f. Erfunden ist auch die Behauptung von Manvell u. Fraenkel, Göring, S. 51, daß Philipp Prinz von Hessen eine Begegnung mit Mussolini vermittelt habe. Göring nahm allerdings im September 1924 in Rom an der Hochzeit des Prinzen mit Prinzessin Mafalda, einer Tochter von König Vittorio Emanuele III., teil, womit sich ihm eine Beziehung öffnete, die viel später von Nutzen sein sollte. Vgl. dazu Hoepke, Deutsche Rechte (wie Anm. 14), S. 310f.; Albrecht Tyrell, Der Wegbereiter. Hermann Göring als politischer Beauftragter Hitlers in Berlin 1930-1932/33, in: Manfred Funke, Hans-Adolf Jacobsen, Hans-Hellmuth Knütter u. Hans-Peter Schwarz (Hg.), Demokratie und Diktatur. Geist und Gestalt politischer Herrschaft in Deutschland und Europa, Bonn 1987, S. 178-197, hier 190; Michaelis, Prima missione (wie Anm. 106), S. 367-370.

165 Vgl. den Bericht des italienischen Presseattachés in Berlin, Francesco Antinori, vom 18.2.1930, in: DDI (wie Anm. 124), Serie 7, Vol. 8, S. 438 f., sowie ferner Fröhlich (Hg.), Tagebücher (wie Anm. 157), Bd. 2/I, München 2005, S. 126. Nach Giuseppe Bastianini, Uomini, Cose, Fatti. Memorie di un ambasciatore. Mailand 1959, S. 147, soll ihn Giuseppe Renzetti nach dem Hitler-Putsch vom 9. November 1923 nach Italien begleitet haben. Auch Yvonne de Begnac behauptet, daß Renzetti 1923 »in effetti il salvatore di Goering« gewesen sei. Vgl. Francesco Perfetti (Hg.), Yvonne de Begnac. Taccuini Mussoliniani, Bologna 1990, S. 527. Der Nachlaß Renzettis im BA Koblenz enthält jedoch keinerlei Hinweise darauf, daß Renzetti Göring vor 1930 kennengelernt haben könnte.

166 Hermann Göring an Giuseppe Renzetti, 27.2.1931, in: BA Koblenz, Nachlaß Renzetti, Nr. 3. Nach Auskunft von Frau Susanna Renzetti gegenüber dem Verfasser wurde der Kontakt zu Renzetti von Görings späterem Staatssekretär Paul Körner vermittelt, der ursprünglich im deutschnationalen Stahlhelm-Milieu verankert war.

167 Vgl. dazu den Bericht Renzettis vom 12.2.1931, in: DDI (wie Anm. 124), Serie 7. Vol. 9. Rom 1975, S. 108-110.

168 Ronald Smelser, Robert Ley. Hitlers Mann an der »Arbeitsfront«. Eine Biographie, Paderborn 1989, S. 208, behauptet, gestützt auf das Schreiben der Italienischen Botschaft an Ley vom 18.3.1929 und einen Brief von Ley an Heß vom 3.4.1929 (Berlin Document Center, Akte Ley), daß Robert Ley zusammen mit sämtlichen nationalsozialistischen Abgeordneten des Preußischen Landtags auf Einladung des italienischen Finanzministeriums schon 1929 in Italien gewesen sei. Aus dem Schreiben des italienischen Botschafters in Berlin Aldrovandi an Mussolini vom 20.3.1929 und dem des Geschäftsträgers

Rocco an Mussolini vom 3.4.1929 geht jedoch eindeutig hervor, daß diese Reise nicht zustande kam. Vgl. DDI (wie Anm. 124), Sero 7. Vol. 7, Rom 1970, S. 344, 365 f.

169 Vgl. den Brief Hitlers an Mussolini vom 8.6.1933 (in italienischer Übersetzung), in: De Felice, Mussolini e Hitler (wie Anm. 103), S. 229.

170 Fröhlich (Hg.), Tagebücher (wie Anm. 157), Bd. 2, S. 62 (Eintrag vom 9.5.1931).

171 Vgl. Henry A. Turner Jr. (Hg.), Hitler aus nächster Nähe. Aufzeichnungen eines Vertrauten 1929-1932, Frankfurt a.M./Berlin/Wien 1978, S. 242-248, hier 245.

172 De Felice, Hitler e Mussolini (wie Anm. 103), S. 234-237 (Berichte Renzettis vom 20.11.1931 und 1.12.1932), sowie die Berichte Renzettis vom 15.10.1931, 18.11.1931, 20.11.1931 und 16.12.1931; BA Koblenz, Nachlaß Renzetti, Nr. 10. Vgl. auch schon Hoepke, Deutsche Rechte (wie Anm. 14), S. 316f., der auf den Artikel von Ernst Graf zu Reventlow, Hitler reist nach Rom, in: Der Reichswart, 12.12.1931, verweist.

173 Vgl. DDI (wie Anm. 124), Serie 7, Vol. 2, Rom 1981,137-139 (Berichte Renzettis vom 20.11.1931 und 12.1.1932); De Felice, Hitler e Mussolini (wie Anm. 103), S. 238-241 (Berichte Renzettis vom 12.6.1932 und 21.6.1932), auch in DDI (wie Anm. 124), Ser. 7, Vol. 12, Rom 1987, S. 114f., 144f.

174 Als einziger Nationalsozialist wurde ursprünglich Alfred Rosenberg zu dem Kongreß eingeladen. Göring beschwerte sich darüber am 11.10.1930 bei Renzetti und wurde durch dessen Vermittlung am 6.11.1930 dann noch nachträglich nach Rom gebeten. Vgl. BA Koblenz, Nachlaß Renzetti, Nr. 11, Berichte Renzettis vom 11.10. und 6.11.1932, sowie DDI (wie Anm. 124), Serie 7, Vol. 12, 427f. Im Unterschied zu Rosenberg hielt Göring auf dem Kongreß keinen Vortrag, präsidierte jedoch die Nachmittagssitzung vom 17.11.1931. Vgl. Reale Accademia d'Italia, Fondazione Alessandro Volta, Convegno di scienze morali e storiche 14-20 novembre 1932. Vol. 1, Rom 1933, S. 319.

175 Vgl. Hoepke, Deutsche Rechte (wie Anm. 14), S. 313.

176 Vgl. dazu ausführlich Kube, Pour le mérite (wie Anm. 106), S. 33-47.

177 Göring, Zum deutsch-italienischen Konflikt II (wie Anm. 160).

178 Alfred Rosenberg, Italienische Merkwürdigkeiten, in: Der Weltkampf I (1924), S. 40f.; ders., Auf der schiefen Ebene, in: ebd., S. 36.

179 Zit. nach Hoepke, Deutsche Rechte (wie Anm. 14), S. 156.

180 Adolf Dresler, Mussolini, Leipzig 1924, S. 58.

181 Fröhlich (Hg.), Tagebücher (wie Anm. 157), Bd. 1, S. 525.

182 Adolf Hitler, Wir und der drohende Krieg des faschistischen Italiens gegen? (30.3.1927), in: Bärbel Dusik (Hg.), Hitler: Reden, Schriften,

Anordnungen. Februar 1925 bis Januar 1933. Bd. 2/1 u. 2. München/London/New York/Paris 1992, hier Bd. 2/1, S. 224.

183 Adolf Hitler, Geist und Doktor Stresemann (2.5.1928), in: ebd. Bd. 2/2, 816.

184 Vgl. dazu schon Reinhard Kühnl, Die nationalsozialistische Linke 1925-1930, Meisenheim 1966, S. 203-206, sowie Hoepke, Deutsche Rechte (wie Anm. 14), S. 202-213.

185 Vgl. Reupke, Nationalsozialismus (wie Anm. 76).

186 Erich Koch, Sind wir Faschisten?, in: Arbeitertum, 1.7.1931.

187 Ernst Graf zu Reventlow, Nationalsozialismus oder Nationalkapitalismus?, in: Der Reichswart, 18.4.1931.

188 Vgl. die Rede von Hermann Esser, Wucherfreiheit im Volksstaat?, in: Völkischer Beobachter, 8.11.1922: »Was eine Schar beherzter Männer in Italien gekonnt hat, das können wir in Bayern auch. Den Mussolini Italiens haben auch wir. Er heißt Adolf Hitler.« Nach der Zeugenaussage des Generals v. Lossow im Hitler-Prozeß vom 10.3.1924 hielt sich Hitler »für den deutschen Mussolini, für den deutschen Gambetta«; vgl. Der Hitler-Prozeß vor dem Volksgericht in München. T. 1, München 1924, S. 163 f.

189 Percy Ernst Schramm (Hg.), Dr. Henry Picker: Hitlers Tischgespräche im Führerhauptquartier 1941-1942, Stuttgart 1963, S. 133 f.

190 Adolf Hitler, Vor dem Volksgericht (27.3.1924), in: Jäckel (Hg.), Hitler: Sämtliche Aufzeichnungen (wie Anm. 138), S. 1199.

191 Adolf Hitler, Die Toten des 9. November 1923 (9.11.1927), in: Dusik (Hg.), Hitler: Reden, Schriften, Anordnungen (wie Anm. 182), Bd. 2/2, S. 545.

192 Adolf Hitler, Euer die Lüge – Unser der Sieg (19.5.1928), in: ebd., S. 846.

193 Zit. nach Wolfgang Michalka u. Gottfried Niedhart (Hg.), Die ungeliebte Republik. Dokumente zur Innen- und Außenpolitik Weimars 1918-1933, 3. Aufl. München 1984, S. 251 (Aufsatz von Goebbels aus dem »Angriff« vom April/Mai 1928). Vgl. auch Thamer, Verführung und Gewalt (wie Anm. 10), S. 153.

194 Vgl. die Denkschrift des Preußischen Innenministeriums vom August 1930, in: Else Maurer u. Udo Wengst (Bearb.), Staat und NSDAP 1930-1932. Quellen zur Ära Brüning, Düsseldorf 1977, S. 126.

195 Adolf Hitler, Rede auf der Sitzung des Völkischen Führerringes Thüringen in Weimar (20.10.1926), in: Dusik (Hg.), Hitler: Reden, Schriften, Anordnungen (wie Anm. 182), Bd. 2/1, S. 78.

196 Zit. nach Otto-Ernst Schüddekopf, Das Heer und die Republik. Quellen zur Politik der Reichswehrführung 1918-1932. Hannover/Frankfurt a.M. 1955, S. 283.

197 Eine Rede Hitlers über die Lösung der römischen Frage. Friedensschluß zwischen dem Faschismus und dem Vatikan, in: Völkischer Beobachter, 22.2.1929.

198 Ebd.

199 Johannes Stark, Nationalsozialismus und katholische Kirche, 3. Aufl. München 1931.

200 Vgl. Ministerbesprechung vom 15. August 1932, in: Karl-Heinz Minuth (Bearb.), Das Kabinett von Papen. 1. Juni bis 3. Dezember 1931. Bd. I, Boppard 1989, S. 398. Das Dementi im »Völkischen Beobachter« vom 21./22.8.1932 konnte nicht überzeugen.

201 Rede Hitlers beim Besuch Mussolinis in Berlin am 28.9.1937, zit. nach Max Domarus (Hg.), Hitler: Reden und Proklamationen 1932-1945. Bd. 1/2, Wiesbaden 1973, S. 737. Vgl. auch Werner Jochmann (Hg.), Adolf Hitler: Monologe im Führerhauptquartier 1941-1944. Die Aufzeichnungen Heinrich Heims, Hamburg 1980, 328 (Eintrag vom 5.8.1942): »Wenn ich die Geschichte der faschistischen Revolution lese, ist es mir, wie wenn ich die Geschichte der Bewegung lese.«

202 Vgl. dazu Heinrich August Winkler (Hg.), Die deutsche Staatskrise 1930-1933, München 1992, darin bes. Eberhard Kolb u. Wolfram Pyta, Rettung durch Staatsnotstand? Die Planung des Ernstfalls unter den Regierungen Papen und Schleicher, S. 155-181.

II.2 Carl Schmitt und Italien

1 So ironisch Michael Stolleis, Die Jünger am Grabe, in: Rechtshistorisches Journal 6 (1987), S. 249.

2 Helmut Rumpf, Neues westliches Echo auf Carl Schmitt, in: Der Staat 22 (1983), S. 384.

3 Günter Maschke, Carl Schmitt in Europa, in: Der Staat 25 (1986), S. 579, S. 581; ders., Der Tod des Carl Schmitt, Wien 1987, S. 91.

4 Ellen Kennedy, Carl Schmitt und die »Frankfurter Schule«. Deutsche Liberalismuskritik im 20. Jahrhundert, in: Geschichte und Gesellschaft 12 (1986), S. 380.

5 Carlo Galli, Carl Schmitt nella cultura italiana (1924-1978). Storia, bilancio, prospettive di una presenza problematica, in: Materiali per una storia della cultura giuridica 9 (1979), S. 81-160; Alessandro Campi, Sulla fortuna italiana di Carl Schmitt. Una bibliografia: 1924-1984, in: La Nottula. Rivista quadrimestrale di filosofia, 1984, S. 55-78. Nicht völlig überholt sind dadurch die älteren Literaturberichte von Salvatore Valitutti, La fortuna di Carl Schmitt in Italia, in: Karl Löwith, Salvatore Valitutti, La politica come destino, Rom 1978, S. 85-101; Gennaro Malgieri, La recezione de Carl Schmitt in Italia, in: Revue Européenne de Sciences Sociales: Cahiers Vilfredo Pareto 16 (1978), S. 181-186; Piet Tommissen, Zweite Fortsetzungsliste der C.S.-Bibliographie vom Jahre 1959 (abgeschlossen am 1. Mai 1978), in: Revue Européenne de Sciences Sociales 16 (1978), S. 127-166; Carlo Galli, Carl Schmitt in Italia. Una bibliografia, in:

Giuseppe Duso (Hg.), La politica oltre lo stato: Carl Schmitt, Venezia 1981, S. 169-181, und Alessandro Campi, Nota bibliografica, in: ders. (Hg.), Carl Schmitt, Scritti politico-guiridici (1933-1942). Antologia da »Lo Stato«, Perugia 1983, S. 23-35.

6 Brief von Carl Schmitt an Gianfranco Miglio vom 3.3.1969, zit. in: Galli, Carl Schmitt nella cultura italiana, S. 81. Die vollständige Briefstelle lautet: »Die italienische Ausgabe dieser ›Diktatur‹ hat ihr eigenes Schicksal: Wie mir der deutsche Verleger im Jahre 1922 erzählte, war eine italienische Übersetzung damals im Manuskript fertig und bei der Druckerei des ›Avanti‹ im Druck – (das Buch ist 1921 auf deutsch erschienen); damals – 1922, noch vor dem Marsch auf Rom – wurde die Druckerei von den Faschisten besetzt und das Manuskript verbrannt. Fata libellorum!« Faschistische Squadri zerstörten in der Tat am 4. August 1922 als Antwort auf den sogenannten ›sciopero legalitario‹ das Verlagsgebäude des »Avanti« in Mailand. Vgl. Renzo De Felice, Mussolini il fascista I. La conquista del notere 1921-1925. Turin 1966. S. 279.

7 Lo Stato. Rivista di scienze politiche, giuridiche e economiche I (1930)-XIV (1943). Im Nachlaß von Carl Schmitt, der im Hauptstaatsarchiv Düsseldorf liegt, sind, jedenfalls nach gegenwärtigem Kenntnisstand, bedauerlicherweise keine die Beziehungen Schmitts zu Costamagna dokumentierenden Quellen erhalten. Freundliche Mitteilung von Professor Dr. Joseph H. Kaiser an den Verfasser vom 22.8.1988.

8 Vgl. Carlo Costamagna, Manuale di diritto corporativo italiano, Turin 1927; ders., Lo Stato con porativo come Stato di diritto, Rom 1928; ders., Elementi di diritto costituzionale corporativo fascista, Florenz 1929; ders., Diritto pubblico fascista, Turin 1934; ders., Storia e dottrina del fascismo, Turin 1938; ders., Faschismus. Entwicklung und Lehre, Berlin/Wien 1939.

9 Renzo De Felice, Mussolini il duce I. Gli anni del consenso 1929-1936, Turin 1974, S. 173.

10 Gennaro Malgieri, Carlo Costamagna. Dalla caduta dell'»ideale moderno« alla »nuova scienza dello Stato«, Vibo Valentia 1981, S. 22.

11 Vgl. A. James Gregor, Sergio Panunzio. Il sindacalismo ed il fondamento razionale del fascismo Roma 1978; sowie die Textsammlung von Francesco Perfetti (Hg.), Sergio Panunzio. Il fondamento giuridico del fascismo, Rom 1987.

12 Carlo Curcio, Tendenze nuove della dottrina tedesca: C. Schmitt, in: Lo Stato I (1930), S. 480-48.

13 Carl Schmitt, Führertum als Grundbegriff des nationalsozialistischen Rechts, in: Europäische Revue IX (1933), S. 676-679. Italienische Übersetzung unter dem Titel La categoria del »Führer« come concetto fundamentale del diritto socialnazionalista, in: Lo Stato IV (1933), S. 834-839; jetzt auch in Camoi (Hg.), Carl Schmitt. Scritti, S. 37-43.

14 Campi (Hg.), Carl Schmitt. Scritti, S. 43.

15 Ebd.
16 Fünf davon sind heute in der Anthologie von Alessandro Campi zugänglich: Stato totalitario e neutralità internazionale, in: Lo Stato IX (1938), S. 605-612; Inter pacem et bellum nihil medium, in: Lo stato X (1939), S. 541-548; Il concetto imperiale di spazio, in: Lo Stato XI (1940), S. 309-321; Il mare contro la terra, in: Lo Stato XII (1941), S. 137-142; La lotta per i grandi spazi e l'illusione americana, in: Lo Stato XIII (1942), S. 173-180. Vgl. ferner Carl Schmitt, La settima trasformazione della Società delle Nazioni, in: Lo Stato VII (1936), S. 385-390. Zu zwei weiteren Texten von Schmitt in »Lo Stato« vgl. Anm. 88 und 90.
17 Vgl. Carl Schmitt, Völkerrechtliche Großraumordnung mit Interventionsverbot für raumfremde Mächte. Ein Beitrag zum Reichsbegriff im Völkerrecht, Berlin 1939; unter dem Titel Il concetto d'Impero nel diritto internazionale. Ordinamento dei grandi spazi con esclusione delle potenze estranee, a cura e con prefazione di Luigi Vannutelli Rey, Rom 1941, ist die italienische Übersetzung erschienen. Im Anhang zu der italienischen Fassung des Buches gibt Franco Pierandrei, La politica e il diretto nel pensiero di Carl Schmitt, S. 95-143, eine kritische Einführung in das Denken des deutschen Juristen. Die Teilübersetzung des Buches erschien unter dem Titel Il concetto imperiale di spazio, in: Lo Stato XI (1940), S. 309-321.
18 Vgl. zu diesem Thema z. B. Carlo Costamagna, L'idea dell'Impero, in: Lo Stato VIII (1937), S. 193-206; Giacomo Perticone, Il problema dello ›spazio vitale‹ e del grande spazio, in: Lo Stato XI (1940), S. 522-531; Carlo Costamagna, Autarchia ed Etnarchia nel ›diritto europeo‹, in: Lo Stato XII (1941), S. 1-20.
19 Hasso Hofmann, Legitimität gegen Legalität. Der Weg der politischen Philosophie Carl Schmitts, Neuwied 1964, S. 198 ff.; weniger überzeugend dazu Joseph W. Bendersky, Carl Schmitt. Theorist for the Reich, Princeton N.Y. 1983, S. 243 ff.
20 Vgl. die wichtigsten Schriften von Ugo Spirito aus dieser Zeit: Ugo Spirito, Capitalismo e Corporativismo, Florenz 1933; ders., Il Corporativismo, Florenz 1970. Zu Spirito vgl. Gianpasquale Santomassimo, Ugo Spirito e il Corporativismo, in: Studi Storici XIV (1973), S. 61-113.
21 Nuovi studi di diritto, economia e politica. Rivista bimestrale I (1927/28)-VIII (1935). Vgl. dazu Renzo De Felice, Mussolini il duce I, S. 14 f., sowie Alexander J. De Grand, Bottai et la Cultura Fascista, Roma/Bari 1978, S. 99 f.
22 Vgl. die Protokolle des Kongresses: Atti del Secondo Convegno di Studi Sindacali e Corporativi (Ferrara 5-8 maggio 1932), 3 vol., Rom 1932, sowie dazu Giordano Bruno Guerri, Giuseppe Bottai, un fascista critico, Mailand 1976, S. 115-121.
23 Hugo Fiala (d. i. Karl Löwith), Politischer Dezisionismus, in: Revue internationale de la théorie du droit 8 (1935), S. 101-123; in erweiterter

und zum Teil veränderter Fassung jetzt auch in: ders., Gesammelte Abhandlungen zur Kritik der geschichtlichen Existenz, Stuttgart 2. Aufl. 1969, S. 93-126. Die italienische Fassung erschien unter dem Titel Il »concetto della politica« di Carl Schmitt ed il problema della decisione, in: Nuovi Studi di diritto, economia e politica VIII (1935), S. 58-83; sowie jetzt auch in anderer italienischer Übersetzung in: Löwith, Valitutti, La politica, S. 7-40. Löwiths Tarnung als ›Hugo Fiala‹ war 1935 so perfekt, daß Schmitt Georg Lukács für den Autor des Artikels hielt. Vgl. Karl Löwith, Mein Leben in Deutschland vor und nach 1933. Ein Bericht, Stuttgart 1986, S. 86.

24 Fiala, Politischer Dezisionismus, S. 104.

25 Ebd., S. 107.

26 Ebd., S. 111.

27 Ebd., S. 110.

28 Carl Schmitt, Über die drei Arten des rechtswissenschaftlichen Denkens, Hamburg 1934.

29 Fiala, Politischer Dezisionismus, S. 122.

30 Ebd., S. 114.

31 Ebd., S. 118.

32 Ebd.

33 So Galli, Carl Schmitt nella cultura italiana, S. 91. Eine eindringliche Analyse des vielschichtigen Antisemitismus von Carl Schmitt gibt Bernd Rüthers, Entartetes Recht. Rechtslehren und Kronjuristen im Dritten Reich, München 1988, S. 125-140. Vgl. ferner auch schon Jacob Taubes, Ad Carl Schmitt. Gegenstrebige Fügung, Berlin 1987, bes. S. 45 ff.

34 Vgl. Art. Löwith, Carl, in: International Biographical dictionary of Central European Emigrés 1933-1948, II, 2, (1983), S. 744.

35 Vgl. zu Cantimori: Michele Ciliberto, Intellettuali e fascismo. Saggio su Delio Cantimori, Bari 1977; G. Miccoli, Delio Cantimori. La ricerca di una nuova critica storiografia, Turin 1970.

36 Vgl. Delio Cantimori, La cultura come problema sociale, in: Vita Nova VI (1930), S. 85-91.

37 Vgl. Löwith, Mein Leben, S. 86, sowie Delio Cantimori, La politica di Carl Schmitt, in: Studi Germanici I (1935), S. 476, 480; vgl. jetzt auch Delio Cantimori, Tre saggi su Jünger, Moeller van den Bruck, Schmitt, Rom 1985.

38 Carl Schmitt, Principii politici del Nazionalsocialismo. Scritti scelti e tradotti da D. Cantimori, Florenz 1935. Der Band enthält folgende Schriften Schmitts in italienischer Übersetzung: Der Begriff des Politischen, 3. Aufl. Hamburg 1933; Staat, Bewegung, Volk. Die Dreigliederung der politischen Einheit, Hamburg 1933; Staatsgefüge und Zusammenbruch des zweiten Reiches. Der Sieg des Bürgers über den Soldaten, Hamburg 1934.

39 G. Stalin, V. Molotow, G.F. Grinko, Bolscevismo e capitalismo, Florenz 1933.

40 Cantimori, La politica di Carl Schmitt, S. 477.
41 Arnaldo Volpicelli, I principii politici del nazionalsocialismo secondo C. Schmitt, in: Nuovi studi di diritto, economia e politica VIII (1935), S. 84-87.
42 Schmitt, Principii politici, S.V.
43 Vgl. zu Gentile Giuseppe Calandra, Gentile e il fascismo, Rom 1987.
44 Cantimori, La cultura, S. 88.
45 Vgl. dazu Galli, Carl Schmitt nella cultura italiana, S. 94 f., und besonders Pierangelo Schiera, Carl Schmitt e Delio Cantimori, in: Reporter, 27.4.1985; in deutscher Übersetzung, in: Helmut Quaritsch (Hg.), Complexio Oppositorum. Über Carl Schmitt. Vorträge und Diskussionsbeiträge des 28. Sonderseminars der Hochschule für Verwaltungswissenschaften Speyer, Berlin/München 1988, S. 529-536.
46 Vgl. dazu Ciliberto, Intellettuali e fascismo, S. 49 ff.
47 Felice Battaglia, Stato, politica e diritto secondo Carlo Schmitt, in: Rivista internazionale di filosofia del diritto XVI (1936), S. 423.
48 Außer der hier angedeuteten Schmitt-Rezeption in Italien gab es in faschistischer Zeit durchaus noch eine in engerem Sinne juristische Auseinandersetzung mit dem deutschen Rechtsdenker. Das wird etwa bei Costantino Mortati, La costituzione in senso materiale, Mailand 1940, bei Carlo Lavagna, La dottrina nazionalsocialista del diritto e dello Stato, Mailand 1938, oder bei Giuseppe Lo Verde, Il nazionalsocialismo. Problemi di vita spirituale e sociale contemporanea e la struttura giuridica del terzo Reich, Palermo 1941, sichtbar. Vgl. dazu Galli, Carl Schmitt nella cultura italiana, S. 102 f.
49 Vgl. z. B. Enciclopedia Filosofica IV (1957), Sp. 394 f.; Dizionario Enciclopedico Italiano X (1959), S. 943; Grande Dizionario Enciclopedico, Appendice (1964), S. 882; Novissimo Digesto XVI (1969), S. 690.
50 Vgl. z. B. W. R. Dallmayr, Epimeteo cristiano o Promiteo pagano? in: Rivista internazionale di filosofia del diritto 35 (1948), S. 657-679; R. Treves, Stato di diritto e Stati totalitari, in: Studi in Onore de G. M. De Francesco, Mailand 1947, S. 43-69; Guido Fassò, Storia della filosofia del diritto, vol. III, Bologna 1970, S. 380-382.
51 Vgl. Carl Schmitt, La guerra civile fredda, in: Il Borghese 21 (1.11.1951), S. 657; ders., Amleto, in Il Borghese 51 (19.12.1957), S. 996 f.; ders., I caratteri essenziali dello Stato nazista, in: Ordine Nuovo. Mensile de politica rivoluzionaria II (1956), S. 18-24.
52 Galli, Carl Schmitt nella cultura italiana, S. 115.
53 Gianfranco Miglio, Pierangelo Schiera (Hg.), Carl Schmitt. Le categorie del ›politico‹. Saggi di teoria politica, Bologna 1972. Der Band enthält die folgenden sechs Schriften Schmitts in italienischer Übersetzung: Politische Theologie. Vier Kapitel zur Lehre der Souveränität, München/Leipzig 2. Aufl. 1934; Der Begriff des Politischen, München/Leipzig 5. Aufl. 1963; Legalität und Legitimität, München/Leipzig 1932 (gekürzt); Über die drei Arten des rechtswissenschaft-

lichen Denkens, Hamburg 1934 (gekürzt); Das Problem der Legalität, in: Die neue Ordnung IV (1940), S. 270-275; Nehmen/Teilen/Weiden, Ein Versuch, die Grundfragen jeder Sozial- und Wirtschaftsordnung vom Nomos her richtig zu stellen, in: Gemeinschaft und Politik. Zeitschrift für soziale und politische Gestaltung I (1943), S. 18-27.

54 Vgl. Carl Schmitt, La dittatura. Dalle origini dell'idea moderna di sovranità alla lotta di classe proletaria, Bari/Rom 1975; ders., Teoria del partigiano. Note complementari al concetto di politico, Mailand 1981; ders., Il custode della costituzione, Mailand 1981; ders., Romanticismo politico, Mailand 1981; ders., Amleto o Ecuba. L'irrompere del tempo nel gioco del drama, Bologna 1983; ders., Dottrina della costituzione, Mailand 1984; ders., Il Nomos della terra nel diritto internazionale dello jus publicum europaeum, Mailand 1985; ders., Scritti su Thomas Hobbes. Antologia, Mailand 1985; ders., Terra e Mare, Mailand 1986; ders., Cattolicesimo romano e forma politica, Mailand 1986; ders., Ex captivitate salus, Mailand 1986.

55 Campi, Fortuna italiana di Carl Schmitt, S. 65, 77.

56 Armin Mohler, Links-Schmittisten, Rechts-Schmittisten und Establishment-Schmittisten, in: Criticon 98 (November/Dezember 1986), S. 265, irrt also, wenn er behauptet, daß das Carl-Schmitt-Symposion in Speyer vom 1. bis 3.10.1986 »überhaupt die erste umfassende, mit Carl Schmitt sich befassende Tagung« gewesen sei. Vgl. dazu auch den Band von Helmut Quaritsch (Hg.), Complexio Oppositorum. Auch die Tagung der Friedrich-Naumann-Stiftung über Carl Schmitt vom 8. bis 10. Mai 1987 fand nach den italienischen Kongressen statt. Vgl. dazu Klaus Hansen, Hans Lietzmann (Hg.), Carl Schmitt und die Liberalismuskritik, Opladen 1988.

57 Giuseppe Duso (Hg.), La politica oltre lo Stato: Carl Schmitt, Venedig 1981.

58 Vgl. Il Mattino, 12.11.1985, sowie Storia e Critica. Die italienische Zeitgeschichte im Spiegel der Tages- und Wochenpresse 28 (1985), S. 2.

59 Vgl. Il Tempo, 24.1.1986, sowie Storia e Critica 29 (1986), S. 1.

60 Carl Schmitt Giurista, in: Quaderni costituzionali VI (Dicembre 1986), S. 445-550.

61 Roberto Racinaro (Hg.), Tradizione e modernità nel pensiero politico di Carl Schmitt, Neapel 1987.

62 Miglio, Presentazione, in: Miglio/Schiera, Carl Schmitt, S. 13.

63 Ebd.

64 Vgl. dazu z. B. Giuseppe Di Palma, Surviving without governing. The Italian Parties in Parliament, Berkeley/London 1977; Rudolf Lill, Italiens »Schwerregierbarkeit«. Hintergründe – Ursachen – Symptome, in: Wilhelm Hennis u.a. (Hg.), Regierbarkeit, Bd. 2, Stuttgart 1979, S. 333-374; Gianfranco Pasquino, Crisi di partiti e governabilità, Bologna 1980, sowie Francesco Battegazorre, L'instabilità di governo in Italia, in: Rivista Italiana di Scienza Politica 17 (1987), S. 285-317,

und Wolfgang Merkel, Italien unter Craxi: Eine Republik mit Regierung? in: Zeitschrift für Parlamentsfragen 18 (1987), S. 523-535.

65 Schiera, Carl Schmitt e Delio Cantimori, S. 35.

66 Vgl. Carlo Roehrsen, La teoria del politico di Carl Schmitt: Un tentativo de risposta alla crisi della liberaldemocrazia, in: Materiali per una storia della cultura giuridica 4 (1974), S. 601-638. Vgl. auch Michele Surdi, Carl Schmitt. Una soluzione totalitaria per gli anni 30, in: Problemi del socialismo XVIII (1977), S. 239-260.

67 Vgl. z. B. Angelo Bolaffi, in: Democrazia e diritto 4 (1973), S. 306-321 (Rezension von Miglio/Schiera (Hg.), Carl Schmitt).

68 Vgl. Mario Tronti, Sull'autonomia del politico, Mailand 1977; Massimo Cacciari, Trasformazione dello Stato e progetto politico, in: Critica marxista XVI (1978), S. 27-61; ders., Intervista, in: Il Manifesto, 30.5.1978.

69 Vgl. z. B. L. Ferraeoli, D. Zolo, Democrazia autoritaria e capitalismo maturo, Mailand 1978.

70 Jürgen Habermas, La malattia morale del Leviatano, in: Micromega I (1986), S. 229-237, sowie Angelo Bolaffi, Ora basta con Schmitt, in: L'Espresso 32 (1986), Nr. 42, S. 175-178. Die Polemik von Habermas erschien zuerst unter dem Titel Sovereignty and the Führerdemokratie, in: Times Literary Supplement, 26.9.1986, S. 1053 f.

71 Vgl. Giacomo Marramao, La decisione senza presupposti e il fantasma dello Stato, in: Duso (Hg.), La politica oltre lo Stato, S. 69-87; ders., Il tempo cairologico della decisione: Infondatezza della Entscheidung e fantasma dello Stato in Carl Schmitt, in: ders., Potere e secolarizzazione. Le categorie del tempo, Rom 1983, S. 123-143; ders., Il fascino ambiguo di Carl Schmitt, in: Reporter, 14.4.1985.

72 So Galli, Carl Schmitt nella cultura italiana, S. 143.

73 Francesco Mercadante, La democrazia plebiscitaria, Mailand 1974; S. Valitutti, La politica con destino, Rom 1978; Pier Paolo Portinaro, La crisi dello jus publicum europeum. Saggio su C. Schmitt, Mailand 1982.

74 Franco Cardini, Più che Schmitt sembra Rambo, in: L'Espresso 32 (1986), Nr. 11, S. 146.

75 Galli, Carl Schmitt nella cultura italiana, S. 91.

76 Maschke, Carl Schmitt in Europa, S. 587.

77 Vgl. etwa Hasso Hofmann, Legitimität gegen Legalität. Der Weg der politischen Philosophie Carl Schmitts, Neuwied/Berlin 1964, S. 100, S. 153 f.; George Schwab, The Challenge of the Exception. An introduction to the political ideas of Carl Schmitt between 1921 and 1936, Berlin 1970, S. 107; Bendersky, Carl Schmitt, S. 72. Enttäuschend ist der Aufsatz von Helmut Rumpf, Carl Schmitt und der Faschismus, in: Der Staat 17 (1978), S. 233-243. Es handelt sich im wesentlichen nur um eine Rezension des Buches von Ingeborg Maus, Bürgerliche Rechtstheorie und Faschismus. Zur Sozialfunktion und aktuellen Wirkung der Theorie Carl Schmitts, München 1976. Um eine Rezen-

sion handelt es sich auch bei der Miszelle von Ilse Staff, Il Principe e il Giurista. Schmitt in Italia, in: Belfagor XLII (1988), S. 101-104.

78 Vgl. Gerhard Leibholz, Zu den Problemen des fascistischen Verfassungsrechts, Berlin/Leipzig 1928; Hermann Heller, Europa und der Fascismus, Berlin/Leipzig 1929, S. 2. Insgesamt ist dazu der wichtige Aufsatz von Jens Petersen, Der italienische Faschismus aus der Sicht der Weimarer Republik. Einige deutsche Interpretationen, in: Quellen und Forschungen aus römischen Archiven und Bibliotheken 45/46 (1976), S. 314-360, heranzuziehen.

79 Mohler, Links-Schmittisten, S. 265.

80 Vgl. dazu Klaus-Peter Hoepke, Die deutsche Rechte und der italienische Faschismus. Ein Beitrag zum Selbstverständnis und zur Politik von Gruppen und Verbänden der deutschen Rechten, Düsseldorf 1968. Das folgende Zitat entstammt einem Brief von Carl Schmitt an den Verfasser vom 14.1.1969.

81 Vgl. R. Accademia d'Italia, Fondazione A. Volta, Atti dei Convegni, Rom 1933, sowie dazu Enzo Santarelli, Storia del movimento e del regime fascista, II, Rom 1967, S. 141 f.

82 Vgl. Petersen, Der italienische Faschismus, S. 332 f. Außer Schmitt sagten aus Deutschland auch Werner Beumelburg, Karl Brandi, Gerhard Dobbert, Alfred Hugenberg, Ludwig Kaas, Hans Luther und Friedrich Meinecke ab. Vgl. Hoepke, Die deutsche Rechte, S. 313. Nach mündlicher Auskunft von Carl Schmitt in einem Gespräch mit dem Verfasser in Plettenberg am 1.2.1969 erfolgte seine Absage rein zufällig.

83 Vgl. Deutsche Juristen-Zeitung 41 (1936), S. 500f., S. 620, sowie Jens Petersen, Hitler – Mussolini. Die Entstehung der Achse Berlin–Rom 1933-1936, Tübingen 1973, S. 481. Unterlagen zu der Reise Franks, dem Pius XI. eine Privataudienz verweigerte, befinden sich im Politischen Archiv des Auswärtigen Amtes, Abt. Politik II, Vatikan, Bd. V, und Deutsche Botschaft Rom, Bd. 13 (April-August 1936). Vgl. auch die ausführliche Darstellung der Reise bei Hans Frank, Im Angesicht des Galgens. Deutung Hitlers und seiner Zeit auf Grund eigener Erlebnisse und Erkenntnisse, München 1953, S. 219-233.

84 Mündliche Auskunft von Carl Schmitt gegenüber dem Verfasser vom 1.2.1969, siehe Anm. 82. Dasselbe, allerdings ohne den Zusammenhang mit der Reise von Hans Frank und ohne Datumsangabe, erzählte Schmitt im Juni 1979 auch Angelo Bolaffi. Vgl. Angelo Bolaffi, Storia di un incontro, in: Il Centauro 2 (1982), S. 194. Vgl. auch Maschke, Carl Schmitt in Europa, S. 587. Im Politischen Archiv des Auswärtigen Amtes in Bonn ursprünglich dazu vorhandene Akten sind leider im Krieg vernichtet worden.

85 So Schmitts mündliche Mitteilung gegenüber dem Verfasser, siehe Anm. 82.

86 Mündliche Mitteilung Schmitts gegenüber dem Verfasser, siehe Anm. 82. Vgl. auch Bolaffi, Storia di un incontro, S. 194, und Maschke, Carl Schmitt in Europa, S. 587.

87 Rüthers, Entartetes Recht, S. 110. Vgl. dazu die anoymen Angriffe auf Schmitt, in: Das Schwarze Korps, 3.12.1936 (»Eine peinliche Ehrenrettung«) und 10.12.1936 (»Es wird immer noch peinlicher«), sowie vor allem die Kopie der 292 Seiten umfassenden Personalakte von Carl Schmitt aus dem SD-Hauptamt des Reichssicherheitsdienstes des RFSS, Institut für Zeitgeschichte, Archiv, Fa 503, 1-2 (a), S. 42: »Staatssekretär Stuckart teilte mir am 26.8.(1936) folgendes mit: Im Stab des Stellvertreters des Führers wird stark erwogen, ob nicht nach dem Parteitag Gürtner abtreten und an seine Stelle der Reichsminister Frank treten soll. Auch der Staatssekretär Lammers habe ähnliche Andeutungen gemacht. Man sei der Ansicht, daß sich dies auf die Dauer nicht umgehen lasse. Der Reichsminister Frank habe neulich auch im engeren Kreis darüber gesprochen. Die größte Gefahr besteht darin, daß der Staatsrat Schmitt dann Staatssekretär anstelle von Schlegelberger wird.« Vgl. dazu auch Lothar Gruchmann, Justiz im Dritten Reich 1933-1940. Anpassung und Unterwerfung in der Ära Gürtner, München 1988, S. 994-1011.

88 Dazu Jens Petersen, Vorspiel zu »Stahlpakt« und Kriegsallianz: Das deutsch-italienische Kulturabkommen vom 23. November 1938, in: VjZG 36 (1988), S. 45 f.; Volkhard Laitenberger, Akademischer Austauschdienst und Auswärtige Kulturpolitik 1923-1945, Göttingen 1976, S. 121, 240. Die italienische Zusammenfassung des Vortrags erschien unter dem Titel Carl Schmitt, L'era della politica integrale, in: Lo Stato VII (1936), S. 193-196. Die Angabe von Campi, Sulla fortuna di Carl Schmitt, S. 47, daß es sich bei diesem Text um die Zusammenfassung eines »von Schmitt am Goethe-Institut im April gehaltenen Vortrags« handele, ist zu korrigieren.

89 Löwith, Mein Leben, S. 86.

90 Vgl. Carl Schmitt, Faschistische und nationalsozialistische Rechtswissenschaft, in: Deutsche Juristen-Zeitung 41 (1936), Spalte 620; in italienischer Übersetzung unter dem Titel La dottrina del diritto nel fascismo e nel nazionalsocialismo, in: Lo Stato VII (1936), S. 299 f., erschienen.

91 Vgl. einen Bericht des Chefs des SD vom 2.12.1936 im Schmitt-Dossier des SD-Hauptamtes, IfZ, Archiv, S. 117-119. Zum Verhältnis von Schmitt zu Costamagna vgl. auch Malgieri, Carlo Costamagna, S. 57-61.

92 Gespräch von Carl Schmitt mit dem Verfasser, siehe Anm. 82. Angesichts der negativen Charakterisierung von Carl Schmitt durch Ernst Niekisch, Gewagtes Leben. Begegnungen und Begebnisse, Köln/Berlin 1948, S. 241-245, erscheint dies jedoch zweifelhaft.

93 Evola hat allerdings erstmals schon 1934 einen Vortrag an der Berliner Universität gehalten, so daß ihn Schmitt auch schon bei dieser Gelegenheit kennengelernt haben könnte. Vgl. Julius Evola, Il cammino del cinabro, Mailand 1972, S. 137.

94 Vgl. Meir Michaelis, Mussolini e la questione ebraica, Mailand 1982,

S. 314-316. Zwei Briefe in deutscher Sprache von Julius Evola an Carl Schmitt vom 12.6. und 1.7.1963 (Staatsarchiv Düsseldorf, Nachlaß Carl Schmitt) belegen, daß Evola sich zu dieser Zeit vergeblich um die Übersetzung der Aufsatzsammlung von Carl Schmitt, Donoso Cortes in gesamteuropäischer Interpretation, Köln 1950, in das Italienische bemühte.

95 La Vita Italiana I (1913)-XXXI (1943); La difesa della razza I (1938)-VI (1943).

96 Vgl. Michaelis, Mussolini, S. 428.

97 Vgl. dazu die Dokumentation von Nicola Cospita/Hans Werner Neulen (Hg.), Julius Evola nei documenti segreti del Terzo Reich, Rom 1986, in der im Anhang, S. 143 ff., 32 vorwiegend in diesem Umkreis in deutscher Sprache publizierte Aufsätze Evolas aus den Jahren 1933-1943 aufgeführt werden, sowie ferner Evola, Cammino, S. 139.

98 Vgl. Julius Evola, Heidnischer Imperialismus, Leipzig 1933; ders., Erhebung wider die moderne Welt, Stuttgart 1935; ders., Grundrisse der faschistischen Rassenlehre, Berlin 1942.

99 Vgl. Cospita/Neulen, Julius Evola, S. 85-91 (Aufzeichnung eines Gesprächs mit Evola im Auswärtigen Amt vom 19.2.1942), sowie ferner Renzo De Felice, Mussolini il duce II. Lo Stato totalitario 1936-1940, Turin 1981, S. 316 f.; Reiner Pommerin, Rassenpolitische Differenzen im Verhältnis der Achse Berlin–Rom 1938-1943, in: VjZG 27 (1979), S. 646-660, sind die deutschen Kontakte mit Evola erstaunlicherweise entgangen.

100 Die Tagung muß Mitte April stattgefunden haben, da Schmitt offensichtlich am 17.4. in Mailand auch noch den Vortrag des deutschen Botschafters v. Hassell über »Bismarck und Cavour« gehört hat. Vgl. den Bericht des »Corriere della sera« vom 18.4.1936. Erwähnung dieses Vortrags auch bei Carl Schmitt, Faschistische und nationalsozialistische Rechtswissenschaft, in: Deutsche Juristen-Zeitung 41 (1936), Sp. 619.

101 Carl Schmitt, I caratteri essenziali dello Stato nazionalsocialista, in: Oreste Ranelletti Hg., Gli Stati europei a partito politico unico, Mailand 1936, S. 37-52.

102 Vgl. Oreste Ranelletti, Istituzioni di diritto pubblico. Un nuovo diritto pubblico italiano, Padova 4. Aufl. 1933.

103 Ranelletti (Hg.), Gli Stati europei, S. 37. Vgl. auch Valitutti, La fortuna di Carl Schmitt, in: Löwith/Valitutti, La politica, S. 88.

104 Schmitt, Faschistische und nationalsozialistische Rechtswissenschaft, Sp. 619, 620.

105 Ebd., Sp. 620.

106 Ebd.

107 Vgl. Carl Schmitt, Die geistesgeschichtliche Lage des heutigen Parlamentarismus, München/Leipzig 1923, S. 77 ff.

108 Schmitt, Die geistesgeschichtliche Lage, S. 80.

109 Ebd., S. 88.
110 Vgl. dazu Hofmann, Legitimität gegen Legalität, S. 100; Matthias Schmitz, Die Freund-Feind-Theorie Carl Schmitts: Entwurf und Entfaltung, Köln 1965, S. 93 f.
111 Schmitt, Die geistesgeschichtliche Lage, S. 89.
112 Ebd.
113 Ebd.
114 Beckerath, Wesen und Werden des fascistischen Staates. Zu Beckerath vgl. den Beitrag »Faschismus für Deutschland. Erwin von Beckerath und das Italien Mussolinis« in diesem Band (S. 203-221).
115 Carl Schmitt, Wesen und Werden des fascistischen Staates, in: Schmollers Jahrbuch für Gesetzgebung, Verwaltung und Volkswirtschaft im Deutschen Reiche 53 (1929), S. 109. Schmitt hielt diesen Aufsatz für wichtig genug, in seine programmatische Aufsatzsammlung von 1940 aufgenommen zu werden. Vgl. Carl Schmitt, Positionen und Begriffe im Kampf mit Weimar-Genf-Versailles 1923-1939, Hamburg 1940, S. 109-114. Hermann Heller, Europa und der Fascismus, S. 30, kritisierte Schmitt, weil er »die fascistische Diktatur für Demokratie erklärt« habe.
116 Schmitt, Wesen und Werden, S. 109 f.
117 Ebd., S. 113.
118 Carl Schmitt, Starker Staat und gesunde Wirtschaft, in: Mitteilungen des Vereins zur Wahrung der gemeinsamen wirtschaftlichen Interessen in Rheinland und Westfalen N. F. 21 (1932), S. 17 f.; ähnlich auch ders., Weiterentwicklung des totalen Staates in Deutschland (1933), in: ders., Verfassungsrechtliche Aufsätze aus den Jahren 1924-1954. Materialien zu einer Verfassungslehre, Berlin 1958, S. 360 f. – Vgl. dazu Heinrich Muth, Carl Schmitt in der deutschen Innenpolitik des Sommer: 1932, in: Theodor Schieder (Hg.), Beiträge zur Geschichte der Weimarer Republik, Historische Zeitschrift, Beiheft 1, München 1971, S. 117; Henry A. Turner, Die Großunternehmer und der Aufstieg Hitlers, Berlin 1985, S. 364.
119 Carl Schmitt, Staat, Bewegung, Volk. Die Dreigliederung der politischen Einheit, Hamburg 1933 S. 13.
120 Zit. nach Wolfgang Schieder, War Hitlers Diktatur faschistisch?, in: Peter Wapnewski (Hg.), Wissenschaftskolleg zu Berlin. Jahrbuch 1985/86, S. 88.

II.3 Faschismus für Deutschland

1 Protokoll des vierten Kongresses der Kommunistischen Internationale, Hamburg 1923, S. 310.
2 Vgl. Oda Olberg, Der Fascismus in Italien, Jena 1923; Paul Kampffmeyer, Der Fascismus in Deutschland, Berlin 1923; Julius Deutsch, Die Fascistengefahr, Wien 1923; Wilhelm Ellenbogen, Das faschisti-

sche Italien, Wien 1923; Ernst Hamburger, Aus Mussolinis Reich. Die faschistische Episode in Italien, Breslau 1924; Hanns-Erich Kaminski, Giacomo Matteotti, Ein Jahr Fascistenherrschaft, Berlin 1925.

3 Vgl. z. B. Adolf Saager, Mussolini ohne Mythos. Vom Rebellen zum Despoten, Leipzig 1931 und vor allem Hermann Heller, Europa und der Faschismus, Berlin 1929, 2. Aufl. S. 191.

4 Vgl. Hans Margreifer, Die Literatur über Südtirol seit der Lostrennung von Österreich, Innsbruck 1926; K. Milius, Das Deutschtum in Südtirol, Langensalza 1926; Josef Sonntag, Mussolinis Sendung und die Wahrheit über Tirol, Leipzig 1927; J(ohann) W(ilhelm) Mannhardt, Südtirol. Ein Kampf um die deutsche Volkheit, Jena 1927; Paul Herre, Die südtiroler Frage. Entstehung und Entwicklung eines europäischen Problems der Kriegs- und Nachkriegszeit, München 1927. Von neueren Darstellungen und wichtig: Renzo De Felice, Il problema dell'Alto Adige nei rapporti italo-tedeschi dall'»Anschluß« alla fine della seconda guerra mondiale, Bologna 1973; Leopold Steurer, Südtirol zwischen Rom und Berlin, 1919-1939, Wien 1980; Gisela Framke, Im Kampf um Südtirol. Ettore Tolomei (1865-1952) und das »Archivo per l'Alto Adige«, Tübingen 1987; Vera Torunsky, Entente der Revisionisten? Mussolini und Stresemann 1922-1929, Köln 1981; Rudolf Lill (Hg.), Die Option der Südtiroler 1939, Beiträge eines Neustifter Symposions, Bozen 1991.

5 Ludwig Bernhard, Das System Mussolini, Berlin 1924; J(ohann) W(ilhelm) Mannhardt, Der Faschismus, München 1925.

6 Vgl. Jens Petersen, Die Entstehung des Totalitarismusbegriffs in Italien, in: Manfred Funke (Hg.), Totalitarismus. Ein Studienreader zur Herrschaftsanalyse moderner Diktaturen, Düsseldorf 1978, S. 105-128.

7 Vgl. dazu Charles S. Maier, Recasting Bourgeois Europe. Stabilization in France, Germany and Italy in the Decade after the World War I, Princeton 1975; Peter Cornelius Mayer-Tasch, Korporativismus und Autoritarismus. Eine Studie zu Theorie und Praxis der berufsständischen Rechts- und Staatsideen, Frankfurt a. M. 1971.

8 Vgl. z. B. Rüdiger Hönigschmid-Grossich, Adolf Dresler, Wirtschaftsauffassung und Gewerkschaftspolitik des Faschismus. Mit der Carta del Lavoro vom 21.4.27, München 1927; Emil Schmid, Die Arbeitgeberorganisation in Italien, Zürich 1927; Margherita Hirschberg-Neumeyer, Die italienischen Gewerkschaften, Jena 1928; Curt Sigmar Gutkind (Hg.), Mussolini und sein Faschismus, Heidelberg 1928; Gerhard Leibholz, Zu den Problemen des fascistischen Verfassungsrechts, Berlin 1928; Walter Heinrich, Die Staats- und Wirtschaftsverfassung des Faschismus, Berlin 1929; ders., Der Faschismus. Staat und Wirtschaft im neuen Italien, 2. Aufl. München 1932; Georg Mehlis, Der Staat Mussolinis. Die Verwirklichung des korporativen Gemeinschaftsgedankens, Leipzig 1929; Ulrich Heinersdorf, Das Arbeitsverhältnis im fascistischen Recht, Berlin 1930; Ludwig Moritz Lach-

mann, Faschistischer Staat und korporative Wirtschaft, Berlin 1930; Hans Reupke, Das Wirtschaftsystem des Faschismus, Berlin 1930; Wilhelm Andreae, Staatssozialismus und Ständestaat. Ihre grundlegenden Ideologien und die jüngste Wirklichkeit in Rußland und Italien, Jena 1931; Fritz Ermath, Theorie und Praxis des faschistisch-korporativen Staates, Heidelberg 1932; Werner Niederer, Der Ständestaat des Faschismus, München 1932; Maria Louise Gräfin von Strachwitz, Fascistische Sozialpolitik, Diss. Phil. Freiburg 1932.

9 Willy Mueller, Der Faschismus als soziale Wirtschaftsmacht, Berlin 1928.

10 Georg Mehlis, Der Staat Mussolinis. Die Verwirklichung des korporativen Gemeinschaftsgedankens, Leipzig 1929. Vgl. auch ders., Die Idee Mussolinis und der Sinn des Faschismus, Leipzig 1928.

11 Erwin v. Beckerath, Wesen und Werden des fascistischen Staates, Berlin 1927.

12 Vgl. Erwin v. Beckerath, Fascismus, in: Alfred Vierkandt (Hg.), Handwörterbuch der Soziologie, Stuttgart 1931, S. 131-136; ders., Fascism, in: Encyclopedia of the Social Science, Band 6, New York 1931, S. 133-139. Die übrigen Aufsätze sind die folgenden: ders., Moderner Absolutismus, in: Weltwirtschaftliches Archiv 25, 1 (1927), S. 245-259; ders., Idee und Wirklichkeit im Fascismus, in: Schmollers Jahrbuch 52, 1 (1928), S. 201-218; ders., Fascismus und Bolschewismus, in: Bernhardt Harms (Hg.), Volk und Reich der Deutschen. Vorlesungen gehalten in der Deutschen Vereinigung für Staatswissenschaftliche Fortbildung, Band 3, Berlin 1929, S. 134-153; ders., Wirtschaftsverfassung des Faschismus, in: Schmollers Jahrbuch 56/2 (1932), S. 1187-1202; ders., Il Fascismo e la Germania, in: Gerarchia 12 (1932), S. 872-877; ders., Über die Voraussetzung einer politischen Solidarität Europas, in: Reale Accademia d'Italia. Fondazione AlessandroVolta, Convegno di scienze morali e storiche 14-20 Novembre 1932, Band 1, Rom 1933, S. 625-633.

13 Vgl. dazu den Beitrag »Carl Schmitt und Italien« in diesem Band (S. 185-202).

14 Ernst Nolte (Hg.), Theorien über den Faschismus, Köln 1967, S. 48.

15 Gerhard Schulz, Faschismus – Nationalsozialismus. Versionen und theoretische Kontroversen 1922-1972, Frankfurt a. M. 1974, S. 34.

16 Walter Schlangen, Theorie und Ideologie des Totalitarismus, Bonn 1972, S. 46.

17 Jens Petersen, Der italienische Faschismus aus der Sicht der Weimarer Republik. Einige deutsche Interpretationen, in: Quellen und Forschungen aus italienischen Archiven und Bibliotheken 55/56 (1976), S. 331.

18 Ebd., S. 330.

19 Beckerath, Wesen und Werden, S. 155.

20 Ebd., S. 6.

21 Ebd., S. 10.

22 Ebd., S. 7; wörtlich übereinstimmend auch schon ders., Moderner Absolutismus, S. 249.
23 Beckerath, Wesen und Werden, S. 36.
24 Ebd., S. 153 f.
25 Ebd., S. 1139.
26 Ebd., S. 97, 102.
27 Ebd., S. 123.
28 Vgl. Erwin v. Beckerath, Politik und Wirtschaft: Ist eine rationale Wirtschaftspolitik möglich? in: ders., Lynkeus. Gestalten und Probleme aus Wirtschaft und Politik, Tübingen 1962, S. 304-318.
29 Beckerath, Wesen und Werden, S. 111.
30 Die Aussage seines ehemaligen Assistenten Bruno Anweiler aus dem Jahre 1982, »Beckerath sei vom italienischen Faschismus fasziniert gewesen«, bestätigt das. Vgl. Sven Papcke, Weltferne Wissenschaft. Die deutsche Soziologie der Zwischenkriegszeit vor dem Problem des Faschismus/Nationalsozialismus, in: ders. (Hg.), Ordnung und Theorie. Beiträge zur Geschichte der Soziologie in Deutschland, Darmstadt 1986, S. 210.
31 Beckerath, Faschismus und Bolschewismus, S. 138 f.
32 Beckerath, Wesen und Werden, S. 62.
33 Ebd., S. 110; ders., Idee und Wirklichkeit im Fascismus, S. 1218.
34 Vgl. dazu die Kölner Magisterarbeit von Wolfgang Froese, Mennoniten am Niederrhein bis zur Reichsgründung von 1871, Köln 1993.
35 Zur Biographie Beckeraths vgl. Gottfried Eisermann, Erwin von Beckerath, in: ders., Bedeutende Soziologen, Stuttgart 1968, S. 108-110; Fritz Neumark, Erwin von Beckerath. Nachruf, in: Zeitschrift für die gesamte Staatswissenschaft 122 (1966), S. 193-208; Kurt Schmidt, Erwin von Beckerath, in: Weltwirtschaftliches Archiv 94 (1965), S. 153-163; Norbert Kloten, Erwin von Beckerath, in: Finanzarchiv N.F. 25 (1966), S. 193-212; Edgar Sahn, Erwin von Beckerath, in: Kyklos 18 (1965), S. 1-8; Norbert Kloten, Wilhelm Krelle, Heinz Müller, Fritz Neumark (Hg.), Systeme und Methoden in den Wirtschafts- und Sozialwissenschaften. Erwin von Beckerath zum 75. Geburtstag, Tübingen 1964.
36 So Kloten, Erwin von Beckerath, S. 199. Vgl. auch Schmidt, Erwin von Beckerath, S. 154.
37 Vgl. Erwin von Beckerath, Formen moderner Finanztheorie, in: Beiträge zur Finanzwissenschaft. Festgabe für Georg von Schanz zum 75. Geburtstag, Band 1, Tübingen 1928, S. 149, auch in: ders., Lynkeus, S. 102-117; ders., Die Theorie der Steuerverteilung, in: Economia politica contemporanea. Festschrift für Camillo Supino, Band 2, Padua 1930, S. 369-385, auch in: ders., Lynkeus S. 118-130; ders., Die neuere Geschichte der deutschen Finanzwissenschaft, in: Handbuch der Finanzwissenschaft, Band 1, 2. Aufl., Tübingen 1952, S. 416-468. Dazu auch Horst Jecht, Zur Historiographie der Finanzwissenschaft,

insbesondere Erwin v. Beckerath »Geschichte der deutschen Finanzwissenschaft«, in: Kloten, u.a. (Hg.), Systeme und Methoden, S. 61-82.

38 Vgl. Erwin v. Beckerath, Gustav von Schmollers finanzgeschichtliche Studien und seine finanztheoretische Betrachtung, in: Gustav von Schmoller und die deutsche geschichtliche Volkswirtschaftslehre. Festgabe zur 100. Wiederkehr seines Geburtstages, Berlin 1938, S. 212-230, auch in: ders., Lynkeus, S. 203-220; ders., Gustav von Schmoller, in: Staatslexikon, 6. Band, 6. Aufl., Freiburg 1961, S. 1146-1147. Vgl. auch ders., Lo storicismo e gli sviluppi più recenti dell'economia politica in Germania. Conferenza tenuta all'Istituto per gli Studi Germanici, Roma, in: Studi corporativi 13 (1942), S. 205-221, auch in: ders., Lynkeus, S. 221-233.

39 Erwin v. Beckerath, Stein – Wagner – Schaeffle, Das »Dreigestirn« der deutschen Finanzwissenschaft, in: Handbuch der Finanzwissenschaft, Band 1, 2. Aufl. Tübingen 1952, S. 416-440.

40 Erwin v. Beckerath, Gustav von Schmoller, in: ders., Lynkeus, S. 71.

41 Erwin v. Beckerath, Heinrich Dietzel als Nationalökonom und Soziologe, Bonn 1944, zit. nach ders., Lynkeus, S. 24.

42 Vgl. den italienischen Text seines römischen Vortrags von 1942 über Lo storicismo, S. 205-221, auch in: ders., Lynkeus, S. 221-233.

43 Ebd., S. 218.

44 Vgl. Heinrich Freiherr von Stackelberg, Marktform und Gleichgewicht, Wien 1934. Stackelberg wurde zu seiner Wirtschaftstheorie durch den italienischen Volkswirtschaftslehrer Luigi Amoroso angeregt, bei dem er, wahrscheinlich auf Vermittlung Beckeraths, 1932 einen längeren Studienaufenthalt in Italien verbrachte. Unter der Überschrift »Marktform und Wirtschaftspolitik« erörterte Stackelberg in seinem Buch, 102-105, bezeichnenderweise auch »Das theoretische Schema des faschistisch-korporativen Marktes«. Deutschbaltischer Herkunft, gehörte Stackelberg (1905-1946) als Student zur bündischen Jugend um die »Jungnationalen Stimmen«; Mitte 1931 trat er in die NSDAP, im Juni 1933 in die SS ein; 1934 wurde er an der Kölner Universität NS-Dozentenbundführer. Inwieweit er sich später vom NS-Regime distanzierte, bedürfte eingehenderer Untersuchungen. Die Einleitung Hans Möllers zu Heinrich Freiherr von Stackelberg, Gesammelte wirtschaftswissenschaftliche Abhandlungen in zwei Bänden, Teil I, Regensburg 1992, S. 1-24, läßt in dieser Hinsicht einiges offen.

45 Carl Schmitt, Wesen und Werden des fascistischen Staates, in: Schmollers Jahrbuch 53/1 (1929), S. 107-113, bezeichnete in seiner Rezension des Buches von Beckerath die »bolschewistische und die fascistische Verfassung« als »überaus modern und eigentliche ›Wirtschaftsverfassungen‹« (ebd., 110), weil in ihnen eine »staatsorganisatorische Anerkennung der neuen wirtschaftlichen und sozialen Probleme« vollzogen werde. Beckerath nahm den Begriff in seinem Aufsatz

»Wirtschaftsverfassung des Fascismus« auf und bezog sich darüber hinaus ausdrücklich auch auf Carl Schmitts »Verfassungslehre« von 1928. Auf Schmitts Vorwurf, den Faschismus fälschlich als undemokratisch bezeichnet zu haben, wo dieser doch nur antiliberal sei, übernahm Beckerath bezeichnenderweise auch diese fragwürdige Begriffsmanipulation. Vgl. Beckerath, Fascismus, S. 136.

46 Vgl. Beckerath, Wirtschaftsverfassung des Faschismus, S. 1190.

47 Ebd., S. 1187.

48 Ebd., S. 1190.

49 Beckerath, Idee und Wirklichkeit im Fascismus, S. 209. Wörtlich übereinstimmend: ders., Rezension von C. Landauer, H. Honegger (Hg.), Internationaler Faschismus, Karlsruhe 1928, in: Schmollers Jahrbuch 53/1 (1929), S. 159; ders., Fascismus, S. 135; ders., Wirtschaftsverfassung des Faschismus, S. 1212.

50 Heller, Europa und der Faschismus, 2. Aufl., Berlin 1931, S. 119.

51 Beckerath, Wesen und Werden, S. 154.

52 Vgl. dazu neuerdings Friedrich Lenger, Werner Sombart, 1863-1941. Eine Biographie, München 1994, S. 349f.

53 Vgl. Beckerath, Über die Voraussetzung einer politischen Solidarität Europas; in: Reale Accademia d'Italia, Convegno, Band 1, S. 625-633, auch in: ders., Lynkeus, S. 280-287, sowie Band 2, S. 339 (Kurzbiographie mit Photo); Ministero delle Corporazioni. Atti del Secondo Convegno di Studi Sindacali e Corporativi, Ferrara 5-8 Maggio 1932, Band 1, Rom 1932, S. 10. Beckerath wird bei dem Kongreß in Ferrara allerdings nur in der Teilnehmerliste aufgeführt. Daß er wirklich anwesend war, erscheint zweifelhaft.

54 Beckerath, Fascismo e la Germania.

55 Vgl. dazu den Beitrag »Das italienische Experiment« in diesem Band (S. 149-184).

56 Vgl. Beckerath, Fascismus, S. 134.

57 Beckerath, Moderner Absolutismus, S. 257.

58 Beckerath, Wesen und Werden, S. 154.

59 Beckerath, Il fascismo e la Germania, S. 876.

60 Ebd., S. 877.

61 Ebd., S. 876.

62 Vgl. oben Anm. 44.

63 Vgl. Norbert Kloten, Lebendige Impressionen. Zu Erwin von Beckeraths 75. Geburtstag, in: Kloten u.a. (Hg.), Systeme und Methoden, 34; Wilhelm Krelle, Ansprache zur Feier des 70. Geburtstages Erwin von Beckeraths am 21.11.59, in: ebd., S. 23; Kloten, Erwin von Beckerath, S. 204.

64 So aber Schmidt, Erwin von Beckerath, S. 158.

65 So die spätere Erinnerung des emigrierten Kölner Soziologen Albert Salomon in einem Brief an Norbert Kloten vom 3.5.65, zit. nach: Kloten, Erwin von Beckerath, S. 204.

66 Universitätsarchiv Köln (künftig: UAK), Zugang 70, Nr. 251, zit.

nach: Bernd Heimbüchel, Klaus Pabst, Kölner Universitätsgeschichte, Band II: Das 19. und 20. Jahrhundert, Köln 1988, S. 407.

67 Vgl. UAK, Zugang 28, Nr. 411.

68 Das Petrarca-Haus wurde am 30.5.42 durch alliierte Bomben völlig zerstört, setzte aber seine Tätigkeit in der Universität Köln bis zu deren Schließung im Sommer 1944 fort. Vgl. U. Schmittmann, Das Petrarca-Institut der Universität zu Köln, Manuskript im UAK.

69 Vgl. die Liste seiner Veranstaltungen im Petrarca-Haus, in: Petrarca-Haus. Deutsch-italienisches Kulturinstitut Köln. Tätigkeitsbericht 1931-1941, Köln 1942, S. 20f.: Die ökonomische und politische Entwicklung Italiens vom Risorgimento bis zur Gegenwart – Wirtschafts- und Finanztheorie in Italien – der korporative Staat in Italien – Wirtschafts- und Finanztheorie im heutigen Italien – Wirtschaftssystem und Wirtschaftsverfassung des Faschismus – Die wirtschafts- und finanztheoretische Literatur Italiens in den letzten fünfzig Jahren – Die Grenznutzenlehre in der ökonomischen Theorie Italiens – Il pensiero politico-economico di Vilfredo Pareto – Die jüngste Phase der korporativen Entwicklung in Italien – Die Soziologie Vilfredo Paretos – Rechtliche Struktur und ökonomische Bedeutung des korporativen Staates – Die Eliten-Theorie (Mosca, Pareto, Gini) – Italienische Wirtschafts- und Finanztheorie – Die innerpolitischen Strömungen in Italien 1900-1922 – Die Außenpolitik des faschistischen Italien – Neuere Finanztheorie in Italien – Die Grenznutzentheorie in der modernen italienischen Wirtschaftslehre.

70 Petrarca-Haus. Deutsch-italienisches Kulturinstitut. Programm Wintersemester 1933/34, Köln 1933, S. 10. Vgl. auch Giuseppe Bottai, Der korporative Staat in Italien (Grundzüge des korporativen Aufbaus in Italien), Köln 1933 (Veröffentlichungen des Petrarca-Hauses, Zweite Reihe: Vorträge, Nr. 3)

71 Benito Mussolini, Vom Kapitalismus zum Korporativen Staat. Reden und Gesetze, eingeleitet, übertragen und erläutert von Erwin von Beckerath, Erich Röhrbein, Ernst Ed. Berger, Stuttgart 1936 (Veröffentlichungen des Petrarca-Hauses, Dritte Reihe, Übersetzungen, Band 1). Es ist recht verwunderlich, daß dieser Band in der freilich auch sonst unvollständigen Bibliographie der Schriften Beckeraths in: Kloten u.a., Systeme und Methoden, S. 727-730, nicht aufgeführt wird.

72 Vgl. Petrarca-Haus, Deutsch-italienisches Kulturinstitut, Programm Wintersemester 1937/38, Köln 1937, 5; UAK, Zugang 28, Nr. 44. Der Text des Preisausschreibens wurde von Hans Frank und Balbino Giuliano unterschrieben. Über das Ergebnis ist leider nichts auszumachen.

73 Vgl. die Berichte in der regionalen Parteizeitung der NSDAP, dem »Westdeutschen Beobachter«, vom 22.6.33 (»Faschistische Wirtschaftsverfassung«) und vom 4.10.33 (»Der totale Staat in Italien«). Vgl. auch Erwin v. Beckerath, Amerikanischer Fascismus? in: Ruhr und Rhein 14 (1933), 862-865.

74 Vgl. Schreiben des Kampfbundes für deutsche Kultur, Ortsgruppe Köln, an den Rektor der Universität Köln vom 3.5.33 sowie dessen Antwortschreiben, in: UAK, Zugang 28, Nr. 411.
75 Westdeutscher Beobachter, 22.6.33.
76 Westdeutscher Beobachter, 4.10.33.
77 Vgl. Erwin v. Beckerath, Die jüngste Phase des italienischen Korporativismus und der ständische Aufbau in Deutschland, in: Braune Wirtschafts-Post 3 (1934), 454-457 (vermutlich gekürzter Text seines Vortrages im Petrarca-Haus vom 29.5.34). Vgl. auch den Bericht in der »Kölnischen Volkszeitung« vom 1.6.34 (»Der korporative Aufbau in Italien«).
78 Vgl. Westdeutscher Beobachter, 1.6.34 (»Die korporative Entwicklung in Italien«).
79 Erwin von Beckerath, L'economia del nazionalsocialismo, in: Nuove esperienze economiche, Florenz 1935, S. 19.
80 Ebd., S. 23.
81 Ebd., S. 28. Der radikal integralistische Korporativist Ugo Spirito warf ihm freilich in demselben Sammelband, in dem sein Vortrag 1935 veröffentlicht wurde, vor, das korporative System in Italien überhaupt nicht verstanden zu haben, da der Nationalsozialismus in Wahrheit gar keine korporativen Ansätze entwickelt habe. Vgl. Ugo Spirito, Capitalismo, socialismo, corporativismo, ebd., S. 238.
82 Vgl. UAK, Zugang 9, Nr. 31, Bericht Beckeraths an das Kuratorium der Universität Köln vom 7.3.35.
83 Erwin von Beckerath, Staat und Wirtschaft, in: Universade técnica de Lisboa. Instituto Superior de Sciencas económicas e financeiras in Germania. Boletin do Gabinete de documentaçao económica e financeira alemà 1-2 (1935), S. 33-64, hier: S. 43.
84 Erwin von Beckerath, Einleitung, in: Mussolini, Vom Kapitalismus zum korporativen Staat, S. 13.
85 Erwin von Beckerath, Die Kammer der Fasci und Korporationen, in: Italien-Jahrbuch 2 (1939), S. 131-141, hier S. 134.
86 Beckerath, Lo storicismo, 220: »Si sa invece che tanto in Germania quanto in Italia il trapasso alle nuove forme di economia controllata sta compiendosi colla premessa implicita di applicare rigorosamente la teoria, e cioè la conoscenza precisa delle condizioni, degli elementi, delle funzioni e del processo dei fatti economici.« Beim Wiederabdruck dieses Aufsatzes änderte Beckerath, worauf mich Marco Cotza, der 1993 an der Philosophischen Fakultät der Universität zu Köln eine Magisterarbeit über »Erwin von Beckerath und der italienische Faschismus« geschrieben hat, hinwies, diese Stelle und ließ »tanto in Germania quanto in Italia« sowie das Attribut »controllata« weg. Vgl. Beckerath, Lynkeus, S. 232. Ein bezeichnender Versuch, mit der eigenen Biographie durch kleine Überlieferungskorrekturen ins reine zu kommen!
87 Erwin von Beckerath, Korporative Wirtschaftstheorie. Bemerkungen

zu einem gleichnamigen Buch, in: Schmollers Jahrbuch 67/1 (1943), S. 257-269. Bei dem Buch handelt es sich um die Übersetzung eines italienischen Sammelbandes mit dem Titel Korporative Wirtschaftstheorie, Jena 1938.

88 Ebd., S. 259.

89 Ebd., S. 261.

90 Tagebuchnotiz vom 4.3.48, zit. nach: Kloten, Erwin von Beckerath, S. 204.

91 Tagebuchnotiz vom 18.4.47, zit. nach: Ebd., S. 203.

92 Vgl. Erwin v. Beckerath, Zur Interpretation der Totalitarismen, in: ders., Lynkeus, S. 334-350, hier: S. 338.

93 Vgl. dazu und zum folgenden Christine Blumenberg-Lampe, Das wirtschaftspolitische Programm der ›Freiburger Kreise‹. Entwurf einer freiheitlich-sozialen Nachkriegswirtschaft. Nationalökonomen gegen den Nationalsozialismus, Berlin 1973; dieselbe (Bearb.), Der Weg in die soziale Marktwirtschaft. Referate, Protokolle, Gutachten der Arbeitsgemeinschaft Erwin von Beckerath 1943-1947, Stuttgart 1986; Ludolf Herbst, Der Totale Krieg und die Ordnung der Wirtschaft. Die Kriegswirtschaft im Spannungsfeld von Politik, Ideologie und Propaganda, 1939-1945, Stuttgart 1982.

94 Zit. nach: Blumenberg-Lampe, Wirtschaftspolitisches Programm, S. 35.

95 Vgl. ebd., S. 37. Von wem die Anregung kam, ist nicht mit letzter Sicherheit festzustellen, es könnte aber Jens Jessen gewesen sein.

96 Seit März 1943 gehörten dazu Erwin von Beckerath, Clemens Bauer, Franz Böhm, Constantin von Dietze, Walter Eucken, Adolf Lampe, Erich Preiser, Günter Schmölders, Heinrich Freiherr v. Stackelberg, Theodor Wessels, später kamen hinzu Gerhard Albrecht, Fritz Hauenstein und Leo Drescher. Vgl. Blumenberg-Lampe, Das wirtschaftspolitische Programm, S. 163.

97 Das gilt etwa für Adolf Lampe und Constantin v. Dietze sowie außerhalb Freiburgs vor allem für Jens Jessen, der nach dem 20. Juli 1944 als einziger deutscher Universitätsprofessor hingerichtet worden ist.

98 Vgl. dazu Blumenberg-Lampe, Das wirtschaftspolitische Programm, S. 61-65, 129-131.

99 Von den zahlreichen Dokumenten stammte nur ein Diskussionsbeitrag zur Frage der Einkommensteuerüberwälzung von Anfang Juli 1944 von Erwin v. Beckerath. Vgl. Blumenberg-Lampe (Bearb.), Weg in die soziale Marktwirtschaft, S. 413-417.

100 So Theodor Wessels, zit. nach: Kloten, Erwin von Beckerath, S. 205.

101 Fritz Hauenstein, Die Arbeitsgemeinschaft E. von Beckerath, in: Kloten, u.a. (Hg.), Systeme und Methoden, S. 57.

102 Eisermann, Erwin von Beckerath, S. 109. Der Bericht Eisermanns wird durch das Zeugnis Kurt Schmidts, Erwin von Beckerath, 158, bestätigt.

II.4 Faschismus im politischen Transfer

1 Vgl. dazu und zum folgenden den Beitrag »Das italienische Experiment« in diesem Band (S. 149-184).

2 Vgl. dazu das allerdings reichlich flüchtig geschriebene Buch von Michael A. Ledeen, Universal Fascism. The theory and practize of the Fascist International, New York 1972.

3 Enzo Collotti, Fascismo e politica di potenza. Politica estera 1922-1939, Mailand 2000.

4 Vgl. dazu die Dissertation von Beate Scholz, Italienischer Faschismus als ›Exportartikel‹. Ideologische und organisatorische Ansätze zur Verbreitung des Faschismus im Ausland, Trier 2001 (Microfiche).

5 Renzetti ist als solcher noch nicht biographisch untersucht worden. Vgl. aber Hans Woller, Machtpolitisches Kalkül oder ideologische Affinität? Zur Frage des Verhältnisses zwischen Hitler und Mussolini vor 1933, in: Wolfgang Benz, Hans Buchheim, Hans Mommsen (Hg.), Der Nationalsozialismus. Studien zur Ideologie und Herrschaft, Frankfurt 1993, S. 42-63, sowie Federico Scarano, Mussolini e la Repubblica di Weimar. Le relazioni diplomatiche tra Italia e Germania dal 1927 al 1933, Napoli 1996. Ferner Daniela Liebscher, »Geburtsstunde einer neuen Internationale«? Die Wechselbeziehungen zwischen der faschistischen Opera Nazionale Dopolavoro, der NS-Gemeinschaft »Kraft durch Freude« und der internationalen Sozialpolitik der Zwischenkriegszeit, Diss. Phil. Tübingen 2003. Vgl. auch Andrea Hoffend, Zwischen Kultur-Achse und Kulturkampf. Die Beziehungen zwischen ›Drittem Reich‹ und faschistischem Italien in den Bereichen Medien, Kunst, Wissenschaft und Rassenfragen, Frankfurt 1998, S. 91-97. Scarano konnte die Personalakte Renzettis im Archivio Storico dello Stato Maggiore dell'Esercito einsehen. Ich selbst konnte am 17.10.1973 und am 20.11.1974 den Nachlaß Giuseppe Renzettis in Castellina Marittima benutzen. Auf Veranlassung von Susanne Renzetti habe ich diesen Anfang 1975 dem Bundesarchiv übergeben. Der Nachlaß wird heute im Bundesarchiv Berlin-Lichterfelde unter der Nachlaßnummer 1235 verwahrt. Ausgeklammert blieben insgesamt 21 für Renzetti signierte Fotos von Mussolini, Italo Balbo, König Vittorio Emanuele III., Papst Pius XII. sowie Hitler (2x), Göring (4x), Himmler, Goebbels, Lutze, Funk, v. Tschanner, Körner, Magda Goebbels, Kronprinz Wilhelm von Hohenzollern (2x), Meißner, Seldte. Ferner blieb ein Tagebuch Renzettis im Besitz von Susanna Renzetti. Über den Verbleib dieser Dokumente ist nichts bekannt.

6 Vgl. Bundesarchiv Berlin (künftig BAB), Nachlaß 1235, Nr. 16, Memoiren Renzettis. Nach Auskunft von Susanne Renzetti hat Giuseppe Renzetti in seinen letzten Lebensjahren mit der Niederschrift seiner Memoiren begonnen. Er ist damit nicht sehr weit gekommen. Von den fertiggestellten Teilen liegen z.T. mehrere Fassungen vor, ohne daß klar wird, welche Renzetti als die endgültige

angesehen hat. Der Nachlaß läßt erkennen, daß Renzetti sich bei der Niederschrift ganz auf seine Geheimberichte stützte, deren Quellenwert ist daher mit Sicherheit höher als der der Memoiren.

7 Vgl. dazu Tomaso De Vergottini, L'Italia e il plebiscito per L'Alta Silesia, in: Storia e Politica 11 (1972), S. 22-49; Il problema della Silesia e la missione militare in Polonia. Fonti e problemi, Stato Maggiore dell'Esercito. Ufficio Storico. Studi storico-militari, Rom 1993. In der zeitgenössischen Publikation von Rudolf Schricker, Blut, Erz, Kohle. Der Kampf um Oberschlesien, Berlin (1933), S. 83, wird Renzetti in einer Anmerkung ausdrücklich erwähnt: »Unvergessen bleibt das Wirken des italienischen Majors Renzetti in Gleiwitz.«

8 Politisches Archiv des Auswärtigen Amtes (künftig PAAA), Abt. II, Politik 29: Italien, Bd. 4: Preuß. Min. des Innern an Min. des Innern, 22.3.1927; Mitteilung von Susanne Renzetti gegenüber dem Verfasser am 17.10.1973. Vgl. auch Woller, Kalkül, S. 234.

9 Vorwärts, 27.12.1925: »Major Renzetti, der ›Deutschenfreund‹. Faschistische Ausreden«.

10 BAB, NL 1235, Nr. 16, Memoiren.

11 Cultura. Rivista mensile italo-tedesca di arte, letteratura, filosofia, Anno I (ottobre 1923) – Anno II (aprile-maggio 1924). In der Zeitschrift wurden zwei Vortragstexte von De Bosdari abgedruckt.

12 Biagio Brugi, Lo stato fascista, in: Cultura II, Nr. 3, S. 5 f.

13 G(iuseppe) R(enzetti), L'importazione in Germania delle frutta degli agrumi e della verdura dall'Italia, in: Cultura II, Nr. 4-5, S. 73 f.

14 1928 zog die Handelskammer in eine zentrale Lage im Zentrum Berlins in der Friedrichstraße 79a um. Vgl. das Titelblatt des Bollettino, III, Nr. 1 vom Januar 1929 mit der neuen Adresse.

15 Vgl. BAB, NL 1235, Nr. 1, Undatierte Notiz Renzettis; Handelsattaché der Ital. Botschaft Ricciardi an Renzetti, 18.10.1925.

16 Vgl. dazu Vera Torunsky, Entente der Revisionisten? Mussolini und Stresemann 1922-1929, Köln/Wien 1986, S. 133-142.

17 Vgl. dazu ausführlich Liebscher, Geburtsstunde, S. 173-175.

18 Vgl. seine Artikel in: Il Sole, 27.5.26: »Gli sforzi per la restaurazione economica tedesca«; 17.7.26: »La situazione economica tedesca«; 24.8.26: »L'industria automobilistica tedesca«; 5.9.26: »La situazione commerciale e il mercato dei valori e del lavoro«; 16.9.26: »L'economia tedesca«. Ferner die Sammlung von Zeitungsartikeln Renzettis im BAB, NL 1235, Nr. 20: Giuseppe Renzetti, Per un ufficio italiano di propaganda commerciale, industriale e turistica in Germania, in: Il Foglio d'Italia, 11.10.1928; ders., Propaganda turistica, in: L'Impero, 19.12.1928; ders., Il commercio italiano a Berlino. Come si può riparare le deficenze, in: Giornale d'Italia, 5.1.1929.

19 Vgl. Relazioni presentate al VI congresso delle camere di commercio italiane all'estero, Roma, 8-12 novembre 1931-X mit der Zusammenfassung seiner Rede S. 1 f., Archivio Centrale dello Stato (künftig

ACS), Presidenza del Consiglio dei Ministri, Atti, 1931-333, Cat. 14/3, Prot. Nr. 2907.

20 1927-1929 erschien das Bolletino unter dem Titel »Bolletino mensile d'informazioni commerciali/Monatliche Mitteilungen der Italienischen Handelskammer für Deutschland«, 1929-1933 unter dem Titel »Bolletino della Camera di Commercio Italiana per la Germania/ Mitteilungen der Italienischen Handelskammer für Deutschland«, 1934-1939 unter dem Titel »Notiziario economico della Camera di Commercio Italiana per la Germania«. Vgl. dazu auch Liebscher, Geburtsstunde, S. 175 f.

21 Originale der Berichte finden sich im römischen ACS, Segreteria Particolare del Duce, Carteggio Riservato (1922-1943), fasc. 443/R; ebd., Ministero di Cultura Popolare, busta 165; Archivio Storico del Ministero degli Affari Esteri (künftig ASMAE), Fondo Carte Lancelotti, Cassetta 235. Zahlreiche Berichte wurden in den Documenti Diplomatici Italiani, 7. Serie: 1922-1935, publiziert. Außerdem wurden einige Berichte von Renzo De Felice, Mussolini e Hitler. I rapporti secreti 1922-1933, Florenz 1973, veröffentlicht.

22 Vgl. dazu ausführlich Liebscher, Geburtsstunde, S. 191 f.

23 Vgl. dazu den Beitrag »Das italienische Experiment« (S. 149-184) in diesem Band. Allgemein dazu Peter Cornelius Mayer-Tasch, Korporativismus und Autoritarismus. Eine Studie zu Theorie und Praxis der berufsständischen Rechts- und Staatsidee, Frankfurt 1971.

24 Vgl. dazu Alberto De Benardi, Operai, sindacati e nazione. Sindacati, operai e stato nell'Italia fascista 1922-1940, Mailand 1999; Giuseppe Parlato, Il sindacalismo fascista, 2 Bde., Bologna 2000; Pietro Neglie, Fratelli in camicia nera. Comunisti e fascisti dal corporativismo alla Cgil (1928-1948), Bologna 1996.

25 Vgl. BAB, Nl 1235, Nr. 16: Memoiren Renzettis; Schieder, Experiment, S. 149-184; Liebscher, Geburtsstunde, S. 184-191.

26 Vgl. dazu Jens Petersen, Hitler–Mussolini. Die Entstehung der Achse Berlin–Rom 1933-1936, Tübingen 1973, S. 28 f.; Scarano, Mussolini, S. 343.

27 BAB, NL 1235, Nr. 10, Bericht vom 7.3.1931; Scarano, Mussolini, S. 343.; ASMAE, Ministero di Cultura Popolare, Ufficio Stampa Estera, b.107, Schreiben Renzettis vom 8.4. und 8.5.1930.

28 Liebscher, Geburtsstunde, S. 192.

29 Der erste große Artikel von Giuseppe Renzetti, Italien und Deutschland, in: Der Tag, 13.11.1930, wurde gleich von mehreren rechten Zeitungen übernommen, so von der Zeitschrift Der Ring 3 (1930), S. 842 f. und vor allem von der Zeitschrift des Stahlhelm »Der Stahlhelm« vom 16.11.1930. Vgl. Schieder, Experiment, S. 149-184. Ferner sind, ohne Anspruch auf Vollständigkeit, folgende wirtschaftspolitische Veröffentlichungen Renzettis nachzuweisen: Giuseppe Renzetti, Der Wiederaufbau der Wirtschaft durch den Faschismus, in: Ständisches Leben 2 (1932), S. 233-244 (auch im Völkischen Beobachter,

14./15.2.1932); ders., Die Wirtschaftsgrundlage in Italien, in: Deutsche Wochenschau, 17.12.1932; ders., Italienisches Bankwesen und Faschismus, in: Volkswirtschaftliche Korrespondenz, 24.1.1933: ders., Der Außenhandel, in: Gerhard Dobbert (Hg.), Die faschistische Wirtschaft. Probleme und Tatsachen, Berlin 1934, S. 186-201: ders., Italiens Finanzpolitik, Leipzig 1934.

30 Giuseppe Renzetti, Der wirtschaftliche Wiederaufbau Italiens unter dem Fascismus, Nationalklub von 1919 e.V., Hamburg 1931.

31 Vgl., auch hier ohne Anspruch auf Vollständigkeit, Giuseppe Renzetti, Das korporative System in Italien, in: Volkswirtschaftliche Korrespondenz, 5.11.1932; ders., Der korporative Staat. Faschistische Gewerkschaften, in: Deutscher Dienst, 25.1.1933; ders., Der ständische Aufbau in Italien, in: Wirtschaftsdienst, 20.10.1933; ders., Das korporative System, in: Der deutsche Volkswirt 8/9 (1933/34), S. 805-808, 897-901.

32 Giuseppe Renzetti, Der korporative Staat, Leipzig 1934 (Heft 1).

33 Vgl. dazu Liebscher, passim.

34 Renzetti, Wirtschaftlicher Wiederaufbau, in: Ständisches Leben, S. 243.

35 Vgl. zu der Ausstellung und den damit verbundenen politischen Auseinandersetzungen Peter Demetz, Worte in Freiheit. Der italienische Futurismus und die deutsche literarische Avantgarde (1912-1934), München/Zürich 1990, sowie Hoffend, Kultur-Achse, S. 260-263.

36 Außer der in Anm. 32 genannten Broschüre erschienen in der im Verlag Möhring publizierten Reihe noch zwei weitere Texte Renzettis: Giuseppe Renzetti, Italiens Finanzpolitik, Leipzig 1934 (Heft 2); ders., Faschismus, Jugend und Intellektualismus, Leipzig 1934 (Heft 5). Ferner sind in der Reihe erschienen: Ruggero Vasari, Flugmalerei, moderne Kunst und Reaktion, Leipzig 1934 (Heft 3); Richard Muther, Leonardo Da Vinci, Leipzig 1934 (Heft 5); Kurt Liebmann, Nietzsches Kampf und Untergang in Turin, Leipzig 1934 (Heft 8). Vgl. dazu Hoffend, Kulturachse, S. 197f.

37 Vgl. zu der Auseinandersetzung um die Ausstellung Hildegard Brenner, Die Kunstpolitik des Nationalsozialismus, Reinbek bei Hamburg 1963, S. 74-79, sowie Hoffend, Kultur-Achse, S. 260-262.

38 Vgl. den Beitrag »Faschismus für Deutschland. Erwin von Beckerath und das Italien Mussolinis« in diesem Band (S. 203-221); Andrea Hoffend, Das Deutsch-Italienische Kulturinstitut Petrarca-Haus zu Köln (1931-1944): Propagandazentrale oder seriöse Lehr- und Forschungsstätte ?, in: Geschichte in Köln 37 (1995), S. 81-98.

39 Renzetti, Faschismus, Jugend, S. 5.

40 Zum vom Autor allerdings durchweg unkritisch dargestellten Mißtrauen der Karrieerediplomaten gegenüber Renzetti und seiner Immediatstellung bei Mussolini vgl. Scarano, Mussolini, passim.

41 Renzetti war beim ersten Gespräch, das Hitler, zusammen mit Göring und Thyssen, am 5.1.1931 führte, dabei. Vgl. BAB, NL 1235, Nr. 10,

Bericht vom 5.1.1931, sowie ebd., Nr. 12, Bericht vom 20.3.1933. In seinen Memoiren BAB, NL 1235, Nr. 16, behauptete er, daß am 8.3.1931 in seiner Wohnung am Kurfürstendamm 100 eine Zusammenkunft mit Göring, Schmidt-Hannover, von Morosowicz, von Bülow-Schwante und von Medem stattgefunden habe, bei der sich NSDAP, DNVP und Stahlhelm auf das gemeinsame Treffen in Bad Harzburg geeinigt hätten. Das wird bestätigt durch seinen Bericht vom 31.1.1933, in De Felice, Mussolini, S. 251, wo er folgendes schreibt: »Il fronte di Harzburg, è nato, come ho riferito in passato, in casa mia: l'accordo con gli elmetti è dovuto in grandissima parte a me e agli incontri di Roma dello scorso novembre: la riunione del 1. scorso a casa mia infine ha avuto anch'essa la sua influenza e via di seguito.«. Vgl. auch Scarano, Mussolini, S. 148f.

42 Elisabetta Cerrutti, Visto da vicino. Memorie di un'ambasciatrice, Mailand 1951, S. 221f. Vgl. auch die Bemerkungen von Bella Fromm, Blood and Banquets. A Berlin Social Diary, New York 1942, S. 149. Auch Bella Fromm war, wie übrigens auch Elisabetta Cerrutti, Jüdin, die sich als Amerikanerin bis 1939 ungehindert im gesellschaftlichen NS-Milieu bewegen konnte.

43 Elegante Welt, 17.7.1933. Zu Kossuth vgl. Hans Vollmer (Hg.), Lexikon der bildenden Künste. Von der Antike bis zur Gegenwart, Leipzig 1927, S. 340f.

44 Vgl. BAB, NL 1235, Nr. 16, Memoiren. Zu seiner Rechtfertigung schrieb Renzetti am 21.6.1925 einen Artikel im Berliner Börsen Courier, in dem er beteuerte, daß Mussolini mit dem »Fall Matteotti« nichts zu tun habe.

45 Vgl. die Ankündigung dieses Empfangs bei Mussolini in der Zeitschrift Il Legionario. Organo dei Fasci italiani all'estero e nelle colonie, II, 7.11.1925. Ein Bericht darüber erschien im Popolo d'Italia, 10.12.1925.

46 Vgl. den Bericht von Botschafter Neurath aus Rom vom 30.12.1926 im PAAA, Abt. II, Politik 29: Italien, Bd. 4. Im Popolo d'Italia vom 25.12.1926 erschien wiederum ein Bericht.

47 Vgl. Gagliardetto, II, 29.5.1926.

48 Vgl. Popolo d'Italia, 9.7.1926: Il fascio di Berlino costituito.

49 Vgl. Vorwärts, 26.5.1925: Faschistenskandale überall; Vorwärts, 5.6.1925: Faschistenskandale in Deutschland. Die Italienische Handelskammer; Vorwärts, 6.8.1925: Faschistische Propaganda in Deutschland; Vorwärts, 27.12.1925: Major Renzetti der »Deutschenfreund«. Vgl. dazu Karl-Egon Lönne, Faschismus als Herausforderung. Die Auseinandersetzung der ›Roten Fahne‹ und des ›Vorwärts‹ mit dem italienischen Faschismus 1920-1933, Köln/Wien 1981, S. 269f.

50 Vorwärts, 11.12.1925: Faschistenpläne in Deutschland; Vgl. auch Frankfurter Zeitung, 11.12.1925: Die italienischen Faschisten in Deutschland; ebd., 17.12.1925, wo eine Leserzuschrift Renzettis referiert wird. Ferner: PAAA, Politik, Abt II, Politik 29: Italien, Aufzeichnung v. Schuberts über ein Gespräch mit dem italienischen Bot-

schafter De Bosdari vom 19.12.1925, in dem er sich gegen einen Artikel in der Täglichen Rundschau vom 10.12.1925 verwahrt. Darin war von der Einrichtung eines »Italienischen Faschistenhauses« in Berlin die Rede. Vgl. auch das Dementi Renzettis in der Täglichen Rundschau vom 25.12.1925, Das italienische Haus.

51 Vgl. PAAA, Abt. II, Politik 29: Italien, Bd. 1, Deutsche Botschaft Rom an AA Berlin, 23.12.1925; ebd., Bd. 3, Preuß. Ministerium des Innern, Polizeipräsident an Min. des Innern, 10.2.1926.

52 Vgl. den Rechenschaftsbericht Renzettis für Grandi vom 22.7.1927; Scarano, Mussolini, S. 79; Liebscher, Geburtsstunde, S. 171 f.

53 Vgl. Scarano, Mussolini, S. 74; Liebscher, Geburtsstunde, S. 172.

54 Vgl. Popolo d'Italia, 7.7.1926: Un té in onore dell'On. Teruzzi a Berlino; Regime fascista, 8.7.1927: La seconda giornata dell'On. Balbo a Berlino; DDI, 7. Serie, XI, S. 410, Orsini Baroni an Min. degli Esteri Grandi, 22.2.1932 (betr. Forges Davanzati).

55 Vorwärts, 2.9.1926: »Faschistentreiben in Berlin«. Vgl. ferner: Frankfurter Zeitung (Abendblatt), 11.8.1926; Kölnische Zeitung, 3.9.1926; Leipziger Volkszeitung, 4.11.1926; Vorwärts, 27.12.1926; Berliner Tageblatt, 28.12.1926; Rote Fahne, 30.12.1926; 8 Uhr Abendblatt, 30.12. 1926; Süddeutsche Arbeiterzeitung, 30.12.1926; Leipziger Abendpost, 30.12.1926; Tremonia, 4.1.1927; Leipziger Volkszeitung, 17.1.1927.

56 Vgl. den Spitzelbericht aus Berlin vom 4.11.1928, ACS, Min.Int., Divisione Polizia Politica, Fascicoli Personali, b.1152, Renzetti, Giuseppe.

57 Ebd., Segretario Generale Fasci Italiani all'Estero Di Marzio an Arturo Bocchini, 21.7.1927.

58 Vgl. BAB, NL 1235, Nr. 16, Memoiren.

59 Vgl. Scarano, Mussolini, S. 343; Elke Fröhlich (Hg.), Die Tagebücher von Joseph Goebbels, Bd. 2/I, München 1998, S. 312 (Eintrag vom 27.12.1930); ebd., Bd. 2/II, München 2004, S. 344 (Eintrag vom 21.8. 1932); mündliche Mitteilung von Bülow-Schwante gegenüber dem Verfasser am 1.12.1969.

60 Vgl. z. B. die Berichte Renzettis vom 14.4.1930, 25.4.1930, 14.6.1930, 9.10.1930, 31.10.1930, 12.2.1931, 7.3.1931, 27.12.1931, BAB, NL 1235, Nr. 9, 10.

61 Vgl. sein Promemoria vom 21.10.1929, BAB, NL 1235, Nr. 1, sowie dazu Liebscher, Geburtsstunde, S. 176.

62 Vgl. seinen undatierten, aber von Ende 1932 stammenden Bericht über seine Propagandaarbeit in Deutschland, BAB, NL 1235, Nr. 2.

63 Vgl. sein Promemoria vom 21.10.1929, BAB, NL 1235, Nr. 1.

64 Vgl. Popolo d'Italia, 12./13.10. 1929 und dazu Klaus-Peter Hoepke, Deutsche Rechte und der italienische Faschismus. Ein Beitrag zum Selbstverständnis, S. 284 f.

65 Berliner Tageblatt, 19.11.1929: Eine nationale Würdelosigkeit. Vgl. dazu und zum folgenden den Beitrag »Das italienische Experiment« (S. 149-184) in diesem Band.

66 Vgl. Liebscher, Geburtsstunde, S. 177.
67 Vorwärts, 14.11.1930. Vgl. dazu Schieder, Experiment, S. 105.
68 BAB, NL 1235, N. 9, Bericht vom 9.10.1930; Vgl. Hoepke, Rechte, S. 286; Schieder, Experiment, S. 105.
69 G(iuseppe) Renzetti, Italien und Deutschland, in: Der Stahlhelm, 16.11.1930.
70 Vgl. BAB, NL 1235, Nr. 10, Berichte vom 11.10., 27.10, 30.10., 6.11. und 10.11.1931.
71 BAB, NL 1235, Nr. 10, Bericht vom 9.1.1931; PAAA, Abt. II, Politik 29: Italien, Geheime Aufzeichnung von Thomsen für den Staatssekretär vom 17.11.1930.
72 Vgl. BAB, NL 1235, Nr. 1, Renzetti an Arnaldo Mussolini, 13.1.1929. Vgl. Liebscher, Geburtsstunde, S. 180.
73 Vgl. Liebscher, Geburtsstunde, S. 188-190.
74 In seinen Memoiren, BAB Nl 1235, Nr. 16, behauptet Renzetti, Göring 1926 in Italien kennengelernt zu haben. Das ist jedoch unwahrscheinlich, da sich Göring in diesem Jahr noch in Schweden im Exil befand und erst 1927 nach Deutschland zurückkehrte, nachdem das gegen ihn eingeleitete Hochverratsverfahren durch das von Hindenburg erlassene Reichsamnestiegesetz eingestellt worden war. Vgl. dazu Alfred Kube, Pour le mérite und Hakenkreuz. Hermann Göring im Dritten Reich, München 1986, S. 12. Renzetti hatte jedoch offenbar zu Göring Kontakt aufgenommen, nachdem dieser im März 1926 im Völkischen Beobachter drei Artikel »Zum deutsch-italienischen Konflikt« veröffentlicht hatte. Vgl. dazu den Beitrag »Das italienische Experiment« in diesem Band (S. 149-184). Über das Treffen mit Senzadenari im Jahre 1929 berichtet Renzetti in seinen Memoiren, BAB, NL 1235, Nr. 16.
75 Göring an Renzetti, 27.2.1931, BAB, Nl 1235, Nr. 3.
76 Brief Magistratis an Außenminister Ciano vom 8.9.1936, DDI, 8. Serie, V, S. 26. Nach Magistrati sprach Göring auch von »una forma di cameratismo veramente profondo e sentito«, die ihn mit Renzetti verbinde.
77 Vgl. BAB, Nl 1235, Nr. 14, Bericht vom 11.4.1935. Im April 1938 nahm Renzetti auch an der Hochzeit von Görings ehemaligem Staatssekretär Ludwig Grauert teil. Vgl. DDI, 7. Serie, III, S. 541.
78 Fröhlich (Hg.), Tagebücher (wie Anm. 59), Bd. 2/I, München 1998, S. 307: »Major Renzetti ist ein feiner Kerl. Er geht gedanklich mit uns ganz konform« (Eintrag vom 20.12.1930); ebd., Bd. 2/II, München 2004, S. 345: »Renzetti ist sehr klug. Sieht unsere Position gut und richtig« (Eintrag vom 21.8.1932); ebd., Bd. 9, München 1998, S. 214: »Er hat soviel an der Partei und im werden unseres Staates mitgemacht, daß er fast als Nazi gelten könnte« (Eintrag vom 31.3.1941). Vgl. auch ebd., Bd. 2/II, München 2004, S. 128: »Renzetti hat viel erzählt von Mussolini und vom Faschismus. Er ist ein kluger Mann« (Eintrag vom 19.10.1931); ebd., S. 297: »Abends Renzetti und Helldorf. R. ist sehr skeptisch. Hütet Euch vor Priestern und Gener(a)len.

Lange Diskussion über die Taktik der Revolution … R. ist ein kluger Kerl« (Eintrag vom 6.6.1932); ebd., S. 345: »Nachmittags mit Renzetti nach Warnemünde. Boot von Stauß. Röhm und Alvensleben da. Lage: alles noch ungewiß« (Eintrag vom 22.8.1932); ebd., S. 354: »Berlin, Göring, Große Männergesellschaft. Alles da: Philipp von Hessen, Renzetti, Epp, Frick, Straßer […], dazu Röhm und Himmler. Göring ist ganz Präsident […] Ganz spät kommt Hitler« (Eintrag vom 1.9.1932).

79 Vgl. BAB, NL 1235, Nr. 16, Memoiren, sowie Tabelle 1, S. 236-238.

80 Renzetti wird bisher in keiner Hitlerbiographie, auch nicht in der von Ian Kershaw erwähnt.

81 Das von Hitler handschriftlich signierte Foto mit der Datumsangabe »1929« gehörte zu den dem Verfasser von Susanne Renzetti bei einem Besuch am 17.10.1973 gezeigten Fotos. Vgl. oben S. 324, Anm. 5.

82 Vgl. BAB, NL 1235, Nr. 14, Bericht Renzettis vom 21.6.1935. Dies Foto war mit der handschriftlichen Datumsangabe »21.6.1935« versehen.

83 Mündliche Mitteilung Susanne Renzettis gegenüber dem Verfasser am 17.10.1973.

84 Vgl. die Meldung des Bayerischen Kuriers vom 16.1.1933, daß Hitler Susanne Renzetti in ihrer Wohnung einen Strauß von Rosen und Orchideen überreicht habe. Vgl. auch ACS, Min. Int., Divisione Polizia Politica, Fascicoli Personali, B.1152: Renzetti, Giuseppe: Spitzelbericht vom 16.1.1933 aus München.

85 Fröhlich (Hg.), Tagebücher (wie Anm. 59), Bd. 9, München 1998, S. 214.

86 Mündliche Mitteilung Susanne Renzettis gegenüber dem Verfasser am 17.10.1973.

87 Mündliche Mitteilung Susanne Renzettis gegenüber dem Verfasser am 17.10.1973.

88 Für die Zeit von der ersten Begegnung mit Hitler im Jahre 1929 bis zum 14.4.1935 sind wir durch die Kopien der Geheimberichte im Nachlaß Renzettis und die Bände VIII-XVI der 7. Serie der Documenti Diplomatici Italiani lückenlos informiert. Die Bände der 8. Serie der Documenti Diplomatici Italiani enthalten die diplomatischen Berichte Renzettis vom 15.4.1935 bis 30.8.1938 (Bände I-IX) und vom 23.5. bis 3.9.1939 (Bände XII und XIII). Es fehlen noch die Bände VIII-XI für die Zeit vom 1.1.1938 bis 22.5.1939. Die für diese auszuwertenden Akten im Archivio Storico del Ministero degli Affari Esteri in Rom können noch nicht konsultiert werden. Die Bände I-VII der 9. Serie der DDI (23.5.1939-30.6.1941) enthalten diplomatische Berichte Renzettis aus Berlin, die Bände VIII-X (1.7.1941-8.9.1943) sowie Bd. I der 10. Serie (9.9.1943-11.12.1944) solche aus Stockholm.

89 Eine solche rein gesellschaftliche Zusammenkunft im größeren Kreis wird von Magnus von Levetzow für den 18.11.1930 in Görings Privatwohnung überliefert. Vgl. Gerhard Granier, Magnus von

Levetzow. Seeoffizier, Monarchist und Wegbereiter Hitlers, Boppard 1982, S. 291.

90 Carlo Scorza veröffentlichte in seinem Buch Fascismo, Idea Imperiale, Rom 1932, S. 80-87, den Text eines Interviews mit Hitler vom 29.4.1932, den er gemeinsam mit dem »camerata Renzetti« unmittelbar nach dem Gespräch mit Hitler nachträglich aufgezeichnet hatte (vgl. S. 87). Er berichtet S. 80 auch davon, daß Renzetti im Hotel Kaiserhof von etlichen Nationalsozialisten herzlich begrüßt worden sei. Der Text findet sich mit deutscher Übersetzung auch in Hitler, Reden, Schriften, Anordnungen, Februar 1925 bis Januar 1933, Bd. V.1, München 1996, S. 99-107.

91 BAB, NL 1235, Nr. 10, Bericht vom 24.6.1931.

92 BAB, NL 1235, Nr. 16, Memoiren.

93 Ebd.; sowie Nr. 12, Bericht vom 31.1.1933.

94 BAB, NL 1235, Nr. 11, Bericht vom 11.4.1932.

95 Vgl. seinen Bericht in den DDI, 7. Serie, XIII, S. 184f.

96 BAB, Nl 1235, Nr. 12, Bericht vom 10.11.1933. Vgl. dazu Sabine Behrenbeck, Der Kult der toten Helden. Nationalsozialistische Mythen, Riten und Symbole, Vierow 1996.

97 Vgl. dazu Popolo d'Italia, 10.12.1925; PAAA, Abt. II, Politik 29: Italien, Bd. 4, Botschafter Neurath an Ausw. Amt., 30.6.1926, sowie dazu Scarano, Mussolini, S. 74.

98 Vgl. ACS, Min. Int., Div. Polizia Politica, Fascicoli Personali, b. 1152, Anonymer Bericht vom 4.11.1928.

99 Bei der Kopie des Berichtes im BAB, NL 1235, Nr. 9 wurde ausgerechnet die Datumszeile abgerissen. Jedoch hat Renzetti darauf handschriftlich vermerkt »Inviato Sett. 1930«. Der Bericht muß also kurz vor den Reichstagswahlen vom 14.9.1930 nach Rom geschickt worden sein. Die entscheidende Stelle lautet: »Per i gruppi Hugenberg ed Hittler (sic!) si prevede una somma di circa 120 mandati in totale e 80-100 mandati complessivamente tra popolari, agrari, tedesco-conservatori, partito economico.«

100 BAB, NL 1235, Nr. 2, Renzetti an De Stefani, 27.9.1930; ebd., Nr. 16, Memoiren Renzettis. Dazu auch Scarano, Mussolini, S. 211-213.

101 Kurt G.W. Ludecke, I knew Hitler, New York 1938. Vgl. dazu Edgar R. Rosen, Mussolini und Deutschland, 1922-1923, in: VjZG 5 (1957), S. 17-41; Alan Cassels, Mussolini and German Nationalism, 1922-1925, in: Journal of Modern History 35 (1963), S. 137-157.

102 Vgl. dazu De Felice, Mussolini, 125-162; Meir Michaelis, I rapporti tra fascismo e nazismo prima dell'avvento di Hitler al potere, in: Rivista Storica Italiana 85 (1973), S. 544-600.

103 Benito Mussolini, Messaggio per l'anno nono, in: ders., Opera Omnia, XXIV, S. 278-285. Dazu Scholz, Faschismus, S. 207-212.

104 Zum ersten Mal hatte Mussolini am 3. März 1928 vor dem faschistischen Parlament erklärt, daß der Faschismus kein Exportartikel sei (»Il fascismo non è un articolo di esportazione«), vgl. Benito Musso-

lini, Opera Omnia, Bd. XXIII, S. 122. Im Interview mit Theodor Wolff für das Berliner Tageblatt wiederholte er diese Formel noch im Mai 1930, vgl. T(heodor) W(olff), Bei Mussolini, in: Berliner Tageblatt, 11.5.1930. Vgl. den Beitrag »Das italienische Experiment« (S. 149-184) in diesem Band.

105 Giuseppe Renzetti, Hitleriani dissidenti, in: Gerarchia 11 (1931), S. 488-491: ders., Hindenburg e Hitler, in: Gerarchia 12 (1932), S. 233-237; ders., Aspetti politici attuali della Germania, in: Gerarchia 12 (1932), S. 319-325; ders., Le fasi della rivoluzione tedesca, in: Gerarchia 12 (1932), S. 481-487; ders., Aspetti della situazione politica tedesca, in: Gerarchia 12 (1932), S. 729-736; ders., La rivoluzione nazionale in Germania, in: Gerarchia 13 (1933), S. 278-284; ders., Problemi Germanici, in: Gerarchia 13 (1933), S. 403-408. Vgl. auch Giuseppe Renzetti, Prussianesimo e fascismo, in: Lo Stato 1 (1930), S. 332-335; (Giuseppe Renzetti), Gli »Unterführer«, in: Popolo d'Italia, 4.10.1931.

106 BAB, NL 1235, Nr. 11, Bericht vom 25.4.1932.

107 BAB, NL 1235, Nr. 10, Bericht vom 18.10.1931.

108 Renzetti berichtete von einem Gespräch mit Göring (NSDAP), Schmidt-Hannover (DNVP), von Morosowicz (Stahlhelm), von Bülow-Schwante (Stahlhelm) und von Medem (Stahlhelm) in seiner Wohnung, bei der am 8.3.1931 das Treffen in Bad Harzburg verabredet worden sei. Vgl. BAB, NL 1235, Nr. 16, Memoiren.

109 Vgl. seinen Bericht vom 15.10.1931, BAB, NL 1235, Nr. 10.

110 Vgl. dazu Scarano, Mussolini, S. 343-347.

111 Vgl. dazu BAB, NL 1235, Nr. 10, Bericht vom 3.6.1931.

112 Vgl. das Promemoria Renzettis vom 4.11.1931, BAB, NL 1235, Nr. 10, sowie Scarano, Mussolini, S. 353f. und Woller, Kalkül, S. 54f.

113 Vgl. die Berichte Renzettis vom 20.11.1931, 7.12.1931, 12.1.1932, 27.3.1932, 9.6.1932, 12.6.1932, 21.6.1932, 22.6.1932, 25.10.1932 sowie den Beitrag »Das italienische Experiment« in diesem Band (S. 149-184).

114 Vgl. dazu BAB, NL 1235, Nr. 16, Memoiren, sowie De Felice, Mussolini, Il Duce I, S. 433.

115 Vgl. BAB, NL 1235, Nr. 10, Bericht vom 10.6.1931; ebd., Nr. 16, Memoiren. Abdruck des Briefes bei De Felice, Mussolini e Hitler, S. 229, sowie in Hitler, Reden, Schriften, Anordnungen, Februar 1925 bis Januar 1933, Bd. IV,1, München u.a. 1994, S. 405f.

116 BAB, NL 1235, Nr. 10, Bericht vom 10.6.1931.

117 Vgl. dazu die Darstellung von Woller, Kalkül, S. 57f.

118 BAB, NL 1235, Nr. 11, Bericht vom 25.10.1932.

119 Vgl. den Bericht Renzettis vom 12.6.1932, BAB, NL 1235, Nr. 11, und den Brief Chiavolinis an Renzetti vom 18.11.1932, BAB, NL 1235, Nr. 4.

120 Vgl. die Protokollnotiz über das Gespräch von Mussolini mit Renzetti am 13.2.1933, DDI, 7. Serie, XIII, S. 92.

121 Ebd., S. 93.
122 Vgl. dazu zuletzt Thomas Schlemmer, Hans Woller, Der italienische Faschismus und die Juden 1922 bis 1945, in: VJfG 53 (2005), S. xxx.
123 Vgl. die Instruktionen, die er am 18.4.1933 Renzetti gab, DDI, 7. Serie, XIII, S. 462 f.
124 Vgl. die Protokollnotiz über das Gespräch von Mussolini mit Renzetti vom 2.7.1933,DDI, 7. Serie, XIII, S. 962 f.
125 Vgl. dazu die überzeugende Darstellung von Liebscher, Geburtsstunde, S. 303-322.
126 ASMAE, Fondo Carte Lancelotti, Cassetta 235, Bericht Renzettis vom 19.6.1934; BAB, NL 1235, Nr. 14, Bericht vom 14.6.1934.
127 ASMAE, Fondo Carte Lancelotti, Cassetta 235, Bericht Renzettis vom 14.7.1934.
128 Vgl. ACS, Ministero di Cultura Popolare, busta 165, Bericht vom 21.6.1935. Vgl. dazu den wichtigen Aufsatz von Jens Petersen, Deutschland und Italien im Sommer 1935: Der Wechsel des italienischen Botschafters in Berlin, in: GWU 20 (1969), S. 330-341.
129 Vgl. ASMAE, Fondo Carte Lancelotti, Cassetta 235, Bericht vom 20.9.1934. Vgl. auch Fröhlich (Hg.), Tagebücher (wie Anm. 59), Bd. 3/II, München 2001, S. 759: »Er [Renzetti] beklagt sich über seine damalige Strafversetzung nach Kalifornien« (Eintrag vom 17.12.1936). Irgendwann dazwischen muß er wieder in Berlin eingetroffen sein.
130 Im Personenverzeichnis der DDI, 8. Serie, Bd. V, S. 866 wird Renzetti dem »consolato generale a San Francisco fino al 26 ottobre« 1936 zugerechnet. Goebbels vermerkt in seinem Tagebuch am 17.12.1936, daß Renzetti ihm »über seine Tätigkeit in Kalifornien« berichtet habe, vgl. Fröhlich (Hg.), Tagebücher (wie Anm. 59), Bd. 3/II, München 2001, S. 693.
131 Vgl. den Brief Magistratis an Ciano vom 8.9.1936, DDI, 8- Serie, V, S. 26 (Anmerkung).
132 Vgl. die Berichte über private Treffen und Essen mit Göring am 14.6.1939 (DDI, 8. Serie, XII, S. 197), 27.4.1940 (DDI, 9. Serie, IV, S. 190-193); 2.9.1939 (DDI, 8. Serie, XIII, S. 367 f.), 22.9.1939 (DDI, 9. Serie, I, S. 236), 11.11.1939 (DDI, 9. Serie, II, S. 139 f.), 17.2.1940 (DDI, 9. Serie, III, S. 284).
133 Goebbels kommentierte die Rückkehr Renzettis am 5.10.1936 folgendermaßen: »Renzetti kommt wieder als Generalkonsul nach Berlin. Gottlob!«, vgl. Fröhlich (Hg.), Tagebücher (wie Anm. 59), Bd. 3/III, München 2001, S. 693.
134 Vgl. das Schreiben Pfundtners an Frick vom 17.3.1941, BAB, R 16, RMdI: »Der bisherige italienische Generalkonsul, jetzige Gesandte Renzetti war heute hier, um Ihnen seinen Abschiedsbesuch zu machen. Er geht vorläufig nach Rom, um dort zu erfahren, für welchen Gesandtenposten er in Aussicht genommen ist. Seine Abberufung aus Berlin ist offenbar gegen seinen Willen erfolgt, weil er die

Politik Cianos, namentlich hinsichtlich Griechenlands nicht gebilligt hat.« Den Hinweis auf diesen Brief verdanke ich Thomas Jersch. Vgl. ferner Goebbels, Tagebücher, Teil I, Bd. 4, S. 546: »Renzetti verabschiedet sich. Er ist von Ciano abgestochen worden. Er beklagt sich bitter darüber, über die ganze Clique um den Duce, über die verfehlte italienische Politik und Kriegführung, über den Mangel an Mut und Wahrheitsliebe in der Führung; ...« (Eintrag vom 21.3.1941).

135 Vgl. seinen Bericht vom 3.3.1941 über sein Gespräch »in occasione della sua visita in congedo«, der am 14.3. von der Botschaft nach Rom übersandt wurde, DDI, 9. Serie, XI, S. 696f.

136 Ebd., S. 697.

137 Vgl. oben S. 324, Anm. 5. Das Foto enthielt neben der Unterschrift Funks die Datumsangabe »1941«.

138 Das belegt das von Himmler unterschriebene und auf den »10.3.1941« datierte Foto. Vgl. oben S. 324, Anm. 5.

139 Vgl. Fröhlich (Hg.), Tagebücher (wie Anm. 59), Bd. 9, München 1998, S. 559 (Eintrag vom 31.3.1941).

140 Vgl. oben Anm. 134.

141 Vgl. das von Meißner signierte und auf den »16.5.1941« datierte Foto im Nachlaß, wie oben S. 324, Anm 5.

142 Vgl. den Bericht Renzettis vom 2.4.1941, in: DDI, 9. Serie, VI, S. 790-792. Verbürgt sind bisher lediglich zwei Gespräche am 18.3.1937 und am 11.12.1937 (vgl. Tabelle 1). Danach hat Renzetti Hitler nach Ausweis der DDI (vgl. Anm. 88) bis zum 30.8.1938 und zwischen dem 23.5.1939 und 1.4.1941 nicht mehr getroffen. Möglich wären aber Gespräche in der Zeit zwischen dem 1.9.1938 und dem 22.5.1939 (vgl. Anm. 88).

143 Der frühere Botschafter in Berlin Massimo Magistrati, L'Italia a Berlino (1937-1939), Mailand 1956, S. 106, berichtet darüber, daß Renzetti am Abend des 11. Dezember 1937 mit Hitler in einem Benefizkonzert in der Berliner Scala gesprochen habe. Das wird durch den Bericht Botschafter Attolicos an Ciano vom 16.12.1937 bestätigt, vgl. DDI, 7. Serie, VIII, S. 711.

144 Bericht Renzettis vom 2.4.1941, in: DDI, 9. Serie, Bd. VI, S. 792.

145 Vgl. dazu Scarano, Mussolini, S. 527.

146 Am 11.6.1941 intervenierte der Ministerialdirektor Hans Hinkel aus Goebbels' Propagandaministerium auf Bitten der diesem freundschaftlich verbundenen Susanne Renzetti telefonisch in Gleiwitz. Der Oberbürgermeister der Stadt schrieb daraufhin am selben Tag an Hinkel: »Ich werde entsprechend der telefonischen Anweisung auf den Fall des Justizrats Kochmann in der Wohnungsangelegenheit Rücksicht nehmen und habe entsprechende Anweisung erteilt. Ich kenne aus der Abstimmungszeit die Tätigkeit des damaligen Majors Renzetti sehr gut. Er hat sich gegen uns tadellos benommen.« Vgl. BAB, R 56 I/93, Bl. 29f.

147 Vgl. BAB, NL 1235, Nr. 7, Brief Susanne Renzettis an Guarnaschelli, 21.11.1944. Die immer flehentlicheren Briefe Susanne Renzettis aus Stockholm vom 30.3.1942, 10.12.1942, 24.2.1943, 9.3.1943 und 7.6.1943 wurden von Hinkel nur am 6.1.1943 noch einmal unverbindlich beantwortet. Vgl. BAB, R 56 I/93, Bl. 20-28. Daß Susanne Renzetti wußte, worum es ging, läßt ihr letzter Brief vom 7.6.1943 deutlich erkennen, in dem sie schreibt: »Mein Lieber, verzeih mir, wenn ich Dich wieder behellig, ich bin seit 1 Monat ohne Nachricht von da unten und habe jetzt vor einigen tagen zufällig gehört, daß man in G(leiwitz) auch durchgreifende Schritte ausgeführt hat. Ich bin in entsetzlicher Sorge und bitte Dich so sehr, erkundige Dich, hilf, wenn Du helfen kannst, und nimm mir diese entsetzliche Sorgenlast.«

148 Vgl. das Personenregister von DDI, 10. Serie, I, S. 682. Ferner auch die hämische Notiz in der NSZ-Westmark vom 17.1.1944: Gesandter Renzetti. – Aus Stockholm schickte Renzetti bis zum 30.8.1943 meist politisch nichtssagende Berichte an das Ministero degli Affari Esteri in Rom. Vgl. DDI, 9. Serie, VII (2 Berichte aus dem Jahre 1941), DDI, 9. Serie, VIII (7 Berichte aus dem Jahre 1942), DDI, 9. Serie, IX (6 Berichte aus dem Jahr 1942 und 4 Berichte aus dem Jahr 1943), DDI, 9. Serie, Bd. X (11 Berichte aus dem Jahr 1943), DDI, 10. Serie, I (Bericht vom 23.10.1943).

III.1 Adolf Hitler

1 Wichtigste biographische Literatur zu Adolf Hitler: Alan Bullock, Hitler. A Study in tyranny, London 1959; Karl Dietrich Bracher, Die deutsche Diktatur. Entstehung, Struktur, Folgen des Nationalsozialismus, Köln 1969; Martin Broszat, Der Staat Hitlers. Grundlegung und Entwicklung seiner inneren Verfassung, München 1969; Joachim C. Fest, Hitler. Eine Biographie, Berlin 1973; Brigitte Hamann, Hitlers Wien. Lehrjahre eines Diktators, München 1996; Gerhard Hirschfeld, Lothar Kettenacker (Hg.), Der »Führerstaat«. Mythos oder Realität?, Stuttgart 1981; Eberhard Jäckel, Hitlers Weltanschauung. Entwurf einer Herrschaft, Tübingen 1969; ders., Jürgen Rohwer (Hg.), Der Mord an den Juden im Zweiten Weltkrieg. Entschlußbildung und Verwirklichung, Stuttgart 1984; Ian Kershaw, Hitler. 1889-1936, Stuttgart 1998; ders. Hitler. 1936-1945, Stuttgart 2000; ders., Der NS-Staat. Geschichts-Interpretationen und Kontroversen im Überblick, 4. Aufl. Reinbek bei Hamburg 2006; Hans Mommsen, Von Weimar nach Auschwitz. Zur Geschichte Deutschlands in der Weltkriegsepoche, Stuttgart 1999; Peter Reichel, Der schöne Schein des Dritten Reiches. Faszination und Gewalt, Frankfurt 1993.

III.2 Die NSDAP vor 1933

1 Vgl. zur Geschichte des Partito Nazionale Fascista Adrian Lyttelton, The Seizure of Power. Fascism in Italy 1919-1929, London 1973; Emilio Gentile, Storia dei Partito Fascista 1919-1922. Movimento e Milizia, Rom 1989; Wolfgang Schieder (Hg.), Faschismus als soziale Bewegung. Deutschland u. Italien im Vergleich, 2. Aufl. Göttingen 1983.

2 Vgl. dazu und zum folgenden ausführlicher den Beitrag »Faschismus« in diesem Band (S. 317-340). Einen ähnlichen Ansatz verfolgt Hans-Ulrich Thamer, Verführung u. Gewalt. Deutschland 1933-1945, Berlin 1986, S. 9-19. Vgl. auch Jens Petersen, Der italienische Faschismus aus der Sicht der Weimarer Republik, in: Quellen u. Forschungen aus italienischen Archiven u. Bibliotheken 55/56 (1976), S. 315-60, sowie Karl Egon Lönne, Der »Völkische Beobachter« u. der italienische Faschismus, in: ebd. 52 (1971), S. 539-84.

3 Vgl. dazu aus allerdings unterschiedlichem Blickwinkel Karl Dietrich Bracher, Die Auflösung der Weimarer Republik. Eine Studie zum Problem des Machtzerfalls in der Demokratie, Villingen 1977, S. 135-56; ders., Die Deutsche Diktatur. Entstehung, Struktur, Folgen des Nationalsozialismus, Köln 1970, S. 155-65; Ernst Nolte, Der Faschismus in seiner Epoche, 2. Aufl. München 1965, S. 445-50.

4 Vgl. dazu Martin Broszat, Zur Struktur der NS-Massenbewegung, in: VjZG 31 (1983), S. 52-76; Ian Kershaw, Der Hitler-Mythos. Volksmeinung u. Propaganda im Dritten Reich, Stuttgart 1980, S. 25-45, sowie Thamer, Verführung, S. 148-59. Ferner besonders Hans Mommsen, Die verspielte Freiheit. Der Weg der Republik von Weimar in den Untergang 1918 bis 1933, Frankfurt a.M. 1990, S. 167-76.

5 Vgl. Luigi Preti, I miti dell'impero e della razza nell'Italia degli anni '30, Rom 1965; ders., Impero fascista, africani ed ebrei, Mailand 1968, sowie meine Überlegungen über: Faschismus als Vergangenheit. Streit der Historiker in Italien u. Deutschland, in: Walter H. Pehle (Hg.), Der historische Ort des Nationalsozialismus, Frankfurt a.M. 1990, S. 135-54.

6 Gottfried Feder, Das Programm der NSDAP u. seine weltanschaulichen Grundlagen, 16. Aufl. München 1930; Alfred Rosenberg, Der Mythus des 20. Jahrhunderts. Eine Wertung der seelisch-geistigen Gestaltenkämpfe unserer Zeit, München 1930; Walter Darré, Das Bauerntum als Lebensquell der nordischen Rasse, München 1929.

7 Vgl. dazu die grundlegende Darstellung von Eberhard Jäckel, Hitlers Weltanschauung. Entwurf einer Herrschaft. Tübingen 1969, S. 9-28.

8 Vgl. Albert Krebs, Tendenzen u. Gestalten der NSDAP. Erinnerungen an die Frühzeit der NSDAP, Stuttgart 1959, S. 179; Henry Picker (Hg.), Hitlers Tischgespräche, Stuttgart 1962, S. 269f. Zu Rosenberg vgl. Reinhard Bollmus, Arthur Rosenberg – ›Chefideologe‹ des Nationalsozialismus?, in: Ronald Smelser u. Rainer Zitelmann (Hg.), Die braune Elite. 22 biographische Skizzen, Darmstadt 1989, S. 223-35.

9 Vgl. Reinhard Kühnl, Die nationalsozialistische Linke 1925-1930, Meisenheim 1966, S. 20-42; Gerhard Schulz, Aufstieg des Nationalsozialismus. Krise u. Revolution in Deutschland, Frankfurt a.M. 1975, S. 386-98.
10 Satzung des Nationalsozialistischen Deutschen Arbeiter-Vereins e.V., Sitz München (22.5.1926), in: Albrecht Tyrell (Hg.), Führer befiel ... Selbstzeugnisse aus der ›Kampfzeit‹ der NSDAP, Düsseldorf 1969, S. 137. Vgl. dazu Joachim C. Fest, Hitler. Eine Biographie, Frankfurt a.M. 1973, S. 339f.; Wolfgang Horn, Führerideologie u. Parteiorganisation in der NSDAP (1919-1933), Düsseldorf 1972, S. 241.
11 Horn, Führerideologie, S. 250.
12 Ebd., S. 255.
13 Die Sozialisten verlassen die NSDAP (4.7.1930), abgedr. bei Kühnl, Nationalsozialistische Linke, S. 292-97.
14 Vgl. Jäckel, Hitlers Weltanschauung, S. 73-77; Gerald Fleming, Hitler u. die Endlösung, Wiesbaden 1982, S. 13-27; Martin Broszat, Hitler u. die Genesis der ›Endlösung‹. Aus Anlaß der Thesen von David Irving, in: VjZG 25 (1977), S. 737-75.
15 Vgl. dazu Thamer, Verführung, S. 172-83; Broszat, Struktur, S. 60-69; Kershaw, Hitler-Mythos, S. 29-45; Schulz, Aufstieg, S. 428f.
16 Zit. nach Horn, Führerideologie, S. 332.
17 Adolf Hitler, Mein Kampf, 70. Aufl. München 1933, S. 419.
18 Ebd., S. 651.
19 Vgl. ebd., S. 409-24: »Weltanschauung und Partei«. Dazu Horn, Führerideologie, S. 88-98, 220-26; Schulz, Aufstieg, S. 367f.; Dietrich Orlow, The History of the Nazi Party: 1919-1933, Pittsburgh 1969, S. 46-75; sowie vor allem auch H. Mommsen, Freiheit, S. 321-60.
20 Vgl. E. K. Bramstedt, Goebbels u. die nationalsozialistische Propaganda 1929-1945, Frankfurt a.M. 1971, S. 280-318.
21 Claus-Ekkehard Bärsch, Erlösung u. Vernichtung. Dr. phil. Joseph Goebbels. Zur Psyche u. Ideologie eines jungen Nationalsozialisten 1923-1927, München 1987, S. 195-211, 333-410. Vgl. auch Ralf Georg Reuth, Goebbels, München 1990, und Helmut Michels, Ideologie und Propaganda. Die Rolle von Joseph Goebbels in der nationalsozialistischen Außenpolitik bis 1939, Frankfurt 1992.
22 Adolf Hitler, Grundsätzliche Richtlinien für die Neuaufstellung der Nationalsozialistischen Arbeiter-Partei (26.2.1925), in: Tyrell (Hg.), Führer befiel, S. 105-07. Vgl. dazu Schulz, Aufstieg, S. 483-87; Horn, Führerideologie, S. 210-30.
23 Peter Hüttenberger, Die Gauleiter. Studie zum Wandel des Machtgefüges in der NSDAP, Stuttgart 1969, sowie R. Rogowski. The Gauleiter and the Social Origins of Fascism, in: Comparative Studies in Society and History 19 (1977), S. 399-430.
24 Horn, Führerideologie, S. 239-44.
25 Sitzung des Nationalsozialistischen Deutschen Arbeiter-Vereins e.V. Sitz München (22.6.1926), in: Tyrell (Hg.), Führer befiel, S. 136-41.

26 Vgl. dazu Hermann Hammer, Die deutschen Ausgaben von Hitlers »Mein Kampf«, in: VjZG 4 (1956), S. 171 f.
27 Vgl. dazu vor allem Orlow, History, S. 166-84, sowie Schulz, Aufstieg, S. 437-515, und Bracher, Deutsche Diktatur, S. 143-54.
28 Vgl. Michael H. Kater, The Nazi Party. A Social Profile of Members and Leaders 1919-1945, Cambridge/Mass. 1983, S. 32-50, sowie auch ders., Doctors under Hitler, Chapel Hill 1989.
29 Vgl. dazu die klassische Untersuchung von Rudolf Heberle, Landbevölkerung u. Nationalsozialismus. Eine soziologische Untersuchung zur politischen Willensbildung in Schleswig-Holstein 1918-1932, Stuttgart 1963. Ferner: Anna Bramwell, Blood and Soil. Walter Darré and Hitler's Green Party, Abbotsbrook 1985, sowie jetzt vor allem Gustavo Corni, La politica agraria dei nazionalsocialismo 1930-1939, Mailand 1989.
30 Michael Wortmann, B. von Schirach. Hitlers Jugendführer, Köln 1982; Michael H. Kater, Studentenschaft u. Rechtsradikalismus in Deutschland 1918-1933. Eine sozialgeschichtliche Studie zur Bildungskrise in der Weimarer Republik, Hamburg 1975.
31 Martin Broszat, Der Staat Hitlers, München 1969, S. 49-81.
32 Vgl. dazu ausführlich Kershaw, NS-Staat, S. 125-64.
33 Vgl. zum folgenden Conan Fischer, Stormtroopers. A Social, Economic and Ideological Analysis, 1929-35, London 1983, und Richard Bessel, Political Violence and the Rise of Nazism. The Storm Troopers in Eastern Germany 1925-1934, New Haven 1984.
34 Horn, Führerideologie, S. 332-35; Schulz, Aufstieg, S. 577-84.
35 Theodor Geiger, Panik im Mittelstand, in: Die Arbeit 7 (1930), S. 637 ff.
36 Vgl. dazu kritisch Heinrich August Winkler, Mittelstand, Demokratie u. Nationalsozialismus. Die politische Entwicklung von Handwerk u. Kleinhandel in der Weimarer Republik, Köln 1972, sowie noch pointierter ders., Der entbehrliche Stand. Zur Mittelstandspolitik im »Dritten Reich«, in: Archiv für Sozialgeschichte 17. 1977, S. 1-40. Ferner: Jürgen W. Falter, Radikalisierung des Mittelstandes oder Mobilisierung der Unpolitischen? Die Theorien von Seymour M. Lipset und Reinhard Bendix über die Wählerschaft der NSDAP im Lichte neuerer Forschungsergebnisse, in: Peter Steinbach (Hg.), Probleme politischer Partizipation im Modernisierungsprozeß, Stuttgart 1982, S. 438 ff.
37 Vgl. dazu die Beiträge von Michael H. Kater, Heinrich August Winkler, Jens Petersen und dem Verfasser, in: Schieder (Hg.), Faschismus als soziale Bewegung.
38 Vgl. zum folgenden die bisher genauesten Angaben bei Kater, Nazi Party, S. 263, sowie ders., Sozialer Wandel in der NSDAP im Zuge der nationalsozialistischen Machtergreifung, in: Schieder (Hg.), Faschismus als soziale Bewegung, S. 26.
39 Kater, Nazi Party, S. 19-31, 169-89; Albrecht Tyrell, Vom Trommler

zum Führer. Der Wandel von Hitlers Selbstverständnis zwischen 1919 u. 1924 u. die Entwicklung der NSDAP, München 1975.

40 Vgl. Kater, Sozialer Wandel, S. 27f.; ders., Nazi Party, S. 32-51, sowie Tab. 2, S. 242f.

41 Zahlen errechnet nach der Tabelle bei Broszat, Staat Hitlers, S. 51.

42 Vgl. oben.

43 Joseph Goebbels, Septemberlinge, in: Der Angriff, 2.11.1931.

44 Vgl. Kater, Nazi Party, S. 62-71.

45 Dazu wohl abschließend Henry A. Turner, Die Großunternehmer u. der Aufstieg Hitlers, Berlin 1985.

46 Dazu Kater, Nazi Party, S. 52-55; Detlev Mühlberger, The Sociology of the NSDAP: The Question of the Working Class Membership, in: Journal of Contemporary History 15 (1980), S. 493-511; sowie Volker Kratzenberg, Arbeiter auf dem Weg zu Hitler? Die Nationalsozialistische Betriebszellen-Organisation. Ihre Entstehung, ihre Programmatik, ihr Scheitern 1927-1934, Frankfurt a.M. 1987.

47 Vgl. Mathilde Jamin, Zwischen den Klassen. Zur Sozialstruktur der SA-Führerschaft, Wuppertal 1984, S. 159-241.

48 Vgl. Tab. 1 u. 6, in: Kater, Nazi Party, S. 241, 250.

49 So überzeugend Heinrich August Winkler, Mittelstandsbewegung oder Volkspartei? Zur sozialen Basis der NSDAP, in: Schieder (Hg.), Faschismus als soziale Bewegung, S. 98f.; ders., Der Weg in die Katastrophe. Arbeiter u. Arbeiterbewegung in der Weimarer Republik 1930 bis 1933, Berlin 1987, S. 179f. Anders E. Ohno, The Social Basis of Nazism, in: Kyoto University Economic Review 42 (1972), S. 1-25.

50 Zahlen nach Thamer, Verführung, S. 178. Eine differenziertere Analyse bei Kater, Nazi Party, S. 139-48. Vgl. auch Bracher, Deutsche Diktatur, S. 298, 312.

51 George L. Mosse, The Crisis of German Ideology. Intellectual Origins of the Third Reich, New York 1964. Vgl. z.B. auch Broszat, Struktur, S. 59; Fest, Hitler, S. 385-87.

52 Vgl. zum folgenden Thomas Childers, The Nazi Voter. The Social Foundations of Fascism in Germany, 1919-1933, Chapel Hill 1983; ders. (Hg.), The Formation of a Nazi Constituency 1919-1933, London 1986, sowie besonders Jürgen W. Falter u. a., Wahlen u. Abstimmungen in der Weimarer Republik, München 1986; Jürgen W. Falter, Die Wähler der NSDAP 1928 bis 1933, in: Wolfgang Michalka (Hg.), Die nationalsozialistische Machtergreifung 1933, Paderborn 1984, S. 47-59, und vor allem Jürgen W. Falter, Hitlers Wähler, München 1991.

53 Vgl. Schulz, Aufstieg, S. 721f.

III.3 Der deutsche Katholizismus und die Machtergreifung des Nationalsozialismus

1 Vgl. z.B. Wolfgang Böckenfoerde, Der deutsche Katholizismus im Jahre 1933, in: Hochland 53 (1960/61), S. 215-239, 54 (1961/62), S. 217-245; Karl Otmar Freiherr von Aretin, Prälat Kaas, Franz von Papen und das Reichskonkordat von 1933, in VjZG 14 (1966), S. 252-279; Konrad Repgen, Hitlers Machtergreifung und der deutsche Katholizismus. Versuch einer Bilanz, Saarbrücken 1967; Klaus Gotto, Konrad Repgen, Die Katholiken und das Dritte Reich, 2. Aufl. Mainz 1983; Rudolf Morsey, Der Untergang des politischen Katholizismus. Die Zentrumspartei zwischen christlichem Selbstverständnis und »Nationaler Erhebung« 1932/33, Stuttgart/Zürich 1977; Klaus Scholder, Die Kirchen und das Dritte Reich, Bd. 1: Vorgeschichte und Zeit der Illusionen 1918-1934, Frankfurt/Berlin/Wien 1977.

2 Vgl. Winfried Becker (Hg.), Die Minderheit als Mitte. Die deutsche Zentrumspartei in der Innenpolitik des Reiches 1871-1933, Paderborn 1986; David Blackbourn, Religion and Local Politics in Wilhelmine Germany. The Center Party in Württemberg before 1914, Wiesbaden 1980; Wilfried Loth, Katholiken im Kaiserreich. Der politische Katholizismus in der Krise des wilhelminischen Deutschlands, Düsseldorf 1984.

3 Vgl. aber die ausgewogene Darstellung von Detlef Junker, Die deutsche Zentrumspartei und Hitler 1932/33, Stuttgart 1969.

4 Rudolf Morsey, Die deutsche Zentrumspartei 1917-1923, Düsseldorf 1966; Heinz Hürten, deutsche Katholiken 1918-1945, Paderborn 1992.

5 Zu Brüning vgl. die materialreiche Biographie von Heribert Hömig, Brüning. Kanzler in der Krise der Republik. Eine Weimarer Biographie, Paderborn/München/Wien/Zürich 2000.

6 Vgl. Oded Heilbronner, Die Achillesferse des deutschen Katholizismus, Gerlingen 1998. Ähnlich auch schon Günter Plum, Gesellschaftsstruktur und politisches Bewußtsein in einer katholischen Region 1928-1933. Untersuchungen am Beispiel des Regierungsbezirkes Aachen, Stuttgart 1972.

7 Eine kritische Biographie zu Kaas fehlt. Stark hagiographisch: Georg May, Ludwig Kaas. Der Priester, der Politiker und der Gelehrte aus der Schule von Ulrich Stutz, 3 vol., Amsterdam 1981/82.

8 Vgl. z.B. Ulrike Hörster-Philipps, Konservative Politik in der Endphase der Weimarer Republik. Die Regierung Franz von Papen, Köln 1982.

9 Das Zitat nach Rudolf Morsey (Hg.), Die Protokolle der Reichstagsfraktion der Deutschen Zentrumspartei 1926-1933, Mainz 1966, S. 583.

10 Vgl. schon Karl Dietrich Bracher, Die Auflösung der Weimarer Republik. Eine Studie zum Problem des Machtverfalls in der Demokratie, Villingen 1955, S. 544ff.

11 Vgl. Volker Hentschel, Weimars letzte Monate. Hitler und der Untergang der Republik, Düsseldorf 1977 und vor allem Heinrich Au-

gust Winkler, Weimar 1918-1933. Die Geschichte der ersten deutschen Demokratie, Münster 1993. Ferner: Gerhard Schulz, Von Brüning zu Hitler. Der Wandel des politischen Systems in Deutschland 1930-1933, Berlin 1992; Gotthard Jasper, Die gescheiterte Zähmung. Wege zur Machtergreifung Hitlers 1930-1934, Frankfurt 1986.

12 Die Äußerung Papens wird überliefert durch Ewald v. Kleist-Schmenzin, Die letzte Möglichkeit. Zur Ernennung Hitlers zum Reichskanzler am 30. Januar 1933, in: Politische Studien 10 (1959), S. 89-92.

13 Vgl. Morsey, Ende der Zentrumspartei, S. 364.

14 Zit. nach Alfred Rosenberg, das Parteiprogramm. Wesen, Grundsätze und Ziele der NSDAP, München 1922, 27. Aufl. München 1943, S. 15.

15 Eine Rede Hitlers über die Lösung der römischen Frage, in: Völkischer Beobachter, 22.2.1929.

16 Alfred Rosenberg, Der Mythus des 20. Jahrhunderts, München 1930, 23. Aufl. München 1934, S. 8.

17 Vgl. Reinhard Bollmus, Das Amt Rosenberg und seine Gegner, Stuttgart 1970.

18 Johannes Stark, Nationalsozialismus und Kirche – mit einer Antwort auf Kundgebungen deutscher Bischöfe, München 1931.

19 Vgl. dazu den Beitrag »Das italienische Experiment« in diesem Band (S. 149-184).

20 Bernd Stasiewski, Akten deutscher Bischöfe über die Lage der Kirche 1933-1945, Bd. 1, 1933-1945, Mainz 1968, S. 787ff.

21 Karl Troßmann, Hitler und Rom, Nürnberg 1931, S. 196.

22 Alfons Wild, Hitler und das Christentum, Augsburg 1931, S. 54.

23 Klaus Scholder, Altes und Neues zur Vorgeschichte des Reichskonkordates. Erwiderung auf Konrad Repgen, in VjZG 26 (1978), S. 535-570.

24 Konrad Repgen, Über die Entstehung der Reichskonkordats-Offerte im Frühjahr 1933 und die Bedeutung des Reichskonkordates. Kritische Bemerkungen zu einem neuen Buch, in: VjZG 26 (1978), S. 499-534.

25 Vgl. dazu grundlegend Giovanni Miccoli, I dilemmi e i silenzi di Pio XII, Mailand 2000, S. 118-201.

26 Ludwig Kaas an Vatikanbotschafter v. Bergen, 19.11.1935, in: Alfons Kupper, Staatliche Akten über die Reichskonkordatsverhandlungen 1933, Mainz 1969, S. 496.

27 Ludwig Kaas, Der Konkordatstyp des faschistischen Italiens, in: Zeitschrift für ausländisches öffentliches Recht und Völkerrecht, III,1 (1933), S. 517.

28 Zit. nach Stasiewski, Akten, Bd. 1, S. 15f. Vgl. dazu Ludwig Volk, Das Reichskonkordat vom 20. Juli 1933. Von den Ansätzen in der Weimarer Republik bis zur Ratifizierung am 10. September 1933, Mainz 1972.

29 Ebd., S. 48f.

30 Ebd., S. 238.

31 Ebd., S. 232.

III.4 Zwei Generationen im Widerstand gegen Hitler

1 Peter Bor, Gespräche mit Halder, Wiesbaden 1950, S. 79.
2 Ulrich von Hassell, Vom andern Deutschland. Aus den nachgelassenen Tagebüchern 1938-1944, Frankfurt a. M./Hamburg 1964, S. 272.
3 Peter Hoffmann, Widerstand – Staatsstreich – Attentat. Der Kampf der Opposition gegen Hitler, 2. Aufl., Frankfurt a. M./Berlin/Wien 1974, S. 299f.
4 Erich Kordt, Nicht aus den Akten: Die Wilhelmstraße in Frieden und Krieg, Stuttgart 1950, S. 371.
5 So Hoffmann, Widerstand, S. 307f.
6 Fabian von Schlabrendorff, Offiziere gegen Hitler, Frankfurt a. M./Hamburg 1959, S. 131f.; vgl. auch Dieter Ehlers, Technik und Moral einer Verschwörung. 20. Juli 1944, Frankfurt a. M./Bonn 1944, S. 125, und P. Hoffmann, Widerstand, S. 329.
7 Vgl. Peter Hoffmann, Widerstand gegen Hitler. Probleme des Umsturzes, München 1979, S. 42.
8 v. Schlabrendorff, Offiziere, S. 92-99; Rudolf-Christoph Freiherr v. Gersdorff, Soldat im Untergang, Frankfurt a. M./Berlin/Wien 1977, S. 126-128; D. Ehlers, Technik, S. 126; Hoffmann, Widerstand, S. 333f.
9 Frh. v. Gersdorff, Soldat, S. 128-133; Axel von dem Bussche, Eid und Schuld, in: Göttinger Universitätszeitung, Nr. 7 vom 7.3.1947, S. 1-4; Eberhard Zeller, Geist der Freiheit. Der Zwanzigste Juli, 5. Aufl., München 1965, S. 336f. (zu Kleist); F. v. Schlabrendorff, Offiziere, S. 137 (zu Breitenbuch); sowie zusammenfassend Hoffmann, Widerstand, S. 378-392.
10 Vgl. dazu die Stauffenberg-Biographie von Christian Müller, Oberst i.G. Stauffenberg. Eine Biographie, Düsseldorf 1970, S. 431-456, S. 476-488.
11 So zuerst George K. Romoser, The Politics of Uncertainty: The German Resistance Movement, in: Social Research, 31. Jg. (1964), S. 73-93, und Hannah Arendt, Eichmann in Jerusalem, München 1964, S. 134-139. Vgl. ferner z. B. Reinhard Kühnl, Das Dritte Reich in der Presse der Bundesrepublik. Kritik eines Geschichtsbildes, Frankfurt a. M. 1966, S. 125-170. – Ähnliche, wenn auch anders begründete Auffassungen werden von sowjetischen und ostdeutschen Autoren vertreten. Vgl. z. B. Daniil Melnikow, 20. Juli 1944. Legende und Wirklichkeit, 2. Aufl., Berlin 1968, und Klaus Mammach, Die deutsche antifaschistische Widerstandsbewegung 1933-39, Berlin 1974.
12 Grundlegend Hans Rothfels, Die deutsche Opposition gegen Hitler. Eine Würdigung, Frankfurt a. M./Hamburg 1958. Daran anknüpfend Hoffmann, Widerstand, passim. Ähnlich auch Zeller, Geist der Freiheit, bes. S. 173-490.
13 Vgl. zu Beck: Klaus-Jürgen Müller, General Ludwig Beck. Studien und Dokumente zur politischen Vorstellungswelt und beruflichen

Tätigkeit des Generalstabschefs 1933-1938, Boppard 1980; zu Fromm: Hoffmann, Widerstand, S. 486-520, 571-623; zu Tresckow: Bodo Scheurig, Henning von Tresckow. Eine Biographie, Oldenburg-Hamburg 1975, und Karl Otmar Frhr. von Aretin, Henning von Tresckow, in: Rudolf Lill, Heinrich Oberreuter (Hg.), 20. Juli. Porträts des Widerstands, Düsseldorf/Wien 1984, S. 307-320; zu Stauffenberg: Müller, Oberst i.G. Stauffenberg, sowie Joachim Kramarz, Claus Graf Stauffenberg. 15. November 1907-20. Juli 1944. Das Leben eines Offiziers, Frankfurt a.M. 1965, und (allerdings einseitig) Kurt Finker, Stauffenberg und der 20. Juli 1944, Berlin 1975.

14 Vgl. dazu vor allem Klaus-Jürgen Müller, Armee und Drittes Reich. Versuch einer historischen Interpretation, in: ders., Armee, Politik und Gesellschaft in Deutschland 1933-1945. Studien zum Verhältnis von Armee und NS-System, 3. Aufl., Paderborn 1979, S. 11-50.

15 Zu Einzelbiographien vgl. die bibliographischen Angaben bei Regine Büschel, Der deutsche Widerstand im Spiegel von Fachliteratur und Publizistik seit 1945, München 1975, S. 83-114. Sammelbände mit Kurzbiographien: Annedore Leber (Hg.), Das Gewissen entscheidet. Bereiche des deutschen Widerstandes von 1933-1945 in Lebensbildern, 4. Aufl., Berlin/Frankfurt a.M. 1960; Annedore Leber (Hg.), Das Gewissen steht auf. 64 Lebensbilder aus dem deutschen Widerstand 1933-1945, 9. Aufl., Berlin/Frankfurt a.M. 1960, neu hg. von Karl Dietrich Bracher, Mainz 1984; Deutsche Widerstandskämpfer 1933-1945. Biographien und Briefe, 2 Bde., Berlin 1970. Vgl. ferner Hans Jürgen Schultz, Der Zwanzigste Juli. Alternative zu Hitler?, Stuttgart/Berlin 1974, S. 78-204 (14 Biographien) und R. Lill, H. Oberreuter (Hg.), 20. Juli (s. Anm. 13), S. 73-376 (20 Biographien).

16 Rothfels, Die deutsche Opposition, S. 81, spricht von »konzentrischen Kreisen von verschiedener Dichte«.

17 Hans Rothfels, ebd.; Zeller, Geist der Freiheit. (s. Anm. 9); Terence Prittie, Deutsche gegen Hitler. Eine Darstellung des deutschen Widerstands gegen den Nationalsozialismus, Tübingen 1965; Ger van Roon, Widerstand im Dritten Reich, 2. Aufl., München 1981; Peter Hoffmann, Widerstand – Staatsstreich – Attentat. Der Kampf der Opposition gegen Hitler, München 1974 (= Taschenbuch der 2. Aufl. 1970).

18 Eine Publikation der Namen und biographischen Daten der militärischen Widerstandskämpfer wäre erwünscht.

19 Darauf läßt ein Vergleich mit drei publizierten Listen in der Folge des 20. Juli 1944 verurteilter Widerstandskämpfer schließen: Schlabrendorff, Offiziere, S. 173-178; Ehlers, Technik, S. 233-236; Ulrike Eich, Suizid, Volksgerichtshof-Standgerichte: Die Opfer des 20. Juli, in: R. Lill, H. Oberreuter (Hg.), 20. Juli, S. 393-409. In diesen Listen finden sich lediglich zehn militärische Widerstandskämpfer, die in den fünf Gesamtdarstellungen nicht erwähnt werden: Hans Martin Dorsch, Karl Heinz Engelhorn, Wilhelm Kubarth, Karl Michel, Horst von

Petersdorff, Karl Ernst Rathgens, Günther Smend, Gustav Tellgmann, Busso Thoma und Gustav (Heistermann) von Ziehlberg. Außer im Falle von Engelhorn, Smend und Thoma (vgl. Peter Hoffmann, Der militärische Widerstand in der zweiten Kriegshälfte 1942-1944/45, in: Der militärische Widerstand gegen Hitler und das NS-Regime 1933-1945, Herford/Bonn 1984, S. 116, und »Spiegelbild einer Verschwörung«. Die Kaltenbrunner-Berichte an Bormann und Hitler über das Attentat vom 20. Juli 1944. Geheime Dokumente aus dem ehemaligen Reichssicherheitshauptamt, hg. vom Archiv Peter für historische und zeitgeschichtliche Dokumentation, Stuttgart 1961, S. 95, 125f., 146, 224, 458f., 515), die deshalb zusätzlich berücksichtigt werden, dürfte sich bei diesen Verurteilten aber nur ein indirekter Zusammenhang mit dem militärischen Widerstand nachweisen lassen. So wurde der Kommandeur der 28. Jägerdivision, General Gustav Heistermann von Ziehlberg (geb. 10.12.1898), der bei Eich, Suizid, S. 409, und Ehlers, Technik, S. 236, ohne nähere Angaben aufgeführt wird, am 19.11.1944 verhaftet und Anfang 1945 auf Befehl Hitlers erschossen, weil sein am 20. Juli 1944 beteiligter I a (Major Joachim Kuhn) zu den Russen übergelaufen war. Vgl. Wolfgang Keilig, Das deutsche Heer 1939-1945. Gliederung, Einsatz, Stellenbesetzung, Bd. 3, Bad Nauheim o. J., Nr. 211, S. 128. Der ehemalige Freikorpsführer und Altnationalsozialist Horst von Petersdorff kam vor Gericht, weil er den flüchtigen General Lindemann nichtsahnend eine Nacht bei sich untergebracht hatte. Vgl. »Spiegelbild einer Verschwörung«, S. 563-568.

20 Problematisch scheint es mir dagegen zu sein, auch »der Herkunft nach dem zivilen Widerstand angehörende Kriegsdienstleistende« wie Hans von Dohnanyi, Dietrich Bonhoeffer, Josef Müller, Hans Bernd Gisevius oder Helmuth Graf von Moltke zum militärischen Widerstand zu zählen, wie Peter Hoffmann, Der militärische Widerstand in der zweiten Kriegshälfte 1942-1944/45, in: Der militärische Widerstand, S. 112, dies vorschlägt. Die Grenzen zum zivilen Widerstand werden dadurch zu stark verwischt.

21 Reinhard Stumpf, Die Wehrmacht-Elite. Rang- und Herkunftsstruktur der deutschen Generale und Admirale 1933-1945, Boppard 1982, S. 282.

22 Detlev Bald, Der deutsche Generalstab 1859-1939. Reform und Restauration in Ausbildung und Bildung (= Schriftenreihe Innere Führung. Reihe Ausbildung und Bildung, H. 28), München 1977, S. 120.

23 Ebd.

24 Karl Mannheim, Das Problem der Generationen, in: Kölner Vierteljahreshefte für Soziologie, 7. Jg. (1928), S. 157-185, 309-330. Aus der neueren Literatur zum Generationsproblem vgl. Manfred Riedel, Wandel des Generationsproblems in der modernen Gesellschaft, Düsseldorf 1969; Fritz Redlich, Generations: A Critique and Reconstruction, in: Belgisch Tijdschrift voor Nieuwste Geschiedenis, 7. Jg. (1976), S. 243-271, und besonders Hans Jäger, Generationen in der

Geschichte. Überlegungen zu einer umstrittenen Konzeption, in: Geschichte und Gesellschaft, 3. Jg. (1977), S. 429-452.

25 Günther Weisenborn, Der lautlose Aufstand. Bericht über die Widerstandsbewegung des deutschenVolkes 1933-1945, 4. Aufl., Frankfurt a.M. 1981, S. 139-168; ferner besonders Omer Bartov, Hitlers Wehrmacht. Soldaten, Fanatismus und die Brutalisierung des Krieges, Reinbek 1995.

26 Vgl. Kurt Finker, Probleme des militärischen Widerstandes und des Umsturzversuches vom 20. Juli 1944 in Deutschland, in: Christoph Kleßmann, Falk Pingel (Hg.), Gegner des Nationalsozialismus. Wissenschaftler und Widerstandskämpfer auf der Suche nach historischer Wirklichkeit, Frankfurt a.M./New York 1980, S. 158f.

27 Vgl. Herbert Schottelius, Gustav-Adolf Caspar, Die Organisation des Heeres 1933-1939, in: Deutsche Militärgeschichte in sechs Bänden 1648-1939, Bd. 4, Herrsching 1983, S. 373; Wolf Keilig, Das deutsche Heer 1939-1945. Gliederung, Einsatz, Stellenbesetzung, Bd. 2, Bad Nauheim o. J., Nr. 203, S. 16-22.

28 Stumpf, Die Wehrmacht-Elite, S. 46.

29 Ebd., S. 285.

30 Vgl. die Studie von Gotthard Breit, Das Staats- und Gesellschaftsbild deutscher Generale beider Weltkriege im Spiegel ihrer Memoiren, Boppard 1973, bes. S. 61-140.

31 1938 ist als Stichjahr wichtig, weil zu diesem Zeitpunkt die Militäropposition gegen Hitler einsetzte. Entscheidend ist aber, *wann* jemand nachweislich in Opposition zu Hitler trat: im niederen Offiziersrang oder im Generalsrang. Henning v. Tresckow und Helmuth Stieff werden so beispielsweise der unteren Linie der Militäropposition zugerechnet. Eine Zwischenstellung nehmen im gewissen Sinne Hans Oster (Jahrgang 1888) und Eduard Wagner (Jahrgang 1894) ein. Obwohl beide schon 1938 als einfache Offiziere in die Militäropposition eintraten, rechne ich sie generationssoziologisch zur oberen Linie des Widerstandes, der sie in der Militärhierarchie erst seit ihrem Aufstieg in einen Generalsrang im Jahre 1942 (Oster) bzw. 1940 (Wagner) angehörten. Vgl. Romedio Graf v. Thun-Hohenstein, Der Verschwörer. General Oster und die Militäropposition, München 1984, und Elisabeth Wagner (Hg.), Der Generalquartiermeister. Briefe und Tagebuchaufzeichnungen des Generalquartiermeisters des Heeres General der Artillerie Eduard Wagner, München/Wien 1963.

32 Brief Becks an Julie von Gossler vom 17.3.1933, in: Müller, General Ludwig Beck, S. 339.

33 Manfred Messerschmidt, Die Wehrmacht im NS-Staat. Zeit der Indoktrination, Hamburg 1969, S. 1-17; vgl. auch Klaus-Jürgen Müller, Das Heer und Hitler. Armee und Nationalsozialistisches Regime 1933-1940, Stuttgart 1969, S. 35-88, und Michael Salewski, Die bewaffnete Macht im Dritten Reich 1933-1939, in: Deutsche Militärgeschichte, Bd. 7, Herrsching 1983, S. 34-40.

34 Wolfgang Sauer, Die Mobilmachung der Gewalt, in: Karl Dietrich Bracher, Wolfgang Sauer, Gerhard Schulz, Die nationalsozialistische Machtergreifung. Studien zur Errichtung des totalitären Herrschaftssystems in Deutschland 1933/34, 2. Aufl., Köln/Opladen 1962, S. 708-744. Vgl. auch Karl Dietrich Bracher, Die deutsche Diktatur. Entstehung, Struktur, Folgen des Nationalsozialismus, 5. Aufl., Köln/Berlin 1976, S. 266f.

35 So schon Sauer, Die Mobilmachung (s. Anm. 34), S. 965.

36 Zit. nach Müller, Das Heer und Hitler (s. Anm. 33), S. 53f.

37 Vgl. dazu Messerschmidt, Die Wehrmacht (s. Anm. 33), S. 40-47, Müller, Das Heer und Hitler (s. Anm. 33), S. 78ff.

38 Helmut Krausnick, Zum militärischen Widerstand gegen Hitler 1933-1938. Möglichkeiten, Ansätze, Grenzen und Kontroversen, in: Der militärische Widerstand (s. Anm. 19), S. 40; vgl. dazu im einzelnen auch Klaus-Jürgen Müller, Reichswehr und »Röhm-Affäre«, in: Militärgeschichtliche Mitteilungen, 3. Jg. (1968), S. 107-144.

39 Vgl. dazu Karl Otmar Frhr. v. Aretin, Der Eid auf Hitler. Eine Studie zum moralischen Verfall des Offizierskorps der Reichswehr, in: Politische Studien. Monatsschrift der Hochschule für Politische Wissenschaften München, 7. Jg. (1956), S. 1-19, sowie in allgemeinerem Zusammenhang Theodor Schieder, Der Fahneneid als politisches Problem in der deutschen Geschichte, in: Der Fahneneid. Die Stellung des Soldaten in Staat und Gesellschaft (= Cappenberger Gespräche der Stein-Gesellschaft, Bd. 4), Köln/Berlin 1970, S. 15-39.

40 Hermann Foertsch, Schuld und Verhängnis. Die Fritsch-Krise im Frühjahr 1938 als Wendepunkt der Geschichte der nationalsozialistischen Zeit, Stuttgart 1951, S. 134. Zur Blomberg-Fritsch-Krise insgesamt Harold C. Deutsch, Das Komplott oder die Entmachtung der Generale. Blomberg- und Fritsch-Krise. Hitlers Weg zum Krieg, Zürich 1974.

41 Vgl. zu Hoepner: Heinrich Bücheler, Hoepner. Ein deutsches Soldatenschicksal des 20. Jahrhunderts, Herford 1980, S. 74f., zu Oster: Hermann Graml, Der Fall Oster, in: VjZG 14 (1966), S. 31f.; zu Tresckow: Scheurig, Henning von Tresckow (s. Anm. 13), S. 59; zu Stülpnagel und Witzleben: Hoffmann, Widerstand (s. Anm. 13), S. 106; zu Canaris: Heinz Höhne, Canaris. Patriot im Zwielicht, München 1976, S. 248f.

42 Vortragsnotiz Becks vom 19.7.1938, zit. nach der Edition von Müller, General Ludwig Beck (s. Anm. 13), S. 556.

43 So wenig einleuchtend sowohl Hoffmann, Widerstand (s. Anm. 3), S. 104, als auch Krausnick, Zum militärischen Widerstand, S. 57f. Sowohl Hoffmann wie Krausnick kommen nicht an dem heute zwar schwer begreiflichen, aber doch eindeutigen Tatbestand vorbei, daß Beck im Juli 1938 trotz der für ihn als »unausbleiblich« angesehenen »Auseinandersetzung mit der SS« doch »keinen Zweifel darüber aufkommen« lassen wollte, »daß dieser Kampf für den Führer geführt«

werde. Vgl. Müller, General Ludwig Beck S. 555 (Dokument Nr. 51: Nachtrag am 19. 7.1938). Der Weg Becks in den Widerstand vollzog sich eben stufenweise, nicht in einem einzigen Schritt.

44 So überzeugend Müller, Das Heer und Hitler, S. 327-331, und ders., General Ludwig Beck, S. 309f.

45 Dazu schon grundlegend Helmut Krausnick, Vorgeschichte und Beginn des militärischen Widerstandes gegen Hitler, in: Vollmacht des Gewissens, Bd. 1, München 1956, S. 336-365; ferner: Hoffmann, Widerstand, S. 109-129; Müller, Das Heer und Hitler, S. 345-377; Höhne, Canaris, S. 283-299.

46 So Salewski, Die bewaffnete Macht, S. 242.

47 Vgl. übereinstimmend H. Krausnick, Zum militärischen Widerstand, S. 62ff.; Gerd R. Ueberschär, Generaloberst Halder im militärischen Widerstand 1938-1940, in: Wehrforschung, 2. Jg. (1973), S. 20ff.; Hoffmann, Widerstand (s. Anm. 3), S. 122.

48 Vgl. dazu Gerd R. Ueberschär, Ansätze und Hindernisse der Militäropposition gegen Hitler in den ersten beiden Kriegsjahren (1939-1941), in: Der militärische Widerstand, S. 87-90.

49 So z.B. Krausnick, Zum militärischen Widerstand, S. 66, der den Tag des Münchener Abkommens als einen »dies ater der deutschen Opposition gegen Hitler, zumal der militärischen« bezeichnet. Ähnlich Salewski, Die bewaffnete Macht, S. 254, der im selben Zusammenhang von der »Katastrophe Halders, der Verschwörung, Deutschlands« spricht, und v. Roon, Widerstand, S. 129.

50 Vgl. auch Eberhard Jäckel, Wenn der Anschlag gelungen wäre, in: Schultz (Hg.), Der Zwanzigste Juli, S. 69-76.

51 Vgl. dazu Hoffmann, Widerstand, S. 96; Ehlers, Technik, S. 153, der v. Witzlebens Äußerung wiedergibt, daß die jüngeren Offiziere von Hitler »besoffen« seien; Freya v. Moltke, Michael Balfour, Julian Frisby, Helmuth James v. Moltke 1907-1945. Anwalt der Zukunft, Stuttgart 1975, S. 147, wo von »Parteigläubigkeit und Hurrapatriotismus« bei der Luftwaffe die Rede ist.

52 Vgl. Hoffmann, Widerstand, S. 119; Erich Kosthorst, Die deutsche Opposition gegen Hitler zwischen Polen- und Frankreichfeldzug, 2. Aufl., Bonn 1955, S. 54f.

53 Generalfeldmarschall Ritter v. Leeb, Tagebuchaufzeichnungen und Lagebeurteilungen aus zwei Weltkriegen. Aus dem Nachlaß hg. und mit einem Lebensabriß versehen von Georg Meyer, Stuttgart 1976, S. 49ff., S. 468ff.; Generaloberst Franz Halder, Kriegstagebuch. Tägliche Aufzeichnungen des Chefs des Generalstabes des Heeres 1933-1942, Bd. 1: Vom Polenfeldzug bis zum Ende der Westoffensive (14. 8.1939-30. 6.1940), bearb. von Hans-Adolf Jacobsen, Stuttgart 1962, S. 104. Vgl. dazu Hoffmann, Widerstand, S. 173, sowie Harold C. Deutsch, Verschwörung gegen den Krieg. Der Widerstand in den Jahren 1939-1940, 2. Aufl., München 1969, S. 204.

54 Bor, Gespräche, S. 120. Vgl. Ehlers, Technik (s. Anm. 6), S. 96.

55 Hans-Hubert Hoffmann (Hg.), Das deutsche Offizierskorps 1860-1960, Boppard 1980, S. 247-250.
56 Ebd., S. 253.
57 Leo Freiherr Geyr von Schweppenburg, Gebrochenes Schwert, 2. Aufl., Berlin 1952, S. 54.
58 Der Erste Weltkrieg wird auch von Omer Bartov (vgl. Anm. 25) als Generationsscheide angesetzt. Vgl. auch den Aufsatz von Francis L. Carsten, Nationalrevolutionäre Offiziere gegen Hitler, in: Aus Politik und Zeitgeschichte. Beilage zur Wochenzeitung »Das Parlament«, Nr. 29 vom 15. 7.1964, S. 47.
59 Tresckow (Jg. 1901) rückte als Sechzehnjähriger ein und wurde am 5.6.1918 mit siebzehn Jahren Leutnant. Vgl. Frh. v. Aretin, Henning von Tresckow, S. 309. Stieff (Jg. 1901) zog 1917 in den Krieg, wurde jedoch erst 1922 in der Reichswehr zum Leutnant ernannt. Vgl. Finker, Stauffenberg, S. 170; Hans Rothfels, Ausgewählte Briefe von Generalmajor Stieff (hingerichtet am 8. August 1944), in: VjZG 2 (1954), S. 292. Groscurth (Jahrgang 1898) trat 1916 in das Heer ein und wurde, nachdem er in britische Gefangenschaft geraten war, 1916 zum Leutnant ernannt. Er kehrte erst im Oktober 1919 nach Deutschland zurück, um im Frühjahr 1920 seinen Abschied zu nehmen. Erst 1924 wurde er reaktiviert. Vgl. Helmuth Groscurth, Tagebücher eines Abwehroffiziers 1938-1940. Mit weiteren Dokumenten zur Militäropposition gegen Hitler, hg. von Helmut Krausnick und Harold C. Deutsch, Stuttgart 1970, S. 18.
60 Vgl. Zeller, Geist der Freiheit, S. 133.
61 Vgl. den eindringlichen Aufsatz von Hans Mommsen, Fritz-Dietlof Graf von der Schulenburg und die preußische Tradition, in: VjZG 32 (1984), S. 225.
62 Scheurig, Henning von Tresckow (s. Anm. 13), S. 42f.
63 Finker, Stauffenberg, S. 169.
64 Zit. nach Carsten, Nationalrevolutionäre Offiziere, S. 47.
65 Vgl. Müller, Oberst i.G. Stauffenberg, S. 93-114, wo zahlreiche Legenden, die sich um Stauffenbergs angebliche nationalsozialistische Vergangenheit gerankt haben, widerlegt werden.
66 Der von Christof Dipper, Der deutsche Widerstand und die Juden, in: Geschichte und Gesellschaft 9 (1983), S. 349-380, innerhalb des nationalkonservativen Widerstandes aufgewiesene latente Antisemitismus und die daraus gefolgerte – »wenn auch vielfach unterschwellig und ungewollt« – »antisemitische Komplizenschaft« des Widerstandes mit Hitler endete da, wo erkannt wurde, was den rassenbiologisch motivierten Vernichtungswillen Hitlers von traditioneller Judenfeindlichkeit unterschied.
67 Hoffmann, Widerstand, S. 381.
68 Zeller, Geist der Freiheit, S. 200; v. Schlabrendorff, Offiziere (s. Anm. 6), S. 62f.; Hoffmann, Widerstand, S. 316.
69 Frh. v. Gersdorff, Soldat, S. 99f., und Helmut Krausnick, Hans Hein-

rich Wilhelm, Die Truppe des Weltanschauungskrieges. Die Einsatzgruppen der Sicherheitspolizei und des SD 1938-1942, Stuttgart 1981, S. 257.

70 Rothfels, Ausgewählte Briefe, S. 300, 302.

71 Zit. nach Müller, Oberst i.G. Stauffenberg, S. 382. Vgl. auch Dipper, Der deutsche Widerstand und die Juden, S. 360.

72 Dazu ausführlich Hoffmann, Widerstand, S. 122-129.

73 Hoffmann, Widerstand, S. 125.

74 Scheurig, Henning von Tresckow, S. 96-99; Hoffmann, Widerstand, S. 311-314.

75 Scheurig, Henning von Tresckow, S. 99. Außerdem gehörten zu der Oppositionsgruppe u.a. Hans-Alexander von Voß, Hans-Ulrich von Oertzen, Albrecht Eggert, Hans Albrecht von Boddien, Georg Schulze-Büttger, Philipp Freiherr von Boeselager, Georg Freiherr von Boeselager, Walter Schmidt-Salzmann, Hans Schach von Wittenau, Carl-Ludwig Graf von Berg-Schönfeld, Edgar Graf von Matuschka, Horst Pretzell, Eberhard von Breitenbuch. Vgl. Scheurig, Henning v. Tresckow, S. 152; Hoffmann, Widerstand, S. 312-314, 327; v. Schlabrendorff, Offiziere, S. 54-57.

76 Vgl. dazu Scheurig, Henning von Tresckow, S. 121-146, sowie Hoffmann, Widerstand, S. 309-355.

77 Wichtigster Verbindungsmann zur zivilen Opposition in der Heimat war Schlabrendorff. Vgl. v. Schlabrendorff, Offiziere, S. 64-66, 71-77.

78 Vgl. dazu Hoffmann, Widerstand, S. 342f. (über Manstein), S. 343 und 351-355 (über Kluge), S. 351-353 (über Guderian); Scheurig, Henning von Tresckow, S. 150f., 166f. (über Manstein, Kluge und Küchler).

79 Vgl. Scheurig, Henning von Tresckow, S. 180, und Hoffmann, Widerstand, S. 389-392 (Attentatsversuch von Breitenbuch).

80 »Spiegelbild einer Verschwörung«, S. 88 (Aussagen von Stieff und Schulenburg); S. 410-412 (Aussage Goerdelers). Dazu Gerhard Ritter, Carl Goerdeler und die deutsche Widerstandsbewegung, Stuttgart 1954, S. 363; v. Schlabrendorff, Offiziere, S. 126.

81 Vgl. Wilhelm Ritter von Schramm, Aufstand der Generale. Der 20. Juli in Paris, 2. Aufl., München 1964, S. 70-93; Hans Speidel, Invasion 1944. Ein Beitrag zu Rommels und des Reiches Schicksal, 3. Aufl., Tübingen 1950, S. 142-144.

82 Bücheler, Hoepner, S. 169-173, hier auch S. 169 die bemerkenswerte Erklärung Hoepners gegenüber v. Kluge: »Herr General Feldmarschall, ich habe Pflichten, die höher stehen als die Pflichten Ihnen gegenüber und die Pflichten gegenüber dem Führer. Das sind die Pflichten gegenüber der mir anvertrauten Truppe.«

83 Bücheler, Hoepner, S. 181-196; Wolfgang Foerster, Generaloberst Ludwig Beck. Sein Kampf gegen den Krieg. Aus nachgelassenen Papieren des Generalstabschefs, München 1953; Rainer Pommerin, Erwin von Witzleben, in: Lill, Oberreuter (Hg.), 20. Juli, S. 349-361;

Volker Schmidtchen, Karl Heinrich von Stülpnagel, in: ebd., S. 287-306.

84 v. Schlabrendorff, Offiziere (s. Anm. 6), S. 148-151; Hans Bernd Gisevius, Bis zum bitteren Ende. Vom Reichstagsbrand bis zum 20. Juli 1944, Sonderausgabe Hamburg o. J., S. 514-521; Müller, Oberst i.G. Stauffenberg (s. Anm. 10), der S. 337 ein Urteil Stauffenbergs über den »schlauen Opportunisten« wiedergibt: »Lieber schlage ich mir zehnmal in die Schnauze, als daß ich auch nur einen Finger für Fromm rühre.«

85 Rommels Verhalten im Widerstand gegen Hitler ist umstritten. Zum inneren Kreis des aktiven Widerstands wurde er vor allem von Speidel, Invasion 1944 (s. Anm. 81), und danach von Helmut Krausnick, Erwin Rommel und der deutsche Widerstand gegen Hitler, in: Vierteljahrshefte für Zeitgeschichte, 1. Jg. (1953), S. 358-371, v. Schramm, Aufstand (s. Anm. 81), S. 24-28, und Hoffmann, Widerstand (s. Anm. 3), S. 415 f. gerechnet. Zurückhaltender v. Roon, Widerstand (s. Anm. 17), S. 185. David Irving, Rommel. Eine Biographie, Hamburg 1978, S. 451 f., 548-556, 618-621, behauptet, daß Rommel mit dem Widerstand überhaupt nichts zu tun gehabt hätte. Am zutreffendsten wohl das Fazit von Dieter Ose, Erwin Rommel, in: Lill, Oberreuter (Hg.), 20. Juli (s. Anm. 13), S. 267, Rommel sei »in einer Art ›Grauzone‹ anzusiedeln«.

86 Vgl. Scheurig, Henning von Tresckow (s. Anm. 13), S. 152 f.

87 Groscurth, Tagebücher (s. Anm. 59), S. 225 (Eintragung vom 6.11.1939).

88 Kramarz, Claus Graf Stauffenberg (s. Anm. 13), S. 132, und B. Scheurig, Henning von Tresckow (s. Anm. 13), S. 167 (Mitteilungen von Nina Gräfin von Stauffenberg).

89 Vgl. das Ermittlungsergebnis in den Kaltenbrunner-Berichten, wonach »die Werbung neuer Mitwisser und Verschwörer … meist aufgrund früherer Bekanntschaft oder Verwandtschaft erfolgte«, »Spiegelbild einer Verschwörung«, S. 523.

90 Zeller, Geist der Freiheit, S. 243, 295; J. Kramarz, Claus Graf Stauffenberg, S. 138 f., S. 154.

91 Vgl. Müller, Oberst i.G. Stauffenberg, S. 356 (zu Graf Schwerin); Albert Krebs, Fritz-Dietlof von der Schulenburg. Zwischen Staatsräson und Hochverrat, Hamburg 1965, S. 157 f. (zu Schulenburg).

92 Vgl. Frh. von dem Bussche, Eid und Schuld, S. 3 f.; Krebs, Fritz-Dietlof von der Schulenburg (s. Anm. 91), S. 215; Müller, Oberst i.G. Stauffenberg, S. 342.

93 Vgl. dazu den Beitrag von Ekkehard Klausa, Preußische Soldatentradition und Widerstand – Das Potsdamer Infanterieregiment 9 zwischen dem »Tag von Potsdam« und dem 20. Juli, in: Jürgen Schmädecke, Peter Steinbach (Hg.), Der Widerstand gegen den Nationalsozialismus, München/Zürich 1986, S. 533-545, wo von 19 Offizieren im Widerstand die Rede ist. Weniger ergiebig ist Wolfgang

Paul, Das Potsdamer Infanterie-Regiment 1918-1945. Preußische Tradition in Krieg und Frieden, Osnabrück 1983.

94 Ludwig Jedlicka, Der 20. Juli 1944 in Österreich, Wien/München 1965, S. 33-50; »Spiegelbild einer Verschwörung«, S. 27, 36, 52, 80 und 259f.; Müller, Oberst i.G. Stauffenberg, S. 355 (zu Marogna-Redwitz); Zeller, Geist der Freiheit, S. 283, 286 (zu Leonrod und Hößlin); Sigrid Wegner-Korfes, Der 20. Juli 1944 und das Nationalkomitee »Freies Deutschland«. Aus persönlichen Unterlagen der Familie von Oberst Ritter Albrecht Mertz v. Quirnheim, in: Zeitschrift für Geschichtswissenschaft, 27 (1979), S. 536f. (zu Quirnheim).

95 Vgl. v. Schramm, Aufstand, S. 43-130.

96 Vgl. die bekannte Äußerung Tresckows vom Juni 1944 bei v. Schlabrendorff, Offiziere, S. 138. Ähnliche Äußerungen Stauffenbergs a.a.O., S. 144; Kramarz, Claus Graf Stauffenberg, S. 201.

IV.1 Faschismus

1 Einige ausgewählte Literaturhinweise:
Serge Bernstein, Pierre Milza (Hg.), Dictionaire historique des fascismes et du nazisme, Paris 1992; Richard Bessel (Hg.), Fascist Italy and Nazi Germany. Comparisons and Contrasts, Cambridge 1996; Jerczy Borejsza, Schulen des Hasses. Faschistische Systeme in Europa, Frankfurt a.M. 1999; Karl Dietrich Bracher, Leo Valiani (Hg.), Faschismus und Nationalsozialismus, Berlin 1991; Enzo Collotti, Fascismo, fascismi, Florenz 1989; Christof Dipper, Rainer Hudemann, Jens Petersen (Hg.), Faschismus und Faschismen im Vergleich. Wolfgang Schieder zum 60. Geburtstag, Köln 1998; Roger Griffin (Hg.), International Fascism. Theories, causes and the New Consensus, London 1998; Walter Laqueur, Faschismus. Gestern, heute, morgen, Berlin 1997; Stein U. Larsen, Bernt Hagtved; Jan Petter Myklebust (Hg.), Who were the fascists? Social Roots of European fascism, Bergen/Oslo/Tromsö 1980; George Mosse, The Fascist Revolution. Towards a general theory of fascism, New York 1995; Ernst Nolte, Die Krise des liberalen Systems und die faschistischen Bewegungen, München 1968; Stanley G. Payne, Geschichte des Faschismus. Aufstieg und Fall einer europäischen Bewegung, München/Berlin 2001; Wolfgang Schieder (Hg.), Faschismus als soziale Bewegung. Deutschland und Italien im Vergleich, 2. Aufl. Göttingen 1983; Hans-Ulrich Thamer, Wolfgang Wippermann, Faschistische und neofaschistische Bewegungen, Darmstadt 1977; Wolfgang Wippermann, Faschismustheorien. Die Entwicklung der Diskussion von den Anfängen bis heute, 7. Aufl. Darmstadt 1997.

IV.2 Imperialismus im unfertigen Nationalstaat

1 Wolfgang J. Mommsen, Imperialismustheorien, Göttingen 1977, S. 5.
2 Vgl. z.B. Gustav Schmidt, Der europäische Imperialismus, München 1985 und sehr viel einseitiger noch Baumgart, Winfried, Der Imperialismus. Idee und Wirklichkeit der englischen und französischen Kolonialexpansion 1880-1940, Wiesbaden 1975 und vor allem Gregor Schöllgen, Das Zeitalter des Imperialismus, 3. Aufl., München 1994.
3 Hans-Ulrich Wehler, Bismarck und der Imperialismus, Köln/Berlin 1969, S. 112ff.
4 Giovanni Giolitti, Discorsi Extraparlamentari, Turin 1952, S. 220.
5 Ders., Discorsi Parlamentari, t.3, Rom 1954, S. 1431.
6 Arthur Strecker, Kartell?, In: Deutsche Volkswirtschaftliche Correspondenz, 14.02.1896.
7 Rede Johannes von Miquels im Preußischen Abgeordnetenhaus vom 15.02.1897, zit. in Johannes Miquels Reden, 4. Band: 1892-1901, Halle 1914, S. 282.
8 Giovanni Giolitti, Memorie della mia vita, t.2, Mailand 1922, S. 328.

IV.3 Die Geburt des Faschismus aus der Krise der Moderne

1 Vgl. Wolfgang Schieder, Faschismus, in: Sowjetsystem und demokratische Gesellschaft. Eine vergleichende Enzyklopädie, Freiburg 1968, S. 438f.
2 Karl Dietrich Bracher, Zeitgeschichtliche Kontroversen um Faschismus, Totalitarismus, Demokratie, München 1976, S. 35.
3 Klaus Hildebrand, Nationalsozialismus oder Hitlerismus?, in: M. Bosch (Hg.), Persönlichkeit und Struktur in der Geschichte, Düsseldorf 1977, S. 55-61.
4 Eberhard Jäckel, Hitlers Weltanschauung. Entwurf einer Herrschaft, Tübingen 1969; im folgenden zitiert: Jäckel, Weltanschauung.
5 Eine der wenigen Ausnahmen: Domenico Fisichella, Analisi del totalitarismo, Messina/Florenz 1976.
6 Jens Petersen, Die Entstehung des Totalitarismusbegriffs in Italien, in: Eckhard Jesse (Hg.), Totalitarismus im 20. Jahrhundert. Eine Bilanz der internationalen Forschung, Bonn 1996, S. 95-117.
7 Francesco Nitti, Bolschewismus, Fascismus und Demokratie, München 1926, S. 53.
8 Renzo De Felice, Interview im Corriere della Sera, 27.12.1987.
9 Renzo De Felice, Mussolini l'alleato. II. La guerra civile 1943-1945, Turin 1997. Vgl. auch ders., Rosso e Nero, Mailand 1995.
10 Stéphane Courtois (Hg.), Schwarzbuch des Kommunismus, München 1998.
11 Jens Petersen u. Wolfgang Schieder (Hg.), Faschismus und Gesell-

schaft in Italien. Staat, Wirtschaft, Kultur (Köln 1998); Rolf Wörsdörfer (Hg.), Sozialgeschichte und soziale Bewegungen in Italien 1848-1998. Forschungen und Forschungsberichte (Mitteilungsblatt des Instituts zur Erforschung der europäischen Arbeiterbewegung 21/98). Vgl. Christof Dipper, Rainer Hudemann u. Jens Petersen (Hg.), Faschismus und Faschismen im Vergleich, Köln 1998; im folgenden zitiert: Dipper u. a., Faschismus und Faschismen.

12 Vgl. dazu die Beiträge »Das italienische Experiment« (S. 149-184) sowie »Faschismus für Deutschland. Erwin von Beckerath und das Italien Mussolinis« (S. 203-221) in diesem Band.

13 Vgl. Enzo Collotti (Hg.), Fascismo, fascismi, Florenz 1989; Gustavo Corni, Fascismo e fascismi (Rom 1989).

14 Angelo Del Boca, I gas di Mussolini: Il fascismo e la guerra d'Etopia (Rom 1996); Roberto Gentilli, Guerra area sull'Etopia, 1935-1939, Florenz 1992; Brunello Mantelli, Die Italiener auf dem Balkan 1941-1943, in: Christof Dipper, Lutz Klinkhammer u. Alexander Nützenadel (Hg.), Europäische Sozialgeschichte. Festschrift für Wolfgang Schieder, Berlin 2000, S. 57-74.

15 Nicola Caracciolo, Gli ebrei e l'Italia durante la guerra 1940-45, Rom 1986; Adolfo Scalpelli (Hg.) San Sabba. Istruttoria e processo per il Lager della Risiera, Trieste 1995; Cesare Manganelli u. Brunello Mantelli, Antifascisti, Partigiani, Ebrei. I deportati alessandrini nei campi di sterminio nazisti 1943-1945, Mailand 1991; Liliana Picciotto Fargion, Il libro della memoria gli ebrei deportati dall'Italia (1943-1945), 2. Aufl. Mailand 1991; Centro Furio Jesi (Hg.), La menzogna della razza. Documenti e immagini del razzismo e dell'antisemitismo fascista, Bologna 1994; Enzo Collotti, Die Historiker und die Rassengesetze in Italien, in: Dipper u. a., Faschismus und Faschismen, S. 59-78.

16 Vgl. Gino Germani, Autoritarismo, fascismo e classi sociali, Bologna 1975; Abramo F. K. Organski, Fascism and Modernization, in: Stuart J. Woolf (Hg.), The nature of fascism, London 1968; Juan L. Linz, Same note toward a comparative study of fascism in sociological historical perspective, in: Walter Laqueur (Hg.), Fascim: A Reader's Guide. Analyses, Interpretations, Bibliography, Berkeley/Los Angeles 1976, S. 3-121; Alan Cassels, Janus: The two faces of fascism, in: The Canadian Historical Association, Historical Papers, Ottawa 1969, S. 165-184.

17 James A. Gregor, Italian fascism and developmental dictatorship, Princeton 1979; Paul Corner, Fascist agrarian policy and the Italian economy in the inter-war-years, in: John A. Davis (Hg.), Gramsci and Italys passive revolution, London 1979, S. 239-274; John S. Cohen, Rapporti agricoltura – industria e sviluppo agricolo, in: Pierluigi Ciocca, Gianni Toniolo (Hg.), L'economia italiana nel periodo fascista, Bologna 1976, S. 379-407; Bruno Wanrooij, Mobilitazione, modernizzazione, tradizione, in: Giovanni Sabbatucci, Vittorio Vidotto

(Hg.), Storia d'Italia. 4. Guerre e Fascismo 1914-1943, Rom 1998, S. 379-440.

18 Ralf Dahrendorf, Gesellschaft und Demokratie in Deutschland, München 1968.

19 David Schoenbaum, Die braune Revolution. Eine Sozialgeschichte des Dritten Reiches, Köln/Berlin 1968, S. 345.

20 Horst Matzerath, Heinrich Volkmann, Modernisierungstheorie und Nationalsozialismus, in: Jürgen Kocka (Hg.), Theorien in der Praxis des Historikers, Göttingen 1977, S. 99.

21 Hans Mommsen, Nationalsozialismus als vorgetäuschte Modernisierung, in: Walter H. Pehle (Hg.), Der historische Ort des Nationalsozialismus. Annäherungen, Frankfurt a. M. 1990, S. 31-46.

22 Henry A. Turner, Faschismus und Kapitalismus in Deutschland. Studien zum Verhältnis zwischen Nationalsozialismus und Faschismus, Göttingen 1972, S. 169.

23 Jeffrey Herf, Reactioary modernism. Technology, culture and politics in Weimar and in the Third Reich, Cambridge 1984.

24 Götz Aly, Susanne Heim (Hg.), Bevölkerungsstruktur und Massenmord. Neue Dokumente zur deutschen Politik der Jahre 1938-1945, Berlin 1991, S. 12; im folgenden zitiert: Aly, Heim, Bevölkerungsstruktur.

25 Vgl. Götz Aly u. a., Sozialpolitik und Judenvernichtung. Gibt es eine Ökonomie der Endlösung?, Berlin 1987.

26 Vgl. dazu die scharfsinnige Kritik von Dan Diner, Rationalisierung und Methode. Zu einem neuen Erklärungsversuch der »Endlösung«, in: VjZG 40 (1992), S. 359-382.

27 Norbert Frei, Wie modern war der Nationalsozialismus?, in: GG 19 (1999), S. 371.

28 Rainer Zitelmann, Hitler, Selbstverständnis eines Revolutionärs, 2. Aufl. Stuttgart 1989, S. 48.

29 Michael Prinz, Rainer Zitelmann (Hg.), Nationalsozialismus und Modernisierung, Darmstadt 1991.

30 Götz Aly, Susanne Heim, Vordenker der Vernichtung. Auschwitz und die deutschen Pläne für eine neue europäische Ordnung, Hamburg 1991.

31 Frei, Nationalsozialismus, S. 375.

32 Vgl. Christof Dipper, Modernisierung des Nationalsozialismus, in: NPL 36 (1991), S. 450-456.

33 Rainer Zitelmann, Die totalitäre Seite der Moderne, in: Prinz, Zitelmann, Nationalsozialismus, S. 1-20.

34 Günter Könke, »Modernisierungsschub« oder relative Stagnation? Einige Anmerkungen zum Verhältnis von Nationalsozialismus und Moderne, in: GG 20 (1994), S. 586.

35 Detlev Peukert, Volksgenosse und Gemeinschaftsfremder. Anpassung, Ausmerze und Aufbegehren unter dem Nationalsozialismus, Köln 1982, S. 296.

36 Detlev Peukert, Max Webers Diagnose der Moderne, Göttingen 1989, S. 65.
37 Vgl. dazu Anthony D. Smith, National Identity, London 1993.
38 Vgl. dazu ausführlicher den Beitrag »Das Deutschland Hitlers und das Italien Mussolinis« in diesem Band (S. 377-396).
39 Giovanni Giolitti, Discorsi extraparlamentari. A cura di Nino Valeri, Turin 1952, S. 220.
40 Vgl. dazu den Beitrag »Imperialismus im unfertigen Nationalstaat« in diesem Band, S. 341-352.
41 Johannes Miquel, Reden, 4. Bd.: 1892-1901, Halle 1914, S. 282.
42 Giovanni Giolitti, Memorie della mia vita, Bd. 2, Mailand 1922, S. 287.
43 Einer der ersten Belege in der Jubiläumsnummer des Simplizissimus vom 1.1.1920 (»Jenseits«).
44 Vgl. dazu den Beitrag »Der Strukturwandel der faschistischen Partei Italiens in der Phase der Herrschaftsstabilisierung« in diesem Band (S. 73-97).
45 Jäckel, Weltanschauung; Ernst Nolte, Der Faschismus in seiner Epoche, 5. Aufl. München/Zürich 1979; Zitelmann, Hitler.
46 James A. Gregor, L'ideologia del fascismo, Mailand 1974; Emilio Gentile, Le origini dell'ideologia fascista 1918-1925, Bari 1975.
47 Vgl. den Beitrag »Die Zukunft der Avantgarde« in diesem Band (S. 57-72).
48 Vgl. dazu Giuseppe Parlato, La Sinistra fascista. Storia di un progetto mancato, Bologna 2000.
49 Vgl. dazu Ute Frevert, Frauengeschichte zwischen bürgerlicher Verbesserung und neuer Weiblichkeit, Frankfurt a. M. 1986; Claudia Koonz, Mothers in the Fatherland, New York 1987; Victoria de Grazia, Le donne nel regime fascista, Venezia 1993; Maria Fraddosio, The Fallen Hero: The Myth of Mussolini and Fascist Women in the Italian Social Republic (1943-5), in: Journal of Contemporary History 31 (1996), S. 99-124; Dianella Gagliani, Mariuccia Salvati (Hg.), Donne e spazio nel processo di modernizzazione, Bologna 1995; Perry Wilson, The Clockwork Factory. Women and Work in Fascist Italy, Oxford 1993.

IV.4 Das Deutschland Hitlers und das Italien Mussolinis

1 Vgl. dazu die Anthologien von Renzo De Felice (Hg.), Il fascismo e i partiti politici italiani. Testimonianze del 1921-1923, Bologna 1966; ders., Il fascismo. Le interpretazioni dei contemporanei e degli storici, Bari 1970, dt. u. d. T. Die Deutungen des Faschismus, Göttingen 1980; Costanzo Casucci (Hg.), Il fascismo. Antologia di scritti critici, Bologna 1982; Ernst Nolte, Theorien über den Faschismus, Köln/Berlin 1967; Gerhard Schulz, Faschismus – Nationalsozialismus. Versionen und theoretische Kontroversen 1922-1972, Berlin/Wien 1974.

2 Einen knappen, aber zuverlässigen Überblick gibt Wolfgang Wippermann, Faschismustheorien. Zum Stand der gegenwärtigen Diskussion, Darmstadt 1972. Vgl. auch A. James Gregor, Interpretations of Fascism, Morristown N.J. 1974, und Henry A. Turner (Hg.), Reappraisals of Fascism, New York 1976.

3 Zum kommunistischen Faschismusbegriff vgl. aus orthodoxer Sicht: Elfriede Lewerenz, Die Analyse des Faschismus durch die Kommunistische Internationale, Berlin 1975; aus kritischer marxistischer Sicht: Gert Schäfer, Die Kommunistische Internationale und der Faschismus, Offenbach 1976; Nicos Poulantzas, Faschismus und Diktatur. Die Kommunistische Internationale und der Faschismus, München 1973; Claudio Natoli, La Terza Internazionale e il Fascismo, Rom 1982; Texte (allerdings nicht immer zuverlässig ediert) bei Theo Pirker (Hg.), Komintern und Faschismus 1920-1940, Stuttgart 1965; zur Faschismustheorie häretischer Kommunisten: Der Faschismus in Deutschland. Analysen der KPD-Opposition aus den Jahren 1928-1933, Frankfurt a.M. 1973; Wolfgang Wippermann, Die Bonapartismustheorie von Marx und Engels, Stuttgart 1983; zur Faschismustheorie kritischer Marxisten: Michael Wilson, Das Institut für Sozialforschung und seine Faschismusanalysen, Frankfurt a.M. 1982. Grundsätzliche, sehr überzeugende Auseinandersetzung mit sämtlichen marxistischen Positionen bei Heinrich August Winkler, Die »neue Linke« und der Faschismus. Zur Kritik marxistischer Theorien über den Nationalsozialismus, in: ders., Revolution, Staat, Faschismus, Göttingen 1978, S. 65-117.

4 Vgl. dazu Hans Buchheim, Totalitäre Herrschaft. Wesen und Merkmale, München 1962, S. 11-42, und Schulz, Faschismus – Nationalsozialismus, S. 101-146.

5 Vgl. Bruno Seidel, Siegfried Jentner (Hg.), Wege der Totalitarismus-Forschung, 3. Aufl. Darmstadt 1974; Walter Schlangen, Die Totalitarismustheorie. Entwicklung und Probleme, Stuttgart 1976; Karl Dietrich Bracher, Der umstrittene Totalitarismus: Erfahrung und Aktualität, in: ders., Zeitgeschichtliche Kontroversen um Faschismus, Totalitarismus, Demokratie, München 1976, S. 33-61.

6 Stellvertretend seien hier nur die einschlägigen Veröffentlichungen von Reinhard Kühnl genannt: Reinhard Kühnl, Deutschland zwischen Demokratie und Faschismus, München 1968; ders. Formen bürgerlicher Herrschaft. Liberalismus und Faschismus, Reinbek 1971; ders. (Hg.), Texte zur Faschismusdiskussion I, Reinbek 1974; ders. (Hg.), Faschismustheorien. Ein Leitfaden. Texte zur Faschismusdiskussion II, Reinbek 1979; ders. (Hg.), Der deutsche Faschismus in Quellen und Dokumenten, Göttingen 1975. Kühnl vertritt in scheinbarer Absetzung von der orthodox-kommunistischen Agententheorie eine funktionalistische Faschismustheorie. Hitler und Mussolini wird von ihm zwar in ihren Regimen eine »relative Autonomie« zugebilligt, die angeblich »objektive Funktion«, die sie bei der gewalt-

samen Aufrechterhaltung der bürgerlich-kapitalistischen Gesellschaftsordnung erfüllt hätten, macht sie aber letzten Endes doch wieder unwissentlich zu Handlangern des »großen Kapitals«. Kühnl macht so in seinen Schriften die Aporie sinnfällig, vor der alle neomarxistischen Faschismustheorien stehen. Billigen sie Hitler und Mussolini einen eigenständigen politischen Handlungsspielraum zu, ist ihre Argumentation nicht mehr marxistisch; lassen sie ihnen nur eine relative Handlungsfreiheit, unterscheiden sie sich in ihrer Interpretation allenfalls graduell von der orthodox-marxistischen Position kommunistischer Historiker.

7 Vgl. z.B. Gilbert Allardyce, What fascism is not: Thoughts on the deflation of a concept, in: American Historical Review 84 (1979), S. 388: »Full of emotion and empty of real meaning, the word fascism is one of the most abused and abusive in our political vocabulary.« Ähnlich auch Bernd Martin, Zur Tauglichkeit eines übergreifenden Faschismus-Begriffs in: VjZG 29 (1981), S. 48-73 (beide jedoch nicht in voller Kenntnis der Forschung über den italienischen Faschismus).

8 Karl Dietrich Bracher, Schlüsselwörter in der Geschichte. Mit einer Betrachtung zum Totalitarismusproblem, Düsseldorf 1978, S. 104. Vgl. auch ders., Zeitgeschichtliche Kontroversen, S. 33f.; ders., Zeit der Ideologien. Eine Geschichte politischen Denkens im 20. Jahrhundert, Stuttgart 1981, S. 122ff., S. 155ff.

9 Vgl. dazu Totalitarismus und Faschismus. Eine wissenschaftliche und politische Begriffskontroverse. Kolloquium im Institut für Zeitgeschichte am 24. November 1978, München/Wien 1980, S. 45ff., S. 56ff. Für eine gleichzeitige Verwendung der Begriffe »Faschismus« und »Totalitarismus« plädiert auch Karl Dietrich Erdmann, Nationalsozialismus – Faschismus – Totalitarismus, in: Geschichte in Wissenschaft und Unterricht 27 (1976), S. 457-469, und, allerdings zurückhaltender, Schulz, Faschismus – Nationalsozialismus, S. 147ff.

10 Vgl. dazu meinen Artikel Faschismus, in: Sowjetsystem und Demokratische Gesellschaft, Bd. 2, Freiburg/Basel/Wien 1968, bes. Sp. 451-54 und 468-74.

11 Der Begriff »verspätete Nation« wird im Anschluß an Helmuth Plessner, Die verspätete Nation, Stuttgart 1959, verwendet, aber ausdrücklich nicht nur auf Deutschland, sondern auch auf Italien bezogen. Damit folge ich nicht der Kritik von David Blackbourn, Geoff Eley, Mythen deutscher Geschichtsschreibung. Die gescheiterte bürgerliche Revolution von 1848, Frankfurt a.M./Berlin/Wien 1980, die das Paradigma vom »deutschen Sonderweg« überhaupt in Frage stellen. Ich bin vielmehr der Auffassung, daß sich der nationale Modernisierungsprozeß in Deutschland auf eine mit dem in Italien vergleichbare Weise vollzog. Vgl. dazu vor allem Theodor Schieder, Typologie und Erscheinungsformen des Nationalstaats in Europa, in: HZ 202 (1966), S. 58-81, der die deutsche und die italienische Nationalstaatsgründung einer »zweiten Phase [...] der Entstehung von Na-

tionalstaaten aus staatlich getrennten Teilen von Nationen« zurechnet (S. 63), sowie Juan J. Linz, Political Space as a Late-Comer: Conditions Conducive to the Success or Failure of Fascism as a Mass Movement in Inter-War Europe, in: Stein Ugelvik Larsen, Bernt Hagtvet u. Jan Peter Myklebust (Hg.), Who were the Fascists? Social Roots of European Fascism, Bergen/Oslo/Tromsö 1980, S. 153-189. Zu Italien vgl. Maurice F. Neufeld, Italy: School für Awaking Countries. The Italian Labour Movement in its Political, Social and Economic Setting from 1800 to 1960, Ithaca N.Y. 1961; Hartmut Ullrich, Bürgertum und nationale Bewegung im Italien des Risorgimento, in: Otto Dann (Hg.), Nationalismus und sozialer Wandel, Hamburg 1978, S. 129-156; Wolfgang Schieder, Aspekte des italienischen Imperialismus vor 1914, in: Wolfgang J. Mommsen (Hg.), Der moderne Imperialismus, Stuttgart 1971, S. 140-171. Die italienische Geschichtsforschung hat die Ansätze vergleichender Modernisierungsforschung bisher nur zögernd aufgenommen. Vgl. aber Alberto Caracciolo (Hg.), La formazione dell'Italia Industriale. Discussioni e ricerche, Bari 1963; Rosario Romeo, Problemi storico-sociali dei movimento nazionale in Italia, in: Theodor Schieder, Peter Burian (Hg.), Sozialstruktur und Organisation europäischer Nationalbewegungen, München 1971, S. 39-49; Alberto Aquarone, Alla ricerca dell'Italia liberale, Napoli 1972.

12 Vgl. zur Parallelität der Ausgangssituation in Deutschland und Italien: Ernst Nolte, Die Krise des liberalen Systems und die faschistischen Bewegungen, München 1968, S. 33-69; Charles S. Maier, Recasting Bourgeois Europe. Stabilization in France, Germany and Italy in the Decade after World War I, Princeton 1975, bes. S. 135-193; Juan J. Linz, Political Space and Fascism, S. 173-176; ders., Some Notes toward a Comparative Study of Fascism in Sociological Historical Perspective, in: Walter Laqueur (Hg.), Fascism. A Reader's Guide. Analyses, Interpretations, Bibliography, Berkeley/Los Angeles 1976, S. 33-36.

13 Die Parole von der *vittoria mutilata*, dem ›verstümmelten Sieg‹, war eine Erfindung D'Annunzios, der damit im Corriere della Sera vom 24.10.1918 seine nationalistische Kampagne begann, die schließlich zur Besetzung von Fiume durch von ihm geführte Freischaren führte. Vgl. dazu Roberto Vivarelli, Il Dopoguerra in Italia e l'Avvento del Fascismo (1918-1922) I: Dalla fine della guerra all'impressa di Fiume, Neapel 1967, S. 473 ff.; Renzo De Felice, Mussolini il rivoluzionario 1883-1920, Turin 1965, S. 528 ff. Allgemein zur Krise des italienischen Nationalismus: Mario Isnenghi, Il mito della grande guerra da Marinetti a Malaparte, Rom/Bari 1973; Luisa Mangoni, L'interventismo della cultura. Intellettuali e riviste dei fascismo, Rom/Bari 1974; Emilio Gentile, Le origini dell'ideologia fascista (1918-1925), Rom/Bari 1975.

14 Daß die vorübergehenden Interessenbündnisse zwischen organisierter Arbeiterbewegung und dieser traditionell feindlich gegenüberstehenden Gruppierungen nicht nur ein deutsches Phänomen waren, ist

wenig beachtet worden. Vgl. zu Deutschland: Wolfgang Sauer, Das Bündnis Ebert–Groener. Eine Studie über die Notwendigkeit und Grenzen der militärischen Macht, Diss. phil. FU Berlin 1956, S. 41 ff., sowie Ulrich Kluge, Soldatenräte und Revolution. Studien zur Militärpolitik in Deutschland 1918/19, Göttingen 1975, S. 143 ff.; zu Italien: Paolo Alatri, Nitti, D'Annunzio e la questione adriatica (1919-1920), Mailand 1959, S. 198; Renzo De Felice, Mussolini il rivoluzionario, S. 546 ff., S. 599 f.; Enzo Santarelli, Storia del movimento e del regime fascista, Bd. 1, Rom 1967, S. 121 ff., 157 ff.; Vivarelli, Dopoguerra, S. 385 ff.

15 Es ist bisher nicht geklärt, wer die griffige Formel »Republik ohne Republikaner« geprägt hat. Sie wird in der wissenschaftlichen Literatur ohne weiteres als bekannt vorausgesetzt. Vgl. z.B. Alfred Milatz, Wähler und Wahlen in der Weimarer Republik, 2. Aufl. Bonn 1968, S. 116; Werner Conze, Die Zeit Wilhelms II. und die Weimarer Republik. Deutsche Geschichte 1890-1933, Tübingen/Stuttgart 1964, S. 179 f.; Karl-Dietrich Erdmann, Die Zeit der Weltkriege. 1. Teilband, Stuttgart 1973, S. 227, oder Hagen Schulze, Weimar. Deutschland 1917-1933, Berlin 1982, S. 222.

16 Parlamentswahlen in Deutschland

Parteien	*19.1.1919*	*6.6.1920*
KPD USPD	– 22	4 84
SPD	163	102
Zentrum BVP	91 –	64 21
DDP	75	39
DVP DNVP	19 44	65 71
Sonstige	7	9
Summe der Abgeordneten	421	459

Quelle: Errechnet nach Paolo Farneti, La Crisi della Democrazia Italiana e l'Avvento del Fascismo 1919-1922, in: Rivista Italiana die Scienze Politiche V (1975), S. 57 und Joseph Baglieri, Italian Fascism and the Crisis of Liberal Hegemony: 1901-1922, in: Larsen, Hagtvet, Myklebust, Who were the Fascists, S. 321 f., 332 f. Auf Grund der fluktuierenden Organisationsstruktur der liberalen Parteien Italiens sind klare Abgrenzungen nur bedingt möglich.

17 Vgl. zu Italien: Renzo De Felice, Mussolini il fascista. I. La conquista del potere 1921-1925, Turin 1966, S. 89 ff.; Paolo Spriano, Storia del Partito Comunista Italiano. I. Da Bordiga a Gramsci, Turin 1967,

S. 78ff.; G. Bosio, La grande paura. Settembre 1920. L'occupazione delle fabbriche nei verbali inediti delle riunioni degli stati generali del movimento operaio, Rom 1970; Carlo Vallauri, L'atteggiamento del governo Giolitti di fronte all'occupazione delle fabbriche, 3. Aufl. Mailand 1974; Gentile, Origini, S. 154ff.; zu Deutschland: Zum Beispiel Peter Lösche, Der Bolschewismus im Urteil der deutschen Sozialdemokratie 1903-1920, Berlin 1967, S. 250ff.; Francis L. Carsten, Revolution in Mitteleuropa 1918-1919, Köln 1973, S. 261ff.; Karl Dietrich Bracher, Die Krise Europas 1917-1975, Frankfurt a.M./Berlin/Wien 1976, S. 34ff., S. 122ff.

18 Vgl. dazu den wichtigten Band von Peter Hertner, Giorgio Mori (Hg.), La transizione dell'economia di guerra all'economia di pace in Italia e in Germania dope la prima guerra mondiale, Bologna 1983.

19 Vgl. zum folgenden Abschnitt den von mir hg. Sammelband »Faschismus als soziale Bewegung«, 2. Aufl. Göttingen 1983, mit Beiträgen von Michael H. Kater, Heinrich August Winkler und Hans Mommsen zur NSDAP, sowie Jens Petersen, Ernst Nolte und dem Herausgeber zum PNF. Von der NSDAP »als einer »Integrationspartei aller sozialen Schichten« spricht unabhängig davon auch Gerhard Schulz, Aufstieg des Nationalsozialismus. Krise und Revolution in Deutschland, Berlin/Frankfurt a.M. 1975, S. 552. Vgl. ferner Michael H. Kater, The Nazi Party. A Social Profile of Members and Leaders 1919-1945, Oxford 1983. Eine entsprechende Arbeit zum PNF fehlt. Auf das Organisatorische beschränkte Ansätze bei Paolo Pombeni, Demagogia e Tirannide. Uno studio sulla forma-partito dei fascismo, Bologna 1984.

20 Vgl. zu Italien: Giovanni Sabbatucci, I Combattenti nel Prima Dopoguerra, Bari 1974; Renzo De Felice, Sindacalismo rivoluzionario e fiumanesimo nel carteggio De Ambris–D'Annunzio (1919-1922), Brescia 1966; Ferdinando Cordova, Arditi e legionari dannunziani, Padova 1969; Adrian Lyttelton, The Seizure of Power. Fascism in Italy 1919-1929, London 1973, S. 53ff. Aus der reichhaltigen Literatur zu den entsprechenden Wehrverbänden in Deutschland ist zu nennen Andreas Werner, SA und NSDAP. Studien zur Geschichte der SA und der NSDAP 1920-1933, Diss. phil. Erlangen/Nürnberg 1964; Hagen Schulze, Freikorps und Republik 1918-1920, Boppard 1969; Hans-Joachim Mauch, Nationalistische Wehrorganisationen in der Weimarer Republik. Zur Entwicklung und Ideologie des »Paramilitarismus«, Frankfurt a.M./Bern 1982; Peter Merkl, Political Violence under the Swastika. 581 Early Nazis, Princeton 1975.

21 Vgl. zu Deutschland z.B. Karl Dietrich Bracher, Die deutsche Diktatur. Entstehung, Struktur, Folgen des Nationalsozialismus, Köln/Berlin 1969, S. 202, wo von einer »Doppeltaktik der Legalitätspolitik mit revolutionärem Ziel« die Rede ist, oder Joachim Fest, Hitler. Eine Biographie, Frankfurt a.M./Berlin/Wien 1973, der auf S. 401ff. besonders ausführlich die taktischen Motive von Hitlers Legalitätskon-

zept herausarbeitet. – Goebbels, Göring, aber auch Hitler selbst, haben sich bei zahlreichen Gelegenheiten unverhüllt zu dieser politischen Taktik bekannt. Vgl. z.B. die von ihm beeidigten Zeugenaussagen Hitlers im Ulmer Reichswehrprozeß vor dem Reichsgericht vom September 1930 bei Peter Bucher, Der Reichswehrprozeß. Der Hochverrat der Ulmer Reichswehroffiziere 1929/30, Boppard 1967, S. 268: »Meine Gegner haben nur ein Interesse: die Bewegung als staatsfeindlich hinzustellen, weil sie sehen, daß sie sich auf vollständig legalem Wege den Staat erobert. Allerdings, sie haben Recht, daß ein legaler Sieg eine vollständige Umwälzung bedeutet. Wir werden einen Staat von Eigenstärke wiederherstellen, das wird die Umwälzung sein.« Goebbels bemerkte zu diesem Auftritt Hitlers: »Ich halte diesen Eid nur einen genialen Schachzug. Was wollen die Brüder danach noch gegen uns machen? Sie haben doch nur darauf gewartet, zupacken zu können. Nun sind wir streng legal, egal legal.« Vgl. auch Görings Äußerung in der Frankfurter Zeitung vom 26.9.1930: »Wir kämpfen gegen diesen Staat und das gegenwärtige System, weil wir sie restlos vernichten wollen, aber auf legalem Wege.« Beide Zitate nach Fest, Hitler, S. 405 f. – Zu Italien vgl. Santarelli, Storia I, S. 307, der von einer »doppelgleisigen Taktik« des Faschismus spricht. Auch er kann sich dabei auf öffentliche Erklärungen Mussolinis stützen, z.B. auf dessen letzte Parlamentsrede vor dem ›Marsch auf Rom‹ am 19.7.1922: »Der Faschismus wird sein innerstes Problem, ob er eine gesetzmäßige Partei (*Partito legalitario*), d.h. eine Regierungspartei (*Partito di governo*), oder eine Aufstandsbewegung (*Partito insurrezionale*) sein will, in Kürze lösen.« Zit. nach Benito Mussolini, Opera omnia, Bd. XVIII, Florenz 1956, S. 219. Bekannter ist Mussolinis Regierungserklärung vom 16.11.1922 in der ersten Parlamentssitzung nach der Machtergreifung: »Ich konnte aus diesem dumpfen und tristen Saal ein Biwak für meine Scharen machen, ich konnte das Parlament schließen lassen und eine Regierung ausschließlich aus Faschisten bilden. Ich konnte es tun: Aber ich habe es, wenigstens in dieser ersten Zeit, nicht tun wollen.« Ebd., Bd. XIX, S. 15 f.

22 Dokumentation des Forschungsstandes für den 30.1.1933 in dem Band: Deutschlands Weg in die Diktatur. Internationale Konferenz zur nationalsozialistischen Machtübernahme im Reichstagsgebäude zu Berlin. Referate und Diskussionen. Ein Protokoll, Berlin 1983. Über die italienische Diskussion unterrichtet am besten Jens Petersen in seinem Nachwort zu Renzo De Felice, Der Faschismus. Ein Interview von Michael A. Ledeen, Stuttgart 1977, S. 114-144. Vgl. ferner den aus einem Kolloquium des Instituts zur Zeitgeschichte hervorgegangenen Band: Der italienische Faschismus. Probleme und Forschungstendenzen, München/Wien 1983, mit Beiträgen von Jens Petersen, Sergio Romano, Roberto Vivarelli, Adrian Lyttelton und dem Autor dieses Beitrages.

23 Einen repräsentativen Überblick über diese vor allem von der DDR-

Forschung vertretenen Auffassung bei Dietrich Eichholtz u. Kurt Gossweiler (Hg.), Faschismusforschung. Positionen, Probleme, Polemik, Köln 1980. Vgl. auch Kurt Gossweiler, Kapital, Reichswehr und NSDAP 1919-1924, Köln 1982. Zu Italien vgl. die überzeugende Kritik von Jens Petersen, Faschismus und Industrie in Italien 1919-1929, in: Gesellschaft. Beiträge zur Marxschen Theorie 7 (1976), S. 133-189.

24 Piero Melograni, Gli Industriali e Mussolini. Rapporti tra confindustria e fascismo dal 1919 al 1929, 2. Aufl. Mailand 1980; Renzo De Felice, Primi elementi sul finanziamento del fascismo dalle origini al 1924, in: Rivista Storica del Socialismo 7 (1964), S. 223-251; Henry A. Turner, Faschismus und Kapitalismus in Deutschland. Studien zum Verhältnis zwischen Nationalsozialismus und Wirtschaft, 2. Aufl. Göttingen 1980; Horst Matzerath u. Henry A. Turner, Die Selbstfinanzierung der NSDAP 1930-1932, in: GG 3 (1977), S. 59-92; Reinhard Neebe, Großindustrie, Staat und NSDAP 1930-1933. Paul Silverberg und der Reichsverband der deutschen Industrie in der Krise der Weimarer Republik, Göttingen 1981.

25 So im Grunde Dirk Stegmann, Zum Verhältnis von Großindustrie und Nationalsozialismus 1930-1933. Ein Beitrag zur Geschichte der sogenannten Machtergreifung, in: Archiv für Sozialgeschichte 13 (1973), S. 399-482. Vgl. auch Eike Hennig, Bürgerliche Gesellschaft und Faschismus in Deutschland. Ein Forschungsbericht, Frankfurt a.M. 1977, bes. S. 257ff., sowie vor allem die abgewogene Beurteilung des Gesamtproblems durch Eberhard Kolb, Die Weimarer Republik, München/Wien 1984, S. 121ff. – Zu Italien vgl. vor allem Lyttelton, Seizure, S. 207ff., der herausarbeitet, daß die führenden Industriellen Italiens nicht auf die faschistische Bewegung, sondern auf Mussolini persönlich setzten. Ähnlich auch Valerio Castronovo, Il potere economico eil fascismo, in: Guido Quazza (Hg.), Fascismo e societa italiana, Turin 1973, S. 45-88.

26 Vgl. zu Giolitti: Antonino Rèpaci, La marcia su Roma, 2. Aufl. Mailand 1972, S. 750ff.; Melograni, Confindustria, S. 33f.; De Felice, Mussolini il fascista I, S. 304ff., S. 327ff.; zu v. Papen: Grundlegend schon Bracher, Auflösung, S. 686ff.; ders., Die deutsche Diktatur, S. 218ff.; Turner, Faschismus und Kapitalismus, S. 145ff., sowie Schulz, Aufstieg des Nationalsozialismus, S. 738ff., und Gerald D. Feldman, Die Mittelschichten in der Krise der Weimarer Republik 1930-1933, in: Karl Holl (Hg.), Wirtschaftskrise und liberale Demokratie. Das Ende der Weimarer Republik und die gegenwärtige Situation, Göttingen 1978, S. 119.

27 Vgl. Axel Kuhn, Die Unterredung zwischen Hitler und Papen im Hause des Baron von Schröder, in: Geschichte in Wissenschaft und Unterricht 24 (1973), S. 709-718. De Felice, Mussolini il fascista I, S. 327ff., S. 373f.

28 Die Formel von der *Contro-Rivoluzione Preventiva* wurde von dem Anarchisten Luigi Fabbri, La contro-rivoluzione preventiva, Bologna

1922, geprägt. Angelo Tasca, Nascita e avvento del fascismo. L'Italia dal 1918 al 1922, Bd. I, Florenz 1965, S. 143 ff., faßte darunter präziser den Aufstieg des Agrarfaschismus in Norditalien zusammen. Zur Sache vgl. auch De Felice, Mussolini il fascista I, S. 3 ff.; Lyttelton, Seizure, S. 54 ff. Als Beispiele regionaler Untersuchungen für die Verschränkung agrarischer und faschistischer Interessen seien genannt: Simona Colarizi, Dopoguerra e fascismo in Puglia (1919-1926), Bari 1971, S. 39 ff.; Paul R. Corner, Il Fascismo a Ferrara 1915-1925, Roma-Bari 1974, S. 119 ff.; Francesco Piva, Lotte contadini e origini del fascismo. Padova–Venezia: 1919-1922, Venedig 1977, S. 185 ff.; Anthony L. Cardozo, Agrarian elites and Italian Fascism. The Province of Bologna 1901-1926, Princeton 1982.

29 Vgl. dazu Dieter Gessner, Agrarverbände in der Weimarer Republik. Ökonomische und soziale Voraussetzungen der gouvernementalen und oppositionellen Politik der Agrarkonservativen bis 1933, Düsseldorf 1976, S. 219 ff.; ders., Agrardepression und Präsidialregierungen in Deutschland 1930 bis 1933. Probleme des Agrarprotektionismus am Ende der Weimarer Republik, Düsseldorf 1977, S. 179 ff.

30 Vgl. dazu die grundlegenden Arbeiten von Manfred Messerschmidt, Die Wehrmacht im NS-Staat. Zeit der Indoktrination, Hamburg 1969, und von Klaus-Jürgen Müller, Das Heer und Hitler. Armee und nationalsozialistisches Regime 1933-1940, Stuttgart 1969. Zu den allerdings weniger erforschten Zusammenhängen in Italien vgl. Giorgio Rochat, Il ruolo delle forze armate nel regime fascista: conclusioni provvisorie e ipotesi di lavoro, in: Rivista di storia contemporanea 1 (1972), S. 188-199; ders., L'esercito e il fascismo, in: Quazza (Hg.), Fascismo S. 89-123; ders., Mussolini e le forze armate, in: Alberto Aquarone u. Maurizio Vernassa (Hg.), Il regime fascista, Bologna 1974, S. 113-139; De Felice, Mussolini il fascista I, S. 323 ff.

31 Vgl. dazu Danilo Veneruso, La vigilia del fascismo. Il primo ministero Facta nella crisi dello stato liberale in Italia, Bologna 1968, S. 319 ff.

32 Vgl. Wolfgang Runge, Politik und Beamtentum im Parteienstaat. Die Demokratisierung der politischen Beamten in Preußen zwischen 1918 und 1933, Stuttgart 1965, S. 237 ff.; Hans Mommsen, Beamtentum im Dritten Reich. Mit ausgewählten Quellen zur nationalsozialistischen Beamtenpolitik, Stuttgart 1966, S. 13 ff.

33 Vgl. dazu Hans-Peter Ehni, Bollwerk Preußen? Preußen-Regierung, Reich-Länder-Problem und Sozialdemokratie 1928-1932, Bonn 1975, und Christoph Graf, Politische Polizei zwischen Demokratie und Diktatur. Vom Staatsschutzorgan der Weimarer Republik zum Geheimen Staatspolizeiamt des Dritten Reiches, Berlin 1983 (mit einer allerdings problematischen Kontinuitätsthese).

34 Vgl. zu den Blocci Nazionali: Tasca, Nascita e avvento I, S. 192 ff.; De Felice, Mussolini il fascista I, S. 78 ff.; Santarelli, Storia I, S. 235 ff.; zur Harzburger Front: John A. Leopold, Alfred Hugenberg. The Radical Nationalist Campaign against the Weimar Republic, New Haven/

London 1977, S. 97ff.; Volker Berghahn, Der Stahlhelm. Bund der Frontsoldaten 1918-1935, Düsseldorf 1966, S. 179ff. Daß Mussolinis Eintritt in die von Giolitti organisierten Blocci Nazionali Hitler zu dem Bündnis mit Hugenbergs DNVP und dem Stahlhelm bewog, hat er selbst bestätigt. Vgl. dazu Fest, Hitler, S. 420. Es spricht sogar vieles dafür, daß Hitler diesen taktischen Schritt auf Empfehlung von Mussolinis Berliner Mittelsmann Giuseppe Renzetti getan hat. Vgl. dazu vorläufig Renzo De Felice, Mussolini e Hitler. I Rapporti Secreti 1922-1933, Florenz 1975, S. 211ff., und Klaus Peter Hoepke, Die deutsche Rechte und der italienische Faschismus. Ein Beitrag zum Selbstverständnis und zur Politik von Gruppen und Verbänden der deutschen Rechten, Düsseldorf 1968, S. 306ff.

35 Vgl. hierzu vor allem die vergleichende Studie von MacGregor Knox, Conquest, Foreign and Domestic, in Fascist Italy and Nazi Germany, in: Journal of Modern History 58 (1984), S. 1-57. Vgl. zu Deutschland: Wolfgang Michalka, Die nationalsozialistische Außenpolitik im Zeichen eines »Konzeptionen-Pluralismus«. Fragestellungen und Forschungsaufgaben, in: Manfred Funke (Hg.), Hitler, Deutschland und die Mächte. Materialien zur Außenpolitik des Dritten Reiches, Düsseldorf 1976, S. 46-62; ders., Ribbentrop und die deutsche Weltpolitik, 1930-1940. Außenpolitische Konzeptionen und Entscheidungsprozesse im Dritten Reich, München 1980; Klaus Hildebrand, Innenpolitische Antriebskräfte der nationalsozialistischen Außenpolitik, in: Wolfgang Michalka (Hg.), Nationalsozialistische Außenpolitik, Darmstadt 1978, S. 175-197. Dazu bes. Alfred Kube, Zweiter Mann des »Dritten Reiches«. Hermann Görings Rolle in der deutschen Außen- und Wirtschaftspolitik von 1933-1939, München 1985. Vgl. zu Italien: Jens Petersen, Die Außenpolitik des faschistischen Italien als historiographisches Problem, in: VjZG 22 (1974), S. 417-457; ders., Gesellschaftssystem, Ideologie und Interesse in der Außenpolitik des faschistischen Italien, in: Quellen und Forschungen aus italienischen Archiven und Bibliotheken 54 (1974), S. 428-471.

36 Für Italien vgl. dazu den Beitrag »Der Strukturwandel der faschistischen Partei Italiens in der Phase der Herrschaftsstabilisierung« in diesem Band (S. 73-97). Vgl. ferner bes. Alberto Aquarone, L'Organizzazione dello stato totalitario, Turin 1965, S. 290ff. Beste Darstellungen für den Nationalsozialismus: Wolfgang Horn, Führerideologie und Parteiorganisation in der NSDAP (1919-1933), Düsseldorf 1972, und Peter Diehl-Thiele, Partei und Staat im Dritten Reich. Untersuchungen zum Verhältnis von NSDAP und allgemeiner Staatsverwaltung 1933-1945, München 1969, sowie generell Schulz, Nationalsozialismus, bes. S. 604ff. und S. 720ff.

37 Zu diesem nicht unumstrittenen Begriff ist grundlegend der Sammelband von Heinrich August Winkler (Hg.), Organisierter Kapitalismus. Voraussetzungen und Anfänge, Göttingen 1974. Vgl. dazu und zum folgenden ferner Arthur Schweitzer, Big Business in the Third

Reich, Bloomington 1964; Avraham Barkai, Das Wirtschaftssystem des Nationalsozialismus. Der historische und ideologische Hintergrund 1933-1936, Köln 1977. Zu Italien: Mario Abrate. La lotta sindacale nella industrializzazione in Italia 1906-1926, Mailand 1967; Karin Priester, Der italienische Faschismus. Ökonomische und ideologische Grundlagen, Köln 1972; P. Profumieri, Capital and Labour in Italy 1929-1940. An Economic Interpretation, in: The Journal of European Economic History 1 (1972), S. 681-696; Enzo Santarelli, Dittatura e razionalizzazione economica, in: ders., Fascismo e Neofascismo, Rom 1974, S. 191 f.

38 Durch das im römischen Palazzo Vidoni am 2.10.1925 abgeschlossene Abkommen erkannten sich der italienische Industriellenverband (Confederazione generale dell'industria italiana) und die faschistischen Gewerkschaften (Confederazione delle corporazioni fasciste) gegenseitig als ausschließliche Arbeits- und Tarifpartner an. Vgl. dazu vor allem Aquarone, Stato totalitario, S. 111 ff.

39 Vgl. z.B. Repaci, Marcia, S. 808 f., der ein Telegramm Königs Viktor Emanuels III. an den letzten demokratisch gewählten Ministerpräsidenten Facta vom 26. Oktober 1922 publiziert, in dem Mussolinis angebliche Bereitschaft, in das Kabinett einzutreten, als »eine günstige Gelegenheit zur Lösung der gegenwärtigen Schwierigkeiten« bezeichnet wird; denn das »einzige wirksame Mittel, gefährliche Erschütterungen zu vermeiden«, bestehe darin, »den Faschismus auf legalem Weg in die Regierung aufzunehmen«. Vgl. auch De Felice, Mussolini il fascista I, S. 41, der davon spricht, daß Giolitti und seine Anhänger glaubten, »den Faschismus erziehen zu können«.

40 Der Begriff wurde wahrscheinlich 1924/25 von Guido Dorso geprägt. Vgl. Guido Dorso, La Rivoluzione Meriodionale, Rom 219-45, S. 109 ff.: »La manovra fiancheggiatrice«. S. 150: »Il distacco dei fiancheggiatori.« Er ist heute in der italienischen Faschismusforschung allgemein gebräuchlich.

41 Das bekannte Wort Hugenbergs »Wir rahmen also Hitler ein« wird von Theodor Duesterberg, Der Stahlhelm und Hitler, Wolfenbüttel 1949, S. 38 f., überliefert. Die ähnliche Äußerung Hugenbergs, »den verunglückten österreichischen Maler an die Leine zu nehmen«, bei Hans Otto Meissner u. Harry Wilde, Die Machtergreifung, Stuttgart 1958, S. 294. Bekannt ist auch v. Papens auftrumpfende Erklärung gegenüber einem Skeptiker seines Hitlerkurses: »Sie irren, wir haben ihn uns engagiert.« Vgl. Lutz Graf Schwerin v. Krosigk, Es geschah in Deutschland. Menschenbilder unseres Jahrhunderts, Tübingen/Stuttgart 1951, S. 147. Ähnlich äußerte sich v. Papen auch gegenüber Ewald v. Kleist: »Was wollen Sie denn? Ich habe das Vertrauen Hindenburgs. In zwei Monaten haben wir Hitler in die Ecke gedrückt, daß er quietscht.« Vgl. Ewald v. Kleist-Schmenzin, Die letzte Möglichkeit, in: Politische Studien 10 (1959), S. 92.

42 Der Begriff »Doppelstaat« nach Ernst Fraenkel, The Dual State. A

Contribution to the Theory of Dictatorship, New York 1941; dt. u.d.T. der Doppelstaat, Frankfurt a.M./Köln 1974, der ihn freilich etwas anders definierte.

43 An diesem unübersehbaren Widerspruch setzte die grundsätzliche Kritik von Hans Mommsen und Martin Broszat an einer allzu eindimensionalen Interpretation des ›Dritten Reiches‹ an. Vgl. Hans Mommsen, Nationalsozialismus, in: Sowjetsystem und Demokratische Gesellschaft IV, Freiburg 1971, Sp. 700ff., und Martin Broszat, der Staat Hitlers. Grundlegung und Entwicklung seiner inneren Verfassung, München 1969, S. 423ff. Karl Dietrich Bracher räumte in Auseinandersetzung damit ein, daß »Widersprüche und Ambivalenzen im Verhältnis von monolithischer und dualistischer oder polykratischer Herrschaftsform wie in der Verfolgung der Endziele zum NS-System selbst« gehörten. Er beharrt allerdings weiterhin entschieden darauf, daß dies nichts an der totalitären Omnipotenz der Führerdiktatur ändere. Vgl. Bracher, Zeitgeschichtliche Kontroversen, S. 65. Übereinstimmung besteht insofern nur über den historischen Tatbestand, nicht aber darüber, wie dieser zu bewerten ist.

44 Vgl. dazu den Beitrag von Hans Mommsen, Hitlers Stellung im nationalsozialistischen Herrschaftssystem, in: Gerhard Hirschfeld u. Lothar Kettenacker (Hg.), Der »Führerstaat«: Mythos und Realität. Studien zur Struktur und Politik des Dritten Reiches, Stuttgart 1981, S. 43-72. Die Gegenposition wird im gleichen Band S. 73-97 von Klaus Hildebrand, Monokratie oder Polykratie? Hitlers Herrschaft und das Dritte Reich, vertreten.

45 Vgl. Hannah Arendt, Elemente und Ursprünge totaler Herrschaft, 3. Aufl. Frankfurt a.M./Berlin/Wien 1975 Bd. 11, S. 207ff., Bd. III, S. 33ff.; Dante L. Germino, The Italian Fascist Party in Power. A Study in Totalitarian Rule, Minneapolis 1959, S. 124ff.; Domenico Fisichella, Analisi del totalitarismo, Messina/Florenz 1976, S. 225ff.

46 Diese Interpretation findet sich beispielsweise bei Charles F. Delzell (Hg.), Mediterranean Fascism 1919-1945, New York/Evanston/London 1970; Gino Germani, Political Socialization of Youth in Fascist Regimes: Italy and Spain, in: Samuel P. Huntington u. Clement Moore (Hg.), Authoritarian Politics in Modern Society. The Dynamics of Established One-Party Systems, New York 1970, S. 339-379, und im Grunde auch bei Renzo De Felice, Der Faschismus. Ein Interview von Michael A. Ledeen, Stuttgart 1975, S. 85ff.

47 Renzo De Felice, Mussolini il duce II. Lo stato totalitario. 1936-1940, Turin 1981, S. 9. Vgl. auch ders., Faschismus, S. 106ff.

48 Jens Petersen, Die Entstehung des Totalitarismusbegriffs in Italien, in: Manfred Funke (Hg.), Totalitarismus. Ein Studien-Reader zur Herrschaftsanalyse moderner Diktaturen, Düsseldorf 1978, S. 105-128. Vgl. auch Helmut Goetz, Totalitarismus. Ein historischer Begriff, in: Schweizerische Zeitschrift für Geschichte 32 (1982), S. 163-174.

49 Rede Mussolinis am 22.6.1925: »Abbiamo portato la lotta sopra un

terreno così netto che ormai bisogna essere o di qua o di là, non solo, ma quella meta che viene definita la nostra feroce volontà totalitaria sarà perseguita con ancora maggiore ferocia.« Benito Mussolini, Scritti e discorsi, Bd. V, Mailand 1934, S. 115. Vgl. auch Petersen, Entstehung, S. 122.

50 Aquarone, Stato totalitario, S. 302.

51 In diesem Sinne auch die scharfsinnige Argumentation von Meir Michaelis, Anmerkungen zum italienischen Totalitarismusbegriff. Zur Kritik der Thesen Hannah Arendts und Renzo De Felices, in: Quellen und Forschungen aus italienischen Archiven und Bibliotheken 62 (1982), S. 270-302, der S. 276 im Hinblick auf Italien und Deutschland einen »Unterschied zwischen gehemmter und entfesselter Dynamik, also [...] verschiedene Totalitätsgrade« konstatiert.

52 Karl Dietrich Bracher, Wolfgang Sauer u. Gerhard Schulz, Die nationalsozialistische Machtergreifung. Studien zur Errichtung des totalitären Herrschaftssystems in Deutschland 1933/34, Köln/Opladen 1960.

53 Der Begriff nach Gerhard Schulz, ebd., S. 371.

54 Vgl. dazu vor allem Aquarone, Stato totalitario, S. 47ff., sowie Santarelli, Storia I, S. 383ff.

55 Dazu Ettore Rotelli, Le trasformazione dell'ordinamento comunale e provinciale durante il regime fascista, in: Sandro Fontana (Hg.), Il fascismo e le autonomie locali, Bologna 1973, S. 73-156, und Philip Morgan, I primi podestà fascisti 1926-1932, in: Storia Contemporanea 9 (1978), S. 407-423.

56 Vgl. Aquarone, Stato totalitario, S. 95ff.; Pombeni, Demagogia, S. 123ff.

57 Vgl. zu diesem wenig erforschten Problem Piero Calamandrei, La funzione parlamentare sotto il fascismo, in: Aquarone, Vernassa, Regime fascista, S. 57-84.

58 Aquarone, Stato totalitario, S. 74f.

59 Ebd., S. 260.

60 Ebd., S. 258f.

61 Dazu Philip V. Cannistaro, La fabbrica del consenso. Fascismo e mass media, Rom 1975; Victoria De Grazia, Consenso e Cultura di Massa nell'Italia Fascista. L'Organizzazione del Dopolavoro, Rom/Bari 1981, und vor allem Renzo De Felice, Mussolini il duce II, S. 156ff. (Kap. »Il ›consenso‹ tra la meta del 1936 e la metà del 1940«).

62 Parlamentsrede Mussolinis vom 7.3.1923, in: Mussolini, Opera Omnia, Bd. XIX, Florenz 1956, S. 136: »Io dichiaro che voglio governare, se possibile, col consenso del maggior numero di cittadini; ma nell'attesa che questo consenso si formi si alimenti e si fortifichi, io acconto il massimo delle forze disponibili. Perchè può darsi per avventura che la forza faccia ritrovare il consenso e in ogni caso, quando mancasse il consenso, c'è la forza.« Vgl. auch Jens Petersen, Das Problem der Gewalt im italienischen Faschismus 1919-1925, in: Wolf-

gang J. Mommsen, Gerhard Hirschfeld (Hg.), Sozialprotest, Gewalt, Terror. Gewaltanwendung durch politische und gesellschaftliche Randgruppen im 19. und 20. Jahrhundert, Stuttgart 1982, S. 325-348.

63 Vgl. aus der umfangreichen biographischen Literatur über die Brüder Rosselli den Gedächtnisband Giustizia e Libertà nella lotta antifascista e nella storia d'Italia. Attualità dei fratelli Rosselli a quaranta anni dal loro sacrificio. Atti del Convegno Internazionale organizzato a Firenze il 10-12 giugno 1977, Florenz 1978. Zur Ermordung der Brüder vgl. Charles F. Delzell, Mussolinis Enemies. The Italian Anti-Fascist Resistance, Princeton 1961, S. 158f.; Aldo Garosci, Vita di Carlo Rosselli, Bd. 2, Florenz 1973, S. 507ff.

64 Aus der höheren Bürokratie kommend, kein eigentlicher Faschist, aber ein politischer Opportunist reinsten Wassers, gehörte Arturo Bocchini zu den engsten Mitarbeitern Mussolinis. Die von ihm 1927 aufgebaute und bis zu seinem Tode 1940 geleitete OVRA (Organo di Vigilanza dei Reati Antifascisti) betrachtete er als »sein privates Foedum«. So Aquarone, Stato Totalitario, S. 107. Zur OVRA ferner Santarelli, Storia I, S. 502ff. Vgl. auch Paola Carucci, Arturo Bocchini, in: Francesco Cordova (Hg.), Uomini e volti del fascismo, Rom 1980, S. 63-104, und Guido Leto, OVRA. Fascismo – Antifascismo, 2. Aufl. Mailand 1952. Bemerkenswert ist auch der Bericht Bocchinis für Mussolini vom 4.4.1936 über seine geheime Zusammenkunft mit Himmler in Berlin, die am 1.4.1936 zum Abschluß eines deutsch-italienischen Polizeiabkommens geführt hatte. Bocchini kritisiert darin unter anderem das Dokumentationssystem der Gestapo als außerordentlich unpraktisch. Mit deutlicher Herablassung bezeichnet er die Begegnung mit Göring in politischer Hinsicht als erheblich wichtiger als die mit Himmler. Vgl. den Abdruck des Berichts bei Renzo De Felice, Storia degli ebrei italiani sotto il fascismo, 2. Bd., 3. Aufl. Turin 1972, S. 649-659.

65 Von 5619 Personen, die zwischen 1927 und 1943 vor dem Sondergerichtshof angeklagt wurden, wurden 4596 verurteilt, davon 9 zum Tode. Vgl. Aquarone, Stato totalitario, S. 101f.; De Felice, Mussolini il duce II, S. 45-47. Vgl. ferner die Dokumentation der Prozesse bei Adriano Dal Pont, Alfonso Leonetti, Pasquale Maiello u. Lino Zocchi, Aula IV. Tutti i processi del Tribunale Speciale Fascista, Rom 1961, sowie auch Ettore Gallo, Il Tribunale Speciale per la difesa dello Stato e il suo ambiente politico-culturale, Rom 1980.

66 Vgl. Adriano Dal Pont. I lager di Mussolini, L'altra faccia del confino nei documenti della polizia fascista, Mailand 1975. Insgesamt wurden bis zum 25.7.1943 von den dafür zuständigen, rein polizeilichen Comissioni provinciali per il confino 15470 Personen in die Verbannung geschickt. Vgl. De Felice, Mussolini il duce II, S. 46. Bekannt sind die, auch ins Deutsche übersetzten poetischen Erlebnisberichte der Schriftsteller Carlo Levi, Christus kam nur bis Eboli, Berlin 1960, und Cesare Pavese, Die Verbannung, Frankfurt a.M. 1963.

67 Vgl. zu diesem noch keineswegs ausreichend untersuchten Problem F. Jacomini di San Savino, La politica dell'Italia in Albania, Bologna 1965, sowie vor allem den Tagungsband L'imperialismo italiano e la Jugoslavia. Atti del convegno italo-jugoslavo. Ancona 14-16 ottobre 1977, Urbino 1981. In Italien selbst wurden 1940 für jüdische Flüchtlinge aus anderen Ländern Internierungslager eingerichtet, die aber nicht mit Konzentrationslagern gleichgesetzt werden können. Vgl. I. Kalk, I campi di contramento italiani per ebrei profughi: Ferramonti Tarsia (Calabria), in: Gli Ebrei durante il fascismo I., Turin 1961, S. 63-71; De Felice, Storia degli ebrei II, S. 496-98; Settimio Sorani, L'assistenza ai profughi ebrei in Italia (1933-1941). Contributo alla storia Delasem, Rom 1983, S. 59-84. Das 1944/45 in der Nähe von Triest eingerichtete Vernichtungslager San Sabba stand unter deutscher Führung. Vgl. F. Fölkel, La risiera di San Sabba, Mailand 1979; Silva Bon Gherardi, Un campo di sterminio in Italia, in: Il Ponte 34 (1978), S. 1440-53.

68 Es führt nicht weiter, wenn immer wieder darauf hingewiesen wird, daß der Nationalsozialismus und der italienische Faschismus deswegen nicht vergleichbar seien, weil der letztere den rassenbiologisch begründeten Antisemitismus des ersteren nicht gekannt habe. So zuletzt z.B. Klaus Hildebrand, Das Dritte Reich, 2. Aufl. München 1980, S. 139, oder Rudolf Lill, Italienischer Faschismus und deutscher Nationalsozialismus, in: ders. u. Heinrich Oberreuther, Machtverfall und Machtergreifung. Aufstieg und Herrschaft des Nationalsozialismus, München 1983, S. 174ff. Entscheidend ist nicht die antisemitische, sondern überhaupt die rassistische Grundeinstellung.

69 Vgl. dazu das Buch von George L. Mosse, Rassismus. Ein Krankheitssymptom in der europäischen Geschichte des 19. und 20. Jahrhunderts, Königstein 1978.

70 Vgl. Denis Mack Smith, Mussolini. Eine Biographie, München/Wien 1983, S. 281, der sich auf Rodolfo Graziani, Cirenaica pacificata, Mailand 1932, S. 117, berufen kann.

71 Vgl. hierzu: Giorgio Rochat, La repressione della resistenza araba in Cirenaica nel 1930-31, nei documenti dell archivio Graziani, in: Il Movimento di Liberazione in Italia 110 (1973), S. 1-39; ders., Il genocidio cirenaico e la storiografia coloniale, in: Belfagor 35 (1980), S. 449-454; ders., La repressione della resistenza cirenaica (1927-1931), in: Enzo Santarelli, Giorgio Rochat, Romain Rainero u. Luigi Goglia, Omar al-Mukhtar e la riconquista fascista della Libia, Mailand 1981, S. 53-189; Angelo Del Boca, Gli italiani in Africa Orientale. II: La conquista dell'Impero, Bari 1979, S. 120ff.

72 Vgl. dazu Luigi Goglia, Fabio Grassi, Il colonialismo italiano da Adua all'impero, Rom/Bari 1981, S. 219f.; Alberto Sbacci, Il colonialismo italiano in Etiopia 1936-1940, Mailand 1980, S. 217ff., und vor allem Angelo Del Boca, Gli italiani in Africa Orientale. III: La Caduta dell'Impero, Bari-Rom 1982, passim.

73 Vgl. Giorgio Rochat, L'attentato a Graziani e la repressione italiana in Etiopia 1936-1937, in: Italia Comtemporanea 118 (1975), S. 3-38; Angelo Del Boca, Caduta dell'Impero, S. 88 ff. Ein anschauliches Bild von der Willkür und Brutalität der Repressionspolitik gibt Ciro Poggiali, Diario AOI. 15 giugno 1936 – 4 ottobre 1937, Mailand 1971. Vgl. ferner die Ausführungen von Jens Petersen, dem ich auch für weitere Hinweise zu diesem Komplex besonders zu danken habe, in dem Band: Der italienische Faschismus, S. 82.

74 Der berüchtigte Befehl wird von Galeazzo Ciano, Diario. Volume prima 1939-1940, Mailand 1946, S. 44 f., überliefert. Vgl. dazu auch Mack Smith, Mussolini, S. 330. Wieweit Mussolinis Mordbefehl ausgeführt wurde, ist unbekannt. Zumindest wurden jedoch auf Mallorca unter Führung des faschistischen Milizführers Bonaccorsi etwa 3000 Menschen umgebracht. Vgl. John F. Coverdale, Italian Intervention in the Spanish Civil War, Princeton N. J. 1975, S. 139 f., und Mack Smith, Mussolini, S. 318, die sich auf den Augenzeugenbericht des französischen Schriftstellers Georges Bernanos, Les grand cimetieres sous la lune, Paris 1938, stützen können. – Den Einsatz von Giftgas, auch gegen die Zivilbevölkerung, behandelt ausführlich Angelo Del Boca, gli italiani in Africa Orientale. II: La conquista dell'Impero, Rom/Bari 1979, S. 487-497.

75 Dazu das grundlegende Buch von Meir Michaelis, Mussolini e la questione ebraica. Le relazioni italo-tedesche e la politica razziale in Italia, Mailand 1982, bes. S. 117 ff.

76 De Felice, Storia degli ebrei I, S. 287 ff.; ders., Mussolini il duce I, S. 488 ff.

77 Vgl. Luigi Preti, I miti dell'impero e della razza nell'Italia degli anni' 30, Rom 1965; ders., Impero fascista, africani ed ebrei, Mailand 1968; Gene Bernardini, The Origins and Development of Racial Antisemitism in Fascist Italy, in: Journal of Modern History 49 (1977), S. 431-453.

78 Vgl. dazu vor allem Dietrich Orlow, The History of the Nazi Party 1919-1933, Pittsburgh 1969, S. 128 ff.; Schulz, Aufstieg des Nationalsozialismus, S. 741 ff.; Ulrich Kissenkoetter, Gregor Strasser und die NSDAP, Stuttgart 1978, S. 123 ff.

79 Vgl. dazu Lyttelton, Seizure, S. 149 ff.

80 Vgl. dazu den Beitrag »Der Strukturwandel der faschistischen Partei Italiens in der Phase der Herrschaftsstabilidierung (S. 73-97). Zu Farinacci allgemein vgl. die allerdings nicht befriedigenden Biographien von Harry Fornari, La suocera del regime. La vita e la carriera politica di Roberto Farinacci, Mailand 1972; Ugoberto Alfassio Grimaldi u. Gherardo Bozzetti, Farinacci. il più fascista, Mailand 1972.

81 Ansätze zu einer Geschichte des PNF in den dreißiger Jahren bei Pombeni, Demagogia, S. 231 ff.

82 Die beste Untersuchung des bisher kaum beachteten Miliz-Problems stammt von Alberto Aquarone, La milizia volontaria nello stato fascista, in: ders. u. Vernassa, Regime fascista, S. 85-113.

83 Hans-Martin Graß, Edgar Jung, Papen-Kreis und Röhmkrise 1933/34, Diss. phil. Heidelberg 1966; Charles Bloch, Die SA und die Krise des NS-Regimes 1934, Frankfurt a.M. 1970; Mathilde Jamin, Zur Rolle der SA im nationalsozialistischen Herrschaftssystem, in: Hirschfeld u. Kettenacker, »Führerstaat«, S. 329-360.

84 Zum Verhältnis von Katholischer Kirche und Faschismus in Italien vgl. Francesco Margiotta Broglio, Italia e Santa Sede dalla grande Guerra alla Conciliazione. Aspetti politici e giuridici, Bari; Pietro Scoppola, La Chiesa e il Fascismo. Documenti e interpretazioni, Bari 1971; Sandro Rogari, Santa Sede e Fascismo, Correggio Emilia 1977.

IV.5 Kriegsregime des 20. Jahrhunderts

1 So Renzo De Felice, in: Corriere della Sera, 8.1.1988.

2 Vgl. dazu meinen Aufsatz über: Faschismus als Vergangenheit. Streit der Historiker in Italien und Deutschland, in: Walter H. Pehle (Hg.), Der historische Ort des Nationalsozialismus. Annäherungen, Frankfurt a.M. 1990, S. 135-154.

3 Vgl. aber Costantino Di Sante (Hg.), I campi di concentramento in Italia. Dall'internamento alla deportazione (1940-1945), Mailand 2001; sowie vor allem Filippo Focardi, La questione della punizione dei criminali di guerra in Italia dopo la fine del secondo conflitto mondiale, in: Quellen und Forschungen aus italienischen Archiven und Bibliotheken 80 (2000), S. 543-624.

4 Vgl. dazu ausführlich Sebastian Conrad, Auf der Suche nach der verlorenen Nation. Geschichtsschreibung in Westdeutschland und Japan, 1945-1960, Göttingen 1999.

5 Vgl. Renzo De Felice, Intervista sul fascismo, a cura di M.A. Ledeen, Rom/Bari 1975; Karl Dietrich Bracher, Zeitgeschichtliche Kontroversen. Um Faschismus, Totalitarismus, Demokratie, München 1976; Masao Maruyama, Thought and behavior in modern Japanese politics, London 1963.

6 Zit. nach Bernd Martin, Zur Tauglichkeit eines übergreifenden Faschismus-Begriffs. Ein Vergleich zwischen Japan, Italien und Deutschland, in: Vierteljahrshefte für Zeitgeschichte 29 (1981), S. 53.

7 Vgl. dazu den Beitrag »Das italienische Experiment« in diesem Band (S. 149-184).

8 Vgl. dazu den Bericht des italienischen Polizeichefs Arturo Bocchini vom 4.4.1936 über seine Gespräche mit Himmler in Berlin, abgedruckt bei Renzo De Felice, Storia degli ebrei italiani sotto il fascismo, 3. Aufl. Turin 1977, S. 649-659.

9 Vgl. dazu Daniela Giovanna Liebscher, Organisierte Freizeit als Sozialpolitik. Die faschistische Opera Nazionale Dopolavoro und die NS-Gemeinschaft Kraft durch Freude 1925-1939, in: Jens Petersen, Wolfgang Schieder (Hg.), Faschismus und Gesellschaft in Italien.

Staat – Wirtschaft – Kultur, Köln 1998, S. 67-90; Harald Oelrich, »Sportgeltung – Weltgeltung«. Sport im Spannungsfeld der deutsch-italienischen Außenpolitik von 1918 bis 1945, Münster 2003.

10 Vgl. Miles Fletcher, The search of a New Order. Intellectuals on fascism in prewar Japan, Chapel Hill 1982.

11 Vgl. Gerhard Krebs. Japans Deutschlandpolitik 1935-1941. Eine Studie zur Vorgeschichte des Pazifischen Krieges, Bd. 1, Hamburg 1984, S. 204-210.

12 Zit. nach Krebs, Deutschlandpolitik, Bd. 1, S. 216.

13 So aber Bernd Martin, Tauglichkeit, S. 48-73.

14 Vgl. dazu und zum folgenden den Beitrag »Faschismus« in diesem Band (S. 317-340).

15 Vgl. dazu den Beitrag »Das Deutschland Hitlers und das Italien Mussolinis« in diesem Band (S. 377-396).

16 Krebs, Deutschlandpolitik, Bd. 1, S. 189-204.

17 Krebs, Deutschlandpolitik, Bd. 1, S. 548-575; vgl. auch Michael Libal, Japans Weg in den Krieg. Die Außenpolitik der Kabinette Konoye 1940/41, Düsseldorf 1971, S. 97-101.

18 Krebs, Deutschlandpolitik, Bd. 1, S. 198.

19 Benito Mussolini, Forza e consenso, in: Opera Omnia, Bd. XIX, Florenz 1956, S. 195 f. (Artikel Mussolinis aus seiner Zeitschrift Gerarchia vom März 1923).

20 Adriano Dal Pont, Simonetta Carolini, L'Italia dissidente e antifascista. Le ordinanze, le sentenze istruttore e le sentenze in Camera di consiglio emesse dal Tribunale speciale fascista contro gli imputati die antifascismo dall'anno 1927 al 1943, 3 Bde., Mailand 1980.

21 Adriano Dal Pont, Simonetta Carolini, L'Italia al confino. Le ordinanze di assegnazione al confino emesse dalle commissioni provinciali dal novembre 1926 al luglio 1943, 4 Bde., Mailand 1983.

22 Vgl. dazu Carlo Spartaco Capogreco, I campi di internamento fascisti per gli ebrei 1940-1943, in: Storia Contemporanea 22 (1991), S. 663-682. Ders., Ferramonti. La vita e gli uomini del piu grande campo d'internamento fascista (1940-1945), Florenz 1987; Klaus Voigt, Zuflucht auf Widerruf. Exil in Italien, 2 Bde, Stuttgart 1989/93.

23 Hinweise dazu bei Bernd Martin, Japans Weg in den Krieg. Bemerkungen über Forschungsstand und Literatur zur japanischen Zeitgeschichte, in: Militärgeschichtliche Mitteilungen 23 (1978), S. 183-209.

24 Vgl. dazu grundlegend Richard H. Mitchell, Thought control in prewar Japan, Ithaca 1976. Ferner: Kazuko Tsurumi, Social Change and the Individual. Japan before and after defeat in World War II, Princeton 1970.

25 Vgl. dazu und zum folgenden Yuji Ishida, der »totale Krieg« und die Verbrechen des japanischen Militärs 1931-1945, in: Zeitschrift für Geschichtswissenschaft, S. 430-444; Fumitaka Kurozawa, Das System von 1940 und das Problem der politischen Führung in Japan, in: Zeitschrift für Geschichtswissenschaft 47 (1999), S. 130-152.

26 Hinweise auf japanische Forschungen zum Nanking-Massaker bei Ishida, Der »totale Krieg«, S. 440-43. Populärwissenschaftlich, aber öffentlichkeitswirksam: Iris Chang, The rape of Nanking. The forgotten Holocaust of World War II, New York 1997.

27 Vgl. Enzo Santarelli, Giorgio Rochat, Rainero Romain, Luigi Goglia, Omar Al-Mukhtar e la riconquista fascista della Libia, Mailand 1981.

28 Vgl. dazu vor allem Angelo Del Boco, I gas di Mussolini, Rom 1996.

29 Vgl. Angelo Del Boca, Gli Italiani in Africa Orientale, 4 Bde., Rom/Bari 1976-1984.

30 Vgl. M. Pacetti (Hg.), L'imperialismo italiano e la Jugoslavia. Atti del Convegno Ancona (14-16 ottobre 1977), Urbino 1981; Enzo Collotti, Sulla politica di repressione italiana nei Balcani, in: Luigi Paggi (Hg.), La memoria del nazismo nell'Europe di oggi, Florenz 1997, S. 181-208; Teodoro Sala, Guerra e amministrazione in Jugoslavia 1941-1943: un'ipotesi coloniale, in: L'Italia in guerra 1940-43, Brescia 1990/91.

31 Vgl. dazu Martin, Tauglichkeit, S. 61, sowie George M. Wilson, Kita Ikki, Okawa Shumei and the Yuzonsha, in: Papers on Japan, Bd. 2, Cambridge, Mass. 1963, S. 139-181.

32 Vgl. Michele Sarfatti, Mussolini contro gli ebrei. Cronaca dell'elaborazione delle leggi del 1938, Turin 1994; La menzogna della razza. Documenti e immagini del razzismo e dell'antisemitismo fascista, Bologna 1994; Liliana Picciotto Fargion, Il libro della memoria. Gli ebrei deportati dall'Italia (1943-1945), Mailand 1991; Enzo Colotti, Die Historiker und die Rassengesetze in Italien in: Christof Dipper, Rainer Hudemann, Jens Petersen (Hg.) Faschismus und Faschismen im Vergleich. Wolfgang Schieder zum 60. Geburtstag, Köln 1998, S. 59-77.

33 Vgl. dazu Gabriele Schneider, Mussolini in Afrika. Die faschistische Rassenpolitik in den italienischen Kolonien 1936-1941, Köln 2000.

34 Manfred Messerschmidt, Die Wehrmacht im NS-Staat. Zeit der Indoktrination, Hamburg 1969, S. 17.

35 Vgl. dazu den Beitrag »Kriegsorientierung im faschistischen Italien« (S. 99-110) in diesem Band.

36 Martin, Tauglichkeit, S. 63. Vgl. auch ders., Aggressionspolitik als Mobilisierungsfaktor. Der wirtschaftliche und militärische Imperialismus Japans 1931-1941, in: Friedrich Forstmeier, Hans Erich Volkmann (Hg.), Wirtschaft und Rüstung am Vorabend des Zweiten Weltkrieges, Düsseldorf 1975, S. 222-244.

37 Vgl. dazu Angelo Del Boca, Gli italiani in Libia. Dal fascismo a Gheddafi, Rom/Bari 1988.

38 Luigi Federzoni, Italia di ieri per la storia di domani, Mailand 1967, S. 278; F. Maugeri, Mussolini mi ha detto: confessioni di Mussolini durante il confino a Ponza e alle Maddalena, Rom 1944, S. 41 f. Vgl. dazu auch Denis Mack Smith, Mussolini's Rome Empire, London/New York 1976, S. 309 f.

39 Vgl. dazu und zum folgenden G. M. Wilson (Hg.), Crisis politics in

prewar Japan. Institutional and ideological problems of the 1930s, Tokio 1970.

40 Exemplarisch dafür Klaus Hildebrand, Deutsche Außenpolitik 1933-1945. Kalkül oder Dogma?, 3. Aufl. Stuttgart 1976; Andreas Hillgruber, Deutsche Großmacht- und Weltpolitik im 19. und 20. Jahrhundert, Düsseldorf 1977.

41 Martin Broszat, Soziale Motivation und Führer-Bindung des Nationalsozialismus, in: VjZG 18 (1970), S. 407.

42 Vgl. meinen Versuch, die beiden Ebenen von Hitlers politischem Handeln an einem konkreten Beispiel herauszuarbeiten: Spanischer Bürgerkrieg und Vierjahresplan. Zur Struktur nationalsozialistischer Außenpolitik, in: Ulrich Engelhardt, Volker Sellin, Horst Stuke (Hg.), Soziale Bewegung und politische Verfassung. Beiträge zur Geschichte der modernen Welt, Stuttgart 1976, S. 832-856.

43 Zit. nach der englischen Übersetzung von MacGregor Knox, La guerra di Mussolini 1939-1941, Rom 1984, S. 40. Knox hat den Text in den von den Amerikanern beschlagnahmten italienischen Akten in den National Archives in Washington aufgefunden.

44 Knox, La guerra, S. 39.

45 Zit. nach Bernd Martin, Japans Weltmachtstreben 1939-1941, in: Oswald Hauser (Hg.), Weltpolitik II, 1939-1945, Göttingen 1976, S. 119.

IV.6 Duce und Führer

1 Vgl. dazu Ian Kershaw, Der »Hitler-Mythos«. Führerkult und Volksmeinung, Stuttgart 1999; Rudolf Herz, Hoffmann & Hitler. Fotografie als Medium des Führer-Mythos, München 1994; Gerhard Paul, Der Aufstand der Bilder. Die NS-Propaganda vor 1933, Bonn 1990; Sergio Luzzatto, L'immagine del duce. Mussolini nelle fotografie dell'Istituto Luce, Rom 2001; Renzo de Felice, Luigi Goglia, Mussolini. Il mito, Rom/Bari 1983; Sergio Romano, Mussolini: una biografia per immagini, Mailand 2000; Luisa Passerini, Mussolini immaginario. Storia di una biografia, 1915-1939, Rom/Bari 1991; Enrico Sturani, Otto milioni di cartoline per il duce, Turin 1995; Simonetta Falasco-Zamponi, Fascist Spectacle. The Aesthetics of Power in Mussolini's Italy, Berkeley, CA, 2000; Clemens Zimmermann, Das Bild Mussolinis. Dokumentarische Formungen und Brechungen medialer Wirksamkeit, in: Gerhard Paul (Hg.), Visual History. Ein Studienbuch, Göttingen 2006, S. 225-242. Zur künstlerischen Verherrlichung Mussolinis außerhalb der Fotografie vgl. Giorgio Di Genova (Hg.), »L'Uomo della Provvidenza«. Iconografia del Duce 1923-1945, Bologna 1997.

2 So treffend Gerhard Paul, Von der historischen Bildkunde zur Visual History. Eine Einführung, in: ders. (Hg.), Visual History, S. 25.

3 Peter Reichel, Der schöne Schein des Dritten Reiches. Faszination und Gewalt des Faschismus, München 1991.

4 So neuerdings besonders Sven Reichardt, Faschistische Kampfbünde. Gewalt und Gemeinschaft im italienischen Squadrismus und in der deutschen SA, Köln 2002.

5 Martin Loiperdinger, Rudolf Herz, Ulrich Pohlmann (Hg.), Führerbilder. Hitler, Mussolini, Roosevelt, Stalin in Fotografie und Film, München/Zürich 1995.

6 Vgl. die grundlegende Bestandsaufnahme bei Paul (Hg.), Historische Bildkunde, S. 7-36.

7 Zit. nach Jean A. Gili, Stato fascista e cinematografia, Rom 1982, S. 83 f.

8 Erstmals schon ausführlich dargestellt von Philipp V. Cannistraro, La fabbrica del consenso. Fascismo e mass media, Rom/Bari 1975. Vgl. jetzt auch Ruth Ben-Ghiat, La cultura fascista, Bologna 2000.

9 Vgl. dazu Mimmo Franzinelli, Emanuele Valerio Marino, Il »Duce« proibito. Le fotografie di Mussolini che gli italiani non hanno mai visto, Mailand 2004.

10 Gunther Waibl, Faschistische und nationalsozialistische Fotografie im Vergleich, in: Klaus Honnef u.a. (Hg.), Deutsche Fotografie. Macht eines Mediums 1870-1970, Köln 1997, S. 151.

11 Giovanni Spagnoletti, »Gott gibt uns das Brot – Er bereitet es uns und verteidigt es«. Bild und Mythos Mussolinis im Film, in: Loiperdinger, Herz, Pohlmann (Hg.) Führerbilder, S. 120 f.

13 Herz, Hoffmann & Hitler, S. 79.

14 Ebd., S. 41.

15 Rudolf Herz, Vom Medienstar zum propagandistischen Problemfall. Zu den Hitlerbildern Heinrich Hoffmanns, in: Loiperdinger, Herz, Pohlmann (Hg.), Führerbilder, S. 52.

16 Vgl. dazu Herz, Hoffmann & Hitler, S. 41-43.

17 Vgl. De Felice, Goglia, Mussolini. Il mito, Abb. Nr. 117, Nr. 120 f., Nr. 258-262. Herz, Hoffmann & Hitler, S. 113. Vgl. auch Jochen von Lang, Gesichter eines Diktators. Adolf Hitler. Eine Bilddokumentation, Reinbek/München 1975, S. 25-29.

18 Vgl. Herz, Hitler & Hoffmann, S. 103 f.

19 So Herz, ebd., S. 96.

20 Vgl. z.B. Luzzatto, L'Immagine, S. 58, S. 112, S. 132, S. 137. Vgl. ferner auch Franzinelli, Marino, Duce proibito, S. 21, 24, 31, 105.

21 Zur Entstehung dieses von Hitler mit Heinrich Hoffmann wahrscheinlich 1927/28 entwickelten Logos vgl. Herz, Hoffmann & Hitler, S. 113-117.

22 Vgl. dazu die 1927 entstandene Serie von Fotos, in denen Hitler sich als Redner präsentiert, ebd., S. 107-111. Ferner die über das Internet zugänglichen Fotos im www.ullstein-bilderdienst.de: ullstein bild 00734447 (Rede in Bückeberg im Oktober 1934); ullstein bild 00734441 (Rede in Bückeberg 1935); ullstein bild 00734449 (Rede beim Reichsparteitag in Nürnberg 1936), ullstein bild 00734450 (ebd.), ullstein bild 00734407 (Rede zur Eröffnung des Winterhilfswerkes

1936 in Berlin). – Zu Mussolini vgl. Luzzatto, L'immagine del duce, S. 112f. (Foto von 1935), S. 58 (Fotomontage von 1936, die Mussolini auf einem Traktor stehend darstellt); Sturani, Otto Milioni, S. 249-253 (u.a. Fotos, auf denen Mussolini auf einem Panzer steht).

23 So die eindringliche Formulierung von Italo Calvino, I ritratti del duce, in: La Repubblica, 10.7.1983.

24 Vgl. das Foto bei De Felice, Goglia, Mussolini, Nr. 136, mit dem Verweis auf den festlichen Amtsornat des italienischen Presidente del Consiglio dei Ministri. Vgl. ferner auch www.ullstein-bilderdienst.de: ullstein bild 30017039 (Foto von etwa 1925).

25 So aber Herz, Hoffmann & Hitler, S. 117 unter Verweis auf Rainer Schoch, Das Herrscherbild in der Malerei des 19. Jahrhunderts, München 1974.

26 Vgl. das Foto und die Beschreibung der Portraitsitzungen Hitlers bei Hoffmann im Februar/März 1933 bei Herz, Hoffmann & Hitler, S. 117-125.

27 Calvino, Ritratti, S. 2.

28 Siehe Abb. 4.

29 www.ullstein-bilderdienst.de: ullstein bild 00016461; ullstein bild 00084928.

30 Luzzatto, L'immagine del duce, S. 82.

31 Ebd., S. 234. Vgl. ferner auch ullstein bild 00221305, auf dem sich Mussolini vom jugoslawischen Ministerpräsidenten verabschiedet.

32 Heinrich Hoffmann (Hg.), Hitler abseits vom Alltag. 100 Bilddokumente aus der Umgebung des Führers, Berlin 1937. Vgl. auch schon ders. (Hg.), Hitler wie ihn keiner kennt. 100 Bilddokumente aus dem Leben des Führers, Berlin 1932; ders. (Hg.), Jugend um Hitler. 120 Bilddokumente aus der Umgebung des Führers, Berlin 1934; ders. (Hg.), Hitler in seinen Bergen. 86 Bilddokumente aus der Umgebung des Führers, Berlin 1935; ders. (Hg.), Bilder aus dem Leben des Führers, Altona 1936 (Cigaretten Bilderdienst).

33 Luzzatto, L'Immagine del duce, S. 64f., 126, 128-130; De Felice, Goglia, Mussolini. Il mito, Abb. 58-69.

34 Vgl. dazu den anregenden Aufsatz von Harald Oelrich, Hitler, Mussolini und der Sport. Sportverständnis und Mythosbildung zweier Diktatoren, in: Stadion. Internationale Zeitschrift für Geschichte des Sports 24 (1998), S. 289-311.

35 Luzzatto, L'Immagine del duce, S. 62 (als Grubenarbeiter in Cogne 1939); Eva Paola Amendola, Pasquale Iaccio, Gli anni del regime 1925–1939, Rom 1999, S. 85f. (als Erntehelfer bei der »Getreideschlacht« 1935).

36 Luzzatto L'Immagine del duce, S. 55f. (bei der Ernte in einer Bonifica des Agro Pontino 1938); www.ullstein-bilderdienst.de: ullstein bild 40237405 (Mussolini in der Badehose mit dem österreichischen Staatskanzler Engelbert Dollfuß im Anzug und mit Krawatte und Hut am 19.8.1933 in Riccione).

37 Vgl. dazu Jürgen Raab, Manfred Grunert, Sylvia Lustig, Der Körper als Darstellungsmittel. Die theatrale Inszenierung von Politik am Beispiel Benito Mussolinis, in: Erika Fischer-Lichte, u.a. (Hg.), Verkörperung, Tübingen 2001, S. 171-198.

38 Vgl. De Felice, Goglia, Mussolini. Il mito, Abb. 41-46; Sergio Luzzatto, »Niente tubi di stufa sulla testa«. L'autoritratto del fascismo, in: Giovanni De Luna, Gabriele D'Autilia, Luca Crescenti (Hg.), L'Italia del Novecento. Le fotografie e la storia. Il potere da Giolitti a Mussolini (1900-1945), Turin 2005, S. 117-201, hier S. 140f.

39 Zimmermann, Bild Mussolinis, S. 238.

40 Eines der wenigen gemeinsamen Siegerfotos zeigt Hitler und Mussolini am 18.6.1940 auf dem Königsplatz in München. Vgl. www.ullstein-bilderdienst.de: ullstein bild 00092135. Vgl. zum Achsenbündnis im Krieg neuerdings Malte König, Kooperation als Machtkampf: das faschistische Achsenbündnis Berlin–Rom im Krieg 1940/41, Köln 2007.

41 Ernst Hanfstaengl, Zwischen Weißem und Braunem Haus. Memoiren eines politischen Außenseiters, München 1970, S. 255f. Peter Conradi, Hitlers Klavierspieler. Ernst Hanfstaengl: Vertrauter Hitlers, Verbündeter Roosevelts, Frankfurt 2007, erwähnt die Audienz von Knickerbocker und Abbe bei Hitler nicht. Das genaue Datum ist nicht bekannt. Hanfstaengl spricht vage von »Ende November« 1931, Abbe datiert sie auf den 30.1.1932. Vgl. dazu Herz, Hoffmann & Hitler, S. 356.

42 Wiederabdruck von drei dieser Fotos, die Hitler betont staatsmännisch wiedergeben, bei Herz, Hoffmann & Hitler, S. 115. Sie erschienen in deutschen Illustrierten darunter der Titelseite der Kölnischen Illustrierten Zeitung vom 10.10.1932 (Herz gibt irrtümlich den 10.10. 1931 an).

43 Felix H. Man, Photographien aus 70 Jahren, München 1983, S. 64.

44 Ebd., S. 64.

45 Münchner Illustrierte Presse, Nr. 9, 25.2.1931. Vgl. dazu Bernd Lohse, Felix H. Man und die Anfänge des modernen Bildjournalismus, in: Der Bildjournalist 10 (1965), Heft 4, S. 150-169; Tim N. Gidal, Modern photojournalism. Origin and evolution 1910-1933, New York, 1973.

46 Man, Photographien, S. 65

47 Vgl. dazu zuletzt vor allem die ausgezeichnete Darstellung von Hans Woller, Rom, 28. Oktober 1922. Die faschistische Herausforderung, München 1999; ferner: Mario Isnenghi, La marcia su Roma, in: ders. (Hg.), I luoghi della memoria, Bd. III: Strutture e eventi dell'Italia unita, Rom/Bari 1997, S. 311-329. Klassische Darstellung durch Antonino Répaci, La Marcia su Roma, Mailand 1972.

48 Hans-Ulrich Thamer, Der Marsch auf Rom – ein Modell für die nationalsozialistische Machtergreifung, in: Wolfgang Michalka (Hg.), Die nationalsozialistische Machtergreifung, Paderborn 1984, S. 245-260.

49 So Herz, Hoffmann & Hitler, S. 160f. unter Berufung auf Heinrich Hoffmann, Hitler wie ich ihn sah, Berlin 1974, S. 53.
50 Vgl. die überzeugende Darstellung bei Joachim Fest, Hitler. Eine Biographie, Frankfurt u. a. 1973, S. 273f.
51 Vgl. Behrenbeck, Kult, S. 299-313, die allerdings problematische Vergleiche zur christlichen Opferliturgie zieht.
52 Vgl. zuletzt Klaus Scheel, 1933, Der Tag von Potsdam, Berlin 1996.
53 Herz, Hoffmann & Hitler, S. 206.
54 Auf einem zweiten Foto verneigt sich Hitler am 21.3.1933 vor Hindenburg bei der Begrüßung, vgl. www.ullstein-bilderdienst.de: ullstein bild 00517418. Drei weitere Fotos zeigen Hitler ebenfalls sich verbeugend, bei der Begrüßung von Hindenburg anläßlich des Heldengedenktages am 25.2.1934, vgl. ebd., ullstein bild 00041446, ullstein bild 00734744, ullstein bild 0041459. Schließlich gibt es noch ein Foto des sich vor Hindenburg verbeugenden Hitler bei der Begrüßung auf Gut Neudeck am 29.6.1933. Die Fotografen dieser Fotos sind nicht bekannt.
55 Herz, Hoffmann & Hitler, S. 206.
56 Vgl. die Fotos bei Heinrich Hoffmann (Hg.), Hitler in Italien, München 1938, S. 16f.
57 Vgl. Romano, Mussolini, S. 57, der das Foto vom 4.11.1922 datieren kann. Ähnliche, wenn auch Mussolini nicht ganz so devot wiedergebende Fotos: ullsteinbild 00110042 (Mussolini begrüßt den König im März 1926 während der Battaglia del grano auf einem Weizenfeld); ullstein bild 00110050 (Mussolini begrüßt den König am 10.5.1939 bei einem Manöver); ullstein bild 80155826 (Mussolini begrüßt den König 1938 bei einer unbekannten Gelegenheit); Franzinelli, Marino, Duce proibito, S. 17 (Begegnung am 25.8.1938 während eines Manövers); ebd., S. 79 (Begegnung während eines Truppenbesuches in Avezzano am 10.8.1938).
58 Vgl. Franzinelli, Marino, Duce proibito, S. 98. Mussolini übte danach den *passo romano* am 27.1.1938 mit einer Einheit der MVSN ein.
59 An Duce und Führer wurde in Italien und Deutschland bei zahllosen Gelegenheiten vorbeimarschiert. Höhepunkte waren in Deutschland von 1933 bis 1938 die Nürnberger Reichsparteitage der NSDAP. In Italien war seit ihrer Fertigstellung 1932 die Via dei Fori Imperiali in Rom der wichtigste Ort für Aufmärsche vor dem Duce. Bezeichnenderweise ließ Mussolini hier auch beim Besuch Hitlers im Herbst 1938 endlose Kolonnen vorbeimarschieren. Vgl. dazu die bemerkenswerten Fotos bei Heinrich Hoffmann (Hg.), Hitler in Italien, München 1938, S. 46-61.
60 Beispiele für solche Fotos finden sich im Ullstein-Bilderdienst (www.ullstein-bilderdienst.de). Vgl. z.B. ullstein bild 00193137, das ein Elitebataillon der faschistischen Miliz zeigt, angetreten am 1.2.1943 vor Mussolini. Vgl. auch Romano, Mussolini, S. 85 (Auftritt von Mitgliedern der faschistischen Jugend). Für Deutschland sind hier auch wie-

der Fotos von den Reichparteitagen wichtig. Vgl. z.B. ullstein bild 00685323, das die Leibstandarte Adolf Hitler am 9.9.1934 auf dem Nürnberger Reichsparteitag zeigt. Vgl. aber auch ullstein bild 00719696, das eine Paradeübung einer SS-Standarte in Prag 1939 am 20.4.1939 zeigt.

61 Vgl. dazu Gerhard Botz, Nationalsozialismus in Wien. Machtübernahme und Herrschaftssicherung 1938/39, 3. Aufl. Buchloe 1988.

62 Vgl. Fest, Hitler, S. 689. Fotos der Massenkundgebung auf dem Berliner Maifeld bei Heinrich Hoffmann (Hg.), Mussolini erlebt Deutschland, München 1937, S. 82-87. Eine moderne medienpolitische Analyse des Ereignisses fehlt.

63 Vgl. dazu Bruno Tobia, L'Altare della Patria. L'Italia monarchica, fascista, repubblicana nella storia di un monumento, Bologna 1998.

64 Die faschistischen Gründungsstädte erhielten sämtlich einen *torre littorio*, an dem in der Regel eine Rednerbühne angebracht wurde. Vgl. für den Agro Pontino den Ausstellungskatalog Città di Fondazione italiane 1928-1942, Latina 2006, S. 163 (Littoria, heute Latina), S. 194 (Sabaudia), S. 224 (Aprilia).

65 Mit der Schaffung des *Istituto Nazionale Fascista della Previdenza Sociale* schuf der Faschismus 1933 ein staatliches Instrument der Kranken- und Altersvorsorge. Die von dieser ausgegebenen und von Mussolini erstmals verteilten *Libretti di pensione* dokumentierten die Rentenansprüche der Ruheständler, waren aber zugleich auch Instrument staatlicher Kontrolle.
Auch am 18.12.1935 stand Mussolini in Pontinia auf einem erhöhten Podest, um die dort gesammelten Eheringe im Rahmen der *Giornata della fede* entgegennehmen zu können. Vgl. dazu die differenzierte Darstellung von Petra Terhoeven, Liebespfand fürs Vaterland. Krieg, Geschlecht und faschistische Nation in der faschistischen Gold- und Eheringsammlung 1935/36, Tübingen 2003, S. 172-240.

66 Es versteht sich von selbst, daß sich Hitler 1937 zusammen mit Mussolini auf dem Balkon der Neuen Reichskanzlei zeigte. Vgl. das Foto bei Hoffmann (Hg.), Mussolini erlebt Deutschland, S. 65.

67 Vgl. dazu grundlegend Adrian Lyttelton, La conquista del potere. Il fascismo dal 1919 al 1929, Rom/Bari 1974, S. 114-122. Ausführlicher Emilio Gentile, Storia del Partito Fascista 1919-1922. Movimento e milizia, Bari 1989, S. 361- 386.

68 Vgl. dazu Siegfried Zelnhefer, Die Reichsparteitage der NSDAP, Nürnberg 1991 und zuletzt Markus Urban, Die Konsensfabrik. Funktion und Wahrnehmung der NS-Reichsparteitage 1933-1941, Göttingen 2007.

69 Riefenstahls martialische Filmästhetik fand im faschistischen Italien bezeichnenderweise besonderen Anklang. Im Juni 1936 erhielt sie für den Parteitagsfilm den großen Preis des italienischen Filminstituts LUCE, vgl. Filmwelt, 21.6.1936. Schon am 26.2.1936 war sie zuvor

von Mussolini zu einer fast einstündigen Audienz empfangen worden, vgl. Film-Kurier, 27.2.1936.

70 Vgl. dazu Jürgen Raab, Manfred Grunert, Sylvia Lustig, Der Körper als Darstellungsmittel. Die theatrale Inszenierung von Politik am Beispiel Benito Mussolinis, in: Erika Fischer-Lichte u.a. (Hg.), Verkörperung, Tübingen 2001, S. 171-198; sowie ferner besonders auch schon Falasca-Zamponi, Fascist Spectacle, besonders S. 119-147.

71 Vgl. Herz, Hoffmann & Hitler, S. 107- 112.

72 Vgl. die glaubwürdige Darstellung des langjährigen Kammerdieners von Mussolini, Quinto Navarra, Memorie del cameriere di Mussolini, Mailand 1946, S. 118.

73 Vgl. dazu Herz, Hoffmann & Hitler, S. 261 f.

74 Vgl. dazu die Fotos bei Claudio Gallazzi, Giorgio Muratore, Littoria. Latina. La storia, le architetture, Latina 1991, S. 214 (Einweihung von Littoria am 18.12.1932); Giorgio Pellegrini, Paolo Sanzin, Sabaudia 1933-1943. L'utopia mediterranea del Razionalismo, Marigliano 2002, S. 72 f. (Grundsteinlegung für Sabaudia).

75 Vgl. die Fotoserie bei Luzzatto, L'Immagine del duce, S. 54-57.

76 Zit. oben, S. 260.

77 Grundlegend dazu Jens Petersen, Die Entstehung der Achse Rom–Berlin 1933-1936, Tübingen 1973, hier S. 492.

78 Bis heute gibt es keine Darstellung, welche die Beziehungen zwischen den beiden faschistischen Diktatoren über das rein Politische hinaus wissenschaftlich aufarbeitet. Obwohl sich nur auf die Endphase der beiden Diktatoren beziehend, bleibt so die Darstellung von Frederick W. Deakin, Die brutale Freundschaft. Hitler, Mussolini und der Untergang des italienischen Faschismus, Köln 1964 (engl. 1962) immer noch lesenswert. Wissenschaftlich gänzlich unzureichend ist dagegen das Buch von Walter Rauscher, Hitler und Mussolini. Macht, Krieg und Terror, Graz 2001. Längst überholt ist auch Max Domarus, Mussolini und Hitler. Zwei Wege – gleiches Ende, Würzburg 1977. Sehr bemerkenswert ist dagegen der sorgfältig recherchierte und vielfach auf neu erschlossenem Filmmaterial beruhende Dokumentarfilm von Hans von Brescius und Ullrich Kasten »Die brutale Freundschaft«, der am 12.6.2008 im Ersten Programm der ARD lief (Produktion Berlin-Brandenburgischer Rundfunk).

79 Heinrich Hoffmann (Hg.), Mussolini erlebt Deutschland, München 1937, S. 7.

80 Hoffmann (Hg.), Mussolini erlebt Deutschland; Hoffmann (Hg.), Hitler in Italien.

81 Hoffmann (Hg.), Mussolini erlebt Deutschland, S. 56-59.

82 Hoffmann (Hg.), Hitler in Italien, S. 74-79.

83 Sabine Behrenbeck, Der Kult um die toten Helden. Nationalsozialistische Mythen, Riten und Symbole, Vierow 1996.

84 Vgl. dazu ausführlich ebd., S. 299-343.

85 Ebd., S. 302.

86 Ebd., S. 293.
87 Vgl. dazu neuerdings Roberta Suzzi Valli, Il culto dei martiri fascisti, in: Oliver Janz, Lutz Klinkhammer (Hg.), La morte per la patria. La celebrazione dei caduti dal Risorgimento alla Repubblica, Rom 2008, S. 102-109.
88 Vgl. dazu grundlegend Bruno Tobia, L'Altare della patria, Bologna 1998.
89 Die Trauerfeier für Marschall Diaz am 2.3.1928 wird dokumentiert durch die Fotos bei Tobia, »Salve o popolo d'eroi …«, S. 26.f.
90 Vgl. dazu ausführlich Terhoeven, Liebespfand, S. 172-240.
91 Vgl. die Fotodokumentation von Besuchern am Grabmal des Unbekannten Soldaten (Milite Ignoto) bei Tobia, »Salve o polo d'eroi …«, S. 47 (Marschall Petain 1930), S. 49 (Prinz Nabuhito von Japan 1930), S. 58 (Engelbert Dollfuß 1934), S. 59 (Kurt von Schuschnigg 1934), S. 60 (Königin von Siam 1934), S. 64 (König von Griechenland 1935), S. 65 (Außenminister Laval 1935), S. 66-69 (Delegationen der Hitlerjugend 1936 und 1937), S. 78 (Premierminister Neville Chamberlain 1939), S. 79 (Offiziere der SS 1941).
92 Vgl. Tobia, »Salve o polo d'eroi …«, S. 53, 55. Die Interpretion von Tobia (ebd., S. 24), daß die faschistische Gedenkstätte stets mitbesucht worden sei, wenn am Grabmal des Unbekannten Soldaten ein Kranz niedergelegt wurde, läßt sich nicht belegen. Nicht einmal Hitler wurde am 4.5.1938 dorthin geführt!
93 Vgl. dazu ebd., S. 87-145 (Kapitel »La monumentalizzazione della morte«).
94 Ebd., S. 138-145.
95 Vgl. dazu Luzzatto, L'Immagine del duce, S. 172 f.; Tobia, »Salve o popolo d'eroi …«, S. 202-205.
96 Vgl. Tobia, »Salve o popolo d'eroi …«, S. 76 f.
97 So Martin Broszat, Soziale Motivation und Führer-Bindung des Nationalsozialismus, in VjZG 18 (1970), S. 392-409, dem seinerzeit zwar heftig widersprochen wurde, der aber letzten Endes nicht widerlegt werden konnte.
98 Vgl. oben, S. 99-110.
99 Dazu jetzt eindringlich Giulia Brogini Künzi, Italien und der Abessinienkrieg 1935/36. Kolonialkrieg oder Totaler Krieg?, Paderborn 2006, sowie vor allem Asfa-Wossen Asserate, Aram Mattioli (Hg.), Der erste faschistische Vernichtungskrieg: die italienische Aggression gegen Ätiopien 1935-1941, Köln 2006.
100 Vgl. die ungewöhnlichen, ihn im dunklen Mantel und Hut zeigenden Aufnahmen Mussolinis bei seiner Ankunft im Führerhauptquartier am 14.9.1943, in: Carlo Gentile, Lutz Klinkhammer, Steffen Prauser (Hg.), I nazisti. I rapporti tra Italia e Germania nelle fotografie dell'Istituto Luce, Rom 2003, S. 206 f.
101 Vgl. dazu die vom Dolmetscher Schmidt angefertigte »Aufzeichnung über die Unterredung zwischen dem Führer und dem Duce im

Führerhauptquartier ›Wolfsschanze‹ am 20. Juli 1944«, in: Andreas Hillgruber (Hg.), Staatsmänner und Diplomaten bei Hitler, Zweiter Teil 1942-1944, Frankfurt 1970, S. 468-475, hier S. 475: »Anschließend besichtigte der Führer mit dem Duce das Lagezimmer, in dem der Anschlag ausgeführt worden war. Der durch den Luftdruck völlig zerstörte Raum mit der eingestürzten Decke und den am Boden liegenden Trümmern hinterließ beim Duce einen tiefen Eindruck. Es sei angesichts dieser Verwüstung ein absolutes Wunder, daß der Führer so gut wie unverletzt geblieben sei.«

102 Vgl. das oft publizierte Foto im www.ullstein-bildarchiv.de als ullstein bild 00112784. Vgl. auch das Foto der übereinanderliegenden Leichen von Mussolini und Clara Petacci als ullstein bild 00112792. Zur weiteren Geschichte von Mussolinis Leiche vgl. das eindrucksvolle Buch von Sergio Luzzatto, Il corpo del duce, Turin 1998.

103 Vgl. Kershaw, Hitler, S. 1061.

104 Später aufgetauchte Fotos, die angeblich den toten Hitler zeigen, sind allesamt gefälscht.

Gedruckt mit Unterstützung der Fritz-Thyssen-Stiftung

Bibliografische Information der Deutschen Nationalbibliothek

Die Deutsche Nationalbibliothek verzeichnet diese Publikation in der Deutschen Nationalbibliografie; detaillierte bibliografische Daten sind im Internet über http://dnb.d-nb.de abrufbar.

www.wallstein-verlag.de
Vom Verlag gesetzt aus der Stempel Garamond und der Frutiger
Umschlaggestaltung: Susanne Gerhards, Düsseldorf, unter Verwendung einer Photographie aus dem Jahre 1934, © Ullstein Bild
Druck: Hubert & Co, Göttingen
Lithographie: Schwab Scantechnik, Göttingen
ISBN 978-3-8353-0358-4